L'Entretien infini

布朗肖作品集
MAURICE BLANCHOT

无尽的谈话

L'Entretien infini

（法）莫里斯·布朗肖 著
尉光吉 译

南京大学出版社

这书写的疯狂游戏。

(马拉美)①

"但为什么是两个?为什么用两个言语来说同一个东西?"
——"因为说它的总是另一个。"

"中性,中性,这在我听来多么陌异。"

"因为,对我们来说,某种不是白日的东西会在白日的中心出现,在一片光明和清澈的大气里,它再现了产生白日的恐惧之颤栗?"

言说:一种优雅的疯狂。随它,人在一切事物之上舞蹈。

(尼采)②

---

① 出自马拉美的《维利耶·德·利尔-阿达姆》(Villiers de l'Isle-Adam)。参见 Stéphane Mallarmé, *Œuvres complètes*, éd. Henri Mondor et G. Jean-Aubry, Paris: Gallimard, Bibliothèque de la Pléiade, 1945, 481.——译注

② 出自尼采的《扎拉图斯特拉如是说》,第三卷,《初愈者》。参见尼采,《扎拉图斯特拉如是说》,黄明嘉、娄林译,上海:华东师范大学出版社,2009年,第359页。——译注

目　录

注 …………………………………………………………… 1

一　复多的言语
书写的言语

Ⅰ　思想与不连续性的要求 …………………………… 3
Ⅱ　最深刻的问题 ……………………………………… 17
Ⅲ　言说不是观看 ……………………………………… 45
Ⅳ　伟大的拒绝 ………………………………………… 60
Ⅴ　对未知的认知 ……………………………………… 93
Ⅵ　持守言语 …………………………………………… 111
Ⅶ　第三类关系(没有视域的人) ……………………… 123
Ⅷ　打断(如在一个黎曼曲面上) ……………………… 139
Ⅸ　一种复多的言语 …………………………………… 147

二 极限体验

I 赫拉克利特 ……………………… 155
II 尺度,乞援者 …………………… 172
III 悲剧的思想 ……………………… 178
IV 肯定(欲望,苦厄) ……………… 200
V 不可毁灭者 ……………………… 236
VI 反思虚无主义 …………………… 264
VII 反思地狱 ………………………… 336
VIII 遗忘,非理性 …………………… 379
IX 极限体验 ………………………… 394
X 分析的言语 ……………………… 453
XI 日常的言语 ……………………… 467
XII 无神论与书写 人本主义与呼喊 … 483
XIII 论时代的一种改变:轮回的要求 … 517

三 书的缺席

中性片段

I 最后的作品 ……………………… 553
II 残酷的诗歌理性(飞行的强烈需求) … 567
III 勒内·夏尔与中性的思想 ……… 578

Ⅳ	断片的言语	596
Ⅴ	遗忘的记忆	607
Ⅵ	宽广如夜	616
Ⅶ	言语必须远游	634
Ⅷ	维特根斯坦的难题	645
Ⅸ	玫瑰就是玫瑰	661
Ⅹ	新艺术	670
Ⅺ	雅典娜神庙	681
Ⅻ	陌生化效果	698
ⅩⅢ	英雄的终结	712
ⅩⅣ	叙事的声音("它",中性)	734
ⅩⅤ	木桥(重复,中性)	749
ⅩⅥ	文学,再来一次	767
ⅩⅦ	孤注一掷的明日	784
ⅩⅧ	书的缺席	815

注

当然,总有书在各个国家以各种语言出版,一些被视为批评或反思的作品,而别的被冠以小说的名号,另一些则自称诗歌。这样的规定很有可能会持续下去,就像书的概念被穷尽了之后很长一段时间,仍然会有书一样。然而,我们必须做出这样一则评论:自马拉美(把这个人还原为一个名字并把这个名字还原为一个标志)以来,倾向于让这样的区分显得枯燥无味的事情在于,某种东西的经验,经由它们并且比它们更为重要地,显现了出来,那就是我们带着一种更新了的严肃,并用引号来继续称呼的"文学"。散文、小说、诗歌似乎在那里被写下,只是为了允许文学的劳作(如今被视作一种独一的力量或一个至尊的位置)得以完成,并通过这样的劳作提出一个问题,"在艺术或文学这样的东西存在着的事实中,至关重要的事情是什么?"这个问题是极其紧迫的,并且是历史地紧迫的(在这里,我指的是《文学空间》和《未来之书》的一些文本,还有一篇题为《文学与死亡的权利》的文章),但一种唯美主义的世俗传统已经掩盖并将继续掩盖它。

我不会说我们已经走出了这个时刻;这几乎没有什么意义。不论我们做什么,不论我们写什么——宏伟的超现实主义的经验已经表明了这点——文学都占有了它,并且我们仍处在书的文明中。但文学的作品和研究——让我们保留"文学的"这个描述性的形容词——加剧了文学所庇护的原则和真理的一种不安。这种和知识、话语、政治斗争所提供的某些可能性相关的劳作已促使语言的问题浮现出来,虽然这不是第一次(因为重复,永恒的再次温习,是它的本源),而是以一种更加持续的方式,就像这些作品所肯定的那样;那么,通过语言的问题,另一个或许颠覆了它的问题也浮现了出来,而随这个问题一起到来的是一个今天表面上被轻易接受了并且显得平常的词语,但仅仅几十年前,在其中性的单纯当中,它被删得最多并且几乎是不合理的:书写,"这书写的疯狂游戏"。

书写,书写的要求:不再总是(通过一种绝对不可避免的必要性)服务于所谓理想主义(也就是,道德化)的言语或思想,而是通过其缓慢释放的固有之力量(缺席的即兴的力量),似乎仅仅致力于其仍然不一致的自身,并逐渐地引出全然他异的可能:一种无名的、消遣的、延异的、离散的关联方式。由此,一切都受到了质疑——首先是上帝的观念,自我的观念,主体的观念,然后是真理和唯一者的观念,最后是书和作品的观念——因此,这种(以其谜样的严格性来理解的)书写根本不把书作为它的目标,而是标志了书的终结:一种可以说外在于话语,外在于语言的书写。

又一个需要阐明或制造困惑的词。当我说"书的终结",更确切地说,"书的缺席"时,我指的不是这么多专家关心的通讯的视听手段。如果一个人停止书的出版,而代之以声音、图像或机器的交流,那么,这绝没有改变所谓的"书"的现实;相反,语言,如同言语,会因此愈发地肯定它的主导性以及它对一种可能之真理的确信。换言之,书总指示一种服从于统一的秩序,一个观念的体系,那个体系肯定了言语之于书写的优越性,思想之于语言的优越性,并且承诺:交流有朝一日会是直接的和透明的。

那么,书写有可能要求我们抛弃所有这些原则,也就是终止并完结一切担保我们文化的东西,这不是为了让我们以一种田园牧歌的方式转身,而是为了让我们实现超越,也就是走向极限,以便试着打破圆环,圆环之环:观念的总体——它奠定了历史,它在历史中发展,并且它的发展就是历史。书写,在这个意义上——在这样一个方向上:没有任何的摸索、松懈、转动和迂回(此处放置的一篇篇文本一起承担了这些东西的踪迹,并且,它们的兴趣,我想,就在于此),就不可能仅仅维持自身,甚或以全体的名义维持自身——假定了时代的一种根本的改变:打断,死亡本身——或者,夸张地说,"历史的终结"。书写以这种方式穿越了共产主义的来临,共产主义被视为终极的肯定:仍然总是超越共产主义的共产主义。书写就这样成了一个可怕的责任。书写被不可见地召唤着去瓦解这样一种话语:不论我们相信自己多么不幸,只要我们还支配着它,我们就仍被舒适地安置在里头。从这个角度看,书写是最大的暴力,因为它僭越了法则,一切的法则,甚至它自己的法则。

M. B.

╳╳每当他进来,每当他了解这个起身为他开门,邀他进入的健壮殷勤的老人时,他都发觉,谈话早已开始。

不久之后,他意识到,这场谈话会是最后的谈话。一种仁慈由此从他们的言语中浮现。"你不总是仁慈的吗?"——"总是。但我们被要求证明一种我们尚未知道的,更加完美的仁慈:一种不限于我们个人的仁慈。"——"那样的仁慈也不满足于将自身推广至每个人,而是面对一个仁慈所不适应的事件,维持自身。"——"那是我们承诺要在今天唤起的事件。"

一如既往地,两人中的一个等着另一个来确认,而那样的确认其实没有到来,不是因为缺乏默契,而是因为默契已被提前给出:这是其谈话的条件。

╳╳他邀他进入,他留在门旁,他感到疲劳,并且,迎接他的也是一个疲劳的人。他们所共有的疲劳没有让他们靠得更近。

"仿佛疲劳应向我们提出真理的完美形式,我们一生不懈追求的形式,但在它献出自身的那一天,我们必然失去了它,恰恰是因为我们太过疲劳。"

╳╳他们坐下,隔着一张桌子,不是转向彼此,而是围着那张分开他们的桌子,打开了一段间距,大得足以让另一个人认为自己是真正的对话者,并且,他们会为他说话,如果他们对他倾诉的话:"请原谅我邀请你来看我。我有话要对你说,但现在我感到如此疲劳,我怕我没法表达自己。"——"你感到十分疲劳吗?"——"是的,疲劳。"——"这是突如其来的吗?"——"说实话,不是。即便我被允许召唤你,那也是因为这样的疲劳,因为在我看来,它似乎会让谈话变得容易。我曾经甚至完全肯定这点,现在,我也几乎确信。只是我那会儿还没有意识到,因疲劳而得以可能的东西,也因疲劳而变得困难。"

与他交往的那个人如此费力地表达着自己,以至于他暂时没法反驳他;况且他也不愿这样。

他问他,他想问他:"如果你不像你所说的那么疲劳,你会对我说什么?"——"是的,我会对你说什么?"他突然重复道,几近快活;他反过来情不自禁地假装分享那样的快活。尔后,在那对他而言看似快活,或许只是享受的东西后,紧跟着一阵他必须打破的沉默。他想为他施加的这一压力道歉,因为他询问他而不顾他的感受,但他又想,不管他是否询问他,从他到场的那一刻起,他无论如何都会施压的。"是的,"他继续,"我们会说什么?"他的对话者垂下了头,仿佛他变得迟钝,准备入睡——他的确令人印象深刻,因为其强大的气魄,因为他不疲劳,却强健有力,因为他赋予了疲劳其力量的幅度。过了一会儿,他头也不抬地问:"我们会说什么?"这一次,他显得完全清醒。

"我会回来。我认为你应马上休息。"——"是的,我需要休息,但我们必须预先约好见面。"他接着说:"你和我一样疲劳,或许更加疲劳。"他由此笑着推断:"疲劳是慷慨的。"——"是的,的确如此;我纳闷我们还能怎样继续;但我们继续了吗?"——"一个人可以这样问自己,他或许会回答,整体上,我们继续得相当不错。"他们各自笑了起来。"是的,我们继续得相当不错。"他们中的一个站了起来,仿佛被这样的确信所鼓舞;他几乎唐突地转过身去,以这样的方式证实了这小小房间里的扰动。他转向了书架,那里——一个人此时发觉——排列着许多的书,这些书处在了一种或许与其说是严格的,不如说是表面的秩序里,但这也无疑解释了,为什么就连一个熟悉房间的人也不会一眼发现它们。他没有触碰任何一卷,他待在那里,转过身来,用一种低沉但清晰的声音说:"我们如何做到销声匿迹?"

用一种低沉但清晰的声音,仿佛黑夜,带着它的喃呢,降临在他们周围——它成就了朗朗白日,他能够明白这点——迫使他做出了回答:"是的,我们只需……"——"不,这不足以……"

士士从这个词——一个词,一句话——在他们之间滑过的那一刻起,某种东西改变了,一段历史终结了;必须把一个间隔置于他们的存在和这个词语之间,但词语总是包含了这个间隔,不论它是什么,还有那段把他们分开,并把他们与之分开的距离。他们总是清楚地意识到这点;有时,因为狡诈,因为怯懦,他们彼此恰好离得远远的,这不难,生活把他们分开。当他们停止彻底地彼此注视时,当城市给他们指派的生命历程并不冒险让他们相聚时,他们会感到满足,如果满足不同样是这个词的理解把自身强加给他们的那种方式。所以,他们并不满足,而这足以让远离和遗忘显得徒劳了。

土土在一个人的生命里——因此在众人的生命里——有那么一刻,一切完成了,书被写下了,宇宙沉寂了,存在安息了。只剩下一个宣告的任务:这不难。但由于这额外的言语有打破平衡的风险——并且,到哪里去找说出它的力量呢?到哪里为它找另一个位置呢?——人们不念出它,任务仍未完成。人们只是写下我刚刚写下的话,最终也不再写了。

土土他记得他们的谈话:他用一种疲劳的方式询问着他;他看似专注、审慎、冷漠,他一下子明白了一切,这很显然;但他脸上有一种让词语异轨的无兴趣的表情,一种无表情的表情。

土土"我请你来……"他停了片刻,"你记得事情是怎么发生的吗?"对话者反过来回想:"我清楚地记得。"——"啊,很好。说到底,我不是十分确定自己发起过谈话。"——"不然我怎么能来呢?"——"友谊会派你来。"他再次回想:"我写过信给你,不是吗?"——"有好几次。"——"但我不也给你打过电话?"——"当然,有好几次。"——"我看得出你对我的照顾。我很感激。事实上,这不新奇;疲劳没有增强;它只是周而复始。"——"有几次了,我相信我们都知道的。它让我们活着。"——"它让我们说话。我愿自己能准确地说出它发生的时刻,如果事情的特征没有让准确变得困难的话。我不禁考虑这个。"——"很好,我们必须一起考虑。是你遇到的某件事吗?"——"我说过吗?"他几乎立刻用一种决断的力量进行补充,而那力量恰好被形容为动人的,以至于似乎超出了其活力的来源:"没有什么事情发生,"但带有一个保留,"没有什么事情对我发生。"——"那么,在我看来,这不算严重。"——"我没有说它严重。"他继续在这上面思索,接着说:"不,它不严重。"仿佛他在那一瞬间发觉,不严重之事严重得多。他的对话者必定感觉到了这一点,也感到自己必须做点什么来帮他。"好啊,如果不严重的话,谈谈它也不要紧了。"他看着他的朋友——两个疲劳的人,也就是说,像两个疲劳的人能够体现的那样,不疲劳,但陌生。这无疑是他等待的,是他再次告诉他的:"我不疲劳,"但谈话给他带来了别的东西,"我对你没有秘密可言,你知道的;只是我不确定你会来。"——"但我还从未错过哪怕一次会面。"——"的确,你一直是最可靠的朋友,但如果你来时恰好有过犹豫,也请告诉我。"——"我现在会犹豫。但我来了,别的都不重要。"——"是呀,你来了。"他们各自倾听这个用仁慈和诚实的口吻念出的词。他们都觉得自己好像被谈话本身的仁慈所守护,有义务——这在温柔中显得艰难的义务——撒入其中。每一次,他们都听到了(他们怎能听不到呢?)这些词,而所有的词,都在这些词一瞬间形成的背景上突显:或疲劳或仁慈,我们相互理解。理解突然向这无所表达的言语敞开了自身,这言语几乎只是一阵喃呢:"我不知将发生什么。"它轻声回响。它不被扰乱。他同样轻声地问:"但告诉我,发生了什么?"他收到同样轻声的回答:"那不得不发生的,某件与我无关的事。"他立刻被这言语保持距离的方式所震惊;它不郑重,几乎未作恳求;它不改变晚到的曙光。他知道,这毕竟只是一句话,最好不要把它翻译成他无论如何都情不自禁地提出的另一句话:"你想让我明白这会牵涉到我吗?"——"它不牵涉我们任何人。"沉默拥有一个他不关注的特点,他陷入了这样的印象,即门槛已被跨越,肯定的力量已被打破,拒绝已被摒弃,而且一种挑战已被提出——不是向他,向仁慈的对话者提出,而是以无人称的方式提出,或者,的确,这是奇怪的,是向别的某个人,向那个恰恰不牵涉任何人的事件提出。他愿自己能够远远地站着,以便更好地反思这一点,并且,在他看来,他似乎有时间反思,仿佛他已被遗忘,也就是说,仿佛他不得不为了思考而面对如此的遗忘。的确——他后来想到了吗?他现在想到了吗?——他觉得自己暂时被谈话所离弃,持存的只是谈话的缺席,一种本身同样仁慈的缺席。或许,这也持续,但或许随后的东西很快就到来,那是他此时准备听到的话:"这不牵涉任何人,这牵涉无人。"——"这就是你要告诉我的?"另一个人向他投来一道痛苦的目光:"我不想告诉你,直到现在我也不想。"之后,他陷入了沉默,如此的沉默只能意味着:帮帮我,你必须帮帮我。

俩人的深思熟虑足以令他们意识到他们不应待在那里,一个人(就像他假定的)是因为他现在觉得自己需要说话,另一个则是出于他毫不迟疑地表达的原因:"你为什么不想?"——"你知道的,"他接着轻声地说,"我怕连累你。"他一瞬间接受了这个念头,哪怕只是为了让它变轻:"好,现在再也不要怕了。自我们见面以来,我们不是一直携手共事,坚定地相互援助,像是面对同一个裁决者吗?"——"携手共事?"——"共事于同一谈话。"——"的确,但我们也因此必须十分专心:我意识到我的责任。"——"我也意识到我对你的责任。"——"你意识到了的,不承认是不友好的,但也是在一定程度上。"他问自己这条界限,然后不停地追问:"你的意思是:就我们说话而言。没错,说话是留给我们的最后机会,说话是我们的机会。"——"如果我说话,你不会听。"——"但我在听啊。"——"我也在听。"——"那么,你听到了什么?"他们总是一直面对彼此,但又相互转离,只是远远地看着对方:"你请我来,这样,我们就可以谈论它了。"——"我请你来,是为了不一个人思考它。""但,"他用一种微弱的快活的语气补充道,"自我思考它的时候起,我就不是一个人。我也绝不再是一个人。"——"我明白。"——"是的,你明白。"他说得悲伤,几乎立刻补了一句:"你知道,我有段时间十分疲劳。你不必太过留意我说什么。

正是疲劳让我说话;那至多是疲劳的真理。关于疲劳的真理,一个疲劳的真理。"他停了下来,用一个狡黠的微笑看着他。"但疲劳不能阻止你信任那个与你一道分享这个真理的人。"——"你很清楚我对你的信任。我所剩无几。"——"你的意思是,疲劳或许还消耗了信任的力量。"

说话让他疲劳,这很明显。但如果他不疲劳,他也不会(对我)说话。

"似乎不管多么疲劳,你仍然完成了你的使命,恰如其分。人们会说,不仅疲劳妨碍了工作,而且工作也要求这过度的疲劳。"——"不单对我是这样的,然而,那是疲劳还是对疲劳的冷漠?"——"疲劳,冷漠,无疑是同一回事。"——"那么,冷漠就像是疲劳的意义了。"——"其真理。"——"其疲劳的真理。"他们再次分别笑了起来,空间一下子打开,过了一会,他在那里默默地倾听,仿佛他不得不沉默,以便说出:"请你答应我不会过早地离开。"

✝✝他注意到,谈话以其自身的仁慈帮助他们,不管其相互的疲劳让谈话的继续变得多么困难。谈话帮助他们,允许他们不说任何操心的事情。的确,关于其无忧无虑的谈话,仍有轻微的顾虑。

可以肯定,他们的谈话与他们保持着距离,处在了普通言语的审慎的仁慈下,那样的言语承担了法则,使得任何的侵害都不能从意图或行为上与之相悖地产生。

土土"我假定我应更早地关心这个处境。"——"在我看来,你似乎总在为它操心。"——"某种意义上的确如此,但在这不断的操心里,有一种忧虑,那就是我没有早点为它操心。"

土土他回想,圆在什么样的情形下仿佛在他周围被画了出来——一个圆:确切地说,圆的缺席,那诞生了日夜的巨大圆周的断裂。

对于这他异的圆环,他只知道他没被关在里头,他没有和他自己一起被关在里头。相反,这被画出的圆——他忘了说:线只是开始了——不允许他把自己纳入其中。这是一条一边打断自身一边铭刻自身的不被打断的线。

让他暂且承认这道好像是用粉笔,当然是由他自己——不然是谁呢?——或某个像他一样的人——他不做区分——描画的踪迹。让他知道,它绝没有扰乱事物的秩序。让他无论如何发觉,它代表了一类特定的事件——他不知是哪一类,或许是一种游戏。让他仍一动不动,被游戏唤成了某个未玩游戏者的伙伴……

有时,他对圆环倾诉,对之述说:试一下吧,冷漠的圆,哪怕只有片刻,试着再次关闭,这样,我就知道你始于何处,终于何方。

让这个圆——圆的缺席——被书写或疲劳所描绘,疲劳不许他做出决断,哪怕只有通过书写,他才发现自己疲劳不堪,步入了疲劳的圆环——步入疲劳,如同步入圆环。

十十当一切看似已经结束的时候,一切又通过一个他无法摆脱的事件而为他开始,他并非迫不得已不停地思考它或纪念它,而是因为那根本不牵涉他。无疑是在那发生许久之后——经过了这么漫长的时间,以至于他宁愿把它置于当下,或许还不乏理由——他察觉某件事情已经发生——它远离闪耀的历史,充满了意义,然而一动不动,无人参与——这只是因为,他在无数的事实和恳求他的伟大思想中,注意到了这已然发生的可能性,他并不缺乏认识——他必然知道一切——而是缺乏兴趣。

十十通过一个事件,一切为他开始——虽然此时一切看似已经结束——他无法摆脱这个事件,因为这个事件根本不牵涉他。

一个事件:无论如何不发生的事情,未发生之事的领域,同时也是这样的东西,当它发生的时候,它发生但不把自身聚于某个明确的或可规定的点上——那既不作为一种可能性,也不作为整体的可能性而发生的事情的突然来临。

那么,这个事件是什么? 在它下面,疲劳的他保持着疲劳。

十十他想对我说话,他发现没什么要说。他暗示了他的疲劳,他求我向他提问。但让我惊讶的是,我不得不承认我忘了如何发问。为了不让他担心,我告诉他,我们离得太近,以至于无法有效地相互询问。"是的,"他说,"太近,就是这样。"他似乎无限地远离了。

‡‡被卷入了一种外在于他的言语。

"当你在那里并且我们说话的时候,我意识到,当你不在那里时,我被卷入了一种能够完全外在于我的言语。"——"为了不被独自卷入里头,你要对我说出它吗?"——"但我不是一人在里头:某种意义上,我不在里头。"

"什么让你不安?"——"被卷入了一种外在于我的言语这个事实。"

‡‡"如果你不在那里,我相信我无法忍受疲劳。"——"但我也会助长它。"——"没错,你让我十分疲劳,但恰好是在人的限度内。无论如何,危险不可避免:当你在那里时,我仍坚持,我渴望照顾你,我没有完全失去外表。这持续不了多久。所以我请你离开。出于对疲劳的尊重。"——"我会离开的。"——"不,先别离开。"

为什么他把疲劳的名字赋予了其生命之所是?这里有一种冒名顶替,有一种审慎。同样,他再也不能区分思想和疲劳,他在疲劳中体验相同的空虚,或许是相同的无限。当思想和言语在彼此之中消失的时候,它们既同一,又不同一,就像是一种疲劳转入了另一种疲劳,那无论如何都是同一种疲劳,却被他讽刺地赋予了安息的名字。

思考疲劳。

疲劳难以察觉地增长;它难以察觉;没有证据,没有完全确定的迹象;它似乎每时每刻都已到达顶点——但,当然,这是诱饵,是一个不被遵守的承诺。仿佛疲劳让他活着。还有多久?无止无尽。

疲劳成了其唯一的生存手段,差别在于,他越是疲劳,他就活得越少,但他只能通过疲劳活着。

如果他安息,那么,疲劳已经提前占有了这样的安息。

他似乎每时每刻都在他的疲劳面前出现:你没有那么疲劳,真正的疲劳等着你;是的,现在,你开始疲劳了,你开始忘记你的疲劳了;一个人可以如此疲劳,而没有罪吗?他从未听到解脱的话:好了,你是疲劳的人了,除了疲劳,没有别的了。

††"我突然想到:你的友谊只有一个原因——我说不出它是多么始终如一,多么大公无私——那就是对我而言最特别的东西,我享有特权的部分。但一个人会依恋一个疲劳的人并且只是因为他的疲劳吗?"

"我没有要求一个人消除疲劳。我要求被带回到一个有可能产生疲劳的领域。"

††"友谊只被献给生命本身。"——"但这关系到我的生

命,而我无法把我的生命与疲劳分开,差别就在于,疲劳不断地超出了生命的界限。"疲劳,他如此称呼它,但疲劳不给他留下一丝允许他如此合法地称呼它的力气。

十十 当他谈论疲劳的时候,难以知道他在谈论什么。

我们承认,因为疲劳,言语变得不那么准确,思想变得不那么生动,交流变得更加困难了。但这一状态所固有的不精确性,不是通过所有这些迹象,抵达了一种精确吗:那样的精确最终也通过提出某种非交流的东西,服务于准确的言语?但很快,疲劳的这一用法似乎与疲劳再次发生了矛盾,使得疲劳不只是虚假的,可疑的,使之成为那仍在其真理的方向上前行的东西。

疲劳是最谦卑的厄运,最中性的中性;这样的体验,没有人会出于虚荣心而选择,如果可以选择。哦,中性,让我从我的疲劳中解脱,将我带向那与我无关,却让我担忧乃至于担当了一切的东西。——但这就是疲劳,一种非占有的、无所怀疑地吸收的状态。

只要你反思你所谓的疲劳:(1)你就证明了你在讨好疲劳的自己;(2)你失去了你的对象,因为你遇到的不过是你意图的迹象;(3)你减轻并抹掉了它,从徒劳的东西里汲取意义和好处,你变得图谋私利而非不偏不倚。——这是真的,但只是部分为真:我没有反思,我假装反思,或许这一掩盖的方式就是疲劳的特性。我没有真的说话,我在重复,疲劳就是重复,是一切开端的损耗;我不仅抹除,我也增强,当我假装仍有力气说出它的缺席时,我让自己筋疲力尽。——这一切是徒劳的,千真万确。你工作,但不值一提。那么,我任你工作,因为只有这样,你才会意识到你没有能力工作。

± ±你真的相信,你可以通过疲劳,通过疲劳的中性,来接近中性,并于言说不是观看的时候,更好地听到发生的事情?其实,我不相信;我也不肯定;我疲劳得没法肯定。只有某个人,我不认识的某个人,在我身边说它;我让他说,那是一阵无关紧要的喃喃低语。

± ±中性,中性,这在我听来多么陌异。

± ±情境是这样的:他已经失去了以一种连续的方式恰如其分地表达自己的权力,而那样的权力,要么是通过永恒之时间的连续——这也是一种寻求同一和统一的正在运行的理性的连续——符合了逻辑话语的一致性,要么是听从了书写的不被打断的运动。这没有让他幸福。但作为补偿,他不时地相信,他获得了一种间歇地表达自己的权力,那样的权力甚至表达了间歇。这也没有让他不幸。

这既没有让他幸福,也没有让他不幸,而似乎让他同一个能够幸福或可能不幸的主体撇清了一切的关系。

当他说话的时候,他像所有人一样说话,至少是在他看来;当他写作的时候,他遵循了他为自己开辟的道路,而不遭遇比过去更多的阻碍。发生了什么?他问自己并不时地听到回答:某件与之无关的事。

±±无关之事。不只是与他无关的事,而且是本身就无所关涉的事。某种不合法的东西由此进入。一如既往地,在一个有学识的黑夜的悲伤中,他通过简单地修改某些概念,召回了一个陌异的精魂;此刻,他是词语游戏的一个简单变化所唤回的自己。

±±同某种与之无关的东西一起活着。

这是一句被轻易接受了的话,但也久久地压在他身上。他试着检验它。"活着"——这真是相关的生活吗?"同"?"同"不是引入了一种恰恰于此被排除了的连接吗?"某种东西"?既不是某个物,也不是某个人。最终,"这与他无关"仍极大地分辨出了他,仿佛他让自己占有了一种权力,能够被那与之无关的东西所察觉。之后,这句话还剩下什么?同样的东西,静止不动。

亲历无关之事(与它一道活着)。

有各种各样回应这一情境的方法。有人说:活着就必须像活着与我们无关一样。还有人说:既然无关,我们就必须活着而绝不改变生活。但另有人说:你在改变,你把不变亲历成了那不会改变你的无关之事的踪迹和标记。

✚✚这是一句发生了些许谜样之转折的话。他视之为几乎不连贯的,几乎不确定的,令他反感地坚持着的。它不求接受,不求反驳。事实上,这就是其持续的模式:既不肯定什么,也不撤回什么,哪怕否定的转折让他陷入了同他自身的纠纷。整个生命已经改变,但生命完好无损。

　　他渐渐明白了,句子——说的是哪个句子?——在那里只是为了激发间歇,或通过这样的间歇让自身进行意指,或赋予这样的间歇某种内容,所以,句子——这是一个句子吗?——外在于其固有的意义,因为它必须有一个意义,它会把它邀他进入的这间歇的打断当作他异的意义。

　　打断:一种痛苦,一种疲劳。

　　当他对某人说话的时候,他逐渐感受到打断的冷酷力量在肯定自身。奇怪的是,对话没有停止;相反,它变得更加坚定,更加决然了,但又如此危险,以至于他们对共同空间的归属在他们之间永远地消失。

　　✚✚你清楚地知道,唯一的法则——除此无他——就体现为每一个人——不论和其他人分开,还是团结起来,不论他在说话,还是沉默——通过一种先于一切决断的切心谐调,而接受、承担并维持的那一独特、连续、普遍的话语;如此的协调,使得话语本身的意欲所推动或渴求的任何离弃它的尝试都肯定了它,正如一切的损害都让它更为明确,一切的停止都让它更为持久。——我知道的。——所以,你知道,当你谈论这些让话语断裂的打断时,你的确谈论了它们,把它们迅速甚至提前还给了话语的不被打断的力量。——当它们产生的时候,我沉默了。——如果它们以这样一种方式产生,使得你必须沉默一次,那么,你就再也不能谈论它们。——我恰恰没有谈论。——那么,你此时此刻在做什么?——我说我不谈论它们。

我清楚这一切,我比你更清楚,因为如果我是这言语的所谓的守护者,由它创立并由它产生,那么,你只是这守护者的守护者,由他创立并由他产生。

††你抱怨什么,无源的沉默?为何来此纠缠一种不认得你的语言?你把什么引入了我们,引入了这个永为冷酷的法则所主宰的空间?是你吗,那尚且听不见的抱怨?

††困难如下。这不是对事实的一个简单打断,即便它一开始就呈现为意外的;它根本上总拥有某种义务的特点;诚然,一种极为审慎的义务,并且它不强加自身。然而,因为它的审慎,它要求尊重。一种禁令由此得以肯定,但没有人知道,禁令的阻隔是否在颁布它的同时已然穿越了纯粹的停止。这已是一种忧虑。但还有一种:如此的打断,或许只是一个古老的意外,虽然具有某种义务的特点,并以一种谜样的方式担负着禁令,但也将自身呈现为被禁止的,一个令人遗憾的例

外,一个在圆环中打开的缺口,无疑,它必定仍属于规则,哪怕是以反常的名义,一种虚伪的反常——除了在禁令下展开自身,一个人还能以什么别的方式表达自己?——但他意识到,即便有如此的合法化,它仍然且从来每一次,都继续落到那在其行动场域内部持守它的规则之外。

纯粹的停止,禁令的判决,使得对谈的时间通过一个不被中断的决断介入了。

十十他在倾听日常的言语,那样的言语,沉重又轻盈,说出了一切,向每个人提出了他欲述说的东西;独一无二的言语,遥远又总亲近,每个人的言语总已得到表达,但又无限温柔地有待述说,无限珍贵地有待倾听;短暂之永恒的言语,它说:此时,此时,此时。

他如何来欲求话语的打断?不是合法的暂停,不是那允许谈话之相互往来的暂停,不是仁慈的、理智的暂停,也不是两个对话者,从一边到另一边,用来度量其交流权利的美妙的等待。不,不是这些,更不是严肃的沉默,可见之物的无声言语,不可见者的隐忍。他想要的是完全不同的,一种冷酷的打断,圆环的断裂。而这很快就发生:心脏不再跳动,言说的永恒冲动停止了。

一
复多的言语
书写的言语

I 思想与不连续性的要求

诗歌有一种形式，小说有一种形式；①探究(recherche)，那个让所有探究的运动都在它里头进行的探究，似乎没有意识到它有一种形式，或者，更糟糕地，它拒绝追问它从传统中借来的形式。"思"(penser)，在这里，会等于那样一种言说，那种言说不知道它用什么语言在说，或不知道它运用了什么修辞，甚至没有发觉一种意义，语言和修辞就是用这种意义取代了"思想"(pensée)为其自身规定的东西。有时利用专业的术语，有时为一种特定的知识发明概念，这是合理的。但探究所讨论的东西的传达方式，一般而言，仍然是一种陈述的方式。学院和大学的论文就是典型。

或许，这些评论首先适用于现代。有过重大的例外；一个人应该想起它们，然后试着阐释它们。一个值得长期研究的

---

① 或不如说：诗歌，小说，都是形式，这个词根本没有澄清任何东西，而是承担了全部的疑问。（原注，后文不再说明。）

任务。我将随机地援引一段并不博学的记忆，一些（最重要的）古汉语文本，一些印度思想的文本，还有早期的希腊语言，包括对话的语言。在西方哲学里，圣托马斯（saint Thomas）的《大全》(*Somme*)①，通过一种明确严格的逻辑形式和一种实为回答模式的提问模式，把哲学实现为一种建制和一种教育法。相比之下，蒙田（Montaigne）的《散文》(*Essais*)就逃避了那种声称在大学里占有一席之地的思想的要求。至于笛卡尔，如果《谈谈方法》(*Discours de la Méthode*)是重要的，哪怕只是出于其形式上的自由，那是因为这种形式不再是一种简单陈述的形式（就像学院哲学里的那样），而是描绘了一个探究的运动，它在一种根本的体验中，把思想和生存结合了起来：如此的探究是对一种前行的探究，也就是，对方法的探究；而这个方法是引导，是自身持守的模式，是追问者之前进的模式。

让我们跳过这段历史。我向探究者推荐的这一探究方法是十分有益的。但我会注意到一件对绝大多数时代而言都成立的事情，即思想在其中遇到它所寻求之物的那一形式往往和教育（enseignement）有关。大多数的古代思想家都是如此。但赫拉克利特（Héraclite）不仅仅教导；当他说话的时候，所提出的逻各斯（logos）的意义完全可被纳入"教学"（leçon）一词，那对好几个人说出的考虑周全的东西，"理智的交谈"，一场无

---

① 指中世纪神学家托马斯·阿奎那的《神学大全》。——译注

论如何必定在神圣建制的框架下发生的谈话。① 苏格拉底,柏拉图,亚里士多德:在这里,教育就是哲学。而发生的事情是,哲学将自身建制化了,然后,它从先行确立的建制中——它就是在这些建制的框架下被创建起来的——获得了它的形式:教会和国家。十七和十八世纪以其引人注目的例外证实了这点,这些例外的一个意义就是,它们标志了一种同哲学教育的决裂。帕斯卡尔,笛卡尔和斯宾诺莎都是持异见者,他们没有一种一边教育一边学习的正式职能。帕斯卡尔的确写了一部辩护,一种用来教导基督教真理并说服浪荡子的统一而一致的话语;但他的话语(discours),在思想和死亡的双重歧异里,被揭露为一个拆散、打断了的过程(dis-cursus),这个过程第一次让断片(fragment)的观念作为一种一致的形式被人所接受。在十八世纪(至少在法国),正是作家承担了哲学本身的命运。写作就是哲学化。教育成了信件的生动交流(这已经是前一个世纪的情形),诽谤的快速传播和小册子的分发。卢梭,最终,是伟大的哲学家,而他的一部分话语致力于修改教育的惯习,因为不再是人,而是自然在实施教育了。

哲学的巅峰期,批判哲学和唯心主义哲学的时期,将确认同大学所保持的种种关系。自康德以来,哲学家首先是一个

---

① 这至少是克莱芒斯·拉姆努(Clémence Ramnoux)的阐释,见《赫拉克利特或物与词之间的人》(*Héraclite ou l'homme entre les choses et les mots*, Paris: Les Belles Lettres, 1959)。

教授。黑格尔——在他身上,哲学会集并完成了自身——是这样一个人,他的职业是在一把大学椅子的高度上说话,准备课程,并与这种权威形式的要求相符合地思考。我这么说可没有任何轻蔑的意图。智慧和大学的相遇具有重大的意义。显然,做一个身为教授的哲学家的必要性,即把一种连续而发达的陈述形式赋予哲学探究的必要性,不无影响。但克尔凯郭尔呢?尼采呢?是的,当然。尼采也是一位教授,但他随后不得不出于各种原因放弃这个职位,其中的一个原因具有揭示性:其大胆的思想,一种在断片,也就是在要求分离(séparation)的分散之肯定(affirmations séparées)中得以实现的思想——《扎拉图斯特拉如是说》(Ainsi parlait Zarathoustra)——如何能够在教育中找到一个位置并适应大学言语的要求呢?根据大学(或许错误地)声称要维持的导师和学徒的区分,共同存在和共同思考的高尚作风在这里遭到了拒绝。到了尼采,某种不寻常的东西逐渐地显露,[1]正如哲学戴上了萨德(Sade)的面具,不再表达权威之人,而是表达隐秘的囚禁之人时,某种不寻常的东西也开始显露。但哲学家再也不能不做一个哲学教授。1929年,当海德格尔提出"形而上学是什么?"的问题时,他正在弗莱堡大学发表就职演说,并追问学科

---

[1] 这在他致布克哈特(Burckhardt)的最后一封信中以悲剧-戏仿的形式得到了表达:"亲爱的教授,从各方面考虑,我宁愿做巴塞尔的一名教授而不是上帝……"

的技术化组织所形成的教授和学生的共通体(他由此提出了质疑)。① 而他的很大一部分写作是由大学的课程和工作构成的。②

我们可以把探究者所能获得的形式的可能性归纳为四种:(1) 他教育;(2) 他是一个知识人并且他的知识与特定探究的往往是集体的形式有关(精神分析[非科学的科学]、人文科学、基础的科学探究);(3) 他把他的探究和政治行动的肯定结合起来;(4) 他写作。教授,实验室工作者,实践者,作家——这些是他的变形。黑格尔,弗洛伊德和爱因斯坦,马克思和列宁,尼采和萨德。

要说这四种存在方式总是相关的(毕达哥拉斯既教导,又阐述一个宇宙的统一理论,还创建了一个宗教和政治的派别),并由此表明什么也没发生改变,就是什么也没说。让我们避免这种软弱的联结。更加重要,也更加困难的,是追问哲学和教育存在已久的持续的关系。初看上去,一个人会回应道:教育就是言说,而教育的言语符合一种原始的结构,师徒关系的结构。一方面,是在其特殊性当中进行口头交流的问题;另一方面,是关于某一种异常(anomalie)的问题,这种异常

---

① 参见马丁·海德格尔,《路标》,孙周兴译,北京:商务印书馆,2011年,第120页。——译注
② 但我们必须立刻补充道,哲学的一个特点,正如它在海德格尔那里显露出来的那样,可以这样来表达:海德格尔本质上是一位作家,所以他也对一种妥协的写作负有责任(这甚至是其政治责任的尺度之一)。

影响了人们(提防任何现实的主张)所谓的相互关系的空间。我们应该明白,哲学家不只是一个传授他所知道的东西的人;我们不应满足于把榜样的角色归于导师,或把他同学生的关联定义为一种实存的关联。导师代表了一个绝对他异(autre)的时空领域。这意味着,因为他的在场,交流关系中有了一种不对称性;这样的不对称性意味着,在他所在的地方,关系的场域不再是均一的,而是显示了一种扭曲,这种扭曲排除了一切直接的关系,甚至排除了关系的可逆性。导师的在场揭示了相互关系空间的一个独一的结构,使得从学生到导师的距离和从导师到学生的距离并不一样——甚至制造了一种分裂,在导师所在的点 A 和学生所在的点 B 之间,制造了一道深渊:这样的分裂从此会是一切他异距离(autres distances)和一切他异时间(autres temps)的尺度。让我们更确切地说,A 的在场为 B,因此也为 A,引入了一切事物之间的一种无限性的关系(rapport d'infinité),并且首先是在承担这一关系的那种言语里。那么,导师注定不是让关系的场域变得平滑,而是打乱它,不是让知识的道路变得通畅,而首先是让它变得不仅更为艰难,而且真正地无法通行;这也是东方的导师传统所清楚地表明的事情。导师所提供的一切有待认知的东西都由他所代表的不可规定的"未知"(inconnu)所规定,这种未知对自身的肯定不是通过导师的神秘、声望或学识,而是通过 A 和 B 之间的无限的距离。按"未知"的尺度来认知,在接近事物之熟悉的同时保持它们的陌异,通过诸关系之打断的经验,和一切事物发生关系:这不过是聆听言语并学会言说。导师和学徒的关系是言语的关系:在那里,不可度量者成为尺度,并且,非关系成为关系。

但正如一个人可以想象的,一种双重的变质威胁到了这种陌异的结构。有的时候,"未知"被限定为尚未认识的事物的整体(或者,仅仅是科学对象本身)。其他时候,"未知"和导师个人混为一谈:那时,它成了导师自身的品质,其身为榜样的价值,其身为领袖或圣贤的德性(其大师的卓越性),而不再是相互关系的空间的形式——导师不过是这个成了智慧来源的空间的一员。在这两种情形里,教育不再符合探究的要求。

*

让我们从之前的评论中保留两点。在探究中至关重要的未知既不是一个对象,也不是一个主体。未知者在其中明确表达自身的言语关系是一种无限性的关系。由此可以得出,这种关系在其中得以实现的形式必须以一种或另一种方式标出"弯曲",这样,A 和 B 的关系才不会是直接的,对称的,或可逆的,才不会形成一个整体,不会同时发生;那么,它们既不处于同一时间,也不能用同一尺度来度量。一个人会看到,什么样的解决方式对这样一个难题而言是不恰当的:例如,一种肯定的和回答的语言,或者,一种简单发展的线性的语言,也就是说,这样一种语言,在那里,语言本身还没有开动起来。

但引人注目,并且同样可以理解的是,解决途径要在两个相反的方向上找寻。一个方向必然要求绝对的连续性和一种可被称为球形（sphérique）的语言（正如巴门尼德［Parménide］首先提出的①）。另一个方向必然要求一种或多或少根本的不连续性（discontinuité），一种断片文学（littérature de fragment）的不连续性（这个解决途径在中国思想家和赫拉克利特那里占据主导；柏拉图的对话也涉及它；帕斯卡尔、尼采、乔治·巴塔耶［Georges Bataille］和勒内·夏尔［René Char］都证明了其本质的持久性；还有，为之铺垫道路的种种决定）。这两个方向应该依次得到承认：这最终变得十分可以理解。让我们回到师徒关系上，它象征着探究中至关重要的关系。这个关系是这样的：它包含了一种共同尺度的缺席，一个公分母的缺席。因此，在某种意义上，包含了各项之间关系的缺席：一种过分的关系。由此就有一种关注：要么标出打断和断裂，要么标出这个从差异和张力中产生的领域的密度和丰富。然而，一个人还可以看到，连续性有一种危险，即它只是简单发展的连续性，因此消除了"弯曲"的不规律性；或者，不连续性也有一种危险，即它只是无差异的各项的简单并列。如果连续性只是平面的连续性，而不是立体的连续性，那么，它就绝没有足够地连续；如果不连续性只是抵达了一种暂时的不一致，而

---

① 参见巴门尼德残篇："既然有最远的界限，它就是完满的，从各方面都像一个滚圆的球体。"参见 G. S. 基尔克、J. E. 拉文和 M. 斯科菲尔德的《前苏格拉底哲学家：原文精选的批评史》，聂敏里译，上海：华东师范大学出版社，2014 年，第 391 页。——译注

没有抵达一种本质的分歧或差异,那么,它也绝没有足够地不连续。

到了亚里士多德,连续性的语言变成了哲学的正式语言。但这种连续性,一方面,是一种逻辑的一致性,它可以被还原为同一律、矛盾律和排中律这三个原则(它因此是一种简单断定的一致性);另一方面,这种连续性既不是真正连续的,也不是纯粹一致的,因为亚里士多德创建的知识大全(Corpus)只是一个被可怜地统一起来的整体,是被聚集起来的诸多陈述的一个并不协调的总和。[①] 所以,一个人必须等待黑格尔的连续性的辩证法,这种连续性产生了自身,从中心走向边缘,从抽象走向具体,它不再只是一个综合的整体的连续性,而是为自身补充了持续和历史的"参数";它将自身建构为一个无限的、没有界线的总体,这个总体按照循环的要求而运动,既符合知性的原则,又符合理性的原则:前者只能由重复的同一性来满足,后者要求用否定来实现超越。在这里,正如一个人可以看到的,探究的形式和探究本身相一致,或者,应该在最紧密的程度上相一致。进而,辩证法的语言并不排斥,而是试图容纳不连续性的时刻:它从一项走向其对立项,例如,从存在走向虚无。但这两项之间是什么? 一种比虚无(Néant)本身更加本质的虚无(néant),一段间隙的空虚,一个间距,它不断

[①] 这个缺陷,如果它是一个缺陷的话,在如下的事实中得到了部分的解释:我们并不拥有亚里士多德的文本,而是拥有课程的记录,学生的"笔记"。

地挖空自身,并且在挖空自身的同时膨胀:作为劳作和运动的无(rien)。当然,第三项,综合项,将填补这个空虚并关闭间距;无论如何,从原则上讲,它并不取消间距(因为如果那样,一切就会立刻停止),而毋宁是通过完成它来维持它,在它的缺失中实现它,并由此把这样的缺失变成一种能力,变成另一种可能性。

一种形式上如此决定性的前行方式,以至于哲学似乎被迫在其运动中止步。无论如何,一些困难很快就粉碎了这个形式。首先,不连续性的部分被揭示为不充分的。两个对立项,由于它们只是对立的,仍然太亲近彼此;矛盾没有再现一种决定性的分裂:两个对手已在一种统一的关系里被捆在一起,而"未知者"和熟悉者之间的差异是无限的。所以,在辩证的形式中,综合和协调的时刻总是以支配而告终。在形式上,这种对不连续性的消除转化为了一个单调的三步发展(这三步的发展取代了话语三段论的古典修辞),而在建制上,它导致了理性和国家的等同,导致了智慧和大学的一致。

这最后一点不是次要的。智者同意消失于建制,消失于可以说在十九世纪组建起来的大学(Universitas):这个事实至关重要。大学现在不过是诸多确定知识的一个总和,它和时间无关,而是和一个研究的规划有关。教导的言语绝不是师徒结构向我们揭示的那种适合打开根本断裂的言语;它毋宁满足于一种平静的话语连续性。一个符合资格的导师在一个兴致勃勃的听众面前说话,仅此而已。如果一个人记得,讲师在一群听话的学生面前的略高的地位把关系的均等化引入了哲学的语言,那么,一个人将开始明白,现在是一个教授的哲学家如何引发了哲学的一种贫困,这种贫困如此明显,以至于辩证法必定要摒弃在它看来是言语理想主义的东西,以便实现革命斗争的更为严厉的区分。

*

向探究的语言提出的一个问题就这样和这种不连续性的要求密切地联系了起来。一个人如何能够说,言语在本质上是复多的(plurielle)?对一种复多言语(parole plurielle)的探究如何能够得到肯定?这种言语不再以平等和不平等为基础,不再以支配和服从为基础,不再以彼此的相互关系为基础,而是以不对称性和不可逆性为基础,这样,在两个言语之间,就总会包含一种无限性的关系,这种无限性的关系就是意义(signification)本身的运动。或者,再一次,一个人如何能够这样书写,使得书写运动的连续性会让打断作为一种意义,让断裂作为一种形式,根本地介入进来?让我们暂时推迟我们对这个问题的接近。我们仅仅做出一则评论:在追问而不是回答被人关注的地方,任何语言都是一种已被打断的语言,甚至是这样一种语言,在那里,一切都从一种原初空虚的决定(或消遣)开始。

但请同样注意,书写——不管是论文的书写还是小说的书写——面临着一个风险,即让自身满足于一种假定的连续性,那种连续性事实上不过是一笔一画的一种愉快的交织。

此时此刻,我在文本中书写,句子一个接着一个并且就像它们应该的那样或多或少地串连起来。段落的划分不过是适宜的打断;有一个用来让阅读过程变得顺畅的持续的运动,但这个运动不能假装符合一种真正的连续性。请回想一下,在现代文学里,对一种深刻地连续的言语的专注首先——在洛特雷阿蒙(Lautréamont),在普鲁斯特(Proust),在超现实主义,在乔伊斯(Joyce)那里——诞生了一件件显然可耻的作品。一种连续性的过度让读者感到不安,它动摇了读者通常的理解习惯。当安德烈·布勒东(André Breton)将我们的书的空间向他所命名的"绝对的连续性"(la continuité absolue)敞开时,当他号召作家信任"喃喃低语的无穷无尽的特性"(au caractère inépuisable du murmure)时,①如果他扰乱了我们的阅读方式,那是因为精神,连同其从容不迫的、有条不紊的步法,无法应对真实之总体(totalité du réel)的直接闯入(那样的真实恰恰是"真实"和"想象"的不可能的连续性)。是的,在理解这场游戏的至关重要的东西上,超现实主义的抱负一如既往地让我们受益匪浅。自动书写(écriture automatique)将确保存在之物(ce qui est)的直接交流;它不仅确保它,而且,在其实质的连续性当中,自动书写就是存在之物的绝对的连续性。它在

---

① 出自安德烈·布勒东 1924 年的《超现实主义宣言》(*Manifeste du surréalisme*):"断句大概会阻碍流畅的绝对的连续性","你们可以指望喃喃低语的无穷无尽的特性"。参见安德烈·布勒东,《超现实主义宣言》,袁俊生译,重庆:重庆大学出版社,2010 年,第 37 页。——译注

想象中是这个:一种对直接性(immédiation)的非凡探究。(从这或许产生了一个误解,把这个运动和黑格尔的运动联系起来,虽然没有哪位哲学家比黑格尔更加仇视直接性的诱惑了;但无论如何正确的是:两个运动都寻求连续性,只是对超现实主义的诗歌而言,连续性只能被直接地给予,而对黑格尔来说,连续性只能被实现——它被生产为一个结果。)①但我们还察觉到一个假设,这个假设看似符合那样一种对绝对连续性的渴求:即现实本身——事物的根据,在其本质深处"存在的东西"——应该是绝对地连续的。一个和思想一样古老的假设。

这是巴门尼德的巨大球体,是爱因斯坦的宇宙模型。由此可见:只有我们认知的形态,我们感觉的结构,工具的结构,我们数学的和非数学的语言的形式,才迫使我们撕开或剪断了这美丽的无缝天衣。但这意味着什么?意味着一个人必定在不连续性当中看到了知性之灾祸和分析性理解之厄运的一个征兆吗?并且,更一般地,看到了人类结构当中的一个瑕疵,看到了我们有限性的一个标志?或者,我们应该大胆地得出一个截然不同的、令人不安的结论。它可以这样来表达:假定不连续性是人及其作品所固有的,那么,人为什么不揭示一点,即他必定以某种方式归属的事物之根据(fond des choses)

---

① 参见后面讨论"超现实主义之未来"的文本;超现实主义的要求,就它通过偶然和游戏唤起了未知而言,似乎发明了一种关系,这种关系陌异于连续性的意识形态。

和不连续性的要求有关,正如它和统一性的要求有关?一个令人不安的、隐晦难解的结论,我们将立刻通过如下的补充,试着让它变得更为确切。当我们谈论人作为一种非统一的可能性时,这并不意味着人身上残留着某种兽性的存在,某种不可还原为统一,不可还原为辩证劳作的隐晦本性:在此,这不值得考虑。它毋宁意味着,通过人,也就是说,不通过他,而是通过他所承担的知识,并且,首先是通过那总已经被提前写下的言语的要求,一种全然不同的关系将会宣告自身:这种关系质疑存在的连续性,统一性,质疑存在的聚集;这种关系将自身从存在(être)的问题中去除,并且提出了一个无关存在的问题。就这样,在如此的追问中,我们将离开辩证法,也离开存在论。①

---

① 当人们(通常隐含地)假定,"真实"是连续的,并且只有认知或表达引入了不连续性时,他们首先忘了,"连续性"不过是一个模型,一个理论的形式,而这种理论的形式由于这样的遗忘被错认为纯粹的经验,纯粹经验的肯定。但"连续性"只是一种对自身感到羞耻的意识形态,正如经验主义只是一种自身否弃的认知。请容我回想集合论允许我们提出的东西:和长久以来的肯定截然相反,存在着一种无限的力量,这种力量将无限性抬到了连续性之上;或者,连续性只是无限性的一个突出情形。再一次,正如于勒·于伊曼(Jules Vuillemin)所说:"无限性是属概念,而连续性是种概念。"参见《代数哲学》(*La Philosophie de l'algèbre*, Paris: Presses Universitaires de France, 1962)。

Ⅱ 最深刻的问题

1

我们向我们自己追问我们的时间(temps)。这样的追问并不在特定的时刻进行,而是不间断地继续着;它自身就是时间的一部分,它以一种时间所固有的纠缠不休的方式纠缠着人。几乎不是一个追问,它是一种逃逸。在那些建构了世界进程之知识,并且先于、陪伴、跟随我们所有知识的背景噪音之上,我们,不论睡着还是醒着,抛出了一句句被问题所强调的话。喃喃低语的问题。它们有何价值?它们说了什么?这些仍是问题。

这种对追问的关注来自何处?问题所获得的巨大的尊严来自何处?追问就是追寻,而追寻乃是根本地探寻,是一挖到底,是探测,是在底部工作,最终,是连根拔起。这把根牢牢抓住的连根拔起就是问题的工作。时间的工作。时间在问题的尊严中追寻自身并考验自身。时间就是时光的流转(Le temps est le tournant du temps)。与时光的流转(tournant)相应的是一种让自身返回(retourner)问题，返回言语的权力，那种言语(parole)在言说(parler)之前就通过书写的转动(tour)发起了追问。

那么，某种意义上，正是时间——时光的运动和历史的时代——发出了追问？时间，但时间是一个问题，是那样的东西：通过时间，并且在时间的某一刻，它产生了作为一个全体的诸问题和作为这些问题之全体的历史。弗洛伊德或多或少说过，儿童所随意提出的全部问题都对准并替代了那个他们没有提出的问题，本源的问题。我们以同样的方式向我们自己追问一切，为的是维持并提高问题的激情；但全部的问题都指向了一个唯一的问题：核心的问题，或全体的问题(question du tout)。

整体的问题(question d'ensemble)，承担着问题之整体的问题。① 我们不知道这些问题是否形成了一个全体，也不知道全体的问题，那包含了问题之整体的问题，是否是终极的问题。时间的流转是一个释放全体之问题的运动。通过浮现，通过来到表面，问题将自身连根拔起；就这样，已经变得肤浅的问题再一次隐藏并保留了最深刻的问题。

我们不知道这些问题是否形成了一个全体，但我们知道，

---

① 参见迪奥尼·马斯科罗(Dionys Mascolo)论共产主义的书的第二章："在现实中，除了一个整体的问题，就不再有什么了。"见《共产主义》(*Le communisme*, Paris: Gallimard, 1953)。

只有在这个其意义尚未给出,甚至尚未作为一个问题而给出的全体的方向上展开追问的时候,这些问题才似乎发起了追问。那么,追问就是向着每一个问题的视域前进或后退。因此,这是把一个人自己置于用部分问题来进行追问的不可能性当中,是体验特定追问的不可能性,虽然每一个问题都是特定的;并且,一个问题越是坚定地回应了其位置的特定性,它就越是被更好地提了出来。每一个问题都被确定了。被确定了的问题是这样的运动,通过它,未被确定者在问题的确定中仍然保存着自身。

问题就是运动(mouvement),全体的问题就是运动的总体(totalité de mouvement)和全体的运动。在追问的简单的语法结构中,我们已经感受到追问之言语的这种敞开;存在着一个对他物(autre chose)的要求;不完整的,追问的言语肯定了它只是一个部分。和我们刚刚所说的相反,问题在本质上是部分的,它是言语总被不完整地给出的位置。那么,全体的问题意指着什么,如果不是这样的肯定,即在全体中,全体的特定性仍然隐而不露?

问题,如果它是不完整的言语,那么,它就依赖于不完整性。它不是作为一个问题而不完整;相反,它是一种通过宣称自己是不完整的而完成了的言语。问题将完全的肯定置回到了空虚(vide),并以这原初的空虚使之变得充实。通过问题,我们把物给予了自己,并且,我们把空虚给予了自己,那个空虚尚不允许我们拥有它或把它拥有为欲望(désir)。问题乃是思想的欲望。

*

让我们采用两个表达模式:"天空是蓝的"(Le ciel est bleu),"天空是蓝的吗?是的"(Le ciel est-il bleu? Qui)。一个人不需要是什么大学者就可以认出那把它们分开的东西。"是的"(Qui)根本没有恢复直截了当的肯定的简单性:在问题中,天空之蓝已经让位于空虚。但蓝还没有消散。相反,它已经戏剧性地升向了它的可能性:超越它的存在,并且在这新空间的强度中展开,肯定比它曾经的更蓝,处在一种同天空的更为密切的关系里,处在一个瞬间——在问题的这个瞬间(instant),一切悬而未决(en instance)。可一旦说出"是的",并在新的光亮中确认那同空虚有着密切关系的天空之蓝,我们就意识到已然失去的东西。在一瞬间被转化为纯粹的可能性,事物的状态并不返回其曾经的所是。明确无疑的"是的"没有给出那片刻间仅仅可能的东西;而且,它从我们这里撤回了可能性的赠礼和丰富,因为它现在肯定了所是者之存在,但它在回答中肯定,因此是间接地,以一种仅仅中介的方式,来肯定。所以,在回答的"是的"里,我们失去了直接的、无中介的被给予者(donnée),我们失去了敞开(ouverture),失去了可能性的丰富。回答是问题的不幸。

这意味着,回答让问题中隐藏的不幸显现出来。这甚至是回答的令人不快的特点。它在自身中并非不幸的;它保持着一种确信;其标志是一种高傲。回答者潜在地优越于提问者。人们说,当一个幼童做出回答的时候,他就忘记了其幼童的地位。回答是问题的不幸。

但问题要求一个回答吗? 在问题中,当然有一个试图得到弥补的缺失。但这样的缺失是一种奇怪的缺失。它不是否定的严厉:它不消灭什么,它不拒绝什么。如果它是一个让某种否定的东西在其中得以施展的力量,那么,这个力量,不等否定的东西实现一种完全否定的断定,就已经形成了。天空是蓝的,天空是蓝的吗? 第二句话没有从第一句话中撤回什么,或者,它以一种滑动的模式回撤,就像一扇在其沉默的轴上转动的门。"是"(est)一词没有被撤回;它只是变轻了,变得更透明了,投身于一个新的维度。在一些语言里,疑问句恰恰以动词的提前为标志,动词突然来到了前头:Is the sky blue? Ist der Himmel blau?① 在这里,伴随着一种暴力和可疑的勇气,光落到了"是",也就是"存在"(être)上,正是存在"来到问题之中"(vient en question),并且问题之光就是通过存在击中了其余的一切。如此的提前就好比那些星辰,它们的光辉会因自身的终结而猛然增强。这种将存在("是")带到句首的光照力,如同一个之前不曾出现的存在的显现,同时也威胁着将存在消解。在追问的运动中,存在发生了回转,并且,在它的转动中,它作为存在的悬置而显现。

由此产生了疑问句的特定的沉默。仿佛存在在追问自身

---

① 这是"天空是蓝的吗?"的英语和德语的问法。——译注

的过程中——追问的"是"——已经抛弃了其响亮的肯定的部分,抛弃了其断然的否定的部分,甚至在那个它最先浮现的地方,它将自身从自身中解放出来,敞开自身;并且,以这样一种方式敞开句子,以至于在如此的敞开中,句子的中心似乎不在自身之中,而是在自身之外——在中性(le neutre)里。

我们会说,这适用于每一个句子:每一个句子都在另一个句子中寻求并完成自身。但问题并不在回答中被寻求。相反,它被回答所终止,所再次关闭。问题开创了一种类型的关系,这种类型的关系以敞开和自由运动为特征;而用来满足它的东西则关闭了它,阻止了它。问题等待回答,但回答并不让问题平息,即便它终结了问题,它也没有终结那场作为问题之问题的等待。问题,回答;在两者之间,我们找到了一种陌异关系的对抗:关系是陌异的,因为问题召唤那在回答中陌异(étranger)于它的东西,同时,它要在回答中将自身维持为问题的这一转动,而回答阻止了这一转动,为的是终结这个运动并求得安息。但回答,在回答的过程中,必须在自身内部再次采取问题的本质,那就是不被回答它的东西所穷尽。

2

我们向我们自己追问我们的时间。如此的追问有它自己的特点。它是紧迫的:我们无时无刻不在追问。它是全然的,只寻求在全体中揭示全体的问题。它对我们的时间施压,我们的时间就承受着它。最终,我们在这种时间的追问中追问我们自己。

这最后一点已经显露无遗。每一个问题都回指向了某个追问的人,也就是说,回指向了我们所是的那个存在,并且,只有对那个存在而言,才有追问的可能性,才有来到问题之中的可能性。一个(例如)像上帝那样的存在,无法将自身置于问题之中,他不会发出追问;为了成为人的问题,上帝一词需要人。人类堕落后,耶和华问亚当:"你在哪里?"这个问题意味着,人从此只能在问题所在之处被找到或被定位。人从此是那不追问的上帝自己的一个问题了。

但为什么会这样:我们根本没有觉得自己在这紧迫的、总是全然的追问中受到了追问——这追问对我们的时间施压并且就是我们的可能,它来自我们并在各方面指向了我们——我们毋宁陷入了一个没有限度的运动,从中,一切追问的特点似乎都已经消失?为什么当我们发起追问的时候,我们所回答的——在最好的情况下——已经是问题的无节制的力量了,那问题不属于任何人,并且不把我们引向对任何人的认同?这就是我们对最深刻之问题的经验。它召唤我们承担而不关心我们。我们承担它,我们是问题的完美的承担者,但它表现得好像没有对我们施压一样。仿佛,在问题自身之中,我们不得不满足于那绝非问题的东西;仿佛,只从我们身上而来的问题,把我们暴露给了某种绝非我们的东西。追问:它不发出追问,它不想要回答,它似乎把我们拖入了没有责任的境地,拖入了平静的逃离和躲避。

换种方式说:个人的追问能力还不足够。沉着自制不再是一种应对它的本真方式。甚至当问题被表达出来的时候,它也总是隐含的,并且是被把控而不是被考虑的,它处置着我们正如我们处置着它一样,它把我们变成了它的劳工。同时,它不躲藏;问题,和回答一样,大量地存在;每个人都有参与。但这样的显明(évidence)和这样的多样(multiplicité)在那里似乎只是为了让我们转离问题的整体,问题的整体只有通过我们对这迂回所产生的怀疑,才抵达我们。(问题在这样的迂回中追问我们,这样的迂回让我们转离了问题,也转离了我们自身。)

因此,在我们的时间所固有的巨大的辩证运动中,当问题逐渐地将自身明确肯定为整体的问题时,它就用其抽象的贫困让我们失望了,这样的贫困很快就颠倒了自身,变为了一种强求。因为这样的抽象就是我们自己,每当它迫使我们以无人称的方式,向着我们所承受的整体之问题做出承受的时候,它就是我们的生命,我们的激情和我们的真理。我们忍受着这抽象的、无人称(impersonnelle)的力量;我们被它所折磨,鲜有幸福;我们认定它是贫乏的,而它就是贫乏的。就连我们抽象的语言也对我们施加一个限制,这个限制把我们与我们自己残忍地分开——但我们必须为这样的抽象而回答。在它那里,我们追问着自己,认出了我们的整体之真理(vérité d'ensemble)。

这还不够:这整体的真理,贫乏而抽象,也让我们贫乏而抽象;它不是作为真理,而是作为问题抵达了我们,而在这个问题里,某种更为深刻的东西似乎总已经运作了起来:在那场让我们转离问题,也转离我们自己的迂回中,最深刻的问题。换言之,当我们抵达终点,也就是抵达全体之问题的时候,这个问题再次将自身掩饰于一个认知的问题:即整体的问题是否就是最深刻的问题。

*

整体的问题和最深刻的问题之间的这一纷争乃是让辩证法来到问题之中的纷争。对辩证法而言,这纷争仍然属于它:最深刻的问题只是整体之问题的一个时刻,在那个时刻,问题相信它将本质地阐述一个终极的问题,最后的问题——关于上帝的问题,关于存在的问题,关于存在(être)和存在者(étant)之间差异的问题。但对辩证法而言,不存在最后的问题。在我们结束的地方,我们开始。在我们开始的地方,我们没有真正开始,除非这样的开始,再一次,是就全体而言,也就是说,除非这样的开始是全体之运动的结果——产物。这是循环的要求。存在将自身展露为一个转圈的运动;这个运动从最内在的东西走向最外在的东西,从未发展的内在性走向异化了的外在性,又从这外在的异化一直走向一个完成了的、重新内化了的圆满。一个没有尽头却总已经完成了的运动。历史就是这个总已经实现的运动的无限的完成。

辩证法因此随时准备从任何一个特定的问题开始,正如一个人可以从任何一个词语开始说话一样。我们总已经开始了,总已经说话了。这样的"总已经"就是一切仅仅重新开始的开端的意义。无论如何,当我们向我们自己追问我们的时间,当我们在时间中被时间所追问的时候,我们体验到了一种不可能性,即不可能在开始的时候让我们自己坚守一个特定的问题。现在,每一个问题都已经是全体的问题了。这整体的问题不遗漏任何的东西,让我们不断地直面一切,它迫使我们对一切感兴趣,并且是带着一种令人精疲力竭的抽象的激情只对一切感兴趣,它在一切事物中对我们呈现(présente);它是唯一的在场(présence),它用自身取代了在场的一切。我们再也看不到人,我们不再把控事物,我们不用特定的词语或独一的神情说话;在我们看到人的地方,正是整体的问题凝视着我们;这是我们正在把控的东西和正在把控我们的东西。它是在每一个词语中抵达我们的东西,并且,为了把全部的语言置于问题之中,它让我们说话,它不允许我们在说出什么的同时不说出一切,不把一切全部说出。所以,当我们向我们自己追问我们的时间时,我们首先遇到了全体的问题;这其实是说,最初的问题,我们自己所承担的问题,那个让我们低头而不是抬头的问题,是辩证法的问题,是关于其有效性的问题,是关于其界限的问题,或者,再次借用萨特(Sartre)的书名,它是:辩证理性批判(critique de la raison dialectique)。

一个本质的问题,严格地说,甚至是唯一的问题;这里就有它的严格和残酷。但同时,它根本没有特权,它甚至作为一个特定的问题遭到了辩证法本身的否认。辩证法,正如它不接受现成的存在,而只接受一部分,它的合理性也不需要证明:一切向它到来,它就是一切的这种到来(venue)。那么,它在如下的意义上是无根据的(injustifiée):作为这样一个通过消解一切特定的合理证明,通过消解一切理论的或直接的可理解性的要求,而自身产生的运动,辩证法将自身肯定为对一切的质疑,这样的质疑本身无法被质疑;因为质疑它的一切都来自它并落回到这样的质疑内部,它就是这种质疑的自身完成的运动:一种无法被超越的超越(dépassement)。

但如果一切的可能性都经由并且只是经由辩证法的命令,那么,最深刻的问题会怎样?它根本不被这样的全能所困扰。它甚至要求辩证法占有一切,因为,当全体为了得到肯定而将自身从中撤出的时候,它几乎就是它自己了。它是不被提出的问题。当辩证法占据主导,把一切事物聚集到一个独一无二的整体问题当中的时候,不被提出的问题就提出了自身。一方面,这个问题只是全体之问题的阴影,它是一个问题的阴影,是这样的幻觉:当问题不复存在的时候,仍有追问可以进行;在这个意义上,它是最肤浅的,是最具迷惑性的。另一方面,这个问题是最深刻的问题,因为在一切,全体,都已是思想的时刻,似乎唯有不断地把脚步撤向那仍然要求思考的东西,它才能够得到思考和表达。

所以,"最深刻的问题"总被保留:它被保留,直至时光流转,时代陨落,话语完成。这问题随时代的每一次变迁而看似短暂地浮现。它随每一次变革而浮现,它的浮现看似同历史的问题如此密切,以至于它超出了一个问题:在一瞬间,一切都被肯定,一切都被说出,整体的真理就在那里,决定了一切。但相反,当它变成一个特殊问题的对象时,当它作为终极问题,作为关于上帝的问题,或作为关于存在的问题,被公然提出的时候,此等的优越则意味着对它的搁置,意味着它进入那样一个领域,在那里,它被把握到的东西允许了它的逃离。我们由此明白,为什么今天,当辩证法占有了一切的时候,这把我们带向整体之问题并对我们施压的追问之必要性,也通过把我们引向那不被提出的问题而驱迫着我们;那个问题,我们将轻蔑地,嘲弄地,严格地,称之为最深刻的问题——或中性的问题。

3

如果希腊人能够制订一种其价值和权威已经保持了数千年的问题形式,那是因为最深刻的问题和整体的问题在那里抓住了彼此并遮暗了彼此。

让我们暂时回想一下作为问题的斯芬克斯(Sphinx)和作为回答的人。问题所是的存在必然是模糊的:模糊性本身发出了追问。人,当他追问的时候,他感觉自己被某种非人的东

一　复多的言语　书写的言语

西所追问，他感觉自己正在同某种并不追问的东西相搏斗。斯芬克斯面前的俄狄浦斯（Œdipe）：初看上去，这是非人面前的人。问题的全部工作是为了让人承认，在斯芬克斯，非人面前，人已经在他自己面前了。问题就这样被提了出来，带着游戏的和谜样的特点，外加险恶的特征，一个缺乏严肃性，由至关重要的东西的严肃性所支撑的问题：最深刻的问题？无论如何，一个最深刻的问题。深刻的问题乃是作为斯芬克斯的人；那危险的、非人的、神圣的部分，在一瞬间的直面中，逮住了它面前那个单纯自满地仅仅自称为人的人，让他停下了脚步。俄狄浦斯的回答不只是一个回答。它是问题本身，虽然问题的意义发生了一个变动。当斯芬克斯用它拥有的轻巧和危险的语言说话时，它就吐露了最深刻的问题；当俄狄浦斯做出回答，确信无疑地说出唯一合适的词时，他就用人作为"全体的问题"来反对它。最深刻的问题和整体的问题的一次令人难忘的对峙。

在这里，我们可以认出两者的些许特点。深刻的问题是轻佻的、可畏的；它让人分心，它有吸引力，它是致命的。由于它要求的不只是反思，它就不仅仅对头脑传达，但头脑又是它的目标所在：一个人必须迎头做出回答。这很快就被发觉。它是迷人的，它用其在场的诱惑来统治，它的在场是某种不应在那里——其实，是不在那里——的东西的在场，在它面前，一个人无法存在，无法持留，无法直立：图像（image）的在场把你变成了图像的谜。最深刻的问题就是这样，它不允许任何人理解它；一个人只能重复它，让它在一个平面上回荡，它没有在那个平面上得到解决，而是消解了，回到了那个诞生它的空虚。这就是它的解决途径：它在一种领会它的语言中消散。

一次重大的胜利。一瞬间，空气澄净了。十字路口——那里敞开的一条条道路沦落向了背信弃义的深处——让位于君王的空间和平静的人性统治。无论如何，我们知道随后的事情。最深刻的问题已经消失，但它消失为那个承受它的人，消失为他所回答的词——人。当他以人性的方式做出回答时，俄狄浦斯把他想要终结的恐惧拽入了人的问题。他当然知道如何回答，但这样的知(savoir)不过是肯定了他对自己的无知(ignorance)，他的回答只因这深刻的无知才得以可能。俄狄浦斯知道作为整体之问题的人，因为他对人无知——对他的无知无知——对人作为最深刻的问题无知。一方面，他获得了抽象的明晰，精神的明晰；另一方面，他具体地陷入了对其深度的可怕无知。随后，为时已晚，当他试图调解明晰和晦暗，知识和无知，可见和不可见，即问题的两个对立的领域时，他刺瞎了自己的眼睛。①

---

① 在索福克勒斯(Sophocle)那里，当盲人和明眼人——凭借一种非知(non-savoir)而有所知的预言者和致命地解开谜题的聪慧者，一个承担着神圣言词的人和一个通过破解(还原)这个言词而开辟空间，但也把不可言说之物引入这一空无的人——面对彼此的时候，就有了这样的对抗(俄狄浦斯对忒瑞西阿斯说)："那只诵诗的狗在这里的时候，你为什么不说话，不拯救人民？它的谜语并不是任何过路人破解了的，正需要先知的法术，可是你并没有借鸟的帮助，神的启示显出这种才干来。直到我无知无识的(转下页)

一　复多的言语　书写的言语

从这场对峙中我们得知,存在着一个问题,对这个问题而言,一个精确的回答还不足够:如果这个问题消失了,被遗忘了,如果它在言词上被把握,在表面上被话语的统治所征服,那么,正是它获得了主宰的地位。甚至当它以一种清晰的形

(接上页)俄狄浦斯来了,不懂得鸟语,只凭智慧就破了那谜语,征服了它。"这里恰恰是两种回答形式之间的对立,也就是,两种问题之间的对立。为什么忒瑞西阿斯——他"明察天地间一切可以言说和不可言说的秘密"——事实上在谜题面前一言不发?他只在诸神说话的时候说话,这样的回答还不够;因为,为了发现俄狄浦斯的秘密,忒瑞西阿斯似乎既不需要鸟,也不需要仪式,他需要的只是俄狄浦斯的在场,通过在那里发现的限制他说话的暴力,忒瑞西阿斯解读了俄狄浦斯的秘密。克瑞翁——忒瑞西阿斯的同盟——仿佛在他的位置上给出了这样的暗示:"那说谜语的妖怪使我们放下了那没头的案子,先考虑眼前的事。"忒瑞西阿斯,盲人,看到了神秘,却没有探查到底。这也意味着,他把神秘固定在它所在之处,固定在它的位置上,因为他害怕,如果他把神秘从其距离和陌异当中抽出,他就会认同它,而通过这样的认同,它会显得共通(commun)并等同于共通体(communauté)。共通体从那时起就不再与之分离,而是和分离的东西,和分离本身的虔诚的不敬,混在一起。一方面,斯芬克斯之谜显然是仅仅针对俄狄浦斯的(除了他,没有人知道如何破解);另一方面,俄狄浦斯在给出一个对所有人而言有效的回答时,也显然通过一种明亮的普遍性(universalité)让谜题变得清晰,前提是他似乎只为自己保留了那逃避揭示的晦暗之恐怖(亲自承担并居有它),仿佛在对自己保持为俄狄浦斯的时候,他准许我们平静地做"人"。但在他的质疑中,他对忒瑞西阿斯说了什么?"漫长的黑夜笼罩着你一生,你伤害不了我,伤害不了任何看得见阳光的人。"一种清晰言语的傲慢,它源于对知识的信任;由此产生了他所固有的暴力,一种知识之过度的暴力。这过度的知识,一下子就获得了普遍性的完全形式(作为普遍者的人),让他忘记了他在自身内部承担的保留,通过遗忘,他将自己从这保留中排除,而他无法承认这个部分是真实的,因为它同样具有非真实的状态,这就是无作的断裂(rupture désœuvrée),是人和神的双重回撤所标志的根本的不忠:非在场本身。让我们补充一点,伊俄卡斯忒,她既是母亲,也是配偶,用一种惊人的镇静,并且,恰恰是通过一般性(généralité)的借口,向俄狄浦斯揭(转下页)

式呈现自身,似乎在召唤一个符合它的回答时,我们也无法遇见它,除非我们承认,它把自身作为一个不被提出的问题提出了。显露之时,它仍然逃逸。在这个意义上,逃逸乃是其到场存在(être présente)的方式之一,即它不断地把我们引向逃逸的空间和无责任的境地。所以,以这深刻的模式发起追问,不是进行深刻的追问;它只是逃逸(是接受这不可能之逃逸的迂回)。然而,这样的逃逸或许把我们带向了同某种本质之物的关系。

(接上页)示了禁令的无足轻重,如果反对禁令,他的独一性(singularité)必定立刻被粉碎并被规定,直至疯狂。因为通过用一个建议("偶然控制着我们")宣布无法则的欲望,她回答了俄狄浦斯所公开承认的苦恼("难道我不该害怕玷污我母亲的床榻吗?");这肯定要被解读为一种僭越一切的邀请,一种意在引诱法则本身的诱惑,为的是让法则反过来变成迷人的、诱人的、迷惑性的:变成至尊地不洁的。"偶然控制着我们,未来的事又看不清楚,我们为什么惧怕呢? 最好尽可能随随便便地生活。别害怕你会玷污你母亲的婚姻;许多人会曾梦中娶过母亲;但是那些不以为意的人却安乐地生活。"这同一个伊俄卡斯忒通过一个为我们所有人准备的指示,在俄狄浦斯身上神秘地指明了他对极限言语(parole-limite)的归属,因为对他来说,除了在恐怖和畏惧说话并成为言语的地方,就没有别的言语了。"只要有人说出恐怖的话,他(俄狄浦斯)就随他摆布。"伊俄卡斯忒:唯一一个在其存在中拥有真理之言词的人。这就是为什么她诞生了她所招致的死亡,仿佛她真正的孩子就是死亡,并且她随后与这个孩子理所应当地成婚,而每当俄狄浦斯一无所知地与他母亲结合,返回到其起源的先在性(antériorité)时,他必定也与这死亡成婚。

(引文参见索福克勒斯的《俄狄浦斯王》,选自《罗念生全集·第二卷:埃斯库罗斯悲剧三种、索福克勒斯悲剧四种》,上海:上海人民出版社,2007年。——译注)

一 复多的言语 书写的言语

*

让我们试着更为确切地指定这种新的关系。追问就是在问题中做出一跃。问题就是这种对跳跃(sauter)的召唤,跳跃不让自身被拘束为一个结果(résultat)。为了进行跳跃,必须有一个自由的空间,必须有坚实的地面,必须有一股力量,这股力量从一个安全的立足点开始,把运动变成了一次跳跃。追问的自由就是从一切坚实性开始并且远离坚实性的一次跳跃。然而,在我们一边追问一边逃离的那场逃逸的深处,没有什么确定的东西,没有什么坚实的东西。一切已被我们的逃逸填满。深刻的问题把我们引入其中的那场逃逸,把问题的空间变成了一种空无的满盈,在那里,我们被迫迎头回答一个空洞的问题,我们既不能把握它,也不能逃避它。在主宰、真理和权力的世界里,是一个整体问题的东西,到了深刻性(profondeur)的空间中,则成了惊恐的问题(question panique)。

这些词语之间的相似性不只是文字游戏。全体的问题和惊恐的问题有共同之处:它们都把"一切"(tout)引入了它们的游戏。但在第一个问题中,"一切"是关于同一(même)的(例如,这同一是一个追问之人的独一的身份,或统一的原则),如果这个问题总是回指向一切,那么,它这么做是为了回到同一,最终,是为了把一切还原为同一。在惊恐的问题里,"一切"是关于他异(autre)的,它不满足于成为一切,而是指定了那绝非一切的东西(绝对他异的,在全体中没有位置的东西),

由此肯定了全然的他者（Tout Autre），在那里，不再有任何对同一的回归。

在深刻之问题的这一维度里，全体中不再有同一者的位置，这一维度用外在于全体的东西追问全体，用一个"非世界"（non-monde）追问"世界"；在"非世界"中，问题不再具有问题的价值、尊严和权力，这样一种惊恐的关系根本不是例外。相反，它是恒定的；它只是躲避。它作为恒定地逃离我们并允许我们逃离的东西恒定地抵达我们。在我们只是作为交换符号而存在着的所有巨大的运动中，惊恐的问题就在那里，把我们指定为任何一个人，并剥夺了我们一切追问的权力。在人群中，我们的存在就是逃逸的存在。但人群仍然具有一个确定的现实；它把恰当（propre）的意义赋予了那以不恰当性（impropriété）和不确定性（indétermination）为模式的东西。

舆论（opinion），一个人在杂志上——不是哪一份特定的杂志——读到的没有依据的舆论，已经接近问题的惊恐特征了。舆论通过一种不做决断、不做言说的言语来进行了结和决断。它是专横的，因为没有人强制它，也没有人回应它。它没有得到回应（不是因为找不到回应者，而是因为它只求被传播，不求被肯定，甚或被表达），这个事实把它建构为一个从不被揭露的问题。流言（rumeur）的力量不在于其所言之事的威力，而在于这样的事实，即它属于一个空间，在那个空间里，所说的一切总已经被说出，并且继续被说出，将不断地被说出。我通过流言得知的事情，我必然已经听到过了：它只被叙述，因此，它不要求作者，不要求担保，不要求确证。流言不容忍任何的质疑，因为其唯一的、不容置疑的真理，就是在一个中性的运动中被叙述，在那里，叙述（rapport）似乎被还原为其纯粹的本质：一种无人的和无物的关系（rapport）。

确实，舆论不过是一个假象，是本质关系的一幅讽刺画，因为它是一个以可利用的工具、出版和压迫机构、广播媒体和宣传中心为基础组织起来的体系；而那些基础的东西，把其本质的被动性（passivité）转变为一种主动的权力，把其中立性（neutralité）转变为一种肯定的权力，把其无力和非决断的精神——这是它同它自身的关系——转变为一种决断的权力。舆论既不做出判断，也不发表主张。由于它陌异于任何的立场，它在根本上是不可用的，但也愈发地为一个人所任意支配。这证明了一切批评的合理。无论如何，其惊恐的运动逃避了那些批评家，批评家恰恰看重舆论的诱惑性的、让人平静的异化（aliénation），但舆论的运动不断地驱散这种力量，正是这种力量把一切异化为无（nullité）或异化为一种不可异化的非确定性。一个相信自己可以支配流言的人很快就在流言中迷失了自己。某种无人称的东西总已经在舆论中摧毁全部的舆论了。此乃连根拔起的眩晕。充当其载体的乏味的念头和语言的平庸掩盖了它没入深刻性的方式，掩盖了那陷于逃逸之漩涡的异轨（détournement）。就这样，舆论从来都不是充分的舆论（这恰恰描绘了它的特点）。它满足于做它自己的不在场证明（alibi）。但事实上，流言，即便它只是一个假象，似乎也能够以这样一种方式敞开,乃至为我们提供一段距离;而我们会从这段距离里发现某种更为重要的东西,这幻觉的游戏也是它和最深刻之问题的游戏所共有的特点。

*

在最深刻之问题的游戏里,似乎我们比我们能够追问的,比追问的权力所允许的,更多地发起了追问,由此超出了任何问题之所及。我们绝不会结束问题,不是因为仍然有太多东西要追问,而是因为,在问题所固有的深刻性的这一迂回中——在那个让我们转离它,也转离我们自己的运动中——问题让我们与某种没有尽头的东西发生了关系。在问题中,某种东西必然超出了追问的权力;但这并不意味着世上有太多唤起问题的秘密:情况毋宁相反。当存在最终没有问题地存在时,当一切被社会地或建制地实现时,在那个时候,追问相对于追问之权力的过度,就以一种无法承受的方式,让自身为问题的承受者所感受:问题将被感受为追问的不可能性。在深刻的问题中,不可能性发起了追问。

每一个真正的问题都向整体的问题敞开(整体就是这种"敞开"的完成,而这种敞开乃是问题的意义)。由此产生了它的动力,它的尊严,它的价值。但现在,我们看到,那里更为"深刻地"存在着一种迂回,这种迂回让追问偏离了它成为一个问题并产生一个回答的能力。这种迂回是深刻之问题的核心。追问让我们同某个东西发生关系,那个东西逃避了一切的问题并超出了一切追问的权力。追问就是这种迂回的吸引。在深刻之问题的追问中显示出来，又在言语的迂回中悄悄溜走的东西，是这样的东西，它无法被一个肯定抓住，也无法被一个否定拒绝，它既不经由追问升向可能性，也不通过回答恢复为存在。它就是作为迂回的言语（parole comme détour）。追问乃是这样的迂回，它作为言语的迂回而言说。而转动中的历史就如同这偏转（se détourner）和逃离（se dérober）的运动的完成，在这运动中，它完全地实现了自身，也彻底地逃离了。

*

关于这个异轨（détournement），逃逸（fuite）的运动还给了我们一个想法，即我们可以通过这个运动试图学到某些有关追问的东西。人逃逸。他首先从某种东西里逃逸，然后通过那种把一切变为逃逸的无限力量，从一切事物中逃逸。当逃逸抓住了一切，把一切变成必须从中逃逸，但也无法从中逃逸的东西时，逃逸就通过一种吸引着的排斥，让一切在逃逸的惊恐现实中悄悄地溜走。在惊恐的逃逸中，并非一切都宣称自己是应该从中逃逸或者不可能从中逃逸的东西；那遭到废黜并且举步维艰的，正是全体的范畴——整体之问题所诞生的东西。在这里，我们处于一个节骨眼：整体的经验遭到了动摇，并且，在如此的动摇中，它让位于惊恐的深刻性。

当我们逃逸的时候，我们并不根据一种有规律的、无定限的列举，每次一个地，一个接着一个地，从各个事物中逃逸。

因为每一个同样可疑的事物,已在其作为一个事物的同一性当中崩塌,而事物的整体,也在那场让它们作为一个整体而逃离的滑动中崩塌。现在,逃逸让每个事物挺身而起,仿佛它就是全部的事物,是事物的整体:不是作为一种提供庇护的安全的秩序,也不是作为一种激发斗争的敌对的秩序,而是作为一个偷窃(dérober)和逃离(se dérober)的运动。就这样,逃逸不仅揭示了现实就是这个人们必须从中逃逸的全体(一个没有裂隙,没有出路的总体):逃逸就是这个逃离的全体,甚至当它排斥我们的时候,它也把我们引向了这个全体。惊恐的逃逸就是这个逃离的运动,它将自身实现为深刻的东西,也就是说,实现为一个逃离的整体,并且,从这个整体出发,再也没有什么位置可供逃离。就这样,它最终将自身实现为逃逸的不可能性。这是费德尔(Phèdre)的运动:

> 我的先辈遍布于天地之间,
> 我躲到哪里?只能在黑暗中藏身。
> 我能说些啥?我的父亲手持骨灰瓮。①

逃逸是一个没有庇护的空间的产生。让我们逃逸——这应意味着:让我们寻求一个庇护之所。但它说的毋宁是:让我

---

① 出自拉辛的戏剧《费德尔》第 4 幕,第 1276—1278 行。译文选自《拉辛戏剧选》,齐放、张廷爵、华辰译,上海:上海译文出版社,1985 年,第 254 页。——译注

一　复多的言语　书写的言语

们逃向那必须从中逃逸的东西,让我们在夺走一切庇护的逃逸中求得庇护。或者,再一次:我逃逸之处,"我"并不逃逸,只有逃逸逃逸(la fuite fuit),一个不被定义的运动——它偷窃,它逃离,它不留下任何可以逃向其中的东西。

*

在这里,在人群和逃逸(还有流言)之间,我们会再次发现深刻的问题所看似持有的这种关系的反转(retournement)。如果在人群中存在逃逸,那是因为对逃逸的归属把存在变成了一个人群,变成了一种无人称的多样性,一种没有主体的非在场(non-présence):我所是的独一无二的自我(moi)让位于一种矛盾地总在增长的不定性(indéfinité),它在逃逸中卷走了我,消解了我。与此同时,在人群、在逃逸中遭到瓦解的空洞的自我保持着孤独,没有依靠,没有轮廓,它在每一个逃逸的人身上逃离自身:在逃逸的无边的孤独中,无人陪伴任何人。那么,一切的言语都属于逃逸,加快逃逸,言语在逃逸的困惑中安排了所有的事物,这是一种事实上并不言说的言语,它从任何一个言说的人身上逃逸,把言说之人拖入了一场更为迅疾的逃逸。

一场安稳的、平静的逃逸,它把这时代,这民众,变成了一种不一致的共时性(simultanéité),一种逃逸的非现实(irréalité)。

但这失去中心、迷失方向的无边性,这属于一场运动的静止的离散,将变成那奇怪地反转的东西,仿佛面对它所逃逸的某个别的东西,要从其深处将自身成功地重建为一个整体,一种成为一切并把一切聚入自身的权力。让我们假定这是可能的。逃逸——成为它所是的他者——所是的变异(altération)"只需"被抛到外部,具化为一个他异的现实,并在一个逆境中得到肯定。这样,一个人就能从中逃逸,因此也能与之斗争(只要一个人能够从某种东西里逃逸,他就恢复了与之斗争的权力)。这样的运动就在那场被称为反叛,有时被称为革命的翻转中出现。人群的悲惨的混乱,那种最初甚至没有得到普遍体验的巨大而普遍的无力,反转为一个急求(exigence)。它是离散本身——紊乱——通过反转,它现在将自身肯定为本质的东西,把一切组织好的权力还原为无足轻重的东西,悬置了一切重新组织的可能性,并在一切组织性的组织外部,将它自身作为一个"之间"(entre-deux)而给出:整体的未来,在那里,整体留守了自身。

一场在言语中并且通过言语而得以完成的反转。

言语就是这样的转动(tournant)。言语是离散(dispersion)的所在,以一种无可度量的方式,它制造紊乱并且自身紊乱,它引发离散并且自身离散。因为那给出逃逸并且在逃逸中成为逃逸的言语,在逃逸本身中保留了逃离的运动——这运动不满足于绝望的,甚至惊恐的逃逸——并由此维持了从中逃离的权力。

这是何种的权力?它还是一种权力吗?言语比逃逸更为迅疾,也更为本质地逃逸。它在逃离的运动中持守逃逸的本质；这就是为什么，言语要言说它，要宣告它。当某人在逃逸中开始说话的时候，仿佛逃离的运动突然之间抓住了言语，采取了形式和表象，来到了表面并恢复了作为一个整体的深度，但在那个非统一的整体里，混乱的无规律仍是决定性的。

自然地，如果这样的言语被石化为一个口号，那么，"逃逸"就只是终结，而一切重返秩序。但逃逸，甚至当它把自身维持为一种离散的无限权力时，也可以在自身之中重新捕获那个逃离和异轨的运动，那个运动就发源于言语，发源于作为迂回的言语。这样的迂回既不能还原为肯定，也不能还原为否定，既不能还原为问题，也不能还原为回答；它先于所有这些模式，它在它们之前言说，并且仿佛转离了所有的言语。即便它倾向于将自身规定为一种说"不"的权力，尤其在反叛所显露的那些运动里，但这个质疑一切建制权力，甚至质疑说"不"之权力的"不"，把自身指定为那样的东西，它不基于一种权力，不可还原为任何权力，因此，它没有根据。语言是对逃离和异轨之运动的一种协同（entente），它守望着这个运动，维持着这个运动，在那里，它迷失了自己，也确认了自己。从中，我们发觉，迂回的言语，处于书写转动当中的"诗歌"，为何也是一种让时间流转的言语，那种言语把时间言说为一种流转，一种有时以可见的方式转向革命的流转。

*

让我们暂时结束这些评论：人始终作为一个深刻的问题

转离了自身,并且,首先是当他努力把这作为一个终极问题,作为关于上帝的问题,作为关于存在的问题,而紧紧抓住的时候。今天,当他通过辩证要求的反对力量,接近作为一个整体问题的人时,他似乎接近了逃离和异轨的本质。但逃离之物深刻地逃离,而深刻性仍然不过是一个逃离了的表象而已。没有人可以逻辑一致地说:人就是那逃离了的东西。将如此的肯定转变为一个问题也还不够,不管是以什么样如其所愿的形式。例如:人是逃离运动的一部分吗?正是通过人,存在才是那逃离了的东西吗?逃离了的东西是人之存在吗,它在人身上形成吗?深刻的追问绝没有在一个问题中找到它的尺度,即便在这个问题里,正是逃离的运动试图来到问题之中。

我们至少可以为异轨中运行的这中性的转动(tour neutre)划界吗?这种经验的一个典型特征就是,它无法被那个遇到它的人以第一人称主体来承担;只有把其完成的不可能性引入其实现的领域,它才实现了自身。这样一种经验,甚至在逃避一切辩证之可能性的同时,也拒绝落入某个显明的领域,或落入一种直接的把控,它同样无视一切神秘的分担。所以,在这样的经验里,间接者和直接者,主体和客体,直观知识和话语知识,认知关系和爱的关系之间的种种纷争,没有被超越,而是被搁置了。最深刻的问题就是这种以追问的模式进行的异轨的经验,而那样的追问陌异于、先行于或滞后于任何的问题。经由深刻的问题,人转向了那引发偏转并且自身

一 复多的言语　书写的言语

偏转的东西。①

---

① 如此的长篇大论似乎只成功地做到一点：它表明，存在着一个问题，这个问题是全体的问题（辩证的完成），承担一切的问题所不包含的。它同样表明，这个逃避的问题不能和存在的问题式（problématique de l'être）相混同。

全体的问题，存在的问题：不是对立的，而是彼此接纳的。存在的问题对辩证法而言只是一个时刻——最抽象的和最空洞的时刻——在那个时刻，全体通过成为一个问题而实现了自身。从存在论的角度看，辩证法不能对辩证法本身的存在做出任何评判，更不用说对否定工作之前的"这是"(cela est)做出什么评判了；辩证法只能以一个既成之物为基础，这个既成之物没有任何的意义，然后，它才能从中制造意义；无意义的意义（sens du non-sens）乃是这样的东西，没有它，就不能有任何的意义。一个人只能否定首先被设定的东西，但这样的"设定"和这样的"首先"停留于问题之外。一种更为根本的存在论宣称，它要重新采取这个问题之外的问题，把它转变为一个有关存在(être)和存在者(étant)之差异的问题（辩证法的工作所制订的"全体"包含的不是存在，而是存在者）。几个困难无论如何让存在论止步不前，把它反过来置于问题之中：(1)它还没有找到一种能让它被说出来的语言；它用来言说的语言仍然是一种属于存在者领域的语言。这因而假定了存在论在形而上学的语言中得到表达。（这是康德在用对象性的语言来言说对象性的一般条件时所遇到的同样的难题。）(2)问及存在的思想，也就是，问及存在和存在者之差异的思想，一个因此承担了首要之问题的思想，弃绝了追问。海德格尔第一个说："追问乃思想的虔诚。"他后来收回了他的论断并用另一个论断取而代之：追问并非本真地承担思想的东西；只有听悟(entente)，只有言说之聆听(entendre)的事实才是本真的，在那里，必定来到问题之中的东西宣告了自身。一个决定性的评论。它意味着：(a)存在的问题不是本真的问题，至少不是最本真的问题，如果它还是一个问题的话；(b)不论我们以什么样的方式追问存在，这个问题必定以将自身宣告为言语，并且，这样的言语必定已经宣告了自身，已经通过声音传达给了我们；(c)只有听悟是本真的，而不是追问。我们从聆听开始：虔诚不再属于追问，而是属于聆听：虔诚乃回答首要之急求的东西。但聆听要如何来理解？它是对那种不支撑任何问题的直接者(l'immédiat)的直接恭迎吗？聆听，hören, ouïr, 也是 hörig sein，听从。听悟乃是服从那据所是(ce qui est)而得协调的是者(ce qui est)。在《理性的原则》(Le Principe de raison)中，海德格尔说：惟当人依据那被分配的东西而回应语言的时候，他才（转下页）

43

(接上页)说话。但在同一部作品里,他又说,聆听(entendre:理解)是凭视觉来把捉,是进入观看;"在希腊思想中,言说某物意味着把某物带入显现,意味着让某物以其固有的形象显现,并且,在使之显现的方式里,它就凝视着我们。所以,当我们言说它的时候,我们就清楚地看见(voir:理解)了它。"(参较这个公式:思想通过聆听来把握,而聆听又通过凝视来把握;亦参较歌德的评论:要是眼睛不像太阳一样。海德格尔否认这种对观看的呼求具有形而上学的特点,因为只有在隐喻里,也就是说,只有在形而上学里,才有感性和非感性的区分。)这同"存在即闪耀"(être est luisance)的观念相呼应。由此,视觉(vue)被赋予了一种无节制的特权:这种特权不仅被一切的形而上学,而且也被一切的存在论(更不用说一切的现象学),所原初地、隐含地假定了;据此,一切所思之物,一切所言之物,都以光(lumière)或光的缺席为其尺度。(3)这种凝视着的听悟,这种听悟和观看的游戏,是这样的游戏,在那里,运行着的乃是"至高至深的东西":唯一者(L'Un)。作为一个问题而熄灭的存在的问题是一个在唯一者之听悟中熄灭的问题。唯一者,相同者(le Même),仍然是最初之词,最后之词。为什么这种对唯一者的指涉乃是终极的、独一无二的指涉?在这个意义上,辩证法,存在论,还有存在论的批判,具有相同的假设:这三者都把自己交付于唯一者:唯一者要么将自身完成为一个全体,要么把存在理解为聚集、光和存在之统一,要么超越存在,在存在之上,将自身肯定为绝对者(l'Absolu)。关于这些肯定,我们难道不能说"最深刻的问题"就是逃避对唯一者之指涉的问题吗?它是另一个问题(autre question),是关于他者的问题(question de l'Autre),也是一个永远他异的问题(question toujours autre)。

(海德格尔的"追问乃思想的虔诚"出自 1953 年的演讲《技术的追问》,参见《演讲与论文集》,孙周兴译,北京:生活·读书·新知三联书店,2005 年,第 37 页。《理性的原则》即海德格尔 1955—1956 年的讲座文集《根据律》,见 *Der Satz vom Grund*, *Gesamtausgabe*, Band 10, Frankfurt am Main: Vittorio Klostermann, 1997. 歌德的诗句"要是眼睛不像太阳一样" [Wär nicht das Auge sonnenhaft]参见 *Gedichte und Epen*, *Goethes Werke*, Band 1, Munich: C. H. Beck, 1996, 367. 亦见歌德的《色彩理论》[*Zur Farbenlehre*]导言。海德格尔在 1933—1934 年的讲座《存在与真理》中也提到了它,参见 *Sein und Wahrheit*, *Gesamtausgabe*, Band 36/37, Frankfurt am Main: Vittorio Klostermann, 2001, 197. ——译注)

Ⅲ　言说不是观看

"我想知道你在追寻什么？

——我也想知道。

——这样的无知不是相当从容的吗？

——我怕它是自以为是的。我们总乐于相信自己注定会得到一个东西，那个东西是我们用一种比知识更加切心、更加重要的关系来追寻的。知识抹掉了一个有所知的人。大公无私的激情，谦逊，不可见性：当我们不只是知道的时候，这些东西就有失去的危险。

——但我们也会失去确定性，一种骄傲的确信。在学者那无人称的，仿佛被抹掉了的面孔背后，有着绝对知识的可怕火焰。

——或许。无论如何，这样的火焰必定在每一个有眼睛的地方闪烁。我甚至在雕像那无目光的眼睛里看到了它。不确定性不足以激发谦逊者的努力。但我承认，这里讨论的无知是一种特定的无知。有人在追寻，指望找到什么，甚至知道自己几乎必然会找到他们所不追寻的东西。还有人恰恰是无目的地追寻。

——我记得动词'找'(trouver)首先不是在一种实践或科学之结果的意义上'找'。找是转身,是调转,是四处走动。找一首歌就是进行一个有旋律的转动,是让它转起来。这里没有目的的想法,更没有停止的想法。'找'和'寻'(chercher)几乎是同一个词,后者说的是:'转起来'。

——找,寻,转动,四处走动:是的,这些词指示了运动,但那总是循环的运动。仿佛探究(recherche)的意义就在于转动当中必要的弯曲。'找'被刻在巨大的天'穹'(voûte)上,天穹给了我们不动之动者的最初模型。找是通过一种同中心的关系来寻,而中心,确切地说,是找不到的。

——中心允许找寻和转动,但中心不会被找到。探究或是那鲁莽的探寻,总想要抵达中心,而不满足于努力回应它的指涉?

——还是一个草率的结论。的确,探究的转动好比一条狗的运动,当它的猎物一动不动并且气势汹汹的时候,它相信自己已然通过环绕捕获了它,但事实上,它仍然只是处于中心的魅惑之下,服从中心的吸引。

——中心,作为中心,总是安全的。

——那么,探寻和过错(erreur),会相似。犯错就是转动并返回,是让自己陷入迂回的魔术。一个误入歧途的人,一个离开中心之保护的人,他自身调转,他服从中心,却不再受中心的保护。

——更确切地说,他调转(tourne autour)……一个没有补语的动词;他不调转什么,甚至无所调转;中心不再是一动不动的刺,不再是秘密地清出前行之空间的敞开点。一个误入歧途的人坚定地前行并且留在同一个点上,他让自己精疲力竭,既不前行,也不停止。

——并且他不在同一个点上,虽然他总是通过返回而在那里。这值得考虑。返回抹掉了出发点;无路可行的误入迷途是这样一种干枯的力量,它根除了风景,毁灭了荒漠,破坏了场所。

——处在边界区域并且处在前行边界的一场前行。

——首先,一场不敞开任何道路并且不回应任何敞开的前行:过错指定了一个怪异的空间,在那里,事物的隐显运动已经失去了指引力。在我因过错而身处的地方,盛行的不再是迎接的仁慈,也不再是排斥的那本身就令人安心的严苛。

——我想到了古老的恩培多克勒(Empédocle):被以太驱向海洋,被海洋吐到地表,被再次吐向太阳,并被太阳抛回以太;'一个诸神的放逐者和流浪者,相信于狂暴的斗争。'①

——但为了经受这样一种考验,一个人必须是一个精灵(daimon),一个小小的精灵,人的允诺。在那里,放逐仍然是

---

① 出自恩培多克勒论转世轮回的残篇,译文参见 G. S. 基尔克、J. E. 拉文和 M. 斯科菲尔德的《前苏格拉底哲学家:原文精选的批评史》,聂敏里译,上海:华东师范大学出版社,2014 年,第 495—496 页。——译注

排斥；排斥在一个封闭的世界内部发生,在那个世界里,通过不断分割他的四根的游戏,被放逐的存在无论如何像是在外部(dehors)活着一样。圣经中的放逐更加本质地是那种启程和那种对诞生神约的外部的承认。过错,在我看来,似乎既不封闭,也不敞开：没有什么被封闭了,但又没有视域(horizon);既不被限制,也不处于敞开的天空。雪的空间唤起了过错的空间,正如托尔斯泰(Tolstoï)和卡夫卡(Kafka)所呈现的。

——说到'过错',你的意思是,事物既不显示自身,也不隐藏自身,不属于那个揭露和遮蔽在其中占有一席之地的领域。

——我那么说了吗？我毋宁会说：过错是一种并不坚定的固执,它根本不是一种被严格维持的肯定,它通过让肯定偏转向那不坚实的东西,来追求自身。本质的过错和正确的东西无关,正确的东西对它没有权力。真理会驱逐过错,如果它们相遇的话。但有一种过错提前毁灭了一切相遇(rencontre)的权力。犯错很可能是：走到相遇的外部。

——我承认没有好好理解你的'过错'。会有两种过错：一种是正确之物的阴影；另一种……但这另一种,我想知道你如何能够谈论它。

——这或许是最容易的。言语和过错是彼此亲熟的。

——在这里我只看到一个戏言：仿佛你想到了,一个人若不说话,就不会欺骗。言语,我们很清楚,是恶魔(diable)的来源,甚至,在词源上,是它的起源。

——舞会(bal)一词,同样还有弹道学(balistique)一词,都是恶魔的作品。请注意,词源学,它重要是因为它表明了语言的诙谐力量,这作为玩乐之邀请的神秘游戏没有别的目的,无非是让词语重新迅速地靠近自身,并且是用那些带壳生物的方式,只要一个人检查它们,它们就会回撤。词语被悬置了;这样的悬置是一种十分精妙的振动,一种从不让它们静止的颤抖。

——然而,它们还是固定不动的。

——是的,一种比所有运动的东西还要运动的不动性。通过一种没有限度的犯错的激情,迷失方向(désorientation)在言语中运作了起来。就这样,说话的时候,我们恰好离开了一切的方向和一切的道路:仿佛我们已经越界了。

——但言语有其自身的道路;它给出一条道路;我们没有在那里被引向歧途,最多也只是偏离常走的路而已。

——或许不止:仿佛我们转离了可见,又没有转回到不可见。我不知道我在这里说的话是否说出了什么。但它无论如何是简单的。言说不是观看(Parler, ce n'est pas voir)。言说将思想从视觉的要求中解放出来,在西方几千年的传统里,视觉的要求已经征服了我们对事物的接近方式,并诱使我们在光的担保,或在光之缺席的威胁下来思考。我会让你数一下,说真的,有多少词语表明,人们必须根据眼睛的尺度来运思。

——你不希望把一种感觉和另一感觉,把听觉和视觉对立起来吧?

——我不想掉进那个陷阱。

——尤其是书写,它是你自己的方式,无疑也是首要的方式,会在这种情形下,对你缺失。

——书写不是把言语给予观看。日常词源学的游戏把书写变成了一个切割的运动,一种撕裂,一场危机。

——这只是一个提示,即书写的专有工具也是切刻(inciser)所专有的:尖刀。

——是的,但这深刻(incisif)的提示仍然唤起了一个斩切的操作,如果不是一个屠宰场的话:一种暴力;肉(chair)一词在家族中被找到,正如拼写法是一道抓痕。在更高且更远处,书写与弯曲相遇。书写就是探寻的转动已为我们唤起的弯曲,而我们又在反射的再度弯曲中找到了它。

——在每个词当中,在所有词当中。

——但言说,如同书写,让我们参与了一种分离的运动,一种振荡的和摇摆的偏离。

——观看也是一种运动。

——观看仅仅假定了一种被度量的并且可以度量的分离:看当然总是隔着一段距离看,但它允许距离把它从我们这里拿走的东西还给我们。在一个让一切都被回撤的停顿中,视觉是不可见地主动的。我们只看到那由于一种原初的褫夺而逃避我们的东西,没有看到那过于在场的事物,如果我们对事物的在场是压迫性的。

——但我们没有看到那过于遥远的东西,那通过距离的

一　复多的言语　书写的言语

分离逃避我们的东西。

——有一种褫夺,有一种缺席,正是通过它们,接触才得以实现。在这里,间距并不妨碍;相反,它允许一种直接的关系。光的一切关系都是一种直接的关系。

——看因此是隔着一段距离来直接地把捉。

——……隔着一段距离并且通过距离来直接地把捉。看是利用分离,不是把分离当作一个中介,而是当作一个直接的手段,当作无中介。在这个意义上,看也是体验连续,是赞颂太阳,也就是超越太阳:一。

——然而,我们没有看到一切。

——这就是视觉的智慧,尽管我们从来不只看到一个事物,甚至两个或几个事物,而是看到一个整体:每一个视觉都是一个整体的视觉。的确,视觉还在我们内部持守着一个视域的界限。知觉(perception)是一种根植于地面的智慧,它向着敞开挺立:它是本然意义上的土地的,它被植入大地,形成了固定的边界和看似无边界的视域之间的联系——和平就来自这牢固的协约。对视觉而言,言语是战争和疯狂。可怕的言语跨越了每一条界限,甚至跨越了整体的无界:它从一个方向上抓住了事物,但它无法从那个方向上被抓住,被看到,并且绝不会被看到;它僭越了法则,摆脱了定位,它让人晕头转向。

——在这样的自由中,有一种灵巧。语言表现得好像我们能够全面地看到事物一样。

——然后倒错开始了。言语不再将自身呈现为言语,而是呈现为一种摆脱了视觉限制的视觉。不是一种言说的方式,而是一种观看的超验方式。"理念"(idée),首先是享有特权的方面,然后变成了那个方面下存留的东西的特权。小说家抬高了房顶并把他的人物交给一种洞察的凝视。他的过错是没有把语言仅仅当作另一种视见(vision),而是当作一种绝对的视见。

——你想让我们像观看一样言说吗?

——我至少不想让我们在语言中给自己一种视觉,那种视觉是被暗中纠正的,是被虚伪地延伸的,是欺骗性的。

——那么,我们应该做出选择:言语,视觉。一个困难的选择或许是不公平的。为什么事物要被分成看的和说的(写的)呢?

——无论如何,混合不会弥补裂痕。看,或许,就是忘记说;而说就是从言语的深处汲取一种无穷无尽的遗忘。让我补充一点,我们并不等待随便的什么语言,而是等待一个里头有"过错"在言说的语言:迂回的言语。

——令人不安的言语。

——迥然不同的言语,它到处并且自身就承载着言语的延异(différant)。

——晦暗的言语。

——明晰的言语,如果明晰一词不是可见之物的属性,而是可听之物的属性,没有和光联系起来。明晰是那样一个东西的强烈要求,它让自身在回响的空间中被清楚地听到。

——几乎不是言语,它无所揭示。

——在它那里,一切都被无所揭示地揭示出来。

——这不过是一个公式罢了。

——是的,并且不太肯定。我试着以一种不抵达的方式来说,有一种言语,在那里,事物既不显示自身,也不隐藏自身。既不被遮蔽,也不被揭露:这就是它们的非真理(non-vérité)。

——这样一种言语:在那里,事物会被说出,但由于这样的说出,它们没有显露?

——没有在那个显现总有位置的地方浮现,或者,没有在那个拒不显现总有位置的地方隐而不现。言语就这样让言说不再是一种用光进行的揭露。这不意味着我们想要探寻白日之缺席的欢乐或恐惧:恰恰相反;我们想要抵达一种'显现'(manifestation)的模式,但它不是去蔽-遮蔽的模式。在这里揭示自身的东西并不把自身交付于视觉,它也不在一种简单的不可见性当中寻求庇护。

——揭示(révéler)这个词,我想,不是十分合适。揭示,掀开面纱,直接暴露给视觉。

——揭示,事实上,意味着某个并不显示自身的东西显示了出来。言语(至少是我们试图接近的言语:书写)甚至没有掀开面纱就实现了裸露,有时,相反地(危险地),它以一种既不遮蔽也不去蔽的方式进行揭示。

——这不是梦中的方式吗?梦通过再次的遮蔽来揭示。

——在梦中,仍有某种像光一样的东西,但事实上,我们不知道如何形容它。它假定了观看之可能性的一种颠倒。在梦中,看就是着迷,而当着迷产生的时候,我们根本不是隔着一段距离来把捉,而是被这段距离所把捉,被它所包围。在视觉中,我们不仅因一段为我们清除阻碍的间距而触摸到了物,而且,我们触摸到物而不被这段间距所妨碍。当着迷的时候,我们或许已经处在可见-不可见的领域之外了。

——图像(image)也是如此,图像似乎把我们持留在这两个领域的边界。

——或许吧。图像,同样,难以严格地来谈论。图像是揭示的双重性(duplicité)。图像是通过揭示来遮蔽的东西;它是这样的面纱,在揭示一词的所有模棱两可的犹豫不决中,它通过再次的遮蔽来揭示。图像因这样的双重性而是图像,不是对象的重影(double),而是允许事物从那时起被赋予形象(figurée)的最初二重化(dédoublement);它比重影化(doublement)还要早,它是一种折叠(ploiement),是转动者的转动,它是一个'变体'(version),总在进行自身的翻转并在自身之中承担着分歧的来回反复。我们试着谈论的言语就是对这最初转动的一次返回——名词必须被听成动词,被听成一个旋转的运动,一场栖息着旋风、飞跃和坠落的眩晕。请注意:为我们文学语言的两个方向而选定的名称接受了这转动的观念。其中,诗歌,可以说恰当地用'诗句'(vers)一词,几乎直接地暗示了它,而'散文',则通过一种不断纠正自身的迂回,径直走了下去。

——但这些词仅仅指定了这两种文学形式的外在方面:散文,一条连续的线;诗句,一条在来来回回中翻转的被打断的线。

——无疑,但为了让言语在诗句的扭力中翻转,翻转必须已被给予。最初的转动,转动者(它随后在来来回回的线性运动中松弛)的原初结构就是诗歌。(根据圣克莱尔[Saint-Clair]和贝蒂娜[Bettina]的说法)荷尔德林(Hölderlin)曾说:'一切都是节奏;人的整个命运就是一种唯一的天上的节奏,正如艺术作品是一种独一无二的节奏。'[1]

——啊,由此解释了节奏(rythme)——而节奏是跟随的。

——你有理由让我们想起某种保留。没有什么被解释了,没有什么被展露了;谜题毋宁被再次紧握在一个词语里。我过于仓促地想要勾勒这迂回的言语,它在内部持留着探寻的迷误(errement)。但我们的主题本身劝告我们不要如此仓促。迂回不是一条捷径。在回应它的言语中,变化无常(vicissitude)才是本质。问题是持守(tenir)并维持(entretenir)。

---

[1] 参见 Bettina von Arnim, *Die Günderode*, Leipzig: Insel Verlag, 1983, 294. 关于这句话的缘由及阐释,可参考吉奥乔·阿甘本的《没有内容的人》第九章《艺术作品的本源结构》(La struttura originale dell'opera d'arte),见 Giorgio Agamben, *L'uomo senza contenuto*, Macerata: Quodlibet, 1994, 143. ——译注

——这里,或许,就有我们之谈话(entretien)的意义。

——在这作为节奏的转动中,言语转向了那引发偏转并且自身偏转的东西。这是一种罕见的言语:它不知急促,正如它不知对继续前进的拒绝,也不知摇摆不定的疑虑。它在它的倾斜中最为自由,总在打断中坚持,总在召唤迂回,并且就这样持守着我们,仿佛悬在可见与不可见之间,或悬在两者的这一侧。

——这里,再一次,有某种只能艰难地来理解的东西。这意味着什么? 不是可见的东西必定被持守为不可见。

——或许有一种不可见性,它仍然是某物让自身被人看见的一种方式;还有另一种不可见性,它转离了一切的可见和一切的不可见。黑夜(la nuit)就是这迂回的在场,尤其是那作为痛苦的黑夜和那作为等待的黑夜。言说是等待的言语,在那里,事物被转回到了潜在的状态。等待(l'attente):无偏离的迂回(détour sans digression)的空间,无过错的迷误(errement sans erreur)的空间。在这个空间,至少就显示和隐藏的运动是光的游戏而言,不存在事物显示自身还是隐藏自身的问题。在回应这等待的言语里,有一种不是白日之事实的显现的在场,有一种在'要有光'(fiat lux)之前进行显露的显露,它通过作为晦暗性(obscurité)之本质的迂回,显露了晦暗(l'obscure)。晦暗在逃离中将自身供奉于那本源地支配着言语的转动。

——虽然你在谈论晦暗的时候努力不唤起光,但我情不

一 复多的言语 书写的言语

自禁地把你所说的一切带回到那作为唯一尺度的白日。因为我们的语言已经过分地——必然地——成为一个视觉的体系,所以,言语就只能对我们的视觉好好地说话?我怀疑,当赫拉克利特说神圣的言语既不暴露也不隐藏而是暗示(oute legei, oute kruptei, alla sêmainei)①的时候,他说的是不是这样的东西。一个人不会把你希望呈现的观念借给他吗:有一种语言,在那里,事物既不显示,也不隐藏?

——或许不是我们把这个观念借给赫拉克利特,而是赫拉克利特会把它借给我们。这里所讨论的言语是一种在德尔斐(Delphes)受到追问的言语:它以神谕的方式言说,而那些神谕,通过事物文本中的符号、刻痕和切口——书写——而是神谕。无论如何,在德尔斐,问题的确和一种语言有关,这种语言在逃避隐藏之必要性的同时逃避了显示的必要性。在这样的语言里,如此的差异并不出现:它既不掩盖,也不显露。

——言说,既不发出声音,也不保持沉默。

——通过一种差异,而不通过暴露-隐藏(legei-kruptei)这些词语来言说;那种差异被紧握在独一无二的 sêmainei 一词里,我们把它翻译为暗示或给出象征。这种悬置并包含其他所有差异的差异也是'转动'一词所承担的差异。在那种转向其所转离之物的转动中,有一种原初的扭力,这扭力所集中的

---

① 赫拉克利特残篇93,参见 G. S. 基尔克、J. E. 拉文和 M. 斯科菲尔德的《前苏格拉底哲学家:原文精选的批评史》,第313页:"那位神主,其神谕便是在德尔斐的,他就不说也不藏而是象征。"——译注

差异的纠缠,正是一切言说模式,乃至辩证法试图利用、澄清并解开的东西:言语/沉默,词/物,肯定/否定——在一切言说的语言背后言说的一切谜题,都活在这些差异里。例如:言语是以沉默为背景的言语,而沉默仍然不过是语言中的一个名词(nom),一种言说的方式;或者,名词把事物命名为一种同词语的差异,而这种差异只能由名词给出。我不多说了。总之,我们通过这种差异来言说,而差异(différerence)使得我们在言说的时候推迟(différer)了言说。

——这只是一个词语游戏。

——是的,为什么不是呢?它玩弄时间的观念,提醒我们时间必然参与了这样的差异,它向我们暗示,言语的转动并不陌异于那种作为'历史'之转动的转动,那种在脱离一切当下的此时本质地完成自身的转动。它还玩弄这样的观念,即我们仅仅通过那种让我们和言语保持距离的差异来言说,言语言说只是因为我们言说,但无论如何尚未言说。这样的"尚未"(pas encore)并不返回一种理想的言语,并不返回那个让我们人类言语成为其不完美模仿的高超言词(Verbe);它毋宁在它的非在场当中建构了言语的决断,建构了一种到来(à venir):这种到来就是我们持守为当下的一切言语,是愈发坚决地指定并参与未来的一切言语。而那个未来(futur)也是有待言说的未来,是属于语言的非言语,每当我们本质地言说之时,它就无论如何将我们置于语言之外,正如在那种让我们从中转离的言语里,我们无比地接近了言说。

——所以，这里，再一次，有那种作为迂回的转动……的古怪。任何一个前进的人必定迂回。这产生了一种奇怪的蟹行。它也是探寻的运动？

——所有的探寻都是一场危机。被追寻的不过是引发这一危机的探寻的转动：批判的转动。

——这是绝望地抽象的。

——为什么？我甚至会说，一切重要的文学作品，因把这转动的意义更为直接，也更为纯粹地置于作品之中，而显得更为重要。这转动，在它将要出现的时刻，让作品发生奇怪的翻倒：在作品（œuvre）里持留的，就如它那总是离心的中心，乃是无作（désœuvrement）——作品的缺席。

——作品的缺席，疯癫的别名。①

——在作品的缺席里，话语终止了。因此，在言语的外部，在语言的外部，书写的运动在外部的吸引下到来。"

---

① 米歇尔·福柯说："这疯狂便是作品的缺席。"参见福柯，《古典时代疯狂史》，林志明译，北京：生活·读书·新知三联书店，2005 年，第 745 页。亦见福柯的文章《疯狂，作品的缺席》(La folie, l'absence d'œuvre)。参见 Michel Foucault, *Dits et écrits*, tome Ⅰ, éd. Daniel Defert, François Ewald et Jacques Lagrange, Paris: Gallimard, 1994, 412-420. ——译注

Ⅳ 伟大的拒绝

1

外部(le dehors),作品的缺席:我保留这些词,知道它们的命运和语言外部的那种书写紧密地相连,而一切的话语,包括哲学的话语,都通过一种真正首要的必然性来掩盖、拒斥和模糊那种书写。哪一种必然性?世上的一切所服从的必然性。所以,它首先适合毫不夸耀、毫不犹豫,同样毫无防备地得到命名,因为它就是死亡(mort);也就是对死亡的拒绝,永恒性的诱惑,所有促使人们准备那样一个永久之空间的东西,在那里,真理即便遭到了毁灭,也会复活过来。在这项确立一种安全之统治的事业中,概念(因此,所有的语言)就是工具。我们坚持不懈地建造世界,为的是遗忘那些支配"是"者(ce qui «est»)的隐秘消解和普遍败落,代之以观念和对象,关系和形式的一种清晰、明确的一致性;此乃平静之人的工作。在这种虚无无法渗透的工作里,美丽的名字(nom)——所有的名字

一 复多的言语 书写的言语

都是美丽的——足以让我们快乐。这难道不是一项重大的使命,难道不是对难以忍受的命运的合理回应吗?的确。曾经的诸神,曾经的上帝,协助我们脱离那一切在其中消逝的尘世,并且,眼盯着尘世之上的不朽,我们同时将这尘世组建为一个栖所。今天,没有了诸神,我们愈发地转离那转瞬即逝的在场,以便在宇宙中肯定我们自己,这根据我们知识的尺度而被建构的宇宙,已然摆脱了那种因为隐藏着晦暗的决定而时时令我们恐惧的任意性。然而,在如此的胜利中,还有失败;在形式、观念和名字的这一真理中,还有谎言;在这个把我们托付于幻觉之彼岸,托付于不死之未来,托付于无偶然之逻辑的希望中,或许,还有一种更深刻之希望的背叛,而这,就是诗歌(书写)必须教我们去重新肯定的。[1]

(1) 我们已失去了死亡

因为,当我们以一种华丽的方式,凭借非凡的手段进行斗争的时候,我们不是没可能牺牲了某种东西;为了拯救我们自己,我们失去了某个东西的真理,那东西正是我们为确保自己的安全而有义务反对的。但在这里,我们进入了一个更为秘

---

[1] 我在这里遵循的运动,是伊夫·博纳富瓦在一本由标题神秘地阐明的书《未必可能》(*L'improbable*, Paris: Mercure de France, 1959)中试图用来指定一个位置的,诗歌就从那个位置上对我们言说并实现了自身;所以,那个位置必须被定位在"存在的一般经济之中"。我们就这样再次面对问题之问题,那个逃避话语追问的问题。

密的领域,它道出了背叛之词:我们已失去了死亡(nous avons perdu la mort)。失去了死亡?我们在这里试图说什么?我们已经忘了自己是终有一死的吗?我们不是每时每刻命名着那让我们终有一死的东西吗?我们命名它,但为的是用一个名字来掌控它,并且,通过这个名字,最终让我们自己摆脱它。我们的全部语言——这里就有语言的神圣本质——被配置起来,不是为了在"是"者中揭示消失的东西,而是为了揭示那总是持存的东西,那在这消失中形成的东西:意义,理念,普遍者。通过这种方式,语言仅仅维持一个东西的在场,那个东西逃避了败落,保留了存在的标记和封印(还有它的荣耀),因此也不真正地存在。面对死去之物的后撤也是面对现实的后撤。名字是稳固的并且它确立了稳固,但它允许那个已然消逝的独一无二的瞬间失去;如同词语,总是一般的,总已经错失了它所命名的东西。当然,我们也有用来指定这点的词语,因为我刚刚——如何轻易地——提到了它。我们谈论感性的现实,我们言说在场者的在场,言说一个偶然的位置上一个瞬间的存在,或者,就像所有与平庸为伴的诗歌所做的那样,言说"一个人绝不会看到两次的东西"。但——在这里,伊夫·博纳富瓦(Yves Bonnefoy)痛苦地与黑格尔相撞——我刚一说出现在(maintenant),在这个唯一的词语中,我刚刚一次并且同时说出每一个处于其一般形式和永恒在场之中的"现在",这个现在本身,这个独一无二的现在,就溜走了,同时溜走的还有在那里消解的东西的本然之谜:围绕那个东西,我可以让独一性成倍地增长,而无须做任何的事情,只需更多地改变它,试着在普遍特征的协助下把它特殊化,试着用一种永恒化的把握来无意地发现它的消失。我们就这样发觉自己陷入了我不知是何陷阱的背叛之中。而从这里出发,伊夫·博纳富瓦,将以一种持续的努力,通过意象,通过他知道如何从中听见的召唤,为他自己,也为我们,寻求返回的道路,寻求再次捕获在场的行动,真正的位置;在那里,"是"者被聚到了一个不可分的统一之中:这破碎的常春藤叶,这裸露的石头,黑夜里溃散的一个步伐。

*

但我会在这里停下,不是为了批判这样的前行——它具有一种吸引力,具有一种我们无法回避的崇高的意义——而是为了更好地看到这样一种运动中至关重要的东西。我只会说,伊夫·博纳富瓦或许错误地跟随了黑格尔,同时又仿佛秘密地逃离了黑格尔。当他谈论概念的时候,他谈论的恰恰是在黑格尔那里聚集起来的哲学;但当他谈论概念作为思想用来设法拒绝和遗忘死亡的工具时,他就用一种,我想,不充分地定位其反对的方式,来表达他自己了。因为(我草率地重复这点,这样的知识现在被如此深深地铭刻于我们的体内)概念的力量并不在于拒绝死亡所固有的否定,而是相反地,在于把否定引入思想,使得思想的一切固定的形式在否定中消失并且总是变得他异于自身。语言具有一种神圣的本质,不是因为它通过命名实现了永恒,而是因为,黑格尔说,"它把所命名的东西直接颠倒过来,使之成为另外的东西"①,它当然只说不存在的东西,但它恰恰以这消解万物的虚无的名字来言说,它是死亡本身的生成言说(devenir parlant),但也是这死亡的内在化,或许还是它的净化,目的是把它还原为否定性的艰难工作,通过这工作,在一场永不停息的斗争中,意义向我们而来,而我们向意义走去。

把《未必可能》(*L'improbable*)的作者的违抗准确地定位在这个点上,我不会背叛他。因为通过一个惊人的天职,精神和语言已经成功地把这死亡变成了一种权力,但付出了什么代价?通过把它理想化。它现在其实是什么?不再是一种直接的消解,在那里,一切都无思想地消失,而是那出了名的死亡,是精神生活的开端。我们怎能不声称,在这理想化的去本质化当中,失去的就是晦暗性(obscurité)本身,还有这不可毁灭之事件的黑暗现实——它已被我们用一种惊人的遁词转化为了生存的手段和思想的权力?所以,我们发现自己再次面对着一个东西,它应被称作"伟大的拒绝"(le grand refus),即拒绝在一个谜的边上停下,而那个谜,就是这独一之终结的陌异。

围绕着拉撒路(Lazare)②那已然腐烂着的遗体,诸哲人好奇地聚集起来,这最终几乎是可笑的,但又类似于柏拉图在其

---

① 参见黑格尔,《精神现象学》,先刚译,北京:人民出版社,2013年,第70页,有改动。——译注

② 拉撒路,参见《新约·约翰福音》11:1-44。——译注

反讽中讲过的有关存在的"巨人之争"①。哪个是真正的死亡？一个人会说：永远英勇的天赋，精神的在场，和那样一个人同在，他没有被尸体的现实所吞没，甚至当他坚定地看着这现实的时候，他还能够命名它，"理解"它，并且，通过这样的理解，他念道"拉撒路出来"(lazare veni foras)；由此，死亡将成为一个原则，成为可怕的力量，而在其中承受它的生命必须维持自身，以便掌控它并在那里找到掌控的完成。在这个意义上，安息的诱惑，懦弱的投降，还有退让的懒惰，就表现为落回自然的层面并在无思想的虚无，在那空洞而无意义的平庸中，迷失自身。

对此，另一个人，以一种必然更为低沉也更为隐晦的声音回答道：但你向我呈现的这个得到拯救并且死而复活的拉撒路，和那里躺着的让你后退的东西，和坟墓的无名的溃烂，和那个已经发臭、已经失去的拉撒路，有什么关系呢，那个拉撒路没有因一种无疑值得赞叹的力量而复活，而恰恰就是一种从死亡本身的这个决定中而来的力量？但哪种死亡？那个得到了理解，丧失了自身，变为纯粹褫夺之本质，变为纯粹之否定的死亡；那种死亡，在它为自身建构的恰当的拒绝中，将自身肯定为一种存在的权力，肯定为一种让一切得以确定，让一

---

① 巨人之争，参见柏拉图的《智者篇》246a："由于他们关于'存在'(οὐσία)的看法彼此对峙，似乎在这些人当中有某种像神与巨人之间的战争。"见柏拉图，《智者》，詹文杰译，北京：商务印书馆，2011年，第57页，有改动。——译注

切得以展露为可能性的东西。或许,这才是真正(vraie)的死亡;死亡成了真理(vérité)的运动。但一个人怎能不察觉到,在这名副其实的死亡中,无真理的死亡已经完完全全地溜走了:在死亡中,什么不可还原为真(vrai),不可还原为完全的揭露,什么从不揭示自身,从不隐藏自身,也从不显现自身?当然了,在我言说之时,我清楚地认识到言语的存在,只因"是"者已在命名它的东西里消失,它被死亡所击中,成为名字的现实;这死亡的生命,诚然就是最日常言语的美妙所是,更高层面上概念的言语也是如此。但事实——这恰恰是盲目所要遗忘和软弱所要接受的——依旧是,"是"者已经确切地消失:曾经在那里的某物再也不在那里了。我如何能够再次找到它,我如何能够在我的言语中重新捕获我为了言说,为了把它言说,而不得不加以排斥的这先行的在场?在这里,我们将唤起我们语言的永恒痛苦:因为语言必然是其所言之物的缺失,语言的怀念就回转向其永远的缺失之物。

(2) 问题,直接者的痛苦

但缺失什么?既然我们已经,可以说,包围并追捕到这奇怪的猎物,它一旦被抓住就总是一道影子,既然我们已随伊夫·博纳富瓦一起向这个空虚俯身——或许是因其满盈而空虚——它不仅是最古老的坟墓,而且是其新鲜性当中一切感性的事物,那么,我们,在如此决然地牺牲了我们只能通过拒斥来重新发现的东西后,最终能否撞见,甚至照亮这斗争中至关重要的东西？这斗争不再是空洞坟墓上方的圣战或争辩，而是"起源之争"了。简言之，我们可以，只要我们请求这样一个人，对他而言，如此的牺牲在他的言语乃至他的生命里，就是发现的撕裂（le déchirement de la découverte），并且，他曾肯定：

> 可现在天亮了！我等着看见它来，
> 我所见的，神圣者将是我的言。①

Das Heilige，神圣者（le Sacré），威严之词，它满载着闪电，仿佛被禁止，或许它通过一种过于古老的崇敬力，只是为了掩盖它什么也不能说的事实。但让我们把它和博纳富瓦时常直接指示的东西结合起来；我们难道不会被带到一种知识面前吗，那种知识如此简单，以至于它只能让我们醒悟，我们要说，并且拒绝说：神圣者是"直接"的在场。它是波德莱尔所追求并且几乎至死都紧紧抓着的这消逝的身体，它是勒内·夏尔所声称的这与大地齐平的简单生命（cette vie simple à fleur de

---

① 出自荷尔德林的诗歌《犹如在节日里……》（Wie wenn der Landmann am Feiertage …），参见《荷尔德林后期诗歌》，刘皓明译，上海：华东师范大学出版社，2009年，第133—135页，有改动。——译注

terre)①。因此,神圣者不过是感性在场的现实。是的,这的确是我们能够企及的一种容易而平静的知识——但也是一种"苦涩的知识",因为当我们坚持我们的肯定时,我们必须立刻颠倒它并恢复其谜一般的力量,我们现在说:在场就是神圣者——就是"不提供任何支撑的混沌之震动,挫败每一种趋迫的直接者之恐怖"②。

如果这样的接近(approche)被证明是合理的,那么,即便我们不知道自己到底已经接近了什么,我们也会更好地明白,为什么,这"真实的在场"(présence réelle)——伊夫·博纳富瓦想要把它的承诺还给我们,并且,他有时如此轻巧地谈论它,有时则拒绝透露什么,他把这不可占有的礼物置于我们手中,同时也把它从我们这里收回——迫使我们在一场静止的探寻中,通过一场场消耗生命的考验所构成的缓慢前行,来一直等待它,恰如我们拥有了它那样。因为这里的问题不再是我们之前所尽可能界定的某种技术的或抽象的困难。因为在我们接近的困难中,我们有一种预感,即为了面对面地看到我们只有通过从中转离才允许看到的东西,我们在一场不可能

---

① 出自勒内·夏尔的诗集《狂怒与神秘》(*Fureur et Mystère*)中的《忠诚的敌手》(*Les loyaux adversaires*)之《一只鸟……》(Un Oiseau...)。参见 René Char, *Œuvres complètes*, Paris: Gallimard, Bibliothèque de la Pléiade, 1983, 238. ——译注

② 海德格尔对荷尔德林的评论。(参见海德格尔,《荷尔德林诗的阐释》,孙周兴译,北京:商务印书馆,2000 年,第 83 页,有改动。——译注)

的运动中调转我们自己,而我们将会看到的东西,我们事实上总已经看到的东西——不论它叫感性的东西还是叫大地的身体——就是神圣(le divin)本身,就是人们总已经通过这个名字而朦胧地瞄准了的东西。那么,这就是全部的秘密。博纳富瓦将这样谈论否定神学(théologie négative),谈论初始现实主义(réalisme initiatique),并且,他会使用一个真正危险的词语向我们允诺:拯救(salut),即便当时的问题只是"在某座山坡上,瞥见夕阳下的一面玻璃窗"。①

*

我们就这样发现自己再一次处在了最严肃之讨论的中心,在那里,我们的命运或许也处于紧要的关头。我们必须同黑格尔一起来肯定吗:这直接者(l'immédiat),这直接的独一性(直觉或难以言说的视觉)什么也不是,它是最徒劳、最平凡的庸常——或者,更确切地说,它是完好的和安全的,它在它

---

① 在第 23 期《暗仓》(*Botteghe Oscure*, Rome: DeLuca Editore, 1959)发表的菲利普·雅各泰(Philippe Jaccottet)的一篇美丽的文本中,我再次发现了在诗歌中被建立或被召唤的东西,即看似最简单的现实(或真实的简单性)和足迹,和神的消逝之间的同样神秘的关系。类似地,克洛德·维热(Claude Vigée),一位正在流亡的流亡诗人,试图说出在场的现实:"所有的诗歌,在根本上,只是对是者之承认的一个标记。"但他又说:"诗不是存在。它首先反映了你对它的努力,然后,通过你,见证了那个隐藏在如此之多面孔背后的人。不崇拜这些语言中任何一个……"参见《印度之夏日志》(*Journal de l'été indien*, Paris: Gallimard, 1957)。(引文"在某座山坡上……"出自博纳富瓦的文章《诗歌的行动与位置》[L'Acte et le lieu de la poésie],参见 Yves Bonnefoy, *L'improbable et autres essais*, Paris: Mercure de France, 1980, 131.——译注)

的秘密中,曾经并且一直是存在本身?我们必须,仍然是同黑格尔,或许是同马克思,一起来肯定吗:我们将发现直接者那里有价值的东西,但不是在开始,而是在最后,并且是在我们历史、我们语言和我们行动的整个发展中,也就是,在具体的普遍者(l'Universel concret)当中,在一场持续不断的斗争的对象中:不是被给予的东西,而是通过中介(médiation)的工作被征服了的东西?或者,我们必须这样宣称吗:如果不存在某种"体验",不存在某种在场的天职(一切在场之物的一个无担保的担保者),那么,我们将把我们自己更多地交付于伟大的拒绝,而看不见那个我们只有以之为基础才开始观看,或许才开始言说的东西?最终,我们当然可以谈论博纳富瓦所过于赞成的东西,也就是他所指定的是者,原始的直接者——这不难;但我们能够说出它吗?而诗歌的存在是因为这个吗:即一个看到了存在(俄耳普斯[Orphée]那克制的凝视下,存在的缺席)的人,也能够在他言说的时候,坚守在场,或者只是回忆它,或者再一次,通过诗歌的言语保持一种希望的敞开,那个希望的对象正是在言语的这一侧敞开的东西,是在言语中隐藏并被揭示的东西,是被言语所暴露(expose)并置存(dépose)的东西?

这么多问题。但不会还有另一个问题吗?也就是,另一种开动这些问题的方式,这种方式不把这些问题还原为一种束缚我们的形式,即不强迫我们在一种辩证的言语(为了仅仅依赖中介的力量,它拒绝了直接者)和一种视觉(一种视觉的言语,也是幻觉的言语,只有当一个人观看,通过言语进入视觉,并且通过视觉被直接地吸入那作为光之敞开的存在时,它才言说)之间进行选择。不可能存在一种对直接者的直接把握(荷尔德林在题为"至高者"[Le plus haut]的残篇中,以其可怕的力量说出了这点)。直接者排斥一切直接的东西:也就是一切直接的关系,一切神秘的融合,一切感性的接触;同样地,每当它为了提供通达的途径而必须服从中介者(intermédiaire)之中介时,它也排斥了自身——弃绝了其自身的直接性。

所以,我们发觉自己仿佛在各方面都遭到了否认。让我们无论如何反思这样的陌异性:"直接者排斥一切直接的东西。"让我们试着理解,关键并不是在场和对在场(présence)或对再现(représentation)的通达之间的一个简单的矛盾。"直接者排斥一切直接的东西,正如它排斥一切的中介",这告诉了我们一些有关在场本身的东西:直接的在场乃是无法在场者的在场,是不可通达者的在场,是排除或超出了一切在场者的在场。这等于说:直接者,通过其在场无限地超出了一切在场的可能性,它是那根本地保持缺席的东西的无限的在场,这样的在场在其在场中总是无限地他异,总是处于其他异性之中的他者的在场:非在场。我们能够从这些命题中得出什么结论?暂时什么也没有。除了这些:(1)当我们追问直接的在场,试图在思想中把直接者保持为一种根本的震动时,这不是为了把一种直接的关系特权化,不管这种直接的关系是一种神秘的还是感性的接触,不管它是视觉还是流溢(effusion);(2) 如果"直接者,严格地讲,对有死者和对不死者一样,是不可能的"①,那或许是因为不可能性——一种逃避权力的关系——乃是同直接者的关系的形式;(3) 最后,我们在这里接近了决定性的问题,即如果直接者是无限地缺席的,超出并排除了一切的在场者,那么,同直接者的唯一关系就会是这样的关系,它在自身中保留一种无限的缺席,保留一段无论如何不是中介的间距(它绝不该充当中介者)。

(3) 欲望的召唤,言语

或许,我们此时该返回荷尔德林的言语。它们并没有给我们答案。但在其节制而朴实的严格中,我们发现刚刚来到问题之中的一切已经聚集起来。首先,博纳富瓦向我们提出的在诗歌中至关重要的现在(maintenant),随着第一束光线的迫不及待,从诗句的开头闯入了:现在天亮了! 接着,在白日破晓的这个当下闪耀了之后不久,我们失去了它,落回到过去,并且,我们必须再次体验等待的无限,体验没有陪伴的苦厄和贫乏的时间:我等着。一次没有期限的等待,生存被还原

---

① 出自荷尔德林的残篇《至高者》(Das Höchste):Das Unmittelbare, streng genommen, ist für die Sterblichen unmöglich, wie für die Unsterblichen. 参见 Friedrich Hölderlin, *Sämtliche Werke und Briefe*, Band 2, hrsg. v. Günter Mieth, Berlin und Weimar: Aufbau-Verlag, 1970, 320. ——译注

一 复多的言语 书写的言语

为一次没有结果、没有当下的等待,但它无论如何也是一次丰富的、充满了预感的等待,在预感中,总是到来者的到来和视见(vision)被准备好了:我等着看见它来。什么被看见了? 到来。但到来的是什么? 这仍然未被规定,或者,更确切地讲,这在中性(neutre)中被说出,虽然在这样的未被规定和这样的中性里,白日破晓的"现在"的临近当然会被理解,但它无法被直接地看见,它只能被视为一个到来,它是一切能够来临之物的分发者。

可现在天亮了! 我等着看见它来。

在这第一句里,我们获得了时间的一种更替和一种对立,时间从当下的闪耀被遣回到没有当下的等待的痛苦;同样地,在第二句里,我们再次从一个回忆的时间转向了一个当下,但那是另一种当下。在其细微的差别中,我们整个诗歌的命运,在我看来,似乎就处于紧要的关头:

我所见的,神圣者将是我的言。

我会把自己限定在两个评论上。第一个是不确定性:我所见的。诚然可以肯定,某种东西出现了,视见发生了:但这视见的所见之物为何? 我们会认为:神圣者。这是法文翻译以这种方式打断文本所明确指出的东西:"我所见的,神圣者,将是我的言."(Et ce que je vis, le Sacré, soit ma parole.)但它不是原文的那种方式,在原文中,当诗句打破封印并最终揭示了我们通过诗人的介入而注定要看到一次的东西时,它就打断了自身,沉默了片刻,然后鼓足冲劲,以便用一种急迫的力量,把形式赋予一个新的当下;但哪一个当下?欲望(désir)的当下(所以,在欲望中,缺席呈现了自身),处于其至高形式之中的诗歌欲望的当下:神圣者将是我的言。神圣者将是我的言:在这里,在这种感叹的祈祷和欲望的呼告中,诗人、言语和神圣者之间所维持的关系被全部地交给了我们。荷尔德林没有说他看见了神圣者——他不能这么说——他只能在看见了之后,通过一种呼唤(évoquer)和祈求(invoquer)的运动,把自己献给一个根本愿望的未来:神圣者将是我的言。一方面,我们察觉到其抱负的程度:问题不只是谈论神圣者,或者,围绕神圣者;问题是,神圣者必须是言语,甚至是我的言语。一个严格地讲,必定被视为疯狂的要求。但另一方面,我们也看到了其抱负的极端限制,因为一切都受制于一种愿望的要求,所以,最终,"我所见的"或许不过是这种愿望的在场而已,是这样一种挑衅的解决,它在归属的切心性(intimité)当中,通过一种已然渎神的接触,把神圣者和言语聚集到欲望之极限的空间。

对于这样一个结果,我们会不禁再次感到失落:因为在那一刻,当这个处于其现在(maintenant)之中的神圣的当下为我们宣告其自身的时候,我们同它没有别的关系,只有欲望的关系,并且,在我们用来确立它的那个名字里,我们仍然只能触及我们想要命名它的愿望而已。欲望是微乎其微的。欲望难道不是一种完全主观的运动吗?但它或许不止于此,就像我们从勒内·夏尔的这句话中察觉的,他用荷尔德林的诗句所开启的同样的运动说道:"诗歌是那仍然欲望着的欲望的实现了的爱。"(Le poème est l'amour réalisé du désir demeuré désir.)①但或许我们应该远离这些从知识中借来的区分——主体,客体——那种知识是真理在其中得以建构的世界所固有的。同样地,当伊夫·博纳富瓦挺身反抗概念的明晰,毅然决然地采取感性的部分时,他清楚地知道,通过进入理性秩序所明确设置的对立和规定的游戏,他仍然是在这概念秩序的内部,并且是为了这概念的秩序而思考和说话,虽然他试图否认这秩序的价值,至少是试图为它划界。

*

但我们所评论的文本也把这欲望称为希望(espoir)。"我愿把诗歌和希望聚集起来,我愿把它们几乎等同起来。"②这希望想要什么?它说了什么?它同诗歌的关系是什么,它同诗歌之行动或位置的关系是什么?

---

① 出自勒内·夏尔的诗集《狂怒与神秘》中的《唯留》(*Seuls demeurent*)之《形式的分享》(Partage formel)。参见 René Char, *Œuvres complètes*, 162. ——译注

② 出自博纳富瓦的文章《诗歌的行动与位置》(L'Acte et le lieu de la poésie)。参见 Yves Bonnefoy, *L'improbable et autres essais*, 105. ——译注

2　如何发现晦暗？

这希望不只是任何的希望。正如有两种诗歌，"一种空想的、欺骗性的诗歌，和一种致命的诗歌"，"希望也有两种"。诗歌的希望要被重新发明，或者，再一次：是诗歌要"找到一种新的希望"。希望，几乎和诗歌相等同——因此，诗歌的现实就是希望的现实——它在诗歌之后到来，显现为诗歌将献给我们的礼物。诗歌会是这一新希望的手段。由此得出一个肯定：诗歌是一种手段而不是一个目的。①

希望要被重新发明。这是否意味着，这样的希望旨在通过发明实现一个美丽的乌托邦未来，或者，再一次，实现那种据说已被某些浪漫主义者当作其视域的想象之辉煌？根本不是。途经理想——理念的天空，名字的美丽，概念的抽象拯救——的希望乃是糟糕的希望。当希望企求在一个允诺的未来把是者(ce que est)给予我们的时候，它便是真正的希望。是者就是在场。但希望只是希望。当有希望的时候，希望根本不是任何当下的把握，根本不是任何直接的占有，它和那总是尚未到来，或许绝不会到来的东西相关；希望说出了那只在

---

① 然而，我不相信一个人有理由以这样的方式表达自己。诗歌不是一种手段，也不是一个目的：它不属于概念的这样一种配置所适合的秩序。

希望中存在的东西被人所希望的到来(la venue)。希望的对象越是遥远,越是困难,希望就越是肯定,越是深刻,越是接近它的命运:当我希望的东西几乎到手的时候,我就不怎么希望了。希望道出了那逃避可能性的东西的可能性;它,说到底,是关系已然失去之处所重新捕获的关系。当希望将自身从一切显现的希望中撤出并剥夺了自身一切显现的希望时,它就是最深刻的希望。但同时,我们不得像在梦中一样希望一种空想的虚构:正是反对着这空想的虚构,新的希望才指定了自身。真正的希望——所有希望的未被希望者——既不希望大有可能的东西(le probable)(大有可能的东西无法成为有待希望者的尺度)也不希望非真实的虚构,它是对未必可能者(l'improbable)的肯定,是对是者的等待。

在他那最美丽的一本书的第一页,伊夫·博纳富瓦写道:"我把这本书献给未必可能者,也就是,献给是者。献给一个不眠的精神。献给否定神学。献给一首有关雨水、有关等待、有关风的被欲望的诗歌。献给一种伟大的现实主义,这现实主义激化而不解决,它指定了晦暗,它把明晰当作那总能被撕开的云朵。它关心一种高高在上的、无法实行的明晰。"①

为什么是未必可能者?是者如何是未必可能者?未必可能者逃避了证明,不是因为它暂时无法证明,而是因为它从不

---

① 出自博纳富瓦的《未必可能》。参见 Yves Bonnefoy, *L'improbable et autres essais*, 9. ——译注

在一个要求证明的领域里出现。未必可能者是那样一种绝不通过证明的许可才出现的东西。未必可能者不简单地是那种停留在或然性(probabilité)及其算计的视域内，会被一种更大或更小的或然性所定义的东西。未必可能者不是或然性微乎其微的东西。它无限地超出最有可能的东西："也就是，是者。"但是者仍然是未必可能者。

这样一个词试图告诉我们什么？我愿以这样的转述来使之澄清：要是可能性(possibilité)和不可能性(impossibilité)之间有一个交会点，那么，它就是未必可能者。但这两个新的名字向我们指示了什么？

(4) 可能性：作为权力的语言

它们属于我们的日常词汇。在一个敞开的视域内，当一个假定的事件没有撞上任何绝对的阻碍时，我们就说它是可能的。它是可能的：逻辑不禁止它，科学或习俗也不提出反对。那么，可能者是一个空洞的框架：它并非和真实(le réel)不一致的东西，或者，确切地说，它是尚未真实或尚未必然的东西。但长久以来，我们一直警惕另一种意义。可能性不是纯粹可能的东西，并且，它应被视为不那么真实的。在这种意义上，可能性超出了现实：它是存在(être)，外加存在的权力(le pouvoir de l'être)。可能性确立并奠定了现实：惟当一个人有存在之权力时，他才是其所是。在这里，我们立刻看到了，人不仅拥有可能性，而且他就是他的可能性。我们从不纯然地存在，只有基于并相对于我们所是的可能性，我们才存在；这是我们的本质维度之一。因此，当可能(possible)一词和能力(pouvoir)一词，然后和力量(puissance)一词联系起来的时候，可能一词就变得明晰起来(我简化了很多)。力量在何种程度上是一种更变，在何种程度上是对可能性的一个定义？随同可能性，至少力量形成了，而占有(possession)所完成的挪用(appropriation)也得到了规定。就连死亡也是权力(pouvoir)：它不是我将遭遇的一个简单的事件，不是一个客观的、可以观察的事实；在这里，我的存在之权力将会终止，在这里，我将再也不能在这里存在。但死亡，就它属于我并且只属于我——因为没有人可以替代我或在我的位置上经历我的死亡——而言，把这样的非可能性(non-possibilité)，把我的这个迫近的未来，把这个同我自己的直到我死了还总是敞开的关系，变成了另一种权力。死着(mourant)的时候，我还可以死(mourir)，此乃我们作为人的标志。维持着一种同死亡的关系，我把死亡挪占为一种权力：这是我孤独之消解的极限。我们已然看到，被再次把握为权力，被再次把握为精神之开端的死亡，就处于一个宇宙的中心，在那里，真理就是真理的劳作(le travail de la vérité)。

从这个角度看，我们在世界之中的关系，我们同世界的关系，最终，总是力(puissance)的关系，而那样的力就潜藏于可能性。让我们把自己限定在我们语言的最明显的特征上。当我说话的时候，我总在施展一种力的关系了。不论我是否知道,我都属于我所利用的一个权力网络,反抗着那个通过反对我来肯定其自身的力。一切的言语都是暴力(violence),一种更加可畏的暴力,因为它是秘密的,是暴力的秘密的中心;如此的暴力已然施加于词语所命名的,并且只能通过从中撤回在场来命名的东西——符号(signe),正如我们已经看到的,就是当我言说之时,死亡(作为一种权力的死亡)所言说的东西。同时,我们也很清楚,当我们争论的时候,我们并不在战斗。语言乃是这样的事业,通过它,暴力同意不公开自己,而是秘密的,同意不再把自己耗费在一个野蛮的行为上,而是为一种更强大的统治保存自己,从那时起,它不再肯定自己,但它无论如何处于一切肯定的中心。

由此开启了话语的一种令人惊讶的未来:在那里,让公开的暴力平息下来的秘密的暴力,最终成了一个摆脱暴力(但仍然由暴力所建构)的世界的希望和担保。这就是为什么(我顺便提及这点,并且,这些事情只能被顺便提及),我们被一种力的使用如此深刻地冒犯,那种使用,我们称之为刑讯(torture)。刑讯是以让人说话为目的——总是以一种技术的形式进行——诉诸暴力。这种被技术所完善或掩盖的暴力,想让一个人说话,想要一种言语。哪一种言语?不是暴力的言语——从逻辑上讲,一言不发的,完全虚假的言语,是它能够希望获得的唯一的言语——而是一种真正的言语,一种摆脱并且去除了一切暴力的言语。这样的矛盾冒犯了我们,也让我们心神不安。因为在它为暴力和言语所重新建立的平等和联系中，它恢复并激发了一种可怕的暴力，那就是一切言说之词的沉默的切心性；它因此再次质疑我们那被理解为对话（dialogue）的语言的真理，并且质疑对话的真理，因为对话恰恰被理解为一个让力得以无暴力地实施的空间，一个让力相互反抗的空间。（"我们会让他讲理"[Nous allons le mettre à la raison]：这个可以在每一位暴力的主人口中找到的表达，清楚地表明了刑讯在它自身和理性[rasion]之间所肯定的理想的共谋。）

（5）不可能者（的）思想：**他异**的关系

一旦我们在一个向可能性敞开并且由可能性敞开的领域里拥有了关系，力就发出了威胁。甚至理解（compréhension），可能性的一种本质模式，也是这样的把握：它通过一种还原——这种还原，在经历了漫长的辩证运动后与超越相一致——将杂多聚为统一，使差别相等同，把他异带回同一。所有这些词语——把握，等同，还原——在其自身内部掩盖了那种在认知（connaissance）当中作为其尺度而存在的呈交（reddition)：理性必须被交出（il faut rendre raison）；有待认知的东西——未知者——必须被交给已知者。但一个看似天真的问题随后就来了——难道没有这样的关系，也就是，这样的语言吗：它逃避了世界借以不断地完成自身的那个力的运动？在这种情形下，这样的关系，这样的语言，也会逃避可能性。一个天真的问题，但它已经在可能性的边缘发起追问了，并且，为了守护其作为一个问题的尊严,它必须避免在一个无思想之回答的迷狂中崩解,虽然它会被引向那样的回答。

我们当然察觉,不可能性——这个词现在就像是被偶然地使用一样——不能是一种轻易的运动,因为我们会看到我们自己被它从那样一个空间中撤出,在那个空间里,我们因我们活着并死着的唯一事实,而以一种否定的方式实施权力。同样地,如果不可能者的思想被人所接受,那么,它会是思想自身当中的一种保留,一种不允许自身以居有性的理解模式来思考的思想。这是一个危险的方向,一种怪异的思想。然而,必须补充的是:不可能者在那里不是为了让思想屈服,而是为了允许思想根据一种绝非权力的另一尺度来宣告自身。这另一尺度(autre mesure)是什么?或许,恰恰是他者(l'autre)的尺度,是作为另一者的他者的尺度,并且,这尺度不再根据那使之顺应同一(même)的东西的明晰性来被安排了。我们相信我们在思考怪异者(l'étrange)和陌异者(l'étranger),但事实上,除了亲熟之物,我们从不思考任何东西;我们不思考遥远者,而是思考度量它的切近者。所以,再一次,当我们谈论不可能性的时候,恰恰是可能性为不可能性提供了唯一的参照,可能性已经讽刺地把不可能性置于其统治之下了。那么,我们会逐渐地提出这样一个问题吗:什么是不可能性,什么是这种并非权力之简单否定的非权力?或者,我们会这样问我们自己吗:我们如何能够发现晦暗?晦暗如何能够被揭露出来?这种让晦暗在其晦暗性当中给出自身的晦暗的经验会是什么?

继续追问着,我们会进一步这样问我们自己吗:如果存在着可能性——因为我们总有能力(pouvoir),我们是这样一种向着未来得到安置的存在,它总在自身的前头,即便落后了,它也抢先一步并迎候自身——那么,我们难道不会被幸运地引向一种全然他异的经验吗? 如果这种经验恰好就是一种缺场的时间经验:仿佛丧失了超越的维度,它不流逝,并且从来不必流逝?

这是一种我们不必费心寻求的经验,如果它就在最平常的受难(souffrance),首先是在肉体的受难中被给出了。无疑,在受难得到了度量的地方,受难仍然被经历着,当然被忍受着,但在我们面对它所产生的耐心中,它也被再次抓住并被承担,被再次把握,甚至被理解。但它可以失去这样的尺度;甚至它的本质就总已经超乎尺度了。当一个人再也不能忍受(souffrir)它时,当一个人因为这样的非权力,不能停止忍受它时,受难才是受难。一个独一的情境。时间仿佛凝止了,融入了它的间距。在那里,当下没有了尽头,一种无穷无尽的空洞的无限,苦恼本身的无限,把它和其他的一切当下分开,它就这样失去了任何的未来:一种没有尽头的当下,一种不可能作为当下的当下。受难的当下是当下的深渊,它被无限地凿空,但在如此的凿空中,又被无限地鼓胀,它根本地外在于一个人通过在场的掌控而为之呈现的可能性。发生了什么? 受难只是失去了时间,并且让我们也失去了时间。那么,在这一状态下,我们会摆脱一切时间的视角并从流逝的时间中得到救赎、拯救吗?根本不会:我们被交给了另一个时间——作为他者、作为缺席、作为中性的时间;那个时间恰恰再也不能救赎我们,它不构成一种解救手段。一个没有事件、没有谋划、没有可能性的时间;它不是一个纯粹静止的瞬间,不是一道神秘的闪光,而是一种并不稳定的永恒:在这凝止的时间中,它无法永久,它既不居留(demeurer),也不给出一个居所(demeure)的简单性。

我们必须承认,经由如是的阐明,这样的经验具有了一种悲情的表象,但前提是,一个人也把其非悲情的意义赋予了悲情(pathos)一词。问题并不是那样一个让自我(moi)发出呼喊并遭受撕裂的阵痛状态,问题毋宁是这样一种受难:就一个被暴露给它的人恰恰通过这受难丧失了那使之忍受受难的"我"(Je)而言,它几乎是漠然的,是不被忍受的,是中性的(受难的一个幻影)。因此,我们现在看到:这样一个运动的标志就是,通过我们经受它这一事实,它逃避了我们经受它的权力;所以,它不在考验之外,而毋宁就是我们再也无法从中逃离的考验。一个人会把这样的经验再现为怪异的,甚至再现为怪异性的经验。但如果这样,我们要认识到,这不是因为它被极大地疏远了。相反,它是如此切近,以至于我们被禁止与之保持任何的距离——亲近性(proximité)本身当中的陌异。

但我们有一个词可以指定那如此切近以至于摧毁了一切亲近性的东西,我们发现自己再次处在了这个词面前。我指的是直接者(l'immédiat);不允许任何中介的直接者,这分离的缺席既是关系的缺席,也是无限的分离,因为它没有为我们保留我们为了能够与之发生关系、为了能够到达那里而需要的距离和未来。

由此,我们可以开始推测,"不可能性"——那无法逃避的逃避者——不是某种例外经验的特权,它就在每一种经验的背后,仿佛是经验的他异维度。同样,如果可能性的根源在于我们的终结(fin)本身——根据荷尔德林的要求:"我要死。这是我的权利"[1],它把终结揭示为我们最本然的权力——那么,这同样的根源也是"不可能性"的起源,虽然它此时被本源地封闭起来并且杜绝了一切的对策:在那里,死(mourir)就是失去一个人仍可在其中获得终结的那种时间,并进入一种不可能死的死亡(mort)的无限之"当下";而受难的经验显然对准了这个当下:由于我们失去了作为一个终结(terme)的死亡,受难就不再允许我们获得一个能够终结它的时间了,哪怕是通过死。

(6) 外部的激情

在这里,我们将不得不问我们自己,我们是否已经抵达了一个点,从那个点上,我们会开始关注到目前为止只是将自身

---

[1] 出自荷尔德林的《恩培多克勒之死》(*Der Tod des Empedokles*)第三稿,参见《荷尔德林文集》,戴晖译,北京:商务印书馆,2003 年,第 312 页。——译注

作为可能性的反面而呈献给我们的东西。这是不确定的。无论如何,我们已经得到了些许的特征。首先是这个:在不可能性当中,时间改变了方向,不再将自身作为通过超越而聚集的东西,从未来当中给出;在这里,时间毋宁是那样一个当下的消散,那个当下,即便只是一个过渡(passage),也并不流逝(passer),它绝不将自身固定于一个当下,它既不返回过去,也不走向未来;它是:不间断者(l'incessant)。第二个特征:在不可能性当中,直接者是这样的在场,一个人既不能在那里出现,也不能从那里分离;或者,再一次,它是通过自身无法被逃避这个事实来实现逃避的东西:一个人无法放手的不可把握者。第三个特征:支配不可能性之经验的不是独一无二者(l'unique)的静止的汇集,而是离散的无限的翻转,是一个非辩证的运动:在那里,矛盾性和对立或调解无关,在那里,他异从不返回同一。我们应称之为生成(le devenir),称之为生成的秘密吗?这个秘密脱离了一切的秘密,它将自身作为差异的偏差而给出。

如果我们把这三个特征聚到一起——即便只是一个过渡,也并不流逝的当下;无法被人抓住的不可放手者;否认自身可以通达的过于在场者(因为它总是比一切的接近更为切近,它将自身颠倒为缺席,因此是一个并不呈现自身的过于在场者,但它又不留下任何可让人从中缺席的东西)——那么,我们就会发觉,在不可能性当中,使之变得危险的不仅是经验的否定的特点,更是"其肯定的过度"(这种过度中不可还原为肯定之权力的东西）。我们还发觉，在不可能性当中运作起来的东西并不脱离经验，而就是那个东西的经验：它不再允许自身被脱离，它不协调，不回撤，不后退，它不断地保持根本之差异。因此，我们可以（十分大概地，暂时地）说，在这个运动中，晦暗就是揭露：它总被揭露而不必揭露自身，它总已经把一切隐藏或自身隐藏的运动提前还原为显现了。在这个当下，一切在场的事物，包括那里呈现的自我，都被悬置了起来；这个无论如何外在于自身的当下（présent）乃是在场（presence）的外在性本身。最终，我们在这里发觉一个点，在这个点上，时间和空间在一种原始的拆分中被重新结合起来："在场"既是恳求的切心性，也是外部（le Dehors）的离散。更确切地说，它是外部的切心性，外在（l'extérieur）成为一种令人窒息的入侵（intrusion），一者和另一者的颠倒，我们称之为"空隔的眩晕"（le vertige de l'espacement）①。

但所有这些特征都倾向于在其无界（illimité）中为一个事实划界（délimiter），即不可能性无非是我们如此轻易地称之为经验的东西的标志而已，因为只有在某种根本他异的东西运行着的地方，才有严格意义上的经验存在。而这里有一个出乎意料的回答：根本的非经验的经验完全不是关于一个超验存在（Être）的经验；它是"直接"的在场或作为外

---

① 《文学空间》（L'Espace littéraire）："本质的孤独"（la solitude essentielle）。（参见莫里斯·布朗肖，《文学空间》，顾嘉琛译，北京：商务印书馆，2003年，第14页："留出空隙的眩晕。"——译注）

部的在场。① 另一个回答是：逃避一切否定性的不可能性，在毁灭一切肯定性的同时，不断地超越肯定性；通过一种比一切原初性更为原初的经验，一种迎候一切开端并排除一切脱离运动的经验，一个人总已经参与了不可能性。但或许，我们知道如何命名这样一种关系，这种再也不可把握的被把握了的关系，因为它再一次是我们试着用激情（passion）一词所（困惑地）指定的东西。所以，我们暂时忍不住要说：不可能性就是同外部的关系；由于这种无关系的关系（rapport sans rapprot）是一种不允许自身被耐心地掌控的激情，不可能性就是外部自身的激情。

这些评论被再次聚集起来，我们看到，关于我们的最初追问，情境已经颠倒了自身。非权力不再是不可能性了：而是仅仅作为一种"不"之权力的可能性。那么，我们要说：不可能性就是存在本身吗？当然，我们必须这样说！这等于在可能性当中认出了否定存在的至尊权力：人，每当他以可能性为基础的时候，他就是无存在的存在（être *sans* être）。争夺可能性的斗争就是这种反对存在的斗争。

---

① "直接"的在场——直接者（的）在场：在这个表述中，表语从句没有任何可接受的意义。因为这样一个在场能够以什么样的方式实现所谓的直接者，就好像它可以被说成非在场的一样？同时，它如何能够被说成在场的，哪怕是通过赘语？它不是在一个在场者当中毁灭了一切停止的可能性吗？一个没有在场者，没有可确定之内容，没有可分配项的在场，但它无论如何不是一种形式；它是一个中性的，空洞的，或无限的在场。作为非在场的直接者，也就是说，直接的他者。

一　复多的言语　书写的言语

但我们不同样要说:不可能性,既不是否定,也不是肯定,指示了存在当中总已经先于存在并且不服从任何存在论的东西吗? 当然,我们必须这样说! 这等于预感到,再一次,正是存在于可能性当中等待,并且,如果存在于可能性当中否定了自身,那么,这是为了更好地让自身逃离那种总是先于它并且总是比命名存在的肯定更为原初的他异经验。那种经验就是古人在命运(Destin)这个名字下所敬畏的经验:它偏离了一切的目的地,它就是我们在谈论中性的时候试图更为直接地命名的东西。

但这样一阵精奥概念的旋风,这场抽象的风暴,意味着什么? 意味着我们已被一场不确定的翻转所玩弄,这样的翻转乃是一种不可能性之关系的"吸引",而那些非凡的古人也在他们同普罗透斯(Protée)的相遇中专注于这样的关系。尺度之人,通过认识到其所接近的尺度之缺失,不是建议牢牢地抓住并束缚普罗透斯吗,好让他同意以最简单的形式诚实地宣布自己? 事实上,只有简单性回答了谜题的双重性。例如,当西蒙娜·薇依(Simone Weil)简单地说,"人的生活是不可能的。但只有不幸才会使人感受到这一点"时,[①]我们清楚地明白,问题并不是指责生活难以忍受的或荒谬的特点——属于可能性领域的否定的断定——而是在不可能性当中认出我们对直接的人性生活的最人性的归属。每当我们因为不幸被穿

[①] 参见薇依,《重负与神恩》,顾嘉琛、杜小真译,北京:中国人民大学出版社,2005年,第97页,有改动。——译注

着衣服的权力形式剥光了的时候,我们就抵达了一切关系的赤裸,直接的人性生活就需要我们维持:而一切关系的赤裸也就是同赤裸之在场的关系,同他者之在场的关系,并且,这种关系就处于那一在场所产生的无限激情之中。同样,西蒙娜·薇依写道:"欲望是不可能的。"①我们现在明白,欲望恰恰是这种同不可能性的关系,它是变成了关系,变成了绝对的分离(séparation)本身的不可能性,是变成了吸引并成形的不可能性。而我们也开始理解,为什么,勒内·夏尔用感灵的词语说:"诗歌是仍然欲望着的欲望的实现了的爱。"最终,如果我们要鲁莽地宣称,交流(communication)是不可能的,那么,我们就应该明白,这样一个显然如此轻率的句子,不是要可耻地否定交流的可能性,而是要让我们留心他异的言语:只有当言语开始回应那个不受可能性的时间支配的他异领域时,他异的言语才言说了。在这个意义上,没错,我们必须冒着立刻遗忘的危险,在一瞬间说出:惟当"交流"(在这里,再一次使用这样一个词是不恰当的,因为不再有任何共同[commune]的尺度了)逃避了权力,惟当不可能性,我们的终极维度,在交流中宣告了自身时,"交流"才存在。

(7)命名可能者,回应不可能者

让我们离开这条反思的道路。我们不要指望一种简单的

---

① 参见薇依,《重负与神恩》,第97页,有改动。——译注

一 复多的言语 书写的言语

词语交锋就可以证明诗歌会让我们朝向另一种关系,一种同晦暗、同未知的关系,这种关系既不是力的关系,也不是理解的关系,更不是揭示的关系。我们甚至发觉,语言,不管是文学的语言还是诗歌的语言,哪怕是真正的诗歌,其作用并不是阐明或有效地命名这种无关系的关系中自身肯定的、未被明确表达的东西。诗歌在那里不是为了说出不可能性:它只是回应了不可能性,只是在回应中言说。这就是我们身上一切本质言语的秘密分担(partage):命名可能者,回应不可能者。这样的分担无论如何不能得出一种分配,仿佛我们要在一种命名的言语和一种回应的言语之间进行自由的选择一样,仿佛在可能性和不可能性之间,最终会有一条或许是移动的,但总可以根据一者和另一者的"本质"来规定的边界一样。①

---

① 这样的分担是完全不同的,它从未被实现,也没有被一次性地决定,正如人们无法把两个词项之间的关系限制在一个简单的对立内部一样——例如,这样思考:可能性从不可能性当中获得,正如白日从黑夜当中获得,最终,当一切将在光的显明中得到肯定时,不可能性就只能被明确地掌控,而晦暗也化为了明晰。从这种观看事物的方式中可以得出,某个关注"不可能性"的人是可能性的敌人,反之亦然。我提到了这些有点幼稚的观念,因为它们传达了良好判断力的无忧无虑的确信,对那种良好的判断力而言,明晰和晦暗是断然对立的,正如光和光的缺席是对立的一样。相反,为了注意到,如果有一天一切都得到了理解,就像列宁说的,如果自由,可能性的核心,成功地将自身明显地肯定为我们权力的完满,那么,我们根本没有失去其中秘密之物的尺度,而是乐于回应其隐秘本质的召唤。这样的东西逃避了那些只想为可能性而奋斗的人,也逃避了那些只愿与可能性轻蔑地保持分开的人。或许,一切有必要出现,这样,同晦暗的关系的意义就会变得更加本质? 或许,我们所谓的光和我们所谓的逻各斯,最终有(转下页)

命名可能者，回应不可能者。回应不是用一种让该领域隐晦地产生的问题得到平息的方式，明确地提出一个回答；它更不是用神谕的形式，传达白日世界尚未认知的一些真理内容。正是诗歌的存在——每当它是诗歌的时候——在自身之中形成了一个回应，并且，通过这个回应，它专注于不可能性（通过自身转离）为我们命定的东西。诗歌不表达，不言说，不在语言的吸引下牵引。但它回应。一切开始的言语都从回应开始；一种对尚未听闻之物的回应，一种专注的回应：在那里，对未知的急切等待，对在场的强烈渴望，都得到了肯定。

(接下页)必要获得完全的统治并将它们自身完成为全体，这样，它们就会在那个把它们留在全体之外的肯定中受到欢迎？或许。但我们不能说得这么简单，也不能仓促地得出结论，认为可能性和不可能性被持守在一种相互的归属之中，并且，这种相互的归属已经允许我们艰难但幸福地同时维持它们。这如何可能？

V 对未知的认知

"哲学家是什么?

——这或许是一个过时的问题。但我会给出一个现代的回答。过去,人们会说,哲学家是一个惊奇的人;今天,借用乔治·巴塔耶的话,我会说,他是某个恐惧的人。①

——哲学家有很多,但只有苏格拉底和阿兰(Alain)②,因他们是优秀的战士,因他们毫不颤栗地饮鸩(至少第一位是这样的,第二位也偶尔如此),而受人称赞。或许,哲学的恐惧(peur philosophique)是一种更为崇高的品格。

---

① 布朗肖在这里借用了巴塔耶的"哲学的恐惧"(l'horreur de la philosophie)的概念,出自《色情史》(*L'Histoire de l'érotisme*)第二部分 Ⅲ "从动物到人的转化":"表面上,这和哲学的恐惧有关,哲学毫无疑问有充分的理由统治知识界。"参见 Georges Bataille, *Œuvres Complètes*, tome Ⅷ, Paris: Gallimard, 1976, 42.——译注

② 原名埃米尔-奥古斯特·沙尔捷(Émile-Auguste Chartier),笔名阿兰,法国哲学家、散文家,著有《幸福散论》(*Propos sur le bonheur*)。——译注

——根本不是。恐惧,不论懦弱的还是勇敢的——如果你允许这种词语游戏的话——和令人恐惧的东西密切相关,而令人恐惧的东西也让我们同时出离了平静、自由和友谊。所以,通过恐惧,我们出离了我们自己,被抛到了外部,在令人恐惧之物的形态下,我们体验到了完全外在于我们、他异于我们的东西:外部(le dehors)本身。

——那么,普通的恐惧也是哲学的恐惧了,只要它给予了我们一种同未知的关系,因此为我们提供了一种对逃避认知的东西的认知。恐惧:苦恼(angoisse)。我们就这样接近了那本身并非未知的哲学。但在这样的体验里,有一种仿佛和哲学迎面相撞的运动。恐惧之人,在其恐惧的空间中,加入了使之感到恐惧的东西并与这个东西结合起来。他不只是恐惧的,他就是恐惧,也就是,在恐惧中涌现并得以揭露的东西的入侵。

——你的意思是,这是一种非理性的运动?

——说它是非理性的还不够。我们已然经过那个把哲学还原为理性,或把理性还原为其自身的点了,我们很早之前就发现了那种从感性运动中收回意义的手段——理解的权力。但如果你对哲学的定义将遭到否认,那是因为恐惧——苦恼——要么没有让那个体验它的人超越其界限,总是世界之中的一个自我所体验到的恐惧;要么它让体验它的人超越了界限,摧毁了他继续做他自己的权力(我们说,他在苦恼中迷失了)。但在后一种情形里,恐惧和颤栗中发生的事情构成了一个迷狂的,确切地说,神秘的运动:有一种强烈的享乐(jouissance)和圆满,有一种处于排斥之中并且经由排斥的融合;一个人会敬畏或诋毁这个运动,但一个人不能称之为哲学的运动,同样,神秘的融合也不能在一种形而上学的监管下完成。

——为什么?让我们把上帝搁在一边,这个名字过于威严。为什么恐惧所规定的同未知的接触,那种由恐惧带给我们的未知的存在方式,不应成为哲学关注的中心?或许,怀有恐惧,探寻那在恐惧中被抵达的东西,将一个人自己置于恐惧之震动的危急当中,都不是哲学。然而,怀有恐惧的思想,作为恐惧的思想和思想的恐惧,让我们更加接近一个决定性的点,即如果它逃避了哲学,那么,逃避哲学的正是某种决定性的东西。

——但正是思想(pensée)能够恐惧吗?你不是已在这里使用了一种象征的,或想象的或'文学'的语言吗?正是思者(penseur)变得恐惧起来;他恐惧那威胁其思想的东西。而他作为一个思想之人,恐惧什么?无非是恐惧。

——哲学家,在这种情形下,会是某个对恐惧怀有恐惧的人。

——对暴力怀有恐惧,这种在恐惧中得以揭示的暴力威胁要把他从一个恐惧的人变为一个暴力的人;仿佛他更恐惧他会实施的暴力,而不是他所忍受的暴力。为什么这样?但让我们首先反思那个同未知之接触(contact)的问题,反思它为何不属于哲学。请注意,我们在这里心照不宣地承认:哲学——或者你渴望用这个名字来暗示的任何东西——本质上是对未知的认知(la connaissance du non-connu),或者,更一般地,是同未知的关系。

——让我们暂时承认这点。

——但当我说未知作为未知的时候,或许我们不会如此迅速地肯定它。因为如果未知要在我们对它持有的认知中保持为未知——不落到我们的把握之下,并且,不仅不可还原为思想,更不可还原为一切用我们的权力抓住它的手段——那么,我们不是冒险被迫从中得出一点吗,即我们认知的只是我们所亲近的:熟悉的,而非陌异的?

——但一个人可以轻易地反驳道,谈论未知的时候,我们追求的正是未知啊;但对未知的认知是哲学很久之前就驱除了的一头怪物。我会补充说,如果我们能够同这样的不可认知者进行交往,那恰恰是在恐惧或苦恼中,或者,是在你刚刚拒绝的非哲学的迷狂运动中;正是在那里,我们对他者(l'Autre)有了某种预感;它抓住了我们,它让我们动摇,让我们心醉神迷,它让我们脱离了我们自己。

——但恰恰是为了把我们变成他者。如果在认知中,甚至在辩证的认知中,通过一个人想要的任何中介物,存在着一个主体对一个客体的居有,存在着同一对他异的居有,因此,最终,存在着一种把未知变成已知的还原,那么,在恐惧的神迷中,就有某种更糟糕的东西;因为正是自我迷失了,正

一　复多的言语　书写的言语

是同一被改变了,它被可耻地转变为某种他异于自我的东西。

——如果一个可耻的运动将允许我们最终把我们自己和我们界限之外的东西联系起来,那么,我就没有在那里看到任何可耻的东西,除非让一个人觉得羞耻的是对这种羞耻的恐惧。

——哲学所提出的同未知者(同无论如何逃避我之权力的,我无法把握的东西)保持的关系,其独一无二的尊严体现为,它是这样一种关系,在这种关系里,自我或他者都不断地远离一切把自我和他者等同起来的东西,一切会把自我和他者混合起来的东西,或一切通过一个中介同时改变自我和他者的东西:它在这个意义上是一种绝对的关系,即把我们分开的距离不会被缩减,相反,距离会在这种关系里被生产出来并得到绝对的维系。

——一种表现为不存在任何关系的奇怪的关系。

——所以,它表现为让关系的各项远离那会在关系中改变它们的东西;所以,这样的关系排除了迷狂的混合(恐惧的混合),神秘的参与,也排除了居有,排除了征服的一切形式,甚至排除了理解最终总是的那种把捉。

——我想,这以另一种方式接近了我们曾经这样表达的问题:我们如何发现晦暗而不揭露它? 这种让晦暗在其晦暗性当中给出自身的晦暗的经验会是什么?

——是的,我们当时正试着为不可能性的肯定划界,为这种不是权力之简单否定的非权力划界。并且,当我们问自己,那种不能以权力的模式,不能以居有性理解的模式来思考的思想是什么时,我们逐渐说出'不可能性是外部自身的激情',还说'不可能性是直接在场的经验'。哲学有权对这样的回答(如果把肯定的力量赋予一个问题就是做出回答)感到绝望。

——但我们不能对哲学感到绝望。通过埃马纽埃尔·列维纳斯(Emmanuel Lévinas)的书——在那里,对我而言,我们时代的哲学似乎以一种前所未有地严肃的方式言说,并且,正如我们必须做的,它重新质疑我们的思维方式,甚至质疑我们对存在论的轻易的崇敬——我们被召唤着对哲学的本质之所是负责,而这恰恰要在其所固有的一切光辉和无限要求之中维持他者的观念,也就是,同他人(autrui)的关系。仿佛这里存在着哲学的一种新的启程,存在着哲学和我们自己被迫去完成的一跃。①

——他者的观念:它如此之新吗?一切的当代哲学不是赋予了这个观念一个或多或少享有特权的位置吗?

——的确,或多或少,这意味着或多或少是屈从的。对海德格尔来说,共在(être-avec)只能在一种同存在(Être)的关系中被接近,因为它以其方式承担着存在的问题。对胡塞尔来

---

① 埃马纽埃尔·列维纳斯,《总体与无限:论外在性》(*Totalité et Infini*: *Essai sur l'extériorité*, La Haye: Martinus Nijhoff, 1961)。

说,如果我没弄错的话,只有自我(ego)的领域是本源的,他人的领域对我而言只是'被附现的'(apprésentée)。一般而言,几乎所有的西方哲学都是同者(Même)的哲学,并且,当它们关注他者(Autre)的时候,它们关注的仍然只是某种像另一个'自我'一样的东西,仍然只是一个最好等同于我并且试图在一场斗争中被我承认为自我(正如我被他承认一样)的存在;而那场斗争有时是暴力的斗争,有时则是一种在话语中平息的暴力。但通过列维纳斯的教导,我们被带到了一种根本的经验面前。他人是全然的他者;他者是绝对地超出我的东西。同作为他人的他者的关系是一种超验的关系,这意味着,在自我和他者之间有一段无限的,某种意义上不可逾越的距离;而他者属于彼岸,他和我不处于一个共同的国度,他绝不能与我所是的个体平起平坐,或被算在同一个概念或同一个整体里。

——那么,这个他人是奇怪地(étrangement)神秘的。

——这是因为他其实是陌异者(l'Étranger),未知者。对于他,我们一开始就假定,同他的关系乃是哲学本身:形而上学,就像列维纳斯说的。陌异者来自别处,并且总在某个我们所不在的别处,他不属于我们的视域,他不把自己铭刻在任何可以再现的视域中,因此,他的'位置'是不可见的——只要我们根据我们偶尔已经用过的一个术语,从中领会到那转离一切可见和一切不可见的东西。

——但这不是提出了一种分离的哲学,一种唯我论吗?

存在着自我,以及与自我分离的这个贫乏的他人,他没有居所,游荡于外部,或者,和一个不可通达的外部的悲惨或陌异混合起来。

——在我看来,这似乎是唯我论的反面,但它的确是一种分离的哲学。如果他人被视为一个在本质上他异于我的东西,那么,我就与他人明确地分开;但正是通过这样的分离,同他者的关系也将自身作为一个无限地超出我的东西强加于我;这种关系把我和超越我的东西联系起来,以至于在这种关系里,我被分离并且保持分离。

——那么,我们回到了我们已开始谈论的那种奇怪的关系上。我承认,我没有见过任何更不确定或更为抽象的东西。

——相反,没有什么更为真实的了。列维纳斯著作的最强大的一面,就是通过其美丽的、严格的、克制的、警觉的,但又颤抖的语言,以一种我们自己觉得对之负有责任的方式,引领我们从分离的基础上思考他人。沿着四条只因分析运动而不同的道路,它引领我们去接纳这种会被称为不可能的关系。第一条道路再次采取了笛卡尔关于无限者的观念。有限的自我思考无限者。在这样的思想里,思想思考那无限地超越它的东西,思考它无法只为自身考虑的东西;所以,它比它的思考更多地展开思考。一种独一无二的经验。当我思考无限者时,我思考我不能够思考的东西(因为,如果我对它有一种足够的再现,如果我理解了它,吸收了它,让它等同于我自己,那么,它只是一个关于有限者的问题)。所以,我拥有一种超越我之权力的思想；这种思想，就它是我的思想而言，乃是绝对者，超出了那思考它的自我，换言之，它是一种同绝对外在于我自己的东西的关系：同他者的关系。

——请原谅我，这仍然十分抽象。

——在这里，抽象所隐藏的东西或许根本就不抽象，而是一种几乎过于烫手的运动。这里有另一种接近方式：那个比它的思考更多地展开思考的思想乃是欲望（Désir）。这样一种欲望不是需求（besoin）升华了的形式，也不是爱的前奏。需求是一种等待满足的匮乏；需求得到了满足。爱想要融合。一个人所谓的形而上学的欲望是一种对我们并不想要的东西的欲望，一种无法得到满足的欲望，一种不渴望与它所渴望的东西相融合的欲望。它渴望的是欲望者所不需要的，并不匮乏的东西，是欲望者没有渴望获得的东西，它是对那必须保持不可通达并且陌异的东西的欲望——对作为他者的他者的欲望，一种节制简朴、大公无私、没有满足、没有怀念、没有回返的欲望。

——在这里，勒内·夏尔的美妙诗句'诗歌是那仍然渴望着的欲望实现了的爱'不是很适合吗？

——列维纳斯不信任诗歌和诗歌活动，但当西蒙娜·薇依写道'欲望是不可能的'时——对此，我们评论说'欲望恰恰是这种同不可能者的关系，它是变成了关系的不可能性'——这样一种言说方式或许不会被移除。

——这种哲学的欲望不类似于柏拉图的爱欲（Éros）吗？

——我愿相信它有它自己的名字,但爱欲并不充当它的典型,或者,只是通过差异(才充当了典型)。爱欲仍然是怀念失落之统一的欲望,是回归真正之存在的运动。形而上学的欲望是对那从未与人统一起来的东西的欲望,是对这样一个自我的欲望,这个自我不仅被分离了,而且满足于那使之成为自我的分离,但它仍然与它从中分离的,所不需要的东西保持一种关系:一种同未知者,同陌异者,同他人的关系。

——那么,让我们有点唐突地说,这样的欲望就是对一种严格的超验性(transcendance)的欲望,那种超验性以他人为目标并让他人成为超验者(le Transcendant)。

——让我们专注且严肃地说它,因为有可能,关于超验性的关系——关于上帝和造物的关系——能够肯定的一切东西首先必须在社会关系的层面上来理解。至高者(le Très-Haut)会是他人。

——这个名字似乎对我意味着某种别的东西。但如果他人是至高者——这不是以一种近似的方式,而是在一种本源的意义上——那么,他人,逃避了一切的显现,就像远离大地的天空一样冒险远离我,如此不确定,如此空虚。

——如此远离,是的,一个人可能这么说。但这极端的遥远不仅能够显现自身,而且,它向我们面对面地呈现了自身。在它借以向我公开献出自身的面容(visage)中,在一道凝视的坦诚中,在一种毫无阻碍的接近的赤裸中,它是在场本身;而列维纳斯恰恰把面容的名字赋予了他人的这一'神显'

（épiphanie）。当他人把他自己作为绝对外在于我并且高于我的东西——不是因为他是最强有力的，而是因为我的权力在那里停止——而揭示出来的时候，那就是面容。

——这里，最终，是一个更加可感的现实。虽然我怀疑，这个面容并不是身体的一个简单的部分。但我们至少不是要明白一点吗，即被你仿佛定位在世界之外的他人，通过面容，突然落入了可见物的领域之中？面容必然是一种接近的方式，它在视见中得以完成，既依赖于产生它的光，也依赖于我凝视（regarder）的权力，也就是，依赖于我用光来揭示的权力。

——面容——我承认这个名字制造了困难——相反地，是一种我无法用我的凝视来支配的在场，它总是超出了我对它的再现，超出了我借以肯定它、固定它或只是让它显现的一切形式、一切图像、一切视觉、一切观念。面容——对我而言，这似乎是本质性的——是我在那样一个时刻获得的体验：面对着一张毫不抵抗地把它自身献给我的脸（face），我看到'从这些毫无防备的眼睛深处'[①]，从这样的虚弱，从这样的无力中浮现的东西，将其自身根本地置于我的权力之中，同时又绝对地拒绝了它，把我的至高权力变成了不-可能性（impossibilité）。在面容前，列维纳斯强调，我再也不能（je ne puis plus pouvoir）。在面容前，杀戮的不可能性——'你不可杀

[①] 出自列维纳斯的《总体与无限》。参见 Emmanuel Lévinas, *Totalité et Infini：Essai sur l'extériorité*, 218. ——译注

人'——从那个将其自身完全暴露给我之杀生（donner la mort）权力的东西出发，得到了宣告。或者，再一次，面对面容，我撞见了那绝不抵抗我的东西的抵抗。而这样的抵抗，至少如列维纳斯描绘的，是伦理的。所以，如果形而上学是同他人的超验关系，并且，这种超验性首先属于一个道德的命令——它被一种作为禁止的不可能性所度量——那么，我们必须说，第一哲学不是存在论，不是存在的关怀、问题或呼唤，而是伦理学，是对他人的义务。

——在无人期盼道德之'善'的时代，这是意想不到的，更为勇敢的肯定。而你急速呈现它们的方式，让它们显得更为凶猛。

——因为接近道德的唯一适合的方式只能是唐突的。'伦理学'这个一般的名字，不是和那个在他人的揭示中得以揭示的东西（那超出一切认知关系的，根本不是一个特例的东西）保持着一种不可能的关系吗？不可能性的经验，如果它可以次要地采取一种'你不可'的形式，那么，它归根结底不就是一道禁令吗？这些问题是如此沉重，以至于我们必须暂时把它们留在一边。在我看来，这一点仍然是决定性的：他人在面容的经验中用来呈现其自身的方式，外部本身（列维纳斯所说的外在性）的这一在场，既不是一种在光当中出现的形式的在场，也不是它在光的缺席当中的简单回撤；既不被隐藏，也不被揭露。

——那么，在这里，我们再次应对着不可把握的东西。

——但没有被还原为心的流溢，因为他人言说。他人对我言说。他人的揭示没有在形式的明亮空间中产生，而是完全地属于言语的领域。他人表达他自己，并在这样的言说中将自身作为他者而提出。如果有一种关系，在这种关系里，他异和同一，甚至当它们在关系中持守自身的时候，也让它们自身免除（absoudre）了这种关系（在关系本身当中，它们仍然是绝对的[absolus]，正如列维纳斯坚定地宣称的），那么，这种关系就是语言。当我对他者说话的时候，我向他发出召唤。言语首先是这样的询唤（interpellation），是这样的祈求，在那里，被祈求者遥不可及，在那里，不论他被轻视还是被尊重，甚至当他被要求沉默的时候，他也被唤向了言语的在场。他者没有被还原为我对他的谈论，没有被还原为一个话语的主旨或一次谈话的主题，他毋宁总在我的彼岸，总是外在于我，超越于我，凌驾于我，因为我召唤未知的他转向我，召唤陌异的他聆听我。在言语中，正是外部在言说：它产生言语，它允许我言说。

——所以，对话者并不说话，除非是因为其初始的陌异，除非是为了把表达赋予这样的陌异？

——在根本上，是的。语言存在着，因为在那些表达他们自己的人之间没有任何'共通'的东西：一切真正的言语都假定了——不是克服，而是确认了——一种分离。如果我们没有什么新的东西要对另一个人说，如果没有什么陌异的东西，没有什么能够告知我的东西，通过话语向我而来，那么，就不会有什么言说的问题。这就是为什么在一个由同一律(辩证之完成的未来)所统治的世界里,人——想必——会失去他的面容和他的语言。

——所以,在这里,语言获得了一种例外的意指(signification)吗?

——当它是一种创建并给出一切意指的语言时,就更是如此。我这么说不是为了耸人听闻。但一个人必须清楚地明白,问题不是关于任意的什么语言,而只是关于一种言语,通过这种言语,我在他者的高度之维中进入了同他者的关系;那时,他人将他自己正面呈现出来,超出了我权力之所及,他在作为其在场的言语中在场,并通过这无限的在场教导我,他把那绝对地超出我的东西,把关于无限者的思想,教授予我。正如他人是主人一样,一切真正的言语也是权威的言语。由此可知:只有口头的话语会是话语的完满(plénitude)。

——苏格拉底已经肯定了这点。

——列维纳斯时常在这一点上依仗苏格拉底,回想柏拉图谴责书写之危害的著名段落。但我怀疑,这样的比较是否把某种含糊性引入了列维纳斯的思想,除非那是一种必要的含糊。一方面,语言是超验关系本身,它表明,交流的空间在本质上是不对称的,这个空间的某种弯曲阻止了相互性,并在交流项之间制造了一种层面上的绝对差异;我相信,在我们必须理解的肯定中,这是决定性的东西,并且,那样的肯定,我们必须独立于它从中呈现自身的神学语境来加以维持。① 他人不和自我处于同一个层面。他人总是来自外部,相比于我总是没有国度,他,陌异于任何的占有,被剥夺了一切的居所,仿佛'按定义'就是无产阶级——无产阶级总是他者——他不进入与我的对话:如果我对他说话,我就祈求着他,并且我对他说话,好像我既不能抵达他,也不能把他置于我的支配下;如果他对我说话,他就用他和我之间的无限之距离来说话,并且,他的言语恰恰宣告了这样的无限,由此,我被邀请,通过他的无力,通过他的贫乏,通过他的陌异,进入一种关系,这种关系'和一种实施了的权力,和一种征服,和一种欢快的占有或一种认知,没有任何共同的尺度'②。一切真正的话语,列维纳斯庄严地说,都是一种同上帝的话语,而不是一场平等的谈话。

——我们要如何理解这点?

——在最强烈的意义上,正如我们总必须的。或许,还要记得在《出埃及记》中,关于上帝的言说,说了什么:那就像一

---

① 这里的"语境"一词,正如雅克·德里达(Jacques Derrida)所绝妙地评论的,只能被列维纳斯视为不恰当的;对神学的指涉也是如此。(参见德里达的《书写与差异》中的《暴力与形而上学:论埃马纽埃尔·列维纳斯的思想》[Violence et Métaphysique: Essai sur la pensée d'Emmanuel Levinas]:"但这可能吗?独立于它的'神学语境'(列维纳斯无疑会拒绝这个表述),这整个的话语不会崩塌吗?"见 Jacques Derrida, *L'écriture et la différence*, Paris: Seuil, 1967, 152. 或见雅克·德里达,《书写与差异》[上册],张宁译,北京:生活·读书·新知三联书店,2001年,第176页。——译注)

② 出自列维纳斯的《总体与无限》。参见 Emmanuel Lévinas, *Totalité et Infini: Essai sur l'extériorité*, 216. ——译注

个人对另一个人言说。但这里,我相信,有一种含糊性。这高处的言语,这从十分遥远的地方,高高在上(或低低在下)地对我言说的言语,是那样一个人的言语,他并不平等地同我说话,因此,我不可能向他人表达我自己,就好像他是另一个自我——但突然,这样的言语再一次成为人本主义的和苏格拉底的平静言语,它让言说者靠近了我们,因为根据苏格拉底的愿望,它允许我们带着全部的亲熟去认识他是谁,来自哪个国度。那么,为什么在苏格拉底(还有列维纳斯)看来,口头的话语似乎就是一种无与伦比的显现呢?因为言说者能够援助他的言语:他总准备着回应它,准备着为之辩护,为之澄清,这和书写的情形截然相反。让我们暂时承认这点,虽然我几乎并不相信。无论如何我们看到了,言说之语言的特权同等地属于他人和自我,因此也让它们变得同等;进而,我们看到,这样的特权被归结为那个用第一人称说话的自我的警觉,也就是说,这样的特权被归结于一切的主体性,而不再归结于面容的不可度量的在场。但在这样一种同他人之关系的严格的观念里,根本不能确定一个人可以用主体性的通常术语来谈论自我和他者。不,不可以。一个人也不可以说,一者和另一者同等地是实存者(existant)或同等地是人,因为他要明白,他人绝不能和自我一起进入任何名字或任何概念的同一性(identité)。

——除非我们确切地理解了,人与人的关系就是这样,使得人的概念,人作为一个概念(哪怕是辩证的概念)的想法无

一　复多的言语　书写的言语

法对之做出解释。

——或许的确如此。无论如何,如果思想在他人身上认出了这一关于自我的根本外在性的维度,那么,它就不能同时要求一种内在性提供自我和他人之间的公分母,它也不能在言语边上'我'的(主观)在场中寻求一种会把语言变成无与伦比之显现的东西。首先是因为一切语言——言说的语言,或许,在一个更高的程度上,还有书写的语言——其本性就是始终援助自身,它从不只是说它所说的东西,而总是说得更多也更少。进而——正如我们已有机会肯定的,正如列维纳斯的分析已经权威地确认了的——语言的重心就是:'言说转离了一切的可见和一切的不可见。言说不是观看。言说将思想从视觉的要求中解放出来,在西方几千年的传统里,视觉的要求已经征服了我们对事物的接近方式,并诱使我们在光的担保,或在光之缺席的威胁下来思考。'

——是的,我记得我们当时正跟随一个想法,即言说就是同视觉本源地决裂并且不再依赖作为唯一尺度的明晰(或明晰的缺席)。我们曾说,言语中有一种不是白日之事实的显现的在场,有一种在'要有光'之前进行显露的显露,有一种我们如今察觉为他人之揭示的言语。但这个他人,我承认,对我而言,仍是一种神秘。

——它是一种神秘。

——但也是一个谜。那么,它是什么?未知者,陌异者,无产阶级,也是至高者,或者,再一次,是主人。听你说话的那会儿,我不时地怀疑,他人不只是某个真理的位置,虽然这个位置,对我们同真正的超验性,也就是同神圣的超验性的关系而言,是必要的。

——列维纳斯的思想中有这样的倾向:比如他说,他人必须总被我视为比我自己更接近上帝。但他也说,只有人绝对地陌异于我。无论如何,必须记住,我将承认他人的特权,只有对特权的承认让我向他敞开,这种对高度本身的承认,也能让我得知人是什么,得知从他人那里向我到来的无限者是什么。这样的肯定产生了什么结果?我们发觉,它可以让我们参与一种揭发,即揭发一切辩证的体系,揭发存在论,甚至揭发几乎全部的西方哲学,至少是那些让正义服从真理的哲学,或那些只把正义当作关系之相互性的哲学。

——所以,这样的哲学,到它那会儿,可以很好地预示哲学的终结了。

——还有我们用它命名的预言的末世论(eschatologie prophétique)的临近,也就是,对一种能够把人从历史的审判权当中夺过来的审判权力的肯定。

——历史的打断,预言的末世论:这是道德觉醒之时发生的事情。

——你会恐惧那通过道德向思想而来的震动吗?

——我恐惧那由某个不可震动者引起的震动。但我意识到,今天,没有什么该把更多的给予反思。

——让我们反思并给我们自己一些时间。"

Ⅵ 持守言语

"自我们上一次谈话以来,我就一直在想:你所说的从正确的方向上指向人之关系的东西,是否如它在其首要性当中自身肯定的那样,是可怕的。

——最可怕的,但并不恐怖。

——它是最可怕的,因为它不被任何的中介所调和。因为从这个角度看,人与人之间既没有神,也没有价值,更没有自然。它是一种赤裸的关系,没有神话,缺乏宗教,脱离情感,既不产生享乐,也不产生认知:一种中性的关系(rapport neutre),或者,是关系的中性(neutralité du rapport)本身。这真的能被肯定吗?

——这还可以说得更为严肃一些。一个人可以说,我同他人的关系并不途经存在(不管这存在是上帝还是全体,或'海德格尔式'的存在)。存在,总体(totalité),以及所有与之相关的概念,不仅不适合定义这种关系,而且(或许)遭到了这种关系的瓦解。或者,用另一种与你相符的话说,我同他人的关系不可还原为任何的尺度,它同样排除了任何的中介,排除了对另一种会把它包含在内的关系的任何指涉。

——是的,这就是我刚才说的:它是可怕的。

——为什么是'可怕'这个词?

——在这个他人和这个'自我'之间,距离是无限的,但同时,他人对我而言就是在场本身,是无限者的在场。这样的在场转离了一切的在场者,因此,它是最贫乏的,也是最无防备的。

——但它是一个无限他异的在场。

——是的,这两个特征总必须一起得到维持。只有人绝对地陌异于我;只有人是未知者,只有人是他异者,在这一点上,他会是在场:这就是人。(这样的在场既不依赖于存在,也不依赖于'有'[avoir];一个人可称之为直接的在场,如果中介和直接在这里还是合适的词语的话。)每当我们把陌异性投向一个非人的存在,每当我们把未知者的运动带回到宇宙,我们就让我们自己卸下了人的重负。有时,我们以一种十分贫乏的方式,想象自己在遍布行星和恒星的天宇中,与一个别异的、高超的存在,恐惧地相遇,并且,我们问我们自己:会发生什么?我们可以完美地回答这个问题,因为那样的存在总已经在这里了:那就是人,人的在场把陌异性的全部尺度给予了我们。

——在这种关系里,什么如此可怕?

——我宁愿称之为沉重的。由于这种应首先支配我们言语的重力(gravité),我们必须试着慢慢地来。这里需要理清几种运动。第一种运动几乎是清晰的。世上的一切关系都是由世界的手段确立的:我们聚在一张桌子周围,我们围绕一项使命集中起来,我们在真理和价值的四周找到了彼此。伙伴不是面对面的;他们共同拥有他们所共同挣得、分享和食用的面包。经由这些关系,人在彼此相遇的时候,就不是直接地相遇,而是在劳作中走向对一个共同日子的肯定。这就是法则,也就是,把他们聚到一起的那个全体的实现。辩证的完成在运作,这是必要的。这种关系自然地是一种斗争的关系,一种暴力的关系。在世上受制于否定,我们知道如何把否定变成一种可能性,正如我们知道如何把死亡变成一种权力;这样的否定,除非偶然,是部分的,有限的,是被那个得益于它而完成了的肯定所隐藏的。在时间中延展,并被时间所补偿,否定乃是在其废墟上建立起来的时间本身。但在这个瞬间,我们试着划界,我们之间不再有事物的密度了。墙已倒下:那些把我们分开的,那些同样允许我们交流的,还有那些最终通过让我们保持距离而保护我们的。某种意义上,人现在是不可通达者,但不可通达者在某种意义上也是直接者;绝对地超出我的,也绝对地受我支配。这里是一个从其在场中而来的人;也就是说,一个被还原为在场之贫困的人。我说这样的相遇(不是偶然的相遇,而是原始的相遇)是可怕的,因为这里不再有任何的尺度或界限了。我的介入——自我的介入——不会限于劳作的部分暴力,也不会限于拒绝的有限的、被隐藏了的否定;在那里,如果我仍把自己肯定为一种权力,那么,我的权力将延伸向死亡,这不是一种部分的死亡,而是一种根本的死亡。的确,我如何在其简单性当中承担在场,而不冒险让它消失呢? 如果只是通过我的凝视(regard),我甚至如何把握它呢? 让我们再次回想俄耳普斯和欧律狄克(Eurydice)。在那面对面的时刻,欧律狄克就是这作为他人的极端距离的陌异性;当俄耳普斯转身,为了观看而停止言说的时候,他的凝视就将自身揭示为一种带来死亡的暴力,那是令人恐惧的一击。

——那么,我们将不得不说,当一个人这样面对另一个人的时候,除了言说或杀戮,他就没有别的选择。

——其实,这种二择其一的简单粗暴,或许可以最好地帮助我们接近这样一个瞬间:如果自我应当落到这个言说或杀戮的命令之下,那是因为自我已然处在他人的在场当中了。

——但我们也不得不说,'度量'他人同自我之关系的绝对距离,也在人身上召唤绝对权力的实施:杀生(donner la mort)的权力。杀死亚伯(Abel)的该隐(Caïn)是这样的自我[①]:它遭遇了他人的超验性(他者身上绝对超出我的东西,圣经历史中由神性恩典的难以理解的不平等性所清楚地再现的东西),而为了面对这样的超验性,它诉诸谋杀的超验性。

——但这两种超验性属于同一个秩序吗? 它们的冲突意味着什么? 该隐对亚伯说:你的维度是无限的、绝对外在的,

---

① 该隐与亚伯,参见《旧约·创世纪》4:1-12。——译注

一　复多的言语　书写的言语

是你用来宣称超出我的东西,是把你置于我之外的东西;我将向你表明,我是它的主宰;因为作为一个权力之人,我也是绝对者的主宰,我已把死亡变成了我的可能性。

——这是因为亚伯的无限在场妨碍了该隐,就像一个其实属于亚伯,但该隐必须从他身上剥夺的东西。某种意义上,这并不假:这样的在场也是亚伯的好运,是祝福,是繁衍的羊群。一旦他人身上他者的在场没有被我接受为无限者借以向我而来的运动,一旦这样的在场作为世上所确立的他人的贫困而再次封闭了他人,一旦它停止产生言语,大地就不再广阔得足以同时容纳他人和自我了,两者中的一个就有必要排斥另一个——绝对地排斥。

——我注意到,当该隐想要同亚伯讲明白的时候,他说:'我们到外边去。'(Allons au dehors.)①仿佛他知道外部就是亚伯的所在,但也仿佛他想要把亚伯带回到贫乏,带回到毫无防备的外部的虚弱。

——或许吧。在那一刻,当在场被还原为毫无防备的在场的赤裸时,只有通过该隐,也就是通过致死威胁的逼近,在场才将自身揭示为死亡作为一种权力既能够摧毁,也能够抵达的东西。

——死亡的确可以让它根本地消失,但死亡无法将它

---

① 参见《旧约·创世纪》4:8:"该隐对他弟弟亚伯说:'我们到田野去吧!'他们在田野的时候,该隐对弟弟下手,把他杀死。"——译注

抓住。

——死亡把它变成了缺席，但并不触及。权力对在场没有什么持守。相反，致死行动的决定性把捉揭示了：在场，当它被还原为在场的简单性时，就是自身呈现，但也不被把捉的东西，是逃离一切把捉的东西。

——因此，完好的，但并非不可捉摸的。同样，我们不要赋予这样的肯定一种太过浅显的意义。如果致死的暴力的确既不能把握在场，也不能理解在场，那么，它至少有权力把在场还原为无意义（insignifiance）。如果暴力对在场的认识只是它能够还原出来的无意义，那是因为在场也总处于无意义的边界：它先于一切的意指（signification），或许还给出了意指，但它自身没有一个已被建构的、富于意义的、得到意指的现实之真理；它因此是不被意指的（insigniﬁée）。

——这会是言语：在除了言说或杀戮就没有其他选择的时候，它度量着面对面的人的关系。一种，或许，和它所转离的死亡一样沉重的言语。言语/谋杀的二择其一不是一者对另一者的简单排斥，就好像问题是在一种好的言语和一种坏的死亡之间做出一次性的选择一样。这是什么样的言语？

——现在还不是我们做出解释的时候。但我会说两件事情——首先，如果言语是沉重的，那是因为，作为赤裸的在场，它是让在场赤裸的东西：当它把在场还原为无权力者的脆弱时，它就把在场暴露给了根本的暴力。在虚弱和贫乏的层面上——在苦厄的层面上——言说，或许就是质疑强力，但也是

一　复多的言语　书写的言语

通过对强力的拒绝来吸引强力。其次，在这个要么言说，要么杀戮的情境下，言语不表现为言说，而首先表现为维持这个非此即彼的运动；它为二择其一奠定了基础。言说总是从言语和根本暴力之间的这一间距中言说，这一间距分开了它们，但也把它们维持在一种变迁的关系里。

——从中我们必须得出一个结论：如果处于人之在场当中的人之关系是可怕的，那是因为它把我们约束在'要么言说，要么杀戮'这样的二择其一里，因为在这样的二择其一里，言说和死亡一样沉重，它和死亡结合在一起，仿佛是死亡的反面。但现在，我想沿着另一条路线来追逐这个思想。谈到他人的无限在场，我们说，当人与人的关系是他人同自我的直接关系时，接近是格外沉重的，因为那是面对面的接近。这样的表述是误导性的，毫无疑问如此。首先是因为，这样的面对面（vis-à-vis）不是两张面孔之间的一次相遇，而毋宁是凭借言语对人之陌异性的一次通达。其次是因为，在这样的面对面中，让一个人（先于一切的再现）向另一个人直接呈现自身的运动显得至关重要的原因，就是不存在关系的相互性。我从不面对那个面对我的人；我面对某个来到我面前的人的方式不是在场的一种平等的直面的方式。这样的不平等是不可还原的。

——是的。当他人转向我的时候，他，本质地外在于我，仿佛被无限地偏转了——而他人就是这个转向（tourner vers）的运动，在那里，偏转（détourné）占据了主导——因此，转向我的在场仍然是一种分离的在场,是这样一个东西的在场:即便我与它分离,即便我远离了它,偏离了它,它还是对我在场。对我来说,面对他人,就是始终没有中介地处于那样一个人的唐突之在场:那个人在迂回的无限接近中,转向了我。

——某种意义上,一个偏转之在场的面对面。但在言语中言说的东西——这作为言语的本质转动(tour)在其转动(tournant)中度量的东西——恰恰是这个运动的不可度量的无规律性:这个运动把连结拆开而不把它们重新连接起来,也就是说,这个运动首先体现为对话者的不一致(他们在层面上的绝对差异,他们的不平等性)。言语肯定了'自我'和'他人'之间存在的深渊,并且,它跨越了不可跨越者,但不废除或还原它。进而,没有这无限的距离,没有这深渊般的分离,就不会有言语,因此,准确地说,一切真正的言语都记得它借以言说的分离。但这样的'不平等'意味着什么?它属于什么样的秩序?我没有看到。

——我也没有看到。埃马纽埃尔·列维纳斯会说,它属于伦理的秩序,但在这个词语中,我只发现次要的意义。他人应高于我,他的言语应是高处的言语,卓越的言语:这些隐喻通过洞察,让一种如此根本,以至于逃避其自身之外一切规定的差异平息了下来。如果他人比我更高,那么,他也比我更低,但总是他者:遥远者,陌异者。我同他的关系是一种逃避权力的不可能性的关系。言语就是这样的关系,通过它,我无法抵达的人在其不可通达的、陌异的真理中变得在场。

一 复多的言语 书写的言语

——真理一词或许是不成熟的。让我们无论如何保留它。让我们这样来重复:言语是他人和自我的没有共同尺度的关系,在这种关系里,言语对我不是一种认知的手段,不是一种观看的方式,拥有的方式,权力的方式。我会补充:它同样不是两个平等项之间的言说方式。在这里,我们再次面对着困难。

——在这里,事实上,有某种难以说出的东西,仿佛当我们言说的时候,某种东西就让我们与言语本身分开。一个人如何用那倾向于平等的东西来言说不平等?一个人如何在交流(communication)的运动中并且以交流的名义来肯定交流项的非-共通性(non-communauté)?我们在此刻使用的语言只能把我们送回到一种辩证法的语言——唯一'合法'的语言,我们不要忘了。但我们在肯定'他人'和'自我'的无可度量之关系时,试图肯定的东西是言语的一种非辩证的表达。我们所讨论的不平等或许仅仅指称这样一种言语:它言说,但不平等化,不同一化,不倾向于满足和完全领悟的同一。

——也就是说,这种言语会在其不可还原的差异中维持一个陌异的真理,那是陌异者的真理,陌异者在其言语中就是其陌异性的在场。

——是的,但让我们留心我们正去往何处。当他人在言语中作为陌异者和未知者对我言说的时候,这样的言语不是那种进入讨论的言语,它为了产生,无须在一场对话中撞上一种相反的肯定;它是绝对他异的,并且,它是它自身而无他,它是一切言语的他者。在这一点上,它是非辩证的。它逃避了争执。

——它外在于争执,它不可争执。因为我总可以质疑它,排斥它。我甚至可以完全地废除它。再简单不过:只需不去听它——这严格地是我的权利。

——我可以,我也不可以;我们需要更为清楚地看到后果。但我无论如何认识到,这样一种言语逃避了争执,正如它逃避了确信,它发起了意指却无所意指,或者,不意指任何确定的东西;它因此缺乏一个所指(signifié),就像我们不久前提到的,或者,更确切地说,它在回撤,总在转离'我'将归于它的所指。由此,在某种意义上,就有它的优越,就有它的高度,就有把它置于一切视域之上或之前的东西,就有一个要求,即总不得不在它的所言(dit)当中,比它言说,比一切的言说(dire),更多地去听。

——然而,它必须进入交流的游戏。

——它进入游戏,但它作为一种外在于游戏的言语进入,这种言语的游戏当然会被把握,但通过忘却那在话语的一致性当中使之持守其不一致性的东西,它有忽视从它外部而来者的危险。无一致性的言语。

——由此肯定了人与人的关系总会暗示且隐藏的一切关系的决然的不连续性。言语说出了:无限的距离和差异,言语本身证实了这样的距离,并在一切的争执、一切的平等、一切的交往之外,持守这样的距离。

——因此,他人和我是不平等的,只有通过不平等的间隙,他才向我揭示了他自己。那么,我们回到了我们的问题。因为辩证完成的本质就是拒绝这样的不平等,它努力地肯定全体,在全体中,每一个人必须在作为另一自我的他者身上认出他自己。没有什么更重要的了。

——的确,没有什么。但有可能我无法把其真正的意义赋予平等性的尺度,除非我维持着共同尺度的缺席,那样的缺席就是我同他人的关系。无论如何根本不平等者的平等。正如'一切'不得不为我所知,好让人所是的未知者,在其全部的本真性当中,将自身作为外部的重量向我呈现出来。但我会补充,这两种言语的经验,这两个必须一起得到维持的运动——让一切的不平等注定总被包含于其中的平等化的劳作,提前将自身从这平等的真理中排除的运动——必然也是不可调和的。因为一个运动想要成为一切,成为全体的激情、实现和言语,而另一个则在全体之前,在全体的外部,言说。

——那么,一个是权力的言语,对抗的言语,对立的言语和否定的言语,目的是还原对立的一切,让真理在其整体中被肯定为沉默的平等。

——另一个是超越对立,超越否定的言语,它只是肯定;但也外在于肯定,因为它说的不过是他者的无限之距离,是其在场当中作为他人的无限之要求;那逃避了一切否定和肯定之权力的东西。

——这样的言语无论如何绝不命名他人,而是召唤他人,让未知的他人转向我。

——通过这作为言语的本质转动,在它的运动中,人在他所转离的东西中接受了人。

——这样的言语绝不是任何已被说出的言语,因此总是新的,闻所未闻的:确切地说,一种不被聆听的,我无论如何必须回应的言语。

——那么,这就是我的使命:回应这种超出我之聆听(entente)的言语,回应它,而不真正理解(entendue)它,并且,回应它,同时让它重复,让它言说。

——命名可能者,回应不可能者。我记得,我们曾以这种方式指定了一切语言的两个重心。

——这样的回应,这种从回应开始的言语,这种一开始就一再述说从未知者和陌异者那里向它而来的问题的言语——此乃责任之原则,正如要求的坚硬语言随后表达的:必须言说。

——无权力地言说。

——持守言语。"

Ⅶ 第三类关系

没有视域的人

"我想我们应该试着更为坦率。

——也更为清晰。

——更为坦率和更为清晰,这两件事并不总走到一起。同时,让我们试着,在所有的关系中,说出人的经验和人的要求已经允许我们在人与人之间构想的关系。例如,我们可以或多或少任意地定义三类关系。在第一类关系中,同一律占据主导。人想要统一,他察觉了分离。他必须努力让他异者——不论是某个他异的物,还是某个他异的人——显得同一:一致化和同一化,连同作为其手段的中介,也就是,历史的斗争和劳作,提供了一条条的道路,通过这些道路,他旨在把一切还原为相同者,并把相同者最终必须成为的全体的完满赋予它。在这种情形下,统一途经了全体,正如真理是整体的运动——唯一的真理就是对整体的肯定。

——在我看来,第二类关系似乎是这样的:统一往往不仅被要求,而且被直接地实现。在一种辩证的关系里,我-主体

(Je-sujet)既不划分自身,也不划分他者,将他者肯定为一个中介物,并在那里实现了它自己(通过这样的方式,即我能够把他者还原为主体的真理)。在这种新的关系里,绝对的他者和自我直接统一了起来;这种关系是一种相合和分担的关系。自我和他者在彼此之中迷失了自身:存在着迷狂,融合,圆满。但这里的'我'不再是至尊的;至尊性(souveraineté)处在那唯一绝对的他者身上。

——在这种情形下,他者,仍然不过是唯一者(l'Un)的一个替代。不论关系是间接的,直接的,还是无限的,思想,如同一根磁针,一个指南针,总是指向统一。

——唯一者,甚至比存在,比相同者,更多地把思想持守在它的严格下。显然,把我们从唯一者那里释放的,不会是某种优雅的疯狂;我们也绝不排斥这真实之统一的劳作——相反,我们努力地劳作,以便我们有权力肯定并完成那个被视为全体之统一的世界。正如我们将继续重复的,这是每一个劳作和言说之人的使命。但每一次,我们也会补充:我们必须尝试思考他者,尝试联系他者来言说,而不指涉唯一者,不指涉相同者。

——我们必须尝试;由此,我们将转向第三类关系,对于这类关系,一个人必须简单地说:它不倾向于统一,它不是一种考虑统一的关系,不是统一化的关系。唯一者不是终极的视域(即便它超越了一切的视域),那个——哪怕是在它的回撤中——总被思考为存在者(être)之连续性、聚集和统一的存在(Être),也不是终极的视域。

——但我们正向何处冒险?我恐惧并抵制。我们不会因一场弑父而感到罪疚吗?对于这场弑父,柏拉图的行为倒会是一个虔诚继嗣的行为。这里的问题不再只是对存在动手或宣告上帝之死,而是同那样一个东西决裂:在所有的法则和所有的作品中,在这个世界和其他所有的世界里,它一直是我们的担保,我们的要求,我们的责任。

——所以,我们只是小心谨慎地前行;我们绝不忘了,我们试图摆脱的不是一致的思想,我们并不试图让自己一下子摆脱统一——那会是怎样的笑话;我们毋宁言说,并且必然是在一种理解性思想的权威下言说,我们将试着预感另一种言语的形式和另一类关系:在那里,他者,他者的在场,既不让我们返回我们自己,也不返回唯一者。

——那么,这种关系不是虚构的,也不是假想的,而是虽然偏转并陷入了人与人之间的(真实)关系,但只要人说话并相遇,它就总在运作了。

——我们把这种关系指定为多重的,只因它不被唯一者所规定。它是一种运动的-静止的关系,不可计数并且没有数目,不是未被确定的(indéterminé),而是消除确定的(indéterminant),它总在移位,它存在而无位所;因此,它似乎把一切的'我'牵引-驱迫进了它的位置或它的角色当中,这位置和角色是'我'无论如何必须维持的,虽然'我'已在共振和凝缩的空间-深渊中变成游牧的和匿名的了。

——让我们因此返回。我——从最通常的东西开始——必然处在同某人的关系里。这样的关系可以是工具的或对象的,比如,我像利用一个对象一样利用某人,甚至,我只是把他当作知识和真理的对象来研究。或者,我可以看到他的尊严和他的自由,在他身上看到另一个自我,并且想让他自由地承认我自己,只有在这种既平等又相互的自由承认中,我自己才是一个自我:这样的运动不是由美丽灵魂(belle âme)的唯一冲动完成的,而是要经过历史的劳作、话语和解放行动。一种漫长的劳作,这样的行动把自然变成了一个世界,并在世界中要求透明性;在这里,被假定完成了的全体,自由的统治,用自身取代了必然性的统治——而我们已经知道为此要付出多少血汗和泪水了。或者,再一次,我可以渴望自己在一瞬间通过交流的狂喜而直接与你结合,并在一种不分彼此的融合中,把他者引向我。欲望——某一种欲望——不管是真理的幻觉,还是幻觉的真理,倾向于这直接的统一关系,正如其他的一切关系旨在以一种仅仅中介的方式,确立存在之间的一种统一或同一的形式。那么,我们开始预感到我们所谓的第三类关系了(第一类关系是辩证的或对象的同一化的中介关系,第二类关系是要求直接统一的关系)。现在,为这第三类关系'确定根据',同时也让它没有根据的东西不再是亲密性——斗争的亲密性,侍奉的亲密性,本质的亲密性,认知的亲密性或承认的亲密性,甚至孤独的亲密性——而毋宁是我们之间的陌异性(étrangeté):把这样的陌异性描述为一种分离,甚或一段距离,都还不够。

——毋宁是一种打断(interruption)。

——逃避一切尺度的打断。但——这也是这种陌异性的陌异之处——这样的打断(一种既不包含也不排斥的打断)无论如何是一种关系;至少如果我自己承担它,那么,我不会还原它,不会协调它,哪怕是通过理解,也就是说,我不会试着把它当作一种仍然统一的关系的(缺陷)模式。

——当人与人之间不再有一个上帝的命题,不再有一个世界的中介,不再有一个自然的坚固时,人与人的关系就是如此。

——如果除了'之间'(entre)一词所代表的间距,除了一个无法与纯粹虚无相混合的更为空无的空间,就没有别的什么东西,那么,人与人之间存在的就是一种无限的分离,但这样的分离,在言语所是的要求当中,将自身作为一个关系而给出。

——让我们假定这点,并问自己,它意味着什么。

——是的,它意味着什么?它首先意味着,在这种关系里,人是离人最远的东西,人作为不可还原的遥远者向人而来;在这个意义上,人更远离人,而不是远离宇宙的界限或上帝本身。这也意味着,这个距离,代表了从人到人,逃避人的无所不能之权力的东西。在我的权力停止了的地方,在可能性消失了的地方,这种由言语的纯粹缺失所奠定的关系就得到了指定。

——换言之,人与人之间的纯粹间距,这第三类关系,一方面只把我和人联系起来,但绝不把我和我自己,和另一个自我联系起来;另一方面,它不源于可能性,它不用权力的观念宣告它自己。

——是的,但我们不要满足于这么一点;让我们试着为自己敞开一条道路,耐心地,不要怕自己止步不前。在这种同人的关系里,我得到了一种同我根本不可企及的东西的关系;这样的关系度量着外部的事件(événement)本身。这告诉我们,真正的外在性不是对象的外在性,也不是一个无情自然或无边宇宙的外在性(通过一种权力的关系,把自然或宇宙持守在我的再现领域内,持守在我的认知视域、我的视野、我的否定,甚至我的无知当中,我总有可能抵达它们);它不是这种通过把人持守为不可交换者而对人进行区分的个人的外在性,而是那种在一套共同价值的判断——连接——下,把一个人相对于另一个人持守起来的外在性。真正的陌异性,如果它从人那里向我而来,那么,它就从人所是的这个他者那里向我而来。那么,只有他是离心者(l'excentré);只有他逃离了那个展开我之视角的视圈,这不是因为他会自己建构另一个视域的中心,而是因为他并不从他固有的视域出发,向我转来。他者:他不仅不落入我的视域之内,而且他自己就没有视域。

——没有视域的人,他不从一个视域出发来肯定他自己——在这个意义上,他是一个无存在的存在(être sans

être），一个无在场者的在场（présence sans présent），因此，陌异于一切的可见和一切的不可见——当言说不是观看的时候，他就是那作为言语向我而来的东西。他者对我言说，并且，他者只是言说的这一要求。当他者对我言说的时候，言语就是那保持根本分离的东西的关系，是第三类关系，它肯定了一种没有统一性、没有平等性的关系。

——这是否意味着：同'他人'的交流，如言语中标记的那样，不是一种跨主体的或主体间的关系，而是开创了另一种关系，它既不是主体同主体的关系，也不是主体同客体的关系？

——我想我们应该下定决心这么说。当他人对我言说的时候，他并不作为一个自我对我言说。当我召唤他者的时候，我回应了那从无处对我言说的东西，我就这样被一个停顿从他那里分离，他因此既不同我形成一种二元性，也不同我形成一种统一性。正是这样的裂隙——这种同他者的关系——我们敢把它描述为存在的一个打断。现在，我们会补充：在人与人之间，有一种间距，这种间距既不是存在的间距，也不是非存在的间距，而是言语之差异所诞生的间距——言语的差异先于一切别异的东西，先于一切独一无二的东西。

——在这里，我愿回到我们的出发点，当时，我们中的一个提出要试着更为坦率。在我看来，我们做的似乎不过是通过一些相当拐弯抹角的迂回，让我们自己为坦率做好准备。

——因为坦诚就是在跨越了某条界限之后言说；一个在暗中被更好地完成的运动。

——事实上,我有一种感觉,即我们刚刚跨过了某道门槛,尤其是当我们说'当他人对我言说的时候,他并不作为一个自我对我言说'以及'这个他人同自我的关系不是主体同主体的关系'。我承认,当我说出并听到这个的时候,我体验到了一种恐惧的感受:仿佛我们直接地遭遇了未知者,或者,我们之关系的不在场证明好像要被暴露了一样。

——这里显然有一个继续给我们施压的问题,并且,正是它的压力让我们跨越了门槛。这个问题会是:'他人'是谁?

——我怀疑我们能否把'他人'引入这样一个问题。我怀疑这个词是否欺骗了我们;它承担了一种对奥古斯特·孔德(Auguste Comte)创造的利他主义(altruisme)观念的暗示。以此为基础,道德可以轻易地主张它。

——事实上,他人不是我们想要紧紧抓住的那个词。但它从远处到来,已经在史诗的语言中被人使用了。他人(Autrui)是他者(Autre)的宾格并以'他'(lui)一词为原型,当时只是作为一个补语来使用。根据一些傲慢的语法学家的说法,他人绝不该用于第一人称。我可以接近他人,他人无法接近我。因此,他人是他者,而他者不是一个主体。以这种语言学的特殊性为提示,我们可以说,他人缺乏一个自我(ego);但这样的缺乏,无论如何,没有让他成为一个对象。

——当我们问自己'他人是谁?'时,我们以这样一种方式追问,以至于问题必然扭曲了它意图唤入问题之中的东西。他人无法指定一种本质,它无法描述一个存在或一个本质的特点。或者,残酷地说,他人不是某一类型的人,这一类人的任务就是——以圣徒和先知,即以至高者之代表的方式——占据那个与'我'之阵营相对立的位置。这必须被记得——即便这样一种提防有些滑稽——因为我们的语言把一切名词化(substantifier)了。

——但还有一个困难:如果他人对我而言的确从来不是一个自我,那么,对他而言,我也是如此。也就是说,在我面前——在我视域之外,作为一个从远处而来者——突然出现的他者,对他自己而言,不过是一个想要被我之在场当中的他者听到并接受的自我,仿佛我就是他者,并且因为我不过是他者:不可鉴别者,无'我'者,无名者,不可通达者的在场。由此产生了一种关系的混杂,似乎不得不把我们重新置于辩证完成的要求之下。

——这其实是为我们设置的陷阱之一。我们暂时不得不做出两个评论,并首先说明,这种非相互性的二重化——这种让我表面上成了他者之他者的颠倒——无法在我们定位我们之分析的层面上,被辩证法所接管,因为它不倾向于重新确立任何的平等;相反,它指示了一种双重的不对称性,一种双重的不连续性,仿佛一者和另一者之间的空洞空间不是均质的,而是极化的:仿佛这个空间建造了一个非同构的场域,承担了一种双重的扭曲,既无限地否定,又无限地肯定,因此,我们应称之为中性的;如果我们清楚地明白,中性并不取消这双重签名的无限性,也不把它中性化,而是以一个谜的方式承担它。

那么，我们同样应该说：如果'他人是谁？'的问题没有任何直接的意义，那是因为它必须被另一个问题所取代，即当人的'共通体'必须回应人与人之间的这种陌异性的关系时，'人的"共通体"发生了什么'？这种陌异性的关系是一种没有共同尺度的关系，是一种过分的关系，而语言的经验已让我们预感到了它。但这样的问题没有表明他者——他人——只是一种存在的方式，也就是每个人都必须依次有意无意地满足或回避的一个义务。还有无数至关重要的东西。在这样的关系里，他者——但我们俩谁会是他者？——是根本他异的，只是他者，因此，也是无名者的名字，而无名者在棋盘上暂时的位置——当他言说的时候，他就在这棋盘上游戏并通过言说让自己游戏——使得他不时地被'人'这个词所指定。（正如兵可以变成王以外的任何一个棋子。）他者：人的在场，恰恰因为他总是从他的在场中缺失，正如他从他的位置上缺失。

——人（l'homme），也就是说，众人（les hommes）。那么，我会用更加简单的说法来转述我们之前的评论：当我们回应这种我们只要（在某个仍然未被很好定位的言语的层面上）言说，就会体验到的他异的关系——不可能性和陌异性的关系——时，我们，作为言说的存在，也把人体验为绝对的他者，因为他者既不能用超验性的观念，也不能用内在性的观念来思考。对于这样的经验，说语言只是表达或反思了它是不够的；因为它只发源于语言的空间和时间，虽然在那空间和时间里，语言，通过书写，已经瓦解了起源的观念。

——在这样的经验里,他者,外部本身,超出了一切的肯定和一切的否定,是不返回唯一者的'在场',也是不隐含任何统一的不连续性之关系的要求。他者,他(Il):只要这第三人称不是一个第三人称并让中性运作起来。

——中性,中性,这在我听来多么陌异。

——我:一个人还能够谈论一个自我吗?或许,一个没有自我的我,一个在无人和某人之间摇摆的无人称的准点性,一个假象:只有过分之关系的要求沉默地、暂时地赋予了它这个角色,或在自我-主体的位置上将它确立起来,而它随后可与这个位置同一,以便假冒同一者,所以,以此为基础,他者身上的绝对非同一者的标记就宣告了自身。

——或许,是时候撤回他人这个概念了,同时保留它不得不对我们说的:他者总是召唤'人'的东西(即便只是为了把人置于括号或引号中间),不是作为上帝的他者,也不是作为自然的他者,而是作为'人',比一切的他异者更加他异。

——所以,在我们删掉它之前,让我们记住,他人在本质上是一个中性的名字,它根本没有解除我们专注于中性的一切责任。它提醒我们,我们必须在作为他人向我们而来的他者的在场中,回应陌异性的深度,惰性的深度,无规律性的深度和无作的深度,当我们试图接受外部的言语时,我们就向这些深度敞开。他人会是人本身,通过他,那既不向主体的个人权力,也不向真理的无人权力揭露自身的东西,就向我而来了。中性的一切神秘,或许都途经他者,并让我们返回他者;

也就是,穿越这样的语言经验:在那里,第三类关系,一种非统一的关系,逃避了存在的问题,也逃避了全体的问题,把我们暴露给'最深刻的问题',暴露给迂回的追问,而通过那样的迂回,中性——它绝不是无人称者——来到了问题之中。

——让我们补充:一切他异性(altérité)的观念都暗含了作为他者的人,而不是反过来。从中只能得出:对我而言,'他人'所是的他者之人也冒着如此的风险,即总是他异于人,总是接近那无法接近我的东西:接近死亡,接近黑夜,并且,当然是像一切从那些没有视域的领域中向我而来的东西一样令人厌斥。

——我们很清楚,当一个人在边上死去的时候,他的存在对我们来说是多么冷漠,在那个瞬间他对我们来说永远是他者。

——但要记得:他者对我言说;关系的决定性的打断恰恰作为一种无限的关系在他者的言语中言说。你不是声称,当你对他人言说的时候,你就好像是对一个死人说话,从隔板的背后发出召唤吗?

——当我对他者言说的时候,把我和他联系起来的言语就'完成'并'度量'了这个不可度量的距离,这个距离乃是死(mourir)的无限运动,在那里,死让不可能性运作了起来。并且,对他言说的时候,我自己就在言说而没有死去,这也意味着,我在死占有一席之地的地方言说。"

*

我依次倾听两个声音,既不亲近这一个,也不亲近那一个;无论如何,我是其中的一个,也是另一个,只因我不是我——就这样,从一个声音到另一个声音,我以一种掩饰(只是冒充)决定性打断的方式,打断着我自己。一个人如何假装自己收到了那谜一般的力量呢:它就来自这在言语中变成了无限关系的打断,并且,它已被我们用我们不充分的手段所背叛?

再次重复:

(1)语言,语言的经验——书写——引领我们察觉一种全然他异的关系,第三类关系。我们将不得不问我们自己:假定这样的经验不驱迫我们,那么,我们以何种方式进入它,并且,它是否作为一切言语之谜对我们言说。

(2)我们以一种不一定抽象的方式孤立了这种关系,在这种关系里,一者绝不被另一者所包含,也不同另一者形成一个整体,一种二元性,或一种可能的统一;一者陌异于另一者,但这样的陌异性并不把特权赋予它们中的任何一个。我们称这样的关系为中性的,它已然以这种方式指明,不论一个人肯定还是否定,它都无法被重新捕获,它以这种方式向语言要求的不是两个模式之间的一种犹豫不决,而是一种言说的可能性,即在言说中既不说出存在,也不否认存在。在这里,我们或许描述了"文学"行动的一个本质特征:书写的事实本身。

(3)中性的关系,一种无关系的关系,可以用另一种方式来指明:一者同另一者的关系是双重地不对称的。我们已经多次承认了这点。我们知道——我们至少发觉——一者和另一者之间的缺席使得种种关系——如果它们可以展开的话——成为一个非同构场域的关系,在那里,点A远离点B的距离他异于点B远离点A的距离;这样的距离排除了相互性并呈现了一种不规律乃至不连续的弯曲。①

(4) 当我们明确这种关系的时候,我们不可避免地把它再现为两项之间发生的东西,因此,我们似乎赋予自己一种权利,即认为这两项在这种关系的外部拥有它们自身的现实和规定。某种意义上,我们有理由这么做。首先是因为,即便一个房间里两个说话的人不过是一套可能之关系的位置,我们也已经认识到,在这些关系里,某些关系会让一个人和另一个人作为一个不同的、客观的现实而存在,或者,作为一个自我-主体而存在:一种独一无二的生存,一个光芒四射的统一体的中心,最终,一段历史,通过这段历史,其全部的真理就穿越了正在生成的世界。诸多的困难在这寥寥数语中聚集起来。无论如何,我们还是毅然决然地忽视这些困难,以便持守我们正在反思的关系。在这里,我们似乎还正确地谈到了让一种关系得以在它们之间发生的各项,仿佛这些项可以声称,要在这样的关系里将自身肯定为不同于这关系的:不仅是不同的,而且是通过一种无限的差异和一种无限的距离,与之分离的。

---

① 让我们回想一下,正是埃马纽埃尔·列维纳斯把决定性的意指赋予了这样的转动:"空间的弯曲表达了人与人之间的关系。"(出自列维纳斯的《总体与无限》。参见 Emmanuel Lévinas, *Totalité et Infini*: *Essai sur l'extériorité*, La Haye: Martinus Nijhoff, 1971, 324. ——译注)

因为这就是它的意义：成为一种无限的双重分离。是的，让我们记住这点。这样一种陌异关系的本质就是指定一种无限的双重缺席。但在这样的情形下，我们可以说——并且有必要说——他者，这个在第三类关系中运作的"他者"，不再是其中的一项；它既不是这一项，也不是那一项，它不过是关系本身，是一项同另一项的一种要求无限性的关系。无论如何，正如我们清楚地察觉的，我们不能满足于这一肯定的简单性。他者不仅是就关系而言的，也就是我们所指定的人与人之间的陌异性的关系；因为在这种他异的关系里，并且通过这种关系，他者对于我就是其无限距离之中的他者的在场：绝对他异并且根本陌异的人；他不屈服于相同者，也不振奋于独一无二者的统一。或者，再一次，对我自己而言，就我自己（暂时地，按功能）是独一者而言，我获得了他者的经验。那样的经验不是同一个像我自己一样的人的关系，而是处在其陌异性当中的人，它逃避了一切的同一化，不论是一种无人称知识的同一化，一种中介的同一化，还是一种神秘融合的同一化：它是外部，是总已经超出我之所及的未知者，是言语所承担的不可见者。这等于说：对我而言，他者既是他者之不可通达性的关系，是这种不可通达的关系所创立的他者，同时，无论如何也是他者的不可通达的在场，他者，作为没有视域的人，已在其接近的不可通达性当中变成了关系和通达的方式。

仿佛在相互关系的时空中，有必要在一种双重的矛盾下进行思考，思考他者——首先把他者思考为一种无论如何不连续的场域的弯曲,思考为不连续性的脱位和打断——然后把他者思考为一种没有关系项的关系的无限性,思考为一个没有关系的关系项的无限之终止。

VIII 打断
如在一个黎曼曲面上

对谈话的定义,即对最简单的谈话的最简单的描述,会是这样:当两个人在一起说话的时候,他们并不一起说话,而是轮流说话——一个人说了什么,然后停下,另一个人说了别的什么(或同样的东西),然后停下。他们所承担的连贯的话语由一个个的段落构成,当谈话从一个伙伴转向另一个伙伴的时候,段落就被打断,虽然经过调整,它们是相互符合的。为了确认、反驳或发展,言语需要从一个谈话者转向另一个谈话者,这样的事实表明了间距的必要性。言说的权力打断了自身,并且,这样的打断发挥了一个看似次要的功能,那恰恰是一种附属性的更替的功能。这样的功能,无论如何,是谜一般的,以至于我们可把它阐释为承担了语言之谜本身:句子间的停顿,从一个谈话者到另一个谈话者的停顿,注意力的停顿,让措词的力量加倍的聆听的停顿。

我怀疑我们对这一停顿的各种意指是否已有足够的反思,只有这样的停顿允许言语被建构为谈话,甚至被建构为言语。我们最终包围了某个不停顿的说话者。(回想一下希特勒的可怕独白。所有的国家领袖都参与了这独裁者的同样的暴力,一种傲慢独白的重复:他享受着成为唯一说话者的权力,因占有了其孤傲的言词而沾沾自喜,他把这言词作为一种优越的、至高的言语,不加限制地强加给别人。)但让我们采取最稳定的谈话,那种尽可能脱离偶然之率性的谈话;即便它的话语是连贯的,它也必须通过变换主角,时时将自身片段化。从一个谈话者转向另一个谈话者,它打断了自身:打断允许了交换。为理解而打断,为言说而理解。

然而,不时打断对话,把节奏赋予对话并把对话连接起来的那一个个停顿,显然不总是一样的:有些阻碍了谈话。卡夫卡曾疑惑:当八个人位于一段谈话的视野内部时,如果一个人不希望自己被当作沉默的,那么,他在什么时候说话并且说多少次是合适的。但这样的沉默,即便暗含反对,也构成了那推动谈话的一部分。没有沉默,一个人就不会说话,他不会在事后问自己,一个人是否弄错了谈话者的态度,或者,是否是别人迫使你说话(正如另一个环境下,一个人会指责主人迫使你喝酒——醉还是一样)。甚至当保持沉默是一种拒绝的时候,它也几乎不唐突;它参与了话语,用它的微妙弯曲了话语,促成了对一种最终协调的希望或绝望。沉默仍不过是一种被推迟了的言语,或者,它承担了对一种被顽固地维持着的差异的意指。

*

为了词语的连续,打断是必要的;间歇(intermittence)让连续变得可能,不连续性确保了理解的连续性。从中当然可以得出许多。但暂时,我想要表明:让话语(discours)成为对话的间歇,也就是断语(dis-cours),以两种不同的方式呈现了自身。

在第一种情形里,停止的间距可被比作一个原始的停顿,它允许了谈话的"轮流"。在这里,不连续性是本质的,因为它允诺了交换——本质的,但也是相对的。它的意图,不管是曾经的还是以后的,从现在开始,同时是肯定一个统一的真理:在那里,连贯的话语不再停止,并且,当它不再停止的时候,它融入了其沉默的另一面。从这个角度看,断裂会让共同的言语运作起来,即便它把言语片段化,阻碍了言语或扰乱了言语。断裂不仅给出了意义,而且把共同的意义作为一个视域释放出来。它是话语的呼吸。在这个范畴中,可以把握属于生存和历史之辩证经验的一切言语形式——从日常的闲谈到理性、斗争和实践的至高时刻。为理解而打断。

但存在着另一种打断,更加谜样,更加沉重。它引入了等待,这样的等待就度量着两个谈话者之间的距离:不再是一段可以还原的距离,而是一段不可还原的距离。由于我已在这些研究中时常地谈到这点,我将再次简单地略为一提。在一个相互关系的空间内,我可以试着用诸多的方法同某人进行交流:第一种方法,根据对象性的种种方式,把他视为世上的一种客观的可能性;第二种方法,把他视为另一个自我,或许是十分不同的自我,但那个自我的差异途经了一种基本的同一性,即两个各自能够平等地以第一人称说话的存在的同一性;第三种方法,不再通过一种无人称认知或一种个人理解的中介关系,而是试着实现一种直接的关系,在那里,相同者和他异者试图在彼此之中迷失自身,或者,通过一种忘却或抹除距离的以"你"相称(tutoiement)的亲密性靠近彼此。这些关系有一个共同的事实,即三者都倾向于统一:"我"想要吞并他者(使他者和我自己相同一),要么把他者变成我自己的一个物,要么把他者当作一个物来研究;或者,"我"想要在他者身上找到另一个自我,要么是通过自由的承认,要么是通过两个灵魂的瞬间结合。还有另一种(无模式的)模态。这一次,问题不再是寻求统一。在他者身上,我不再想要认出那样一个人:一种仍然共同的尺度,对一个共同空间的归属,就把他持守在一种同我的连续性或统一性的关系中。此时至关重要的东西是我们之间的陌异性,并且不只是那逃避我们相互认知的晦暗部分,那晦暗的部分无非是自我之位置的晦暗性——独一自我的独一性;陌异性依旧是十分相对的(一个自我总是接近另一个自我,哪怕是在差异、竞争、欲望和需要当中)。此时至关重要的,要求一种关系的东西,是一切把我和他者分离开来的东西,也就是他者,只要我与他无限地分离;一种分离,一道空隙,或一个间距,不仅把他无限地留在我的外部,而且要求我把我同他的关系建立在打断的基础上,这样的打断就是存在的打断。我们必须重复:如此的他异性,既没有把他变成我眼中的另一个自我,也没有把他变成另一个实存,既不是一个模态,也不是普遍实存的一个时刻,更不是一个超级实存,

一 复多的言语 书写的言语

一个神或一个非神,而毋宁是处于其无限距离之中的未知者。

一种在中性的命名下得以持守的他异性。

让我们简单地说,通过用中性来理解的他者之在场,关系的场域中出现了一个弯曲,这样的弯曲阻止了一切直接的交流和一切统一的关系;或者,再一次,存在着一种根本的异常:言语终究要传达而不是还原,即便传达的时候,它既不说出,也不指示。那么,语言本身的打断,引入等待的打断,恰恰回应了这样的空隙,回应了我们之间的陌异性、无限性。但我们要明白,这里的停止并不必然地或简单地以沉默、空白或间隙为标志(那会显得过于粗糙),而是以语言形式或结构的一个转变为标志(当言说首先是书写的时候)——打个比方,这样的转变就好比从欧几里得(Euclide)几何到黎曼(Riemann)几何的转变。(瓦莱里[Valéry]曾向一位数学家吐露,他计划在"一个黎曼曲面"上书写——言说。①)这样的转变使得言说(书

---

① 我发现朱迪思·罗宾森(Judith Robinson)的书《关于瓦莱里笔记中精神的分析》(*L'Analyse de l'esprit dans les Cahiers de Valéry*, Paris: José Corti, 1963)提到了这个话题。蒙特尔(Montel)讲述了下列轶事:"数学家们使用一个被称为黎曼曲面的工具:它是一个理想的笔记本,由必要张数的纸构成,这些纸根据某些法则被固定在一起,而其全部的厚度几乎为零。这层叠的曲面上标有数字,一些数字在不同的纸页上占据了相同的位置。在一次谈话的过程中,瓦莱里对我说:'你不觉得谈话是在一个黎曼曲面上发生的吗?我对你说一句话,它被写在第一张纸上;但同时,我在第二张纸上准备我接下来要对你说的话,甚至在第三张纸上准备随后要说的话。从你那边看,你在第一张纸上回应我,同时把你打算随后对我说的话保留在其他的纸页上。'"这样的意象当然还不十分让人满意,因为这里的话语没有表明语言的一种真正的开裂,而只是召唤我们所谓的推迟说话的原则。

写)不再只从统一的视角思考,并把言语的关系变成一个由不连续性所支配的在本质上不对称的场域;仿佛弃绝了一种连贯话语的不被打断的力量后,问题是得出这样一个语言的层面,在那里,一个人不仅能够以一种间歇的方式表达自己,而且能够把一种言语赋予间歇本身:这种非统一的言语不再满足于做一条通道或一座桥梁;作为一种并不独断言说的言语,它能够横跨被深渊分开的两岸,但它既不填满深渊,也不把两岸重新统一:一种不指涉统一的言语。

*

这两种打断之间的差异,正如我刚刚概述的,在理论上是十分牢固的。它对应我们的两种言语经验:一种是辩证的,另一种是非辩证的。一种是普世的言语,它倾向于统一,并协助完成全体;另一种是书写的言语,它承担了一种无限性和陌异性的关系。这决定性的差异无论如何总是模糊的:当两个人说话的时候,那种允许他们在一起说话的同时轮流说话的沉默,仍不过是初级的更替性的停顿;但在这样的更替中,未知者借以宣告自身的打断也已经运作了起来。[①] 但还有某种更为沉重的东西;当言语的权力被打断的时候,一个人并不知

---

① 或者,让我们说得更简单点:一场对话的参与者以一种分开的方式说话,这不只是因为他们每个人承担着一种个人的,有限的,不同的肯定,并且,这样的肯定想要变得共通(此乃辩证的视角);更是因为他们说话是为了让言语作为差异而言说,也就是,为了实现打断本身,只有打断决定了作为言语的差异。

道，也从不能肯定地知道那正在运作的东西，也就是：允许交换的打断，悬置言语，以便在另一个层面上重新确立它的打断，或者，否定性的打断，这样的打断根本不是一种恢复其呼吸的言语，而是企图——如果这是可能的——让言语窒息，仿佛要永远地摧毁言语。例如，当打断诞生于疲乏，诞生于痛苦或苦厄(中性的一切形式)的时候，我们知道它属于何种经验吗？哪怕它会制造贫乏，我们也能够肯定，它只是贫乏的吗？不，我们并不肯定(这进一步加剧了疲乏和苦厄)。我们同样发觉，如果痛苦(疲乏或苦厄)在存在之间凿出了一个无限的空隙，那么，对于这个空隙，最重要的事情，或许是在表达它的同时保持它的空无；所以，出于疲乏，出于痛苦或苦厄而言说，就是根据语言的无限维度而言说。我们难道不能更进一步吗？让我们假定一种打断，它在某种意义上会是绝对的和绝对地中性的；让我们这样构想它：它不再处于语言的领域内部，而是外在于、先行于一切的言语和一切的沉默；让我们把它称为终极者(l'ultime)、夸张者(l'hyperbolique)。我们会用它实现一种断裂吗：这样的断裂，哪怕是用一种夸张的方式，不仅把我们从一切的理性当中释放(这还不够)，而且从一切的非理性当中释放，也就是，从依旧疯狂的理性当中释放？或者，我们难道没有义务问我们自己：从这样一种打断——野蛮本身——当中，是否会到来一个仍有必要用言说来加以回应的要求？甚至：言语(书写)，是否总意味着试图把一切语言的外部包含在语言本身当中，也就是说，是否总意味着在这外部

(le Dehors)之内言说，根据这"外部"的尺度言说，而这在一切言语之中存在的"外部"，也有让言语返回那从一切言说中被排除的东西的危险？书写：画一个圆，所有圆的外部都会在这个圆的内部得到铭写……

让我们就此打住并总结。我们首先得到了两个重大的区分：一个对应言语的辩证要求，另一个对应言语的非辩证要求；一个是允许交换的停顿，另一个是度量无限距离的等待。但在等待中得以肯定的，不只是预备着诗歌行动的辩证的打断，同时，还有其他的中断之形式：它们极为深刻，极为倒错，越来越倒错，总是如此，以至于如果一个人区分了它们，那么，这样的区分不但没有避免模糊性，反而假定了模糊性。我们已用这样的方式"区分"出三类：第一类把空隙变成了作品；第二类，空隙是疲乏，是苦厄；而在第三类，也就是在终极者，夸张者那里，无作（désœuvrement）（或许是思想）得到了指示。为理解而打断自身。为言说而理解。言说最终只是打断自身，只是让不可能的打断变得可能。

IX 一种复多的言语

我想起了阿波罗(Apollon)的一个肯定,通过诗人巴库利德斯(Bacchylide)之口,他对阿德墨托斯(Admète)说:"你只是一个凡人;所以,你的心灵必定同时怀有两种思想。"① 换言之,他肯定了语言的共时性(simultanéité)当中言语的复多(plusieurs)。

由于他指控我们的这种二元性(dualité),神,整一思想(pensée une)的承担者,大可以对我们表示轻蔑和怜悯。我们有责任让这二元性获得一种扩展至极致的统治:任何的天国,哪怕是阿波罗不再居住的天国,也无法逃避它。言说总是让一种本质的双重性(duplicité)开动起来,当一个人声称要用逻辑的法则来还原这种二重性时,他就从二重性当中获得了优势——这就是模棱两可:"是"和"不"的犹豫不定。但根据一

---

① 出自巴库利德斯的《颂歌》(Επίνικοι)3,第78—79行:θνατὸν ἐ ὖντα χρὴ διδύμους ἀέξειν γνώμας. ——译注

种不可还原之复多性（pluralité）的必要来言说——仿佛每一个词语都是其自身在一个多元空间内部的无限回声——这是一个难以独自承受的、过于沉重的负担。对话必定帮助我们分担了这样的二元性；我们成双结对，是为了承受这双重的言语，现在，它已不那么沉重，因为它被划分，并且，首先是因为它通过时间中展开的更替而变得连续。在对话的亲密中成双地存在，结对地思考并言说，对阿德墨托斯而言是一种巧妙的手段，因为其凡人的地位注定了其共时的思想，也注定了他与阿波罗平等，甚至比他更高：因为这始终呈现的二元性，即便是两个人的二元性，也维持了一个必然要被整一存在（l'être un）所排除的思想运动。

因此，有了一个完美的解决途径。但只要我们驳回了它为我们提供的良知的不在场证明，我们就必须问我们自己，为什么对话的解决方式仍然是不充分的，为什么阿德墨托斯会在对话中错误地看到一个对神之诅咒的恰当回答。因为对话以言语的相互性和说话者的平等性为基础；只有两个"我"能够确立一种对话的关系，并且，每一个都承认另一个具有像他自己一样说话的权力，每一个都把他自己和另一个视为平等的，每一个在另一个身上看到的不过是另一个"自我"。这是彬彬有礼的理想主义的颂歌。但我们首先知道，我们社会中几乎不存在任何的平等。（在不论什么样的体制下，当言语的平等以文化、情境、权力和运气的不平等为基础时，为了知道这种言语的平等意味着什么，我们只需听一听一个被预判为清白的人和质问他的法官之间的"对话"。一切的言语都是命令、恐吓、引诱、怨恨、奉承或挑衅；一切的言语都是暴力——并且，在对话的意图中企图忽视这点，就是把真正的虚伪添加到一种辩证的乐观上，根据那种乐观，战争不过是对话的另一种形式而已。）但还有更多的要说。即便平等地说话是可能的，即便说话确保了这样的平等并努力实现这样的同一，某种同样本质的东西还是从言语中遗失了。让我们回到阿德墨托斯。阿德墨托斯承担了一个思想的重负，这个重负就是在同一个语言行动中双倍地言说；他相信，通过展开这样的双重性并在两个平等说话的人之间分担它，他就能够逃避重负。于是，我们在一个语言中得到了两种言语，这两种言语既是不同，但又是同一的。是的，让我们再次承认：这令人印象深刻。但在这美妙的转动中，某种东西已然失去。那就是差异本身；这样的差异不该被简单化，不能被平等化，并且，只有它，通过一种把两个言语聚到一起的分离而神秘地让这两个言语言说。

　　阿德墨托斯，对话的创立者，仍然是神之恐怖的牺牲品。他服从神的理想，只考虑统一，仿佛当他致力于相同者时，唯一者不得不是一切理解的真理，一切人之关系和一切神之关系的目的。实则不然。在相互关系的空间中，对话，以及对话所假定的平等，无非倾向于增加熵（entropie），正如辩证的交流要求充满相反言语的对抗的两极，并通过这样的对立激起一种共同的趋势，但它自身，在明亮的闪耀过后，注定会在熵的等同中熄灭。对话是一种平面几何,其中的关系是直接的并保持理想地对称的。但让我们假定,关系的场域依赖于某种异常,这样的异常类似于物理学家所说的宇宙的弯曲;也就是,一种扭曲,它阻止了一切对称的可能性,并在事物之间,尤其是在人与人之间,引入了一种无限性的关系。让我们假定,这个空间的纽结,这个唐突的密集点,这样的极化,以如此的方式令扩展和绵延发生凹缩和隆胀,以至于既没有什么平等的,也没有什么纯粹不平等的——让我们假定,言语不是要还原这根本的不规律性,也不是通过宣称它不可言说来转离它,而毋宁是要呈现它,也就是(仍然是)赋予它形式。是的,让我们假定,并且,让我们同意承认这个假定给予我们的要求的全部范围。言说,首先当然是在一场对中介言语的探寻中,把他异者带回到相同者;但言说,首先也是试着把他异者接受为他异者,把陌异者接受为陌异者;因此,言说是在其不可还原的差异,在其无限的陌异中寻求他人;而那样的(空无的)陌异,只有一种本质的不连续性才能够维持它所固有的肯定。那么,在根本上,神对阿德墨托斯的要求是什么?或许不过是要他摆脱神的束缚并最终离开那个通过让他迷恋统一而将他封闭于其中的圆环。这当然不是什么小事,因为它意味着不再只从统一的视角思考。所以,它意味着:无所畏惧地肯定打断和断裂,以便逐渐地提出并表达——一项无限的使命——一种真正复多的言语。那样的言语恰恰总在所写的要求中被提前命定(和掩饰)了。

一　复多的言语　书写的言语

我们首先转向的正是这样的差异(Différence)：为此，我们要脱离一切不同的东西，并且，要通过一种神秘地更替的形式，要凭借最早的作品之一。在那作品里，书写的不连续性将思想唤向了它自身，而时间已然打碎了作品，仿佛是为了让其片段的在场显得偶然。就这样，劝诫着，而不说服着，赫拉克利特的破碎的文本向我们而来。

二

极限体验

I 赫拉克利特

克莱芒斯·拉姆努(Clémence Ramnoux)写道,如果我们在阅读赫拉克利特的时候,用现代世界的通用名词来翻译"日夜"(Jour Nuit)或"闪电言语"(Éclair Parole),那么,我们已经违背了它们的意思,因为现代名词不是以同样的方式形成的。① 无论如何,我们应该翻译(因为必须翻译):至少要首先

---

① 我想要表达不单是我一人体会到的对这一类作品的作者们的感激,如克莱芒斯·拉姆努所发表的作品。它是一篇论文:《赫拉克利特或物与词之间的人》(*Héraclite ou l'homme entre les choses et les mots*, Paris: Les Belles-Lettres, Guillaume Bude, 1959)。这是一篇论文;所以,某种由严谨的学识拼凑起来的东西,一个由纯粹的探究组成的网络,一份在整整一生的过程中展开的,关于十分博学的学者的寥寥数语的研究报告;的确,对一篇论文而言这是必要的。但这篇论文也是一次单纯的沉思,生动却又深刻,令人着迷,因为它回应了那些以某种本质之物的显明性和晦暗性的言词来言说的文本的魅惑力。在这里,我们不仅分享一种知识,也分享一种激情,一种阅读的切心性,并且,那种一生所致力于的阅读不只是出于一种对作品的品位。当其他极为迫近的危险正贯穿时代的时候,在赫拉克利特的身旁活着:这道出了一个选择,凭借这个选择,"这位坚定而焦虑的勇猛的天才"——正如勒内·夏尔对她的命名——在她对直接之必要性的回(转下页)

探究,一种新形式的发明会将自身定位在什么样的语言传统和哪一类的话语当中——那样的形式看起来永远是新的,但必然处在一种同其他言说方式的归属和断裂的关系里。在此,博学介入了,但它对准的,与其说是几乎难以把握并且一直可以锻造的文化事实,不如说是文本(texte)本身,也就是不会说谎的证人,如果我们下定决心忠实于它们。对赫西俄德(Hésiode)(他是赫拉克利特用至尊的反对来回应的早期伟大的名字之一)的阅读表明,在那更为古老的时代,希腊人就已经掌握了两种言说神圣事物的话语。一种是神圣名字的词汇,以及迷人的传说、古老的传统和可怕的神话叙述("被推回到母亲子宫里的孩子,被儿子所阉割的父亲,同怪物们的斗争……")所构成的语库;另一种词汇具有一个更为模糊的用途,它命名了在创世的叙述中运作的力(Puissance),由此引入了有关起源的最早的追问。这些力的名称——混沌(le Chaos)

(接上页)应中,仍然能够严肃地指引我们的生活。我将指明这样一本书的计划所回应的思想进程。在这篇论文中,问题不是一个论题,而是一种关注,一种欲望,即用最简单的方式阅读文本,而不借助后来确立的哲学语言危险地任我们随意使用的那些方法。理解这些古代的词语就是让它们自己说话,但它们在我们对我们最本有之物的自由归属中对我们说话。因此存在着两个危险,它们都是不可避免的;一个危险是在阅读上用柏拉图、基督教灵性和黑格尔来取代赫拉克利特;另一个危险是坚持一种历史的探究,这种探究能够通过博学让我们成为一个已逝世界和一个已死真理的主宰。这构成了两个已然严重的困难。当问题是一篇支离破碎的文本和一位谜样的作者时,我们必须让自己忠实地致力于谜的过剩,以便支持我们的阅读,而这种明晰且自然的阅读,必定总保留着比我们能给予它的更多的意义。

二 极限体验

(原始的撕裂或空虚),被理解为原始牢固性的大地(la Terre),被划分为昼夜的黑夜(la Nuit),黑夜、死亡(la Mort)、睡眠(le Sommeil)的孩子[①]——当然是依旧神圣的名字,但也是激荡的、极端的,往往形成对照的经验的标志,那样的经验无论如何属于最切心的人之经验。赫西俄德的宇宙起源学已经使用了名字,有时还使用了一些为后来的教导提供一个模型的结构。

这是否意味着:公元前六世纪左右,当那些传统上有资格说话的人中间出现了一类全新的言语大师,也就是自然话语的发明者时,这样的出现——对我们而言首先是赫拉克利特的出现——由于处在一种同过去的连续性当中,因而是不那么出乎意料,不那么决定性的? 相反:它是更为神秘的,因为这至为罕见的发明为了说出事物的秘密,就紧挨着它从内部改造的传统的表达方式成形并发生:一种突然间变得"节制而严谨"的语言。一个不可思议的事件:它不仅仅是一种新的言说方式,它还发明了简单性,发现了贫乏词语的丰富性,发现了一种简短的、缺乏意象的,可以说禁欲的言语所具有的启明的力量。为了实现人之语言的决定性的深化,应该把注意力

[①] 参见赫西俄德的《神谱》($\Theta\epsilon o\gamma o\nu i\alpha$):混沌即最早诞生的神卡俄斯($X\acute{\alpha}os$),大地即大地女神该娅($\Gamma\alpha\~\iota$'),黑夜即夜神努克斯($N\upsilon\kappa\tau\grave{o}s$),死亡即死神萨那托斯($\Theta\grave{\alpha}\nu\alpha\tau o\nu$),睡眠即睡神许普诺斯($'\gamma\pi\nu os$)。见赫西俄德,《神谱》,王绍辉译,张强校,上海:上海人民出版社,2010年,第23,29页。——译注

突然地投向几个十分普通的词语(和动词"言说"[parler]、"存在"[être]一样普通的动词),并承认这些词语比最高贵的神圣名词更加重要,承载着更多的秘密,以至于它们获得了一种高超的威严并能够拒绝一切的同义词①:这就是惊奇,是继续拥有至高价值的真正神圣的教导。

克莱芒斯·拉姆努正确地谈到了一种变异。一个人在这里诞生。并且这样的诞生不费什么力气。我们可以从一些特征中有技巧地阅读它的指示。神圣的话语变成了一种自然(physis)的话语:首先是通过对神圣名词的一种管理,这些名词总要被更为节制地处理,并被当作其他一些更加秘密或更加难以命名的物(Chose)的标记;其次是赋予十分普遍的词语(静态动词:在那里[être là],不在那里[n'être pas là];动态动词:聚集[rassembler],分散[disperser],接近[s'approcher],远离[s'éloigner])②一种强烈的意义;然后是选择单数中性(neutre),以一种非指定的方式来指定我们不禁要在本质者(l'essentiel)这样的称呼中来强调的东西("智慧的东西"[La

---

① 残篇32:"一(个东西),唯一智慧的东西(L'Un-la-Chose-Sage et Elle seule),既不愿意又愿意被叫作宙斯的名字。"(参见 G. S. 基尔克、J. E. 拉文和 M. 斯科菲尔德的《前苏格拉底哲学家:原文精选的批评史》,聂敏里译,上海:华东师范大学出版社,2014年,第302页,有改动。——译注)

② 参见赫拉克利特残篇91b:"它散开又……聚集……结合又分散……接近又远离。"参见《前苏格拉底哲学家:原文精选的批评史》,第291页,有改动。——译注

Chose sage],"一"[l'Un],"普遍的东西"[la Chose commune],"未期待的东西"[la Chose non à espérer])①;最后是决定以单数的形式使用逻各斯(logos)这样通常用作复数的词语,并大大地提升它的意义;但最一般的,是通过一种严格的表达风格的特权化的使用。

随同赫拉克利特,我们在某一刻把握了这样的转变:那一刻,它同时承担了它以之为基础而形成自身的神圣语言的全部重量和它向真理之未来提供的严格语言之敞开的全部力量。所以,我们拥有了一种最初的双重意义——一种双重阅读的最初可能性——在此基础上,赫拉克利特的语言以一种奇怪地协调好的方式,带着一种对其策略的有意识的认知,将施展其自身的谜样的权力,为的是在其双重性的网络中,抓住事物的多样性之谜所对应的拆分了的简单性。

*

晦暗者赫拉克利特(Héraclite l'Obscure):自上古时代起,他就被描述为如此,他不是偶然地如此,并且这不是为了假装

---

① 对赫拉克利特而言,正如阿贝尔·让尼埃(Abel Jeannière)注意到的,神圣者处在中性当中。这是一个最为重要的,其意义最难接近的特征。("智慧的东西"和"一"参见残篇32或41,"普遍的东西"参见残篇2:"必须跟随那普遍的东西","未期待的东西"参见残篇18:"如果没有期待那未期待的东西,就不能发现(它),因为它难于发现也难于对付"。译文参见《前苏格拉底哲学家:原文精选的批评史》,第302,279页,有改动,以及《赫拉克利特著作残篇》,T. M. 罗宾森英译,楚荷中译,桂林:广西师范大学出版社,2007年,第28页。——译注)

自己更加深刻——就像一些希腊批评家所宣称的那样,他们已然和马拉美(Mallarmé)的一些评论者一样轻佻了——而是出于一个坚定的目的。即在书写中,让形式结构的严格性和稠密性,简单性和复杂安排,相互回应,并且,在此基础上,让语言的晦暗性和事物的明晰性相互回应,让词语之双重意义的掌控和表象之分散的秘密相互回应:换言之,或许是让断语(dis-cours)和话语(discours)相互回应。

比如,在赫拉克利特的几乎所有的句子里,时间的记忆已将它们保存在其片段化(fragmentation)当中,一个人可以通过其透明性读到它们所服从的严格的形构(configuration);时而,相同的形式充满了不同的词语;时而,相同的词语以不同的形构组成自身;时而,图式(schéma)保持空洞或把注意力引向一个隐藏的词语,这个词语是由一个已经呈现的词语唤出的,并且,它们在别处形成了一个可见的配对。生-死(Vie-Mot),醒-睡(Veille-Sommeil),在场-缺席(Présence-Absence),人-神(hommes-dieux);这些由其相互的对立性搭配并聚集起来的词语构成了可以互换的符号,凭借这些符号,最微妙的书写游戏在多重的神秘组合中得以尝试。同时——这也是本质性的——更替的结构,拆分(disjonction)的关系,也得到了检验:从一个配对到另一个配对,拆分的关系发现自身既相同,又别异;因为,不用说,"全-一"(Tout-Un)并不处在一个和"日-夜"

二 极限体验

或"人-神"一样的结构关系里。①

我们应该无所畏惧地推断出一场十分高级的书写游戏。每一个句子都是一个有序的宇宙(cosmos),一种精心计算的安排,其中的各项处在了一种极端张力的关系中,它们和它们的位置或形象绝不是没有差别的,而毋宁是被这样安置起来的:仿佛为了实现一种秘密的差异,它们所做的无非是以尺度的名义在展示中指明种种的变化和可见的转换,而它们的句子就是这些变化和转换的孤立之位址。因此,一种封闭的安排:每一个公式都是心照不宣地充分的,独一无二的,但又和沉默相结合,沉默同时敞开和封闭了它,并以一种虚拟的方式把那尚未掌控的更替的危险结果聚集了起来。我们自然明白,在古代的传统中,词语游戏、谜题以及口头戏法构成了一

---

① 请让我引述这些例子作为说明:"生-死"和"醒-睡"相配对(残篇21):"死是我们醒时所见,睡眠是我们睡时所见。"(参见《赫拉克利特著作残篇》,第31页,有改动——译注。)在这个残篇中,一个位置似乎是为生(Vie)一词保留的,生一词缺席了,但唤起了死(Mort)一词。所以,我们可以读作(一种可能性)"生-和死是我们醒时所见",并像克莱芒斯·拉姆努那样阐释说,醒着就是发现生和死是必然相连的,而睡着的人继续在一个被隐瞒了的生命的虚假表象中生-并-死。除非在时而动词,时而补语的功能的相互交换中,生和死变得可以互换;我们因此得到了引人注目的公式:"在死亡中活着"(vivre la mort),"在生命中死着"(mourir la vie),它们可在一些残篇中找到。同"人-神"这一配对组合起来,这样的公式给予了我们如下极端的语言运动:"不死者,有死者,有死者,不死者:此者在彼者的死亡中活着,彼者在此者的生命中死着。"(残篇62。参见《赫拉克利特著作残篇》,第75页,有改动。——译注)这一互换游戏的一般公式在残篇88中得到了指示:"后者经过一轮变化成为前者,前者经过一轮变化再成为后者。"(参见《赫拉克利特著作残篇》,第99页。——译注)

种取悦诸神的言说方式,并且这种言说方式也是他们自己或好或坏地大量使用的;进而,在神性的事物中正如在人性的事物中,希腊人充满激情地爱着这些游戏,爱着这介于言语和沉默、戏谑和神秘之间的语言。确然如此。赫拉克利特是希腊人(乃至于在希腊人眼中充当了一个谜);他属于一个时代,在那个时代,诸神仍然言说并且言语仍然神圣。但具有重大意义的事情在于:这严格的语言仿佛第一次向简单词语的深度敞开,应把谜的力量和神圣的部分重新引入、重新授予书写本身;然后,这把一切的理解统一起来的晦暗性应在这里,在这第一个例子中,被肯定为一种掌控的必要性,一个严格性的标记和一种最为专注、最为集中的言语的要求。那样的言语在它所检验的对立项之间达到了最高的平衡,忠实于双重的意义,但只是出于对意义之简单性的忠实,并以此方式召唤我们绝不满足于一种意义单一的解读。①

*

但如果醒着的人是一个记得如何以双重的方式阅读的

---

① 赫拉克利特的公式遵循严格的安排,这些安排虽然不可更改,却构成了一系列可能之更改的形式。一旦被还原为形式,它们就可以这样来读:任何两个不论是什么的被当成主语的对立项,都以"一"(l'Un)、"相同者"(le Même)、"共同之物"(Chose commune)为其定语。或者,两个对立项被归于一个共同的主语。或者,一个主语把其对立项归于它自身。或者,两个具有相反意思或分别使用肯定和否定的动词,搭配着同一个主语("既不愿意又愿意被叫作";"我们既踏入又不踏入同样的河流"[残篇 49a,参见《赫拉克利特著作残篇》,第 62 页——译注])。

人,那么,为了在赫拉克利特如此严格地安排的词语中仅仅看到词语的一种安排,一个人将不得不一边睡觉一边阅读赫拉克利特。我们不断地得到提示:当赫拉克利特在那里的时候,事物也在那里。当他说,从我们足上流过的河水从来都不一样的时候①,这可不是一位教授给出的例子。河流本身就在以一种古老的方式教导我们,它召唤我们进入其在场的秘密:进入它,但绝不是两次,甚至一次也没有,就好像进入一个句子——一旦我们意图在那里站稳并持守它,句子就总已经再次封闭了自身。河流的教导,火的教导,最高的和最低的事物的教导。这些公式,几乎每一个都这样紧挨着邻近的事物被写下,并且,在一个从事物到词语,又从词语到事物的运动中,根据一种新的对立性的关系,随它们一起得到了解释;我们无力一次性地掌握那种对立性的关系,但那种关系让我们以具体的方式听到了书写和逻各斯之间,然后是逻各斯和人之间存在的神秘关系;这种关系遵循"接近-分离"的双重方向:当它们接近的时候,它们彼此分离。"他们和最持续关联的逻各斯相分离;他们每天遇到的事物似乎陌异于他们。"(残篇72)②在这个公式里,逻各斯自身当中铭写着的分离总已预先将逻各斯命定于书写的拆分。

"接近-远离"的对立性,以及"聚集-分散"的另一种对立

---

① 出自赫拉克利特残篇12:"当他们踏入同一条河流,不同的水接着不同的水从其足上流过。"参见《赫拉克利特著作残篇》,第22页。——译注
② 参见《赫拉克利特著作残篇》,第81页。——译注

性,也度量着我们对所言(ce que dit)当中的是者(ce que est)的理解,不管问题是事物对大师言说的方式,还是大师对其门徒言说的方式;一场既陌生又熟悉,既友善又敌意,既被理解又被误解的谈话:克莱芒斯·拉姆努或许倾向于把它置于苏格拉底对话的层面上——赫拉克利特就这样成了那位感灵的、不合时宜的、平凡地神圣的、喋喋不休的说话者的直接的先驱,仿佛是他的第一个化身,而那位说话者的功绩(根据柏拉图的说法,当然是首要的功绩)就体现为收回他的脚步,好让"自己兜成千上万个圈子而不向前迈出一步,总是回到原地"。① 的确,赫拉克利特的运动并不沿着一条笔直的独一无

---

① 这的确是苏格拉底在《泰阿泰德篇》(Théétète)当中借一位假设的对手之口说出的指责,意在使自己从中摆脱;但在其他段落中,苏格拉底嘲讽地称赞自己知道如何兜圈并在最长的圈子里懒散地迷失了自己:这,他说,就是我们的道路。我想象拉姆努不会允许她自己把我们引向这样的比较。然而,当她探寻赫拉克利特最珍重的东西时,她几乎总是回答道:"那是理智的谈话……能够相互理解的朋友之间的谈话。"严格意义上教导的观念变得如此突出,以至于她提出,我们要用"教学"(leçon)一词来翻译"逻各斯"(logos)。她无论如何没有忘记把"谈话"放回到一个建制的框架内;或许教导把入门仪式期间守则的传达作为了它的模型。根据传统的说法,赫拉克利特的作品似乎是一部写好了的作品,他自己把这部作品留在了神庙当中,留在了女神的关怀下(或许是因为这部作品既是写给诸神,也是写给凡人的)。残篇1暗示了一个把物和词区分开来的工作;我们会怀疑,在那样一个希腊文的书写既不把词语分开,也没有标点的时代,这个使命是否有一种确切的技术的意义。

("兜成千上万个圈子而不向前迈出一步"出自柏拉图《泰阿泰德篇》200c,参见《柏拉图全集·第二卷》,王晓朝译,北京:人民出版社,2003年,第753页:"一直在兜圈子,一点儿都没有进步。"——译注)

二 极限体验

二的道路前进,就像巴门尼德的传统那样,而毋宁是让我们在几乎不知不觉的情况下移动,甚至在各种不同的地方途经同一个交叉口:在那里,道路根据不同的路线把我们领向了不被发现,不被期待并且不可通达的物(la Chose)。①

在我看来,赫拉克利特对事物的亲熟,显然不少于他对词语的亲熟。我的意思首先是说,他无意于把自己封闭在一种"为言说而言说的美学"当中,即便建构其句子的严格性完全可以让我们满足于它们,满足于这新赢得的朴素。我再次援引了克莱芒斯·拉姆努:"其典型的前行在事件和话语之间来去。他还没有把不可把握的事件和自主的话语分开。更不用说让话语从他的注意力当中溜走了。他活在事物和词语的战斗当中,努力创造一种相似的话语(discours ressemblant),但不是一种纯粹类似的话语。这会是人在事物和词语之间的处境。"②这是一种为我们的阅读定向的谨慎的方式。但我怀疑,让我们尝试捕捉从词语到事物,又从事物到词语的这种"来

---

① 残篇 18:"如果没有期待那未期待的东西,就不能发现(它),因为它难于发现也难于对付。"(《赫拉克利特著作残篇》,第 28 页。——译注)拉姆努在这里评注说,物只由否定——中性的和否定的名词——所指示。一个人必须转而等待一个只由否定属性所规定的物。(但对赫拉克利特和我们而言,否定者拥有一种同样的价值吗?也就是说,我们是否知道,当我们书写的时候,我们正在玩弄一种差异,这种差异取消了肯定和否定的二择其一?)

② 出自拉姆努的《赫拉克利特或物与词之间的人》。参见 Clémence Ramnoux, *Héraclite ou l'homme entre les choses et les mots*, Paris: Les Belles-Lettres, Guillaume Bude, 1968, 306. ——译注

去"的建议，是否有这样的危险，即它会促使我们让这个运动停止下来并在是者(ce que est)和所言(ce que dit)之间确立一段距离，一段由我们自己构成的距离。赫拉克利特真的想要创造一种相似的话语吗？相似于什么？相似的观念，模仿的观念——把我们置于柏拉图主义之尾流当中的观念——不是让言语不仅处于一种服从的状态，而且处于一种不可逆转的依赖关系吗？这难道不是仅仅为了准许一种单向的交换，而不准许那种不知疲倦的相互性吗？但通过那种相互性，从事物到词语，又从词语到事物的关系——对立性的关系，差异性的关系(但它们是以"分开-聚集"的模式呈现的)——用这样一种方式给出了自身，以至于颠倒总是可能的，因此，一个人有时可以从词语开始或以词语结束，有时又可以从事物开始或以事物结束。

一位古代的医生指责恩培多克勒从造型艺术中借用了他看待宇宙构成的方法。一种十分精明的批评(即便我们并不确定当时的绘画艺术会把我们引向一种相似的美学)。但在恩培多克勒和赫拉克利特之间，后者比前者早了大概五十年，存在的不只是一种代际的差异。在赫拉克利特之后，一切都变了，因为一切从他开始。但我们不禁要说，如果绘画艺术允许恩培多克勒构造世界，那么，赫拉克利特正是从言语的艺术中借用了那允许他进入对事物之理解的结构。首先，是一种变化着的形构的观念，根据本维尼斯特(Émile Benveniste)的说法，它等同于古代意义上的节奏一词；其次，是一种严格的比例的使用,它被类比性地理解为词语之间,甚至部分词语之间的精心计算的关系;最后,是逻各斯的神秘,即便逻各斯在自身当中聚集的不只是能够说出的东西,它也无论如何在书写的语言中找到了其选择的领地。的确,一个诱人的视野:诗歌的严格性赋予了人一种自然严格性的最初观念(或许是一种不可超越的观念);词语的安排建构了第一个宇宙,第一个秩序,它是秘密的,强大的,谜一般的,而人,以诸神的名义,图谋对它实施一种能够延展至其他秩序的掌控;最终,第一批物理学家通过开创一种语言,进入了一个不可思议的新的未来:因为这种新的言语,人成了自然的人。在如此的视角中,无疑没有什么严重地损害真理的东西。但它也停止并固定了运动。

*

赫拉克利特——这是他的晦暗,也是他的明晰——既承认物的言语,也承认词的言语(并且是为了以一种颠倒的形式把言语还给它们),他既用一种言语说话,也用另一种言语说话,甚至把他自己持守在两者之间。他通过它们的差距和这个"之间"(entre-deux)来言说——书写——他不固定这个"之间",却支配着它,因为他朝向了一种更加本质的差异:那种差异当然是显现的,但它没有被依恋灵肉二元论的我们在词语和词语所指示的东西之间断然确立的区分所穷尽。赫拉克利特显然远离一切原始的融混——没有人比他离此更远;但带着一个已获得双重性之知识的人的警觉,他守望着支配差异的秘密的他异性，那样的他异性通过让差异远离一切取消对立性的无差异，而支配了它。

因此，在这神秘差异的至尊权之下，事物和名称处在了一种不间断的相互性的状态中。时而，是事物代表了走向分散的运动，而名称说出了统一（我们所踏入的河流从不是同一条河流，除非是那个确认它的名称）。时而，是名称将整一的事物置于复多当中，而语言根本不是聚集，而是分散（一个神根据每个命名者的法则而得到了各式各样的命名）。偶尔，名称和事物之间有一种严格的不一致（残篇48："弓的名字是生命，它的工作却是死亡。"①）。但这种词语游戏，神谕类型的游戏，不是为了取消语言的资格，而毋宁是为了确立对立项之间超越对立性的秘密关系："生和死是一个东西：例如，弓。"②在这个公式中——或许是在赫拉克利特的圆环中，以一种游戏（最早的超现实主义游戏）的方式而一贯使用的公式——我们注意到，词语没有驻扎在语言内部，但事物的名称和工作都属于作为差异之位址的逻各斯，既是通过它们的不协调，也是通过它们的协调；也就是说，是通过其始终可逆的归属的张力（存在着一种超越意义的意义）。我们还注意到，当词语和事物之间不可还原的分离被肯定了的时候，这样的分离既不停止，也不分开，而是相反地，聚集起来；因为它在意指，它既意指着它

---

① 参见《赫拉克利特著作残篇》，第60页，有改动。——译注
② 出自《赫拉克利特或物与词之间的人》。参见 Clémence Ramnoux, *Héraclite ou l'homme entre les choses et les mots*, 305. ——译注

二　极限体验

自身，又在那本不会出现者的方向上做出了暗示：在这里，生-死的本质配对或许指向了统一，或许已经超越了它。

在根本上，赫拉克利特眼中的语言，在物和词当中本质地言说的东西，也就是，在一者到另一者的矛盾的或和谐的转化中，最终，在一切自身展示者和一切自身隐藏者当中，本质地言说的东西，乃是差异本身；它神秘是因为它总是别异于那表达它的东西，因此，没有什么不说出它，没有什么不在说它的时候重新提及它，而且，一切因这保持不可言说的差异而采取了言说。

从这种让我们在言说之时推迟言语的差异中，绝大多数的古希腊人获得了一个预感，即这是坚实之物，是值得赞叹的必然性，一切在它的名义下得到了安置。但前提是：起初的无差异，没有方向、没有形式、没有尺度的多样性，已首先被还原为一种原始的、水平的差异，支持和反对的一种平等化，以一种方式或另一种方式行动的各个原因的一种等同化；然后，这样的差异反过来被一种先天的差异，一种以神和人的二元性为代表的垂直差异所质疑。[①] 勒内·舍雷尔（René Schaerer）在他的书《古代人》（*L'homme antique*）中十分令人信服地表达

[①] 正是从闪烁的模糊性到坚固的矛盾性的转化，把一项和另一项对立了起来。一个人可以活在无差异当中，就像黑夜和白天之间的一个梦游者，但只要日-夜的严格的差异呈现出来，悲剧的选择就开始了。选择醒着而不睡着，选择明晰的诸神并对黑夜的力量不公：这每每是悲剧的选择，因为支持和反对是平等的。赫拉克利特的一个回答：一个人必须选择差异，而不是差异项。

了这点。《伊利亚特》(*L'Iliade*)第八章的黄金天平表达了这一景象:它是西方的伟大发现的时刻。宙斯(Zeus)决定结束扰乱一切的特洛伊战争,他召集了众神并解除了他们一切个人的主动权(他就这样把一切神性的权力集中到他自己身上)。然后,他降临到伊达山上,从这最高点上,如同世界之巅的一道一动不动的目光,他不过是统治性的、纯粹的注视。这从黎明到午夜的神性的凝视,用一只经验的眼睛俯瞰战场,凭一种不偏不倚的镇静,观察着势均力敌的双方,直到他做出决定性的行动:他摆好天平,让两个死亡的命运达到平衡,从中间提起了秤杆。舍雷尔评论说:"各边的机会首先不得不平等,否则称重就没有意义。但最重要的是注意到,正是在这个瞬间,宙斯的凝视从战场转向了天平,那经验性的观察让位于一种思辨的视觉;这种视觉仍然注视着冲突,但这一次它被形式化,被还原为纯粹的抉择。"第72行的四个希腊词"他从中间平衡(黄金天平)"①标志了神性提升和肯定的至高点。天平宣判。② 舍雷尔评论道,这天平的意象,把那随天平的两个秤

---

① 参见《罗念生全集·第五卷:伊利亚特》,上海:上海人民出版社,2004年,第185页,有改动。——译注

② 勒内·舍雷尔,《古代人与内在世界的结构:从荷马到苏格拉底》(*L'homme antique et la structure du monde intérieur d'Homère à Socrate*, Paris: Payot, 1958)。舍雷尔还这样说希腊人:"他让支持和反对相平等,等着上天让天平倾向一侧或另一侧。而上天在让天平倾斜之前,等着人把它平衡。"这表明平等是必要的,这样,话语的不平等,一种层面上的差异,就不能被阐释为一种对平等的东西的简单的拒绝。

二 极限体验

盘而摇摆的秤杆的水平面和观察着的神性凝视的垂直轴有机地结合了起来。换言之,正是两个差异在本质上不稳定的构成本身服从了一种更为隐秘的差异:"全-一"(Tout-Un)的差异,而那个差异反过来仿佛是在其差异当中,由"与一切相分离的智慧的东西"①所展露的。

*

让我们回想一下,阿波罗有一天通过诗人巴库利德斯之口,对阿德墨托斯说:"你只是一个凡人;所以,你的心灵必定同时怀有两种思想。"赫拉克利特应致力于展露这种二元性——在其保留中强迫它并且绝不让它安息,总在寻求它所隐藏的东西和隐藏它的东西的回撤——这把一种明晰,一种晦暗,以及我们每次怀着同样的惊奇所体验到的令人着迷的双重性赋予了他的各个言语。一种通过谜,通过谜样的差异来言说的语言,这种语言没有自满,没有让差异平息:相反,它让差异言说,甚至在它成为词语之前,已将它宣告为逻各斯,在这个极其独一的名字里,保留着那在其至高的层面上,在一切沉默之处,向言语发出呼唤者的并不言说的本源,"既不说话,也不隐藏,而是暗示"②。

---

① 出自赫拉克利特残篇 108,参见《赫拉克利特著作残篇》,第 120 页。——译注

② 残篇 93:"那位神主,其神谕便是在德尔斐的,他不说也不隐,而是象征。"(参见《前苏格拉底哲学家:原文精选的批评史》,第 313 页,或《赫拉克利特著作残篇》,第 104 页。——译注)

Ⅱ 尺度,乞援者

从荷马到悲剧作家,乞援者(le suppliant)是希腊诗歌的伟大形象之一。我们在《奥德赛》(*Odyssée*)当中读到:"宙斯,客家的尊神,保护浪迹之人的权益,惩报任何错待生人和乞援者的行端。"①我们很熟悉这个:宙斯面前的忒提丝(Thétis),阿喀琉斯(Achille)面前的普里阿摩斯(Priam),奥德修斯和瑙西卡(Nausicaa),后来的《乞援女》(*Les Suppliantes*)②。但让我们把自己限定在最古老的传统上。③

乞援是一个仪式;它展示了两个面对面的人:乞援者和被乞援者,还有处于游戏之外,不可见的,在一种几乎直接的在

---

① 参见荷马,《奥德赛》,陈中梅译,北京:燕山出版社,1999年,第145页,有改动。——译注

② 即埃斯库罗斯的悲剧《乞援女》。——译注

③ 埃德蒙·博容(Edmond Beaujon)已在一篇让我们受益匪浅的论文中讨论了这个主题,见《乞援之神:希腊诗歌与人的法则》(*Le Dieu des Suppliants : Poésie grecque et Loi de l'homme*, Éditions de la Baconnière: Neuchâtel, 1960)。

二 极限体验

场中呈现的神灵本身。乞援者蜷缩起来,仿佛从空间中回撤并退回到其最初的简单性,那时,他念出了仪式的准则:"我抱住你的膝盖。可怜我吧并尊重诸神。"乞援者的姿势和要求开动了一种双重的意义:它们赞扬那从高处俯视的占据支配地位的被乞援者。被乞援者拥有一切:权威,力量,决定权,自由;因此,问题是坚定地确立不平等性的事实,甚至是确立这样的事实,即相互面对的两者之间没有任何共同的尺度。乞援者通过他的屈辱实施了一种平息的心理策略,但同时,他也让人明白,由于自己与一切的力量相分离,他逃避了权力的管辖并回应另一个法则:这个法则被他的生人(étranger)之真相所肯定,并由神灵的不可见的亲近的在场显现出来。① 乞援者和异乡人(étranger)是一个人;两者都从全体中被逐出,被剥夺了那奠定其他一切东西的权利,只有这权利创建了一个人对家的归属。埃德蒙·博容提醒我们,我们译作"乞援者"的希腊词语的本然意思是"那到来的"。因此,乞援者是一个正在到来的人,他总在运动,因为他没有一个位置,并且,人们必

---

① 通过身体的屈躬(prostré)而不是俯卧(prosterné)——它们进而是同一个词——并且不首先从沉默中释放他的声音,好让他所持守的静止的姿势说话,乞援者宣告了他的哀悼(deuil)状态,预示了他的死亡,承担了他的处罚,并投身于等待:这种等待无所等待并因此净化、传授(正如马塞尔·德蒂安[Marcel Detienne]已在《希腊古风时期的真理大师》[*Les maîtres de vérité dans la Grèce archaïque*, Paris: Maspéro, 1967. 中译见德蒂安,《希腊古风时期的真理大师》,王芳译,北京:华夏出版社,2015年。——译注]中表明的)。

须问他最神秘的问题,有关起源的问题。由此产生了一个回答:从别处到来的人,来自宙斯。异乡人,乞援者,扰乱了家中的人,甚至是最强大的人。《伊利亚特》说:"一个人……逃亡异乡避难,去到一个富人家,使旁观的人惊异。"① 当普里阿摩斯,一个衰弱的、精疲力竭的老人,成功地跨过敌人的界线,出现在杀死其儿子的凶手面前时,就连阿喀琉斯,虽然有他母亲的预先警告,也失去了镇静;普里阿摩斯的在场本身就扰乱了事物的秩序。后来,在品达(Pindare)的第四首皮提亚颂诗中,珀利阿斯王(Pélias)正是面对伊阿宋(Jason),一位无人陪护的旅人时,陷入了绝对慌乱的状态并丧失了风度。博容用最强有力的话表达了这点:每一个到来者都提出了一个不得躲避的真理;但要是它被迎接,谁知道它会通向何处?

据说,乞援的仪式和希腊人对尺度(mesure)的探究有关。一旦力超出了界限,危害到了平衡,另一种力就会为那没有手段的人(法外[le hors-la-loi]的人),就像埃斯库罗斯在《复仇女神》[*Les Euménides*]中说的② 介入进来,颠倒力的情境;因此"保护那些被力所碾压者的法则,随同另一个保持世界平衡的法则出现,那个法则的象征就是宙斯的天平"。让我们假定这

---

① 参见《罗念生全集·第五卷:伊利亚特》,上海:上海人民出版社,2004年,第619页。——译注

② 出自《复仇女神》第92行:"宙斯也关照那些不受法律保护的人。"参见《罗念生全集·补卷:埃斯库罗斯悲剧三种,索福克勒斯悲剧一种,古希腊碑铭体诗歌选》,上海:上海人民出版社,2007年,第89页。——译注

二 极限体验

点。但尺度、失度(démesure)这些词,它们有什么我们如此难以把握的地方? 我们(第一眼就)可以看到,和我们最熟悉的浪漫的意义相反,失度是对希腊人而言的;它表达了一个信任自身力量的人的鲁莽,而尺度是神性的:它是神性之物上的一种敞开,是同一个不落入我们尺度当中的神秘点——中心——的关系。① 一个人仍可以在此基础上,在最多样的意义上,谈论尺度。当后来的希腊人在他们对梅勒提乌斯派(Méliens)的著名演说中,想要说服后者相信他们没有祈求正义的权利,因为敌对双方之间存在着太多力的差异时,希腊人就以一种倒错却又合理的方式使用了平衡的法则:当一个人十分虚弱的时候,召唤正义,严格地说,是最不诚实和不敬的,因为正义只有在力量几乎平等的时候才有效。整个的传统都确认了这点;一个人不得向诸神要求过多:这就是尺度。如果雅典娜(Athéna)在阿瑞斯山法庭投票的时刻,为了俄瑞斯忒斯(Oreste)介入进来,拯救了他的性命,那是因为事先已有人类投票的平等性。正如我们已经看到的,这就是舍雷尔的评论:人首先要让支持和反对相平等,同时等着上天让天平倾斜;而上天为了让天平倾斜,等着人把它平衡。

从这个视角看,乞援者的位置是什么,并且,他拥有什么样的对策? 这处在视角的变动当中。尺度不仅通过让力显得

---

① 这里的中心很可能是指《复仇女神》中所说的中心石:"一个为神所憎恶的人坐在那中心石上请求净洗。"参见《罗念生全集·补卷》,第88页,以及第116页,注释16。——译注

平等而度量着力；它还敞开了另一维度，另一尺度，而力必须在度量的过程中与它们结合起来。乞援者不是更加虚弱的或最为虚弱的人，他处在如此之低的地方，以至于他绝对地难以触及：他是分离的，神圣的。他的移动方式是宗教的，因为他自己就属于一个分离的领域；他的姿势无疑是仪式性的，但仪式的念咒的力量绝不足以让它变得有效，因为乞援者的乞援既没有确定性，也没有担保，他从不肯定自己会被带回到那个构成正义的权利体系之内。那么，最终，什么给了他一个可能？那就是他在说话这个事实。乞援者是完美的言说者。通过言语，他，那低低在下的，和那高高在上者，取得了联系，并且，他没有打破距离，就让那强有力的对话者进入了他们并不共同拥有，却处在他们之间的一个空间。这个（空无而神圣的）"之间"就是居中的空间，是神秘的"中介物"。言语乃是尺度——但根本不是任意的什么言语。乞援的言语表达了那从痛苦中说话的人，同时，它也显现了不可见的神的在场：这言语陪伴着不可见者，并通过不可见者提醒我们，如果宙斯是一个从远处而来的人，那么，他也是"世界的中心"（omphaïos），众声音的主宰。缺乏一切共同语言的异乡人，是一个只能通过其言语而悖谬地在场的人；正如一切都缺失了的时候，被厄运所吞没的人就有了言说的手段，因为那里有其真正的尺度。正是跟随着言语——言语安排了这个之间的空间，让与一切相分离的人在那里相遇——生命才再次变得可能。这就是《伊利亚特》的伟大教导。在听完老人的倾诉，同他一起哭泣并且自己也说了话后,阿喀琉斯还没有停下,直到普里阿摩斯进食:"神样的老人家,我们因此也该想想吃东西的事。"① 好客(hospitalité)与其说是给客人提供食物,不如说是恢复客人对食物的胃口,把他带回到需求的层面上,带回到一种生命当中,在那里,一个人可以说并且容忍别人说:"现在让我们想想进餐的事。"② 崇高的言语。以至于当普里阿摩斯仍拒绝在餐桌旁坐下时,阿喀琉斯再次变得暴怒,几乎要杀了他。③ 其实没有第三项:你要么是友善的主人,要么是凶手。当中间项(milieu)不存在的时候:这也是尺度。乞援绝没有减缓困境的严酷,而是让它变得更为本质。从中可以得出结论:乞援就是在那样一个时刻言说,在那个时刻,言说在它的严厉和它的首要真相中维持着一个非此即彼的选择:言语,抑或死亡。

---

① 参见《罗念生全集・第五卷:伊利亚特》,上海:上海人民出版社,2004 年,第 624 页。——译注

② 参见《罗念生全集・第五卷:伊利亚特》,第 624 页。——译注

③ 的确,对用餐的拒绝意味着很多:对博爱的拒绝,对进入家庭友谊的反感。仿佛普里阿摩斯想要保持为异乡人,保持为一个被阻挡在外的人,因此严重地冒犯了赫斯提亚(Hestia),那个表达并确认了家之神圣永久性的神灵。参见让-皮埃尔・维尔南(Jean-Pierre Vernant)的《希腊神话与思想》(*Mythe et pensée chez les Grecs*, Paris: Maspéro, 1965. 中译见维尔南,《希腊人的神话和思想:历史心理分析研究》,黄艳红译,北京:中国人民大学出版社,2007 年——译注)。

Ⅲ 悲剧的思想

帕斯卡尔(Pascal)没有止步于这样的思想,即——就像通常说的——对立性(contrariété)源于见解的游戏。如果存在着一种辩证法,那么,它会是现实本身的辩证法,它以本源地堕落的创造为基础,以耶稣基督身上两种本性之结合的更为耀眼,也更为威严的神秘为基础。因为耶稣基督既是上帝,也是人——这两个肯定密不可分地联系着,却又相互反对着——我们应期望在它们的对立和矛盾中找到真理的标志;我们不仅必须维持这些对立的肯定,把它们坚定地维持在一起,而且必须认为它们因这样的对立而正确。对立迫使我们要求一个为之奠定基础的更高的秩序。①

---

① "信仰包含着许多看起来似乎是相互矛盾着的真理。笑时,哭时,等等。Responde(回答他),Ne respondeas(不回答他),等等。它那根源便是耶稣基督身上两种性质的结合:以及还有两个世界(创造新天和新地:新的生命,新的死亡;一切事物都是双重,而同一名称却始终不变);最后还有义人之中的两类人(因为他们就是两个世界,并且是耶稣基督的一个(转下页)

二 极限体验

所以,理性,并不始于它用来抓住自身的一道显明的光,而是始于一种晦暗性,这种晦暗性本身并不显现,并且,只有对晦暗性的发现、把捉和肯定开动了思想,促使思想寻找并扩散它自身的光。"人如果没有这一神秘,就要比这神秘对人之不可理解更加不可理解。"[①]"在已经解说过不可理解性之后再开始。"[②]请注意:我们处在矛盾之中;一种思想的厄运在于它不从任何东西开始并且从一种无限消散向了另一种无限;一种模糊性打碎了我们,让我们没有定所,不断地来来去去,总在各个地方却又不在任何地方,并且,为了不在任何地方停下,我们对一切产生好奇;在一个世界里,既没有什么东西在场,也没有什么东西缺席,既没有切近,也没有距离,一切都逃离了,把我们留在了一种拥有一切的幻觉当中——这一切乃是一种离散的、遍布的、飘忽的晦暗性的结果,而我们尚无力把那种晦暗性固定下来。

(接上页)组成部分和影子。因此,所有的名字都适用于他们:义人,罪人;死者,生者;生者,死者;被特选的,被遗弃的;等等)。"(断片 462,拉菲马版本。译文选自帕斯卡尔,《思想录》,何兆武译,北京:商务印书馆,1986 年,第 433 页。中译的版本为布伦士维格[Brunschvicg]版。——译注)"两种对立的理由。我们必须由此着手;否则我们就什么都不理解,于是一切就都成为异端;并且甚至于在每个真理的尽头我们也必须补充说,我们要记取相反的真理。"(断片 460。译文选自《思想录》,第 254—255 页,有改动。——译注)对立性的根源同理。(断片 448。参见《思想录》,第 382 页,断片 765。——译注)

① 拉菲马版,断片 246。参见《思想录》,第 197 页,有改动。——译注
② 拉菲马版,断片 309。参见《思想录》,第 186 页。——译注

这模棱两可的光的游戏就是消遣(divertissement)。

在一切悬而未定的地方，一个人只能活在永久的迂回当中，因为对一个事物的持守假定了存在着某种可以持守的确定的东西；它因而假定了一种对光和影，对意义和无意义，以及，最终，对好运和厄运的清晰的区分。但由于一者总是另一者，并且，我们知道这点（我们通过一种劝阻而不启发我们的无知，知道了这点），我们只是试图保留不确定性并服从它；通过一种对事物本身当中的恒久性的渴求，我们显得变化无常，我们无所依靠，因为没有什么提供支撑。如此的轻浮回应了我们的模糊之生存的真理。我们的生存只有在模糊性当中才变得丰富——要是这种模糊性试图实现自身，它就会立刻终止：除了可能性，它绝不是任何东西。

笛卡尔的阐释无疑已改变了许多，但还没有像帕斯卡尔的阐释一样。这是因为笛卡尔保留了智慧哲学的属性，而帕斯卡尔已然落入了轻率的文学家之手：他在十八世纪是不虔诚的，在十九世纪是悲情的和预言的，在二十世纪则是存在主义的。但（通过一种导致反对性回应的误解而）让他为人所知的这心(cœur)的天赋并不是唯一让文学着迷的东西。认为不会有什么更加才华横溢的作家，如此的想法肯定在这样的迷恋中发挥了作用，但迷恋还有另一个原因。一个人或许会说，当帕斯卡尔命名消遣并为之辩护的时候，他把一个享有特权的范畴赋予了未来的文学艺术。毫无疑问，他心里想的是日常的生存过程，是那非本真的、几乎无意义的生存。在那里，

二 极限体验

我们半梦半醒,自欺欺人,把自己悬在一个幻觉之中,以为我们通过一种盲目的技巧和一种懒惰的顽固,就不再持续着了。"整个的人生就这样地流逝。"①但同时,帕斯卡尔没有指责消遣,因为他知道,解释并评判这一运动的思想就属于一种消遣之生命的变迁,他只是给出了一种无意义的不一致性的证据,增强了神秘化。"最后,还有人耗尽自己毕生的精力在研究这一切事物,并不是为了要变得更有智慧,而仅仅是为了要显示自己懂得这些事物;而这种人则是所有这帮人中最愚蠢的了,因为他们是有知识而又愚蠢的……"②"而我在这里写书……而读它的人或许就……"③所以,不可能存在什么对消遣的认识:作为可以说消遣的本质,这种无限的退化,这种恶的无限性,毁灭了那种适用于它的知识,并使得知识在运用其自身的时候也改变并摧毁着它。如果一个人希望自己忠实于消遣的真理,那么,他就不能知道这个真理,他也不能把这个真理当成要么正确,要么错误的,因为这会让本质的东西,也就是模糊性消失:正确和错误的密不可分的混合④无论如何用一种变化着的细微差别,奇迹般地为我们的生命着色。

---

① 拉菲马版,断片269。参见《思想录》,第69页。——译注
② 拉菲马版,断片269。参见《思想录》,第69—70页。——译注
③ 拉菲马版,断片94。参见《思想录》,第76页。——译注
④ "我们只不过具有部分的真和善,同时却掺杂着恶和假。"(断片298。参见《思想录》,第171页。——译注)

所以，日常之人是最合逻辑的，也是最智慧的。但帕斯卡尔清楚地打开了另一种可能：由于我们无法认识我们模糊的生命，我们难道不会情不自禁地"描述"它，书写它吗？书写的描述难道不是唯一的呈现模式吗？但这样的呈现并不扰乱我们生存于其中的出现和消失的奇怪魔力；这样的呈现没有让不纯变纯，而是把我们生命的无限的非真实性，如其所是地给予了我们：非真实，却又因这一切而十分真实？我们自然不满足于一种表面的描述。我们要潜入深处，就像帕斯卡尔自己所做的那样，他发现深处的东西总是更为深刻地浅显，总是更为模糊：明晰，但这样的明晰又是虚假的，晦暗，但这种掩饰性的晦暗总在进一步掩饰它自己；我们因此将服从唯一的法则，那就是保留这种模糊性，而不停止它的运动，也不打断它，这样，丧失了一切终极意义的东西就会不断地在我们面前充满意义地出现，而我们也以这种方式，与人之生存的最不一致的特点达成了一致。所以，艺术的可怕虚荣（vanité）源于一个事实，即只有它不经辩护（justifier）地公平对待（rendre justice）那虚空（vain）的东西：自始至终跟随着消遣，在其未完成中完成它，而丝毫不能也不渴望躲避它。帕斯卡尔自己如何逃避艺术的模糊性？

一个人会说：通过另一种在世界的悲剧视野中寻求其一致性的艺术。但这里，我们必须遵循吕西安·戈德曼（Lucien Goldmann）开辟的道路，戈德曼是最早把某些辩证唯物主义的

二 极限体验

原则运用于对帕斯卡尔的阅读和研究的评论家之一。① 戈德曼从格奥尔格·卢卡奇（Georg Lukács）的《心灵与形式》（*L'âme et les formes*），一本约五十年前面世的书的分析中，借用了这一悲剧观的一些元素；但把它运用于帕斯卡尔时，戈德曼赋予了它一种严格性，这种严格性让它发生了变形。如何从这个作为世界的无意义之意义的模棱两可的状态——我们应该没有弄错——走向绝对的真理，走向那道我在我自己身

---

① 吕西安·戈德曼，《隐蔽的上帝》（*Le dieu caché*, Paris: Gallimard, 1959. 参见《隐蔽的上帝》，蔡鸿滨译，天津：百花文艺出版社，1998年。——译注）。一个人几乎不会对此惊讶，即戈德曼的阐释比绝大多数的基督教评论更为公正地对待了帕斯卡尔思想的严格性及其探究的圣洁性。的确，戈德曼根本不相信所有的难题会因伟大的马克思主义阐释者的一些关键句子提供了一个回答而得到解决。他对问题的处理方法和他对困难的审视往往同时展现出一种谨慎和一种自由，甚至是一种坚实的简单性。让我们补充：戈德曼并不是第一个在帕斯卡尔那里认出一种既不同于笛卡尔理性主义，也不同于怀疑主义质疑的思想形式；这种思想，不考虑"心"这个词，保持着急切的理性。最简单的阅读指明了这点。同笛卡尔的对立是难以克服的。进而，一个庄严的现象就是：思想不满足于像在笛卡尔那里一样至尊地肯定自身，它应在几乎同一个时刻，找到一颗如此傲慢的头脑，在那里，它表明自身能够实现一种十分不同的至尊性，这种至尊性正对着另一个，发现了诸原则的不确定性并在这样的不确定性当中发现了一种全新的必然性。而这两种可能性将保持不可穷尽的性质，并且几乎不可动摇。开端的权力，最初的明晰，一个首要而显明的决定的自由，在今天，就像在三个世纪前一样，属于"我思"的力量。但当一种不同的理性发现满足于这样的开端是不可能的时候；当它只察觉一切出发点的缺席和无限地重新开始的不间断的必要性时；当它已在支持中看到反对，并在支持和反对的颠倒中看到一种更为强大的力量时；当它在这种对矛盾的寻求中发现，它不仅被划分了，而且被肯定了，仿佛是被重新聚集起来时——这样的一种理性将会知道它自己戴上了帕斯卡尔的权威之面具。

上急切要求的纯粹而全然的光？如何维持模糊性而不接受它？如何活在一个个昏暗又明亮的瞬间的消遣之困惑中，面对这"明暗的混乱"(anarchie de clair-obscur)①，让我自己持守一种如此绝无仅有的对立性，以至于它把那本质地缺乏坚定性的东西转变成了一种本质的肯定？似乎帕斯卡尔的努力，他的发现，他的转变（同样是哲学的），倾向于把全部的晦暗重新聚集到一个使之变得神秘的更高领域中，以这样一种方式定位它，这种方式让不可理解者变成了理解的来源，给出了一种理解的权力，并且丝毫不屈服于非理性的"神秘主义"。晦暗必须被牢牢地抓住；通过返回那更高的领域，通过用一个飞跃赶上它，我们必定首先以这样的方式揭露——而不缓减——世界的隐秘之消遣，让它们被神秘的最初晦暗照亮并塑造：不可调和的对立，彼此排斥的肯定，相互反对的要求。一个人必须揭露对立的要求，揭露其整体的真理之必然性更为急切的要求(exigence plus exigeante)。

世俗之人活在细微的差别，活在不同的层次，活在明暗的交融，活在困惑的魔力或犹豫不决的平庸当中：他活在中间(le milieu)。悲剧之人则活在对立的极端张力当中，他从"是"和"不"的一种困惑的混合，返回到其对立所清晰地保存着的一个清晰的"是"和一个清晰的"不"。他不把人看作平庸之品质和诚实之缺陷的一种尚且说得过去的混合，而是看作极端之

---

① 这一表述借用自格奥尔格·卢卡奇。

二 极限体验

宏伟和极端之贫乏的一种无法容忍的相遇，一种让两个无限性发生碰撞的不协调的虚无。

但人如何变成悲剧之人？他从中获得了什么？他失去的东西显而易见：安逸，遗忘，温和的不适，平淡的快感，敏感的变化无常，以及一种几乎令人愉快的恶心，既不是真理，也不是谎言，而是两者的幻觉；一种神秘化的生命——有人会指责它不是生命吗？但它是一个人竭尽全力挽留的表象的生命。而悲剧之人是一个其生存突然间发生转变的人：它从光和影的游戏中转变，它既是一个对绝对之明晰性的要求，也是一次同沉重之黑暗的遭遇，它既是对一种真正言语的召唤，也是对一个无限沉默的空间的考验。最终，它变成了这样一个世界的在场，这个世界无力行使公正，只提供妥协的嘲弄；而那时，它就是绝对者——而绝对者是唯一被要求的：由此产生一个不宜居住的世界，而他就被迫在那里栖居。对悲剧之人而言，一切已在瞬间硬化，一切都是对不可协调性的直面。这来自何处？这突然的变形来自何处？

它来自一个事实，即经过了追寻，他在自身之外和自身之上，无限地遭遇那把最大的明晰和最大的晦暗聚集到一个初始事件当中的东西；面对着一种难以理解的统一，他从那时起将持守自身，他身上的一切，他身边的一切，都被这极端对立性的尺度所改变，这极端的对立性让无论如何注定要让生命得以可能的模棱两可消失了。这事件在基督身上乃是神性和人性的结合，是一切宏伟和一切低贱的结合，正如在人身上，它是原罪之神秘和最高的,或至少我们无法超越的审决(instance)的结合,那审决就是:隐蔽之上帝的在场之神秘。

在拉菲马(Lafuma)版本(该版本声称它修复了如果不是属于完整的《思想录》[*Pensées*]的顺序的话,至少也是帕斯卡尔暂时给他的作品安排的手稿和文卷的归类)中,一开篇作为余下的一切所遵循的原则而到来的东西,是"隐蔽的上帝"(Deus absconditus)这个名称及其思想:"隐蔽的上帝的在场。"① 这对每个人而言,其实是一个可靠的出发点:因为不同于我思(Cogito),这个原则在其自身内部同时聚集了绝对的确定和绝对的不确定,它说它自己只是确定它只能是不确定的。如果怀疑者拒绝这一开端,坚持认为对他而言上帝不在那里,并且他看不到上帝;那么,他只是证明了他同意上帝之不可见性的观念,并见证了上帝的距离,也见证了人所处的黑暗。这无疑只是一个出发点,还没有什么从那里开始;但某种本质的东西无论如何已被获得,因为对这一晦暗性的意识是一个艰难的点,它把妥协与明暗的游戏分离开来,让我们同时触摸到这样的事实,即世上没有真正的光,但人无论如何想要光,他以整全的方式想要光并想要光是整全的。这就是为什么帕斯卡尔会严格地肯定道:"无神论者说的应该是十分明白的东西。"② 但由于他们发觉这不可能做到——"上帝存在是不可理

---

① 拉菲马版,断片17。参见《思想录》,第251页,有改动。——译注
② 拉菲马版,断片337。参见《思想录》,第104页。——译注

解的,上帝不存在也是不可理解的;灵魂和肉体同在,以及我们没有灵魂;世界是被创造的,以及它不是被创造的,等等;有原罪,以及没有原罪"①——我们就被引领着,通过一种十分特别的运动,而不是通过理性的方式,把这些可怕的难以理解性,可以说,紧紧地捆在一起。其不可调和的本质无论如何把它们两两结合起来,并把它们提升至一个点;在那个点上,它们是最难以调和的,并且,它们凭一种力强制自己变成无限:在至高之确定的至高的不确定中,缺席之上帝的在场。你实在是隐蔽的上帝(Vere tu es Deus absconditus)。②

*

由此可以明白:如果悲剧之人处在了这道作为隐蔽之上帝的光中,那么,这道光会让一切变形,让细微的差异消失,并把中庸(le juste milieu)变成存在与虚无的猛烈相撞。不再有什么平庸地(moyennement)活着的手段(moyen)了。一个人必须不停地活在绝无仅有之要求的不安的张力当中;必须随一个人自身的低卑而显赫地活着,必须因那显赫的记忆而化作乌有,就像一个实为罪人的义人一样——恰恰是这样的正义之罪人,他的祈祷虽然必要,但也必然不得回应。是的,世界从此不被信任。但我们难道没有可能——这肯定不容易,但也是可能的——拒绝世界并在另一个世界的确定性和一个

---

① 拉菲马版,断片325。参见《思想录》,第107页,有改动。——译注
② 拉菲马版,断片449。参见《思想录》,第262页。——译注

上帝的确定性当中寻求庇护吗？在上帝的凝视下，我们不是会把自身持守在一种对最终和解的希望与等待当中吗？悲剧之人不是由此成了"灵性"之人吗：他对上帝的信仰，为他对这些苦恼问题的回答，提供了一个开端？

但这是他所不能的，因为他无法忘记——除非他忘了一切——如果全部的明晰和全部的晦暗都集中在上帝身上，那么，这不是为了让它们在一种完满的和谐内将彼此中性化，并且，我们还不能从那样的和谐中直接地得到任何的安息和幸福。或许，它事实上应通过这样的方式，但现在，在尘世的这个时刻，它并非如此。我们所获得的不是一道让一切晦暗消失的光，不是一种包围一切不确定性的确定性，而是一者和另一者的坚实的神秘，如此的神秘在这个总是在场又总是缺席的上帝身上得到了表达：一种永久的在场和一种永久的缺席使得隐蔽的上帝——他因显现而隐蔽，他在他的缺席中在场——成为同等的并且同等地绝对的确定性和不确定性。

我们必须明白：这根本之对立的神秘不该重新唤醒模糊性。上帝的在场-缺席不是模糊的。关于上帝，我们的确信和我们的不确信既没有使之变得可疑，也没有使之显得大有可能，而是让他变得同样地确定和不确定。我们相对于上帝的位置的晦暗性，以及上帝相对于我们的位置的晦暗性，使得我们的职责是尽可能严格地像我们清楚地知道了我们的目的一样行动。但这里有另一个结果：对悲剧之人而言，上帝的在场使得他再也不能以任何方式满足于这个世界，在这个世界里，

二 极限体验

他知道没有什么价值会被完成；但同时，上帝的缺席又使得他无法在上帝那里寻得庇护，他也不能像他同唯一实质的现实相结合那样，同无限者神秘地统一起来。所以，现在，他被抛回到世界之中，这是他无论如何拒绝的；这样的拒绝自此改变了意义，因为他必须在世界之内，在世界的界限之内，反对它，并通过如此的反对，开始意识到：人是什么，而他又渴望成为什么。

所以，面对隐蔽之上帝的在场-缺席，悲剧之人，从难以理解的对立之统一中获得了一种往往既不确定也不怀疑的理解之权力，他必须学会"活"在世界上"*而又不享受它或喜爱它*"①；他必须学会通过他的拒绝来认识世界：他的拒绝既不一般，也不抽象，而是确定的，坚决的，并且就理性使他摆脱了一种虚假知识的神秘化而言，他的拒绝更好地服务于认知，而不是任何理性主义的乐观主义。② 因此，人，以那不可理解者为

---

① 拉菲马版，断片 705。参见《思想录》，第 448 页。——译注

② 戈德曼由此解释了帕斯卡尔生命中的一些矛盾，并补充，正是在写作《思想录》的时候，也就是，当他倾向于最大的宗教严格性的时候，帕斯卡尔回归了某种科学活动；然后，那样的科学活动在 1660 年左右很可能是出于健康的原因停止了，而他回到了某些世俗活动里，例如：五索尔的公共马车事业。由于他不指望"从世界和好斗的教会中得到任何本质的东西"，帕斯卡尔"通过外在地服从政治和教会的权力，通过一种在世界和科学活动当中的生活，保留了他对总体性的要求，但那样的生活同时也通过悖论、悲剧和对上帝的召唤，根本地拒绝同权力达成任何的妥协"。戈德曼把这个态度与其他两种极端的态度（雅克利娜·帕斯卡尔［Jacqueline Pascal］的态度和巴尔克斯［Barcos］的态度）很好地区分了开来。

基础来理解世界,理解他自己,他在通往一种更加理性、更加急迫也更加遥不可及的理解的途中,那种理解可被称为悲剧的:他进入模糊性而不接受它,更确切地说,他从消遣和模糊性,从"是"和"不"混合的亲密性,返回到"是"和"不"同时得以肯定的悖论:"是"和"不"都是绝对的,彼此既不结合,也不融混,但它们总被一起平等地提出,因为它们的真理既在于它们同时的明晰,也在于晦暗——那晦暗,就是因这同时性而作为彼此之光亮的一道反射出现在各自身上的。

*

所以,上帝隐藏在悲剧的中心。这个思想为帕斯卡尔制造了困难,但这些困难无论如何是不可避免的,并且,它们在某种意义上构成了帕斯卡尔思想的特殊力量。一种不确定的确信——这既陌异于怀疑,也不同于一种直接的显明,不同于一种神秘的领会——在理性的中心引入了一种理性绝不能掌控的肯定,并且,理性只有通过一种其风险的特质被它时刻度量着的赞同,才将自身借予了这样的肯定。这种新的悲剧理性(raison tragique)有可能以一种既不是非理性,也不是理性的方式,抵达那看上去诚然不可通达的矛盾的肯定吗?正是在这里,帕斯卡尔发现了对这一理性而言本质性的新的接近模式,它是由赌博(le pari)构成的。在赌博中,一个人努力地利用一种数学形式的严格性和一种计算的限制,为的是超越这种形式和这种限制。在这里,我们看到,帕斯卡尔如何几乎不是一个轻易地抛弃思想的人。在这些纯粹的、好玩的投机

二 极限体验

行为中,他足够大胆地预感到一种未来科学的严肃性;甚至更加大胆无畏地运用了一种推理,这种适合零碎琐事的推理服务于至高的东西,服务于他眼中的最可敬者。并且他是一个詹森教徒。

一个人不得不冒风险;也就是说,他必须为不确定性而努力。这是赌博的首要目标,即让我们意识到这个不知不觉地指派给我们的命令。然后,从我们必须有意识地下注的那一刻起,我们必须理性地下注。由此产生了一种双重的努力:既要增强意识,也要让我们以这样一种方式做出跃进的蠢事,以至于这件蠢事应是一个受理性尽可能地阐明、承担并支持的清醒的行为。

赌博中存在着某种卷走理性并使理性颜面尽丧的东西。"力大无比的机器",埃蒂安·苏里奥(Étienne Souriau)在其强有力的研究中这样说。① 赌博的核心,以及赌博不仅对热爱游戏的浪荡子而言,也对帕斯卡尔而言具有价值这样的事实,可以在多个段落中看到;② 这些段落进而表明了我们不由自主地参与的无与伦比的对话的迫切时刻——我们无论如何是这对话的应答者,在那里,一切得到了安置,以澄清、确保并无论如

---

① 埃蒂安·苏里奥,《上帝的阴影》(*L'ombre de Dieu*, Paris: Presses Universitaires de France, 1955)。
② 正如戈德曼的下列评论:"向那些如你一样被束缚着,如今赌上了其全部之所有的人学习。"赌博,戈德曼说,具有信仰的意义。这样的等同似乎过于简单。

何突然地发现我们的决定。或许,从他写下"是的;然而不得不赌……你已经上了船。然则,你将选择哪一方呢?"①的那一刻起,赌注就已经摆好了。这是悲剧理性介入的本质时刻:一个人必须下注,一个人必须选择。也就是说,一个人必须弃绝那拒绝选择的模糊性;不仅不拒绝选择,而且把选择当作可能的并且绝不完成它。(在这里,我们或许没有公平地对待模糊性,因为在非此即彼的抉择被提出并要求选择的时刻,模糊性总让意义处于另一侧;在这种情况下,模糊性占据了一个赌博将无法抵达的位置;不是说模糊性不希望被抵押,而是说,似乎存在着一个领域,它强制了选择的不可能性和不做选择的必要性,这不是出于对可能性的关注,而是因为可能性本质地缺失了。在这里,勇气和道德就体现为守护存在的犹豫不决,并且一旦它开始滑动,就把它重新唤醒。)对帕斯卡尔来说,我们总已经提前下注了;悲剧理性迫使我们意识到赌博的不可避免,并迫使我们承担它引入思想当中的,与思想的每一步运动都密不可分的风险。

所以,我们必须下注:必须为某种确然地不确定的东西,抵押上我们的确定的行动。但为了哪一种不确定性?上帝,虚无,人之命运的完满,无阶级的社会?在这里,悲剧的理性论证好像已被一种数学的推理所接替,而那种数学的推理,由于它相信自己可以掌控偶然(对偶然的体验,正如安德烈·布

---

① 拉菲马版,断片343。参见《思想录》,第110页。——译注

二 极限体验

勒东看到的,乃是内在性当中一种对未知本质之超验性的体验),获得了一种超越的权力,这权力推动我们理性地做出一跃,而这一跃的本质无论如何是把理性置于风险当中。一种虽被算计,却逃避了一切度量的风险。

这里存在着一种模棱两可,它或许不再和悲剧思想的严格性相一致。它可被表达如下:让我们假定,赌博,就像希望的计算邀请我们的那样,引领我们选择上帝。但这样一种选择方式,不会同我们所选择的上帝不相容吗?或者,就像苏里奥说的:"如果选择无限者的某些方式使得我们配不上无限者,那么,会发生什么?"苏里奥继续道:如果我们的计算是正确的,如果上帝——隐蔽的上帝——真的在游戏结束时显现,那么,他不是对他强迫我们去玩的这极不公平的游戏负有责任吗?极不公平是因为上帝为那个以某种方式玩游戏的人提供了巨大的优势——人的手,可以说,是被强制的;极不公平也是因为我们被迫抛硬币来决定他的不确定的实存,他就这样把他的实存置于"运气之中"。现在,有关"隐蔽的上帝"的整个思想变成了丑闻——而这样的丑闻并不陌异于悲剧思想的本质。这个丑闻是如此惊人,以至于证明上帝之合理性的唯一手段,证明以赌博之必要性为代表的道德破产是合理的唯一手段,似乎就是赌博的可能之失败。仿佛上帝拿他自己冒险的做法只有以他不存在的事实为前提才能得到合理的证明。一个人会说,凭借赌博的唯一人性的力量,并且通过这条让我们必然偏离存在的道路,我们总把我们的赌注压在了虚无之上,而不管那个赌最终叫什么;这个虚无,我们有时称为上帝,有时称为世界,并且,在这两个情形中,会被赢得的东西的确是无限,但那是虚无的无限。①

上帝的不确定的确定性让我们无法证明上帝存在或不存在;我们也无法怀疑他存在或不存在(进而,我们的生命总代表了一种支持或反对上帝的活生生的肯定)。所以,我们必须肯定两者并总把真理置于严格的硬度当中:只要我们的思想思考这至尊的对立性,那样的硬度就划分了我们的思想。正是出于这个原因,赌博本身是双重的。悲剧理性的赌博:一个人必须下注并意识到一个事实,即他只能靠下注活着。如此清醒、坚定而严格的意识把赌博——它在一种对风险的完全意识和一种对其失败的预感中得以完成——变成了一个无限的行动,这个行动使得我们现在配得上无限者,它允许我们由此选择一个无限者,那无限者虽已被确定,却仍无限地偶然。数学理性的赌博:这第二个赌博通过对偶然的客观计算而介入,目的是防止风险的无限性和决定的不确定性把我们的选择还原为一个任意的行动;问题不只是抛硬币,而是严肃地抵押上全部的存在,还有冷酷计算的理性,那理性通过计算,成功地在有限和无限之间建立了联系。

---

① 苏里奥得出了十分不同的结论:"上帝因他的存在而得到了合理的证明;当他显示自身的时候,他赦免了自身。"对苏里奥而言,赌博是一种用上帝来下注的尝试(见《帕斯卡尔赌博的实际价值》[Valeur actuelle du pari de Pascal])。

二 极限体验

但通过赌博而抵达的上帝,无论如何应让这赌博显得可耻且不可能。

从这个角度看——就帕斯卡尔无法支持赌博的上帝(其一面是存在,另一面是虚无)而走向了一个同他具有灵性或神秘之关系的上帝而言——我们触摸到一个点,在那个点上,思想抵达了其最大的要求,并且,这样的抵达或许再也不在帕斯卡尔,也不在任何人身上。既与上帝无限地分离,也与世界无限地分离,但只为这个只能在分离中抵达的上帝而活着,并且只活在这个只能通过它所拒绝的不充分性来认识的世界之中——这样一种悲剧的意识面对着两种它必须从中逃离的诱惑。一种诱惑是灵性提供的出路,也就是"与世界的逐渐的分离","灵魂的走向上帝的运动":在那里,悲剧意识找到了内在的生命,找到了完美和欢乐的承诺。另一种更加可怕的诱惑是一种神秘的体验:在那里,无限的分离成了同无限者的结合,而上帝的在场-缺席成了这样一种缺席,这种缺席将自身狂喜地呈现为一种在场的神迷。或许难以避免的诱惑。

必须注意,隐蔽的上帝这个思想是圣典从否定神学(théologie négative)中继承来的一个思想,并且总准备着让位于一个神秘的运动。戈德曼的分析的伟大贡献是在某种意义上净化了这个思想,并把这个思想视为在场和缺席的对立两极之间的一种无尽的运动;"一种从不前进的运动,因为它是永恒的、瞬间的,它陌异于那个有着进步和后退的时间。"这是至关重要的。但一个隐蔽的上帝的思想以这样的方式向帕斯卡尔呈现了自身吗?他说,上帝向那些寻求他的人揭示了自身,并对那些检验他的人隐藏起来。他补充道,上帝是部分隐蔽,部分显现的(而不是完全地隐蔽和完全地显现)。每个人,诚然,从不只是一个寻求的人;这就是为什么,上帝,如果他被发现了的话,总是一个隐蔽的上帝,因为甚至对选民而言也存在着明晰和晦暗。"既有足够的明晰足以照亮选民,也有足够的晦暗足以屈卑他们。既有足够的晦暗足以蒙蔽被遗弃者,也有足够的明晰足以谴责他们。"①知道上帝而不知道人的悲惨,和知道人的悲惨而不认识上帝,一样危险。但如果一个人知道上帝并知道人的悲惨,那么他就知道,一个人只能知道上帝的遥远,上帝因其遥远而显现。或者,一个人知道他无法找到上帝,而只能寻求上帝;或者,再一次,一个人无法拥有上帝而只能欲求上帝。然而,当帕斯卡尔说"上帝在教会中确立了显明可见的标志,使他自己能为那些真诚在寻求他的人所认识,而他又同时是那样地在蒙蔽着他们,从而他只能被那些全心全意在寻求他的人所察觉"②时,他在这里表达(并且是以他

---

① 拉菲马版,断片443。参见《思想录》,第259—260页,有改动。——译注
② 拉菲马版,断片11。参见《思想录》,第89页。——译注

最常使用的形式来表达)①的隐蔽之上帝的思想不再是一种悲剧的思想(上帝只用他的沉默来言说),正如吕西安·戈德曼评论的那样,在某一个点上,帕斯卡尔说出了"是"而没有补充相反的"不":在这个点上,他肯定了人的矛盾本质和基督教的矛盾内涵之间的对应关系。在这里,基督教不是相对地正确的,而是完全地正确的,因为它解释了不可理解者而不使之消散,它把晦暗变成了一种神秘,又把神秘变成了一道光,一道崭新的光:它因此持有一切可能之真理的钥匙。②

---

① "……然而,他若以如此之隐蔽的一种方式而到来,以致他竟不能被那些真诚在追求他的人们所认识,那也是不恰当的。对那些人,他确曾愿意使他自己完全能被认识;这样,他既愿意公开地向那些全心全意在追求他的人显现,而又要向那些全心全意在躲避他的人隐藏起来,他便节制了人们对他的认识,从而他就使得自己的标志为那些追求他的人看得见,而又为那些不追求他的人看不见。对那些一心渴望看得见的人,便有足够多的光明;而对那些怀着相反的心意的人,便有足够多的幽晦。"(断片309。参见《思想录》,第191—192页。——译注)

② 一个人必须怀疑,帕斯卡尔自己是否在《追思》(*Mémorial*)中为我们留下了一份显然神秘的文档。一个人还必须怀疑,悲剧的思想本身是否有可能成为一个神秘的运动。我在乔治·巴塔耶的一篇文章中读到:"正如黑格尔说他自己时明确地指出,自我意识的无神论神秘主义,即意识到终有一死和必然消失,是活在'绝对的支离破碎之中';但是,在他看来,这仅仅是特定时期的事情:与黑格尔不一样,科耶夫不会逾越这个阶段,'正面地注视着否定',却从来不能把支离破碎转化为存在,同时还拒绝做这样的转化,把他自己滞留在模糊性之中。"(《黑格尔,死亡与献祭》[Hegel, la mort et le sarifice],《丢卡利翁》[*Deucalion*],第5期,1955年。译文参见《色情、耗费与普遍经济:乔治·巴塔耶文选》,汪民安编,长春:吉林人民出版社,2003年,第276页,有改动。——译注)如果我用悖论一词取代模糊性一词,那么,乔治·巴塔耶所认为的神秘的运动就符合一个悲剧思想的运动。

*

隐蔽的神：在一首晚期的诗歌里，荷尔德林也表达了这个思想："上帝杳不可知？他昭然若苍穹？我宁信后者。"①而在另一个断片中："何为上帝？未知，不过/苍天之脸记满了/他给予我们的特性。譬如闪电/无异于神的愤怒。愈不可见者，/愈是适合陌异之域。"②在这里，我们得到了隐蔽之上帝的思想所固有的一个运动。上帝不是未知的，他无论如何是显现的。在他显现之处，他拥有一种使未知的他为我们所熟知的性质。为人熟知，他将自身命定于（适配于）那陌异于他的东西，并且，一个东西越是不可见，它就越注定是这陌异性的显现。但它由此也变得陌异于它自身，并且是在这使之为我们熟知的陌异性当中变得陌异；它一旦显现就隐藏起来，隐藏在它自身显示的地方。上帝是未知的，上帝是显现的。未知且如天空一般敞开，他在那样的东西里揭示了他自己：那东西

---

① 出自荷尔德林的《在迷人的蓝光里……》(In lieblicher Bläue...)。译文参见荷尔德林，《流浪者》，林克译，上海：上海译文出版社，2014 年，第 233 页。——译注

② 对这个断片的另一种翻译，即另一种阐释，是可能的："何为上帝？他也不知，不过/苍天之脸记满了/他的特性。闪电其实/无异于神的愤怒。愈不可见者，/愈被命定（指派）于陌异之域。"(出自荷尔德林的《何为上帝？》[Was ist Gott?]。译文参见荷尔德林，《流浪者》，第 194 页，有改动。——译注)

二 极限体验

展现了他的隐蔽,让他显现为其之所是:未知(Inconnu)。①

但这样一个思想是什么?它是神秘的吗?它是辩证的吗?它是悲剧的吗?②

---

① 参见海德格尔在《"……人诗意地栖居……"》("... Dichterisch wohnet der Mensch...")中的评论:"神之为神对荷尔德林来说是不可知的,而且作为这种不可知的东西,神恰恰是诗人的尺度……人之度量的尺度是什么?是神?不是!是天空?不是!是天空的显明?也不是!此尺度在于保持不可见的神作为神如何通过天空而显明的方式……所以,不可知的神作为不可知的东西通过天空之显明而显现出来。这种显现乃是人借以度量自身的尺度。"(《演讲与论文集》[*Vorträge und Aufsätze*]。中译见海德格尔,《演讲与论文集》,孙周兴译,北京:生活·读书·新知三联书店,2005年,第206—207页。——译注)

② 什么样的形式适合悲剧的思想?戈德曼说,一种悖论的形式,以及一种只适合断片的表达。悖论的:这意味着悲剧的思想总把它必须维持在一起的对立的肯定带向了极致,仿佛它无法避免悖论,也不能接受它,因为它寻求的是综合的完成——它绝对地肯定综合,但它把综合肯定为绝对地缺席的。悖论因此是模糊的反面。悖论总在最大的对立性当中要求最大的明晰性;它的词语总是极其强大,并且,惟当这些词语在其全部的力量中被人听到的时候,它们才得到了理解,虽然那种理解只能将自身强制为破碎的。断片:如果在戈德曼看来,《思想录》保持着思想,那是因为断片是唯一适合一部悖论作品的表达形式,那悖论的作品肯定了人是一个悖论的存在——他只在悖论的神秘之晦暗中遇到真理。"因此,寻求《思想录》的'真正'计划在我们看来,似乎会是一项完全地反帕斯卡尔的事业。"的确,为了读这样一本书,一个人不得不受一切逻辑计划的困扰,不得不把其各个部分的唐突的打断承认为本质性的,那些部分虽然没有关系,却被这从不混乱的关系之缺席强有力地联系了起来。因为《思想录》本质上也是对一个秩序的探寻和秩序的要求,并且,出于这个原因,思想将找不到任何满意的计划。但如果这就是悲剧的作品,那么,悲剧的艺术是什么?它是一部唯一的悲剧的作品吗?

Ⅳ 肯定(欲望,苦厄)

1

有些人对西蒙娜·薇依的思想感到如此恼怒,以至于在他们看来,那几乎算不上一种思想:他们指责她缺乏严格性,并且,思想所回应的严格之要求越是确定,那样的缺乏就越是令人烦恼。是的,它是一种往往被人无意间奇怪地撞见的思想。但在那里,它也值得专注并且富于真理,即便这真理不完全是她自己的真理——或许同样地亲近她。说她的思想缺乏一致性,就是让一个人自己相当迅速地摆脱他正在说的东西。那么,这样的缺乏被定位于何处?它体现为什么?它当然不在其最可见的地方,在这些盲目对立的肯定中:一个人必须失根,一个人必须扎根;上帝完美地缺席了,他是唯一的在场;世界是恶的,世界的秩序是善本身。

我们习惯于勇敢地承受这些矛盾的冲击和限制,但我不明白,为什么只有西蒙娜·薇依,因她在自己身上接受了这些必要之对立的合理性,而被取消了思想家的资格。或许我们应该追问:为什么她已然意识到(因为她试着把它理论化),但往往不太留心的这种划分,会在她的情形中显得更为沉重,并揭示了一种对选择和意识的拒绝。而鉴于她的生命,她的体验,她的真诚的力量和坚定的朝向,那样的拒绝会获得更大的重要性并包含一种独一的意义。

那些谈论矛盾的人与那些谈论统一的人发生了碰撞。统一,如果被理解为方向的统一,类似于一根罗盘磁针的振动的指示,虽然有时失去方向,但总是确定了磁极(即便磁极被证明是不可定位的),那么,它事实上是更加可见的。如下的事实中甚至有某种十分惊人的东西:这位年轻的知识分子,没有任何的宗教关系,仿佛是天生的无神论者,却几乎突然之间,在大约二十九岁的时候臣服于一种基督教性质的神秘体验,并且,这个事件似乎绝没有改变其生命的运动或其思想的方向。

这个独一的例子无法与克洛岱尔的例子相比。① 西蒙娜·薇依没有改变信仰,她也不会这么做,不管那样的恳求是来自内部还是外部。对无法由体验来把握的东西的体验甚至没有给她信仰。她只是察觉:她当时和现在一样,作为一个无神论者——"声称是一个无神论者"——转向了同一道光,虽然她现在(危险地)掌握了一种更加精确的宗教词汇。皈依(conversion)一词不是一个她愿意使用的词,除非是在这个词

---

① 1886年圣诞夜,法国诗人、剧作家保尔·克洛岱尔(Paul Claudel)在巴黎圣母院听大弥撒,被大风琴奏乐和圣歌合唱所震撼,决心献身天主教信仰,并于四年后正式皈依天主教。——译注

语的另一个意义上,那个意义是她在柏拉图的文本中找到的。一种决定性的翻转的暴力,一个至关重要的打断,毋宁是要被怀疑的事件:因为它们的光芒必然带来幻觉的希望,就像寻求上帝并发现上帝是不合适的表达,至多表明了我们已找到一个虚假的上帝,并且,我们已在寻求的过程中忘掉了那无法被寻求的东西。皈依只能是沉默的,不可见的,完美地秘密的;皈依只要求那个完成皈依的人保持皈依所简短地、明晰地回应过的同样的专注和同样的静止。

*

直接运用于西蒙娜·薇依之思想的基督教阐释是合理的;她自己召唤了它们。如果人们不由自主地发觉,她不可还原地处在了边缘,那么,这个边缘,当它在一种同基督教和基督教神秘主义的关系中得到定义的时候,它很快就被它们所吸收。即便这个边缘的位置往往受其评论者的尊重(出于诚实或反感),但在评论者看来,无论如何正是基督教思想把意义赋予了她的前行以及构成前行的间距。这无疑是不可避免的。它或许还掩盖了,我不会说是这种思想的本源性——她绝不希望是本源的——而是思想中不合规律的东西,一种难以把握的无规律性。[①] 但当一个人阅读她的某些作品(至少

---

① 让我们回想一下她在美国笔记中所写的话:"无论如何需要一种新的宗教。要么是一种经过改造、焕然一新的基督教,要么是别的什么东西。"(出自《超自然认知》。参见 Simone Weil, *La connaissance surnaturelle*, Paris: Gallimard, 1950, 266. ——译注)在神秘主义思想的情形(转下页)

二 极限体验

是那些有一定篇幅的作品)时,一个人怎能不注意到她的语气,不注意到她做出论断的方式:她怀有一种确信(certitude),这种确信如此远离她,远离一切的证明和一切的担保,但又如此克制,几乎被抹掉了,以至于一个人的确觉得自己无法拒绝聆听她,并且不希望自己反过来被她所聆听。不是说她不能够聆听或注意他人的言语;而是说她确实总会用这空白的、单调的声音来回应,她用一种权威来回应:这权威强迫自身,却没有丝毫的暴力,它无论如何绝不屈服,因为无人称的真理无法做出让步。

在这一话语的其他特征中,令人惊奇的是确信的肯定和透明的性质。我们,信徒和非信徒,更习惯于追问而不是怀疑。我们只通过追问进入思想,尤其是我们自己的思想。我们从问题走向问题,直至问题被推向一个极限,成为回答——这个回答,根据一个众所周知的表述,不过是问题的最后一步。这样一种前行陌异于西蒙娜·薇依。甚至在她的笔记

(接上页)中,无规律性甚至更加难以维持,因为那种思想本质上就是无规律的。进而有大量的参照:在宗教精神的极其多样的领域中,总有相似的人,并且这样的相似似乎足以说明一切。最后,西蒙娜·薇依的写作是分散的,其中最重要的是以仍然不确定的形式呈现的笔记,或者是凑巧获得其暂时之方向的甚至更加令人不安的、偶然的写作,这些事实允许我们把其所说的一部分如实地归于她或从她那里夺走。她在离开法国前所写的一些文本除外。似乎她在断片和短小的思想录当中才最为彻底地是她自己。(她预想了一本书,而题为"序言"[Prologue]的简短的神秘说明就是用来构成这本书的开篇的;它似乎会是一部沉思录。)在这方面,她接近了她并不喜欢的尼采,也接近了她同样不喜欢的帕斯卡尔。

中,问题都十分罕见,怀疑则几乎未知。但她似乎首先回答了她自己,仿佛在她看来,答案总是先于一切的问题和一切追问的可能性而最先到来:有一个回答,然后是另一个回答,接着还有一个回答。这些回答往往并不一致,甚至深刻地相互对立着(由此引发了许多读者的不安);但她把它们如其所是地留下,而没有看上去弃绝了它们,更不用说让它们达成一致了。对西蒙娜·薇依而言,肯定是一种追问的方式或一种检验的方式。

必须补充的是,西蒙娜·薇依通过她的导师,阿兰,熟悉了这种思考和前行的方式:它不借助证明或怀疑,而是通过肯定,通过毫不动摇地坚守肯定的运动,那运动用一个契约把思想、意志和真理统一了起来。但在西蒙娜·薇依那里,这条路线又是不同的。当她从肯定走向肯定的时候,她身上存留的全部意志就是试图用一种不可见的努力抹掉她自己,以支持那样的确信。的确,有的时候,为了保持其用语的镇定而平稳的进程,她不知不觉地由她强加于自己的那种紧张状态呈现了出来。有时——例如,在《扎根》(*L'Enracinement*)中,或当她触及执迷的主题时——肯定变得僵硬,以至于成为一种空洞的力量:然后,确信也不再居留于其不可通达的天空,它落下来强制我们而不说服我们——精神的不宽容由此开始。但这样的变动几乎很少见。相反,值得注意的是,虽然她怀着确信活在种种超出确信的关系之中,但她仍然可以保持这种确信所要求的距离;这种确信对我们没有什么权力,同我

二 极限体验

们也没有什么关系，直到我们弃绝了一切我们认为确定的东西。

*

我们应不得不考虑这一确信的本质以及她对抵消这种确信的令人惊讶的无能。没有人像她那样缺乏怀疑；如果对圣徒来说，上帝的观念会在艰难的时刻变得晦暗，那么，西蒙娜·薇依就代表了这样一个人：她不仅不能够怀疑善，而且不能够思考这种怀疑。在这里，在现代的信仰世界里，她也是一个例外的形象。无论如何，她有时试着让她的思想，让这样一种无敌的确信所施加的压力获得一种形式。在题为《超自然认知》(*La connaissance surnaturelle*)的笔记中，她三次回到了这个主题，并表达了她自己的帕斯卡尔式的赌博，甚至（她说）比帕斯卡尔的还要高级。我选择了这三个表述的最后一个，在我看来似乎是最好的一个，或至少是最重要的一个："如果我把我的欲望从人世间一切伪善的东西上移开，那么，我就有了一种处在真理之中的绝对的、无条件的确信……转身离开它们，仅此而已……但人们会问，这样的善存在吗？这有什么关系呢？人世间的事物存在着，但它们不是善……这样的善是什么？我不知道——但这有什么关系呢？它是这样的东西，如果我让我的思想专注于它，那么，只有它的名字使我确信人世间的事物不是善……但为了某种或许并不存在的东西而抛弃存在的东西，这难道不荒唐吗？无论如何，如果存在的东西不是善，如果或许不存在的东西是善。但为什么要说或许不存在的东西？说善存在或善不存在都没有意义；一个人只能说善。"①

如果我们反思这惊人的赌博（其目标是消灭赌注和风险），那么，我们会看到，其全部的力量不是源自古老的存在论证，而是源于欲望的力量和纯粹性——那是一种既无法满足，也无法安息的欲望——甚至更多地源于上帝之名对西蒙娜·薇依施展的非凡的、至尊的吸引力。这是独一无二的。在这个意义上，如果她真的是一个基督徒，那么，她将把此身份归于柏拉图，因为她首先正是在柏拉图的文本中发现了善，并且，上帝之名正是通过希腊文本的美，向她揭示了它自身才是唯一的现实，独一的回答：只有它能够照亮其欲望的本然的真实和其余一切的非真实。

西蒙娜·薇依当然被文本的美所深深地触动。她在某种意义上因一首英语的诗歌而"皈依"：根据她的用词，那是在诗

---

① 因此，善的理念，即便是幻觉的，也比实存的一切拥有更多的"现实"（这个词自然引发了困难）。所以，我们应该让自己绝对地转离人世间伪善的东西并绝对地转向善的理念，而不忧心于知道这理念从实存的角度看是否是一种幻觉，因为即便是一种幻觉，它也庄严地高于一切，好于一切。无论如何，实存的范畴并不适合善。但西蒙娜·薇依没有试着思考，或顺利地思考，善的存在状态。善，就像柏拉图肯定的那样，外在于实存，高于存在吗？那么，当我们的言语声称它表达了善借以弃绝存在，弃绝存在者的这一关系时，它的意思是什么？善的思想难道不会同超验性和内在性决裂，并在思想本身当中激起一种不连续性吗？因为这样的不连续性，唯一存在的"善"只属于一种不连续的，也就是无限的言语。（引文出自《超自然认知》。参见 *La connaissance surnaturelle*, 284 - 285. ——译注）

二 极限体验

歌的背诵期间(并且没有不适的感觉,一个人也不会重现它),"基督本人降临并抓住了我";①随后,在吟诵希腊的主祷文时——她总是赞叹其异常美妙的形式——她再次并且是好几次,陷入了狂喜和神迷。当她揭示阅读施加于她的权力时,她说:"对我来讲,真正奇迹的证据,就是有关基督受难的叙述中所表现出来的完整无缺的爱,还有以赛亚和圣保罗的光芒四射的话语。正是这些迫使我相信。"②她一再地坚持认为,我们对善和上帝一无所知,除了名字。她让我们相信"通过上帝的名字,我们可以让我们的注意力朝向真正的上帝,他超出了我们之所及并且是我们无法设想的。——没有这个名字的礼物,我们只会得到一个虚假的、尘世的上帝,他是我们能够设想的。只有名字允许我们拥有一位天上的,我们一无所知的父"③。

这或许是一个令人惊讶的肯定。西蒙娜·薇依不知不觉地受到了犹太教传统,尤其是卡巴拉(Kabbale)传统的影响

---

① 这里所说的诗歌是乔治·赫伯特(George Herbert)的《爱》(Love)。参见西蒙娜·薇依,《在期待之中》,杜小真、顾嘉琛译,北京:生活·读书·新知三联书店,1994 年,第 24—25 页。或见《信仰与重负:西蒙娜·韦伊传》,顾嘉琛、杜小真译,北京:北京大学出版社,1997 年,第 188 页。——译注

② 出自《致一位修士的信》,参见 Simone Weil, *Lettre à un religieux*, avec une Introduction de Jean-Pie Lapierre, Paris: Galliamrd, 1951, 62. 译文选自《在期待之中》,第 193 页,有改动。——译注

③ 出自《超自然认知》。参见 *La connaissance surnaturelle*, 333. ——译注

吗？对犹太教传统而言，上帝的秘密之名乃是一种特别之敬畏的对象，它甚至可以通过对文字的凝思和组合，让我们迷狂地参与神性的神秘。她知道"文字的世界是真正的至福的世界"①吗？但她不相信某种实质的权力依附于上帝的名字。它毋宁是一种圣礼（sacrement）。正如根据惯例，一丁点的物质就可以封闭神性的在场，同样，根据惯例，音节的任何组合都可以成为上帝的名字。惯例在形式上是任意的，但当我们如此纯粹地赞同它，就好像是上帝本人认可了一样时，惯例就把其必然性赋予了那种任意性；然后，上帝实际地认可了它。所以，上帝之名就是其真实之名，只要我们在思考它的时候弃绝了一切。但在西蒙娜·薇依看来，这个名字没有将它自身作为冷漠的借口而给出：那样的借口，只有沉思的纯粹性才能使之显得纯粹。上帝真的把他的名字给予了我们并由此把他自己也交给了我们："上帝把天空置于他和我们之间，以便隐藏他自己；他只给我们一样东西，那就是他的名字。这个名字被真正地给予了我们。我们可以用它做我们想做的事。我们可以把它像一个标签一样贴在任何被创造的事物上。但当我们这么做的时候，我们亵渎了它，它失去了它的德性。只有我们

---

① 出自《文学空间》。参见 Maurice Blanchot, *L'Espace littéraire*, Paris: Galliamrd, 1955, 70. 中译见莫里斯·布朗肖，《文学空间》，顾嘉琛译，北京：商务印书馆，2003年，第59页："在这种传统中，人们认为文字的世界，即字母的世界是真正的真福的世界。"——译注

二 极限体验

言说它而不想象任何对它的再现时,它才拥有了它的德性。"①

"……它才拥有了它的德性":我们首先得到一个善的理念,然后是善的名字,最后是上帝的名字("上帝即善:这是一种确信,这是一个定义"②)。我们难道没有发觉:自最初的确信以来(那时的善只是一种作为理念的确信),我们已经危险地发生了滑移?因为我们获得的是完全另一种确信;当我们通过上帝之名的模糊的使用让我们支配的丰富的肯定,而重新掌握了有关上帝的很大一部分传统的思想后,我们就获得了那样的确信:我们自此准备把他思考为真实的,并且是因他的在场和实存而真实的。如果的确存在着一种滑移,那么,它如何被证明为合理的?

*

我们可以这样来表达:没有人像西蒙娜·薇依那样感受到了一种严厉的要求。她身上有一种冲动不断地促使她:要让绝对者的思想,让那种令她朝向这一思想的欲望,显得更为纯粹并且总是更为纯粹。她直截了当地并且几乎恐惧地拒斥了信仰所提供的一切消遣:拯救的观念,对个人之不朽的相

---

① 出自《超自然认知》。参见 *La connaissance surnaturelle*, 263. ——译注

② 出自《超自然认知》。参见 *La connaissance surnaturelle*, 109. 原文与这里的引文略有不同:"对此,我有一种确信,因为它是一个定义。'上帝即善'和'我存在'一样确定。"(Cela, j'en ai la certitude, car c'est une définition. « Dieu est le bien » est aussi certain que « je suis ».)——译注

信，彼岸的构想，以及一般地，所有允许我们接近那对我们而言持有真理者的东西——只要我们爱它，并对我们眼中全部真实的事物漠不关心，那持有真理者便对我们持有真理。我们从不能在我们自己和我们所爱之物之间设置足够的距离。认为上帝是存在的，仍然是把他视为在场的；这是一种就我们而言，注定只是安慰我们的思想。更加合适的做法是认为上帝是不存在的，就像我们必须如此纯粹地爱他，以致我们竟可以无视他不应存在的事实。正是出于这个原因，无神论者比信徒更亲近上帝。无神论者不相信上帝：这是初级（premier degré）的真理，因为他不相信任何的神；如果这样，如果他绝不崇拜偶像，那么，他将绝对地相信上帝，哪怕他没有意识到这个，并且是承蒙其无知的纯粹恩典。不"相信"上帝。对上帝一无所知。并且只爱他的缺席，如此一来，这样的爱，作为一种对上帝本身的弃绝，会是一种绝对纯粹的爱和"满盈的空无"（ce vide qui est plénitude）。但我们甚至不能知道这个，或者，我们努力赞同空无，只是希望把它填满。

这个运动，正如我们看到的，具有一个要求，以至于它不认可任何的肯定，并且，追随它的人似乎从不能在上帝或上帝的思想，在上帝之离弃的思想，或在任何东西中，得到安息——甚至不能在死亡的思想中得到安息。西蒙娜·薇依熟悉这个运动。无论如何，她事实上并没有彻底地跟随这个运动并且似乎不断地不忠于它。我们在她的笔记中找到这样一段评论："不谈论上帝（甚至不用灵魂的内在语言来谈论）；不

二 极限体验

念出这个词,除非一个人不能够做别的(这里的'能够'显然是在一种特定的意义上使用的)。"[1]上帝一词在其他段落中被虚无一词所取代:"对上帝的服从,也就是——由于上帝超出了我们能够想象或设想的一切——对虚无的服从。"[2]但这样的保留并不多见。她不断地谈论上帝,并且,带着普遍的传统已然给予她的轻巧,她不加审慎、无所保留地谈论。为何如此?

这不简单地是一个弱点,而是其体验的特征之一。在这里,我们应该谈论信仰,谈论属于她的信仰观。当西蒙娜·薇依像谈论一种确信一样谈论善的时候,这种确信过于高傲,过于肯定,以致无法成为信仰的一个对象。它外在于信仰,正如它高于一切。没有什么会让她在这一点上发生动摇。但善的理念越是成为一种高傲的确信(这种确信只是到了其极端的不可通达的高度),另一个观念,即我们同善没有任何关系并且我们绝无希望接近善,就越是强行地提出自身。这种确信之确信的代价应是永恒的绝望。

西蒙娜·薇依恰好逃避了这点,但她的逃避并不彻底。她自己知道原因,并且她说得很清楚:自青春期之后,她就不断地相信欲望的灵性功效。她相信,任何人都会进入真理的领域,只要他欲求真理并且永远专注于对真理的实现。这就

---

[1] 出自西蒙娜·薇依的《笔记》。参见 Simone Weil, *Cahiers*, tome Ⅰ, Paris: Plon, 1970. ——译注

[2] 出自西蒙娜·薇依的《笔记》。参见 Simone Weil, *Cahiers*, tome Ⅰ. ——译注

是她如何被引向希望的。大约十四岁的时候,她已经说服自己相信其精神的平庸,她被绝望所压倒。与她亲近的哥哥,因他在数学上的早熟被比作帕斯卡尔。由于相信自己没有天赋,她认为自己被永远地排除在那个卓越的领域之外,只有那些拥有非凡智力并能够找到真理的人才能够通达那个领域。"在经历了内心数月的黑暗后",她开始"突然永远地"确信,即便一个人的能力无足轻重,纯粹的善——真理,德性,美——仍会被赋予那些纯然地渴望它的人。她从未背离这种新的确信。这对她来说就是信仰。"我的每一个思想都是一种对善的欲望,它们让我离善更近;这是信仰的对象。只有通过信仰,我才能够有这样的体验。"①

那么,欲望和善之间就存在着一种必然的关系。但那是什么样的关系,并且,什么样的必然性允许我肯定:"当一个人渴望面包的时候,他不会被给予石头"?② 在这里,我们接近一个时刻,在那个时刻,我们将把握西蒙娜·薇依的根本的犹豫不决,而她似乎没有注意到这种犹豫不决,或许是因为她不可能把它置于一边。虽然我同上帝没有什么关系,虽然我自己做不到任何能使我接近他的事情(因为任何让我接近他的事情也让我立刻远离他),但我无论如何可以用这样一种方式活

---

① 出自《超自然认知》。参见 *La connaissance surnaturelle*, 275. ——译注

② 参见《新约·马太福音》7:9:"你们当中有谁,儿子想要面包,却给他石头?"——译注

二 极限体验

着,以至于我将死在上帝的面前,甚至在这个生命中把我自己和他统一起来——这样的信念,这样的思想,似乎标志着一种援助所介入的点:那种援助是陌异的、无偿的,却又不可或缺的,它允许我们超出我们的沉重。这样的支撑有一个众所周知的名字,那就是神恩(grâce)。其实,从表面上看,正是神恩缩小了对善一无所知并且只能渴求它的我们和善的"现实"之间的这一令人恐惧的距离。

在西蒙娜·薇依的思想中,有一整个部分必须被阐释为一种对神恩的思索。在某一刻极端的苦厄(le malheur)中,如果我们坚守爱的可能性,那么,无限的爱就回应了我们并在我们身上播下"一粒细小的种子"[①],而我们必须成为一个接待并养育这粒无限小的神性种子的场所。仅此而已。"从此时起,除了等待之外,上帝便无它事可作,我也一样"[②](但等待是一件十分重要的事)。我们甚至在这里看到,西蒙娜·薇依尽可能地降低上帝的个人介入,她对那种介入感到了一种极端的厌恶。但就连这也还是太多。在把一切都交给上帝后,她无论如何通过其思想中一种完全不同的冲动,试图省去上帝的行动,好让其不可能的临近变得可能。不是通过对人之能力的过度自信,而是相反。但正如被机械的必然性所统治的绝

---

① 出自《等待上帝》。参见 Simone Weil, *Attente de Dieu*, Paris: Fayard, 1966, 117. 中译见《在期待之中》,第 76 页。——译注

② 出自《等待上帝》。参见 *Attente de Dieu*, 117. 译文选自《在期待之中》,第 76 页。——译注

对空无上帝的世界,也因这种空无的纯粹性而成为离神性本质最近的东西;同样,我们身上的自然(nature)也总准备着把自身颠倒为一种超自然(surnature),乃至于我们同意承受它的重负。然后,我们将会受难。然后,受难和苦厄将以这样一种方式划分我们,使得我们中有一部分会处于急难之中,而另一部分会赞成这样的急难,并且,继续渴求着善,他们将逐渐地能够实现善。受难的这一划分恰恰把我们划分为自然和超自然。通过自然的苦厄,我们目睹了我们身上的超自然之起源。

*

欲望和痛苦的受难是西蒙娜·薇依之体验的前提。她没有在她的思想中,而是在她的生命中,发明或发现了它们。她根本地感受到它们并把它们经历为拯救的充分必要条件。苦厄,正如雅克·卡博(Jacques Cabaud)评论的,对她而言是一种自然的救赎。[1] 但那也是一条通向一种无罪之诅咒的奇怪道路,因为那些被苦厄击中的人意外地变得找不到上帝并有越过一条界线的危险:在那界线之外,不再有拯救的希望了。但甚至在极端的苦厄中,爱(欲望)或许也从未完全地失去。通过欲望,我们可以让我们自己朝向善。而对善的欲望产生了善。她的一些表达具有一种令人不安的急速:"所以,上帝

---

[1] Jacques Cabaud, *L'expérience vécue de Simone Weil*, Paris: Plon, 1957.(参见雅克·卡博,《信仰与重负——西蒙娜·韦伊传》,顾嘉琛、杜小真译,北京:北京大学出版社,1997年。——译注)

二 极限体验

存在是因为我欲求他：这和我自身的存在一样确定。"①但她由此理解的东西在许多文本中是更为精确的：对善的欲望，纯粹的欲望，不是一种占有善的欲望，而只是渴求着善（我对善一无所知，并且，我过于纯粹地欲求着它，以至于我无法为我自己居有它）。我就这样被我的欲望所充实：当我渴求它的时候，我不断地拥有了善，因为我的欲望只是欲求它而不拥有它。

她用许多方式述说这点。但我们还发现下列的陈述，它表明了其思想的持续的模棱两可："如果对善的欲望等于对善的占有，那么，对善的欲望就产生了善，也就是说，它产生了对善的欲望。我身外存在着一种高于我的善并且每当我欲求善的时候，它就为善而影响了我。正如这样的活动不存在任何可能的界限，这外在的善也是无限的；它就是上帝。"②这一观念的组合把存在论证和柏拉图的实在论的残余并不严格地混同起来。不再是我的欲望自行地产生善了；毋宁是大写的善每每回应了我的欲望并影响了我。一个人只能通过一种跨越来抵达这个结论。让我们无论如何承认它。但如果我有这样一种确信，我的欲望难道不会失去它的公正无私，它的纯粹吗？并且不再是纯粹的，它会变得空洞；没有什么善会回应它

---

① 出自《超自然认知》。参见 *La connaissance surnaturelle*, 110. ——译注

② 出自《超自然认知》。参见 *La connaissance surnaturelle*, 278. ——译注

了。所以,我们注定要陷入这个本质的矛盾:只有真理的思想足以证明真理的虚假,正如拯救所要求的对法则的认识足以让一个人不再能够遵循它们"因为思考它们这个事实已经构成了对它们的违背"①。再一次,这要么表明了我们的绝对的无力和一切拯救的不可能性,要么迫使我们把我们的希望唯独地置于神性的仁慈当中。一切就这样不断地颠倒自身。

奇怪的是,在如此极端的困难里,西蒙娜·薇依似乎从未感到绝望或产生怀疑,即便人之苦厄的感受不时地撕扯着她。这里,再一次,当信仰和怀疑,思想和苦恼,看似可以互换,以至于一个人可以不加区别地把一者当作另一者的时候,西蒙娜·薇依为我们提供了一个确信的例子:这样的确信既不经由她个人,也不把任何东西归于什么也不是的她,始终是思想总准备着复活,好让我们回避的那种不确定性无法够及的。通过一种几乎镇定的、平和的、坚决的方式,她让她无论如何无法肯定的肯定一直保持纯粹的状态。一种奇怪的肯定:它逃避了信仰的晦暗,也逃避了拯救的矛盾,而她甚至没有把形式赋予拯救,甚或把拯救引到她的思想里来。一种无敌的肯定。问题就这样总是回到那里:这种确信来自何处?

---

① 出自《超自然认知》。参见 *La connaissance surnaturelle*, 191. ——译注

2

对于一个人会问自己的有关"西蒙娜·薇依之确信"的问题,有一个简单的回答:这样的确信具有一个神秘的本源,它是迷狂体验的一个回音,而在迷狂的体验期间,西蒙娜·薇依多次通过一种体验的认知同"无条件的善"相接触,并且每一次都"毫无准备地感受到一种在场,这样的在场比任何人的在场更为个人,更为确定,也更为真实;它是感觉和想象无法通达的,类似于那通过被爱者的最温柔的微笑而得以一瞥的爱"①。她的思想就这样把我们带回到神秘的认知,而在这种神秘认知的晦暗基础之上,她相信她在思考一种确信,并且,这种确信在思想本身当中只是不确信而已:她当时没有发觉那种不确信,或者,她没有和我们同样程度地关注那种不确信,因为她拥有我们所不拥有的一切——其隐含之信仰的完满,其隐含的希望,以及相信上帝就是爱,相信真诚的等待不能落空。在体验中得到确认的全部肯定不断地支撑着其不确定的理性。

这样的回答在某种程度上是正确的,但并不充分。首先,

---

① 出自西蒙娜·薇依致若埃·布斯凯(Joë Bousquet)的书信。——译注

必须注意的是,她越是轻率地使用上帝的名字,她就越是——带着一种典范的,甚至是来自她自己的克制——牢牢地保守着那被授予她的天赋(don)的秘密,她从未在她的笔记中谈起那天赋,更不用说把它用作一个权威或证据了。① 她没有背叛她自己,也没有泄露秘密。因为她还知道,这样的瞬间虽然是例外的,并且由于它们代表了例外,不能证明什么,无法担保什么,而且它们本身就没有担保,因此是更加无用的。如果一个人声称要让它们服务于某种确定性,那么,它们会发生怎样的改变!此外,当一个人渴望提供证明的时候,呈现的就不再是体验而是体验的记忆(souvenir)了。一个神秘事件的记忆并不神秘——它毋宁把时间和话语的不确定性重新引入了无法把握的确信之中,而这确信的记忆只是一种反思而已。或者,更确切地说,一段记忆,只有经过了那些记忆者的转化,并且,就它能够完全地成为其所记忆之物而言,才是有效的。但那时它将不再记得。它会是遗忘,是空无:一种纯粹的无,既是对它,也是对我们。

真正的认知是超自然的。西蒙娜·薇依的全部写作和全部思想都朝向了这个肯定。只是超自然一词必须以一种持续模糊的方式来解读;它或许指明了唯一真正之"现实"的临近,

---

① 据我们所知(但所知的并非全部),西蒙娜·薇依对两个人谈到过这点:佩兰(Perrin)神父和若埃·布斯凯(Joë Bousquet),并且她对后者说是因为后者问她。在其笔记中发现的有关体验的说明("序言"),作为同一个事件的神秘置换,有意地避免了对它的质疑。

二 极限体验

但它绝没有指明:对它的接近需要一切超自然的东西,至少是一切不把某些一般的既定之物——欲望,专注,服从,弃绝——作为其原则和条件的东西。甚至对超验者的体验似乎也不必然让神恩的部分变得更大,或让一种超人之介入的决定变得更加必要。这是值得注意的。那么,她难道没有在一道闪电的火光中逃避了重力和尘世的法则吗?她难道没有被一种超自然的在场所触及吗?但把她从她自己身上拽离的,并不是她自己。

当然。没有人比她更为坚定地撤弃了一切权力的形式,甚至是灵性的权力。人做不了什么,每当他实施权力(或产生了实施权力的幻觉)时,他就从真理中被排除了。但上帝能做的并不比人更多。他不是全能者:我们的偶像崇拜急促地敬仰全能者,这样,我们就能够敬仰我们自己身上的权力。相反,上帝是权力的绝对弃绝:他是退位,是离弃,是赞成自己不成为他能够成为的东西,并且,这既体现于创世,也体现于受难的激情。至少,只要我们仍然是我们自己,被我们自己所包围,上帝就不能够为我们做任何事情。"在这个世上,上帝是一种溶剂。同他的友谊不给出任何的权力……"[①]我们回到了那个问题:如果把她从她自己身上拽离的既不是她自己,也不是上帝,那么,它是什么?一个人必须回答:这是拽离

---

① 出自《超自然认知》。参见 *La connaissance surnaturelle*, 173. ——译注

(arrachement)本身。这个回答,虽然她并没有(但几乎)给予(了)它这样的形式,无论如何维持着她的整个生命和她的整个思想。全部的确信一起来到了这里。我们身上有某种必被称作神性的东西,某种我们已然借以在上帝身旁栖居的东西:它就是我们用来抹除我们自己的运动,它就是离弃——对我们信以为存在的东西的离弃,它是我们自身外部和一切事物外部的撤离,是经由欲望的对空无的寻求。这欲望就如同那空无自身的张力,当它是一种对欲望的欲望(然后是一种超自然的欲望)时,它便是空无本身,是欲望着的空无(le vide désirant)。

这,如她所言,是完美地简单的。我们拥有微乎其微的力量;如果我们弃绝了它,如果我们赞成一切,我们就变得无所不能。我们拥有微乎其微的存在,一个存在的假象;如果我们弃绝了它,我们肯定会被消灭,但我们是被存在之完满(la plénitude de l'être)所消灭。"上帝把我创造为一个具有存在之表象的非存在,这样,我就应该通过,弃绝这个表象的存在并被存在之完满所消灭。"①的确,这是简单的。但一个人会问,为什么是存在的完满,而不只是没有完满的虚无呢?因为这样的退弃(abdication),这种对"什么也不是"(n'être rien)的爱的赞同,这种走向预期之死亡的欲望的静止之冲动,在西蒙

---

① 出自《超自然认知》。参见 *La connaissance surnaturelle*, 42. ——译注

娜·薇依的深刻信念里,乃是绝对者本身,是绝对的确信;或者,用一种更接近她的语言,它在这个世界上已是我们同上帝的共同特征,是我们同上帝的平等。"上帝从其神性的全能中退位并清空了他自己。通过从我们的渺小权力中退位,我们在空无中等同于上帝。"①(我们只能发觉:这样的谦卑中有着一种巨大的精神的骄傲。)

由此可知,我们因这一切而处在了超自然当中:这一切在我们内部和我们外部,让我们自然地应对那所谓神性的退弃。我们外部:苦厄,时间,无目的的必然性。我们内部:对苦厄的赞同,对时间的服从,最终毫无希望的欲望;这种欲望无所欲望,只欲望它所是的这个无。"如果我们欲求非存在,我们便得到了它,并且我们只需意识到。"②"为了成为某种神性的东西,我无须脱离我的悲惨,我只需坚持它。"③这一切——苦厄,欲望——是自然的,并因此可以是解放。但这一切同时也是超自然的,并且,一个人或许必须补充道,是十分神秘的。因为,什么也不是的我们,如何赞同自己什么也不是?无处不在的必然性如何在我们身上成为服从和专注?时间如何成为一种对时间的接受,它如何成为等待,耐心,并通过耐心的一种

---

① 出自《超自然认知》。参见 *La connaissance surnaturelle*, 264. ——译注

② 出自《超自然认知》。参见 *La connaissance surnaturelle*, 175. ——译注

③ 出自《超自然认知》。参见 *La connaissance surnaturelle*, 27. ——译注

演变成为永恒？上帝这边的事物也不简单。因为上帝为何如此捉弄我们；他为何给予我们一个存在的假象，一个欺骗性的表象，而我们必须以无限的受难为代价，通过让我们自己重新坠入虚无，而把那样的表象带回到其所是的虚无之真理当中：不幸的是，我们被迫摆脱虚无，或者，更确切地说，我们被允许相信自己已经离开了它？我们是一种幻觉。我们不得不找到让幻觉消失的手段。这是拯救的全部问题。"我们就是上帝的这个玩笑。"①"创造乃是上帝的虚构。"②

*

西蒙娜·薇依以一种看似古怪并且无论如何陌异于传统的方式设想创造（création）。它是一个有趣的观念。首先是因为它向我们再次揭示了其确信的真正来源，而且，这个观念在她不知道的情况下把她置回到犹太教的传统中（她往往怀着如此的暴力和如此顽固的不解，转离了犹太教的传统）；那的确是一个神秘的传统。事实上，正是艾萨克·卢里亚（Issac Luria）（十六世纪的一位圣人和深刻的思想家，其影响，我们知道，是巨大的），在阐释一个古老的卡巴拉观念（Tsimtsum）时，从创造中认出了上帝的一个离弃行为——一个强有力的观念。上帝在创造世界的时候没有设定更多的东西，而是首

---

① 出自《超自然认知》。参见 *La connaissance surnaturelle*, 222. ——译注

② 出自《超自然认知》。参见 *La connaissance surnaturelle*, 176. ——译注

二 极限体验

先设定更少的东西。无限的存在必然是一切。为了让世界存在,他不得不停止是一切并通过一个回撤的、后退的运动,通过"抛弃他自身内部的一个领域,一个神秘的空间"[1],为世界腾出位置。换言之,创造的本质难题不是虚无的难题。不是如何无中生有,而是无如何被创造出来,以便某种东西可以在无的基础上占取位置(avoir *lieu*)。必须有无:无的存在是真正的秘密和最初的神秘,这神秘痛苦地从上帝自己开始——通过一种牺牲,一种后撤,以及一种限制:他神秘地同意把他自己从他所是的一切中驱逐出去并且抹掉自己,让自己缺席,如果不是让自己消失的话。(仿佛世界的创造,或它的实存,会把上帝从他自己身上撤离,把上帝设定为上帝的一种缺失,并因此把一种存在的无神论作为了它的推论,而那样的无神论只能随世界本身一起被废除。在世界存在之处,有着上帝的痛苦的缺失。)诚然是一个深刻的思想。

那么,这就是西蒙娜·薇依所重新发现的思想,因为没有什么允许我们说她借用了它。她使用了许多众所周知的表述:"对上帝而言,创造不体现为扩展他自身,而体现为回撤。"[2] "在上帝这方面来说,创造不是一种自我扩展的行为,而

---

[1] 格肖姆·肖勒姆(Gershom G. Scholem),《犹太教神秘主义的主要趋势》(*Les grands courants de la mystique juive*, trad. M.-M. Davy, Paris: Payot, 1950)。

[2] 出自《超自然认知》。参见 *La connaissance surnaturelle*, 26. ——译注

是后退,弃绝……他通过创造这种行为否定了自己,正如基督教诲我们,要自我否定那样。"①"上帝从某种意义上讲放弃成为一切。"②"由于他是造物主,上帝不是全能的。创造乃是退弃。但就他的退弃是自愿的而言,他又是全能的。"③"创造是一种离弃。在创造那并非他自身的东西时,上帝必然离弃了它。"④这意味着两件事:上帝同时弃绝了他自己和我们。离弃(abandon):离弃并被离弃的事实,以其双重的意指,连同其否定的和肯定的方面,乃是最初的确信和独一无二的真理,它在上帝也在我们身上,指明了我们应当相信的一切和我们需要拥有的一切,为的是我们再次找到一切并再次变得像上帝一样;为的是我们会在我们身上,在他所是的如此之弃绝中,认出上帝;他就用这样的弃绝让我们得以存在,并且我们就通过这样的弃绝,通过把我们所不是的存在恢复为他,而成为他。

唯一的真理:离弃,弃绝。上帝通过弃绝,创造了世界;我们通过弃绝,解除了世界的创造(decréer le monde)。弃绝实

---

① 出自《等待上帝》。参见 *Attente de Dieu*, 131. 译文选自《在等待之中》,第86—87页。——译注

② 出自《重负与神恩》。参见 Simone Weil, *La pesanteur et la grâce*, Paris: Librairie Plon, 1947, 43. 译文选自薇依,《重负与神恩》,顾嘉琛、杜小真译,北京:中国人民大学出版社,2005年,第33页。——译注

③ 出自《超自然认知》。参见 *La connaissance surnaturelle*, 67. ——译注

④ 出自《超自然认知》。参见 *La connaissance surnaturelle*, 49. ——译注

为我们当中的上帝。① 并且,通过他,当我们把这被动的离弃——被离弃的事实——转化为一种主动的离弃——在离弃中给出我们自己的事实——时,我们可以不断地重新获得我们所缺乏的一切,并且,越是缺乏,就越是如此。例如:世界绝对地丧失了上帝,因为上帝在某种意义上让他自己缺席并清空了其自身的神性,以便世界能够存在。但由于上帝身上没有什么比这样的退弃更为神圣,所以,就没有什么比这样的缺席更能使上帝对我们显现;这样的缺席乃是上帝的最可敬的礼物,而世界就为我们再现了这样的缺席并且它本质上就"是"这缺席。因此,西蒙娜·薇依可以说:"世界,由于它完全地空无上帝,乃是上帝本身。"②或者,再一次:"上帝借以离开我们的那种离弃是他自己爱抚我们的方式。时间,我们的唯一的悲苦,乃是他的手的触摸。他正是通过退弃才让我们存在。"③

所以,我们在一切当中,处处"拥有"上帝:既在他的缺席中,也在他的在场中;在场只是缺席的突出形式。由此产生了

---

① 在"虚无"当中的这个消失的普遍运动里,上帝和人的同一性是一个障碍,它不允许西蒙娜·薇依在拯救的自然和超自然道路之间进行选择,也不允许她思考这一选择的意义。在我们自身的隐秘的深处,我们是自然地超自然的,而这深处,此时并且就在我们的本性当中,是我们身上的上帝,上帝身上的我们。

② 出自《笔记》。参见 Simone Weil, *Cahiers*, tome II, Paris: Plon, 1972.——译注

③ 出自《超自然认知》。参见 *La connaissance surnaturelle*, 92.——译注

一种无敌的确信。然而,这种确信总准备着翻转。因为从我知道这个的那一刻起,我只有凭借它才能与真理重新统一起来的那种分离,作为我之神性部分的那种弃绝,就不再是纯粹的了,并且,我无所弃绝,我确信我在弃绝的时候会成为一切,甚至更多:成为上帝本身。因此,最终的结论应是:一个人应停留于无知,停留于幻觉,并在不可理解的苦厄中迷失自己。在此基础上,再次变得不可通达并且几乎和天空的空无相混淆的确信,会找到它的"现实"。

(西蒙娜·薇依用来设想创造的这种方式,的确使它难以被肯定。对艾萨克·卢里亚来说,创造要求一个双重的行动:第一个是回撤的行动,第二个是展开的行动。第一个行动体现为制造空无和晦暗;第二个行动体现为:通过把光投到空无中,把空无变成一种澄明。一种双重的努力:既是回撤,也是涌现,既是晦暗,也是揭露。但西蒙娜·薇依只保留否定的观念和神性回流的观念。那么,如果世界看上去不符合任何肯定的行动,其现实的程度又是什么样的?她有时认为,我们身上有一个非创造[incréée]的部分,那是灵魂的不被创造的深度,而这,在灵魂内部,如此亲近上帝,以至于它就是神性的本质本身。她从艾克哈特大师[Maître Eckhart]那里借用了这个观念,后者比其他任何的神秘主义者更为她所熟知[艾克哈特也相信,欲望和空无足以迫使上帝把他自己给予我们]。因此,创造中一切"真实"之物会源自那在其中不被创造的东西。在这非创造的部分之外,创造什么也不是,并且也不是什么善的东西。

这是因为创造无法得到合理的证明。其唯一合理的证明就是,它把那种通过弃绝它来毁灭它的可能性留给了我们。西蒙娜·薇依用沉重的笔触写道:"上帝对我们犯下的最大的罪行就是创造了我们;那是我们之存在的事实。而我们的存在是我们对他的巨大的罪行。"① "为什么,与恶密不可分地相连的创造,是一种善? 我,而不是上帝一人,存在着;上帝应该通过这样的中介物来爱他自己。这些在什么样的意义上是善的? 我不能理解。"②这很有可能是她表述过的最严重的怀疑,而问题依旧没有得到回答。的确,她补充说:"但上帝遭受了我所遭受的一切……"③在这里,她几乎用流放的观念来设想创造;仿佛通过创造,某种属于神性存在的东西从中被放逐了,由此赋予了我们一个使命,即我们要通过亲自承担这作为我们本身和我们本质的流放,通过彻底地完成流放,来恢复和谐与统一。但这种流放的观念,虽然如此接近她的思想,仍然陌异于她。)

*

当一个人阅读西蒙娜·薇依的笔记时,他不会把那艰涩

---

① 出自《超自然认知》。参见 *La connaissance surnaturelle*, 225. ——译注

② 参见 Simone Weil, *Œuvres complètes*, tome Ⅵ, *Cahiers*, tome 2, Paris: Gallimard, 1997, 267. ——译注

③ 出自《笔记》。参见 Simone Weil, *Cahiers*, tome Ⅰ, Paris: Plon, 1970. ——译注

的凝练,或那对彻底思考的拒绝当作抱怨的理由。一个人感受到的是另一种遗憾。她说我们只能秘密地抵达真理:"真理是秘密的。"爱就是这秘密本身。"上帝总是从我们的爱当中缺席,正如他从世界中缺席,但他在纯粹的爱中秘密地到场。"①"天父只居住在秘密中。"②"我们的处于秘密之中的父。"她无论如何缺乏这样的秘密性。还没有什么思想试图更为严格地维持上帝的遥远,维持这一知识的必要性,即我们对上帝一无所知,并且,只有他隐藏起来,是隐蔽的上帝时,他才是真理和确信。但她不断公开地谈论这隐蔽的上帝,如此确信而轻率,却忘了这样的轻率几乎让她全部的言语变得徒劳。

有可能(我们不是不断地得到这样的体验吗?):思想越深入地表达它自己,它就越必须在它自身内部的某个地方维持一种保留,那地方就如一种无人居住并且不可居住的非思想(non-pensée),一种不允许自身被人思考的思想。思想用一种在场-缺席折磨自己,并带着猜疑和疏忽痛苦地守望着它;如果一切让这种在场-缺席接近思想的东西同时也把这在场-缺席与思想分离开来,那么,这在场-缺席就只能转离那种非思想。遗忘那样的非思想是再恰当不过的,因为遗忘或许就源于那最初的空白,并且只有它给出了那种对"直接"之现实的

---

① 出自《超自然认知》。参见 La connaissance surnaturelle, 239. ——译注

② 出自《超自然认知》。参见 La connaissance surnaturelle, 239. ——译注

二 极限体验

预感。那么，让我们遗忘它，以便我们只通过遗忘来回忆它。但不论正确与否，思想的这个盲点——思想在其保留中自为地所是的这种思的不可能性——恰巧在我们看来，似乎不仅能够以某种微不足道的方式，在一切事物，一切言语和一切行动当中呈现出来，而且，通过这微不足道的在场，它总能够占取更多的空间，把自身延展至全部的经验，并逐渐地彻底改变它。一个陌异而危险的情境，我们不禁要做出反抗。由此产生了各式各样的斗争（一种强烈的努力：只与非思想反着来思考）和妥协的方法（一个人会通过一纸协约，为影响的区域划界，并筑起长城，把影响孤立在巨大的城堡内）；或者，再一次——这总是最诱人也最简单的解决方式——不是保持空无部分的空无，而是命名它，并且，一言以蔽之，用一个能够找到的最强大、最威严也最艰涩的名字使之变得晦暗，从而填补了它。

我们知道这个名字对西蒙娜·薇依而言是什么。我们也知道她爱这个诚然庄严的名字，她为它自身爱它并且只在里头爱它自身，爱它的透明（而不是它的沉重），它的秘密（而不是它泄露秘密的能力）。或许，在凭灵感发现了它之后，她知道如何在它内部保存那一发现的纯粹性，并且，当她用美丽的希腊语——希腊语对她而言就是卓越的美——念出它，重复它时，她自己的心灵空了，她坚信它不会在她身上消除空无，虽然它就是用来占据那空无的整个位置的。

但空无必须保持着。一个任自己被名字的繁琐所误导并且只看到名字的评论者会犯下一个错误,几乎是一种篡改。西蒙娜·薇依之思想的一切有趣之处,以及一个人必定为她感受到的友谊,就源于她用来保留这空无的纯粹力量;她维持着空无,并且试着用两种形式来维持。

*

一种是苦厄(le malheur),另一种是专注(l'attention)。在此,我无法久久驻留于这两个在其体验中相遇的东西。它们是本质的。苦厄的思想恰恰是那无法让自身被人所思考的东西的思想。苦厄是一个"谜"。它具有和肉体的受难一样的本质,它无法和肉体的受难分开。当肉体的受难使得一个人既无法忍受它也无法停止对它的忍受,由此停止了时间的时候,它让时间成了一个没有未来的当下,但又不可能作为当下(一个人无法抵达随后的瞬间,那瞬间被一个无法逾越的无限者,受难的无限者,与当下的瞬间分开了;但受难的当下是不可能的,它是当下的深渊)。① 苦厄让我们失去了时间并让我们失去了世界。遭受苦厄的个体落到了一切阶级之下。苦厄者既不悲惨,也不可怜;他们是荒谬的,激起了厌恶和蔑视。他们对他人而言就是他们对自己而言的恐惧。苦厄是无名的,无人称的,无差异的。它是变得陌异的生命和变得难以通达的死亡。它是作为无目的之存在的存在之恐惧。

西蒙娜·薇依已在某种意义上指明了这点,她明白,苦厄

---

① 我参考了《如何发现晦暗?》一文。

二 极限体验

根本不是苦恼,苦厄持有一条界线,而我们就应该从这条界线出发,采取一个有关人之境况的视角,一个恰恰阻碍了一切视角的运动。[①] 在苦厄的空间里,宗教在颠倒它的过程中抛向天空的一切,距我们近在咫尺,几乎为我们所掌控。我们并不高于时间,而是在时间之下:这就是永恒。我们并不高于个人,而是在个人之下;这就是无人称,而无人称是神圣者的特征之一。我们外在于世界:这不是彼岸,而是此世,不是虚无的纯粹或存在的完满,而是作为虚无的存在(l'être comme néant)。

"因为我深思熟虑地,几乎绝望地,选择采取那些底层之人的视角……"[②]关于思想,我们应该重复西蒙娜·薇依就她自己所说的话。思想不能是一种欺骗,除非它出自这苦厄的低卑:出自低卑的无人称性,出自低卑的永恒性(那只是失去了时间的时间),出自苦厄为它自己所"是"并为我们揭露(同时不停地重新掩盖)的这不可能性。思考苦厄就是把思想引向这样一个点,在那里,力量不再是必须被说出、被思考的东

[①] 正是出于这个原因,罗贝尔·安泰尔姆(Robert Antelme)对集中营世界里被还原为极端苦厄的人的记述,可被赋予"人类"(*L'espèce humaine*)这个标题。他说:"我在此叙述我曾经历的事情。""恐怖并不庞大。在格兰德谢姆,既没有毒气室,也没有火化场。那里的恐怖乃是晦暗:绝对地缺乏参照,孤独,不安的压抑,缓慢的灭绝。我们斗争的动机,最终,只是一个本身几乎总是孤立的狂热的要求,即存留下去,直到最后一个人。"(参见 Robert Antelme, *L'espèce humaine*, Paris: Gallimard, 1957, 11.——译注)正如我们将会看到的,这本书具有一种非凡的意义。

[②] 出自西蒙娜·薇依 1936 年 1 月 31 日致一位工程师厂长的信。——译注

西的尺度;思考苦厄也是把思想和这种思的不可能性结合起来,思想自为地,如其中心般就是这种不可能性。"思想厌于思考苦厄,正如鲜活的肉体厌于死亡。"①由此,思想的中心就是那不允许自身被人思考的东西。

*

什么是专注?苦厄具有一种同时间的关系。通过苦厄,我们忍受"纯粹"的时间,没有事件、没有谋划也没有可能性的时间;一种必须被无限地,每时每刻地忍受的空无的永恒性(正如疲乏和饥饿必须在需求的极端疲乏中被人忍受)。让它结束。但它无止无终。我们丧失了自身,丧失了我们自然地倚靠的那个"我",丧失了那个在正常的时间里在我们的位置上让我们安心的世界——我们是被无限地忍受的时间。专注就是这同一种与时间的关系。专注就是等待:不是努力,不是紧张,也不是围绕一个人用来关心他自己的某种东西,调动起知识。专注在等待。它无所期待地等待,它保持空无之物的空无,并阻止我们的仓促——我们急不可待的欲望,甚至我们对空无的恐惧——永远地把空无填满。专注乃思想的空无,这思想被一种温柔的力量所定向并被维系于一种同时间之空无切心性的一致。

专注是无人称的。在专注中,专心致志者并非一个自我

---

① 出自《伦敦写作》。参见 Simone Weil, *Écrits de Londres*, Paris, Gallimard, 1957, 29. ——译注

二 极限体验

(moi);带着一种极端的敏锐,并通过持续不断的不可感的接触,专注毋宁总已经把我从我自己当中分离出来,并且,为了让我在一瞬间成为一种专注,它释放了我。

在无人称的专注中,专注的中心,那个让视角、视线以及内外所见之物的秩序散布于周围的中心点,消失了。个人的专注和无人称的专注由此可以区分。普通的、个人的专注围绕着专注的对象,安排了一个人看到的一切和知道的一切,安排了看似从对象中产生的全部内在的和外在的风景,对象既通过风景丰富了自身,也丰富了风景。那么,这普通的专注仍然是一种手段。另一种专注仿佛是无为的,闲散的。它总是空无的,它是空无的光。

如果我们唤起了这种不允许自身被人思考的思想,这种总在思想内部被思想持留为一种非思想的思想;如果我们称之为神秘(但神秘是无,甚至是一种神秘的无),那么,我们会说,这种神秘的本质就是:它总在专注的这一边。但我们那时会说,专注的本质就是这样的能力,即它在自身当中并且通过自身保留了那总是先于专注并且某种程度上乃一切专注之来源的东西:神秘。或者,再一次,当等同的并且完美地等同于自身的专注是一切中心的缺席,由此外在于一切的规律性时,神秘就成了专注的中心。专注是对逃避专注者的接待,是未被期待者之上的敞开,是一切等待中未被等待的等待。

*

西蒙娜·薇依并不完全以此方式表达她自己。但我不相信我在使用这种语言的时候扭曲了她的思想。① 匆忙地得出如下结论是错误的,即根据她的说法,专注是已经通过其自身的行动得到了救赎和美化的苦厄,并且,存在着一种把苦厄的空无时间转化为专注的空无时间的方法。西蒙娜·薇依凭借体验知道,极端的苦厄同一切让它不再是其所是的东西无关。上帝不能这么做,因为苦厄移除了上帝,使他"不在场,比死亡更加空无,比暗无天日的牢房还要黑暗"②。专注和苦厄之间的关系,是只有爱的完满才能够重新确立的一种同苦厄者的关系。只有爱——那成了专注之静止和完美的爱——通过他人(autrui)的凝视,敞开了一条通向苦厄之终止的道路。在爱和专注的这一凝视下,苦厄者允许自己被注视。"为了知道这个,朝他看上一眼就够了。这凝视首先是全神贯注的凝视,在凝视中,灵魂排除了自己所有的内涵,以在自身容纳它所注视着的那个人和他的实际情况。"③苦厄是非专注(inattention)的极致。专注是这样的专注,它让自身可以为那无法忍受专注的苦厄所忍受。

---

① 这是她写的:"专注在于暂时停止思考,在于让思想呈现空闲状态并且让物渗透进去,在于把必须利用的各种已有知识置于思想的边缘,但又处于较低的层次上同思想脱离接触……尤其,思想应当是空闲的,它等待着,什么也不寻找。"(参见《在等待之中》,第60页。——译注)

② 出自《等待上帝》。参见 *Attente de Dieu*, 102. 译文选自《在等待之中》,第67页。——译注

③ 出自《等待上帝》。参见 *Attente de Dieu*, 97. 译文选自《在等待之中》,第67页,有改动。——译注

二 极限体验

西蒙娜·薇依同专注的关系本身就是神秘的。她没有给人一个印象,即她已经能够做到她向思想所推荐的静止。她毋宁是激动的,专注于许多事情,无法阻止自己先做这一件事,然后做那一件事;她担心她所遇到的问题,总想通过体验一切来考验她自己,并且有时奇怪地忽视了那种作为他人之首要需求的保留,当她致力于他人并努力在他人身上认出她自己时,她对他人盲目。甚至临终之际,她还在讨论和论证,让前来拜访她的神父既惊讶又疲倦。辩论的习惯似乎是她喜欢频繁出入的那些学院和小圈子的遗风。或许吧。但这样的躁动还必须被承认为一种随苦厄的经验一起到来的栖居的不可能性。苦厄就是失去一个栖所,它是从未在此存在之物的一种永不停息的不安,一种冷酷而漠然的不安。西蒙娜·薇依在生存的细节中感到激动和不安[①],但在她的思想中,她给出了确信的例子,在她的作品中,她给出了一种平静表达的典范,那表达几乎是镇定的,仿佛在运动中安息了下来。因为专注,虽然有时从她生命的表面缺席了,却在她语言的深处到场并得以可能,并且,她,光芒四射地,就是语言的不平的平等。通过专注,语言同思想的关系就是思想同其内部之空白的关系,就是思想同苦厄的关系,而思想就是这个它无法向自身呈现的空白和苦厄。语言乃专注的所在。

---

① 但我有证据表明别的东西:她的一些朋友曾写信告诉我,她在生命的绝大多数时间里是沉默的,拘谨的,仿佛没有运动的。

V 不可毁灭者

1 成为犹太人

专注,等待。等待,苦厄。对这些如此难以念出的词语进行历史性的反思,同时保持其抽象的简单性:这是把一个人自己暴露给一种甚至更大的困难,即经受一段历史的考验,而在这段历史面前,就连西蒙娜·薇依也不得不闭上她的眼睛(通过思想的何种必要性,通过其思考所引发的怎样的痛苦?)。她,过分地忠实于希腊的明晰,为何必定忘记:对一种根本之不公的一切反思,要途经犹太人数千年来所遭受的处境?为什么当我们反思它的时候,我们反过来如此不安?为什么当我们反思它的时候,我们在某一刻停止了我们的反思;我们接受了——如果这是必须的——犹太人处境当中否定的东西——再一次明悟(éclairé)(假定这是一个光的问题)一种否定的极限——但由此错失了犹太教的肯定的意义?或许是害怕给虚无主义及其最粗俗的替代,反犹主义,以可乘之机?但

二 极限体验

或许,这样的惧怕正是那些力量把它们自身强加给我们,甚至是通过我们的拒绝,强加给我们的方式。我们会不断地看到这样的模棱两可在运作。

犹太人乃是不安和苦厄。这必须被清楚地说出,哪怕这样的论断,在其轻率的冷静中,本身就是不幸的。犹太人自古是被压迫和被诅咒的。他是,他一直是,一切社会的被压迫者。一切社会,尤其是基督教社会,有它的犹太人,为的是通过一般之压迫的关系,肯定自身,反对它。一个人可以——借用罗森茨威格(Franz Rosenzweig)的这个表述——说,有一个历史的运动,它让每一个犹太人成为所有人的犹太人。这意味着,每一个人,不管他是谁,都同这个犹太"他人"(Autrui)具有一种特定的责任关系(一种尚未得到阐明的关系)。"成为犹太人,"(Être juif)克拉拉·马尔罗(Clara Malraux)说,"意味着什么也没给我们。"海涅(Heine)说:"犹太教?请不要对我说它,博士先生,我不希望它成为我的不共戴天的仇人。伤害和耻辱是它带来的一切:它不是一个宗教,它是一种苦厄。"① 那么,成为犹太人——我们正向它而来——本质上会是一个否定的处境;成为犹太人从一开始就会丧失生存的主要可能性,并且是以一种真实的,而非抽象的方式。

然而,犹太人的生存只是这样吗?只是一种匮乏吗?只

---

① 出自海涅的《卢卡浴场》第九章。参见《海涅文集·游记卷》,张玉书选编,北京:人民文学出版社,2002年,327页。——译注

是存活的艰难吗：这艰难由其他人仇恨的激情强加给了一个特定范畴的人？犹太教当中难道没有一个真理吗：这个真理不仅呈现于一种丰富的文化遗产，而且对今天的思想而言是活生生的、至关重要的——哪怕那个思想质疑一切的宗教原则？在不得不问这样一个问题的事实中，在提问所感受到的大胆中，有一个惊人地粗野的标记。阿尔贝·梅米（Albert Memmi）怀疑，为什么犹太人总不得不否认他自己，为什么拒不给他差别的权利？① 反犹主义如此深嵌于我们的存在方式，以至于为了捍卫那些被反犹主义所攻击的人，我们找不到其他的办法，只能从他们身上获取其全部的生存和其全部的固有之真理，让他们在一种不真实的人之抽象中消失，进而，那样的抽象随后又反对了他们。"一个犹太人不过是一个和其他任何人一样的人！为什么谈论犹太人？"如果一个人用一个看似无所保留的名字称呼他，并且这个名字似乎念出了一个危险的，甚至伤人的词语，那么，成为犹太人就好像只能是一个轻蔑的意思，而不是指定一个沉重的真理和一种额外重要的关系。

萨特严格地描述了反犹主义。② 他表明，针对犹太人的肖像的指控没有揭示任何有关犹太人的东西，却揭示了反犹主

---

① 阿尔贝·梅米（Albert Memmi），《一个犹太人的肖像》（*Portrait d'un Juif*, Paris: Gallimard, 1962）。

② 参见萨特的《反思犹太人问题》（*Réflexions sur la question Juive*, Paris: Morihien, 1946）。——译注

二 极限体验

义的一切,因为反犹主义把其不公的力量,荒谬,卑鄙低劣,还有恐惧,都投射到了其敌人身上。但当萨特肯定,犹太人不过是他人之凝视的产物,并且,犹太人之所以是犹太人,只是因为他事实上被他人这样看待罢了(这因而迫使他要么否认,要么宣称他的身份)时,萨特倾向于承认犹太人的差异,但这种差异只是反犹主义的否定。的确,反犹主义当然已经改变了犹太人的生存(恰恰是通过威胁它,让它变得更为稀有,有时还灭绝它);或许它已经影响了特定的犹太人所持有的关于他们自身的观念——但这是以一种先天的、"历史的"的现实和本真性为基础,以一个人所谓的犹太教为基础,犹太教以一种隐含的方式定义了每一个人同他自身的关系。所以,成为犹太人,不能是反犹主义挑衅的简单的颠倒;它也不是同匿名者决裂,犹太人必定消失于那个匿名者,他不仅是安全的,而且,在某种意义上,是成为他自己——因此,缺席同时是他的庇护和他的定义。成为犹太人意味着更多,并且,无疑意味着某种本质地揭示出来的东西。

这只能是一种长期工作和一种沉思的结果,并且,这种沉思更多的是个人的,而不是博学的。有一种犹太思想,有一个犹太真理;也就是说,对我们每个人而言,有一个义务,即试着找出,在这个思想和这个真理中,是否贯穿着某一种人与人的至关重要的关系,并且,只有我们拒绝一种必要的追问,我们才能够不去考虑那样的关系。当然,在这里,我们不会认为这样的追问是从一种宗教的要求出发。让我们事先承认这点。

让我们同样宣称,问题不是我们对文化事实的兴趣。最后,让我们承认,犹太人的经验能够在这个层面上告诉我们的东西不能假装穷尽了那种把其丰富性给予它的意义。每个人都明白他能做什么。进而,首要的东西或许不在一种漫长的发展中被人发现,而已经并且几乎完全在词语本身里了:成为犹太人。

当帕斯捷尔纳克(Pasternak)问"成为犹太人意味着什么?它为何存在?"[①]时,我相信,在所有的回答中间,有一个回答是我们不可避免地去选择的。它包含如下的三个部分:它存在,所以,逃难(exode)的观念和流亡(exil)的观念可以作为一个合法的运动而存在;它通过流亡,通过逃难的积极性而存在,所以,陌异性的经验会近在咫尺地将自身肯定为一种不可还原的关系;它存在,所以,我们通过这一经验的权威,学会了言说。

反思和历史首先用一种痛苦的显证让我们明悟。如果犹太教注定要为我们承担意义,那么,这是要表明:在不论什么样的时候,一个人都必须准备动身,因为出发(走到外部)是一个人无法逃避的要求,如果他想要维持一种正义之关系的可能性的话。失根的要求;对游牧之真理的肯定。在这方面,犹太教与异教(所有的异教)形成了对照。成为异教徒就是固定下来,就是让一个人自己扎根于大地,可以说,是通过一种同永恒性的协议来确立自己,而永恒性准许了逗留并被土地的

---

① 出自帕斯捷尔纳克的小说《日瓦戈医生》。参见 B. Pasternak, *Le docteur Jivago*, Paris: Gallimard, 1958, 23. 中译见《日瓦戈医生》,蓝英年、张秉衡译,北京:人民文学出版社,2006 年,第 14 页。——译注

确定性所证实。游牧回应了一种不满足于占有的关系。每当犹太人在历史上向我们做出一个手势,那都是通过对一个运动的召唤。在苏美尔文明中幸福地确立下来,亚伯拉罕(Abraham)在某一刻同那个文明决裂并弃绝了在那里的居留。随后,犹太民族成为一个逃难的民族。而这年复一年的逃难的黑夜,每每将他们引向何处?引向一个不是地方的地方,在那里,没有定居的可能。荒漠把埃及的奴隶变成了一个民族,但那是一个没有土地的民族,它被一种言语所约束。随后,逃难成为流亡,而与流亡相伴的,是一种遭受追捕的生存的全部考验,它在每一个人的心里确立了焦虑、不安、苦厄与希望。但这样的流亡可以说是沉重的,不仅被承认为一种难以理解的诅咒。存在着一个流亡的真理,存在着一个流亡的天命;如果成为犹太人注定是要离散飘零——正如它是对一种没有场所的逗留的召唤,正如它毁灭了同一个个体、一个团体、一个国家的一切固定的力量关系——那是因为离散(dispersion),在全体(Tout)的要求面前,也为一种不同的要求清出了道路,并最终禁止了统一性-同一性(Unité-Identité)的诱惑。

安德烈·内尔(André Neher)在他的一本书里让我们想起了犹太人在场(一种非在场的在场)的这些阶段。首先,犹太人当然拥有犹太人这个名字的权利(我只知这个权利值得要求收回);但一个人不能忘了,在成为犹太人之前,犹太人是一个以色列人,在成为一个以色列人之前,他是一个希伯来人(今天又成了一个以色列人),所以,成为犹太人就是不屈地承担所有这些名字的重量和完满。在这里,我将快速地重述安德烈·内尔的评论。[1] 当犹太人是起源之人时,他是希伯来人。起源是一个决定;这是亚伯拉罕的决定,亚伯拉罕把自己与是者分开,并将他自己肯定为一个陌异者,以便回应一个陌异的真理。希伯来人从一个世界(确立下来的苏美尔世界)走向了某种"尚不是一个世界"的东西,但它无论如何是这个人世;一位摆渡者,希伯来人亚伯拉罕,不仅邀请我们从一岸走向另一岸,而且邀请我们把我们自己载向那没有通道的地方,维持着这个作为通道之真理的两岸之间(entre-deux-rives)。必须补充的是,如果这种从如此古老的过去向我们而来的有关起源的记忆被确定无疑地封闭在了神秘当中,那么,它并没有什么神秘的东西。亚伯拉罕完全是一个人;一个动身的人,并且,通过这最初的启程,他奠定了开端的人之权利,那是唯一真正的创造。这个开端被托付并传达给了我们,但在自身延展的过程中,它失去了它的简单性。希伯来人自己不会保持为希伯来人。对于一个人只能通过距离,通过迁徙和行进来认识的未知者,同它的关系,随着雅博渡口的列队而行,在毗努伊勒之夜成为谜样的接触[2];那是一个人一无所知的斗争,因为至关重要的是黑夜的真理,是白日到来之际便无法维

---

[1] 安德烈·内尔,《犹太人的生存》(*L'existence juive*, Paris: Seuil, 1962)。

[2] 雅博渡口和毗努伊勒,参见《旧约·创世纪》32:22-32,"雅各与神使者摔跤",其中讲述了以色列的由来。——译注

持的东西。雅各(Jacob)猛然冲向了不可通达的外部,他成了那个外部的伙伴,斗争不是为了击败它,而是为了在他坚定地承担的言语的黑夜中接受它,直到它作为祝福向他到来。得到如此之标记的希伯来人成了以色列人,成了一个和别人不一样的人;挑选即是改变。服从陌异者之粗鲁询唤的人,对那个使之显得与众不同的模糊不清的选择负有责任的人,被这样的陌异性所支配,而他就冒险把这样的陌异性变成一个权力,一个特权,一个王国,一个国家。以色列的孤独,作为一种僧侣的孤独,一种仪式的孤独,一种社会的孤独,不仅源于毗邻之人的激情,而且源于这种同其自身的特定的关系。这种关系把那极端的、无限的距离,把那他异的在场,置于其亲密性当中。犹太人就这样诞生。犹太人是起源之人;他同起源的联系不是通过栖居,而是通过对起源的远离,也就是说,开端的真理在于分离。以色列人:他处于王国当中。犹太人:他处在流亡当中,仿佛注定要把流亡变成一个王国。安德烈·内尔说:"一个人如何能够同时处在流亡和王国当中,在流浪的同时定居?恰恰是这样的矛盾让犹太人成了犹太人。"(内尔或许太过倾向于把这个矛盾转译为辩证的语言,但它意指的矛盾是辩证法无法包含的。)

现在,让我们坚持一点。逃难、流亡这些词——还有亚伯拉罕听到的那些话,"你要离开本地、本族、父家"①——承担着

---

① 出自《旧约·创世纪》12:1。——译注

一种并非否定的意义。如果一个人必须启程上路并流浪,那是因为,从真理中被排除出去,我们处在了这种禁止一切栖居的排斥里吗?或者,这样的迷误毋宁指示了一种同"真理"的新的关系?这游牧的运动(其中铭刻着分割和分离的观念)不是肯定了自身吗:不是作为一种对逗留的永恒剥夺,而是作为一种本真的定居方式,一种本真的居留方式,它不把我们约束于一个位置的规定,也不让我们在一种永远并且已经得到奠基的、确定的、恒久的现实边上安居?仿佛定栖(sédentaire)的状态必然是一切行动的目的!仿佛真理本身必然是定栖的!

但为什么拒绝在栖居的需要上奠定真的"观念"?为什么迷误用存在(Être)一词——在其同一性当中——无法满足的肯定,取代了相同者的统治?这不简单地是一个有关特权生成的问题;它也不是在拒斥一切尘世之物的时候,引入一种纯粹理想主义的主张。随同希腊人,我们发现了理念世界的首要性——这样的首要性无论如何只是不可见者统治可见者的一种方式。随同基督徒,我们发现了对人世的否认,一种对生命的贬低,对在场的轻视。离开栖居之所,是的;以这样一种方式来去,以便把世界肯定为一个通道,但不是因为一个人应该逃离这个世界,或应该作为逃亡者活在永恒的苦厄里。逃难和流亡这些词指明了一种同外在性(extériorité)的肯定的关系,外在性的要求邀请我们不满足于我们所固有的东西(也就是,我们的这一权力:吸收一切,认同一切,把一切带回到我们的"我"[Je])。逃难和流亡只是表达了同一种对外部(le

Dehors)的指涉,而外部正是生存(existence)一词所承担的。所以,一方面,游牧在确立起来的东西上方维持着一种权利,即通过召唤人之运动和人之时间的积极性,来质疑空间的分配。另一方面,如果对文化的扎根和对事物的考虑还不足够,那是因为我们所扎根的现实的秩序并不持有我们所必须回应的全部关系的关键。面对希腊真理向我们提出的可见-不可见的视域(作为光的真理,作为尺度的光),另一个维度向人揭示了出来,在那里,人必须超出一切的视域,和他无法够及的东西取得联系。

在这里,我们应该引入以色列的伟大赠礼,引入唯一之上帝的教导。但我毋宁会残忍地说,我们归于犹太教一神论的东西不是唯一之上帝的启示,而是言语的启示——在言语的位置上,人将自身持守于一种关系,而这关系的对象乃是排除一切关系者:无限遥远者,绝对陌异者。上帝言说,人对上帝言说。这就是以色列的伟大功绩。黑格尔在阐释犹太教的时候宣称,"犹太人的上帝是最高的分离,排斥了一切的联合"[1],或者,"在犹太人的精神里,有一道不可逾越的鸿沟"[2],他完全忽视了数千年来在书籍、教导还有活生生的传统中一直得以

---

[1] 出自黑格尔的《有关犹太教精神的提纲》。参见《黑格尔早期神学著作》,贺麟译,上海:上海人民出版社,2012年,第418页。——译注

[2] 出自黑格尔的《基督教的精神及其命运》:"在犹太人的精神里,在冲动与行为、肉欲与罪行、生命与犯罪、犯罪与赦免之间存在着一个不可逾越的鸿沟。"参见《黑格尔早期神学著作》,第325页。——译注

表达的本质的东西,即这样的观念:如果事实上有一种无限的分离,那么,它也化为了言语,以使之成为理解的所在;如果有一道不可逾越的深渊,那么,言语也跨过了这道深渊。距离没有被废除,它甚至没有缩小;相反,它被言语所维持,支持差异之绝对性的言语保持了它的纯粹性。让我们承认,犹太思想不知道,或者拒绝中介和作为中介的言语。但其重要性恰恰在于教导我们,言语开创了一种本源的关系,其中包含的关系项不必补偿这种关系,或为了一种被认为是共同的尺度而否认自身。对某人说话就是同意不把他引入有待认知的事物或存在的体系里;就是把他承认为未知的,并把他接受为陌异的,而不迫使他同他的差异决裂。言语,在这个意义上,乃是应许之地,在那里,流亡在逗留中完成了自身,因为问题不是在那里安家,而是始终身处外部,并参与一个运动,陌异者(l'Étranger)就在这个运动中给出了自身而不弃绝自身。言说,一言以蔽之,就是在流亡(exil)、逃难(exode)、生存(existence)、外在性(extériorité)和陌异性(étrangeté)这些词语以各种生存模式所展露的前缀(ex-)中寻找意义的来源;这个前缀为我们指定了那作为一切"肯定性价值"之本源的距离和分离。

确实,通过让上帝之名化为乌有来声称再现犹太教会是轻率之举——虽然对这个名字的审慎和度量它的沉默,在那么多重要的文本中准许阐释者不念出它,如果他可以抛开它的话。相比于希腊的人本主义,犹太的人本主义让人惊讶,因为它如此持续,如此突出地关注人的关系,以至于当上帝名义上在场的时候,问题仍然是关于人的;问题是,当除了人自己就没有什么把人聚到一起或分开的时候,人与人之间有什么。亚当犯错后,从高处传来的第一句话是:"你在哪里?"① 完美的人之问题要由上帝来表达:"人在哪里?"——仿佛在某种意义上,为了让人的追问获得其高度和宽度,就必须要有上帝;但那个上帝说着一种人的语言,所以,关于我们的问题,其深度就被交给了语言。罗森茨威格在研究诫命(commandement)的本质时做出这样的评论:"我不敢把任何的诫命呈现为人的……但我也不能完全地呈现律法书的神性本质,除非是以诺贝尔拉比(Rabbin Nobel)的方式:'上帝对亚伯拉罕现身;亚伯拉罕举目观看,见有三个人。'"② 让我们回想一下雅各。他和其黑夜的对手相搏斗,那对手以一种已然意味深长的方式对他说:"你与神与人较力,都得了胜。"③ 而雅各,给这个地方起名为毗努伊勒,说:"我面对面见了神,我的性命仍得保全。"④ 随后不久,他遇到他的兄弟以扫,后者有许多担忧的理由,他于是对以扫说:"我若在你眼前蒙恩,就求你从我手里收下这礼物,因为我见了你的面,如同见了神的面,并且你也容

---

① 《旧约·创世纪》3:9。——译注
② 参见艾萨克·海涅曼(Isaac Heinemann)的作品,夏尔·图阿蒂(Charles Touati)改编,《犹太思想中的法》(*La loi dans la pensée juive*, Paris: Albin Michel, Collection Présences du Judaïsme, 1962)。
③ 《旧约·创世纪》32:28。——译注
④ 《旧约·创世纪》32:30。——译注

纳了我。"①一个非凡的表述。雅各没有对以扫说"我见了神的面,如同见了你的面",而是说"我见了你的面,如同见了神的面",这就确认了,奇迹(享有特别之恩典的惊喜)诚然就是人的在场,这个作为他人(Autrui)的他异在场(Présence Autre)——它和不可见者本身一样是难以通达,分离的,遥远的。它还确认了这样一次相遇的可怕之处,其结果只能是认可或死亡。任何一个看见上帝的人,其性命都岌岌可危。任何一个遇见他者的人,只有通过致死的暴力或通过用言语的礼物来接纳他,才能与之发生关系。

虽然把我们自己限于这些评论会显得随意,但我并不认为它们采取的方向改变了真理。而这个真理就是,任何一个渴望通过犹太教来阅读犹太历史之意义的人,都应该在他面对他人的时候,反思那段把人与人分开的距离。犹太人没有像种族主义让我们相信的那样不同于其他的人;他们毋宁,如列维纳斯所说,见证了人脸(面容中无法还原为可见性的东西)向我们揭示并交给我们负责的这种同差异的关系;不是陌异者,而是让我们想起了陌异性的要求;不是被一种难以理解的惩罚所分离,而是作为纯粹的分离和纯粹的关系,指定了那从人到人,超出人之权力的东西,人的权力无论如何是无所不能的。反犹主义,在这个意义上,绝非偶然;它把一个形象赋予了他人所激起的厌恶,赋予了面对从远处和别处到来者所

---

① 《旧约·创世纪》33:10。——译注

二 极限体验

感到的那种不安:需要杀死他者,也就是,需要让权力无法度量的东西服从死亡的全能。一个人或许可以说,反犹主义具有三个特征:(1) 它否定犹太教的所有"肯定"的价值,并且,首先否定了犹太教让我们面对的那段"无限的"、不可还原的、(甚至在逾越了的时候也)不可逾越的距离的首要肯定;(2) 在把犹太人还原为否定的存在后,它把这种否定的存在变为了一种缺陷,变为了一个可以从伦理和社会上加以谴责的现实;(3) 它不把自身限于一种理论的判断,而是要求对犹太人采取实际的消灭,以便更好地实施它授予犹太人之意象的那种否认的原则。的确,那种否定是如此绝对,以至于它不断地重新肯定了"成为犹太人"所蕴含的同无限者的关系,并且,这种关系是任何形式的强力都无法废除的,因为任何的强力都无法与之相遇(正如一个人可以杀死另一个在场的人,但他没有毁灭那空无的、绝不到场的在场,而只是让它消失了而已)。同无限者相搏斗的反犹主义者,就这样投身于一场无止无尽的拒绝的运动。不,其实,排除犹太人还不够,灭绝他们也还不够;他们必须从历史上被抹去,从他们用来对我们说话的书本中被抹去,就如同那样的在场——它在每一本书之前和之后铭刻着言语,并让人从一切视域消失的最远之处转向了人——最终必须被消除了一样;简言之,要消灭"他人"。①

---

① 没有任何更多的结论,请让我预防一种反驳。我的确可以理解,为什么那么多害怕反犹主义的人希望以这样的方式让那些指责犹太人的人沉默,即削弱从他们那里向我们而来的问题的重要性。他们抗议他(转下页)

2 人类

"每当'他人'(Autrui)是谁这个问题在我们的语言中出现时,我就想到了罗贝尔·安泰尔姆(Robert Antelme)的书,因为它不仅证实了集中营的社会,还把我们引向了一种本质

(接上页)们所谓的犹太问题的形而上学;他们说它助长了对犹太人的仇恨,因为这样的仇恨是由一种和生存的真实境况无关的神话滋养的。所以,一个人必须否认这个问题有任何超出历史的意义,并只在把它带给我们的历史中寻求回答它的手段。无疑。但这里必须做出区分。一方面,我注意到,反犹主义也只是试图根本地回避犹太教通过犹太人的生存向我们每个人提出的形而上学的要求,并且,这是为了更好地压制一个事实,即他们想要消灭一切的犹太人,也就是说,根本地指责犹太人成为犹太人。忽视反犹主义的这个方面就是放弃认真地对待它的严重性,放弃从中找出它的根源之一,因此也拒绝看到,当反犹主义在世上以不论何种形式肯定并增强自身的时候,至关重要的东西。但另一方面,把成为犹太人和一个民族或一个特殊的国家联系起来的那种关系,当然也是历史的关系,它不能被视为外在于历史的;并且,人在历史当中的工作所要改变的就是这些关系。阿尔贝·梅米在其书的结尾处说:"这一切都过去了吗?我想,那只是部分。有可能我们进入了一个全新的历史时期,它将看着犹太人所经历的压迫得到逐步的清算。但事实上,退步总是可能的,除此之外,这样的过程只是已经开始。它已经数次开始了。"以色列国的重生,还有我们对压迫之境况的巨大意识,会促使我们沿着这条道路前行。然而,应该清楚地记住,"成为犹太人"这些词所表达的问题和以色列国的问题不能是等同的问题,虽然它们彼此修饰。我想起了赫尔曼·科昂(Hermann Cohen)关于犹太复国主义的评论:"这些健硕的灵魂想要幸福。"这评论被罗森茨威格所引述,后者既不批判也不赞同。希特勒降临后,他无法如此单纯地怀有这样的反思。因为那时的(转下页)

二 极限体验

的反思。① 我的意思不是说,他的书清楚地念出了一个对问题的完全的回答。但甚至不考虑它所描述的时间或环境(同时无论如何考虑了它们),把这本书推向我们的,乃是问题的追问力量所保留的东西。通过阅读这样一本书,我们开始明白,人是不可毁灭的,并且,他无论如何可以被毁灭。这发生于苦厄。在苦厄中,我们接近一个极限,在那里,我们丧失了说出

(接上页)问题显然不是关于幸福,而是关于存在。但对生命的渴求,恰如罗森茨威格所说,暗示了存活(或许还有幸福)的形而上学义务,以便向一个民族确保一种自由生存的可能性——哪怕是通过一个"逗留之地"的重建,通过一种民族主义主张的或许危险的手段——仍然是最紧迫的使命。但如果这个使命本身,途经一个居所的建造,最终是一个国家的建造,部分地回答了犹太人之保卫的问题,那么,它就无法回答"成为犹太人"所提出的问题,那个普遍的问题。我们可以肯定,这个使命只在一道新的光芒中产生问题。在这里,我将援引安德烈·内尔的一个评论。他注意到,西奥多·赫茨尔(Theoor Herzl),以及一般意义上的犹太复国主义意识形态,已经为一个特别地东方的情境(或许更好的说法是:一个超出一切确定的历史意指的情境),提出了一个纯粹地西方的解决方式;这个解决方式必然产生国家,仿佛犹太教所承担的整个运动应当只趋向于一个以十九世纪的模式设想的国家的创建,它为自身宣告了法的现实,并肯定了全体,肯定了超越性。我再次援引安德烈·内尔的话:"以色列国应是宗教的,还是世俗的,它能否在这两个维度的一种共享或综合中实现自身(甚或既不是世俗的,也不是宗教的),这个问题并不落入政党的领域,而是落入哲学家的领域;犹太人的整个天命都处于讨论当中。"我不禁总结道,在巴勒斯坦所尝试的社会里——这个社会陷入了斗争,遭受了威胁,并且,这样的威胁和那种为"保卫"而进行的斗争的必要性一样沉重(脱胎于马克思主义的社会,或从殖民奴役中解放出来的社会,也是如此)——正是哲学本身被权力所危险地度量,因为这个社会和其他社会一样,将不得不规定"游牧之真理"的意义及其面向国家的未来。

① 罗贝尔·安泰尔姆,《人类》(*L'espèce humaine*, Paris: Gallimard, 1957)。

'我'这个字的权力,也丧失了世界,我们无非是我们所不是的那个他者(Autre)而已。

——人是可以被毁灭的不可毁灭者。这像是一个真理,但我们不能通过一种已然正确的知识来认识它。这难道不只是一个迷人的表达吗?

——我相信罗贝尔·安泰尔姆的书帮助我们在这样的知识上前进。但我们必须明白,这样一种知识如何沉重。人可以被毁灭,这当然不让人安心;但在如此的运动中,人,因为这个并且不顾这个,应当保持不可毁灭——这样的事实就是真正压倒性的:因为我们不再有丝毫的机会看到我们自己摆脱我们自己或摆脱我们的责任了。

——仿佛这个总让人一直挺立的对人的无情的肯定,比普遍的灾异(désastre)更加可怕。但为什么是不可毁灭者?为什么他可以被毁灭?这两个词语之间有什么样的关系?

——我在安泰尔姆的书中读到:'但没有什么模糊不清的;我们仍然是人并且只会作为人而结束……正因为我们是和他们一样的人,所以党卫军最终会在我们面前显得无力……[刽子手]可以杀死一个人,但他无法把那个人变成别的什么东西。'[①]这里有一个最初的回答:人的权力无所不能。这意味着,人支配了那和一切,和我身上存留的权力有关的东

---

① 出自《人类》。参见 Robert Antelme, *L'espèce humaine*, Paris: Gallimard, 1957, 239-240. ——译注

二 极限体验

西；换言之，支配了自我-主体(Moi-Sujet)本身。在这个意义上，异化(aliénation)的进展，比那些因需要逻辑的安全感而坚持我思(Ego cogito)(我思被理解为一切异化之可能性的不可异化的基础)的人所说的更为深入。人无所不能；并且，他首先可以剥夺我的自我，从我身上夺走说出'我'这个字的权力。在苦厄中——在我们的社会里，苦厄总首先是社会地位的丧失——众人所击打的那个人被彻底地改变了。他不仅落到个体之下，而且落到一切阶级和一切真实的集体关系之下，他不再以其个人的身份而存在。在这个意义上，苦厄之人已经外在于世界，他是一个没有视域的存在(être sans horizon)。并且他不是一个物(chose)；一个物，即便没什么用，也是宝贵的。被驱逐者不是一个属于党卫军的物：当他仍作为一个劳动者工作的时候，他的工作就把一个被剥削者的何其渺小的价值赋予了他；但对本质地遭到驱逐者而言，对那个既没有面孔也没有言语的人来说，他被迫去做的工作只是用来耗尽他存活的权力并把他投到诸元素的无边的不安全感当中而已。无处可依：外边是寒冷，体内是饥饿；到处是一种不确定的暴力。"寒冷，党卫军。"①安泰尔姆深刻地说。他恰恰以这样的方式挫败了敌人的努力。强力想要离开力的界限：把自身提高到没有面孔的诸神的维度上，如命运一般说话，并且仍然是作为人来统治。带着一种坚定的本能，安泰尔姆让他自己与一切

---

① 出自《人类》。参见 *L'espèce humaine*, 85.——译注

的自然事物保持距离,阻止自己在平静的夜晚,美妙的光线,绚丽的树木中,求得慰藉:'注视着天空,四处漆黑,党卫军的营房,教堂的黑影,还有农场的轮廓,一个人情不自禁地根据黑夜把一切混淆起来……历史嘲笑那迅速地废除矛盾的黑夜。历史比上帝更加无情地追捕;它的要求更为恐怖。历史绝不是用来让一个人的良知平息的。'①另一段:'弗朗西斯想要谈论海,我拒绝了……海,水,太阳,在尸体腐烂的时候让你窒息。正是带着这些词……一个人有了不再想要迈步或起身的危险。'②这需要沉思:当人因为压迫和恐怖仿佛落到了他自身之外时,他就在那里失去了一切的视角,一切的参照,一切的差异,并被交给了一种没有喘息的时间,他忍受这时间就像是忍受冷漠当下的永久性。但他拥有一个最后的依靠。在这一刻,当他成了未知者和陌异者,也就是,成了他自己的一个命运时,那样的依靠就是知道他没有被元素,而是被人所击打,并且,要把人这个名字给予那攻击他的一切。

——所以,当一切不再正确的时候,'神人同形同性论'(anthropomorphisme)会是真理的最后的回音。所以,我们应该完成帕斯卡尔的思想并说,被世界所碾压的人必须知道,最终杀死他的不是世界,而只是人。但恰恰是在苦厄中,人总已经消失:苦厄的本质在于,既不再有任何引发苦厄的人,也不

---

① 出自《人类》。参见 *L'espèce humaine*, 122. ——译注
② 出自《人类》。参见 *L'espèce humaine*, 177. ——译注

再有任何忍受它的人;说到底,从没有什么遭受苦厄的人——没有哪个受了苦厄的人真实地出现过。苦厄之人,除了那个与他混同,却绝不允许他是他自己的处境外,就不再有其他任何的身份。因为苦厄的处境(situation)倾向于不断地去除自身的定位(se désituer),在一个没有根据的无处(nulle part)之无(vide)中消解了。

——这是苦厄的陷阱。但在这里,安泰尔姆的书教会了我们许多。集中营的人几乎是软弱无力的。人的一切权力,第一人称的生存,个体的至尊性,还有那种说出'我'这个字的言语,都外在于他。的确,仿佛除了那些统治者的自我外,就没有别的什么自我了,他被交给那些人统治而不发出一声呼求;因此,他自己的自我仿佛已然抛弃并背叛了他,在那些统治者中间支配着,却把他留给了一种既没有言语也没有尊严的无名的在场。但这个无所不能的强力也有一条界线;那个真正地再也做不了任何事情的人仍在这条终止可能性的界线上肯定了自己:在贫困中,在场的简单性就是人之在场的无限。强力者(le Puissant)是可能性的主宰,但他无法掌控这种不为支配所揭示,不为权力所度量的关系:在这种无关系的关系(rapport sans rapport)里,'他人'(autrui)被揭示了出来。或者,如果你愿意的话,刑讯者同受害者的言之不尽的关系,不简单地是一种辩证的关系。限制刑讯者之统治的东西首先不是他需要那个被他折磨的人,哪怕只是为了折磨他;限制毋宁是这种无权力的关系总是面对面地,并且无限地,产生了作为他人(Autrui)之在场的他者(Autre)的在场。由此就有审讯者的狂暴的运动,审讯者想要凭借强力获得破碎的语言,以便把所有的言语贬低到那个强力的层面上。用酷刑来逼人说话,是试图通过把表达还原为这种权力的语言,来掌控无限的距离,而通过权力的语言,说话者再一次把自己暴露给了强力的支配;遭受折磨者拒绝说话,这是为了不通过被逼出来的词语,进入那敌对之暴力的游戏,同时,也是为了保存真正的言语;因为他知道,真正的言语,此时此刻,与沉默的在场融为一体,并且,这样的在场就是他自己身上的他人之在场。这样的在场,是任何权力,哪怕是最强大的权力,也无法抵达的,除非是通过消灭它。正是这样的在场,自在地,以最终之肯定的形式,承担了罗贝尔·安泰尔姆所谓的对人类的终极归属感。①

——所以,失去了自我,陌异于我自己,在我的位置上得到肯定的东西乃是作为他人的他者之陌异性,是绝对他异、陌生且未知的人,是被驱逐者,是流浪者,或如勒内·夏尔所说,是无法想象的人,他的在场经过了一个无限之要求的肯定。

——'我们的恐惧,我们的麻木,'安泰尔姆宣称,'是我们的清醒。'②

---

① 出自《人类》。参见 L'espèce humaine, 11. ——译注
② 出自《人类》。参见 L'espèce humaine, 159. 原文略有不同:"他们的狂怒是他们的清醒;我们的恐惧,我们的麻木,支撑着我们的。"(Leur fureur était leur lucidité; notre horreur, notre stupeur étaient la nôtre.)——译注

二 极限体验

——但那个不再以第一人称的形式在场的人——这是可怕的变形——遭遇了什么?作为一个主体被毁灭,即在这个意义上被本质地毁灭,他如何能够回应这个要求,他身上的在场之要求?

——在这里,安泰尔姆的书再次给了我们正确的回答,并且,这就是书里最强有力的真理。当人被还原为需求的极端匮乏时,当他成了'某个吃残羹剩饭的人'时,我们看到,他被还原为他自己,并把他自己揭示为一个只有一种需求的人,这需求就是,在否定那否定他的东西的同时,维持人之关系的首要性。必须补充的是,此时的需求发生了改变;在本然的意义上被根本化了,它现在不过是一种贫乏的需要,既没有享乐,也没有满足:在这种同赤裸生命(la vie nue)的赤裸关系里,一个人所吃的面包直接地回应了需求的紧迫,正如需求直接就是存活的需要。列维纳斯在各式各样的分析中表明,需求同时总是享乐(jouissance),也就是说,当我吃面包的时候,我不只是为了活下去而滋养我自己,我已经在生命中获得了享乐,在这基本的满足中肯定了我自己,认同了我自己。但现在,在安泰尔姆的体验,也就是,在一个被还原为不可还原者的人的体验里,我们遇到了根本的需求。这需求不再把我和我自己,或和我的自我满足联系起来,而是和需求层面上被体验为匮乏的纯粹的人之生存联系了起来。并且,问题无疑仍是一种自我主义,甚至是一种最可怕的自我主义,但那是一种无自我的自我主义(égoïsme sans ego)。其中,人,决心幸存下去,以这样一种必称之为可怜的方式,依附于存活和继续存活,并将这种对生命的依附承受为一种无人称的依附,就像他把这种需求承受为一种不再是其自身所固有的,某种意义上中性的需求,一种实则属于每一个人的需求。'活下去',正如他或多或少说的,'就是当时一切的神圣之事'。

——所以,一个人可以说,因为压迫和苦厄,我同我自己的关系发生了改变并丧失了,它把我变成了这个与我隔着一段无限距离的陌异者和未知者,它把我变成了这无限的分离本身,在这一刻,需求变得根本:那是一种没有满足,没有价值的需求,也就是,一种同赤裸生存的赤裸关系;但这样的需求也成了无人称的急求,只有这急求承担了一切价值,更确切地说,一切人之关系的未来和意义。作为欲望之运动的无限者途经了需求。需求就是欲望,欲望和需求混同了起来。仿佛当我滋养我自己的时候,我滋养的并不是我自己;仿佛我接纳了他者,不是招待我自己,而是招待未知者和陌异者。

——但我们不能相信,一切已随需求得到了拯救:正是伴随需求,一切陷入了危急之中。首先,人可以落到需求之下;他可以失去这样的匮乏,被剥夺这样的剥夺。① 但有更多的要说。甚至在这种得到维持的、没有享乐的需求的层面上,存在的不是一种固有的意志,而是我身上的一种近乎无人称的肯

---

① 见后文《反思地狱》。

定,只有那样的肯定维持了遭受剥夺的事实;所以,当我同我自己的关系把我变成了绝对的他者,并且,这个他者的在场根本地质疑着强力者的权力时,这样的运动仍然只是意指权力的失败——它不是'我'的胜利,更不用说是'我'的拯救了。为了让这样一个运动开始得到真正的肯定,就必须在我不再是的这个自我之外,在无名的共通体之内,恢复一个自我-主体的迫切要求:不再是反对'他人'的统治性的和压迫性的权力,而是那能够在一种真正之言语的公正中接纳未知者和陌异者的东西。进而,以这种对苦厄的专注为基础(没有这种专注,一切的关系都将落回到黑夜),另一种可能性必须介入:即我外部的一个自我(Moi)不仅意识到了苦厄,仿佛它就在我的位置上,而且,这个自我通过从苦厄中认出一种对所有人犯下的不公,对苦厄负起了责任——也就是说,它必须在那样的不公中发现一个共同之主张的起点。

——换言之,通过一个自认为代表了一种集体结构①(例如,阶级意识)的外在主体的中介作用,被驱逐者不仅在言语的公正中被接纳为'他人',而且被放回到辩证斗争的情境里,

---

① 为什么是集体的?因为问题是回到作为肯定的真理和全体的问题;并且总体不能被置于知识或行动当中,除非这么做的主体是一个走向"总体"的运动,并且他本身已经是全体的一个形式了。

这样,他就可以再一次把他自己视为一种力量①,一种在需求之人,最终是在'无产阶级'身上存留的力量。所以,我们总是回到这种双重关系的要求上。

——是的,这就是安泰尔姆的书在好几页当中清楚地表达的东西,这几页应该被引述,如果在阅读的整体运动内维持它们并保留其意义是不合适的话。我要补充道,这本书的意义现在应更好地向我们呈现出来。正如我已经说过的,它不简单地是一个证人有关集中营现实的证词,也不是一份历史的记录,更不是一种自传的记述。对罗贝尔·安泰尔姆,还有其他许多人来说,问题显然不是叙述,不是作证,而是本质地言说。但得到表达的是哪一种言语? 恰恰是这样的言语:通过它,在集中营逗留期间自始至终被阻止做出任何披露的'他人',能够到头来才得到接纳并进入人的听悟。

让我们再次回想一下,在他们逗留期间,他们全都发觉自己(在一个必然痛苦的、部分的、未完成的、不可能实现的运动里),可以说,丧失了一个自我,并被约束为一个对他们自己而言的他人。在所有那些被驱逐的人中间,无疑有种种的关系

---

① 但这(如果必须清楚地指出的话)是最为困难的:首先是因为绝对贫乏的他者之人和任何形式的力量,哪怕是保护性的力量之间,存在着一种不可还原的对立。罗贝尔·安泰尔姆用一种决然的简单性说出了这点:"这里,一种嫌疑总悬在那仍然健壮的人身上……他保卫我们,但不是用我们的方式,而是凭这里无人拥有的肌肉的力量。这个人,无疑是有用的、能干的,他似乎不是我们中的一员。"(出自《人类》。参见 *L'espèce humaine*,310.——译注)

二 极限体验

允许他们重新建立一个社会的表象,因而也允许每个人有机会发觉自己暂时是一个面对着某个特定之人的自我,甚或允许他们在面对那些强有力者的时候维持一种力量的假象(这恰是因为政治斗争在余下的世界里继续,为新的时代做着准备)。不然,一切很快就会陷入一种无目的的死亡。但在这样的情境中,本质的东西,它的真理就是:集中营只是禁闭了他者之人(hommes Autres)的一种无纽带的纠缠,只是禁闭了他人的一团糊浆,而他人面对的,乃是一个杀戮的,并且只代表杀戮之不懈权力的自我。在他者之人和这个强力的自我之间,任何的语言都不可能;但这些他者自身之间也没有任何表达的可能。当时所说的东西是本质性的,但其实没有人听到;没有人把他人的无限的和无限地沉默的在场接受为言语(除非在暂时的交流中,一个自我通过一种友情而复活)。那么,每个人除了言语的保留外,就没有什么同言词的关系,而他必须在孤独中让言语活过来,并且必须通过拒绝一切同强力者的虚假的语言关系来保存言语,因为那样的关系最终只能损害交流的未来。

在拒绝中言说,但也在言语的保留中言说。

所以,我们现在明白了他人的这一保留着的言语;一种不被听到的、不可表达的、无论如何永不停息的言语,它沉默地肯定了,在一切关系缺失了的地方,首要的人之关系仍然持续着,并且已经开始了。那些人曾被交给了一种不可能的经验,即作为一个对其自身而言的他人而存在,如今他们回到了世界里,当他们第一次无尽地,不停地说话时,他们觉得自己被召唤着向我们再现的就是这种真正无限的言语。安泰尔姆说出了这点,他在书的开篇直接道出了本质的东西:'在我们归来之后的最初的日子里,我想我们都陷入了一种名副其实的谵妄。我们渴望说话,渴望最终被人听到。'①

——是的,一个人不得不说话:不得不通过回应他人的沉默的在场,把权利赋予言语。这言语的独一无二的权威直接地源自那要求本身。

——那事实上是最为直接的要求。我不得不说话。一个无限的主张用一种不可抑制的力量强行提出了自身。而这也是一个压倒性的发现,是一个令人痛苦的惊喜:我说话,我在说话吗?我现在能够真正地说话了吗?没有什么比这说话的能力更为沉重的了,因为它从不可能者出发,从那段要由语言本身来'填满'的无限的距离出发。'然而,'罗贝尔·安泰尔姆说,'这是不可能的。我们刚一开始说话,我们就感到窒息。'②

——为何有这样的撕痛?为何这样的痛楚总是在场,不仅是在这里,在这极端的运动中,而且,如我相信的那样,已经在言说的最简单的行为里了?

——或许是因为,一旦两个个体彼此接近,他们之间就有

---

① 出自《人类》。参见 L'espèce humaine, 9. ——译注
② 出自《人类》。参见 L'espèce humaine, 9. ——译注

二　极限体验

我们一开始表达过的那种痛苦的公式。他们说话,或许是为了忘掉它,否认它,或者再现它。

——忘掉、否认或再现人是可以被毁灭的不可毁灭者吗?我还是怀疑这个公式。

——不然还能怎样?即便我们要删掉它,我们还是要记住它已最为痛苦地教给我们的东西。是的,我相信我们必须这么说,必须暂时坚持:人是不可毁灭者。而这意味着,人的毁灭没有界限。

——这难道不是表达一种根本的虚无主义吗?

——如果这样,我会求之不得,因为对它的表达或许已经是对它的克服了。但我怀疑,虚无主义会允许自身被人如此轻易地对待。"①

---

①　带着他从他自己和他的知识中获得的体验,格肖姆·肖勒姆(Gerschom Scholem)在谈论德国人和犹太人的关系时说:"这些无以度量的事件在我们之间打开了深渊……因为,事实上,把已经发生的事情完全地呈现出来是不可能的。其难以理解的特性和现象的本质有关:彻底地理解它,也就是,把它并入我们的意识,是不可能的。"所以,忘记它是不可能的,纪念它也是不可能的。在谈论它的时候说起它还是不可能的——最终,就像除了这个难以理解的事件外没有什么可说的一样,必须承担它而不说出它的,也只有言语了。

Ⅵ 反思虚无主义

1 尼采,今天

今天,尼采怎么样? 这个问题首先是轶事性质的:它关注历史,关注历史的微小细节。它也和尼采的德法两国的阐释者及其阐释有关。请注意,问题一如既往地涉及这些最为重要的名字:雅斯贝尔斯(Jaspers),海德格尔,卢卡奇(Lukács),卡尔·洛维特(Karl Löwith),巴塔耶(Bataille),让·瓦尔(Jean Wahl);最近则有德国的芬克(Eugen Fink),以及法国的福柯(Foucault),德勒兹(Deleuze)和克罗索斯基(Pierre Klossowski)。[①] 这个问题将有助于我们思考:为什么保持着历史、

---

① 这里有必要指出下文并未提及的几位作者的文本:卡尔·洛维特的《尼采的相同者的永恒轮回的哲学》(*Nietsches Philosophie der ewigen Wiederkehr des Gleichen*, Berlin: Die Runde, 1935),《从黑格尔到尼采》(*Von Hegel zu Nietzsche: Der revolutionäre Bruch im Denken des neunzehnten Jahrhunderts*, Hamburg: Felix Meiner Verlag 1941),中译见(转下页)

二　极限体验

政治和文学之全部活力的虚无主义思想——甚至是由于接受了时间的检验——看上去近乎天真,并且就像是一个"更好"时代的仍然平静的梦。

通过出版一套新版的尼采并揭示其产生的条件,卡尔·施勒希塔(Karl Schlechta)引起了一阵巨大的轰动。[①] 他以一种含混的方式讲述了人们已经知道的事情;但他提供了之前一直缺乏的证据。当他1934年进入尼采档案馆,编纂一个评

(接上页)《从黑格尔到尼采:19世纪思维中的革命性决裂》,李秋零译,北京:生活·读书·新知三联书店,2006年;巴塔耶的《论尼采:机运意志》(*Sur Nietzsche: Volonté de chance*, Paris: Gallimard, 1945),亦见《全集》第六卷(*Œuvres Complètes*, tome Ⅵ, Paris: Gallimard, 1973);让·瓦尔在《形而上学与道德评论》(*Revue de Métaphysique et de Morale*)杂志上发表的一系列文章,包括《施勒希塔的尼采公案》(Le cas Nietzsche: Par Karl Schlechta, 66[3]: 306 - 311, 1961),《尼采的时间难题》(Le problème du Temps chez Nietzsche, 66[4]: 436 - 456, 1961),《芬克的尼采》(Le Nietzsche de Fink, 67[4]: 465 - 489, 1962),《尼采与哲学》(Nietzsche et la philosophie, 68[3]: 352 - 379, 1963);克罗索斯基的文章《论尼采的〈快乐的科学〉的一些根本主题》(Sur quelques thèmes fondamentaux de la « Gaya Scienza » de Friedrich Nietzsche)和《尼采、多神教与戏仿》(Nietzsche, le polythtisme et la parodie),收于《这样一种致死的欲望》(*Un si funeste désir*, Paris: Gallimard, 1963),以及专著《尼采与恶性循环》(*Nietzsche et le cercle vicieux*, Paris: Mercure de France, 1969)。——译注

① 参见卡尔·施勒希塔主编的三卷本的尼采《作品集》(F. Nietzsche, *Werke in drei Bänden*, Munich: Carl Hanser, 1956)。施勒希塔把他的评论汇集到一本名为《尼采事件》(*Der Fall Nietzsche*, Munich: Carl Hanser, 1958)的小册子里。我要指出,这些反思可追溯到十多年前。尼采的作品从那时起已在科利(Colli)和蒙提纳里(Montinari)的指导下,由伽利玛(Gallimard)出版社以法语的形式出版,从而为我们整个并且完好地,恢复了尼采生前发表的和死后遗留的文本。

述性的版本时,他几乎没有预见那等待他的东西。尼采一直被交给了谎言;那些谎言是有意识的、果断的,有时还是精妙的,它们从一种以反犹为目的的自由思想的使用,走向了伪宗教的野心所组建的一套沉重的神话学的虚构。但"真正"的尼采,随同一大堆未公开的文献,静静地睡在了一座房子里,而统治这座房子的,乃是一种为了获利而毫无顾虑地自我炫耀的需要。为了努力进入尼采,施勒希塔不得不踏入"母狮的巢穴",也就是接近尼采那致命的妹妹:她毫不迟疑地把她哥哥的旗帜挂到希勒特的千年帝国的城墙上,并在她的巢穴里接待最受欢迎的客人,"当时一些大型食肉动物"。在这样的环境下工作,学者们(在他们中间,施勒希塔不是唯一一个没有成见地提出或准备出版尼采之全部作品的人)给人留下的印象与其说是心平气和的哲学家,不如说是同流合污的共谋者。

这一阴险的,却过分简单和肤浅的篡改,和一切政治的篡改一样(希勒特对尼采没有任何的概念并且也不关心他),只怀有一种平庸的趣味,如果那还不算一种支撑作品本身,并且演化了三十余年的更为严重的篡改之结果。

从1895年起,福尔斯特-尼采(Förster-Nietzsche)夫人就从她母亲那里获得了有关这些文稿的一切权利,甚至是财务的权利;并且,她精力充沛地开采这些文稿所构成的思想的巨大遗产。首先,她遣散了她哥哥的所有真正的朋友并热衷于让他们心生疑虑,只把软弱的彼得·加斯特(Peter Gast)留在身边,后者作为唯一一个能够辨认字迹潦草的手稿的人,勉强成为了她勃勃野心的工匠。霍尔讷弗（Horneffer）博士，作为曾和她还有彼得·加斯特合作过的人之一，已在1906年披露，她迫使他们在不合理的条件下工作。未发表的文本量是巨大的。在一切出版的尝试之前，首先应该关注的事情至少是对它们进行通读和誊写，但这要求太多的时间。有必要尽可能快地出版，并且越多越好：对金钱的需要，对夸耀的喜好，对借着这个不得不变得时髦的伟大名字来获得名望的狂热渴求，让她片刻不息。

但她想要更多。她最关心的事情是把尼采变成一个真正的、普遍意义上的哲学家，并用一篇核心的作品来充实他的著作，在那作品里，他的所有肯定性的论断都会在一个系统的组织中找到它们的位置。由于这样的作品并不存在，她便使用了一个标题和计划——这是从其他几个标题和计划中挑选出来的——并要求她的合作者，把各式各样的笔记本当中提取的大量遗稿性质的手记——其中有许多重复了尼采从他之前发表的作品中分出来的文本——看似随机地注入这个框架。由此诞生了《强力意志》（*La Volonté de puissance*）：第一版由483条格言构成，第二版得到了极大的扩充，有1067条——这部作品，部分地得益于其标题的光芒，事实上，最终把它自身强行打造为现时代的重要著作之一。

所以，《强力意志》不是尼采的书。它是一部由编纂者伪造的书，它是一部伪作，因为在贯穿着万千思绪的岁月里，尼采所不时地写下的，既没有秩序也没有体系的东西，如今向我们呈现为一部他曾如此准备和打算的系统化作品的材料。施勒希塔已经表明,这样的伪造是任意的,并且它所采取的次序也是不合理的。它把一堆偶然的笔记放到我们面前,其实谁也没有权利从那些笔记中创造出一个整体。唯一忠实的呈现方式包括废除之前的编纂者发明的材料排序,并通过遵循手稿自身的编年顺序,来恢复其原本的状态。这就是施勒希塔所尝试的事情,但他的方法仍然可以批评。尼采《作品集》(*Œuvres*)是在施勒希塔的监督下出版的;在其第三卷里,我们第一次忘了:这部伟大的伪作,曾由一种暴力的行为所创造,并且,对一种本质地不可把握的思想的意识形态诱骗,也曾在它的周围被组织起来。[1]

---

[1] 必须说一说福尔斯特-尼采夫人的另一个不那么严重,却更为卑鄙的创举。人们当然学会了怀疑她。奥韦尔贝克(Overbeck)、贝尔诺里(Bernouilli)和波达赫(Podach)已经表明,她能够更改文本。她在尼采和莎乐美的痛苦的恋情中使用的诡计众所周知。然而,当人们质疑她是否有权替尼采说话,是否有资格在尼采的思想上采取一种排外的决断权时,她的回应是呈现一系列的书信,在信中,她的哥哥把她当成了一个享有特权的红颜知己。这些书信的原件已经消失,但人们无法怀疑它们的本真性。在她死后的1935年,施勒希塔在蒂尔巴赫(E. Thierbach)和霍佩(W. Hoppe)的协助下,通过找到一些信件的草稿揭开了这个谜团。信的确是尼采写的,但那是寄给他的母亲或寄给玛尔维达·冯·梅森堡(Malwida von Meysenburg)的。这个奇怪的妹妹就这样挪用了那本不是写给她的信任的表达,以便从中找到其事业所需要的道德和智识的担保。她毁掉了信的原件并对草稿进行相当粗陋的润色。(她为什么不毁掉它们?无疑是因为它们证明了信件的真实;就尼采本人来说,如果草稿上出现一个墨渍,这并不奇怪,因为他的近视让他显得笨拙。)所有这些篡改要求一种坚持不懈的精神和巨(转下页)

二 极限体验

*

为什么尼采的命运是落入伪造者之手？为什么这个在探究中把正直看得最重的心灵，让自己遭到了操纵，虽然他已提前抗议过，他说："尤其不要把我与他人混为一谈……"①"我往往被误认为别的某个人。让我免受这样的混淆，就是帮我一

(接上页)大的能量，而这个厉害的女人一样也不缺。几乎可以确定的是，她销毁了重要的传记文献，尤其是那些能够揭露尼采之病疾的医学药方。请参考布隆克(R. Blunck)的著作，它提到了尼采在莱比锡接受梅毒的治疗。(但我们必须补充一点吗，即在这段依旧隐晦的历史中，重要的并不是伊丽莎白·福尔斯特-尼采个人？因为一些评论家已经断定，过分地看重一个没受过太多厄运的角色是不公平的，并且，家族奉献这样的解释也过于简单。在我看来依旧决定性的东西在于，对那些服从希特勒之降临的人而言，尼采这个名字的使用不属于一段揣测的历史；它毋宁是日常政治体验的一部分。这可以在报纸上读到。我们一些人在1933年11月4日意识到了如下的信息，它出现在报纸杂志上："在离开魏玛去往埃森前，希特勒总理拜访了著名哲学家的妹妹，伊丽莎白·福尔斯特-尼采夫人。年迈的夫人把一根曾属于她哥哥的带剑的手杖，赠送了总理。希特勒先生兴致勃勃地听人朗读尼采的妹夫，反犹主义宣传者，福尔斯特博士，于1879年对俾斯麦所做的报告，福尔斯特博士从那以后继续关注'犹太精神的优势对德国人制造'的危险。拿着尼采的手杖，希特勒先生在阵阵掌声中穿过人群，然后乘车前往埃森，途经埃尔福特。"同一天，1933年11月2日，希特勒在魏玛拍了一张他和尼采雕像的合影，理查德·厄勒[Richard Oehler]不久便在他的书《尼采与德国的未来》[*Friedrich Nietzsche und die deutsche zukunft*, Leipzig: Amnen-Verlag, 1935]中复制了这张照片，在那里，他把尼采变成了《我的奋斗》[*Mein Kampf*]的序言作者这样的人物。理查德·厄勒和尼采家族有所关联，他当时在"尼采档案馆"[Nietzsche-Archiv]扮演了一个重要的角色；此外，伊丽莎白·福尔斯特的高龄——她有八十六岁了——至少部分地免除了她对这场典礼的责任。)

① 参见尼采，《瞧，这个人：尼采自传》，黄敬甫、李柳明译，北京：团结出版社，2006年，第1页。——译注

个大忙。"但他还说:"每一位深刻的思想家都比害怕被误解更害怕被理解。"①那种(不无善意地)允许一份汇编将自身强行打造为本质作品的诡计,源于何处?它源于偏见,并且首先源于这样的偏见,即声称没有一部庞大的系统化的作品,就没有伟大的哲学家。当然,福尔斯特-尼采夫人已经表明,她不能够把握这样一种思想的尺度,因为她希望这样一种思想在一部极为牢固的作品,而不是那些在她看来因其过分文学的形式而显得琐碎的书中得到表达。仿佛尼采的思考和书写的方式在原则上还不是断片的。关于这个问题,施勒希塔写下了一些某种程度上恰当的评论:尼采拥有几乎无限丰富的精确观念,这些观念是分散的,可以严格地加以表达的,每个观念都以一种微小的有机体的方式活着。所有这些思想的十分松散的统一处在了一个秘密的整体之意图里,而那样的意图往往只对尼采一个人呈现:那是一种隐秘的、折磨人的在场。各个文本中指引文本的可以察觉的某一方向表达了这点。但由于一个"标题"的引力,这些有机体有时恰好在一个更大的整体中达成统一,并反过来把生命赋予那个更大的整体。这个过程被极为迅速地完成:仿佛是由一种过分饱和的海水的晶体化的分泌物构成,作品瞬间变为了可见的和在场的。这样的结晶化往往没有发生。如果一个计划遭到了抛弃,这不妨碍它在多年后重现,哪怕其他的作品已经使用了那曾用来预

---

① 出自《善恶的彼岸》,第290节。参见尼采,《善恶之彼岸——未来的一个哲学序曲》,程志民译,北京:华夏出版社,2000年,第211页。——译注

二　极限体验

想这个作品的材料。这便是《强力意志》的情形：它曾在《善恶的彼岸》(*Par-delà le bien et le mal*)的封面上得到宣告，后因生命末年的"争议"之作而遭到了抛弃。（我无论如何会在后面提出一种有关"断片书写"的完全不同的解释。）

现在，我们更好地明白了，当编纂者如此随便地取代尼采的位置，并在甚至没有意识到的情况下，用汇编的粗糙作品替换了结晶化的创造性过程时，他们在多大的程度上缺乏严谨，还有敏锐。同样，为了宣扬他的哲学，他们声称要确立一部他时刻在想，却没有时间来完成的主导作品。遗稿中没有这样的东西，所以，牵强附会在所难免，甚至没法辩解——除非，在我看来，有这样的情形：即尼采自己有时也屈从普遍的偏见，并且，就像是受够了断片的要求一样，当他想要自己被人更好地理解时，他似乎情不自禁地用一种更为传统的语言和一种更为体系的形式来表达自己。至少他曾这样说过。并且人们也把他的话当回事。这是他的责任了。

《强力意志》不是尼采的书，但书中的每一个中心思想都以一种和生前出现的那些作品一样丰富，一样深刻，并且更为灵活的方式得到了表达。① 如果《强力意志》用这样一种权力

---

① 拉姆(A. Lamm)已在1906年肯定了这点，从那时起，他就反对过分地重视遗稿。但由于他只知道遗稿的一部分，所以这个断定必须同样被视为争议性的。拉姆（和施勒希塔一样）——这是最严重的误读之一——不仅没有意识到同一个经过改写或重复的"观念"所带来的新的东西，而且没有意识到重复本身的意义：它同意义的新的关系。

肯定了自身，那么，这恰恰是因为，这本不属于尼采，却同样被他认可的书，得出了种种成功的断定，并且它的形式让这些断定变得更容易理解，乃至于允许尼采的传奇逐渐地给它强加一种简单化的阐释。施勒希塔说，几乎所有遗留的写作都缺乏第二个声音，那个在尼采内心的秘密对话中显得如此宝贵的声音；它们让一切变得更为野蛮，更为简单，由此产生了影响。这样的判断本身自然过于简单。但尼采的确是我们给作品施加的一种过度之趣味的牺牲品，并且，他的作品不是通过生命，而是通过其作者的死亡才落入了我们的占有。多么奇怪啊，我们时代的最伟大的文学荣耀竟应诞生于完全遗留的作品：卡夫卡，西蒙娜·薇依，霍普金斯①；或者诞生于部分遗留的作品，如荷尔德林，兰波（Rimbaud），洛特雷阿蒙（Lautréamont），特拉克尔（Trakl），穆齐尔（Musil），以及，一种更为残酷的意义上，尼采。一个人会向作家建议：什么也别留下，把你不希望看到的东西统统毁掉吧；不要软弱，不要信任任何人，因为你有朝一日必遭背叛。在尼采的例子里，疯狂把他唐突地交给了其他人，把一大堆各式各样的书写交给了黑夜，但恰恰是疯狂把一种令人惊异的价值和一种虚假的黑夜的光辉赋予了他幸存的言词，仿佛这些言词持有他为之发疯的秘密和真理。人们可以看到，各种不同的偏见聚到了一起，

---

① 应指英国诗人杰拉德·曼利·霍普金斯（Gerard Manley Hopkins, 1844—1889）。——译注

二 极限体验

让那个不是尼采本人留下的尼采在他身上占得上风:首先是认为,他成功地把一种能够产生影响的教条化表达给予了他的思想;其次是认为,这种哲学超越了洞察力和理性,用一种从坟墓里传来的声音的先知般的权威,以命运的名义对我们说话。①

---

① 我想有必要回想一下,在施勒希塔之前,海德格尔,至少是从1936年起——通过一系列有关尼采的讲座(部分讲座是在1936至1939年间进行的,并于1961年出版为两卷本的书[参见马丁·海德格尔,《尼采》,孙周兴译,北京:商务印书馆,2004年——译注])——以一种最坚定也最权威的方式质问了,如果不是编纂者的话,至少也是编纂者所负责的尼采文本的出版。以"尼采的所谓'主要著作'"(das soennante "Hawptwerk")为题,海德格尔在重要的一节(第3章,第2节,参见中译本《尼采》[上卷],第471页——译注)里,谴责了以《强力意志》这个书名出版的1884—1888年笔记在挑选和分类上的随意性,"即便在尼采那里,强力意志的思想只是偶尔处在了首要的层面上","通过这种随意的挑选——其依据,事实上,是那些对尼采而言草案性质的计划——尼采的哲学成了强力意志的哲学"(牺牲了永恒轮回的思想)。

那么,海德格尔问,这本名为《强力意志》的书怎么样?我们必须用这些无可置疑的事实反对它:(1)不管他如何宣称,尼采从未写下这部著作;(2)他后来抛弃了计划和标题……所以,为了回到尼采生前未发表的思想的本质的东西上,名为《强力意志》的作品无法拥有一种决定性的价值。甚至它的计划也只是这部持续演化的作品的一个短暂的阶段。海德格尔做了进一步本质的补充:"主要著作"从未被完成;它不仅未被完成,而且从未成为现代哲学著作(笛卡尔,康德,黑格尔)意义上的一部"著作"。为什么这个注定通向"强力意志"的思想道路无法产生一部具有经典结构的著作?回答被过于容易地给出:一个人说,一位思想家,光凭他自己,难以胜任掌握这样一个主题的使命,因为这个主题包含了逻辑学、伦理学、美学、语言哲学、政治哲学和宗教哲学。或者,一个人说,尼采没有形成一种体系化哲学的天赋;而且,他自己表明了他对每一个体系思想家的怀疑。一个人还说,尼采是内部和外部的一种过度之压力的牺牲品,这种压力使得他情不自禁地(转下页)

*

雅斯贝尔斯第一个告诉了我们对尼采的一切阐释所必须尊重的原则,如果那样的阐释不希望让尼采与他自己不断反对的力量串通一气的话。尼采思想的本质运动体现为自相矛盾;每当它肯定的时候,这样的肯定必须同反对它的东西联系

(接上页)行动或直接地卖弄。一个人补充说,恰恰当尼采需要对强力意志进行"系统化"的反思时,他缺乏工作和专注的精力。海德格尔评论道:这些解释在一种前提下是正确的,即一个人假定,就那被准备的东西而言,问题是关于一部作品,尤其是关于一部以哲学的主要著作(Hauptwerk)的形式呈现的作品。这样的假定是没有根据,甚至不真实的(unwahr),因为它与强力意志思想当中至关重要的东西背道而驰。虽然尼采在书信(尤其是在那些给妹妹的书信)中谈到了一部"著作",但这并不足以证明如此之"偏见"的合理。尼采太过清楚地看到,那些亲近他的人无法度量他所面临的紧迫要求。"未完成"是这样一个不恰当的词语,因为它只能意味着,这种唯一思想的内在形式会拒绝把它自身给予思想家;但或许它没有拒绝给出自身:或许这样的拒绝(Versagen)只在那些人的作品中被遇到,他们把思想的运动埋藏(verschütten)在了早熟的和偶然的阐释下。只有对一部被错误地认为注定完成了的作品做出随意的假定,一个人才能够把尼采遗留下来的从未发表的东西当成一份"草案""试作""未完稿"(Bruchstück)、"残篇"(Fragment)。没有别的选择。如果这样的预设完全没有根据并且不符合这位思想家的根本思想,那么,遗留下来的思想之踪迹(trace)就获得了一种截然不同的特征。或者,更谨慎地讲,首先要问的问题是:该如何看待思想的这些特征或这些跳跃,好让我们思考它们而不让它们适应我们的理智习惯。海德格尔总结道:"这本书不是尼采的一部'著作'……但对于一种力图思考尼采的唯一思想的尝试来说,这本书已经足以充当基本材料了。只不过,我们必须从一开始并且完全地摆脱掉书中现有的编排。"(中译本《尼采》[上卷],第475—476页,有改动。——译注)海德格尔评论说,他无论如何还是会遵循一种表面上随意的排序,但他至少会避免把那些出自完全不同时期的片段掺混(Durcheinandermengen)在一起,而那样的掺混在当时对遗稿的出版而言是可供使用的。海德格尔在别的地方(讲座的开始)(转下页)

二 极限体验

起来;其全部确信的决定之点都途经了质疑,超越了质疑,并返回到质疑。这样的矛盾没有揭露尼采心灵的某种任性或困惑:没有人可以怀有更少的疑虑,或更加远离平静的否定;由于可怕的严肃,由于"是"的持续的意志——这种意志在真理不再陌异于矛盾的地方深入地寻求真理——一切必须在某一刻发生颠倒。

在尼采的作品里,没有什么可被称作一个中心。根本没有什么核心作品,没有什么主要著作。但由于他所认为的本质的东西也在那看似偶然的东西里显露了自身,所以,包括遗

(接上页)进一步说:(1)虽然没有这样的意图,但通过依次顺序地出版来自不同手稿和同一手稿不同位置的笔记,编纂者误导了我们;(2)唯一可被视为权威的编纂是遵循编年的次序。我想海德格尔的判断应该终结一些评论者提出的怀疑了。那些评论者通过一种对过去的不合理的依恋,继续质疑对尼采的全部文本的批判性编纂,一种显然重要的编纂:我们没有同尼采断绝关系,也没有同尼采文本的出版断绝关系。我应补充道,在海德格尔的这些讲座里,人们可以听到一些话,它们让人警惕政权主宰者对尼采哲学的任何利用。我会特别地想到这一句:"我们无权利用尼采,使之服务于当代精神的造假事业。"海德格尔在讲座的时候谈到了强力意志的政治阐释,而这种阐释只有在一个人"碾平"了思想,或把思想完全地删除了的时候才有可能。在1939年,这样的警告和呼唤对一些听众而言应该是振聋发聩的。应该让那些人也想到这点,他们无法忽视海德格尔1933年的重要"政治"文本(许多人并不知道它,直到1960年由吉多·施耐博格[Guido Schneeberger]出版;参见《德国大学的自我主张》[*Die Selbstbehauptung der deutschen Universität*, Berslau: Korn, 1933]),那篇文本的确在各方面都是骇人的,但首先是出于下列的原因:带着一种建议为国家社会主义投上决定性的赞成一票的目的,它让一种语言和一种书写服务于希勒特,而那种语言和那种书写,曾在思想史的一个伟大的时刻邀请我们参与一种被指定为最崇高的追问,即追问从存在(Être)与时间(Temps)中向我们到来的东西。

稿内在看似偶然的东西,不能以它们只是把另一种形式赋予了已经表达过的思想为借口,而遭到忽略或轻蔑的排斥。当一个人按编年次序阅读他的书时,一个人开始意识到一种偏执的千篇一律,虽然那里也有各式各样的关注和形形色色的表达。某种根本的东西在寻求得到表述:一个同一又不同一的主题,一个持续的思想,召唤着一个非中心的中心,召唤着一个全体,这个全体超越了一切从未实现,但不断地被假定、被追问,有时还被要求的东西。这个"全体"既不是一个概念,也不是一个体系。尼采思想的无与伦比的启示性力量恰恰在于把我们改造为一种非体系的凝聚,由此,一切与之相关的东西似乎从各处逼来,有如一个凝聚的体系,同时又彼此相异。为了不错失这样的全体,雅斯贝尔斯说,一个人必须总把思想和生存维持在一起:认知想把自身托付给一切的可能性,并由此超越每一个可能性;但尼采不满足于认知,他不得不成为他所谈论的东西。同时,他不知道如何停留在那里。他知道这无情的超越就是其最强大的美德,他知道这就是他最大的危险。"我总在一道深渊之上。"尼采所固有的"真实的辩证法"是这样的要求,这要求不允许他仅仅通过一个简单的理想运动来实现他的思想,而是命令他带着其全部的存在,以一种活生生的方式走完所有这些位置。

那么,对尼采的每一个阐释应忠实于这些原则:不要轻易地满足,直到一个人找到了那与他所做的有关尼采的论断相矛盾的东西;要在矛盾中维持一个全体的要求,这全体不断地在场，又不断地被矛盾所消解；绝不要把这个全体——非统一的全体——视为一个体系，而是要视为一个问题，视为一种探究的激情，这激情带着追求真理的冲动，批判一切在探究过程中业已获得的东西；要重新把握"真实的辩证法"：作为世界之游戏的思想，作为断片的文本。

任何一个用这焦虑而多疑的目光阅读尼采的人都会情不自禁地利用尼采。就连雅斯贝尔斯，虽然他如此赞成在尼采身上认出例外，在尼采作品中认出不可传达的力量，也恰恰出于这样的原因，冒险背叛了尼采——哪怕只是为了支持一种生存哲学（philosophie de l'existence），对这种生存哲学而言，尼采，以一种和克尔凯郭尔一样的名义，显现为一个宣告和启示的人。相反，当海德格尔激昂地声称，我们必须学会像阅读亚里士多德的专著一样严格地阅读《扎拉图斯特拉如是说》，并且，这样的思维方式和古希腊哲学家的思维方式一样坚定、充实时，他表明，有一种让尼采显得与众不同的方法，而这种方法会让我们忘记尼采思想中至关重要的东西。尼采的作品是伟大的，甚至例外的，这不是因为作品将其自身与西方历史自笛卡尔、莱布尼茨、康德、谢林、黑格尔以来已经表达过的东西区分开来，而是因为作品完成了那样的东西。"把尼采和克尔凯郭尔联系起来是本质地误读了尼采……尼采的思考绝不是生存的，他的思想是形而上学的。"尼采思想的独一无二的力量在于，它不是形而上学的教条之一，而是形而上学的最终完成：在形而上学的领域里，尼采所谓的虚无主义的核心事件宣告自身已有很长的时间了。他给自己起名为最后的哲学家。这也意味着,在他看来,他仍是一个哲学家。沉思尼采的哲学就是沉思哲学的这一终结,但要严肃地看待它,严肃地看待他在谈论强力意志、超人和永恒轮回时所说的东西,不要满足于在这些概念里看到文学的意象或一些用来表达某种不可交流之生存体验的公式。

*

这种对严格性的召唤暗示了尼采的真正伟大之处。在一些圈子里,虚假热情的氛围和多愁善感的赞扬把最自由的心灵的权威变为了一种宗教,这比其思想的政治利用更令人痛苦。如果卢卡奇在一篇草率的论文①里谴责了尼采身上一种法西斯主义美学的先驱,同意用一双和尼采的第三帝国谄媚者一样的眼睛来阅读尼采,那是因为卢卡奇情不自禁地用他自满而残酷地引用的贝特拉姆(Bertram)的迷狂语言来思考

---

① 这篇论文收于《美学史献稿》(*Beiträge zur Geschichte der Ästhetik*, Berlin: Aufban-Verlag, 1954)。

在另一部著作《理性的毁灭》(*La Destruction de la Raison*, trad. S. George, A. Gisselbrecht, E. Pfrimmer, R. Girard, Paris: L'Arche, 1958. 原作为 *Die Zerstörung der Vernunft*, Berlin: Aufban-Verlag, 1953. 中译见《理性的毁灭》,程志民译,南京:江苏教育出版社,2005年——译注)中,卢卡奇花了一章对尼采的作品进行整体的分析。文章指责并控诉了尼采。书的主题具有争议性。卢卡奇在哲学领域里寻找一条道路,通过这条道路,德国抵达了希特勒并成为理性之敌所选中的祖国。人们往往有一个奇怪的印象,即他在读一本不是由卢卡奇,而是由莫拉斯(Charles Maurras)所写的书。

尼采。对卢卡奇而言,尼采也是一个世界的终结和另一个世界的开始。其思想的持续的对立不仅标志了一种意欲尝试一切的探究,还反映了帝国主义时代前夕欧洲所体现的种种矛盾。当尼采同那个时代的文化和艺术进行搏斗的时候,他首先继承了浪漫主义的传统。如同所有浪漫主义的批评家,他反对现代文明的拜物教,把它同另一种在经济和社会上更为原始的文明对立起来。但他没有局限于这个观点。他憎恶那个时代的文明,因为那个文明的根本原则是贬低资本主义的现实(机械化,劳动分工);但他同样憎恶资本主义,因为在他看来,这样的资本主义似乎还是发展不充分的。所以,他既是哀悼过去时代的浪漫主义者,也是帝国主义发展的预报者,他既不渴望狭隘的社团主义,也不渴望物主和工人之间的特定关系;他的理想毋宁是进化了的、有教养的资本家的统治,那样的统治将调动一支像士兵一样清醒的工人军队。

从这个角度看,尼采,还有浪漫主义的核心体验,就是资本主义对人的贬低,资本主义倾向于把一切还原为物的模式。资本主义对人的这一改造释放了大量没有根基也没有用处的无政府主义感受,同时也让情感的生命枯竭,导致了过度的理智化和普遍的精神卑屈。

所以,卢卡奇把尼采的整个哲学视为了一种心理学,这种心理学膨胀为了一种个人历史的神话,也就是人的颠倒:人首先被同时代的堕落所劫持(崇拜叔本华和瓦格纳;幻想俾斯麦的帝国),然后忍受其倾向的错误,最终试着克服它们。尼采不过是把他自己的体验——病中对健康的追求——普遍化为一种历史和文化的哲学。由此就有一种诚挚和本真的语气。但客观地讲，在这样的体验背后无非是一种幻觉，认为能够通过一个发达资本主义，也就是帝国主义的神话，来克服资本主义的真实矛盾。然而，这样的神话虚构不无权力；它允许尼采掩饰其乌托邦（超人，强力意志）的资本主义本质并将之呈现为一项反对资本主义本身的斗争事业。所以，它看上去是某种历史地全新的东西，具有某种革命的力量，并且这种力量恰好在二十世纪的事件里找到了它的尺度。无疑，尼采不对其神话所填补的极其卑鄙的内容负有责任，但在神话中，内容并不重要；这恰恰是神话所说的：重要的只是开创性的壮举，是一部没有话语的作品，是一种没有语言的暴力的命令式语言。当尼采释放神话的力量时，他也准许了一切能够使其自身的神话变得有效的东西，而神话随后很快被还原为英雄的神话，然后被还原为行动人格的神话，再后来便是希特勒……

*

卢卡奇只能利用这样一个运动，即对尼采的批判最终应成为对尼采神话的批判。卢卡奇已经表明，尼采作为一位高级思想家的一大功绩不是削弱其思想所引发的决定性的对立，而是把那个时代的矛盾带向了悖论的真理；那个时代不想察觉的矛盾仍是我们自己的矛盾，现代的矛盾。然而，如果他首先通过其肯定性的观念来行动，在神话中滑稽地模仿，那恰恰是在这样的程度上，即这种神话允许人们忘记其批判的力量,忘记它用来揭露世界——我们的世界——的那种严格性;神话表明的不是这个世界上平庸的、软弱的东西,不是它的信念和它的偏见,而是其中强大的和本质的东西:它对真理的关注,它对知识的要求,以及它所趋向的普遍的掌控。那些想要科学的人必定也想要科学的结果,所以最终必定想要虚无主义;这就是尼采对其同时代人发出的警告,同时代人利用尼采的神话是为了不倾听它。海德格尔以一种动人的方式说:最沉默、最羞怯的人忍受着被迫发出呼喊的折磨,并且,谜题接着谜题,一声呼喊有成为闲言碎语的危险。尼采的忠告,"其思想的被写下的呼喊"——这是在名为《扎拉图斯特拉如是说》的令人不悦的书中形成的呼喊——事实上以两种方式逐渐地迷失:它不被听到,它被过于清楚地听到;虚无主义成了思想和文学的老生常谈。然而,当我们带着怎样的惊奇突然发觉知识让我们面对的危险不是一种类型的危险,当我们(带着怎样的虚伪)努力保留科学的一切优势而拒绝其风险时,或许最好召唤尼采精神的理性的勇气和无情的正直。

2 越线

尼采在法国,无疑还有其他国家的愈发强大的影响似乎在德国减弱了。人们已经注意到,那里的学生在自由选择主题的时候几乎从不选尼采来做。为什么有这样的差距? 一个人或许会认为，对之前的政治体制的怀疑也已经落到了它用来服务于自身之宣传目的的那个名字上。卢卡奇说，今天人们努力把尼采去纳粹化，就像曾经对沙赫特（Schacht）①和古德里安（Guderian）②所做的那样。这个争议性的评论是不充分的。因为雅斯贝尔斯、洛维特和海德格尔不是在希特勒垮台之后，而是在他统治期间，就已经通过他们在德国的课程和出版试图让尼采免受歪曲，并指出尼采的思想在本质上是一种自由的思想。雅斯贝尔斯特别证明了他从尼采本人身上获得的一种平静的勇气和自由。所以，我们可以说，在希特勒时代，尼采的作品的确在他的旗帜下得到编排，但又反抗着他。那个被官方所颂扬的名字无论如何仍是一个非官方真理的象征，并且是一种不归顺的思想的归顺之词。尼采所固有的这种模糊性并没有解除他的责任，而是给出了责任的尺度。必须补充的是，如果尼采的作品在德国已经——在什么样的层面上？——遭到了冷待，那么，他在那些政治时期所大受的青睐绝没有促进其作品的阅读。一个人读官方对尼采的评论；但一个人刻意不读尼采。施勒希塔有过一个奇怪的经历：1938 年，当评述版的第一卷书信面世时——其中清楚地提到

---

① 原文 Schlacht 疑为 Schacht 之误。这里的沙赫特即德国经济学家亚尔马·沙赫特（Hjalmar Schacht, 1877—1970），他曾在希特勒掌权初期担任经济部长。——译注

② 应指德国二战时的陆军名将，"闪电战"理论的创建者，海因茨·古德里安（Heinz Guderian, 1888—1954）。——译注

二 极限体验

了福尔斯特-尼采夫人的操纵,后者两年前刚在其全国性的葬礼上被当作政权的女英雄——编纂者已经预料到最坏的结果。但什么也没发生,没有人注意到什么(除了一位保持沉默的瑞士教授),因为就连纳粹的尼采专家也不读尼采,并且不希望对尼采了解更多。读得太少——这是作者及其著作的广泛传播所掩盖的事实。

*

尼采的思想仍和虚无主义相联系,虚无主义无疑是他从保尔·布尔热(Paul Bourget)①那里借来的词——这是一种讽刺性的迂回——但他热情而恐惧地审问这个词:有时是通过

---

① 在《尼采哲学中的真理问题》(*Le problème de la vérité dans la philosophie de Nietzsche*, Paris: Seuil, 1966)中,让·格拉涅尔(Jean Granier)列举了这个词的诸多来源:雅各比(Friedrich Heinrich Jacobi),让-保罗·萨特(Jean-Paul Sartre),屠格涅夫(Tourguenieff),陀思妥耶夫斯基和保尔·布尔热。应该补充其他人,但意义不大。词语本身是平凡的。变成一个体系后,它自相矛盾了起来。矛盾只导致它的乏味。虚无(néant)和空无(rien)之间的语义游戏表明,似乎很难否定一个首先尚未被肯定的东西。但概念的厚度的缺乏没有把它还原为一种不动的状态。笛卡尔、康德、黑格尔还有柏格森不仅拒绝把虚无(néant)与存在(être)分开来思考,而且(或许黑格尔除外:黑格尔把虚无等同于直接者的至高恶意,由此直接者变成了虚无)恼怒于在一个人看来是意志范围之标志(因此也是完美化之标记)的东西,而在另一个人看来,那是概念的匮乏,或一个空洞的、无对象的概念,或一种无对象、无概念的空洞性,也就是说,一个词语,即一个词语的幻觉;或者,换句话说,只是一个无(rien),但这个无仍然是某种东西。所有这些还原(基于哲学所承担的连续性和丰富性的隐蔽要求)"无"所作用,它们甚至没有断定一种"无"所包含的语言是否为"无"说话,或者,"无"是否在那里允许言说。

简单而根本的论述,有时是通过一种犹豫不定的接近,还有时是通过一种不可思考的思想,最终把它当作了一个无法超越的极限,但这极限又是真正之超越的唯一途径,是一个新开端的原则。这些摇摆不该被归于尼采的不稳定的天赋或他的"缺点"。它们是尼采之思想的意义。"什么是虚无主义?"这个问题当然可以毫无困难地得到回答,并且尼采也给出了许多清晰的回应,例如这个:"最高价值的自行贬黜。"①他同样清晰地指出了这一没落的根源:"上帝死了。"这个事件因尼采赋予它的戏剧形式而获得了一种无聊的声名,它说的并不是个人的无信仰现象。克尔凯郭尔的基督教,尤其是陀思妥耶夫斯基(Dostoïevsky)的基督教,和尼采的无神论,或青年马克思的无神论("我恨所有的神")一样,属于神圣之光从中隐退了的世界历史的转折点。上帝死了;上帝意味着上帝,还有随后试图迅速取代其位置的一切东西——理想,意识,理性,进步的确定性,大众的幸福,文化:一切不无价值,但无论如何没有其自身的价值;没有什么可供人依靠的东西,没有什么有价值的东西,除非是通过人赋予它的,最终被悬置了的意义。

这样的分析再也不能打动我们,它已变得如此为人熟知。这会是虚无主义吗?一种纯粹的人本主义!它认识到一个事实:从现在起,由于丧失或摆脱了某种以上帝的模式设想的绝

---

① 参见尼采,《权力意志》(上卷),孙周兴译,北京:商务印书馆,2007年,第 400 页。——译注

二 极限体验

对意义的理想,人必须创造世界并且首先创造世界的意义。一项巨大的、令人陶醉的使命。尼采,带着一种只有他才如此纯粹地感受到,并且如此完全地加以表达的喜悦,在这个夺走我们一切坚实基础的无限否定的运动中,看到一个没有界限的知识空间突然敞开了:"终于,我们的视野再度排除遮拦……我们再度在知识领域冒险;我们的海洋再度敞开襟怀。"①"另一个世界尚待发现,而且不止一个!上船吧,哲学家们!"②我们可以整页整页地引述。尼采不知疲倦地表达着这种自由认知和无限探寻的快乐:一切岌岌可危,天空不再是界限,甚至真理,太过人性的真理,也不再是尺度。若不随尼采一起被这探寻的纯粹运动所卷走,一个人就无法阅读尼采。如果一个人诋毁尼采,那是因为他已对这个运动如此没有感觉,而这个运动绝不是在召唤某种模糊的、非理性的意识,而是肯定了一种严格的知识,"清晰,透明,刚健"——这种知识尤其显现于自然科学。"所以,我们要向物理学欢呼致敬!更要向强迫我们钻研物理学的诚实欢呼致敬!"③

那么,这是对虚无主义的第一种理解:它不是一种个体的经验,不是一个哲学的教条,也不是一束致命的光,照亮了人注定永远虚无的本质。虚无主义毋宁是一个在历史中完成的

---

① 参见尼采,《快乐的科学》,黄明嘉译,上海:华东师范大学出版社,2007年,第324页。——译注

② 参见尼采,《快乐的科学》,第275页。——译注

③ 参见尼采,《快乐的科学》,第310页。——译注

事件,如同历史的一次脱落——那是历史发生转动的时刻,并且这个时刻是由一个否定的特征所指示:价值本身不再有价值。还有一个肯定的特征:视域第一次向知识无限地敞开,"一切都被允许"。人在价值崩塌之际所得到的这新的准许首先意味着:认识一切是被允许的,人的活动不再有什么界限了。"发现了广袤无垠的至今无人看出其疆界的新大陆,至今所有理想国度的彼岸,一个充满华美、奇异、可疑、恐惧和非凡的世界。"①

我们得知,尼采对科学只有一种普通的了解。这是可能的。但除了他曾受过专业的科学方法的训练这样的事实,他对科学的认识也足以预感到科学将会成为什么,②足以认真地对待科学,甚至预见——而不是悲叹——从现在起,现实世界中一切严肃的事物都会被托付给科学,托付给科学家,托付给技术的巨大力量。一方面,他用一种惊人的力量看到,虚无主义成为一切超越的可能性,成为一个视域,而一切特定的科学,以及一切知识的要求,都在这个视域上方敞开,以便在敞开的运动中持守自身。另一方面,他同样清楚地看到,当世界不再有任何的意义,或当世界成为某种巨大的无意义的伪意义时,唯一能够克服这种空洞之无序的东西就是科学的严谨

---

① 参见尼采,《快乐的科学》,第 393—394 页。——译注
② 我们不要忘了,科学,作为一种要求"书写"的科学理论和科学建制的理论,也就是,作为一种摆脱意识形态的书写的形式,几乎还没有从科学真理的视域中浮现。让我们说,它尚未到来。

二 极限体验

的运动,是它的权力:它赋予了自身精确的法则并创造了意义,但那是一种有限度的,某种意义上操作性的意义——所以,这种权力既延伸向最遥远的界限,也限制于最亲近的应用领域。

*

是的。这里再一次有某种让我们安心的东西。在虚无主义向我们展示世界的那一刻,它的配对物,科学,就创造了统治它的工具。普遍掌控的时代开始了。但结果如下。首先,科学只能是虚无主义的;它是一个丧失了意义的世界的意义,是一种以最后的无知为基础的知识。一个人可以回应道,这样的保留只是理论的,是一种原则的保留。但我们不能草率地忽视这种反驳,因为科学在本质上是生产性的:科学知道,不存在对世界的解释,所以,科学改造世界,并且,通过这样的改造,它所固有的虚无主义的要求消失了——科学把虚无的权力变成了最有效的工具,然而,它在用这样的工具玩一场危险的游戏。知识在根本上是危险的。尼采已给出了这一危险的最残忍的表达:"我们在拿真理做实验!人类或许会因此而毁灭!没错!"[①]这是科学家有责任说出的话,并且,他必须这么说,如果他放弃了那种虚伪的做法,也就是哀叹科学所导致的灾变。因为没有毁灭的可能性,一个人就无法建造世界。

---

① 参见 Friedrich Nietzsche, *Historisch-Kritische Gesamtausgabe der Werke unde Briefe*, Band XII, hrsg. v. W. Hoppe, K. Schlechta, H. J. Mette und C. Koch, Munich: Beck, 1933 - 42, 410. ——译注

毁灭和创造,尼采说,当它们涉及本质的东西时,几乎难以区分:所以,风险是巨大的。进而,带着它的正直和它从容的步伐,理性承担了自身内部的这种矛盾:它可以产生一个世界,在那里,科学家不再继续如其所是地存在,在那里,科学家不再允许根据知识的客观性来工作,而只根据新世界的变化无常的意义来工作。换言之,通过让科学得以可能,虚无主义成了科学的可能性——这意味着,人类世界可以因它而毁灭。

另一个结果是:科学的运动相应于虚无主义制造的空虚;对地球的统治相应于科学的成就。超越的最强大的力量被开动了起来。现在,当这样的改造得以实现,当历史发生转折的时候,人遭遇了什么?他也被改造了吗?他开始超越自身了吗?他准备成为他之所是,成为一个能够无所依赖,将要让自己主宰一切的清醒之人了吗?不。人,诸如尼采所知的十九世纪末的资产阶级,是胸无大志、信心寥寥的、狡诈而不充分的人,他完全不知道那个因为他的介入而正被完成的事件;这个可以说外在于他的事件,将赋予他无限的权力,并向他强加他所知的最极端的责任,因为他必须自由地创造世界的意义并按这个无尺度的世界的尺度来创造他自己。

我将忽略一系列连续的剧变,忽略"恐怖的可怕逻辑",以及尼采所预见的二十世纪所特有的,作为失衡之直接结果的大型战争:今日之人相信自己是最后之人,是本质地稳定的,他在自我封闭的小圈子里感到幸福,投身于复仇的精神;但在科学的无人称力量的驱迫下,在那个解除其一切价值的事件

二 极限体验

之力量的驱迫下,他拥有了一种超越他自身的权力,但他从不试着通过这种权力超越他自己。今日之人是最低等的人,但他的权力却属于一个已然超出他的存在。如此的矛盾怎能不包藏最大的危险?但尼采没有坚持保守的态度,没有谴责知识以保卫永恒之人(那个时代的人),而是站到科学的一边,支持超越的存在,也就是,人性的生成。

海德格尔已在一些评论中指出,这就是超人(surhomme)的意义:超人不是经过无尺度之提升的今日之人,也不是一个拒斥人类,以任性为法则,以巨大的疯狂为规矩的人种;他不是具有某种强力意志的高级官员,更不是一个注定要把天国的至乐引入尘世的巫师。超人是这样的人,只有他把人引向了人之所是,也就是,自身超越的存在:并且,在其超越(dépassement)的过程(passage)中,其消逝(passer)的必然性也得到了肯定。

如果是这样的话(但是这样的吗?),我们就明白了,为什么超人可被视为紧随虚无主义的极端否定的第一个决然的肯定——然而,超人自己无非是这种随之发生的否定而已:超人已经克服了上帝之死和价值没落所制造的空虚,因为他知道如何在这样的空虚中发现克服的权力,那种权力在他身上不仅成了一种权力,而且成了一种意志:一种自身克服的意志。摆脱了一切压制、弯曲和贬低意志之意欲能力的东西,摆脱了一切的反意志(contre-vouloir),他所意欲的东西里不再有任何的否定了:凭借一种自由的行动,他命令自己并决定其命运的内容。

然而,超人的形象,即便以这样的方式来阐释,仍然是模糊的。作为人之生成的终点,自身超越在这个形象中遭到了否定。如果这个形象不是终点,那是因为还有某种有待克服的东西。所以,他的意志没有摆脱一切外在的意义;其意志的行动仍然是一种强力意志。说到超人,尼采会预感到一个与今日之人难以区分的人,只是他具有否定的特点,并因此具有不同的品质——更可怜,更单纯,更清醒,更能够自我牺牲,更难以下定决心,更沉默寡言。无论如何,根据尼采的清晰的论断,其本质的特征,意志,会让他在其纯粹的严格和纯粹的冷酷中成为虚无主义的形式:"意志宁可意欲虚无也不无所意欲。"①超人是一个在自己身上把虚无变成了意志的人,并且,对死亡而言是自由的,他在其虚无的意欲(volonté)中维持着意志(vouloir)的这种纯粹的本质。这会是虚无主义本身。

*

扎拉图斯特拉热情地、绝对清晰地宣告了超人;然后,他焦虑地、犹豫地、恐惧地宣告了永恒轮回(l'éternel retour)的思想。为什么有这种语气的差异? 为什么是永恒轮回的思想,深渊的思想,这个思想在那个宣告它的人身上被不断地推迟、回避,就好像它是一切思想的迂回(détour)一样? 这是它的谜

---

① 参见尼采,《道德的谱系》,梁锡江译,上海:华东师范大学出版社,2015年,第155,238页:"人宁愿愿望虚无,也不愿空无愿望。"——译注

题,无疑也是它的真理。我要在这里指出,长久以来,尼采的几乎所有评论者,不管是右派还是左派(博伊姆勒[Bäumler],纳粹的官方阐释者,消除了永恒轮回的理论),都被这个"教条"所困扰;在他们看来,这个"教条"是任意的,无用的,神秘的,甚至是十分陈旧的,因为大约从赫拉克利特以来,它就已经存在了。或许不难设想:一个现代人可以提出这样一个观念,但当他接近这个观念时,他会陷入恐惧,他应视之为最沉重的思想,视之为最令人苦恼、最能够颠覆世界的思想;这里有一种让人避之不及的荒谬,总之是说,它对尼采而言的全部的力量恰恰源于迷狂的幻见,在幻见中,尼采已经把握了它。尼采之阐释的一个变化就是这个观念应被严肃地看待。卡尔·洛维特——他写下了好几本重要的著作——已付出巨大的努力让我们更加关注这个观念;无疑,我们时代的运动本身也促使我们反思时间,反思意义的循环,反思历史的终结:反思作为重复的存在之缺席。①

永恒轮回的思想仍在其陈旧的荒谬中保持着陌异。它代表了尼采自己无法逃避的逻辑的眩晕。它是完美的虚无主义思想,凭借这个思想,虚无主义通过让自身变得绝对不可超越而超越了自身。所以,当心灵决定迎面冲向虚无主义的时候,这个思想最能够为我们照亮虚无主义所是的陷阱。尼采(或

---

① 我要指出,在这里只和虚无主义联系起来考虑的永恒轮回的肯定将——沿着皮埃尔·克罗索斯基敞开并遵循的道路——产生一系列其他的评论,见后文《论时代的一种改变:轮回的要求》。

扎拉图斯特拉)极其清楚地说,当意志成为了解放时,它便和过去相冲突。意志(不管它多么强大,多么意欲如此)无法取代的业已完成的事实之石,把一切的情感(sentiment)转变成了怨恨(ressentiment);复仇的精神表现为这样的运动,当意志无意间发现"曾经的存在"(c'était)时,它就把意志重新变成了反意志。但只要人怀有怨恨,他就将停留于当下之自满的层面,只试图以某个远离至高希望的绝对理想的名义,贬低一切尘世的事物,贬低他自己,还有时间。所以,在时间维度上,他必定不再被一个不可挽回的过去和一个不可逆转的时间的必然性所限制:他需要作为彻底之完成的时间。

但时间的逆转逃离了可能性,在此,这样的不可能性获得了至高的意义:它指明了作为强力意志的超人的缺陷。超人无法抵达极限。永恒轮回不属于我们所掌控的事物秩序。永恒轮回的体验导致了所有这些视角的颠倒。意欲虚无的意志成了意欲永恒的意志——并且,在这个过程中,永恒,既没有意志,也没有目的,返回到了自身。个人的和主观的全能变成了"存在"(être)的无人称的必要性。重估(transvaluation)没有在否定一切绝对价值的基础上给我们一个新的价值标尺;它让我们获得了价值观不再适用的一种秩序。

就这样恢复了永恒的观念,"存在"的观念,恢复了对永恒者的爱,还有关于"存在"之深度的知识,我们看上去难道没有最终躲避了虚无主义吗?事实上,我们处在了虚无主义的中心。带着其所固有的深刻的单纯(这致使卢卡奇把他称为野

二 极限体验

蛮的),尼采这样表达:"让我们来思量一下这个想法的最可怕形式。此在,如其所是的此在,没有意义和目标,但无可避免地轮回着,没有一个直抵虚无的结局:'永恒轮回'——'虚无主义的最极端形式'。"[1]我们从这一评论中学到了什么?到目前为止,我们认为虚无主义(nihilisme)和虚无(néant)有关。这是多么轻率:虚无主义和存在有关。虚无主义是完结的不可能性,是在如此之完结中找到一条出路的不可能性。它道出了虚无的无能,道出了其胜利的虚假光芒;它告诉我们,当我们思考虚无的时候,我们仍在思考存在。没有什么终结了,一切再次开始;他异者乃是相同者。子夜只是一个经过伪装的正午,而伟大的正午乃是光的深渊,就连尼采向我们推荐的死亡和荣耀的自杀也无法把我们与它分开。虚无主义就这样告诉我们其最终的、相当冷酷的真理:它道出了虚无主义的不可能性。

这看似一个玩笑。但如果我们承认,一切现代的人本主义,科学工作,还有星球的发展,都把一种对存在之物(ce qui est)的不满作为了对象,渴望改造存在,否定存在,以从中汲取权力,并把这否定的权力变成人之掌控的无限运动,那么,显然,否定性的这一缺陷,以及虚无在无法否定的存在中揭示自身的这种方式,就一下子破坏了我们的努力,即努力统治地球,努力通过把意义赋予自然——也就是,通过把自然去自然

---

[1] 参见尼采,《权力意志》(上卷),第249页。——译注

化——而将我们自己从中解放出来。但这不过是把深渊的陌异言语转译出来的首要方式;它部分地解释了扎拉图斯特拉的悲苦,因为他明白,他终将无法超越人的不充分性,或者,他只能矛盾地,通过意欲他的轮回来实现这种超越。但如此的轮回意味着什么?它意味着它所肯定之事:虚无主义的极点恰恰是它自身颠倒的所在,虚无主义就是如此的倒转本身,是这样的肯定:当它从"不"(Non)转向"是"(Qui)的时候,它反驳了虚无主义,但又无非是肯定了它,并因此将它延伸向一切可能的肯定。①

*

在云格尔(Ernst Jünger)和海德格尔的对话中(这场对话跨越了他俩诞辰六十周年的双重纪念并采取了一篇论虚无主义的论文的形式②),云格尔用其交流的标题"越线"(Par-delà la ligne)让人相信,对临界区域的穿越正被完成,或者可以被

---

① 由此可以得出结论:虚无主义将自身等同于一个绝对地克服它的意志。
② 1949年,恩斯特·云格尔为海德格尔诞辰六十周年纪念贡献了一篇题为《越线》(Über die Linie)的文章。六年后,海德格尔也为云格尔诞辰六十周年纪念贡献了一篇同名论文,并给线(Linie)加上了引号。云格尔的文章见 E. Jünger, *Über die Linie*, Frankfurt am Main: V. Klostermann, 1950. 海德格尔的文章见 *Freundschaftliche Begegnungen: Festschrift für Ernst Jünger zum 60. Geburtstag*, Frankfurt am Main: Pub. V. Armin Mohler, V. Klostermann, 1955, 9-45. ——译注

二 极限体验

完成。但海德格尔更为严格，并把另一种意义赋予了同一个标题①，立刻评论道，虚无主义的运动在其完结之际留下了一个悬而未决的问题，即如此的完结（achèvement）意味着什么：是终结（fin），还是完成（accomplissement）？同样悬而未决的是如此之完成的意义：或是葬身于虚无之无，或是过渡到一个全新的存在之转向。海德格尔同样评论道，对虚无主义的行动进行描述是十分危险的，因为描述已经属于行动了；但如果想给虚无主义一个"确切定义"是一种奇怪的要求，那么，放弃这样的诱惑就是让这个领域向其中或许本质的东西敞开：其歪曲的禀赋，其对承认起源的拒绝，其逃离一切决定性阐述的权力。我们谈论人对临界区域的穿越，但人不简单地是一个过客，只同他所穿越的东西具有一种地理的关系；他不仅将自身持守于这个区域，而且，他自己就是这个区域和这条线，即便不完全是靠他自己或为他自己。所以，我们要谨慎。我们要慎重地处理这些挑衅的观念，不允许这些词语用它们已经获得的现实效力来说话；我们要温柔地把它们引回到那诞生它们的沉默。海德格尔建议——这是他为审视这个奇怪的对

---

① Über die Linie 既可以指"越线"也可以指"论线"（零度线）。亨利·普拉尔（Henri Plard）把云格尔的文章译作"跨线"（*Passage de la ligne*, éditions du Rocher）。海德格尔的文章还以另一个标题出版：《面向存在问题》（*Zur Seinsfrage*, Frankfurt am Main：V. Klostermann, 1956）。（中译见马丁·海德格尔，《路标》，孙周兴译，北京：商务印书馆，2011年，第453—501页。——译注）

手而做的主要贡献——我们从此只应用圣安德烈(Saint-André)的十字来写存在一词和虚无一词:存在,虚无。

对这样的邀请进行沉思当然是恰当的,但沉思的方式是返回到另一种反思;那种反思会问,之前的所有阐释是否倾向于遗忘尼采,把他置回到一个他自己不满足于仅仅质疑的传统当中(质疑是不够的;因为它总把一个人留在相同的追问视域内):诞生于逻各斯(logos)的逻辑话语的传统,作为整体之思想的思想的传统,作为统一之关系的言语的传统(这种统一的关系,除了光或光的缺席,就没有别的尺度)。

在尼采那里,哲学遭到了动摇。但这只是因为他是最后的哲学家吗(每个人总是最后之人了)？或者是因为,在一种十分不同的语言,一种闯入的书写的召唤下(如此的召唤是要把"词语"只视为被一个运动所划除、隔断或打叉的,那个运动分开了词语,但又通过这样的分开把它们持守为一个差异的位置),他必须直面一个断裂的要求,这要求不断地使之转离他有权力思考的东西？那么,这个要求会是什么,假定我们自己被它所持有,能够指定它而不打断它,并且不被它所打断？

3 尼采与断片书写

土土把尼采的思想带入一种一致性是相对容易的;这种一致性会证明其矛盾的合理:要么是根据一种等级把它们排

二 极限体验

成一列,要么是让它们显得辩证。存在着一个可能的——虚拟的——体系,在那里,作品抛弃了其分散的形式,将产生一种持续的阅读。一种有用的、必要的话语。现在,我们没有障碍地、毫不费力地理解了一切。我们安心下来:这样一个和探究的运动(它也是对生成的探寻)相连的思想,可将自身借予一种一般的陈述。进而,这也是一种必要。甚至在它和辩证法的对立中,它也必定起源于一个辩证法。甚至脱离了一个统一的体系并加入一种本质的复多性,这个思想仍必须指定一个中心,以那个中心为基础,强力意志、超人、永恒轮回、虚无主义、透视主义、悲剧思想,还有那么多其他分散的主题,走向了彼此,并根据一种独一无二的阐释得到了领会:哪怕恰恰作为一种阐释哲学的分散的时刻或阶段。

㐀㐀尼采那里有两种言语。一种属于哲学的话语,一致的话语,他有时渴望通过创作一部包罗万象的作品——类似于传统的伟大著作——来终结这种话语。评论家努力地重建这种话语。其破碎的文本可被视为这个整体的元素。整体保持着它的原创性和它的权力。正是在这种伟大的哲学里,我们发现,一种终极思想的肯定被带向了炽热的高点。所以,我们可以问:它是改进了康德还是反驳了康德,它把什么归于黑格尔或从黑格尔那里收回了什么,它是辩证的还是反辩证的,它是终结了形而上学还是取代了形而上学,它是延长了思维的一种生存模式,还是本质上就是一种批判。这一切,某种意义上，都属于尼采。

让我们承认这点。让我们同样承认，这样一种连续的话语会藏在那些分散的作品背后。的确，尼采自己不满足于这样的一种连续性。即便这些断片有一部分能被带回到这种整体的话语，但这样一种话语——哲学本身——显然总已经被尼采超越了；他假定这种话语，而不给它一种陈述，这是为了进一步根据一种完全不同的语言来言说：不再是整体的语言，而是断片的语言，复多的语言，分散的语言。

±±把握这种断片的言语而不改变它是困难的。就连尼采在谈论它的时候也遮盖了它。无疑，这样一种形式标志着他对体系的拒绝，标志着他对未完结之物的激情，以及他对一种思想的归属，那种思想就是尝试（Versuch）或尝试者（Versucher）的思想；①无疑，这样的形式和探究的变动性有关，和漫游的思想有关（和这样一个人的思想有关：他根据前行的真理，一边行走，一边思考）。的确，它似乎接近格言（aphorisme），因为格言的形式被承认为尼采所擅长的形式："格言是'永恒'的形式，而我在这方面是德国人的首席大师；我的抱负，用十句话说出别人用一本书说的话——别人用

---

① 见《扎拉图斯特拉如是说》第三卷《论面貌和谜》："你们，勇敢的寻觅者，尝试者"（Euch, den kühnen Suchern, Versuchern）。参见尼采，《扎拉图斯特拉如是说》，黄明嘉、娄林译，上海：华东师范大学出版社，2009年，第263页。——译注

二 极限体验

一本书也没说出的话。"①但这真是他的抱负吗?"为构成体系,头脑不够狭隘。"②格言是一种限定的、封闭的力量。一种采取视域之形式的形式,并且,那样的视域就是它自身的视域。从中,我们可以看到其迷人之处,看到那总是撤回到自身的东西,还有某种忧郁的、集中的、晦暗地暴力的东西,某种使之像萨德的罪行一样的东西。格言和警句(maxime)完全对立:警句是供上流社会使用的句子,它被打磨,直至成为宝石;而格言则像石头一样孤僻(乔治·佩罗斯[Georges Perros])(但这是一块有着神秘起源的石头,是一块几乎不坠落,喜欢挥发的沉甸甸的陨石)。这是一种独特的、孤独的、片段化的言语,但作为断片,它已在如此的破碎中得以完成、整全,并拥有一块不反映任何破碎之物的碎片。它就这样揭示了片段(le fragmentaire)的要求,那要求使得格言的形式从不能适应它。

±±断片(fragment)的言语不知何为充分;它并不充分,它从自身的角度言说,它不把它的内容当作它的意义。但它也不和其他的断片相结合,以形成一个更加完整的思想,一种整体的认知。片段不先于全体,而是在全体外部(dehors),在

---

① 参见尼采,《偶像的黄昏》,卫茂平译,上海:华东师范大学出版社,2007年,第179页。——译注

② 参见尼采,《权力意志》(下卷),孙周兴译,北京:商务印书馆,2007年,第921页。——译注

全体之后，得以言说。当尼采肯定"除却全体什么也没有"①时，他意在减轻我们的罪过之特殊性的负担，并拒绝判决、衡量和否定（"因为没有人可以判决，衡量，比较和责难全体。"②）；但他由此肯定了全体的问题是唯一有效的问题并恢复了总体性的观念。辩证法，体系，还有作为整体之思想的思想都恢复了它们的权利，将哲学创建为一套完结了的话语（discours achevé）。但当他说"*在我看来，摆脱宇宙、统一性……是很重要的……人们必须把宇宙砸烂，忘掉对宇宙的尊重*"③时，他就进入了片段的空间，承担了一种思想的风险，那种思想不再由统一性所担保。

±± 这种揭示断片之要求的言语，一种不充分的言语（这么说不是因为不充分性，不是因为未完结，而是因为它陌异于完成［accomplissement］的范畴），不和全体相矛盾。一方面，全体必须被尊重；如果一个人不说出它，那么，他至少必须完成它。我们是宇宙（Universe）的存在，因此转向了一个仍然缺席的统一（unité）。我们的希望，尼采说，是"把宇宙控制起来"。但存在着另一种思想，存在着一个完全不同的希望——它其实不是一个希望。仿佛现在一切已被完成：宇宙就是我

---

① 参见尼采，《偶像的黄昏》，第 88 页，有改动。——译注
② 参见尼采，《偶像的黄昏》，第 88 页，有改动。——译注
③ 参见尼采，《权力意志——重估一切价值的尝试》，张念东、凌素心译，北京：商务印书馆，1993 年，第 636—637 页。——译注

们的命运,时间已经终结,我们通过历史离开了历史。那么,还有什么要说,还有什么要做?

±±断片的言语,尼采的言语,不知何为矛盾。这让人奇怪。我们在雅斯贝尔斯之后注意到,如果一个人不在他每次心怀确信地做出肯定时,寻求一个和那样的确信有关的相反的肯定,那么,他就无法理解尼采或公正地对待尼采的思想。事实上,这样的思想不断地反对自身,并且既不满足于自身,也不满足于这样的反对。但这里,我们必须再一次进行区分。存在着一种批判的工作:批判形而上学,尤其是批判以基督教唯心主义为代表,并在一切思辨哲学中呈现的形而上学。矛盾的肯定是这一批判工作的一个时刻:尼采同时从多个角度攻击这个对手,因为角度的复多性恰恰是敌对思想无法承认的原则。然而,尼采不是没有意识到,他被迫从他所在之处思考,被迫以他所否认的话语为基础来言说。他仍然属于这一话语——我们都属于它;所以,矛盾不断地是争论性的,甚或只是批判性的。矛盾在他的思想中对准了他,对准了他自己;矛盾是这一充满能量的思想的表达,这个思想无法满足于其自身的真理,除非测试了真理,检验了真理,超越了真理,并且再次回到了真理。所以,强力意志有时是本体论解释的一个原则,说出了事物的本质和根据;有时又道出了一切超越的要求,道出了作为一个要求的超越本身。永恒轮回有时是一个宇宙论的真理,有时又是一种伦理决断的表达,还有时是被理解为生成的存在之思想,等等。这些对立道出了某一多重的真理,以及思考这一多重(le multiple)的必要性,如果一个人要根据价值说出真理——但如此的多(multiplicité)仍然和一(l'un)相关,仍然是对一(l'Un)的多重化的肯定。

±±断片的言语不知何为矛盾,哪怕它产生了矛盾。两个断片文本可以相互对立:它们只是一个接着一个地被提出,一个和另一个没有关系,或者,通过不确定的空白和另一个发生关系,这样的空白既不把它们分开,也不把它们统一起来,而是把它们带向它们所指定的界限,那样的界限就是它们的意义——如果它们恰好没有因此夸张地逃离一种意指的言语。以如此的方式在界限上(à la limite)被提出,这样的事实赋予了断片两个不同的特点:它首先是一种肯定的言语,并且只肯定这个加号(plus),肯定这个陌异于可能性的肯定之多余(surplus);但它无论如何不是绝对的,既不被固化为一种确定性,也不被设定为一种相对的或绝对的肯定性,更不用说享有一种特别的存在之方式,或从存在出发得以言说;它毋宁已在抹除自身了,在质疑的中性的喃喃低语里,它通过一场将它带回到自身的滑移,滑到了自身的外部。

在对立不是相互反对而是并列的地方,在并列把那逃离一切共时性的东西聚集起来而不产生一种连续的地方,有一种非辩证的言语经验向尼采提了出来。不是一种声称要反驳辩证法,或者与辩证法相悖地来表达自身的言说和思考方式(尼采有时成功地向黑格尔表达了敬意,甚至在黑格尔身上认出了他自己,正如他也成功地谴责了那支撑他的基督教唯心主义);而是另一种言语,它与话语分开,既不否定也不(在这个意义上)肯定,但它允许差异的无限制者(l'illimité),通过打断和停止,在断片之间展开游戏。

‡‡尼采离开了唯一神(Dieu Un)的思想,也就是,离开了统一之神(dieu Unité)的思想,这个事实必须被严肃地看待。对他而言,问题不只是质疑统治西方思想的那些范畴而已。这么做同样是不够的:即在协调对立的综合之前固定对立,或者,把世界划分为生命支配的诸多中心——其原则,作为一种综合的原则,会是强力意志。在这里,尼采被某种更为大胆的东西所诱惑,那种东西,确切地说,把他拖入了迂回的迷宫,然后让他升向了轮回之谜的高处:那东西就是作为偶然性(hasard)之肯定的思想,在偶然性的肯定里,思想以一种即兴的(非侥幸的)方式,必然地、无限地与自身发生关系;在这种关系里,思想将自身作为一种复多的思想(pensée plurielle)而给出。

多元论(pluralisme)是尼采所阐释的哲学的决定性特征之一;但这里,再一次,有一种哲学,有一种不满足于哲学的东西。有一种哲学的多元论,它当然十分重要,因为它提醒我们:意义总是以复数的形式到来,并且,意指是过度丰富的;"一个人总是错"而"真理始于两人"。① 由此就有一种阐释的必要性,这种阐释不在于揭露一个独一无二的、隐蔽的,甚至

---

① 参见尼采,《快乐的科学》,第 257 页。——译注

模糊的真理,而在于用多重的意义来阅读一个文本,并且,除了阐释所是的"进程,生成"外,就没有别的意义。所以,有两种多元论。一种是模糊性的哲学,是多重存在(l'être multiple)的体验。然后是这另一种陌异的多元论;这种多元论既没有复多性,也没有统一性,它被断片的言语在其自身之中承担为语言的挑衅——那种语言在一切已被说出的时候仍在言说。

土土超人的思想首先不是指超人的来临,而是指某种被称为人的东西的消失。人消失了,他的本质就是消失。所以,只有当一个人可以说他还没有开始的时候,人才继续存在着。"人类还没有目标(kein Ziel)但是……假如人类的本性中还没有这个目标,那么是否也没有——他们自己呢?"①人刚一开始,就结束了,就开始结束了。人总是没落之人,这样的没落不是一种退化,相反,它是一种可以被爱的缺失;这样的缺失通过分离和距离把"人"之真理和毁灭的可能性结合了起来。最后之人是永恒之人,持存之人,是不想成为最后之人的人。

尼采谈到了综合化、总体化和合理化的人——值得注意的表述。这个总体化的人,或因为他确立了全体(tout),或因为他支配了全体,和全体有一种关系;他不是超人,而是更高之人。更高之人,确切地说,是一个整全之人,是全体之人和

---

① 参见尼采,《扎拉图斯特拉如是说》,第111页。——译注

二 极限体验

综合之人。这是"人类需要的目标"。但尼采也在《扎拉图斯特拉如是说》里写道:"更高之人是一个失败(missgeraten)。"①他不是一个失败,因为他已经失败;他已经失败,因为他已经成功,已经实现了目标("当你抵达目的……恰好在你的高处,你这更高的人啊——你将踉跄欲倒!"②)。我们会问:更高之人的语言是什么,或者会是什么? 回答很简单。它也是一种整全的话语,是言说全体的逻各斯,是哲学言语的严肃性(更高之人所固有的特点就是其正直的严肃性和其诚实的严格性):一种连续的言语,没有间歇,没有空白,它是逻辑之完成的言语,它对偶然、游戏、笑声一无所知。但人消失了;不只是失败之人,还有超人,也就是成功之人,其身上实现了一切,实现了全体的人。那么,全体的这一失败意味着什么? 人之消失的事实——到来之人(homme à venir)就是终结之人——找到了其完满的意义,因为他也是作为一个全体而消失的人,在这个存在身上,生成中的全体已然成为存在。

±±作为断片的言语和人之消失的事实有关;这个事实比人们所想的更加神秘莫测,因为某种意义上,人就是永恒者或不可毁灭者,而作为不可毁灭者,他消失了。不可毁灭:消失。这个关系同样神秘莫测。一个人或许可以明白——这看

---

① 参见尼采,《扎拉图斯特拉如是说》,第 472 页:"你们这些更高的人,啊,你们不是全都——失败了吗?"——译注
② 参见尼采,《扎拉图斯特拉如是说》,第 469 页。——译注

似显然——在这破碎的新语言当中言说的东西只是通过等待,通过宣布这不可毁灭的消失而言说着。所谓的人必定已成为人之全体和作为全体的世界;并且,在把他的真理变成了普遍的真理,把宇宙变成了其已被完成的命运后,他必定让自己投身于一切的所是(ce qui est),甚至在毁灭的可能性当中,投身于存在(l'être)本身,以便在摆脱了其知识所固有的一切价值——超越性(也就是,内在性),彼世(也就是,此世),神(也就是,人)——后,能够肯定外部的言语(la parole du dehors);那在全体的外部,在语言的外部被说出的东西;而语言,意识的语言和行动之内在性的语言,仍在说全体和语言的全体。人应该消失,这并非什么也不是;这无非是我们尺度内部的一场灾异(désastre);思想能够承受它。一个人似乎可以让自己适应,甚至欢喜于这样的观念,即一切可能的价值,甚至价值的可能性,应该停止流通,并且,就像是被一个随意的姿势给清除了一样;思想也是这种挣脱了起源的漫不经心的运动。但当存在——存在之统一性,同一性——已然回撤,而不让位于虚无这个太过简单的庇护时,思想发生了什么?当相同者(le Même)不再是他异者(l'Autre)的终极意义,当多重者(le multiple)的陈述不再和统一者(l'Unité)相关的时候,思想发生了什么?当复多性(pluralité)得以言说,而不返回唯一者(l'Un)的时候,思想发生了什么?那么,或许是那么,一个人会发觉断片言语的要求,不是作为一个悖论,而是作为一个决断:言语,绝非独一,它不说一(l'un),甚至不说复多之一。

语言:肯定(affirmation)本身,不再因为统一或鉴于统一而肯定。差异之肯定,无论如何绝不分异。复多的言语。

±±复多言语的复多性:一种间断的、不连续的言语;一种不用其再现,甚或意指的权力来言说的并非无关紧要的言语。在如此之言语中言说的东西不是意指,也不是给出或撤回意义的可能性,哪怕那种意义是多重的意义。由此,我们或许不得不过于仓促地声称,这样的复多性在"之间"(l'entre-deux)的基础上指定了自身,它在一个分岔口设立了一个哨岗,一个它试图包围的错位(dis-location)的空间;但那个空间总是认出它,把它与自身分开,并使之等同于这个分离,这个难以察觉的差距,而它总在那里返回自身:既同一,又不同一。

然而,即便这种接近方式得到了部分合理的证明——我们仍然无法做出决断——我们要记住,为了让我们接近我们声称要从这另一种语言中接收的关系,用不连续取代连续,用打断取代完满,用分散取代聚集,都是不够的。或者,更确切地说,不连续性(discontinuité)不是连续性的简单颠倒,它也不像辩证法当中出现的那样,是一个连贯发展内部的一个时刻。不连续性,作为间歇的停止,并不停止生成;相反,它激发了生成,在其固有的谜团中唤起了生成。这就是尼采那里发生的思想的伟大转折:生成不是一种(柏格森式)无限绵延的流动性,也不是一场无尽运动的运动性。首要的知识是狄奥尼索斯(Dionysos)的分割——断裂——的知识,是一种晦暗的体验,在那里,生成,在它同不连续性的关系中作为不连续性的游戏而得以揭示。神的片段化不是对统一性的草率弃绝,也不是一种通过生成复多而保持为一的统一性。片段化(la fragmentation)乃是这个神本身,它和一个中心没有任何的关系,并且无法被归于一个起源:因此,它是思想——相同者和唯一者的思想,神学的思想,以及一切具有人性(或辩证)知识之模式的思想——若不歪曲就无法容纳的东西。

十十人消失了。这是一个肯定。但这个肯定很快翻倍为一个问题。人消失了吗? 在他身上消失的东西,他所承受的并且承受着他的那种消失,解放了知识吗? 它解放了知识的一切形式和结构,或解放了定义我们文化空间的知识之目的性吗? 在尼采那里,回答随一种几乎可怕的决断而落下,但又克制着,停留于悬置。它以多种方式得到转述,并且首先是通过一种哲学表述的模糊性。例如,他说人是某种必须被超越的东西,人必须是超越人的东西;或者,以一种更加引人注目的方式,扎拉图斯特拉自己必须克服自己;或者,再一次,虚无主义,被虚无主义所征服,理想,被理想所毁灭——这一超越的要求,这种在废除的同时加以发展的矛盾的使用和为肯定而进行的否定,应不可避免地把我们置回到辩证话语的视域中。由此,一个人不得不得出结论,即尼采远没有贬低人,通过赋予人真正的完成,他依旧赞扬了人:所以,超人只是人的一种模式;他是通过召唤最大的欲望而从自身当中解放出来

二 极限体验

并以自身为目的的人。这是对的。人代表了一种自身超越，这种自身超越只是自身超越而已；他是自身之超越性的肯定。许多的文本（其中绝大部分）准许我们在一种依旧传统的哲学知识的担保下聆听这点。在这个意义上，把尼采黑格尔化的评论者是不可反驳的。

但我们知道，尼采遵循一条完全不同的，甚至与他自己相悖的道路，并且，他总苦恼地意识到，哲学内部有一种如此强烈，以至于让哲学脱位了的断裂。超越，创造，创造的要求——我们会着迷于这些观念并让我们自己向其允诺敞开；但如果在那片无限延长的人之天宇下，它们让我们一直亲近我们自己，那么，它们最终只讲述了它们的损耗。超越意味着无止无尽的超越，对尼采而言，没有什么比这样一个持续提升的未来更加陌异的了。同样，超人会是改良之人，是走向其认知和其自身本质之极限的人吗？超人其实是什么呢？我们不知道，并且，确切地说，尼采也不知道。我们只知道超人的思想意味着什么：人消失了；这个肯定在它翻倍为一个问题时被推向了极致：人消失了吗？

±±断片的言语不是这样的言语：在那里，位置已被指定好，就像在虚线——在空白——中，超人会找到他的位置。断片的言语是之间（entre-deux）的言语。这个之间不是两个时代——人已经消失的时代（但他消失了吗？）和超人的时代（在超人身上，过去就是未来。但它到来了吗，并且通过什么到来?)——之间的中介物。断片的言语并不形成一者与另一者的连结,它毋宁把它们分开;只要它言说,并在言说中保持沉默,它就是时间的一道移动的裂口,维持了这两个相隔无限之远的形象,在它们身上,知识发生了转动。所以,这种言语,一方面标志着断裂,阻止思想逐渐地从人转向超人;也就是,阻止思想根据相同的尺度,甚或纯然不同的尺度,来思考人和超人;也就是,阻止思想根据同一性和统一性的尺度来思考其自身。另一方面,断片的言语不只标志着断裂。如果超越的观念——不管是在黑格尔的意义上,还是在尼采的意义上,它都是一种无所保存而只毁灭的创造——对尼采来说是不充分的;如果思想不只是一种超越;如果永恒轮回的肯定(首先)被理解为这种超越的失败,那么,断片的言语就让我们向这样的"视角"敞开,它允许我们在这个意义上言说吗?或许,但要以一种意想不到的方式。这不是宣告"超越一切此地、彼地和远处的轮舞"①的言语。它不是宣告性质的。它自身无所宣告,无所再现:它既不是预言的,也不是末世论的。当它言说的时候,一切已被宣告,包括独一者的永恒重复,最为庞大的肯定。其作用更为陌异。仿佛每当极限的东西被说了出来,它就唤起了外部思想[la pensée au dehors](不是超越),用一道裂痕向思想表明,思想已经离开了自身,已经外在于自身:它处在了一种同外部的——无关系的——关系里,它从这个外部中

---

① 参见尼采,《扎拉图斯特拉如是说》,第365页。——译注

被排除出去,以至于相信自己能够包含这个外部,并且每一次必然真正地通过这样的包含封闭了自身。说这种言语"唤起"了思想,仍然有点过分:仿佛它拥有某种绝对的外在性,仿佛它的功能就是让这种外在性作为一个从未确定下来的位置发出回响。相对于已被说出的东西,这极致的言语不说任何新的东西。如果对尼采而言,永恒轮回(在那里,已被肯定的一切得到了永恒的肯定)不能是终极的肯定,那不是因为这种言语会肯定更多的东西,而是因为它以片段化的模式重复着终极的肯定。

在这个意义上,片段化和永恒轮回的揭示密切相关。永恒轮回道出了作为永恒重复的时间,而断片的言语通过剥夺其永恒性重复了这样的重复。永恒轮回道出了生成的存在(l'être du devenir),而断片的言语将它重复为存在的不间断的中断(l'incessante cessation)。永恒轮回道出了相同者的永恒回归,而重复道出了迂回,通过这样的迂回,他异者将自身等同于相同者,以便成为相同者的非同一性,以便相同者,在使之转向的回归中,总是他异于自身。永恒轮回以一种奇怪地、不可思议地为人不齿的言语,道出了独一无二者的永恒重复,并把它重复为一种没有本原的重复,一种重新的开始:在如此的重新开始中,那尚未开始的东西再次开始。就这样无限地重复着重复,这种言语让重复在某种意义上变成了戏仿,并把它从一切具有重复之权力的东西中撤出:既是因为这种言语将重复言说为一种不可确认、不可再现的肯定,一种不可能认出的肯定；也是因为它毁灭了重复：在一场无止境的喃喃低语里，它把重复还给了沉默；而如此的沉默反过来也被言语所毁灭，沉默成了一种有待倾听的言语：这来自至深之过去和至远之未来的言语，总已经作为一种尚未到来的言语而言说着了。

￢￢我要指出，尼采的哲学与辩证哲学保持着距离，与其说是质疑它，不如说是重复它，也就是，重复它所弯曲的重大概念或时刻：矛盾的观念，超越的观念，重估的观念，总体的观念，并且，首先是环形的观念，真理的观念，或作为环形的肯定的观念。

￢￢断片的言语只有在界限上（à la limite）才是一种言语。这不是说断片的言语只在终结之际言说，而是说，断片的言语始终用一种语言，陪伴并贯穿了一切的知识，一切的话语；那另一种语言打断了言语，并以一种翻倍的形式将言语引向了不被打断者在其中言说的外部，引向了不被终结的终结。所以，跟随尼采，它也总在提及消失而不正在消失的人；提及到来而不正在到来的超人，并且相反地，提及已经消失的超人，提及尚未到来的人：如此的提及乃是倾斜者和间接者的游戏。信任这样的言语就是将自己从一切的信任中排除出去。一切的信任也就是一切的怀疑，乃至挑战本身的威力。当尼

二 极限体验

采写道"荒漠在扩张"①时,断片的言语就取代了这片没有废墟的荒漠,只是在那里,总是更加广阔的荒芜总在界限的散布中得到再次的确认。一种静止不动的生成。这样的言语似乎玩起了虚无主义的游戏,并在它的不合适当中,把一种合适的形式借予了虚无主义——它将无法否认这个。然而,它又把这种否定的权力远远地抛在了身后。不是在玩弄的过程中消解了它。相反,它给这种否定的权力留下了一个自由的场域。尼采承认——这是他不知疲倦地批判柏拉图的意义所在——存在就是光,并且,他让存在之光服从最为严厉的怀疑工作。②这是一个破坏形而上学,甚至存在论的决定性时刻。光把纯粹的可见性作为尺度赋予了思想。从此,思考就是清楚地看,是处在显明的光中,是服从白日,因为白日让一切事物在形式的统一中显现出来;思考就是让世界在那作为诸形式之形式的光的天空下浮现,它总被这个不落的太阳所照亮并判断着了。太阳是明晰之光的极度丰盛,它给出了生命,它是创造者,只在一种形式的特定性当中持守生命。太阳是光的至尊之统一:它是完美的,是善,是让我们尊重的卓越的唯一者(l'Un),它是一切"高高在上"的存在的唯一真正的位置。尼采首先只是批判了存在论向形而上学的退化,也就是这一时

---

① 参见尼采,《扎拉图斯特拉如是说》,第 490 页:"荒漠在扩张:心藏荒漠是有祸的!"——译注
② 尼采特别地看到了,柏拉图的多元论预设了镜子的经验:光的经验,理念,还有其反射的经验,可感事物。

刻:在柏拉图那里,光成了理念并把理念变成了理想之物的霸权。尼采的早期作品——其早期的偏好在其几乎所有作品里留下了踪迹——维持着形式的价值,当它面对一种狄奥尼索斯式的晦暗的恐怖时,一种平静、光明的庄严就让我们远离那可怕的深渊。但正如狄奥尼索斯在驱散阿波罗的时候,成为一种抑制一切神圣事物的缺乏统一的独特力量,尼采也逐渐地试着解放思想,把思想带回到那不允许自身被理解为明晰或形式的东西里。这最终就是强力意志的作用。在原则上,强力(puissance)意志不是作为一种权力(pouvoir)而被人接受,这样的强力也不是作为一种统治性的暴力(violence)而成了必须被思考的东西。但力(force)逃避了光:它不是某种会简单地失去光的东西,不是一种仍然渴望白日之光的晦暗性。作为丑闻之丑闻,它逃避一切光学的指涉;因此,虽然它只在一种形式的规定和界限内运行,但形式(forme),作为结构的布置,无论如何总允许它的逃避。既非可见,也非不可见。

± ±"力与无力如何借助明与暗来理解呢?"(雅克·德里达)① 形式允许力的逃避,但非形式(informe)不接受这个。混沌,让一切的目光转而避之的没有边际的无差异

---

① 雅克·德里达,《力量与意指》(Force et signification),出自《书写与差异》。参见 Jacques Derrida, *L'écriture et la différence*, Paris: Seuil, 1967, 45. 译文选自《书写与差异》(上册),张宁译,北京:生活·读书·新知三联书店,2001年,第45页。——译注

二 极限体验

(indifférence),这个把混乱组织起来的隐喻的位置并不充当它的母体。力和形式没有关系,即便形式在无定形的深度寻求庇护,力也拒绝让自身被明晰(clarté)或非明晰(non-clarté)所抵达;如果力对尼采形成了一种吸引,并让尼采对这种吸引感到厌恶("在强力面前脸红"),那是因为力用一种观念来追问思想,而这种观念会迫使思想同其自身的历史决裂。如何思考"力",如何言说"力"?

力道出了差异(différence)。思考力就是通过差异来思考。这首先要用一种准分析的方式来理解:任何一个说出力的人,总把力说成多重的(multiple);如果存在着一种力的统一,那么,就根本没有什么力。德勒兹用一种决然的简单性表达了这点:"每一种力无不与其他力密切相关。力的存在是复多的,认为力可以单个地存在简直是一种荒谬透顶的想法。"①但力不只是复多性(pluralité)。力的复多性意味着各个力是远离的,它们通过距离而与彼此发生关系,力因距离而变得复多,并且这个距离就是各个力当中差异的强度。("他们从这种保持等级差别的激情中,"尼采说,"为自己获取了创造价值并彰显这些价值的权利:行为的有用性跟他们有什么关

---

① 出自吉尔·德勒兹的《尼采与哲学》。参见 Gilles Deleuze, *Nietzsche et la philosophie*, Paris: Presses Universitaires de France, 1962, 7. 译文选自《尼采与哲学》,周颖、刘玉宇译,北京:社会科学文献出版社, 2001 年,第 9 页,有改动。——译注

系!"①)所以,把力分开的距离也是力的相互关系——用更为典型的话说,距离不仅从外部把力区分开来,而且从内部构成了其区分的本质。换言之,使力保持距离的东西,外部(le dehors),构成了力的唯一的亲密性;这是力借以行动并得以经受的东西,这"差异的元素"乃是其全部的现实,它们得以真实的唯一条件就是,它们自身没有任何的现实,只有关系:一种无关系项的关系(rapport sans terms)。但强力意志又是什么?"不是一种存在,不是一种生成,而是一种激情"②:差异的激情。

力的切心性(intimité)就是其外在性(extériorité)。由此得以肯定的外在性不是一种平稳的时空连续性,那种连续性的关键是由逻各斯的逻辑性,也就是,由一种非散断的话语(discours sans discursus)提供的。外在性——时间和空间——总是外在于它自身。它不是关联词,不是相互关系的中心,而是以一种既不聚集也不统一的打断为基础建立起关系。差异是外部的反面;外部是差异的暴露;差异和外部指定了本原的分裂(la disjonction originelle)——本原(l'origine)就是这个总与自身相分裂的分裂本身。在分裂中,时间和空间通过其相互的分裂而重新结合起来,如此的分裂与那绝不一致的东西相一致,那是提前转离一切统一的非一致(le non-

---

① 参见尼采,《道德的谱系》,第65页。——译注
② 参见尼采,《权力意志》(下),第984—985页。——译注

二　极限体验

coïncidant)。

正如高低、贵贱、主奴本身没有任何意义或既定的价值，只在其总是肯定性的差异当中肯定了力一样（这是德勒兹的一个准确无误的评论：一种力与其他力的本质关系从不被视为一个否定性的元素），始终复多的力似乎——如果不是对尼采，至少也是对断片书写所唤起的那个尼采——提出了自身，只是为了让思想接受差异的考验；差异不源于统一，也不暗示统一。有一种差异，虽不能被称为首要的差异，就好像它创立了一个开端一样，却被矛盾地带回到了一种次要的统一。这毋宁是一种总在延宕(différer)的差异，所以，它绝不在一个在场的当下给出自身，也不允许自身在一种形式的可见性当中被人把握。它，可以说，别异(différer)于差异，并且，通过这种将它从自身当中撤出的翻倍(redoublement)，它将自身肯定为不连续性本身，差异本身：而在游戏着的差异里，运行着一种作为空间的不对称性，一种作为时间的审慎或消遣，一种作为言语的打断，还有作为这三种开裂关系之"共同"场域的生成。

±± 人们可以假定，如果在尼采这里，思想不顾一种表面的教条主义的全部困难，需要一种被视为"力的游戏和力的波浪"[①]的

[①] 参见尼采，《权力意志——重估一切价值的尝试》，第 700—701 页："力浪的嬉戏。"——译注

力,以便思考复多和差异,那是因为力支撑了一种预感,即差异就是运动;或者,更确切地说,差异决定了它自身在其中得以铭写的时间和生成,正如永恒轮回会让人发觉:差异被体验为了重复,而重复就是差异。差异不是一个非时间的规则,它没有法则的固定性。正如马拉美(Mallarmé)几乎同时发现的,差异就是空间(因为空间"自身间隔,自身散播"①)和时间:不是生成的定向的同质性(homogénéité),而是这样的生成,那时,它"按韵律诵读自身,通告自身",打断了自身,并且,在这样的打断中,它不继续,而是中止了自身。人们必须从中得出结论:差异,时间和空间的游戏,乃是诸关系的沉默游戏,是支配书写的"多重脱离"②——这等于说:差异,本质地,书写着。

✝✝"世界深沉,比白昼以为的还要深沉!"③在这里,尼采自己不满足于召唤冥府的黑夜。他越是怀疑,他就越是深刻地追问。他问,为什么白日、黑夜和世界之间是这种关系?为什么,我们深信不疑地谈论清晰的思想,就像谈论白日一样,因而相信自己把握了思考世界的权力?为什么光(la lumière)

---

① 出自马拉美的《戏台和纸页》(Planches et feuillets)。参见 Stéphane Mallarmé, *Œuvres complètes*, éd. Henri Mondor et G. Jean-Aubry, Paris: Gallimard, Bibliothèque de la Pléiade, 1945, 327. ——译注

② 出自马拉美的《关于舞蹈的另一研究:芭蕾舞剧的基本原理》(Autre étude de danse: Les fonds dans le ballet)。参见 Stéphane Mallarmé, *Œuvres complètes*, 309. ——译注

③ 参见尼采,《扎拉图斯特拉如是说》,第513页。——译注

二　极限体验

和看(le voir)为我们提供了一切接近的模式,并且,为了思考世界,我们想给思想配备这样的模式？为什么,直观——理智的视觉——将自身作为人所匮乏的伟大天赋向我们提出？为什么我们看到了本质、理念和善？但世界是更加深刻的。或许,一个人会回答道,当一个人谈论存在之光的时候,他是用隐喻的方式来谈论。但为什么在所有可能的隐喻里,视觉的隐喻占据了主导？为什么这束作为隐喻的光已然成为一切认知的来源和手段,因此让一切的认知服从(一种首要的)隐喻之操练？为什么是这种光的帝国主义？

　　土土这些问题在尼采那里潜藏着,有时还被悬置了起来,比如：当他阐述透视主义的理论,也就是,阐述视点(point de vue)的时候。的确,通过把这套理论推向终点,他毁灭了这套理论。潜在的问题处在了真理、理性和存在之批判的底部。只要我们让世界服从存在的思想,从意义之光出发——因为意义或许恰好被掩藏在光本身当中——来接纳和探寻真理,虚无主义就是无敌的。光有所照亮——这意味着光隐藏了自身：这是其狡黠的特点。光有所照亮：被光照亮的东西将自身呈现于一个直接的在场,那个在场揭露了自身而不揭露使之显现者。光抹掉了它的踪迹：它是不可见的,它产生了可见；它确保了直接的认知和完全的在场,同时将自身抑制在间接的东西里,废除了自身的在场。所以,光的欺瞒在于这样的事实：它在一个光芒四射的缺席里悄悄地溜走,它比一切的晦暗更加无限地晦暗,因为光所固有的缺席乃是其光照的行动,是它的明晰。因为只有当光让我们忘了,某种像光一样的东西正在运行的时候(因此,在它自身持守的显明中,它也让我们忘掉了它所假定的一切,即光最终返回的东西,其真正的太阳:一种同统一性的关系),光的工作才算完成。明晰(la clarté):光之非光,看之非看。光因此具有(至少)双重的欺瞒性:它向我们欺瞒了自身,也向我们欺瞒了一个事实,即它把不直接者作为直接者而给出,把不单纯者作为单纯者而给出。白日之光是一个虚假的白日,不是因为存在着一个更加真实的白日,而是因为白日的真理,关于白日的真理,被它所掩藏;我们看得清楚,只是因为光是明晰的,并且,光不在它所提供的明晰性当中给出自身。但最严肃的问题——那个无论如何具有最沉重之后果的问题——仍然是光的双重性:凭借这样的双重性,光促使我们相信观看行为的单纯性,把直接性作为认知的模式向我们提出,而在那种模式里,不可见的光本身以一种隐秘的方式仅仅充当了一个中介,用一种幻觉的辩证法戏弄着我们。

尼采似乎在一种双重的怀疑下思考,或者,更确切地说,书写(他让自己致力于断片书写的要求);双重的怀疑倾向于一种双重的拒绝:对直接者(l'immédiat)的拒绝,对中介(la médiation)的拒绝。如果我们渴望在未知者的方向上言说、书写,那么,我们就应该试着从真理(le vrai)中撤出。这个真理在某种意义上是不可避免的,不管它是通过全体的发达运动,还是通过显现之在场的单纯性而被给予了我们;不管它是在一种连贯话语的终点处出现,还是在一种线性的、连续的、意义单一的言语中被直接地肯定。"我们这些彼岸哲学家——如果你允许的话,那就是善与恶的彼岸!"①双重的断裂:因为它从未被完成,或者,只有通过怀疑才被完成,所以,它是更为统治性的。

土土"你们也知道我头脑中的世界是什么吗?要叫我把它映在镜子里给你们看看吗?"②尼采思考世界(le monde):这是他的关注。当他思考世界时,不管那是"一个力的怪物","这个双料淫欲的神秘世界","我的狄奥尼索斯的世界",③还是世界的游戏,这里的这个世界,作为一切谜题之解决的谜题,不是他所思考的存在。相反——不论对错,他思考世界是为了让思想既摆脱存在的观念,也摆脱全体的观念,既摆脱意义的要求,也摆脱善的要求:这是为了让思想摆脱思想,不是迫使思想退弃,而是迫使思想超出其所能来思考,思考某种对它而言不可能的东西。或者,再一次,通过说出这个在一切言语之前和之后的"加号"(plus)和"多余"(surplus)来言

---

① 参见尼采,《权力意志》(上),第206页。——译注
② 参见尼采,《权力意志——重估一切价值的尝试》,第700页。——译注
③ 参见尼采,《权力意志——重估一切价值的尝试》,第700—701页。——译注

说。一个人可以批判这种前行方式；但一个人无法弃绝那其中得以宣告的东西。在尼采看来，存在、意义、目的、价值、上帝、日夜、全体、统一只有在世界内才是有效的；但"世界"无法作为意义或作为全体而被思考、言说：更不用说作为彼岸世界（outre-monde）了。世界乃是其外部本身：它是那个超出一切肯定之权力的肯定，并且，在永不间断的非连续性当中，它是其永恒翻倍（redoublement）的游戏——强力意志，永恒轮回。

尼采还用另一种方式表达了他自己："世界：阐释的无限（一个名称的无限的展开）。"这里就有阐释的责任。但谁来阐释？是人吗？哪一种人？尼采回答道："人们不可问：'究竟谁在阐释？'而不如说，阐释本身，作为强力意志的一个形式，以此在（但并非作为一种'存在'，而是作为一个过程，一种生成）为情绪。"①一个谜团重重的断片。一个人可以认为——尼采也是这样想的——哲学应是一种阐释的哲学。世界要被阐释，阐释是多重的。尼采甚至会说"把握一切"就是"错认了认知者的本质"，②因为总体和有待理解的东西不具有相同的尺度，它同样没有穷尽阐释的权力（阐释意味着没有止境）。但

---

① 他在别处说"强力意志进行阐释"（参见尼采，《权力意志》[上]，第164页——译注），但强力意志不能是一个主体。（引文参见尼采，《权力意志》[上]，第165页。——译注）

② 参见尼采，《权力意志》（上），第37页。——译注

尼采走得更远:"我们的价值已经通过阐释被置入到事物之中了。"(Unsere Werte sind in die Dinge hineininterpretiert.)①所以,我们面对着一种完全的主观主义吗:在那里,只有当阐释的主体根据其喜好把意义赋予事物时,事物才有意义?"并不存在什么'自在的事实',"尼采还说,"为了能够有一个事实,一种意义必须首先被置入其中了。"②但在我们之前看到的断片里,尼采摒弃了"谁",③他不认可任何阐释的主体,并且只把阐释承认为阐释本身的中性的生成(le devenir neutre)——既没有主语,也没有补语——阐释不是一个行动,而是一种激情,并因此持有"此在"(Dasein),一个无存在(Sein)的此在,尼采很快补充道。阐释,中性的阐释运动,不能被视为一种认知的手段,不能被视为思想为了思考世界而支配的一个工具。世界不是阐释的一个对象,世界把自身作为一个对象给予阐释是不合适的,哪怕那是一个可与自身区分开来的,没有界限的对象。世界:阐释的无限;或者,再一次,阐释:无限:世界。这三个词只能在一种并列中被给出,这种并列不混淆它们,不

---

① 参见尼采,《权力意志》(上),第115页。——译注

② 参见尼采,《权力意志》(上),第165页。罗兰·巴特的《历史的话语》(Le discours de l'histoire)也引用了这句话。参见 Roland Barthes, *Le bruissement de la langue: Essais critiques IV*, Paris: Éditions du Seuil, 1984, 164. ——译注

③ "把阐释者放在阐释后面,有这个必要吗?这已经就是抽象和假说了。"(参见尼采,《权力意志——重估一切价值的尝试》,第683—684页。——译注)

区分它们,也不把它们联系起来,由此回应了断片书写的要求。

十十"我们这些彼岸哲学家……其实就是圆滑世故的阐释者和讲解员——我们,那种天命依然为我们所贮备,也即作为欧洲事务的旁观者被投放到一个神秘而未解读的文本面前。"①一个人可以明白:世界是一个文本(texte),而为了揭示这个文本的固有意义,必须进行认真的注释:一种哲学之正直(probité philologique)的工作。但谁写下了它?并且是根据何种既有的意指来阐释?世界没有意义,意义内在于世界;世界:外在于意义和无意义。在这里,由于问题是历史内部的一个事件——是欧洲事务——我们就承认它包含了某种真理。但如果问题是"世界"呢?如果问题是阐释,是阐释的中性运动呢:既没有主体,也没有对象,它是一个只和自身相关的运动的无限性?(这说得仍然有些过,因为它是一个没有同一性的运动。)这个运动无论如何不和任何先行的事物相关,并且也没有什么能够规定它的东西?阐释,无存在的存在(être sans être);差异的激情和生成?那么,这个文本的确称得上是神秘的:不是因为它包含了某种作为其意义的神秘,而是因为,如果这是世界的一个新的名字(这个世界,一切谜题的谜题和解决),如果这是阐释运动中至关重要的差异,是某种意

---

① 参见尼采,《权力意志》(上),第206页。——译注

义上促使阐释运动不断发生分异的东西,如果,最终,在其无限的碎散中(在这个意义上是狄奥尼索斯),在其片段化的游戏里,甚至更加确切地说,通过使之回撤者的超出,它肯定了这个肯定的加号(plus),并且,这个加号既不持守明晰性或光的要求,也不在一种形式的形式中给出自身,那么,它当然是一个尚未写下的文本。正如世界也不是一次性地产生,它不把自身与书写的中性运动分开,它把书写给予了我们;更确切地说,书写通过它给出了自身:通过让思想转离一切可见和不可见之物,它能够让思想摆脱那种被理解为光或光之回撤的意指的首要性,并且,或许能够让思想摆脱统一性的要求,也就是,摆脱一切首要之物的首要性。因为书写就是差异,因为差异在书写。

±±当尼采思考世界的时候,他把世界思考为一个文本。这是一个隐喻(métaphore)吗?这是一个隐喻。尼采在这个不被白日之光所抵达的深处思考世界,并用一个隐喻替代了世界,而那个隐喻似乎恢复了白日的全部特权。因为一个文本是什么?它是在视线中持守自身的现象之整体;而书写又是什么,如果不是把某物给予视线,使之显现,将之带到表面?尼采没有那么看重语言:"语言乃是根据最幼稚的偏见构造起来的。现在我们把不和谐的问题穿凿附会地加入事物之中,因为我们惟以语言形式进行思维——因此相信'理性'的'永恒真理'(例如主语、谓词等等)。如果我们不愿意在语言的强制下进行思维,那我们就会停止思维。"①我们不要考虑这样的反驳,即尼采仍然是用语言的形式来弃绝语言。我们也不要这样来回应,即指出语言的伪造之权力,指出那种也属于艺术的幻觉之善意。第一个反驳把我们抛回到辩证法;第二个反驳把我们交给了阿波罗——阿波罗早已在狄奥尼索斯身上消散,要是我们与真理发生了碰撞,他就再也不能阻止我们毁灭。("我们有艺术,这是为了我们不因真理而招致毁灭。"②为了不成为艺术眼中最可鄙的言语,它们不得不立刻调转过来说:但我们拥有艺术吗?我们拥有真理吗,即便它导致了我们的毁灭?"但艺术拥有一种可怕的严肃性。")

世界:一个文本;世界:"善恶之彼岸的神圣游戏"③。但世界没有在文本中得到意指;文本也没有让世界变得可见、可读,能够在诸形式的动人表述中得以把握。书写没有返回这个不得不在断片的基础上,在书写的空隙中被重新建构起来的绝对文本。而世界,那个总是超出世界的世界,也不是通过所写之物的断裂,如此描绘的裂隙,如此布置的中断和如此保留的沉默,才在一种缄默之肯定的无限完满中证实了自身。

---

① 参见尼采,《权力意志》(上),第 224—225 页。——译注

② 参见尼采,《权力意志——重估一切价值的尝试》,第 599 页。——译注

③ 参见 Friedrich Nietzsche, *Sämtliche Werke*, *Kritische Studienausgabe*, Band 11, hrsg. v. Giorgio Colli und Mazzino Montinari, München, Berlin und New York: Deutscher Taschenbuch Verlag, Walter de Gruyter, 1988, 201. ——译注

二 极限体验

因为此刻，当我们冒险同一种天真而贫乏的神秘主义达成共谋时，我们必须大笑并回撤，用我们的笑声说出：世界是寓言（Mundus est fabula）。① 在《偶像的黄昏》（*Le Crépuscule des idoles*）里，尼采解释了他对语言的怀疑；如此的怀疑也是对存在和统一性的怀疑。语言暗示了一种形而上学，它就是形而上学。每当我们说话的时候，我们就把我们自己和存在相连，我们述说存在，哪怕只是暗示性地述说，并且，我们的言语越是光彩夺目，它就越是用存在之光来照耀。"其实，至今为止，没有什么比关于存在的谬误更有一种朴素的说服力了……我们说出的每个词，每个句子，都在为这种谬误讲话！"②尼采用一种不断地让我们感到惊讶的深刻性补充道："我担心，我们无法摆脱上帝，因为我们还相信语法。"③但还有这个"至今为止"。我们将从这样的限制中得出如下的结论吗：我们处在了一个转折点上——这是必然性的转折——那里，在我们语言所在之处，通过其到目前为止被折叠为视线之单纯性并在意指之光中被平均化了的差异之游戏，另一种外在化（extériorisation）出现了，由此，在其中敞开的这道裂隙里，在其所在的这一分裂中，不再有那样的住客了，他们因为过于寻

---

① 在荷兰画家扬·韦尼克斯（Jan Weenix）的《笛卡尔肖像》（1649年）里，笛卡尔手中所持的书上就写着这句话。关于这句话的阐释，可参考让-吕克·南希的《世界是寓言》（Mundus est fabula）。见 Jean-Luc Nancy, *Ego Sum*, Paris: Flammarion, 1979, 95-127. ——译注

② 参见尼采，《偶像的黄昏》，第60页。——译注

③ 参见尼采，《偶像的黄昏》，第60页。——译注

常而显得不寻常,因为过于可靠而显得不可靠,他们戴着面具却不停地交换他们的面具——这便是以逻各斯的形式呈现的高贵,是以理性为幌子的虚无主义?

世界,无托辞的文本,无纬编、无纹理的交织。如果尼采的世界不在一本书里被交给我们——更不用说是在这本由文化的迷恋强加给他并题为《强力意志》的书里了——那是因为他把我们召唤到语言的外部,这种语言乃是形而上学的隐喻,并且,在这种言语里,存在通过再现的双重之光而得以呈现。这不意味着:世界是不可言说的,或者,世界只能用言说的方式来表达。这只是告诉我们,如果我们确定自己不能在言语内部或外部持有世界,那么,从现在起,唯一适合的命运就是:语言,处在永恒的追逐和永恒的断裂当中,并且,除了这样的追逐和这样的断裂就没有别的意义,它应该无限期地持留(不论是沉默的,还是言说的:一场总在开动,又总在结束的游戏),并且它持留而不关心有什么东西——世界——或某人——达到超人高度的人——要说。仿佛尼采没有谈论"世界"的可能,除非是根据他所固有的无尽言说的要求,根据总是推迟言说的差异的要求来谈论他自己。世界?文本?世界让文本返回到文本,正如文本让世界返回到世界的肯定。文本:当然是一个隐喻;但如果它不再自称是存在的隐喻,那么,它也不是一个摆脱了存在的世界的隐喻:它至多是其自身之隐喻的隐喻。

二 极限体验

±±这种作为断裂的追逐,这种不打断的追逐,一者和另一者的这种永久性,一种没有中止的打断和一种没有完成的追逐的永久性:既不是时间的进程,也不是当下的静止,一种无所保持的永久性,既不持续,也不停止,一种无诱惑之吸引的回转和绕转。这是世界吗?这是语言吗?不可言说的世界?不把世界言说的语言?世界?文本?

±±碎裂、断片、偶然、谜题:尼采同时思考这些词语,尤其是在《扎拉图斯特拉如是说》里。他的努力因此是双重的。首先,他在人群中游荡,他只用一种碎片的形式看人,人总是破碎的、断裂的、散乱的,仿佛是在战场或屠宰场里一样,他感到了一种痛苦;所以,通过一种诗意行动的努力,他提出要把人所是的这些混沌的碎片、残屑和偶然聚到一起,甚至统一起来——未来的统一。这会是全体的工作,是整全的完成:"*我的全部诗性行为和努力,便是组合断片、谜和可怕的偶然,使之成为'统一'。*"(Und das ist mein Dichten und Trachten, dass ich in eins dichte und zusammentrage, was Bruchstück ist und Rätsel und grauser Zufall.)① 但他的诗性行为(Dichten),其诗意的决定,同样采取了一个十分不同的方向。拯救偶然的人是他用来称呼自己的名字。这意味着什么?拯救偶然不意味着把偶然还给一系列的条件;这不是拯救它,而是失去

---

① 参见尼采,《扎拉图斯特拉如是说》,第240页,有改动。——译注

它。拯救偶然是让偶然远离一切这样的东西,它们会阻止偶然被肯定为可怕的偶然:骰子一掷无法取消的东西。出于同样的原因,破译(阐释)谜题只是让未知转入已知的范畴吗,或者,相反,在一切阐述它的言语中将它意欲为谜题,使之在意义的明晰性之外向这另一种既不被光所支配,也不被光的缺席所遮暗的语言敞开? 所以,这些碎裂,这些断片,不应显现为一种仍未完成的话语的各个时刻,而应显现为闯入的语言和书写,通过它们,偶然在肯定的层面上保持偶然,谜题则让自身脱离其秘密的私密。于是,在书写本身中,它将自身暴露为书写所维持的谜题,因为书写总是在其自身之谜题的中性里一再地采取它。

土土尼采写道:"*我的眼睛从现今观望过去:所见的总是同一个东西:残肢断体和可怕的偶然——唯独没有看见人!*"① 他迫使我们再一次不无恐惧地审视我们自己:断片的真理和人的在场是互不相容的吗? 在人所在之处,维持偶然的肯定、无话语的书写、未知者的游戏,是被禁止的吗? 这样的互不相容,如果它是一种互不相容的话,意味着什么? 一方面是词语,在场,人的透明;另一方面是通过"创造性的新话语和诸神掷色"②令大地颤抖的要求。或者,更确切地说,为了交流,人

---

① 参见尼采,《扎拉图斯特拉如是说》,第240页。——译注
② 参见尼采,《扎拉图斯特拉如是说》,第378页。——译注

二 极限体验

不得不在某种意义上消失吗？问题不仅被提出，而且，在这样的形式中，它甚至尚未作为一个问题被提出。当一个人以如下的方式追逐它时，就更是如此：宇宙（它转向了唯一者），天地（它假定了一个物理时间的存在，这个物理时间是定向的、连续的、均质的，但也是不可逆的，明显普遍的，甚至超普遍的），根本没有用其崇高的威严把人还原为帕斯卡尔所恐惧的虚无，它们难道不是人之在场的庇护和真理吗？不是因为以这种方式看待它的人仍然根据一种只属于其自身的理性来建构天地，而是因为不存在天地、宇宙，或全体，除非是通过对光的服从，当人之现实是在场的时候，它便再现了这样的光——然而，在"认知"，书写，或许还有言说发生的地方，问题是一种完全不同的"时间"和缺席，从而，支配它的差异让宇宙的现实——作为思想之真实对象的宇宙——发生了动摇、错乱和离心？换言之，互不相容不仅存在于人和作为人之最固有要求的交流的权力之间，还存在于宇宙——上帝的替代者，人之在场的担保——和无踪迹的言语之间，在无踪迹的言语里，书写无论如何召唤着我们并把我们召唤为人。①

± ± 阐释：无限：世界。世界？一个文本？文本：中性的书写之运动。当我们提出这些词的时候——我们一心想把它

---

① 让我们记住尼采所指出的："必须把宇宙砸烂。"（参见尼采，《权力意志——重估一切价值的尝试》，第637页。——译注）

们持守在它们自身外部,而无论如何不让它们离开它们自身——我们不是没有意识到它们其实仍属于一种首要的话语,那种话语在某一刻允许它们被提出来。虽然它们被向前抛出,但它们还没有离开整体。它们通过断裂延长了整体;它们言说这样的追逐-断裂(poursuite-rupture),由此,它们在拆散了的运动中道出了自身。仿佛是出于慎重,它们被孤立起来,但如此的慎重已然是(太过明显的)冒失了;它们一个接着一个,但如此的连续并不整一,因为除了一个标点的符号外——这标点的符号也是一个空间的符号,通过它,空间将自身指示为指示的时间——它们就没有别的关系了,它们也安置自身,仿佛已在一种可逆-不可逆的共时性里,预先这么做了;一个接着一个,却又一起被给出;一起被给出,却又分开而不构成一个整体;既根据一种使之平等的相互性,也根据一种总准备着被颠倒的非相互性,它们交换自身:所以,它们同时承担和拒绝生成的一切方式,正如它们同时承担和拒绝空间复多性的一切位置。因为它们书写:它们在这里被书写所指定,它们明确地、隐含地指定了书写,它们来自这样的书写,而这样的书写来自它们,通过那总在书写的差异,它们返回到书写,正如它们转离了书写。

±±并列的词语,但它们的排列被托付给符号,而符号是空间的模态,它们把空间变成了一场关系的游戏,在那里,时间开动了起来:我们称这些符号为标点符号。我们要明白,它们在那里并不是为了取代它们从中沉默地借取意义的这些句子(然而,一个人或许会把它们比作斯宾诺莎的神秘的"或"[sive]:神或自然[deus sive natura],原因或理由[causa sive ratio],理解或遵循[intelligere sive agere],这开创了一种连接方式,一种新的模式,尤其是相对于笛卡尔而言,即便看上去是从他那里借用的)。它们是否更加犹豫不定,也就是,是否更加模糊不清,同样不重要。它们的价值不是再现。它们不表现什么,只表现空无(le vide),它们激活了空无而不把它宣布出来。因为,事实上,通过强调,它们维持了差异的空无,虽然它们未把形式赋予空无,但它们阻止空无在犹豫不定中迷失。一方面,它们的作用是推动;另一方面(其实是同一方面),则是悬置。但它们建立的中断具有一个引人注目的特点,即这样的中断并不安置那些其进程被它们所确保并固定的词项,也不把那些词项置于一边;仿佛在这里,肯定或否定的抉择,那种在一个人想要否认存在的时候,通过肯定存在来开始的义务,最终被神秘地打破了。符号当然没有什么充满魔力的价值。其全部的价值(即便它们遭到废除或未被发明出来,并且某种意义上,它们总消失于一种书写法的次要或意外的方面)源自不连续性——这是一种不可表现的、没有根据的缺席——它们与其说是承受,不如说是忍受这种不连续性的权力,在那里,空隙成了停顿,然后成了节奏,或许还有连结。用空无把空无连接起来,通过让空无脱离奇怪的无规律性——这样的无规律性从一开始总把空无指定为空无——而把它结构为空无；由此，对一切书写而言预备性的空间符号——标点，重音，格律分析，节奏（形构）——就将自身借予了差异并参与了差异的游戏。不是说它们要用一种乐谱的方式来转译这样的空无或使这样的空无变得可见：相反，它们根本没有在书写所遗留的标记或书写所具化的形式的层面上持守所写之物，它们的性质是在撕裂当中指出深刻的断裂（一条线的无形描绘）。由此，内部永远地返回到外部，而在那里将自身指定为其本源，乃至于给出了意义的东西，就是这道将它从意义中去除的裂隙。

±±差异：相同者的非同一性，距离的运动；通过回避而承担了打断之生成的东西。差异（différence）在其前缀中承担着迂回，从中，给出意义的一切权力都在这段使之与本源分开的距离中寻求本源。差异之"延异"（différer）诞生于书写，却从不被书写所铭写——相反，它要求书写在界限上不做铭写；一场没有铭写的生成，它描绘了一个空缺，一种任何踪迹（trace）都无法使之稳定（或赋之以形）的无规律性：一个不留痕迹的轨迹（tracé sans trace），它的界限只能由其规定者的无尽抹除所划出。

差异：它只能是言语的差异，一种允许言语的言说之差异，但它自身却不直接地向语言到来——或者，它向语言到来，然后让我们在其迂回中返回中性的陌异，返回那不允许自身被中性化的东西。言语总在其差异中被提前命定于所写之物的要求。书写:没有踪迹的线(trait sans trace),不经抄改的写。书写之线(le trait d'écriture)绝不简单地是一条能够自身描绘并随其踪迹而出现的线;它毋宁是分岔,在这分岔的基础上,追逐-断裂没有开端地开始了。世界?一个文本?①

---

① 这些文字写在了米歇尔·福柯、吉尔·德勒兹、欧根·芬克和让·格拉涅尔的书的边缘——《词与物》(*Les mots et les choses*, Paris: Gallimard, 1966),《尼采与哲学》(*Nietzsche et la philosophie*, Paris: Presses Universitaires de France, 1962),《尼采的哲学》(*La philosophie de Nietzsche*, trad. Hans Hildebrand et Alex Lindberg, Paris: Minuit, 1965),《游戏作为世界的象征》(*Le jeu comme symbole du Monde*, trad. Hans Hildebrand et Alex Lindberg, Paris: Minuit, 1966),《尼采哲学中的真理问题》(*Le problème de la vérité dans la philosophie de Nietzsche*, Paris: Seuil, 1966)——也写在了雅克·德里达的《书写与差异》(*L'écriture et la différence*, Paris: Seuil, 1967)所收的几篇文章的边上。

Ⅶ 反思地狱

1

　　一个人可以反思这样的情境。有可能,某个不亲近的人十分亲近我们:墙已经倒下。有时虽没有什么关系,却仍然十分亲近:墙已经倒下,那些隔离的墙,还有那些用来传达信号,传达监狱之语言的墙。然后,一个人必须再次立起一面墙,要求一丁点冷漠,要求一段让生命找到平衡的镇静的距离。一种在实现了之后才成形的天真的欲望。但在这样一次对他人的惊心动魄的接近中,一个人得到了一个印象,即存在着一个短暂的缺失的时刻;那样的时刻和这些可以相互交换的眼神的好感无关,而是和一个运动有关,那个运动先于我们俩,先于我们俩的相遇。在这个瞬间,他似乎真的是我们在一个无限的、无限地荒芜的空间中的伙伴,因一个奇迹般的偶然突然出现在了我们身边;这因此是,因此将是难以解释的,确定无疑的,奇迹一般的。但他是谁? 或许,只是荒漠? 荒漠成了我们的伙伴？这是奇迹一般的,这奇迹一般地保持荒芜,然后伙伴再次消失——除了荒漠,别无他物。然而,在其严酷的真理和贫瘠的在场中,它突然亲近我们:熟悉,友善。这样的亲近同时对我们说:"荒漠在扩张。"

一个人可以把这个运动比作荒谬体验(expérience absurde)的运动,阿尔贝·加缪(Albert Camus)的名字就一度与那样的体验相连。那样的体验,在许多方面必然是他专有的。他展开分析、陈述观点的方式是个人的,他提出的要求也是个人的:例如,团结的要求,或忍耐的激情,对永恒的渴望。他在《反抗者》(*L'Homme révolté*)里写道:"我们想让爱永存,这种需要永远不会满足,此时,如果晓得世上的痛苦是永恒的,我们将会更好地理解这种痛苦。似乎伟大的灵魂有时更为之惊恐的不是痛苦,而是痛苦不会持久。由于缺少持久的幸福,漫长的痛苦可能成为命运。然而不是如此,对我们最剧烈的折磨有一天会停止。"①这是伟大的灵魂所渴望的东西吗？或许只有一种对受难的反思能够以这样的方式说话。极端的受难,首先是肉体的受难,以另外的方式说话。当它召唤死亡的时候,它仍然承受得住,因为它有所希望;它寄希望于终结,并且这样的希望意味着与未来的一次结盟,时间的一个承诺。所以,人还是命运的主宰,可以自由地结束他的受难:他受难

---

① 参见阿尔贝·加缪,《反抗者》,吕永真译,上海:上海译文出版社,2013年,第286页。——译注

并坚忍,他用他所召唤的终结统治着这样的受难。但有一种受难已经彻底地失去了时间。那是一场无止无尽的受难的恐怖:时间再也不能救赎它,它逃避了时间,它不再有任何的援助;它是无可挽救的。

这样的追问并不涉及我们境况的一个有限的方面。受难在我们的时代是更大的吗?一个徒劳的问题。但我们不得怀疑:受难更为沉重地压在了我们身上,以至于我们同宗教之慰藉的疏远,另一个世界的消失,还有传统的社会框架的破裂,都剥夺了受难者的一切距离,并把他更为清晰地暴露给了受难的真理;而这个真理就体现为让他撤离受难所要求的空间,撤离那使忍耐得以可能的寥寥无几的时间。一个人可以声称:受难是对个体的一次考验,如果那个个体还没有开动我们的共同命运的话;同样,受难不需要思想的评论,它召唤医疗的介入,后者快乐地消解了那不允许自身被消解的东西。正是在这个意义上,阿尔贝·加缪在《鼠疫》(*La Peste*)里选择让医生成为一个仍然保持正义的行动的象征。难以想象这样一个合理的决断会遭受轻蔑的批评,因为它回应了现时代最强有力的意志:那意志把人维持为一种直面不可能性的权力,用一种顽固的努力来回应那失去世界者的过度,并缓慢地扩展和肯定这种过度,即便那样的肯定没有触及任何坚定的东西。

关于受难,关于个体的命运,所说的东西无论如何必须围绕苦厄、压迫和悲惨再说一遍。彻底不幸的人,被羞辱、饥饿、疾病或恐惧所碾压的人,变得和自身或任何人都不再有什么

二 极限体验

关系了：一种空洞的中性，一个在无事发生的空间里游荡的幻影，一条落到了需求之下的生命。如此的苦厄是特定的，但它首先关系到绝大多数的人。那些独自忍受饥饿，在一个仍然幸福或平静的世界里不公平地活着的人，有可能投身于一种强烈的孤独，投身于我们所谓的邪恶、嫉妒和羞耻的情感，投身于报复、杀人或自杀的欲望——因为那里还存着希望。克努特·汉姆生(Knut Hamsun)所说的饥饿是一种能够被骄傲所喂饱的饥饿。① 这另一种苦厄的真理似乎在于那些忍受苦厄者的数不清的数目。在苦厄里据说有共通体(communauté)，但在某一个点上，人们共同忍受的东西既不产生聚集，也不实施孤立，而只是重复一个无名的苦厄之运动，那个运动既不属于你，也不让你属于一种共同的希望或一种共同的绝望。一个人谈到了苦厄中的平等(égalité)，但那是一种无限的不相似性，一种不平稳的振动，一种没有任何平等可言的平等。我们并不确定：为了接近这样一个情境，我们必须转向我们时代所产生的巨大的、压倒性的动乱。有一种不得安息的疲倦；它表现为再也不能打断一个人正在做的事，表现为总是更加努力地劳作，并且，总之，是为了普遍的满足：一个人再也不能疲倦，为了统治疲倦，消除疲倦并得到安息，他再也不能把自己与疲倦分开。悲惨、苦厄也是如此。苦厄变得不可见了，它在

---

① 克努特·汉姆生(1859—1952)：挪威作家，著有长篇小说《饥饿》(*Sult*)。——译注

某种意义上被遗忘了,它引起了一个人的消失(而不影响其生存的事实),并且,它自身就在这个人的消失中消失。苦厄不可承受却总被承受,因为承受苦厄的人不再用第一人称来经受了。

那些受苦受难的人,那些悲惨不幸的人,已经陌异于主奴关系;从他们的处境看,主奴关系甚至是一种大有希望的状况。奴隶有可能变成主人;他今天所侍奉的主人到了明天就是他起身反抗的对象。还有一些奴隶没有主人,对他们的奴役让他们失去了一切的主人,失去了同主人的一切关系,因此也失去了解放的一切希望,还有反抗的一切可能。主人的失去是因为主人变得无名——那是一种不负责任的、不可发现的纯粹权力——这已经是极端困难的处境了,但抽象的权力仍然可被命名;最遥远、最难把握者有一天会被称为上帝,而上帝的全能最终给一场决定性的战斗带来了希望。更加严重的奴役体现为奴隶的缺席,这是阴影的束缚,它本身似乎和影子一样轻盈:一种没有重量、没有现实的命运。阿尔贝·加缪说:"我反抗,故我们存在。"(Je me révolte, donc nous sommes.)① 他一语道破了一个团结之希望的全部决心。但那些没有权力说"我"的人从这样的言语和这样的希望中被排除出去了。

人们总有某种地狱(l'enfer)的观念。他们已经发觉,有人的地方就有地狱。诅咒(damnation)不是一种可以轻易应对的思想。值得注意的是,一种黑暗的尊严已为被诅咒者所保

---

① 参见加缪,《反抗者》,第25页。——译注

二 极限体验

留。被诅咒者拥有高贵的起源,这样的起源让贬低反抗的地狱,相反地,显得高贵起来。但丁(Dante)笔下那张被迫说话的可怕的嘴巴——诚然是用阿拉伯语——不停地重复道:"在深渊里赋予我在世的荣光。"① 诅咒仍然是一种可怕而丰富的运动。它有时等同于仇恨、怨怒和嫉妒的狂热情绪(被诅咒者永远注视着他们所痛恨的东西),有时又等同于绝望、失去的幸福和破裂的爱;但在每一个情形中,哪怕经历了虚无和贱斥,仍然有一种同天国的关系。地狱无法削弱这个关系。被诅咒者似乎总能够通过他们的诅咒来爱上帝。如此的可能性仍向他们敞开;对如此之可能性的拒绝就是他们的诅咒;但在诅咒和那一拒绝的重复中,可能性仍然在场。对信仰的世界而言,地狱似乎成了无神论的纯粹所在,是其神秘的象征。被诅咒者不仅与上帝断绝了来往,而且上帝也从他们身上绝对地撤离了:他们难道不是唯一真正的无神论者吗?所以,地狱是一个清空了、摆脱了上帝的极端空间,在那里,有这样一种离弃,有这样一种"落到存在之外"(chute hors d'être),它根本

---

① 参加但丁《神曲・地狱篇》第三十一章有关宁录的描写:"'Raphèl maí amèche zabí almi',那张不适于唱更甜蜜的诗篇的凶恶的嘴开始这样喊叫。"(选自但丁,《神奇・地狱篇》,田德望译,北京:人民文学出版社,1997年,第252页。)布朗肖所看的法语版《神曲》采用了米开朗琪罗・兰奇(M. Lanci)的解释,认为Raphèl maí amèche zabí almi 是阿拉伯语,意即"在深渊里赋予我在世的荣光"。参见 *La Divine comédie de Dante Alighièri*, trad. Artaud de Montor, Paris: Librairie de Firmin Didot frères, 1866, 144. ——译注

不是以如此的虚无来度量自身，而是在一个无限之时间的折磨中追求并肯定自身。

一个人可以想象，对被诅咒者的拯救会是一种围绕着信仰旋转的执迷的关注（souci）。更奇怪的是那种思想，它要求被诅咒者给出秘密，给出所有人的拯救之道。但这是我们的一部分世界试图去做的事情。不是通过一种被误导了的情感，不是出于一种对低卑者的深情。也不是因为一个人并不简单地（带着一种我们会轻易地称之为黑格尔式的主张）拯救受难的个体，而是试图拯救受难，或通过受难者的受难来拯救他，认为他无法真正地、完全地得到拯救，除非他是被这种在生死两头都不给出路的极端的受难所拯救。或许，我们可以暗自这么认为，但事情没有这么简单。一种关注让我们自己转向了一个极端的、必然晦暗的时刻——到了那个时刻，人，或思考人的可能性，都消失了——如此的关注本身就是一个晦暗的关注。它不像我们单纯地假定的那样，仅仅意味着正是在人逃避了我们的那一刻，我们才把握了人的真理；我们会因此俯身悬在一个空无的洞上，而不填补它，不把它变成一个真正的栖居之所。

探寻一个足够牢固的开端，使得那里被肯定的东西不会无形之中被纳入一个不稳定的未知区域的不确定性——那个区域处在一种先行的无限之中，它会秘密地毁掉我们的步伐——如此的探寻是极为模糊的。马克思（根据一种存在已久的阐释）表明，历史——古老的、沉重的、辩证的历史——恰

二 极限体验

恰在今天,仿佛正自行地对一个准备开始的人发生;那个人几乎什么也不是,他丧失了一切历史的价值和一切权力的形式,他一无所有,但他因此乐于用最公正的方式承担一切权力和一切历史。在这个时候,夺取世界的眩目希望就证明了那一要求的力量。对虚无主义的迷恋也是如此。阿尔贝·加缪在一本书的前言里说:"我们正开始离开虚无主义。"① 是的,但不论这个肯定多么确定,它都在身后留下了一种它没有克服的怀疑。的确,我们已经离开了虚无主义;但这——或许——是因为我们还从未进入虚无主义,至少是就一种集体的形式,而不是一种异常的自我体验而言。就连马克思的无产阶级似乎也排斥衣衫褴褛的无产阶级,正如它排斥落到需求之下的人,也就是从奴役中被驱逐出来的奴隶的影子:他劳动,却和劳动本身没有一种构成的关系。为了回到加缪的体验上,为了理解那种对《反叛者》产生怀疑的抗拒,我们或许应在这样的事实中寻找原因。

如果西西弗斯(Sisyphe),地狱里既幸福又不幸的人,用一束光照亮了我们时代的阴暗岁月,那是因为他和"局外人"(l'etranger)都是这极端界限的一个意象——我们不会替虚无说话,因为我们之体验的一个痛苦的发现就是,虚无不是极限,或者,说它是极限只是因为它欺骗了我们。西西弗斯是一

---

① 出自阿尔贝·加缪的《现状二》前言。参见 Albert Camus, *Actuelles II*: *Chroniques 1948–1953*, Paris: Gallimard, 1953, 9. ——译注

个一直劳作的人,但他的劳作是无用的;他丧失了时间的工作,但还没有摆脱时间的缺席,他被这样的缺席交给了一种永恒之反复的过度。这个赤裸之人(他不是一个人,而是他所生产的赤裸和虚无的空间,如果他仿佛总已经提前消失了的话)产生了一种欢乐的肯定,如此的肯定在沉默中言说着孤苦的赤裸之人的欢乐和力量。这样一个运动,至少就其要求而言,十分接近马克思的无产阶级的运动。但如果西西弗斯的有趣之处在于他投向人身后的这束"光",在于他以这强烈的努力把我们重新带向人身后无限远处的人(他无论如何推动并维持着前面的人),那么,我们能否说,《反抗者》为我们保留了这个意象并且就从它开始,如同那是一个真正的起点?如果这么多的读者已经注意到一段把两本书分开的距离,那是因为它们的结论有所差异——或许只是微乎其微的差异?难道不是因为它们的起点不同吗?难道不是因为西西弗斯的基本在场和反抗的奴隶已经是分开的世界了吗?或者,难道不是因为它们恰恰被世界分开了吗?有一件事是肯定的:为了从一本书转向另一本书,一个人必须做出跨越。

加缪声称,他从西西弗斯的体验中提取了反抗,而《反抗者》只是发展并检验了反抗的本质、决心和界限。但西西弗斯的反抗和说"不"的奴隶的反抗处在不同的层面上。奴隶已经成功地遇到了一个主人——这是一个无限的进步;他因此可以依赖他的主人,即便对反抗者所说的"不"的分析事实上会促使加缪肯定两者之间有一个共同的尺度,而这个尺度最终

二 极限体验

让两者脱离了奴隶的状态和主人的地位。西西弗斯是一个失去了中心的孤独者,不是因为他独自一人,而是因为他同他自己没有什么关系。首先,他的反抗(révolte),这种让一切(重新)开始的后转(volte-face),乃是石头的后转。西西弗斯的全部真理都被绑在了石头上;这是他身上和身外的"基本"之物的美妙意象,是对一个自身(soi)的肯定:这个自身同意完全地外在于自身,同意被送回、被大胆地托付给外部的陌异性(l'étrangeté du dehors)。如此之肯定的范围是什么? 它在肯定什么? 加缪的书没有告诉我们,但它给我们留下一个意象;这个意象是慷慨的,它可以说很多,它可以承诺并赠予。但它没有承诺这样的希望,即奴隶能够对他的主人说"不":若不飞跃一道真正的深渊,一个人就无法从这个空无的地狱,从这个离散的空间,转向真实共通体的时刻,转向第一人称的反抗。

但如果这两个形象——它们试图在加缪进行反思的两个时刻代表孤苦之人的极限——之间的确存在着这样一段距离,那么,我们必须反思这段距离,并想象它既不是任意的,也不只是一个着急得出结论的人引入的。即便这段距离代表了一段空隙——并且,一个人似乎只有通过陷入这段空隙并为之辩护,才能从中脱离——它还是提出了一个难题,并且,这个难题具有如此的迷惑性,以至于一个人不禁要通过忽视来解决它:也就是,通过一种潜在的、坚定的拒绝来解决它。那个相信自己在交流的荒漠中遇到了一位伙伴的人也是如此:他必定冒着巨大的危险坚持这样的时刻,即在他面前显现为绝对亲密性（显现为阻碍的消失，显现为一种直接之在场的确定性）的东西，也将自身揭示为绝对的距离，也就是，一切关系的丧失，他到那时尚能用于交流的这些隔墙的毁灭。在那一刻，他难道没有理由再次立起一面墙，因而避开蜃景并返回到一种更加稳定、更加明确的交流之形式吗？他就不能在某一刻，恰恰是为了不失去它，而逃离这样的一种体验吗？或许没有什么体验比它更危险，更可疑，也更本质的了；因为它向我们表明，交流的亲密性和力量——在某种程度上，但在何种程度上？——依赖于关系的缺席。它还表明，一个人必须——在某种程度上，但这恰恰是一种没有程度的程度——忠实于这种关系的缺席，忠实于他在拒绝一切关系时所冒的风险。仿佛如此的忠实——在这样的忠实里不可能有什么忠实——如此的风险，还有穿越荒漠之空间和地狱之离散的永不停息的如此之迁移，最终也可以在一场切心的交流中绽放。

2　对"荒谬"的合理克服

我们必须开始。阿尔贝·加缪清楚地说，荒谬（l'absurde）的运动是怀疑论的等价物[①]；他还说，反抗者的"不"，这个意味

[①] 参见《反抗者》，第 8 页："荒谬的真实性质是……笛卡尔怀疑论的等价物。"——译注

二 极限体验

着"我反抗,故我们存在"的词,对应于笛卡尔的"我思"。[①] 这两个关联揭示了开端的要求。"我思"是一个坚定的、不可动摇的开端之词,从表面上看,除了其自身的显明外,就没有什么东西在支撑它;一个真正的最初之词,只有它可以让荒漠——也就是,怀疑——的前行运动止步。"我思"反过来应被一个更为初始的开端的不可满足的要求所动摇,这是一个在此无法展开的漫长故事;进而,"我思"一词凭借其突然而蛮横的开端之力,使以光辉和决断的方式聚集起来的一切都被完好无损地保留了下来。简言之,当开端说话的时候,我们看到它仍被"我思"的光芒所照耀。

所以,我们必须开始:肯定一条界线,并且,我们一定会回到这条界线上来,用它确认我们的前行无误,但到了这条界线上,一切的返回自此又会被禁止。界线本身禁止了这样的一次返回,由此,它成了初始者,成了一切刚起步者的伙伴。但为什么是西西弗斯所代表的界限,为什么是那个形象所大概指示的,无法为我们提供一个开端的区域?为什么奴隶的"不"和第一人称的反抗之词——而非西西弗斯的"是"——构成了那应不停地对我们述说的首要之肯定?为什么西西弗斯这个悲剧英雄,其全部的真理就体现为对一个没有出路的处境的坚守,突然间被还原为一个插叙的角色,甚至被还原为方

---

① 参见《反抗者》,第 25 页:"反抗所起的作用犹如'我思'在思想范畴中所起的作用一样。"——译注

法的奴仆,充当了理性的诡计,随后又在他变得麻烦时被理性所摒弃?加缪说,这个英雄的本性就是自我抹除;荒谬的本性只是一段通道,它很快就拒斥了任何一个与之相遇的人。所以,"荒谬"的真理就在于,荒谬其实是那个看似被它捕获了的人,荒谬其实在那个抓住它的思想下消失了,并在它的位置上留下了一段可由言语来填补的空白,而这一次,一切都从那样的言语开始。

让我们反思这个时刻。通过他的回应,加缪在他自己的说明中采取了那个一开始对他提出的反驳:荒谬不会言说,若不摧毁自身,它便不能肯定自身。那排斥一切价值的东西,通过它的自身肯定成为一种价值;它提出了一个价值判断并逃避了荒谬。关于荒谬——或者,关于这个太过清晰的词语背后的东西——有一种让我们安心的平静、合理的克服。一种令人不安的克服。因为如果它让我们如此轻易地摆脱了荒谬,那么,它这么做或许是为了让我们陷入荒谬之遗忘的威胁——或者,更为严重的是,遗忘这个词语所处的位置,遗忘这个位置的重要之处。就连价值一词也变得可疑起来。它已经奇迹般地、魔术般地驱除了虚无主义;但它是什么呢?或许是虚无主义本身的面具。事实上,它会是我们所谓的虚无主义在这晦暗的限制中一直打造的,让我们转离虚无主义的东西,它是虚无主义背后隐藏的东西,是一种迂回的运动,它让我们相信我们总已经把虚无主义置于一边了。一种双重的破坏运动:对荒谬的克服所产生的主要结果是把荒谬封闭在我

二 极限体验

们逻辑的亲密中,掩藏在我们快乐理性的庇护下。但在我们看来,还有某种甚至更为严重的事情。我们不仅转离了一种通过如此之迂回来持有并操控我们的危险体验;我们同时还丧失了一种其范围尚不能为我们所再次把握的体验。或许,虚无主义就是毁灭和贫乏之暴力的虚无主义,因为我们同意让我们自己通过它所提供的这种迂回和遁词来远离它。或许,如果我们能够把它引向一个空间,在那里,世界不再庇护它,价值也不再充当它的面具,那么,我们就成功地把这个对手转变为一位同伴;并且,坚定地持守在这个力量面前,我们有机会再次成功地抵达我们自身的一个不再以力量为尺度的维度。

或许。但这样的"或许"并未排除另一种风险;相反,它自身内部就包含了那样的风险。因为这种想要掀开面纱的天真的关注不是我们想要看得清楚的自由欲望的标志;如此假定的清晰自身就会受到魅惑:魅惑的工作。为了抓住虚无主义而从正面注视它,这也是虚无主义为了抓住我们而一直等着的事情。所有试图经受这一考验的勇敢的冒险者都有在荒漠里迷失自身的危险(他们甚至没有离荒漠更近),因为痛苦的激情有时让荒漠变形为一个伙伴,有时又让它变形为一道深渊。这里确实有一个跨越,正是这个跨越促使加缪在开端和非起源(la non-origine)的区域(让我们根据一种可以暂时这么使用的术语来称呼它吧)之间建立了那样的一段距离:一方面,开端是真正的开端,标志了可能性的敞开并通过反抗的

"不"敞开了世界;另一方面,非起源的区域是无限的重新开始的区域,西西弗斯就转向了这个区域,并且,在那里,可能性已经缺失。一个人似乎不能仅仅建立这样的距离,他还必须拒绝对之做详尽的阐释,因为察觉它已经让它消失了:只有一个潜在之拒绝的决定能够与荒漠保持一段距离。

*

死亡处在了加缪之反思的中心吗,就像他的评论者在他谈论太阳的地方谈论死亡时所肯定的那样?让我们把思想留在其自身的深处,并看一看书。论西西弗斯的文章审视了自杀;论反抗者的文章审视了谋杀——不是异常的罪行或激情的犯罪,不是道德对杀戮的禁止,而是作为历史的死亡,是作为真理在历史上的手段和劳作的死亡。第一篇文章摒弃了自杀,因为荒谬的激情——出路的缺席——不能接受一个人把他自己的生命当作一条出路。荒谬的激情只能肯定、支持荒谬的无止无尽的重新开始,并让它上升为欢乐;这,事实上,就是西西弗斯所代表的东西。

论反抗的文章也是对死亡权力的反抗。历史似乎成了那样的死亡权力:它要么陷入了价值的虚伪(价值对每个人不是同样有效的),因此成为一个借口,掩盖了最不公正的暴力的运作;要么因为革命的运动,不再途经反抗者的极限,在一片空洞的天空下,在一个没有价值的世界里,它对人所是的这种虚无施加强力,好让人有条不紊地上升为全体,上升为权力的真理。所以,这两本书之间存在着同一个探究的连续性:这种

二 极限体验

探究想把其不可还原的部分留给致死的暴力,但它不同意暴力是正确的,相反,它认为暴力是错误的,当暴力得以实施的时候,它就拒绝暴力,并在这样的拒绝中确立了反抗。所以,我们回到了我们的问题:为什么不愿与自杀结盟的西西弗斯不是一个不愿与谋杀结盟的反抗者?为什么两者之间有这样的一段距离?

因为荒谬之人的回答只有在表面上才是我们以为自己听到的一个坚定的回答,但在这个回答的深处,它把我们引向了一种完全不同的解读。西西弗斯说了什么?他根本没有说他不想杀生;他说的毋宁是,他不想是因为他不能。在恰好离开了可能性的空间后,他也离开了死(mourir)在其中得以可能的世界。西西弗斯接近了这样的一个区域,在那里,就连一个凭个人行动和坚定意志而自杀的人也撞上了死亡,如同撞上了一种密度,如此的密度既不能被行动所渗透,也不能作为目的或目标被提出。极端的受难、极端的苦厄、阴影的荒芜宣告了这个区域;在生命中接近这个区域的,是所有那些失去了世界,在存在与虚无之间摇摆不定的人:非存在的麇集,无现实的增生,虚无主义的寄生虫——我们自己。

在《恩培多克勒之死》(La mort d'Empédocle)里,荷尔德林命名了人的要求:"我要死,这是人的权利。"这种死亡的权利,在它失去的那一刻,标志着非起源成了我们的栖所,我们因此滑向了西西弗斯的形象在其中显露的那个空间。我们于是明白,这个形象不能与死亡相悖地代表一个人为了开始而不得不依靠的界限和毅然之决定；它本身就处在死的魅惑下，它是"之间"的图像：在那里，一个人既不属于此岸，也不属于彼岸。阿尔贝·加缪的确定的本能，他对晦暗区域的警觉的反感，表明了西西弗斯的"是"是一个魔法阵。这个奇怪的"是"仅仅从"不"中获得了其否定的纯粹性；这个"是"不肯定任何东西，它是犹豫不决的流动和回流，没有什么从那里开始，但一切都从那里没有开端也没有终结地重新开始；这个"是"甚至从我们身上获得了虚无的确定性，它可以说是"不"的秘密核心，那时，"不"不再用一种纯粹而决然的力量来否认，而是成了那无法否认自身的东西，那总在"不"本身中一再地说"是"的东西："不"在"是"中被掩饰，它就是掩饰。

现在，我们预感到，面对荒谬的平静而合理的克服就是从这个十分可疑的"是"出发；逻各斯的逻辑不可能在其中性的形式中抓住荒谬，由此，它发现了思想之掌控的令人安心的标记，那样的掌控为了消灭"荒谬"只需肯定其自身而已。但这样一来，思想无所消灭，无所远离。在这里，荒谬，或者，如果一个人愿意的话，虚无主义，已把理性的傲慢逻辑当作了其唯一盲目的同谋，理性的逻辑得意地说："逻各斯意味着荒谬的不可能性。证据就是，每当我说话的时候，我都在说意义和价值，并且最终总在肯定，哪怕只是为了否定。"所以，思想在其自身内部和"荒谬"的本质产生了共鸣，"荒谬"的本质就体现为想要保持"非思"（non-pensé）和"不言"（non-parlé），以便成为中性（neutre）的深度：中性潜入了"是"，它在那里被掩饰，并

二　极限体验

且掩饰它自身的掩饰。

所以,我们可以说,《反抗者》的一个错误就是:打着让虚无主义迅速出局的幌子,它其实玩起了虚无主义的游戏,接受了自身的抹除和自身的消失,而这样的抹除和这样的消失不过是虚无主义的面容和这张面容实施的诱惑。但同时,我们可以明白:为什么面对着我们所谓的辩证理性的发展,面对着作为该理性之运动的历史的发展,这本书声称它不信任这样的理性,在它看来,这样的理性似乎是荒谬对心灵的一种殖民化,也就是西西弗斯在那提供庇护的思想中心进行的不可见的劳作。然而,这还可以用如下的保留来表述:事实上,辩证法或许是理性逻辑所展现的最大的努力,目的是根据一种深思熟虑的、有条不紊的计划,来利用"荒谬"的"是-不"。辩证理性的目标是同"荒谬"结盟,是在"荒谬"中寻找其运动的原则,并通过一种理论和实践的发展,让它相信:它自身已经是理性,并且,其掩饰的阴影,不由自主地述说白日,允诺白日,允诺全体,允诺一个终将解释黑夜的白日之富饶。

我们同样明白:当加缪与这种过度的理性(西西弗斯似乎已经明显地成了它的奴仆,成为这种理性的官员和警员)相搏斗时,也就是说,当他在非起源的区域和反抗的开端之间几乎不知不觉地建立了一段距离时,他首先试图在死亡中消灭这种尺度的缺失;如此的缺失从表面上看源于它同合法权利和理性的一致,但其实更为深刻地源于死亡所维持的同非起源区域的关系,在非起源的区域里,死亡中言说的东西既没有规定,也没有尺度。

文化的使命一直是恢复死亡的纯粹性:让死亡显得本真、个人、本己,或者,让它变得可能。我们所有人本能地感觉到一种危险,即我们会过低地探寻人的界限,然而,界限就在那过低的地方:在那个点上,由于受难、悲惨和绝望,生存似乎如此地失去了"价值",以至于死亡发觉自身无法在那里恢复名声,而暴力却得到了辩护。当历史和思想在极端低卑的层面上寻求开端的时候,死亡的暴力应不可避免地遭受贬低并实现其所特有的失度;在这里,死亡的暴力和巨大数目的安逸结合了起来,并且,当死亡的暴力变成那既不引发恐怖,也不吸引兴趣的东西时,当它变得和"劈下一棵白菜根或吞一口水"①一样无关紧要时,它就达到了恐怖的顶峰。一场从地狱的层面(在那里,存在已落到了死亡的"尊严"之下)出发的反抗运动如何能够考虑那些人的抗议呢:他们高贵地享受着生命,把价值变成了对他们而言最珍贵的东西,并把死亡本身变成了一个重要的、纯粹的、个人的、某种意义上圣洁的事件? 对地狱的反抗而言,这些抗议是无关紧要的,进而是虚假的,因为它们甚至没有道出关于其自身的终结之真理,而只是讲述了一种对死亡的乔装改扮,并且,妆点、打扮这种死亡的,乃是恐惧和慰藉的幻觉。正是在地狱的层面上,一个人可以看到死

---

① 参见黑格尔,《精神现象学》,先刚译,北京:人民出版社,2013年,第365页。——译注

亡的"真正"面容。在那里，一个人还学会了为一种已然离开地狱的人性的希望，不讨价还价地付出死亡的代价，因为在那里，死亡被称重并被发现是轻的。

*

有一种自然的排斥运动让我们转离了地狱并由此将我们置于它的守护当中。为了抵制荒漠，一个人首先渴望建立长城。马克思，而不是加缪，在无产阶级——他们被压迫剥夺了他们对压迫的抵抗——的破灭元素里看到了死亡的重量，如此的重量没有推进，而是延缓了无产阶级的革命运动。列宁，而不是加缪，把革命的领导权和主动性交给了无产阶级的先锋，他还把这些先锋称为无产阶级的最高组合：他们拥有"觉悟，自制，牺牲精神和英雄气概"，也就是一切无限地超出被剥夺（被还原）者之限度的品质。到了黑格尔，只有通过一个跨越——这个跨越仍是谜中之谜——他才从原初的"是-不"，从我们所谓"过失"（erreur）的运动，一个让人只是漂泊（errer）的无限迁移的运动，迈向了中介的力量和所谓的真实辩证法的发展（假定在黑格尔这里，辩证法是真实的，并且不以一种既属于思辨论又属于经验论的双重唯心主义为标志）。或许——但"辩证"一词被念出的时候，并不是一切都被说了出来——没有这些条件，就不会有世界，并且，一个努力让世界得以可能的人，也不能忽视这些条件。所以，某种意义上，西西弗斯必须被杀死；他是我们中的那样一员：如果我们想要开始，想要至少成为奴隶，参与反抗，我们就必须否认他。在这里,杀戮会是停止杀戮的手段,它打开了一条通往另一个世界的道路;在那里,如果一个人不逃避死亡,他就至少试着让死亡服从一种尺度(mesure),并且拒绝、阻止、谴责失度(démesure)。

但问题依旧是:一个人如何让那以消失为本质的东西消失?

3 你可以杀死这个人

卡夫卡也参与了一场孤独的战斗,虽然他不把他所反抗的东西称为荒谬①,但他可以形象地说明一个推理,这个推理十分接近加缪的推理。加缪(在《反抗者》的引言里)说,一切无意义的思想一旦得到了表达,就要靠矛盾活着。②"只是试着,"卡夫卡说,"让你自己被鼠妇(le cloporte)所理解。如果你开始追问其工作的目的,你就同时消灭了鼠妇民族。"③这是

---

① 卡夫卡无论如何谈到了信条,内心的信条:"为什么你把这内心的信条同一个梦相提并论? 难道它也像梦那样,无意义,无衔接,不可避免……这一切都对;——无意义,因为只有在我无法追随它的时候,我才能在这里存在下去。"(参见《卡夫卡全集·第5卷:随笔·谈话录》,叶廷芳主编,石家庄:河北教育出版社,1996年,第66页。——译注)

② 参见《反抗者》,第8页:"一切无意义的哲学依靠它所表达的事实本身的矛盾而生存。"——译注

③ 出自卡夫卡1920年9—12月的日记。参见 Franz Kafka, *Œuvres complètes*, tome Ⅲ, Paris: Gallimard, 1984.——译注

完全一样的运动。"理解",这样的思想总已经设定了目的和价值,它自身就是消灭荒谬的力量,在这个运动里,如果荒谬允许自身参与其中,那么,荒谬就被消灭了。诚然,卡夫卡说得更为精确:"如果你试着,如果你开始……"他没有说这样的尝试应该成功,他毋宁暗示了(但他也没有肯定:卡夫卡当然怀疑对话的可能性,但出于这个原因,我们必须参与对话①):思想和荒谬之间的对峙本身就是荒谬的。所谓的同鼠妇民族的对话是这样的语言,在那里,说话的只是我们明晰的意志——明晰的意志就是消灭的意志。"消灭"一词引人深思。在卡夫卡的意象里,有某种东西揭示了一种令人不安的暴力。它是关于消灭,关于根除的;言语给非人之物(l'inhumain)带来了死亡,言语拥有虚无和毁灭。

让我们同意这点。但为什么?是因为,正如加缪,以及——带着更多细微的差别——萨特所说,言语总是表征或意指的言语吗?但如果这样,言语就绝不会让那个在逃避意义的同时,总是逃避言语并且总是先于言语的东西消失。或者是因为言语在言说的时候,它的言说恰好外在于一切表征或意指的权力?如果这样,言语就成了害虫躁动不安的所在,所有时代的人都厌弃这地下的民族,称之为游魂(lémures):

---

① 这就是为什么对话是最大的危险。卡夫卡宣称:"恶的一个手段是对话。"(参见《卡夫卡全集·第5卷:随笔·谈话录》,第42页。——译注)所以,正是恶,鼠妇本身,渴望把我们拖入对话。我们同恶交谈是为了减少恶或掌控恶,但这样的交谈本身已经是恶了。

某种十分卑贱，极具欺骗性的东西，也就是，再一次，地狱的荒芜。在这样的言语里，害虫消失了，但这恰恰是因为消失定义了害虫，正如消失定义了言语，或至少定义了一种确定而陌异的言语。

卡夫卡在别处用一种相似的，但又不同的方式表达了他自己："乌鸦宣称，只需一只乌鸦即可摧毁天空。这是无可置疑的，但对天空来说却什么也没有证明，因为天空恰恰意味着乌鸦的不可能性。"[1]在这里，乌鸦就是人及其聒噪自负的思想；那种自负的"逻辑"和"人本主义"的思想断定，只需一种思想即可摧毁荒谬。这是无可置疑的，但对荒谬的天空来说却什么也没有证明，因为荒谬意味着（逻辑）思想的不可能性。这样一个回答虽然没有太多地推动谈话，但它把我们带到了这个敌对的领域面前，就这个领域而言，人的思想，也就是，逻各斯的权力在其中说话的那个思想，没有被抛到"现实"之外，而是进入了不可能性。所以，存在着一个区域，一种体验：在那里，人的本质就是不可能者；在那里，如果他有办法，哪怕是通过一种确定的言语进入的话，他就会发现，他逃避了可能性；在那里，言语也将自身揭示为这样的东西，它披露了这不再是权力，且尚未是权力的人之界限。所谓的人仿佛总已经提前从这个空间中消失了。

---

[1] 参见《卡夫卡全集・第 5 卷：随笔・谈话录》，第 43 页，有改动。——译注

二 极限体验

*

我们似乎被送回到俄耳普斯所踏入的地狱,或被送回到我们在这些反思的开头所唤起的同荒漠的相遇。置身于无边的,总是更为空洞的空无——荒漠在扩张——我们遇到了一个模棱两可的伙伴,他突然出现在我们身边,而一切都向我们建议:如果我们不想在这缺席的迷人幻觉中毁灭,如果我们希望避开这个蜃景——它让我们突然遇到了那化身为伙伴的荒漠——那么,他就要经受一场以死亡为视域的极端追问。这是决定性的考验。不论谁抵达了这个由关系之缺席所统治的荒漠,他都被暴露给这样的考验,并把他所遇到的人也暴露在这样的考验面前:在这里,你必须杀死伙伴(或者,让他杀死你——你,幸福地,仍有选择),为的是承认并确证他的在场,在他的身上抓住那样的一个时刻,使得关系的缺席成为无论如何非"直接"者的纯粹关系。但让我们试着更为确切地看到如此的结局是什么;我们不要让它给我们留下一个单纯的印象,因为在剑砍断了绳结的地方,绳结的本质保持着完好。

这个时刻,"相遇"(rencontre)的时刻既先于相遇,又将自身定位在移动的界限上,在那里,从非起源之深度的底部——那是一个始终他异的区域,一个空洞而离散的空间——如此的空无,如此的裸性(nudité),成了相遇的赤裸面容,成了面对面的惊奇。在俄耳普斯准备用他的目光来触摸欧律狄克的那一瞬间,冥府里的欧律狄克就是如此;那时,俄耳普斯如其所是地看着欧律狄克,并看到了她是什么:地狱,缺席的恐怖,他夜（*l'autre* nuit）的失度。但趁此机会，俄耳普斯看到了，空无也是欧律狄克的赤裸面容，正如世界总已对他掩藏的那样。的确，俄耳普斯的凝视，这占有的凝视，这挪占之暴力的凝视，瞬间驱散了它。但在这制造空无并消灭尸体幻觉（如此的幻觉，根据白昼智慧的用语，我们可以无畏地称之为害虫）的毁灭的（和认知的）凝视之前，还有另一个我们不得忽视的运动，并且，它也是神话主要提及的运动。这个运动不是凝视，而是言语，是在一切表征和意指的权力外部言说的言语。那就是俄耳普斯的歌声：这语言没有赶走地狱，而是进入了地狱，它在深渊的层面上言说并因此把言语赋予了深渊；它把聆听赋予了那不能聆听的东西。

这个无人言说的言语，无疑产生了俄耳普斯的凝视，那个失去了其所把捉之物的人的凝视。但因为这个言语——这是极为重要的——先于他的凝视，因为它本身就是那个凝视，只是比那个凝视更早而已（它是先于光的凝视，并且绝非任何的视觉），所以，它在本质上和那样一个时刻有关；那时，在欧律狄克的赤裸面容消散为根本的死亡之前，其面容所是的裸性被揭示了出来：那就是一种非透明性（non-transparence），它逃避了存在，也逃避了存在的权力，逃避了强制和把捉的暴力的权力。仿佛绝对权力的临近，死亡的权力，不得不通过一种言语（一种确定的言语）从着衣的形象——给它着衣的总是世界——身上夺走存在，以使之裸露并确保同它相遇；同时也是为了发现，如此的露裸就是一个人遇到了却抓不住的东西，是从一切的把捉中溜走的东西。仿佛绝对权力的必要之实施,是为了遇到这种权力的界限,那样的界限不再只是其否定的形式,而是一种逃避存在和存在之否定的奇怪的肯定。正是在这样的界限上,关系的缺席——不可通达者,荒漠的不可通达的荒芜——通过那种在此层面上自身确立的言语,成了外部(le dehors)的经验。在那之后(这个"之后"自然不是时间顺序上的),一切便有了落入毁灭之暴力和沦为无意义的危险。

不可否认:这样的运动会是危险本身。在那里,空无的恐怖,空洞黑夜的过失,包围了言语。让死亡得以可能的暴力的阴影笼罩了言语,作为不可能性的死亡的魔力击中了言语。言语连着一者和另一者:它连着耐心和心急,连着心急之欲望的暴力,也就是俄耳普斯那进行把捉并制造死亡的凝视的暴力,还连着一种让俄耳普斯"无限地死了"(infiniment mort),让他粉碎并消散的过度的激情。言语连着死亡的这两个空间;言语乃是死亡之双重暴力的亲密,在言语的空间里,这双重的暴力本身似乎被中性化了,似乎暂时地平静下来,如同漩涡中心那极端的静止之运动。

*

如果阿尔贝·加缪在他的作品和反思中,给那些他所谓的"正义者"(les Justes)——那些年轻的俄国人,正如布里斯·帕兰(Brice Parain)提醒我们的,他们被人"嘲弄地"称为虚无主义者①——留下了一个位置,那或许是因为他认识到,他们迷恋一种既不可见又引人注目的行动,并且,他们试图在这样的行动中消失,以把他们自己等同于消失。为什么这些已被我们时代排斥了的人,他们的故事似乎以一种仍然秘密的方式关系到我们?是因为他们像兰波那样要求"暴君、魔鬼的逃亡"②,他们自己就是一种否定性反抗的英雄吗?但他们是英雄吗?他们,相反地,难道不是陌异于一切让个体变得荣耀、显赫的东西吗?他们中的一些人——卡利亚耶夫(Kaliaev)③,热利亚博夫(Jeliabov)④,索松诺夫(Sozonov)⑤——当然为我们熟知。这些既是名字,也是面孔,但它们命名的东西是无名的,它们展现的东西是无形的。他们不是圣徒;他们的行列中不乏那些被野心或声望所折磨的人,也不乏那些想要

---

① 参见《你可以杀死这个人:俄国革命生活的场景》(*Tu peux tuer cet homme : Scènes de la vie révolutionnaire russe*, éd. et trad. Lucien Feuillade et Nicolas Lazarévitch, Paris: Gallimard, 1950)。在这本文集的导言里,布里斯·帕兰,带着他所固有的清醒和对真理的关注,说出了俄国虚无主义者试图向我们透露的东西。

② 出自兰波的《地狱一季·清晨》。参见《兰波作品全集》,王以培译,北京:作家出版社,2012年,第203页。——译注

③ 卡利亚耶夫:俄国社会革命党成员,于1905年2月4日向莫斯科省长谢尔盖大公乘坐的马车投掷炸弹。他也是加缪的戏剧《正义者》的主角。——译注

④ 热利亚博夫:俄国革命组织"人民的意志"成员,策划了1881年3月1日对沙皇亚历山大二世的刺杀。——译注

⑤ 索松诺夫:俄国社会革命党成员,于1904年7月15日向俄国内务大臣普列维乘坐的马车投掷炸弹。——译注

二 极限体验

根据其自身的法则来获胜的独裁主义者。然而，其故事的独一无二之处在于，野心、声望、集体暴力的反常，甚至英勇行为的美，事实上都化解为了一种无人称的透明。这个由一些引人注目的举动和一种巨大的、无名的苦厄所讲述的故事，只是完成了一个事实，即他们每个人都在不幸或激昂中，成功地成为无人。

无疑，他们是做出否定之决断的人。但一种清白之肯定的单纯性，如何通过这样的力量——通过对他们自身的否定，对其他人的否定——而逐渐地得以表达呢？这样的表达告诉了我们什么？这几乎不容易揭示，因为它所说的东西没有被清楚地说出；一种单纯性在里头说话，但单纯性本身——血与泪，悲痛与希望，爱与严酷，融为了一体——拒绝成为这个世界上可被我们所把握的一种言语。它说的不只是暴力的可怕的必要性，或一个人为了让那再也不能被辩护的东西得到公正，而同权利的保障决裂时不得不维持的张力。他们的故事说出了这个，但不只是这个，不完全是这个：这说得太少，或许只是另一个幻觉的外套。"死，"加缪在陈述热利亚博夫和卡利亚耶夫的思想时说，"死勾销了犯罪与罪恶。"① 或许吧。但它并不考虑世界的真相。卡利亚耶夫杀死了谢尔盖大公；然后，卡利亚耶夫死了，并且，他的死在某种意义上是自由的，是事先同意的。对我们来说，卡利亚耶夫代表了自由，代表了我

---

① 参见加缪，《反抗者》，第191页。——译注

们所珍视的一切。大公代表了"专制",代表了重重地压在世界上,让世界变得黑暗的一切。然而,卡利亚耶夫的死不能赎回大公的死。前者没有"勾销"后者,没有净化后者,没有让它变得更轻,而是让它变得更重;前者补充了后者,它们是同样的死,是同时封闭了两个存在的左括号,仿佛同一个存在已经死了两次。但这不再和道德有关(道德不会替卡利亚耶夫辩护,它也无法理解卡利亚耶夫的清白;在道德自身所处的层面上,一种死亡,不管它是什么样的死亡,无法抵消另一种死亡)。在这里,问题是一种完全不同的必要性。加缪再次引用了卡利亚耶夫在刺杀之后说的话:"*从我被关在栅栏后面以来,我不曾有一分钟有过不论以任何方式活下去的愿望。*"[①]因为他知道——他没有逃避这样的知识——从他用自己的创举让死亡进入世界的那一刻起,他自己也进入了死亡;当他在这个充满反思、假装和谎言的世界上打开了这样的一道缺口时,他就失去了世界,失去了他的慰藉,失去了他的幸福之光,失去了活着的一切"可能性"。

这是虚无主义者对其行动的理解;一个难以规定的要求,但不是一个道德的要求。问题不是以个人的方式宣告一个其后果将会被人接受的可怕行为。问题也不是通过英勇的死亡让历史感到惊讶:对许多人而言,问题是在一个死亡的空间中晦暗而绝望地活着,他们打开了那个死亡的空间并且不得不

---

① 参见加缪,《反抗者》,第191页。——译注

留在那里,丧失了一切的辩护和一切的依赖。许多人能够英勇地死去;勇气是世界派给我们的伙伴,是生命授予我们的能量,目的是把死亡变成一个仍和世界的价值,和对生命的尊重有关的事件。但带着清醒和忠诚坠入这个由死亡所打开的空间,留在那里,死在那里,有时还要活在那里并忍受一个人自身之暴力的判决——这是一种超乎一切勇气的决心,一种保持秘密的决心,它述说的不只是奉献、英勇和对未来的信念。萨文柯夫(Savinkov)谈到了多拉·布里连特(Dora Briliant),后者策划了对普列维大公及其他许多人的刺杀:"恐惧,如同十字架一样压在她身上……她无法让自己接受谋杀,但她已同意流血。她寻求一条出路却没有找到。"当她得知对谢尔盖大公的刺杀已经成功了时,"她低下了头,我看到了她的泪水,我听到了她再也抑制不住的啜泣……'大公被杀了!天呐,是我们杀了他。是我!是的,是我杀了他!'她想给出她的生命,那是献给她的另一个人的死亡。她不想杀人,她想要死,但她被迫活着,她的生命成了一场不可度量的、无路可出的苦刑"。

加缪在戏剧里写到了谢尔盖大公的死亡;多拉在行刺前,对卡利亚耶夫(他凭借其空幻而快乐的天性向多拉保证,自己不会动摇)说:"我知道,你很勇敢,正是这一点令我担心……行刺,上绞刑架,死两次,这是最容易的。你有足够的勇气。然而,站在第一排……站在第一排,你就要看见他……——谁?——大公。——不过一秒钟的工夫。——在一秒钟里,你就要看见他!"①我们知道,第一次,卡利亚耶夫没有勇气杀人是因为他看见马车里大公的身边坐着妻子和孩子。组织刺杀的萨文柯夫在他的《回忆录》(*Souvenirs*)②里叙述了卡利亚耶夫在那一刻过后对他说的话:"请理解我。我害怕这是一场对我们所有人犯下的罪行,但我别无选择。理解我吧,我做不到。当我看见那个女人,那些孩子时,我的手停下了……我不能,现在,我还是不能。"几天后,大公独自一人,卡利亚耶夫毫不犹豫地处决了他。

或许,这样一段插曲有助于我们接近这个简单的词,虚无主义的历史就在恐惧中让这个词的肯定成功地保持敞开。我们发觉,暴力的退缩——它在孩子的虚弱面前的停止,卡利亚耶夫的"我不能"(Je ne peux pas)——和那样一个时刻相一致:那时,暴力裸露了面容,并把人变成了极端的贫乏,而在这贫乏面前,死亡后撤了,因为死亡无法抵达它,因为那样的虚弱就是停止,就是后撤本身。孩子和女人,他们的无辜,不过是大公的面容,不过是多拉让卡利亚耶夫提前看见的赤裸的面容;不过是接近死亡之揭露的人所是的裸性,不过是"你就要看见他的那一秒钟"。留给我们的就是那一秒钟。这是言语的时间,在那一刻,言语开始了,裸露了人的面容,述说了这

---

① 参见加缪,《正义者》,李玉民译,上海:上海译文出版社,2013年,第27—28页。——译注

② 参见 Boris Savinkov, *Souvenirs d'un terroriste*, trad. Régis Gayraud, Paris: Éditions Champ Libre, 1982. ——译注

二 极限体验

裸性所是的相遇,并且,人就是同极端的不可还原之界限的相遇。"理解我吧,我不能,现在,我还是不能。""我不能"是语言的秘密,在那里,在一切表征和意指的权力外部,言语作为某种总是别异于自身的东西而发生,作为差异而持留。它不同于反对杀人的道德禁令,也不同于一个人无法真正杀人的事实。"我不能"是死亡在个人身上的言说,是死亡所表达的幻觉:在那一刻,在杀戮的行动中,它遇见了面容的显明,仿佛如此的显明就是死亡本身的不可能性;那个时刻就是死亡在其自身面前的后撤,如此的延迟(retard)就是言语的位置,就是言语能够发生的所在。

诚然,这是一种我们没有直接意识到的言语,并且,有必要再次指出,它是一种无限危险的言语,因为它被恐惧所包围。根本的暴力乃是这言语的缘饰和光环;这言语结合着黑夜的晦暗,深渊的虚无,它如此可疑,如此危险,以至于一个问题不断地返回:为什么有这样一种语言的要求?我们要拿它怎么办?在宣告极端之暴力的令人恐惧的沉默中,在暴力制造沉默,甚至变成沉默的那一瞬间,它给我们带来了什么?这个任何权力——也就是,任何理解——任何人性或神性的在场都无法预料的"无共通性的交流"(communication sans communauté)是什么?它,无吸引力地吸引着,难道不是欲望本身?当始终保持距离之深度和迂回的分离的绝对性得以具化的时候,欲望就成了那向俄耳普斯敞开地狱的歌声。让我们再次审视这个难以穷尽的神话。

4 俄耳普斯，唐璜，特里斯坦

地狱似乎把俄耳普斯与欧律狄克分开。但如果地狱只是离散的空间，那么，无论如何正是这个空间让分离，离散本身，在不可见者的面纱下，作为一个人的影子向俄耳普斯走来。这的确是神话的一个方面。谁在地狱里跟着俄耳普斯？绝对的距离，那总在偏转的间距。但那是欧律狄克吗？这个问题把欧律狄克变成了一个空洞的位置，把不可能性变成了无力。那不是欧律狄克，因为那是俄耳普斯，因为俄耳普斯仍是言语的主宰，他将把握不可把握之物并把激情的深度付诸行动。所以，那不过是幻觉，无意义，非现实；那是空洞的，残酷地空洞的。但如此的空洞无论如何是欧律狄克的赤裸面容，是只能通过陌异之力量和无规律之偶然而发生的动人相遇。推动着俄耳普斯，驱迫着特里斯坦（Tristan）的那种欲望，不是一种能够清除间距并跨越缺席，甚至跨越死亡之缺席的冲力。欲望乃是产生吸引的分离本身，是变得可感的间距，是返回在场的缺席。欲望就是这样的返回，那时，在黑夜的深处，一切已经消失，而消失成了浓密的阴影，这阴影让肉体更加在场，并让如此的在场更加沉重、更加陌异，既没有名字，也没有形式；一个人不能说如此的在场是活着还是死了，但关于欲望的一切模棱两可的东西都从中获取了真理。

二 极限体验

从这个角度看,欲望处在了"过失"的一边,是那总是重新开始的无限运动,但它的重新开始有时是不间断者的迷误之深度,有时又是重复,并且在那样的重复中,总是返回者比一切的开端还要新。由此就有唐璜(Don Juan)的神话,只要这个神话还没有被基督教世界所精神化。如同萨德的人物,唐璜支持数目的重复①;带着一种令人敬佩的厚颜无耻,他接受计数的快感乃是一种让人满意的解决方式。相遇不断地接着相遇,不可计数者成了一个数目:这是对欲望的取悦。所以,正如米什丽娜·索瓦热(Micheline Sauvage)指出的②,唐璜的神话本质上假定了一个"无限的清单"(lista numerosa),一个目录,借此,欢乐的欲望在数目中认出了自身,并认出了那比永恒更强大的东西。因为永恒无法穷尽欲望,正如它无法用一个最终的数字来顺利地结束它的计数。

然而——这是不可避免的情节——唐璜遇到了石客。石客是谁?欲望的另一副面孔。石客不代表上帝,甚至不代表死亡的彼岸,不代表另一个世界。他总是并且仍然是欲望,但他是欲望在黑夜里的面孔;那时,分离成为欲望,而不可通达者成为"直接者"。欲望之人不仅和那总是重新开始者的重复

---

① 萨德:"没有什么像巨大的数目一样让人愉悦,让头脑兴奋了。"(出自萨德的《茱莉埃特的故事》[*Histoire de Juliette*]。参见 Marquis de Sade, *Œuvres*, tome Ⅲ, éd. Michel Delon et Jean Deprun, Paris: Gallimard, Bibliothèque de la Pléiade, 1998, 253. ——译注)

② Micheline Sauvage, *Le cas Don Juan*, Paris: Seuil, 1953.

相连；欲望之人还进入了那个以遥远为亲近之本质的空间——在那里，把特里斯坦和伊索尔德（Yseult）结合起来的东西，也是把他们分开的东西：不只是他们身体被封闭的界限，不只是把他们固定于自身的难以打破的孤独，还有绝对之距离的秘密。

唐璜是可能之人（l'homme du possible）。他的欲望是一种力量，并且他的全部关系都是权力和占有的关系；所以，这是一个现代的神话。但这只是谈到了表象。因为唐璜是欲望之人，他活在他自己施展、利用并享受的魅惑的场域中，通过掌控以及掌控的不断的恢复，他一直保持着这种他不希望停止的欲望之自由。唐璜很清楚，伴随着欲望，他承认了不可能性；但他肯定了不可能性不过是可能性的总和，因此可以从数字上掌控——不管数目是"一千零三"①还是更多或更少，都不重要：唐璜可以把自己完美地限定在一个他只占有一次的女人身上，但条件是，他不把她欲求为一个独一无二的女人，而是欲求为一个蕴含了无限重复的统一。

另一个特点：唐璜不是一个为了拥有或占有而有所欲望的人。他的清单上没有亚历山大的征服。他欲望着——因此而已。这样的欲望当然也在把捉和捕获，但它的把捉和捕获带有一种欢乐的力量和欲望的狂喜，没有再三考虑，没有顾虑，并且怀有一种对人们发出的抱怨感到惊讶的略显无耻的

---

① 唐璜有一千零三个情人。——译注

天真。他显然有欲望;他不简单地通过着迷而直接地享受他所唤起的激情。他自己就进入了游戏,而他的心血来潮,欲望的反复无常,拥有突然性,拥有青春活力,拥有热情,并且,再一次,拥有一种必然幸福的欲望的欢快。就像米什丽娜·索瓦热说的,没有什么比唐璜更加欢乐或更加"健康"的了;他是一个真正的超级英雄,一个佩剑之人,勇气之人,他把白日的活力和能量注入了黑夜。他只有一个缺陷,如果那算一个缺陷,即一种无敌的偏好;他同时想要欲望和自由,他欲求着自由——在魅惑的重压下,他保持轻盈,保持至尊的行动,保持掌控。其后果便是石客。石客是激情的相遇,但激情已变成了冷酷,变成了黑夜的无人称性,那正是俄耳普斯的歌唱之欲望所成功地打开的石头的黑夜。

这是因为他发现自己面对着安娜,他的对手吗?是因为他的自由在安娜面前失败了吗?或者,是因为他在那个谜样的安娜身上遇到了一个伊索尔德,把他变成了特里斯坦吗?我们至少可以说,石客,或者,同石客的约会,就是同特里斯坦在其中游荡的那个欲望空间的约会:那个空间就是对黑夜的欲望,但黑夜对一个想要保持个人掌控之完满的人而言,必然是空洞的。黑夜把石头的无人称性和冷酷,同那个用剑,用挑衅和权力的符号来攻击它的人对立了起来。唐璜的全部黑夜都聚集到了这个他不知如何欲求,只想与之斗争的黑夜里,而这黑夜自始至终是一个被过度的优柔寡断所支配的创始之人。

值得注意的是：在基督教世界里，一切会把抓住尘世享乐之人的最终力量具化为一个庄严的、具有丰富灵性的在场；但在基督教世界中形成的这个神话，却把那个超验的意象变成了某种冷酷、空洞、骇人的东西，并且，它骇人是因为它的冷酷和空洞的非现实。这不是说神话最终是无神论的，而是说唐璜遇到了某种甚至比另一个世界还要极端的东西。他遇到的不是全能者，不是一场最终会取悦他的相遇，不是那个战争之人，那个权力和好斗之人；他遇到的不是极端的可能性，而是不可能性——非权力的深渊，他夜的冰冷的失度。在神话的底部，留有石像之谜，那石像不简单地是死亡，而是某种比基督之死更加冷酷、更为无名的东西：也就是一切关系的无人称性，外部本身。同石客的最后晚餐，那场讽刺性地借用了上流社会之生活形式的宫廷仪式，代表了唐璜的蔑视：他决心款待他者，就好像他者仍是他自己一样，并且，他拒绝在这个与之没有任何可能之关系的他者身上，发觉其支离破碎的欲望之偏好毅然决然地从他同诸存在的交往中所摒弃的东西。现在，他抓住的是一只冰冷的手。他拒绝注视他所欲求之存在的赤裸面容，而他察觉的，就是那赤裸现已成为的空洞。

*

我们都终结于地狱；但唐璜的地狱是特里斯坦的天堂。一个地狱，一种就连死亡的晦暗也无法遮掩的晦暗。然而，某种意义上，这是相同的欲望。唐璜或许是一个神话，正如特里斯坦和俄耳普斯是神话人物一样，只是那样的神话恰好把他

二 极限体验

们区别了开来,仿佛成为唐璜一个人,成为一种支离破碎的激情,比在一种区分他们的矛盾中同时成为唐璜、特里斯坦和俄耳普斯更不真实。

是的,一切的欲望都拥有唐璜的青春活力和欢乐无忧,对唐璜而言,不可终结者每一次都是另一个终结的等同的新颖;他不能被束缚,也不能安息,他是从不安睡者的手段。他就这样已处在了特里斯坦之激情的前沿——特里斯坦无法释然,但由于他也不受约束,他不受制于那些通过斗争、劳作、共通体而形成的白日之关系:一种可能的关系。特里斯坦和伊索尔德的激情逃避了一切的可能性。这意味着,它逃避了他们的权力,逃避了他们的决定,甚至逃避了他们的"欲望"。这就是陌异性(étrangeté)本身;它不考虑他们能够做什么,也不考虑他们想要什么;它把他们推入了陌异的空间,在那里,在一种亲密当中,他们成了自己的生人(étranger),也成了彼此的生人。成为"直接者"的不可通达者不只是突然的:唐璜的最迅捷的欲望,在那无限之颤抖的边上,显得迟缓、审慎、狡猾;而在无限的颤抖中,伊索尔德甚至不必给出她自己,特里斯坦也不必接受,在那里,他们失去了他们自己,他们从绝对之分开的距离中成形,并为那样的距离赋形;他们各自是没有尽头的黑夜,既不在黑夜中融合,也不在黑夜中统一,而是被黑夜永远地驱散了,因为这黑夜乃是他夜的过失:统一的缺席,他异的时间。

所以,这些情人不仅通过其美丽的在场,也通过缺席的致命吸引而触摸彼此,这些情人没有犹豫,没有保留,没有怀疑;他们给出了一种绝对亲密的印象,但那样的亲密又是绝对不亲密的,他们可以说沉迷于外部的激情(la passion du dehors),沉迷于完美的爱欲之关系。被联系的缺席所联系,他们似乎更亲近世上的任何一个人,更亲近一个冷漠的过客,而不亲近彼此。这恰恰是因为世界已经崩塌①,是因为持守他们的只有不可能性:只有那一碰到他们的双唇,就把他们吸尽了的饮剂。② 那么,他们会永远地分开吗?既不分开,也不别离:他们彼此不可通达,并且,就在不可通达性当中,在无限的关系里。

同样,这种迅速地唤起了一见倾心的激情似乎也是最缓慢的东西。岁月流逝。一切遭受损耗,一切漂浮于未完成之事的空缺。没有未来,没有过去,没有现在,这是一片荒漠,在那里,他们不存在,在那里,那些寻找他们的人只是发现他们迷失于其难以理解的缺席之沉睡。所以,说他们忠诚是荒谬

---

① 伊索尔德:"我们失去了世界,世界失去了我们。"(参见 Joseph Bédier, *Le roman de Tristan et Iseut*, Paris: H. Piazza, 1900, 135. 请注意,布朗肖在这里谈论的特里斯坦和伊索尔德的故事不是出自瓦格纳的著名歌剧,而是依据贝迪耶创作的小说体传奇。——译注)

② 权力之剑介于他们之间。但把这阐释为对某一种纯洁的禁止,或对性无能的暗示,都是幼稚的。然而,男性掌控的纯粹决定的确只能打开那没有掌控的东西并且从不以爱欲关系为尺度,正如萨德的巨大尝试所证明的那样,萨德试图(通过把主动颠倒为被动,把受难颠倒为快感)穷尽那种他无论如何只想从权力上居有的关系——除非他通过书写的中性重新捕获了它。

的:为了忠诚,一个人必须孑然一身,必须支配时间,并通过一种真实之关系的誓言,进入时间。当密伦娜(Milena)有一天在格蒙德和卡夫卡相遇时,她问卡夫卡在布拉格是否有过不忠于她。"这是一个可能的问题吗?"卡夫卡写信给她,"但是这还不够,我给它弄得更不可能了。我说,不,我对你是忠实的。"①伊索尔德会以同样荒谬的方式追问特里斯坦。另一个伊索尔德的插曲只是暗示了那个魅惑之领域当中的这样一种不忠的忠实(fidélité sans foi),在魅惑的领域里,存在拥有图像的双重性。这个让人来来去去却抓不住任何东西的丧失了睡眠的梦幻世界,无论如何也是一道深渊。在那里,突如其来的东西是决定性的,恰如特里斯坦凭借唐璜故事里缺失的奇迹的一跃,从他的床头跳向了不可通达的伊索尔德的卧房。

*

我们不要忘了这个故事的最重要的情节之一:两个情人误饮的香酒是一剂精心调制的爱药,药效只有三年。三年过后,他们逐渐醒来;看到了自身生命的坎坷,看到了他们游荡于其中的荒漠,看到了他们已然失去的世界之欢乐。他们分开,各自回到平凡的生存中来。那么,一切结束了吗? 根本没有。相反,一切重新开始了。他们分开了,但只是为了重聚;他们彼此远离,但他们在如此的远离中统一,跨过这段距离,

---

① 参见《卡夫卡全集·第10卷:致菲莉斯情书(II)·致密伦娜情书》,叶廷芳主编,石家庄:河北教育出版社,1996年,第383页,有改动。——译注

他们不断地召唤彼此,倾听彼此,并返回到彼此的亲近。编年史家和诗人对这样的矛盾感到困惑而不敢解决;仿佛恋人的激情在不得不消逝的同时还保持着一个不定的位置,一种无尽的运动。他们的激情在时间中涌现,他们的相遇在世界上发生;开始并终结,持续了三年。故事就这样被见证,被讲述。但激情,受限于白日的时光,并不知它所属的黑夜的那些界限。两个恋人活在一种双重性当中,活在一种无法解释的限制之下。一方面,由于世界重新发现了他们,他们没有阻碍地继续世俗的生存;特里斯坦就这样再次成为一个有用之人,手握荣耀之剑,最终结婚:这是法则。但在白日下奢华地欢庆的婚礼只能在夜晚消散,因为到了夜晚,新的伊索尔德,有着白皙双手的伊索尔德,从不在场;夜晚仍然总是荒漠的夜晚,默尔瓦森林的苍白日光,或者,更确切地说,一个只被交给图像的无人的黑夜,也就是特里斯坦凭一种强烈的本能,在世界之外的一个地方亲手绘制的图画。

编年史停留于老生常谈:他们怀着一种永恒的激情相爱。但我们在这里发觉了更深的秘密。三年过后,特里斯坦和伊索尔德从他们的欲望中醒来。三年过后,他们忘却了彼此。但通过这样的忘却,他们接近了激情的真正核心,那在打断中坚持的激情。他们的苦恼由此而来。的确,他们不再爱着对方,爱的时间已经过去;他们的一切全新的相遇,似乎和一个没有了他们却还在继续的故事一样,是不真实的。在这样的时间里,他们不再爱对方,但这不重要,因为激情毫不关心这不能被时间的工作所挽救或平息的时间。不是说他们重新体验他们的故事，从此在没有爱的状态下，被记忆的留恋带回到他们再也不能经历的日子，那些日子已然夺走了他们对新生活的品味：这和心理学无关。他们的悲欢离合首先映照另一个运动。当分离的绝对性成了关系，分离就不再可能。当欲望被不可能性和黑夜所唤醒，欲望就的确可以终结，一颗空洞的心也可以从中转离；在如此的空洞和如此的终结中，在如此已然饱足的激情里，正是黑夜本身的无限继续欲求着黑夜——那是一种不考虑你我的中性的欲望，它显现为一种神秘，在那样的神秘里，私密关系的幸福沉没了。如此的失败无论如何比一切的胜利更加必要，更加宝贵，因为它隐藏并保留着一种不同的关系。

或许，我们必须抓住特里斯坦和伊索尔德的故事背后的这个阴影。遗忘（l'oubli）是一个沉默的、封闭的空间，在那里，欲望无尽地游荡；在那里，某人被遗忘，被欲求；但如此的遗忘必定是深刻的遗忘。遗忘：遗忘的运动：一种伴随着遗忘，在自身封闭的同时自身敞开的无限性——前提是，它不被那种把记忆从记忆中释放的轻盈所接受，而是在记忆自身内部，被接受为一种同任何在场都无法持守的隐藏之物的关系。古人已经发觉，遗忘（Léthé）不只是真理（Aléthéia）的背面，真理的阴影，不只是记忆的知识会让我们摆脱的否定性力量。遗忘也是爱欲（Éros）的伙伴，是沉睡所固有的觉醒，是一个人无法与之保持距离的距离，因为它在一切的分离中到来；所以，它是一种不留踪迹的运动,是在一切的踪迹里抹除自身的运动,然而——有必要使用这个并不完美的表述——它依旧宣告了自身,并且已把自身指定于书写的缺失,而书写——这疯狂的游戏——就在记忆的外部把那样的缺失铭记为它的界限,或始终先在的不合法性。

Ⅷ 遗忘，非理性

论遗忘

遗忘：非在场，非缺席。

迎接遗忘，就像同那隐藏之物达成了一致。遗忘，在每一个被遗忘的事件里，乃是遗忘的事件。遗忘一个词语，就是遭遇一切言语都会被遗忘的可能性，就是紧挨着一切被遗忘的言语，紧挨着作为言语的遗忘。遗忘围绕着被遗忘的词语聚集了语言，让语言完整地浮现。

在遗忘中，有那转离了我们的东西，有来自遗忘本身的迂回。在言语的迂回和遗忘的迂回之间，有一种关系。因此，言语，甚至在言说被遗忘之物的时候，也必定在遗忘，它为遗忘而言说。

*

遗忘的运动。

（1）当我们失去一个被遗忘的词语时，那词语仍然用这样的缺失指示了自身；我们拥有被遗忘的词语，并因此在缺席中重新肯定了它，它似乎是用来填补这个缺席并掩盖缺席的位置的。我们在被遗忘的词语中抓住了词语从中被说出的那个空间，那个空间如今把我们送回到了其沉默的、不可使用的、被禁止了的、始终潜在的意义。

当我们遗忘一个词语时，我们发觉，言语本质上拥有一种遗忘的能力（pouvoir）。我们言说是因为我们能够遗忘，并且，一切以一种功利的方式反对遗忘的言语（一切被回忆的博学知识的言语）都有一个风险，一个无论如何必要的风险，即让言语说得更少。所以，言语绝不该忘了它同遗忘的秘密关系；也就是说，它应该更加深刻地遗忘，在遗忘的同时，将自身持守于同遗忘之滑动（le glissement）的关系。

(2) 当我们发觉，我们言说是因为我们能够遗忘时，我们意识到，这种遗忘的能力不仅仅属于可能性的领域。一方面，遗忘是一种能力：我们能够遗忘，并且，得益于此，我们能够生存、行动、劳作、记忆——在场：我们因此能够功利地言说。另一方面，遗忘逃避。这不简单地意味着一种可能性通过遗忘从我们身上消失，由此揭示了一种无力；它毋宁意味着，遗忘所是的可能性是可能性外部的滑移（glissement）。当我们把遗忘当作一种能力来使用的时候，遗忘的能力（le pouvoir d'oublier）就把我们移交给一种无权力的遗忘（l'oubli sans pouvoir），移交给偷窃（dérober）和逃离（se dérober）的运动：迂回本身。

二　极限体验

*

苦厄的时间：一种没有遗忘的遗忘，一种没有遗忘之可能性的遗忘。

*

"遗忘这样的东西：它将自身与缺席分开，与在场分开，但无论如何让缺席和在场通过遗忘的必要性涌现出来；这是我们被要求去完成的打断的运动。——所以，遗忘一切？——不只是一切；一个人如何能够遗忘一切呢，因为'一切'包括了遗忘的'事实'本身，这个'事实'因此会被还原为一个确定的行动并丧失了对全体的理解。——遗忘一切或许是遗忘遗忘（oublier l'oubli）。——被遗忘的遗忘：每当我遗忘的时候，我不过是忘了我在遗忘。然而，进入这个翻倍的运动不是遗忘两次；它是在遗忘中遗忘遗忘的深度，是通过转离这个深不可测的深度来更加深刻地遗忘。——所以，必须寻求别的东西。——必须寻求同一个东西，抵达一个不会被遗忘的事件，一个无论如何只被遗忘的犹豫不定所规定的事件。——死（mourir）看起来是一个不错的回答。死了的人结束了遗忘，死亡是一个在遗忘的完成中到场的事件。——死的遗忘（oublier de mourir）有时是死，有时是遗忘，它因此既是死，也是遗忘。但这两个运动之间的关系是什么？我们不知道。这关系之谜就是不可能性之谜。"

*

遗忘死亡就是不以一种轻率的、非本真的、逃逸的方式把一个人自己与死亡所是的这种可能性联系起来;相反,它是进入一个必然非本真的事件,一个无在场的在场,一个无可能性的考验。通过偷窃(遗忘)的运动,我们允许我们自己转向逃避者(死亡),仿佛对这个非本真事件的唯一本真的接近属于遗忘。遗忘,死亡:无条件的迂回。遗忘的在场时间(temps présent)为一个无界的空间划界,在那空间里,死亡返回了在场的缺失。

让一个人自身持守于一个点:在那个点上,言语允许遗忘在离散中聚集,并允许遗忘向着言语而来。

大禁闭

欲望同遗忘的关系,同之前被铭刻在记忆外部的东西的关系,同那总在前头并抹除了踪迹之经验的无法追忆者的关系:这个运动排斥了自身,并通过这样的排斥,将自身指定于自身之外,由此要求一种从不被表达的外在性(extériorité)——一种难以言表的外在性。但这种外部的难以言表(inarticulation du dehors)似乎在最封闭的结构中献出了自身;正是这样的难以言表把监禁变成了一种结构,又把结构变成了一种监禁,于是,通过一个唐突的决定,言说(某一种文化的言说)就隔离、远离并禁止了那超出它的东西。关闭外部的要求,也就是,把外部建构为一种等待或例外之内在性(intériorité)的要求,促

二 极限体验

使社会，或暂时的理性，让疯狂（la foile）存在，也就是说，让疯狂得以可能。这样的要求，自米歇尔·福柯的书出版以来，在我们面前变得几乎清晰；而福柯的书本身是非凡的、丰富的、引人注目的，并通过其必要的重复而显得几乎不合理。（而且，作为一篇博士论文，它向我们展现了大学和非理性之间的一种意味深长的碰撞）。① 我应首先回想这本书所表达的边缘的观点；这本书与其说是一部疯狂史，不如说勾勒了"一部界限（limites）的历史——界限意指一些晦暗不明的手势，它们一旦完成，便必然遭人遗忘。然而，文化便是透过这些手势，将某些事物摒除在外"②。在此基础上——在疯狂和非理性（déraison）之间建立的空间中——我们不得不问我们自己，文学和艺术是否真的能够接纳这些界限体验（expériences-limites）并因此超越文化，准备同文化所拒斥的东西——边界的言语，书写的外部——确立一种关系。

让我们从这个视角出发，阅读或重读这本书。在中世纪，人们用一种比之前更为系统化的方式来监禁疯子。但我们注意到，监禁的观念是继承下来的；它跟随了之前的排斥运动，那个运动促使社会隔离麻风病人，然后，当麻风病（几乎突然

---

① Michel Foucault, *Histoire de la folie à l'âge classique*, Paris: Librairie Plon, 1961.（中译见米歇尔·福柯，《古典时代疯狂史》，林志明译，北京：生活·读书·新知三联书店，2005年。——译注）

② 出自《古典时代疯狂史》第一版的前言。参见 Michel Foucault, *Dits et Écrits 1954-1988*, tome Ⅰ, Paris: Gallimard, 1994, 161. 译文选自福柯，《古典时代疯狂史》，第47页。——译注

间)消失了的时候,那个运动又促使社会保持这种隔离人类阴暗面的必要性。"常常就是在同一块地方,又再上演排拒的过程,而且是出奇地相似。穷人、流浪汉、受惩戒矫正的罪犯和'头脑错乱者',将会重拾麻风患者所遗弃的角色。"① 这似乎是对一种独一特性的禁止。在一种迷人的亲近中,被这样的边缘所绝对地分开,又被它所持守,神秘地属于人的非人可能性得到了肯定和展示。② 所以,我们可以说,正是这种排斥的义务——作为一种必要之"结构"的排斥——发现、召唤并奉献了那些必须被排斥的人。问题不是一种道德的谴责,也不是一种简单的、实际的分离。神圣之环封闭了一个真理,但那是一个奇怪而危险的真理:那极端的真理威胁到了一切求真的权力。那真理就是死亡,而其活生生的在场就是麻风病人。然后,当疯癫的时代来临之际,它还是死亡,但那是一种甚至会在它的庄严中显露的更加内在的死亡:愚人的空洞脑袋取代了可怕的头骨,疯子的笑声取代了葬礼的苦笑,哈姆雷特(Hamlet)面对着郁利克(Yorick)——已死的小丑,死后仍是小丑。一个无法接近的真理,一种魅惑的力量,它不只是疯狂,而是通过疯狂得以表达,并随着文艺复兴的临近和发展,诞生了两种经验。一种可被称为悲剧的或宇宙的经验(疯狂揭示了一个令人惊愕的深度,一种隐藏的暴力,一种无边的、

---

① 参见福柯,《古典时代疯狂史》,第9页。——译注
② 对疯子的展示由来已久,而我想知道,精神病院里的无疑有益于教育的展示治疗(今天通过电视而大规模公开)是否也属于这一古老的实践。

毁灭的、秘密的知识);另一种是批判的经验,它采取了道德讽刺的形式(生命是愚昧,是笑话;但如果存在着一种无法从中期待任何东西的"癫狂的疯"[folle folie],那么,就还有一种属于理性的"智慧的疯"[sage folie],它有权进行讽刺性的赞颂)。

这就是文艺复兴:它一边释放神秘的声音,一边调和它们。《李尔王》(*Le Roi Lear*)、《堂吉诃德》(*Don Quichotte*):这是疯狂的伟大日子。蒙田(Montaigne)在塔索(le Tasse)①面前陷入沉思,他赞美塔索,并怀疑后者的可怜状态是否是因为一种让他变得盲目的过于伟大的明晰:"不正是因为他对心灵活动的罕见的能力,才会使他既失去活动又失去心灵吗?"②古典时代来临;两个运动得到了确定。笛卡尔,"以奇异的强力一击"③,把疯狂还原为沉默;这是第一沉思(la première Méditation)的重大突破:理性(ratio)的来临要求拒绝同荒诞狂妄有任何的关系。这按照一种典型的严格性进行:"他们是疯子,而如果我以他们为榜样,持着和他们同样的思法,那我就会和他们一样精神失常。"④这在一个简单的句子里得到了

---

① 托尔夸托·塔索(1544—1595):意大利诗人,著有叙事长诗《被解放的耶路撒冷》。晚年发疯,被关入精神病院。——译注
② 参见福柯,《古典时代疯狂史》,第52—53页。原话出自蒙田《散文集》(*Essais*),第二卷,第十二章《雷蒙·塞邦赞》,参见《蒙田随笔全集》(中卷),潘丽珍等译,南京:译林出版社,1996年,第167页。——译注
③ 参见福柯,《古典时代疯狂史》,第71页。——译注
④ 参见福柯,《古典时代疯狂史》,第72页。原话参见笛卡尔,《第一哲学沉思集》,庞景仁译,北京:商务印书馆,1986年,第16页。——译注

肯定：如果醒着的时候，我还可以假定我在做梦，那么，我无法透过思想假定我自己疯了，因为疯狂和怀疑的练习同思想的现实是不相容的。让我们倾听这个句子，它涉及西方历史的一个决定性的时刻：人——作为理性的完成，作为对能够求真的主体的至尊性的肯定——本身就是疯狂的不可能性。当然，会有疯子，但人本身，人身上的主体，不能是疯的；因为只有在反对非理性的首要选择中，通过对至尊之"我"的肯定实现了自身，他才能是一个人：如果他以不论何种方式，未能做出这样的选择，那么，他就落到了人的可能性之外，他就选择不成为人。

仿佛在同一刻出现的"大禁闭"（一天清晨，有六千人在巴黎遭到逮捕），通过实施一种引人注目的延伸，而确认了这种对疯狂的驱逐。疯子被关了起来，但在同一时间，同一地点，因一个把他们聚到一起的放逐行为而遭到禁闭的还有穷人、游手好闲者、肆意挥霍者、渎神者、浪荡子，以及思想错误的人。在后来的进步年代，这样的混淆会激起愤慨或嘲笑，虽然它本身并不好笑。这个意义丰富的运动毋宁表明，十七世纪没有把疯狂还原为疯狂，而是相反地，察觉到了疯狂同其他根本经验所保持的关系：那些触及性态、宗教（无神论和渎神）或放荡现象的经验，换言之，就像福柯所总结的，那些触及自由思想和激情体系之间所确立之关系的经验。也就是说，在沉默中，在大禁闭的隔离中，通过一个与笛卡尔所宣称的放逐相对应的运动，非理性的世界被建构了起来：疯狂只是这个世界的一部分，古典主义还把性的禁令、宗教的戒律，以及思想和心灵的一切过度，附加到了这个世界上。

对非理性的这样一个道德实验，作为古典主义的另一面心照不宣地进行着；它明显产生了这种在社会上几乎不可见的配置（dispositif）：一个封闭的空间，疯癫者、放荡者、异端分子和无法无天的人就并排住在那里；这是世界中心的喃喃低语的空无地带，是一种模糊不清的威胁，理性必须用一面面的高墙来抵御它，而高墙象征了对一切对话的拒绝：阻断交流（l'ex-communication）。没有什么同否定者（le négatif）的关系：否定者被人避而远之，被人轻蔑地拒斥，它不再是之前世纪的宇宙幽灵，而是成了无关紧要的东西，成了平庸的无意义。但对我们而言——并且某种程度上，对那个世纪本身而言——这种让人持有一切非理性力量的隔离，这种为非理性力量而准备的遭受围捕的生存，也隐晦地保留了这些力量并把那些属于它们的"极端"意义还给了它们。在这狭隘封闭的界限内，某种失度的东西正在等待：在牢房和地牢里，有一种自由，在隔离的沉默中，有一种新的语言，那是既不表征，也不意指的暴力和欲望的言语。这种强加给疯狂的亲近关系同样产生了影响：正如至高的否定性力量是以一个深红色的字母为标记，那些疯子，作为堕落者和放纵者的戴着镣铐的伙伴，在同一片过失的天空下，仍是他们的共犯。这样的关系绝不会被彻底地遗忘；有关精神疾病的科学知识绝不会否认古典主义的道德要求为之奠定的基础。但正如米歇尔·福柯宣称的,"某种思想上的自由被人当作精神异化的模范和首度体验"①,这个事实反过来将有助于维持现代异化观念的秘密力量。

然而,这不是十九世纪的情形;那时,医生所指的"异化"和哲学家所说的"异化"之间的关系瓦解了。那种到皮内尔(Pinel)改革为止,还把非理性存在(être de déraison)和无理性存在(être sans raison)联系起来的做法所代表的交流,同放肆有关的疯狂和同疾病有关的疯狂之间的那种沉默的对话,如今已被打断。疯狂获得了一种特殊性;它变得纯粹而简单,它落入了真理,它弃绝了否定的陌异性,并在有待认知的事物的平静的肯定性当中占得一席之地。这种实证主义(它仍然和资产阶级的道德形式有关)似乎打着慈善的幌子,通过一种比之前的一切纠正机制更加详尽的决定论的约束,更为彻底地掌控了疯狂。进而——不管是像古典时代那样,让疯狂变得实际地缄默无声,还是像启蒙时代那样,把疯狂关入一个物种的理性花园——把疯狂还原为沉默,乃是西方文化的持续运动,它关注的是对一条分界线的维持。

*

为了倾听疯狂的语言——或许,是为了重新倾听它——我们必须返回文学和艺术的伟大的忧郁作品。戈雅(Goya)、萨德、荷尔德林、尼采、奈瓦尔(Nerval)、梵高(Van Gogh)、阿

---

① 参见福柯,《古典时代疯狂史》,第157页,有改动。——译注

二 极限体验

尔托(Artaud)——这些存在让我们着迷的不仅是他们所服从的吸引力,还有他们每个人看似在非理性的晦暗知识和科学所谓疯狂的明晰知识之间维持的关系。他们每个人以其自身的方式,并且绝不以同样的方式,把我们带回到笛卡尔的选择所打开的那个定义了现代世界之本质的问题上:如果理性,如果这种思想是一种权力,排斥了作为不可能性本身的疯狂,那么,这难道不是因为,当思想试图把自身更为本质地体验为一种无权力的权力时——当它试图重新质问那个只把它和可能性等同起来的肯定时——它,可以说,必须从自身中回撤,必须转离一种中介的、耐心的劳动,并转向一种迷误的探究,那种探究既无劳动,也无耐心,既无结果,也无作品?若不经过疯狂,若不在经过疯狂时陷入疯狂,思想是否有可能难以抵达那或许是终极的维度?或者,再一次,如果在非理性的深处显现的东西乃是无差异(indifférence)的召唤——差异本身所是的中性,在虚无中区分自身的东西——那么,思想能够在何种程度上将自身维系于非理性和疯狂之间的差异(différence)?或者,再次采用米歇尔·福柯的表述:那么,是什么让所有经受了非理性考验的人被判定为疯狂?[①]

一个人会怀疑,为什么恰恰是作家和艺术家(那些总已经过时了的奇怪名字)以一种享有特权的方式承担了这样的问

---

① 参见福柯,《古典时代疯狂史》,第499页:"它也使得所有尝试通过非理性考验的人被判定为疯狂,这究竟是什么样的力量呢?"——译注

题并迫使其他人关注他们。回答首先是近乎容易的。"疯狂"是作品的缺席(absence d'œuvre)[①],而艺术家是一个完美地献身于一件作品的人,但他对作品的关注也让他参与了一种体验,那样的体验往往提前毁灭了作品,往往把作品拖入了无作(désœuvrement)的空洞深度:在那里,虚无变为了存在。[②] 一个人能否说:这种对作品(以及在某种意义上,对历史时间,对辩证真理)的绝对控诉——这种控诉有时对准了文学作品,有时将自身限于精神失常,还有时在这两者中肯定了自身——恰恰指定了一个点,在那个点上,精神失常和创造之间会有一种交换;在那个点上,纯粹的絮叨和原初的言语之间仍然徘徊着一切的语言;在那个点上,时间转离了自身并转入了时间的缺席,将用它的光辉呈献尼采在陷入黑暗前的那一刻,用双眼看到的伟大轮回(Grand Retour)的图像和蜃景?一个人自然不能这么说。然而,如果从无作出发,一个人确定自己只能把非理性和疯狂,或疯狂和作品之间的这种对峙定义为一种贫乏的关系。如果在同一个人(假定他是尼采)身上,一个人只

---

① 参见福柯,《古典时代疯狂史》,第745页:"这疯狂便是作品的缺席。"——译注

② 我在这里参考了《文学空间》(*L'Espace littéraire*, Paris: Galliamrd, 1955),无作的范畴,作品之缺席的范畴,就从那里开始浮现。亦参见这部文集结尾的《书的缺席》。对我而言,路易-勒内·德福雷(Louis-René des Forêts)的题为《絮叨者》的在各方面都令人惊愕的记述(*Le Bavard*, Paris: Gallimard, 1946. 中译见路易-勒内·德福雷,《孩子们的房间》,丁步洲译,南京:译林出版社,1998年,第1—80页——译注),似乎展现了相同的情境。

能听任(同一的且无关系的)悲剧思想的存在和非理性的存在被交给一种奇怪的面对面的相遇,被交给一种痛苦的缄默,那么,无论如何已有一个事件逐渐地为文化自身确认了古典时代所不知不觉地亲自承担(或免除)的这种非理性的离奇经验的价值。这个事件就是精神分析(la psychanalyse)。

在这里,米歇尔·福柯再一次清楚、深刻地说出了那必须开始被说出的东西。因为当那个把非理性、精神的暴力、心灵的谵妄、孤独的错乱,还有黑夜超验性的一切形式结合起来的整体逐渐地瓦解时,当实证的精神病学赋予了精神异化一个对象的地位并因此把精神异化决定性地异化了之后,弗洛伊德来了:他试图"让疯狂重新面对非理性并恢复对话的可能性"①。再一次,某种除了抒情的闪光,就没有别的语言,除了艺术的魅惑,就没有别的形式的沉默已久的东西试图言说。"精神分析所涉及的问题,完全不是心理学;它牵涉到的是一个有关非理性的体验,而心理学在现代世界中的意义,便在于遮蔽这项体验。"②由此就有一种共谋把作家和那些寻求新语言的人联系了起来;对于这样的共谋同样存在着误解,因为精神分析学家舍不得抛弃我们所谓的科学知识的一些要求,那些要求总想用一种方式把疯狂更为精确地定位在一种稳固的本质中,定位在一个时间的、历史的和社会的框架内(事实上,

---

① 参见福柯,《古典时代疯狂史》,第482页:"他重建了医学思想和非理性对话的可能性。"——译注

② 参见福柯,《古典时代疯狂史》,第482页。——译注

这还不是科学的问题)。

如此的犹豫是至关重要的,因为它揭示了精神分析所面临的一个难题:仿佛面对着非理性和疯狂,有必要考虑两个相反的运动。其中的一个运动指示了一种对时间之缺席(l'absence de temps)的追溯——对非起源的回归,一次无人称的下潜(这是非理性的知识);另一个运动,相反,根据一段历史的意义来发展并重复着这段历史的某些时刻。人们可以在一些重要的观念里发现这样的二元性,而各式各样的精神分析学派已经或多或少成功地让那些观念流通了起来。对此,必须补充:围绕着黑格尔、海德格尔和语言学研究而展开的精神分析工作的新方向,或许会在一个类似的问题中找到理由(而不管这样的参照表面上是多么不相称);我们可以把这个类似的问题表达如下:如果疯狂有一种语言,甚至只是一种语言,那么,这种语言难道不会(像文学一样,虽然那是在另一个层面上)把我们送回到我们时代所戏剧性地关注的一个难题上?当我们的时代试图把辩证话语的要求和一种非辩证语言的存在——更确切地说,和语言的一种非辩证的经验——结合起来的时候,它就面临着这个难题。继《拉摩的侄儿》(*La Neveu de Rameau*)之后,萨德迅速地为我们的时代揭示了这样一场晦暗而暴力的争论。在一间囚禁他和非理性的牢房里遭遇了非理性,他在一个多世纪的沉默后传达了非理性,并以一种惊世骇俗的方式,把非理性宣告为言语和欲望:一种无止境的言语,一种无限制的欲望——两者,的确,以一种不断地

二 极限体验

引发争议的相一致的方式呈现了出来。然而,只有从思想、不可能性和言语之间的这一谜样的关系出发,一个人才能够试着把握那种独一的艺术作品的普遍的重要性:文化在接收那种作品的时候拒斥了它们,就像通过客观化而否认了极限体验(expériences-limites)一样——所以,作品仍然是孤独的,几乎是无名的,哪怕有人说起了它们。我想到了一件最为孤独的作品,而乔治·巴塔耶,仿佛是出于友谊,出于游戏,把自己的名字借给了它。

Ⅸ 极限体验

1 肯定与否定性思想的激情

请允许我在想到乔治·巴塔耶的时候,紧挨着一种缺席来思考,而不声称要把每个人能够在他的作品中发现的东西展现出来。并且,那些作品绝没有构成一个次要的部分,绝没有成为一个已然消失了的在场的简单踪迹。它们道出了本质的东西并且它们就是本质的。不仅是通过它们的美,它们的光辉,它们的无与伦比的文学力量,而且是通过它们与它们所见证之探究的关系。令人惊讶的是,一种如此脱离了书本之凝聚的思想,甚至可以在阅读仍有权力抵达的一部作品中,不露马脚地肯定自身到这样的地步。阅读仍可以抵达:只要阅读从表达的整体上把握了作品,并从中心处,在《内在体验》(*L'expérience intérieure*)、《有罪者》(*Coupable*)和《被诅咒的部分》(*La part maudite*)的边上,维持巴塔耶用一个不是他自己的名字发表的作品——那些作品的真理力量无与伦比:我特别地想起了《爱华妲夫人》(*Madame Edwarda*)，我过去谈论过它，并无力地称之为"我们时代最美丽的记述"①。

所以，一种阅读应当抹去人们试着用来让所读之物变得有趣的那些修饰语。把神秘主义、情色和无神论这些词放到一起，的确引人注目。把一个当代的作家说成这样一个人——他在超现实主义周围闲逛完了后，陷入了迷狂，从事反宗教，赞颂荒淫，用尼采主义取代了基督教，又用印度教取代了尼采主义（我概括了一些善意的陈述）——这是把思想呈现为一个奇观，并创造一个虚构的人物，而不关心真理的细节。这种只在轶事的层面上，通过一种虚假的生动性来寻求真理的需要是从哪里来的？当然，正如我们知道的，我们每个人都被他的戈伦（Golem）②所威胁：那个粗糙的黏土图像，我们的过失之复像，可笑的偶像，让我们变得可见，并且，当我们活着的时候，我们用我们生命的审慎来抗议它，可一旦我们死了，它就让我们不朽。它怎能不让我们的消失（哪怕是最沉默的消失）变成那样一个时刻：在那一刻，注定要现身的我们必

---

① 布朗肖在《未来之书》的《记述与丑闻》(Le récit et le scandale)里谈到了《爱华妲夫人》："有可能我们时代最'美丽'的记述由一位其名字——皮埃尔·安热利克（Pierre Angélique）——仍不为人知的作者发表于1941年。""皮埃尔·安热利克"就是巴塔耶在发表《爱华妲夫人》时使用的笔名。参见 Maurice Blanchot, *Le Livre à venir*, Paris: Gallimard, 1959, 231. ——译注

② 戈伦：犹太传说中用黏土制造的可以行动的人像，布朗肖曾在《未来之书》的《戈伦的秘密》(Le secret du golem)中讨论过它。参见 Maurice Blanchot, *Le Livre à venir*, 115. ——译注

须通过承认我们所不是的东西,来仓促地回答公开的审问?有时,正是我们最亲密的朋友,怀着替我们说话的好意,为了不让我们过快地陷入我们的缺席,促成了这仁慈或恶毒的乔装改扮,使得我们从此会被人看见。在最荣耀的后代身上,我只察觉到一个自命不凡的地狱,在那里,批评家——我们所有人——被迫现形为相当凄惨的魔鬼。

我已长久地反思过这点,并且我还在反思。我不明白如何恰当地召唤一种如此极端、如此自由的思想,如果一个人满足于对它的重复的话。通常,这适用于所有的评论。当评论者忠实地复制时,他是不忠的;词语,句子,因为引用的事实被固定下来并改变了意义,或者,相反地,承担了一种过大的价值。乔治·巴塔耶被允许使用的十分强有力的表述是属于他的,并且,这些表述在他的权威下保持了它们的尺度;但如果我们恰好在他之后谈论绝望、恐惧、神迷、狂喜,那么,我们只能体会到我们自己的笨拙,甚至体会到我们的谎言和我们的弄虚作假。我的意思不是说使用一种完全不同的语言,丧失这些引导的词语,就能让我们离真理更近;但至少,阅读会通过它和一种被保存起来的思想的更为天真的一致,而保持自身的完好。

在这样的视角下,我认为,附随之话语的工作——它应倾向于谦逊——会仅限于提出一个点,在那个点上,一个人将更好地听到只有一种阅读才能释放的东西。那个点还可以多样化。让我们寻求一种安置自身的方式,使得极限体验

二 极限体验

(expériences-limites)——乔治·巴塔耶称之为"内在体验"(expérience intérieure),并且,对这种体验的肯定把他自己的探究引向了最为沉重的点——不仅将自身呈现为一个陌异的现象,呈现为一种非凡精神的独一性,而且会为我们保留其追问的权力。请让我简要地回想一下这种体验所关注的东西。

极限体验是一个人决心把自己根本地置于问题当中的时候,所遇到的回答。这个包含了全部存在的决心表达了止步的不可能性;不管是止步于某种慰藉,还是止步于某种真理,不管是止步于利益,还是止步于行动的结果,抑或止步于知识和信仰的确定性。这个质疑的运动贯穿了全部的历史,但它有时封闭为一个体系,有时又穿透了世界并在世界的彼岸找到了它的目的(在那个彼岸,人把自己托付给了一个绝对项:上帝,存在,善,永恒,统一)——在每个情形里,它都否认了自身。然而,我们要注意,这种否定性思想(pensée négative)的激情没有和怀疑论融为一体,甚至没有和一种方法论怀疑的运动结合起来。它没有让那个承受它的人显得低卑,没有用无力来打击他,没有判定他缺乏完成的能力。相反。但在这里,我们要更为谨慎。成为一切(être tout)的要求有可能在人身上得到了完全的实现。在根本上,人已经是一切!他处在他的谋划当中,他是那个只被他所持有的整个宇宙的全部未来之真理;他表现为一个智者,他的话语包含了一种完成了的话语的全部可能性;他处在一个摆脱了奴役的社会的视角下。我们不应该说:从现在起,历史在某种意义上正被完结吗?这不是说再也没有什么事情会发生,也不是说人,个体的人,再也不必忍受未来的苦难和盲目。但人,普遍的人,已经是一切知识范畴的主宰;他无所不能,无所不答(虽然这仅仅适用于一切,而不适用于特定的困难;对此,他的回应方式是促使特定者弃绝自身,因为特定者在全体的真理中没有位置)。当然,这说得太快,并且,关于我们所期待的这种历史的终结(fin)也还有疑惑。或许是一些疑惑。但让我们进一步反思:谁在我们当中疑惑?那个渺小的我(moi),它软弱,不充分,不快乐,几乎一无所知,被封闭在自我(ego)的顽固里。在这个渺小的我(moi)眼中,显然只有它自身的目的(fin),它惋惜这个目的,因为事实上,在它的自我主义里,这个目的不把其他任何人的目的当作它的视域。这种渺小的理性,要么让我(moi)迅速地弃绝了一条合理的出路并把它抛入荒谬生存的自满的折磨①,要么让我(moi)为另一种生活的希望做好准备,在那另一种生活里,我(moi)将在上帝身上认出自己。我因此重复。对我们所有人而言,以一种或另一种形式呈现的历史,接近了它的终结("只差结局"②)。历史为具有宏大理性的人接近了它的终结,因为那样的人认为他自己就是一切,因为他

---

① 我们再次看到了,荒谬的问题式在何种程度上只是一种把自己交给意义、"制造意义"的简单方法。

② 出自巴塔耶的《有罪者》的"附录":《写给黑格尔课程教员X的一封信》(Lettre à X., chargé d'un cours sur Hegel);"到目前为止,历史已被完结(只差结局)。"参见 Georges Bataille, Œuvres Complètes, tome V, Paris: Gallimard, 1973, 369. ——译注

二 极限体验

不断地努力让世界变得合理；历史也为具有渺小理性的人接近了它的终结(fin)，因为在丧失了目的(fin)的狂暴的历史中，目的仿佛已经每时每刻地被给出；历史还为信徒接近了它的终结，因为从现在起，彼岸将以一种荣耀的、永恒的方式结束历史。是的，当我们反思这点的时候，我们明白了，我们所有人或多或少生活在一个终结了的社会的视角下，我们已经处在河边，正死着，正重生，满足于宇宙的满足，因此也通过至福和知识，满足于上帝的满足。

那么，否定性思想的激情承认了一个傲慢的出路，这个出路允诺了人自身的完结。它不仅仅承认，还努力去实现；促使我们进入这一未来的行动，事实上，不过是"否定性"而已。通过"否定性"，我们身上那个否定自然并否定自身是自然之存在的人，因为对劳动的服从而获得了自由，并在生产世界的过程中生产了他自己。这值得赞叹；人通过一种持续之不满的决定而实现了满足；他完成了自身，因为他彻底地实现了他的全部否定。我们难道不该说：他触及了绝对，因为他有能力彻底地实施其全部否定性，即能够把全部的否定性彻底地付诸行动？让我们这么说。但我们还没说完，就遇到了一个说法，那个说法如不可能性一般把我们撞倒在地；仿佛当我们说它的时候，我们就同时冒险抹掉了话语。因为正是在这里，决定性的质疑介入了。不，人没有在行动中穷尽他的否定性；不，人没有把他所是的全部虚无转化为权力。或许，通过让自己等同于全体，通过让自己意识到全体，他可以抵达绝对。但比这样的绝对更为极端的是否定性思想的激情；因为面对着这个回应，否定性思想仍然可以引入一个把它悬置起来的问题，面对着全体的完成，否定性思想仍然可以维持他异的要求，那个要求以质疑的形式再次抛出了无限。

让我们试着进一步"澄清"这个时刻。我们假定人在本质上得到了满足；作为普遍之人，他不再有什么要做的事情。他没有需要，虽然个体的他仍会死去，但他既没有开端，也没有终结，他在其静止不动的总体的生成中安息。极限体验是等待这个终极之人的体验，终极之人最终可以不在他所实现的充分性上止步；极限体验是无欲之人的欲望，是"完全"满足之人的不满，是无论如何拥有存在之完成的纯粹缺失。极限体验乃是全体排除了一切外部的时候，那外在于全体者的体验；它是一切已然实现的时候，那仍有待实现者的体验；它是一切已被认知的时候，那仍然有待认知者的体验：它是不可通达者，是未知本身。但让我们弄清，为什么我们能够把我们仍然（错误地）称之为这一"可能性"的东西给予人。问题不是从那自始至终伴随我们的模糊的不满中强行得出一个终极的拒绝；问题甚至不是说"不"的权力——通过那个权力，世上的一切得以完成，每一个价值、每一个权威，都被另一个每每更加深远的价值或权威所颠覆。我们的命题表明了某种十分不同的东西，它恰恰说：如其现是，如其将是，一种本质的缺失属于人，而那种把他自己置于问题当中并且总置于问题当中的权

二 极限体验

利,就出自这样的缺失。① 那么,我们回到了我们先前的评论上:人是这样的存在,他没有在行动中穷尽他的否定性。所以,当一切完结之时,当"制作"(人也由此成就了自身)完成之际,当人做完了一切的时候,他必须——像乔治·巴塔耶用一种最简单的深刻性所表达的那样——在一种"无用的否定性"(négativité sans emploi)②的状态里生存。内在体验就是这样的方式,它让那种根本的否定,让那种不再有什么可否定的否定,得到了肯定。我们会说,人支配了一种死(mourir)的能力,这种能力极大地,并且某种程度上无限地,超出了他在死亡中不得不进入的东西,而且,他已绝妙地懂得如何把这种死亡的过度,变成他自己的一种权力。通过这种权力,他否认了自然,建构了世界,他把自己置于劳作当中,他已成为了一个生产者,一个自行的生产者。但奇怪的是,这还不够:每时每刻,他无法投入活动当中的那一部分死(mourir),可以说,被留给了他。绝大多数时候,他不知道这个,他没有时间。但如果他渐渐地察觉到这种虚无的过剩,察觉到这种无用的空虚,如果他发现自己被束缚于一个运动,并且,每当有人死了的时候,那个运动就使得他也无限地死去,如果他允许自己被终结

---

① "属于"? 是的,如果这是一种没有从属物的归属;再一次,一种从自身当中回撤的关系。
② 出自巴塔耶的《有罪者》之《逃难》(L'exode):"无用的否定性将毁灭任何一个体验它的人:献祭将照亮历史的完结,正如它曾照亮历史的开端。"参见 Georges Bataille, *Œuvres Complètes*, tome Ⅴ, 289. ——译注

的无限性所抓住,那么,他必须回应另一个要求:不再是生产,而是耗费,不再是成功,而是失败,不再是完成作品并说有用的话,而是说徒劳的话并把自己还原为无作(désœuvrer)——这一要求的界限已于"内在体验"中被给出。

现在,我们或许可以更好地认识到这样一个情境中至关重要的东西,认识到乔治·巴塔耶为什么已用至尊性(souveraineté)的思想捕获了它。因为初看上去,一个人有权不让自己陷入这些惊人状态的例外性质。一个人变得迷狂。虽然这是一种非凡的天赋,但抵达这样一种状态的事实会向那些仍然陌异于它的人透露什么吗?它如何更改,或许还延展了,人的空间?我们难道不屈服于"神秘"一词为我们持有的吸引力吗?当有人谈论神迷的狂喜时,那种让我们惊讶的兴趣盎然,难道不出自一份宗教的遗产吗,并且,我们仍是那份遗产的受托人?神秘主义者总已经受益于教会当中,甚至教会外部的一种特殊地位:他们动摇了教条的安逸,他们让人心神不宁。他们有时是怪异的,有时是可耻的;但他们与众不同,这不仅是因为他们仍然承担了一种超越一切之可见的显明,而且是因为他们参与并促成了一个终极的行动:存在的统一,"尘世"与"天国"的融合。所以,我们应该留心这些奇迹。我们应该说,对一切宗教假设——对"神秘"倾向所蕴含的一切启示和精神的确定性——严厉的、不知疲倦的挑战,首先并且本质上属于我们所描述的运动。

任何一个用最为坚定的决心,把他自己和否定性思想的激情联系起来的人,至少首先不会止步于上帝,也不止步于上帝的沉默或缺席,并且,更为重要的是,他不会让自己被统一性(Unité)所提供的安息所诱惑,不管那样的安息采取了何种形式。我们可以换一种表述:在我用来极为形象地谈论历史之终结的那个图式里,我们要明白,至高者的名字所表达的全部意义再一次被人的活动所占据,并随一束明晰的火焰,在行动(Action)和话语(Discours)的火中燃烧。在我们已经抵达的这个点上,"在时间终结之际",人某种意义上已重归于欧米伽点(point oméga)。这意味着:除了人,就不再有任何的他者(Autre),并且,在人之外,也不再有任何的外部(Dehors),因为当人用他的存在来肯定一切的时候,他就包含了一切,正如他把自己包含于知识的封闭圆环。

所以,现在,极限体验提出了如下的难题:(以总体的形式呈现的)绝对者如何仍可以被超越? 在人通过行动抵达了巅峰后,他——作为普遍者,作为永恒者,总在完成自身,总在一种只是无尽地言说自身的话语中完成并重复自身——怎能不坚守这种充分性,并继续这样把自己置于问题当中? 确切地说,他不能。然而,内在体验坚持这个不属于可能性的事件;它在这个已然完结的事件中敞开了一个无穷小的空隙,通过那个空隙,一切的存在之物就允许自身被一种逃避并超出的增添(surcroît)所凌越并废黜。一种奇怪的多余。这种让结局仍然并且一直未完结的过度是什么? 从中产生了一种超越的运动,它的尺度不由那种无所不能的权力所给出? 这种在实现了一切"可能性"之后的"可能性"是什么:它自身呈现为一个能够颠倒或沉默地撤回一切可能性的时刻? 当乔治·巴塔耶通过言说不可能者(l'impossible)——这是他所公开的最后的言词之一——来回答这些问题的时候,他必须被严格地理解;必须理解的是:可能性并非我们生存的唯一维度,并且,我们或许可以通过一种双重的关系来"经历"我们的每一个事件。通过把事件和某种善、某种价值联系起来,也就是说,把事件最终和统一性联系起来,我们首先把事件经历为某种为我们所理解、把握、承担并掌控的东西(即便这么做是痛苦而艰难的);然后,我们把事件经历为某种逃避了一切使用和一切目的的东西,它甚至逃避了我们对它的经历之能力,但我们无法逃避它的考验。是的,仿佛不可能性,那个让我们再也不能有权力的东西,在我们所历经、思考和言说的一切背后等着我们——只要我们曾有一次处在了这一等待的终点,而没有辜负这种多余,这种增添,这种空无的多余和这种"否定性"的增添向我们提出的要求,即我们身上的思想之激情的无限之心。①

在这里,我们开始察觉我将(毫不嘲弄地)命名的极限体

---

① 这也是乔治·巴塔耶以另一种形式提出的难题:他把人的运动和禁止与僭越(对不可逾越的界限的逾越)的游戏联系了起来。禁止标志着权力停止的点。僭越不是某些人的力量和掌控在某些条件下仍可以做出的行动。僭越指定了那在根本上不可及的东西:对不可通达者的通达,对不可超越者的超越。当权力不再是人的终极维度时,它便向人敞开。

二 极限体验

验的智识重要性,并发觉这样的重要性为何不源自它的独一性,而是源自那个通向它并与它密不可分的运动,因为其独一的特征不过是在一个唯一的运动中,甚至作为一束闪光,表达了追问的无限而已。这是首先必须被再次说出的话:迷狂的"认知的丧失"①只是一个人在狂喜和褫夺的巅峰所抓住的质疑。体验不是一条出路。它并不让人满足,它没有价值,没有充分性,唯有如此,它才让人的一切可能性脱离了它们的意义:它让一切的知识,一切的言语,一切的沉默,甚至让我们从中得出自身之最终真理的这一死的能力,脱离了意义。但这里,我们必须再次防止自己轻率地得出结论,我们不能把体验归于某种非理性主义或把它和一种荒谬的哲学联系起来。这种据说交流迷狂的非知(non-savoir)②绝没有夺走知识的有效性,正如暂时化身为体验的无意义(non-sens)绝没有让我们转离人借以不知疲倦地赋予自身意义的那个积极的运动一样。相反,让我再次强调:只有超越了一种完结的知识(也就是当

---

① 出自巴塔耶的《有罪者》之《天使》(L'ange):"事实上,在我写作的瞬间,'世界的根据'在我面前敞开,在我身上,认知和迷狂的'认知的丧失'之间不再有任何的差别。"参见 Georges Bataille, *Œuvres Complètes*, tome V, 260. 亦见《有罪者》之《罪》(Le péché):"尼采的原则……和笑声,和迷狂的认知的丧失,同时联系了起来。"参见 Georges Bataille, *Œuvres Complètes*, tome V, 309. ——译注

② 出自巴塔耶的《内在体验》:"非知交流迷狂。"参见 Georges Bataille, *Œuvres Complètes*, tome V, 66. ——译注

列宁宣称"一切"有朝一日会得到理解的时候①他所肯定的知识),非知才将自身呈献为一个人必须回应的根本要求;这样的非知不再只是理解的模式(被认知本身置于括号当中的认知),而是发生关系的模式,或在一种让关系变得"不可能"的关系中,(哪怕是通过生存来)持守自身的模式。

虽然这么说,但仍有某种困难的东西。请容许我回想之前的一个命题:内在体验是这样的方式,它让那种不再有什么可否定的根本否定得到了肯定。通过声称这样的体验无法与质疑区分开来,我们刚刚已经澄清了这点。但在这样一个时刻,它重新提出了哪一种肯定?我们能够以何种方式宣称它做出了肯定?它无所肯定,无所揭示,无所交流(ne communique rien)。那么,一个人会满足于如下的说法,即肯定就是这个被交流的"无"(rien),或者,肯定就是他在一种完满的感觉中把握到的全体的未完结。但如果这样,我们就冒险把这个"无"标准化了,也就是说,我们冒险用其最抽象的时刻,取代了作为全体的绝对者(l'absolu-comme-tout):在那个时刻,"无"直接地进入了全体并反过来将自身不当地总体化了。或者,在这里,我们将目睹一种最终的辩证颠倒,目睹这

---

① 出自高尔基的回忆录《和列宁相处的日子》:"瞭望着远方,看着村落蜷伏着的那些小山,他(列宁)沉思地加上:'……我们的生活情况所造成的必不可免的残酷,将来是会被理解的,被辩护的。一切都将要被理解,一切。'"参见高尔基,《和列宁相处的日子》,罗稷南译,北京:生活·读书·新知三联书店,2012年,第65页。——译注

二 极限体验

样一个最终的程度(一个外在于任何等级的程度!)吗:从那一程度出发,人,这颗按宇宙的尺度完成的头脑,将把整座大厦送回到黑夜,并且,消灭了这颗普遍的头脑,它仍会从这终极的否定中收到一束光,收到一个增补的肯定,那个肯定为全体补充了全体之献祭的真理? 不考虑这样一个运动的特质——它是如此无度,以至于一个人无法假装拒绝它(即便我们把一个精确得足以让人拒斥它的意义指派给它,它还是不可否认的)——我要说,极限体验是更加极端的。

因为我们刚刚假定的这个至高之否定的行动(对乔治·巴塔耶而言,这个行动在一段时间内无疑是由《无头者》[*Acéphale*]的探究所代表的)仍然属于可能者。权力,那种无所不能的权力,甚至能够作为一种权力消灭自身(核爆炸本身就是虚无主义的极致之一)。这样一个行动绝不会让我们完成决定性的一步,那决定性的一步通过允许我们属于这种不简单地是权力之否定的非权力,而把我们——某种意义上没有我们地——交给了不可能性的惊奇。对思想而言,极限体验代表了某种类似于一个新的起源的东西。它献给思想的是本质的礼物,是肯定的挥霍;这样的肯定,第一次,不是一个产物(不是一个双重否定的结果),它因此逃避了辩证理性的一切的运动、对立和反转;在这样的肯定前完成自身的辩证理性,再也不能在这种肯定的统治下为之充当一个角色了。这个事件难以划界。内在体验做出肯定;它是纯粹的肯定,并且,它只是做出肯定。它甚至不肯定自身,因为如果那样,它就服从于自身：它毋宁肯定了肯定。正是出于这个原因，乔治·巴塔耶可以同意说：这样的肯定，在让一切可能的权威名誉扫地，甚至消解了权威的观念后，在自身内部持有权威的时刻。这是决定性的"是"。这是没有任何在场之物的在场。这样的肯定让自身脱离了一切的否定（因此也脱离了一切的意义），它贬低并废黜了价值的世界，它不体现为对是者（ce qui est）的肯定、承受和支撑，而毋宁在存在之上和之外持守自身，它因此不回应任何的存在论，也不回应任何的辩证法。通过这样的肯定，人看见自己——在存在与虚无之间，并且从这个被接纳为一种关系的"之间"的无限性出发——被授予了新的至尊之地位：在一种不可能死的死亡（mort impossible à mourir）的无尽生成当中，一个无存在之存在（être sans être）的至尊性。因此，极限体验乃是体验本身：它是这样的思想，它思考那不允许自身被思考的东西，它通过一种超出其所能肯定之物来肯定的肯定，超出其所能地来思考。如此的"超出"就是体验：它只通过肯定的过度来肯定，并且，在这样的过多中，它的肯定没有让任何东西得到肯定——它最终无所肯定。通过这样的肯定，一切逃避了，并且，这样的肯定本身就在逃避，它逃避了统一。这甚至是一个人能就它所说的全部：它不进行统一，也不允许自身被统一。因此，它似乎游戏于多样性的一面，游戏于乔治·巴塔耶所谓的"机运"（la chance）；仿佛为了让它游戏起来，一个人不仅要试着把思想交给偶然（一件已然困难的礼物），还要把自己交给一个唯一的思想，那

二 极限体验

个思想在一个原则上已获得统一、丧失了一切偶然的世界里，将再次掷出一把骰子（un coup de dés）①，因为它以唯一肯定的方式来思考，并且它的思考就位于纯粹肯定的层面：内在体验的层面。

这样一种肯定是无法维持的。它无法维持自身，甚至当它让自身服务于强力的时候，通过成为人之统治的工具，乃至于把那种从此自称伟大肯定者的傲慢权利授予一个以为得到了它的"我"，它总在冒险转而反对人的至尊性。"我"的主张乃是其冒牌顶替的标志。自我从不是这一体验的主体。"我"不会抵达它，个体，我所是的这粒尘埃，也不会抵达，被认为代表了绝对的自身意识的我们所有人的自我，同样不会抵达。抵达它的只有死去之我所化身为的无知。当我加入那个空间的时候，我就化身为无知：在那里，死着的它绝不会作为一个第一人称的"我"死去。因此，有必要最后一次指出这一情境最奇怪也最沉重的特点。我们仿佛在谈论一种体验，但我们绝不能说我们经历过它。这是一种不被经历的体验，更不用说是我们自身的一种状态了；它最多是一种*极限体验*（expérience-limite），在那里，界限（limite）或许崩塌了，并且，它只在界限上抵达我们：那时，整个的未来成了当下，并且，通

---

① 出自马拉美的诗歌《骰子一掷永远取消不了偶然》（Un coup de dés jamais n'abolira le hasard）。参见《马拉美诗全集》，葛雷、梁栋译，杭州：浙江文艺出版社，1997年，第140页："全部思想掷出一把骰子。"——译注

过一个断然之"是"的决心，一种不再受任何东西控制的权势得到了肯定。

非体验的体验。

对一切之可见和一切之不可见的转离。

如果人在某种意义上已经不属于这种他在绝大多时候用来让自己从中转离（détourner）的迂回（détour），那么，他如何沿着这条不久便消失了的道路出发？他看见了那逃避一切视线的东西，他如后退一般向着一个点前进，他只知道他不会亲自抵达那个点，他身上的任何东西都不会抵达那个点；并且，在那个点上，永远缺席的他甚至找不到一个黑夜（及其夜间的特权，其消失的无边，其平静的空洞的美）作为回答，找到的毋宁是他夜（l'*autre* nuit），那个虚假的、空幻的夜，那个永不安息，并且落回到自身之冷漠当中的夜。他如何欲求这个？他如何用这样的欲望来欲求：一种既没有希望也没有认知的欲望，一种把他变成了一个无视域之存在的欲望，一种对无法实现之物的欲望，一种拒绝一切能够满足它的东西的欲望，因此，是一种对这无限之匮乏的欲望，一种对欲望所是的这种冷漠的欲望，一种对欲望之不可能性的欲望，一种承担、隐藏并揭示了不可能者的欲望，在这个意义上，如此的欲望乃是不可通达者的通达，是一个点的惊奇，那个点只当它遥不可及的时候才被抵达，在那个点上，遥远者的亲近只在其遥远中才被给出？假定思想有一刻在那里肯定了自身，那么，它如何从这样

二 极限体验

的通达中返回,并带回——如果不是一种新的知识的话——至少,也是它在一段记忆的距离里,为了在它的守护下维持自身而需要的东西?

回答是出乎意料的。这或许不是乔治·巴塔耶希望给出或认可的回答。但恰恰是他自己,是他的书,是他的语言的惊奇,是这沉默话语往往独一无二的语气允许我们提出:言语接纳了任何生存者都无法以其名字的首要性来获得的东西,接纳了生存本身——在其偶然之特殊性的诱惑下,在其滑动之普遍性的游戏里——无法包含的东西,接纳了那以此方式决然逃避的东西。言语不仅保留了它们,言语还从这个始终陌异、始终隐秘的肯定出发,从不可能者和不可交流者出发,进行言说,在那里发现它的本源,正如思想在如此的言语里,超出其所能地来思考一样。无疑,这不是任何的言语。它不促成任何的话语,它不为那已被表达的东西补充什么;它只愿通往那在一切共同体的外部自身"交流"的东西,如果最终,在"一切"耗尽了之后,就不再有什么要说;那么,此刻,它就说出终极的要求。

体验就是这个要求,体验只作为要求而存在,以至于它从不将自身呈现为完成了的,因为它超出了一切的记忆,因为任何的记忆都无法确认它,因为与之相称的只有遗忘,言语所承担的无边的遗忘。

这个无人记得的最透明也最晦暗的肯定(作为透明的晦

暗),在语言的等待之专注里存留。而乔治·巴塔耶的使命就是成为这个肯定的应答者,让一个人同这一肯定的关系保持敞开,并且远远地,几乎不顾我们地,让我们留心那样的关系。那样的关系乃是其唯一的尺度:既是极端痛苦的尺度,也是极端快乐的尺度。我会补充说,他根本没有声称只为他自己保留那样的关系,其持续的关注在于,那样的关系应该在孤独中得到肯定,但也应得到交流,虽然它也是一种对孤独的肯定。他曾用最温柔的名字称呼那样的关系:友谊(l'amitié)。① 因为他的全部作品表达了友谊——献给人所是的不可能者的友谊——因为我们从中收到了这件友谊的礼物,那是一个要求的暗示,它把我们无限地、至尊地同我们自己联系了起来。援引尼采对《扎拉图斯特拉如是说》的评判,我愿再次说出多年以前《内在体验》面世的时候我所写的话,并且,二十年的思想、专注、认识和友谊,已让这句话对我而言总是显得更加正确:"这部作品是完全独特的。"②

---

① 出自巴塔耶的文章《友谊》(L'Amitié)。参见 Georges Bataille, Œuvres Complètes, tome Ⅵ, Paris: Gallimard, 1973, 292 - 306. ——译注

② 布朗肖在《失足》的《内在体验》(L'expérience intérieure)一文里说:"我们不能把它(《内在体验》)当作一件被衡量、被欣赏的作品来谈论,而要再次引用他(巴塔耶)时常提起的尼采,我们会重复尼采对《扎拉图斯特拉如是说》的评价:'这部作品是完全独特的。'"参见 Maurice Blanchot, Faux pas, Paris: Gallimard, 1971, c. 1943, 52. 尼采的这句话出自《瞧,这个人》,参见《瞧,这个人:尼采自传》,黄敬甫、李柳明译,北京:团结出版社,2006年,第121页:"这本书是绝对独特的。"——译注

二 极限体验

2 思想的游戏

我愿试着完成之前的反思,用另一种形式重新考虑它们。我从这里开始:通过我们社会里的一种或许独一无二的方式,乔治·巴塔耶拥有言说的权力,正如他拥有书写的权力。我指的不是雄辩的天赋,而是某种更为重要的东西,也就是这些事实:通过其言语而在场的事实,以及在言语的这一在场中,通过最直接的谈话,乃至向中心敞开了专注的事实。这不是说他准备扮演苏格拉底的角色发起某种教育,也不是说他用言词所允许的精妙的方式来行事。相比于尼采,他更不希望自己的运动是有理有据的,更不希望自己的运动通过符号的中介,或通过例子来施加影响。

由于独立于内容和形式,这种言说的权力向每一个对话者揭示了言说是一件沉重的事:一旦一个人言说,哪怕是用最简单的方式言说最简单的事实,某种失度的东西,某种在熟悉之话语的保留中等待的东西,就立刻开动了起来。这是那种真正的言语给予我们的第一份礼物:言说是我们的机运(chance),言说是对可能性(chance)的探寻,那是一种"直接地"无尺度之关系的可能性。还有另一份礼物与这样的沉重相连:言说是轻盈本身。往往当我们说话的时候,当我们听到别的某个人说话的时候,我们随后必定体会到一种不安的感受，仿佛某种羞耻附在了词语的使用上，不管所说的是重要的事情，还是无关紧要的事情；在第一个情形里，这是因为我们用过于灵巧或过于笨拙的言说背叛了重要之事；在第二个情形里，则是因为我们背叛了言语本身的严肃性。我的意思不是说，同乔治·巴塔耶的每一次谈话都摆脱了这样的感受，而是说，当时的言语承担了其自身的不安，并且，一旦这样的不安被觉察到了，言语就接受并尊重这种不安，以把它还给一个不同的运动。在这里，言语的缺陷成了其自身的调解，成了这样的方式：一个人通过一个始终更新着的决定转向了另一个人，以回应一种在场的坦诚（正如存在的显赫，它的高度无法与它的没落分开）。

我们应该回到这个与言说行为相关的在场之观念上。这样的在场是罕见的。它不能和一种确定的物理现实的特征混淆起来。当在场通过言语得到了宣告的时候，就连面容，在其难忘的、可见的肯定中，也无法像言语那样显露。在这里，声音的戏剧一般的魔力，表达的预先设定的计谋，甚至一切可感运动的直接显现，都必须被排除出去。在言语的这个在场中在场的东西，一旦得到了肯定，恰恰是那决不允许自身被看见或被抵达的东西：某种在那里遥不可及的东西（对说出它的人和听到它的人而言一样遥不可及）。它位于我们之间，它将自身持守于之间，而谈话就是从这样的两者之间出发的接近：如果一个人想要同未知者，也就是，同言语的独一无二的礼物保持一种关系，那么，他就必须把这样的之间视为一段不可还原

二 极限体验

的距离。

所以,最简单的交流运动有其自身的条件,因为在每一个所言的词语里,一切已经开动了起来。当我们说话的时候,我们必然已经断定,暴力——想要有理有据的理性的暴力,想要扩展自身并获得上风的占有之我的暴力——是否再次成为话语的法则。当他同一位相识已久的朋友交谈的时候,乔治·巴塔耶也从不认为自己摆脱了警惕。在这样的警惕里,没有谨慎,甚至也没有一种对谈话者的单纯关注。有更多的东西:有一种对专注的沉默的召唤(这是为了面对共同之言语的风险),有一种同这样的保留达成的一致(只有这样的保留允许一个人说出一切),最后,还有一种对那个走向未知的运动的暗示(两个被某种本质的东西连到一起的人仿佛被迫立刻见证了未知)。一种转向内部的警惕的言语,它通过如此的警惕,指定了思想的那个不允许自身被思考的不可能的中心。

*

在这里,我们应该考虑这样一个口头运动的固有意义,因为正是乔治·巴塔耶赋予了它一种特别的深刻性。为何言说而不书写?通过这样的要求,什么向思想到来了?当一个人以一种直接地牵涉思想的方式言说的时候,这样的要求就得到了实施或遭到了忽视。让我们回想一下:问题不是像苏格拉底那样,从一个对话者走向另一个对话者,教导某种东西或提取真理,从而通过一场执着的对话的交替,保持对真的探寻。让我们同样回想一下,问题——至少在这个层面上——

不是雅斯贝尔斯所谓的一种生存的对话：通过那个运动，两个存在以一种可感的方式进入了关系，在那里，轻率此时变得严格，而神秘呈现自身只是为了被冒犯和亵渎。如果言说要求这样一种戒备而不守护的警惕，那是因为对思想而言不存在什么熟悉性；召唤思想的总是不熟悉者。思想不承认它所瞄准的东西；每一次都有一个新的开端和一个决断将自身献给了未知，而思想维持的正是那未知者的意图。但言语的陌异性所保存的这种非熟悉性也是思想的亲密性；它经过了这种生硬而沉默的——我的意思是隐含的——亲密性，这种亲密性注定要在两个对话者之间，在已知的、习以为常的空间内部，打开另一个让惯常的可能性悄悄溜走的空间。这个由思想的非熟悉的亲密性所打开的他异的空间乃是专注的空间。但我们要立刻指明，这不只是说话者所需的一个专注的倾听者。如此的专注介于一个人和另一个人之间：它是相遇的中心，是在分离的同时产生亲近的两者之间的标志。专注清空了一切填塞它、使它变得可见的东西的位置。这是一种深刻的，被不时痛苦地挖空了的缺席，从这样的缺席出发，并与之相一致地，言语的在场能够肯定自身。就这样的专注乃是无人的专注而言，它是无人称的；但通过言语，在置身言语的两个人之间，它也是一种对正在游戏者的等待。如此的专注还回应了两个存在之间的一致性，因为每个存在都被一种维持相同之探究的决心所推动，每个存在由此（既无信仰，也无担保地）忠实于这同一个严格的运动。这里有一种相互的承诺，它让思想的游戏致力于这一游戏当中的一种共同的敞开。在这场游戏里,游戏者是两个言说的存在,并且,通过这场游戏,思想每每被要求肯定它同未知的关系。

我们要明白,在这场游戏里运行的乃是本质的东西:对一个无限之肯定的抵达。我们还要明白,由于失去了一场游戏的一切步骤和法则,包括那些修辞的法则,并且只诉诸最简单的言语运动,这场游戏对参与者而言从不能是一个输赢的问题。换言之,问题从不是为某个有待认知的真理而展开论证并给出证明。对游戏者——我维持这个形象,虽然它会引发误解——而言,比赛只是一个终局,但其持续的更新以一种无法预料的方式玩弄着他们。这场比赛的追逐要求游戏者成为那个未知之思想的暂时的应答者。所以,我们要明白,为什么言说可以不服从书写。言语自身承担了意外的特点,这样的特点在游戏里把思想和偶然联系了起来。言语直接地取决于生命,取决于生命的幽默和疲乏,并把它们接纳为其秘密的真理:相比于一个主宰了其自身,主宰了其专注的出色的游戏者,一个疲倦不堪的游戏者更接近游戏的专注。言语首先是易消亡的。它刚被说出,就遭到了抹除,无可避免地失去了。它遗忘了自身。在这一言语的切心之处,遗忘言说——不只是一种部分的、有限的遗忘,而是诞生了一切记忆的深刻的遗忘。言说之人已被遗忘。言说之人,几乎有所预谋地,把自己交给了遗忘;我的意思是,他把反思的运动——沉思(méditation)的运动,就像乔治·巴塔耶有时称呼的那样——

和这种遗忘的必要性联系了起来。遗忘是游戏的主宰。

*

乔治·巴塔耶用这种单纯性,用言语的这种轻盈的沉重来言说,并通过他的言语而在场,不是因为他用言语来表达了一种悲怆的感受性,而是因为他用言语谨慎、克制地肯定了一种关注;他的对话者从未听到他躲避了这样的关注,他把谈话的迂回和思想的无限的游戏联系了起来。我愿坚持这点。通常,当我们说话的时候,我们想说某种我们已经知道的东西,或是因为我们觉得它似乎正确,要和别的某个人分享,或者更好地,通过使之服从新的判断来证实它。但更为罕见的是一种在表达自身的同时进行反思的言语——或许是因为言说的倾向不支持反思,反思需要沉默,也需要时间,一种空无的、单调的、孤独的时间,而一个人不可能毫不拘束地同另一个反过来会沉默的人分享这样的时间。但在某一种对话里,这样的反思因一个唯一的事实而恰好发生了,那个事实就是,言语被划分、被翻倍:由一方首先说出的东西在另一方那里被再次说出,它不仅被重新肯定,而且(因为存在着重复)被提升为一种新的肯定关系,由此,所说的东西改变了位置,进入了同自身之差异的关系,并变得更加尖锐、更加悲剧性——不是更加统一,而是相反地,在吸引的两极之间悲剧性地悬着。一种参与思想游戏的言语恰恰通向了这样一种形式的对话,而乔治·巴塔耶用一个他自己的运动向我们呈现了那样的言语。如此的思想玩弄思想当中的无限者——对一个无限之肯定的抵

二 极限体验

达——并以之为赌注,它的发生并不表现为一种对追问和回答的邀请,更不用说表现为一种对肯定和质疑的邀请了。它排除一切的讨论并忽视一切的争辩(通过讨论和争辩,两个观点不一致的人把他们的差异聚到了一起,鉴于一种辩证的调解,让一个命题和另一个命题相互直面)。在我们所考虑的对话中,正是思想本身让自己游戏了起来,它召唤我们在未知的方向上维持这场游戏的无限性,此刻的思,就像马拉美所说,乃是掷出一把骰子。在这个运动里,问题不是一种或另一种观看或构思的方式,不管这些方式有多么重要;问题毋宁总是一种独一无二的肯定,总是最广阔者,最极端者,乃至于一旦得到了肯定,它就应在穷尽思想的同时,把思想和一个完全不同的尺度联系起来:那是不允许自身被抵达或被思考的东西的尺度。这样的肯定只能保持潜在,只能在一个人对它所做的全部肯定中回撤;这不仅是因为它无法被掌控,更是因为它逃避了一切的统一,承担了一种产生一切被肯定之物的无限遥远的关系。一种可怕的关系,乔治·巴塔耶说;这种关系向着恐惧敞开,而言语,通过其自身的游戏,不断地促使我们回应这样的关系:"……恐惧……是的,唯有思想的无限者才能够抵达的恐惧……"①

由此出发,让我们进一步明确这一情境所产生的对话的

---

① 出自巴塔耶的《有罪者》导言。参见 Georges Bataille, *Œuvres Complètes*, tome V, 240. ——译注

特性。我们应把它命名为复多的言语(parole plurielle),而不是对话。因为在其简单性当中,它寻求一种肯定,这种肯定虽然逃避了一切的否定,但既不实施统一,也不允许自身被统一,而是时时返回一种总忍不住延宕(différer)的差异(différence)。这是一种本质上非辩证的言语;它言说绝对的他者,那样的他者既不能被还原为同者,也不能在全体中占得一席之地。仿佛问题是只在这样一个时刻言说:此刻,通过先前的决定,"全体"被假定为已被说出。在我看来,这似乎是对话者的奇怪处境:他们被本质的东西连了起来,但他们不成整体,因为准确地说,他们所在之处,整体是不可能的。他们在相同的方向上言说,他们说出相同的东西,因为他们既不讨论,也不谈及那些能够以各种方式接近的话题。他们承担了一种言语,这种言语的言说是鉴于那种超出了一切统一性的独一无二的肯定;在他们不得不说的东西上,他们绝不相互对立,也绝不相互区别;然而,肯定的翻倍,肯定的反思,总是更加深刻地让这样的肯定产生了差异,揭示了肯定所固有的隐藏之差异,那样的差异就是肯定的总未被揭示的陌异性。由此产生了一种不断深化的无论如何不一致的协同,而它的基础是一道绝不允许自身被填满,甚或被废除的裂隙。关于这两个言说的人,我们可以说,其中的一个必然是晦暗的"他人"(Autrui)——但"他人"是谁?未知者,陌异者:他陌异于一切的可见或不可见,当言说不再是观看的时候,他作为言语向"我"到来。两者中的一个是他者(Autre):他在人的最大的简

二 极限体验

单性当中,总是接近"我"无法接近的东西,接近死亡,接近黑夜。但我是谁?他者何在?我是确定的,他者则不然,他者是不被定位、不可定位的,但他每一次都在言说,并且,在这样的言语里,他比一切他异之物更为他异。复多的言语会是这种独一无二的言语,其中,"我"说了一次的东西又由"他者"重复了一次,并因此被还给了其本质的差异。所以,这种对话的特点在于,它不简单地是两个自我,两个第一人称的存在之间的词语交流,而是他者在言语的在场中言说,并且,言语的在场就是其唯一的在场;在中性的、无限的、无权力的言语里,思想的无限者在遗忘的守护下游戏了起来。

*

或许,从表面上看,这就是为什么那种表达形式超越了交流(communication)运动。它超出了一切的共通性(communauté),并且,它不意在交流任何的东西;它也没有在两个存在之间确立一种共通(commun)的关系,哪怕是以未知为中介。(未知,作为中性,无法充当一个中介,因为同它的一切关系——无限的肯定——落到了一切关系的外部。)这也是为什么,这样一种复多的言语,就它不以平等性或相互性为目的而言,不能被当作一种简单的对话。对话者当然会平等地相互交谈,如果他们相互交谈的话,但由于他们回应了他人(Autrui),并且,他人的言语有时和这个人的言说相一致,有时又和那个人的言说相一致,所以,对话者之间每每存在着一种无限的差异,这样的差异不能用优越性或主导性的观念来评价。同时,我们不要忘了,这场思想的游戏不能独自进行;游戏里必须有两个伙伴,并且,他们必须带着同样的决心、同样的坦诚,以及同赌注的同样之关系,参与游戏。更确切地说,他们所追求的谈话,这个一起转向肯定之无限的运动,类似于两个掷骰子的人之间发生的对话:他们的对话不是通过他们所交流的词语——他们激情地保持沉默——而是通过他们轮流掷出的骰子;骰子面对着不可把捉之机运的无边黑夜,而那样的机运每次不可预测地回应了他们。在这里,两个伙伴没有相互对抗;通过一场把他们分开又让他们靠得更近的游戏,他们相互支持。如果在这样的情形下,言语就是骰子,并且,它在一个双重的运动中——这个运动的过程完成了我们已然提及的肯定之翻倍——被掷出并持续坠落①,那么,对话将只包含两个游戏者,他们通过骰子的唯独的一掷,而仅仅游戏一次,并且只赢得了游戏的可能性;当通过言语而游戏起来的东西是思想的无限者时,那样的可能性就不取决于我们的实现之能力。

---

① 一个人——"自我"——试图在言语的全部严格性当中,与偶然相悖地说出的东西(骰子坠落),同时以不定者为基础,以那总与终结的难以把捉的陌异性相关的未知者为基础,由"他者"所肯定(骰子被掷出)。由此,正如我们看到的,存在着这两种话语姿态的共时性:某种意义上,言语的骰子(它服从一种让词语显得必要的重力)必须持续坠落,以便骰子被掷出;并且,正是骰子的持续坠落本身——它在指定时刻的坠落——变成了一种无限的下坠,和那种能够唤起机运的冲动相一致。

二 极限体验

哦,良宵的手指

在坟墓的深处

玩弄的骰子

太阳鸟的骰子①

我不会推进我们对这样一个强烈的命题的理解。我只应在同样的视角下说,在两个被本质的东西连到一起的说话者之间,思想的非熟悉的亲密性确立了一段距离和一种无度的临近。正如两个游戏者之间或许存在的那样。各人的特殊性无法从这一无人称的亲密性当中被完全地排除出去,但这样的亲密性原则上并不考虑它们。的确,每个游戏者会让其特殊的生存游戏起来,但作为游戏者,他没有特殊性,他被游戏引向了无名性,被游戏还原为无限风险的抽象真理,那抽象的真理从他身上夺走了一切确定的社会现实:他没有历史,没有轶事,通过这种同未知的关系,他自己就是一种未知,他在未知中肯定了自己,并且每每要求(仿佛这是一个隐含的规则)一个人忘记有关他的一切已知的东西,或至少不把那样的知识引入游戏。这是陌异的、享有特权的、偶尔排外的关系,它只能艰难地承受同他人的分享;这是光天化日下的不可见的

---

① 出自巴塔耶的《论尼采》(*Sur Nietzsche*)。参见 Georges Bataille, *Œuvres Complètes*, tome Ⅵ, 103. ——译注

关系，它不由任何的东西所担保，并且，当他们已经承受了整整一生的时候，这样的关系就向他们自身再现了那不可预见的机运，他们为之赌上一把的独一无二的机运。

3 叛乱，书写的疯狂

（1）萨德难以阅读。他的书写是清晰的，他的风格是自然的，他的语言是直截了当的。他追求逻辑；他推理，并且只关心推理；如此的理性，摆脱了偏见，为了让人信服而言说，并召唤着被它赋予了普遍之形式的真理。这些真理在他看来是如此显然，以至于每一个反驳都被他精力充沛地归结为迷信。这就是萨德的确信。他渴求理性，并且让他全神贯注的恰恰是理性，是他向每一个人提出，将成为每一个人之准则的理性。

我相信，一个人不得忘记萨德同某种理性的关系（这里就有他的那些被道德卫道士所嘲笑的低级写作的论证特点）。一旦遇到这个要求，这个合理的要求，读者怎能忘了它呢？但又怎能不忘了它？因为读者立刻遇到了一切揭穿它的东西：最为无耻的矛盾，彼此推翻的论证，无法成立的命题，语无伦次的誓言和原则，对此，一个人要么强烈地，要么无动于衷地，感到惊讶。每个人都能为自己证实这点。我只需援引一个一

二 极限体验

般的例子,它出自那本著名的小册子。① 在讨论宗教的部分里,作者声称,如果我们想要优秀的公民、优秀的父亲和优秀的丈夫,那么,宗教就必须遭到拒斥;理由就是,恐惧的、无知的、奴性的人,就像所有信徒那样,由于丧失了全部的自由感,无法履行其公民的职责。但到了第二部分,作者又向我们推荐了一个截然不同的理想:他提出,儿童应该没有父亲,应该颁布法令建立女人的共通体和男人的共通体,最终,应用一个强有力的肯定来废除家庭:"如果那些本来应该属于共和国的孩子,却被禁闭在家庭之中,你就不可能塑造美好的共和国人民。"②好的,我们相信了。但同时或在别处,我们意识到了一个迥然不同的思想:没有父亲的儿童,没错,但不是为了共和国的伟大,而是为了浪荡的方便;为男人所共有的女人(以及为女人所共有的男人),不是为了道德的一种诚实的共产主义,而是为了便于那些以放纵为目的的场所招募新的成员。至于家庭,如果目前还不急于废除它的话,那是为了更好地保留通奸,保留所有那些会随家庭一道失去的越轨行为——首先就是乱伦,对此,萨德用他难以察觉的幽默写道:"我要大胆

---

① 这里关注的文字是萨德的《卧房里的哲学》(*La philosophie dans le boudoir*)中题为《法国人,如果你们要成为拥护共和政体的人,还要再努力》的部分,我借用的是波维尔(J.-J. Pauvert)主编的萨德《全集》(*Œuvres complètes*)第八卷的《政治写作》;这里的文本也被认为出现在《自由》(*Liberté*)文集里。(中译见萨德,《卧房里的哲学》,陈苍多译,台北:新雨出版社,2000年。——译注)

② 参见萨德,《卧房里的哲学》,第174页。——译注

地说，乱伦应该成为每个政府的法律——只要政府的基础是兄弟之谊。"[①]让我们在这里停下。一个确信作者丧失了理智的读者会把书放下；另一个读者则因为这样的非理性而继续阅读。我想他们都错了。萨德或许是疯狂的（正如我们必定都处在我们美妙的黑夜时辰当中），但他所写的东西不能落到这样一个绝对的判断之下。标志就是：我们总脱离对萨德的阅读，与其说是在我们的敏感性当中惶惶不安，不如说是在我们的思维方式里遭到否认，我们没有被说服，可以说，我们毋宁被献给了一种既逃避我们，又无论如何吸引我们的理解方式。就这样，我们不顾自身，不顾我们对一种简单逻辑的渴望，再次恢复了我们的阅读：一场没有止步的运动推动着阅读。

(2) 某种东西在萨德那里得到了寻求。这种对新的清晰性（lucidité）的寻求并不按一种追问的模式进行，而是借助清楚的、确信的、往往决然的肯定。这是他所固有的。分析的理性，还有它的假设和论证的敏捷，在此服务于一个终极的原则，但这个原则没有被人发现，并且它的诱惑也不考虑分析的规定。明晰和晦暗的这一联结，这一混合，让我们心神不安，并把我们的阅读搞得复杂，使之从内部变得暴力起来。这样的暴力比残酷的情节波折还要强大，那样的波折既是为了让

---

① 参见萨德，《卧房里的哲学》，第178页。——译注

我们从暴力中转移,也是为了再现暴力。当然,一个人可以说,萨德满足于从那个时代吸收这一平静的、肯定的理性,正如他从这一理性中收获了他清晰的语言,他线性的、无影的书写;一个人还会补充道,萨德让这些语言和书写勉勉强强地服务于那些与之并不一致的真理或辩护。这已被说过,并且会得到支持。但我认为,我们必须换一种表述。在萨德身上,在萨德的体验和思想当中,那极端的东西,这种过度(excès)的要求,不仅仅肯定了它对理性的权利,也不满足于根据一种肯定之理性的原则(无神论的唯物主义的原则)来认识自身,而是知道,它比这一理性更为合理,因为它把这一理性内部的运动推到了比理性更远的地方,并且,它绝不允许自身惧怕任何的后果。在萨德那里,问题总是关于逻辑的。他发觉,自己的书写比其他人更为严格,甚至更为连贯一致(一种包含了语无伦次的前后一致);他让狂暴侵入他的书写,而绝大多数时候,狂暴属于那种在一场冒险走向深渊的前行中被抑制、被打断了的理性。萨德的一个真理就是:理性能够实现一种能量充沛的生成,并且它本身总在生成的过程当中,它本质上就是运动。一个人同样可以说,这就是激发其作品的那个运动,一个当然失度的运动,但合理首先总是过度。

(3) 理性是过度的。我不会强调萨德的作品用来探索这一过度的各种方式。为了清点——为了简化——我们可以说有三种方式:

——第一种方式具有百科全书的性质。它要统计人的全部可能性,尤其是那些被视为错乱的可能性,那些成为了能量的强力显现的可能性;没有了那些可能性,理性就显得不自然了(就不再是那团点燃自然的火了:自然在火中燃烧并且不可变质地遭受燃烧)。

——第二种方式具有辩证的性质。人们现在知道,这是萨德作品的最强有力的特征之一。在这里,我参考了题为《萨德的理性》(La raison de Sade)的文章①,还有乔治·巴塔耶和皮埃尔·克罗索斯基的深刻反思②。当一个人断言,这位放荡的绅士只是在肯定的唯物主义原则中寻找一些能够为他的不道德行为辩护的简单论证时,当一个人补充说,他是那个时代的一个现象并且属于那个时代时,一个人说的没错,即便一个人明显是用萨德来让唯物主义无神论名声扫地,同时仓促地

---

① 这是布朗肖自己讨论萨德的文章,出自《洛特雷阿蒙与萨德》。参见 Maurice Blanchot, *Lautréamont et Sade*, Paris:Minuit, 1963, c.1949, 15-49.——译注

② 巴塔耶论萨德的文章可参考《情色》中的《萨德的至尊者》(L'homme souverain de Sade)和《萨德与正常人》(Sade et l'homme normal),以及《文学与恶》中的《萨德》(Sade)。参见 Georges Bataille, *L'Érotisme*, Paris:Minuit, 2011, c.1957, 176-206(中译见巴塔伊,《情色论》,赖守正译,台北:聊经出版社,2012年,第217—250页),以及 Geogres Bataille, *La littérature et le mal*, Paris:Gallimard, 1957, 77-96(中译见巴塔耶,《文学与恶》,董澄波译,北京:北京燕山出版社,2006年,第76—100页)。克罗索斯基论萨德的文章集中于《萨德我的邻居》一书,参见 Pierre Klossowski, *Sade mon prochain*, Paris:Seuil, 1947(中译见科罗索夫斯基,《萨德我的邻居》,闫素伟译,桂林:漓江出版社,2014年)。——译注

把萨德身上极端的东西还原为了一个时代的不道德。一个人说的没错,只是一个人要首先承认,萨德绝没有试着在他的书里为自己的行为辩护——那样的行为对他而言似乎总是十分正常的;其次,如果他试着这么做,那么,他的辩护也没有什么意义,因为辩护只倾向于表明,他对那些自己从没有接近过的巨大罪行产生了实际的罪恶感。但他的确在为那个没有并且也不该和想象力区分开来的思想寻求一种意义;他的确在用肯定的模式问他自己:为什么我能够这么想?我能够达到想象的何种过度?这种狂暴,这个或许独一无二的,但本身绝不只为我保留,并把其原则藏在一种隐秘理性当中的可怕运动,意味着什么?这诚然就是他的关注,并且,这个在他的全部作品里呈现的关注,总被肯定为一种更大之理性的工作:那种理性要么预备自身,要么修改自身,要么通过其毁灭来预备自身。但为什么是这样的辩证法?当一个人提出辩证法这个大有未来的词语时,难道不会有某种自满或轻率吗?萨德不是黑格尔,绝对不是。然而,把那种本质上萨德主义的主张称为现代意义上的辩证的,我不认为有什么时代错误。那种主张要把人的合理的至尊性(souveraineté)建立在一种否定的超越权力之上,而萨德就在最清楚也最简单的肯定之理性的原则中,成功地认出了那种否定的权力。这否定的无限权力,如何表达并反过来用一种循环的体验取消人的观念,上帝的观念,自然的观念,最终,是为了肯定完整的人,"在其类型上独一无二的人"①;那么,一种无限的否定如何通过与其经验的所有时刻相一致——如此的一致不是一种调解,而是一个闪现的事件——逐渐地把自身再次把握为一种肯定,一种同样无限的肯定。我相信,一个能够阅读萨德的人必定要承认,这就是那在一部庞大的作品中被人寻求的混乱之运动的真理。

——这个真理通过书写的运动来寻求自身。这就是第三种形式,它揭示了一种无度(démesurée)之理性的尺度(mesure)。书写是萨德所固有的疯狂。如此的疯狂不会在萨德自己毫不犹豫地称为道德之歪曲的东西里被人找到,萨德一方面把道德的歪曲视为其性情的简单结果,另一方面,则更为引人注目地把它视为其自由的标志;那样的自由使他显得与众不同,把他从社会的偏见中解放了出来,以至于他可以肯定,当这个社会不再反对那些偏见的时候,他就会狂怒地抛弃它们。一个引人注目的宣言。但他很快就停止在他自己和监狱的孤独之间进行区分。并且,正是在这种让他恐惧的埋没的孤独中(双重的恐惧:既是因为孤独本身,也是因为孤独所代表的惩罚),恐惧颠倒为了诱惑,而书写难以抑制的必要性就从中诞生并发展起来;言语的一种无法平息的可怕力量:必须说出一切。首要的自由乃是言说一切的自由。就这样,凭借一个对他而言从此无法与真正的共和国分开的要求,萨德

---

① 出自布朗肖的《萨德的理性》:"现在,只有一个人承担了一个新的名字:他被称为独一无二者,在其类型上独一无二的人。"参见 Maurice Blanchot, *Lautréamont et Sade*, 42. ——译注

二 极限体验

表达了根本的强求。但要注意,在这种言说一切的自由当中至关重要的"一切"(tout)不再只是一种百科全书式的知识(哪怕是关于我们倒错之可能性的知识)的普遍性;它也不是一种用推向极致的否定运动来完成意义的经验的总体性——不是一种肯定了对全体之掌控的封闭的、完结的、循环的话语。

萨德对一切的言说——这在他的书中被人听成了一种永远清晰、永远空洞的永恒言语的惊人重复——走得更远。在这里,得到呈献和表达的不再是可能者的全体。它也不像人们过于轻易地相信的那样,是一个宗教、一个社会和一种道德已然禁止我们说出的一套价值。在这个去除限制的运动里,禁令当然扮演了一个必须被人逾越的界限的角色。但那绝不是最终的界限。在他所想象的强大的场景中,萨德体验到了快感,一种简单而健康的快感,在那里,那个时代的所有真理都遭到了嘲弄,在那里,他说出了一切不被说出的东西,并推荐了恐怖。渎神要被高喊,邪恶要被赞扬,犯罪的激情要被维持:在萨德看来,这些是他丝毫不会失去的东西,但问题不是满足于此。在书写的狂怒中,某种更为暴力的东西显露了出来;那样的暴力既不能被一种绚丽而凶残的想象的过度所穷尽,也不能因想象的过度而得平息,它无论如何总服从一种既不支持停止也不设想结束的语言的狂暴。如此的暴力因其简单而更为暴烈,它被一种毫不含糊、毫无居心的言语所肯定,那种言语干脆痛快、无所掩饰地说出了一切,因而是纯粹的言说——它事实上摆脱了夏多布里昂(Chateaubriand)的庄严情感强加给语言的那种不受任何法律谴责的不诚实的隐晦。萨德主要的不当之举体现为一种叙述的纯粹重复的力量,这种叙述没有遭到任何的阻断,因为唯一的阻断(这整部通过其可怕的喃喃低语的千篇一律来叙述的极限作品[œuvre-limite])只是言语之间的时间:这只能由不停的言说来抵达的纯粹的中止。

(4) 书写是萨德所固有的疯狂。从监狱里释放并没有让他摆脱这种在监狱里获得的疯狂,或者,这种疯狂至少在监狱里成了它所是的东西:一种隐蔽的、始终秘密的力量;自由毋宁用另一种疯狂使之翻倍,那另一种疯狂会让他相信,这样一种疯狂能够在光天化日下被肯定为共同可能性的保留或未来。所以,当革命和戴着镣铐的哲学相遇的时候①,历史中的这两个当然截然不同的空隙——其中的一个创建时代并敞开历史,另一个总想封闭历史——就瞬间重合了。我不会审视萨德在那些岁月期间的政治行为,那时,让高尚的革命人士极为不安,也让正直的反革命分子十分满足的是,萨德是一个"积极的公民":他发表过反对国王的言论,曾向马拉表达过敬

---

① 这是萨德对他自己使用的一个表述:"幸福的法国人,一旦你们粉碎了这些恐怖的时刻,摧毁了这些可耻的监狱,你们就感觉到了这点;戴着镣铐的哲学从监狱里向你们发出了呼喊,然后预示了一种能量,这种能量会让你们打破一条条让它的呼声窒息的锁链。"(出自萨德的书信体小说《阿丽娜与瓦尔古》[*Aline et Valcour*]。参见 Marquis de Sade, *Œuvres*, tome Ⅰ, éd. Michel Delon, Paris: Gallimard, Bibliothèque de la Pléiade, 1990, 660。——译注)

意，他出席过国民公会并在会上发言，他当过（罗伯斯庇尔的）皮克区的书记官，他提倡过一种无神的礼拜，他支持自己有关主权的观念并让它得到采纳，他给巴黎的街道起过革命的名字，他甚至（好不欢乐地）当过诉讼的陪审员。关于萨德的情感，一个人可以不知疲倦地讨论它们是真诚的，还是虚伪的，讨论它们是否符合他的举止和外在的论调。我不觉得这里有太多的神秘。他自己改变了主见。所有人，甚至圣茹斯特（Saint-Just）和罗伯斯庇尔（他们不是最早要求废除君主政体的）都是如此，因为事件的真理往往超出了思想。他是审慎的，但又不是真正地审慎，他身上总有某种极不稳定的东西，但这样的不稳定恰恰是对变化之迅速的忠诚。不管是否审慎，没有什么会阻止他特立独行或尝试逃逸：他可以这么做。考虑到其他所有促使他留在巴黎的原因，他几乎毫无疑问地对事件产生了最强烈的兴趣，并且，他身上的一整个部分就在所发生之事中认出了自己。哪一个部分？那晦暗的（放纵的）部分，它没有成功地把萨德变成一位真正的（在社会上可信的）作家，而是注定了他要无尽地写作。我想"一致"（coïncidence）一词是最恰当的。在萨德那里——以矛盾之真理的一种十分高级的形式——我们得到了如下情形的第一个例子（但有第二个吗？），即书写，书写的自由，如何在真正的自由陷入危机并产生历史之真空的时刻，与真正之自由的运动达成一致。一致性不是同一化。因为萨德的动机不是开动革命的力量；他的动机甚至与革命的力量相抵触。但没有这些动机,没有萨德的名字、生平和真理所代表的无度的疯狂,革命就会丧失一部分的理性(Raison)。

(5)为了对萨德的政治观念有一种认识,我想,引用几个文本就够了。之前提到的那本因一种无形的反讽而引人注目的小册子的题目①,对我们说得足够清楚了。它说,在一个共和国里生活还不足以让一个人成为一个拥护共和政体的人,并且拥有一部宪法也不足以缔造一个共和国,最后,法律也不足以保留这个立宪的行为,保留这种创造的权力,不足以把我们维持在一种永久宪法的状态里。人们必须努力,并且还要再努力——这就是无形的反讽。由此可以得到一个几乎不被暗示的结论,即革命的时代只是刚刚开始。但那会是什么样的努力呢?谁会要求我们做出那样的努力呢?萨德把这称为叛乱(insurrection),它是共和国的永久状态。换言之,一个共和国只知道运动的状态——在这方面,它等同于自然。这种永久的动荡是最为必要的,因为共和国政府被一个个仇恨并嫉妒它的敌对政府所围绕(包围论);一个人一旦觉醒,就没有了安宁:革命的警觉排除了一切的平静,所以,保存自身的唯一方法就是绝不保守,也就是说,绝不安息。萨德断定,这样的情境和日常的道德势不两立,因为日常的道德不过是迟钝和昏睡:"一个有道德的人的状态是宁静又和平的,而一个不

---

① 已经引用过的小册子是《法国人,如果你们要成为拥护共和政体的人,还要再努力》。

二 极限体验

道德的人的状态是永远的不安定,使得他进入(并认同)必要的叛乱状态,而拥护共和政体的人身为政府的一分子,必须使政府经常处在叛乱状态中。"①这是第一个理由,但还有一个理由被一种极其大胆的反思给予了我们:今天所有想要把自身当作共和国来管理的国家不仅受到了来自外部的暴力的威胁,而且因为它们的过去,它们自身内部已经充满了暴力,或者,用当时的术语说,充满了罪行和腐败。如果不是通过一种更为强大,因而也更为可怕的暴力(因为这种暴力没有任何的传统,并且某种意义上是原初的),它们又如何克服这种继承来的阴暗的暴力呢?共和国的一切立法者在共和国的根基处确立的美德,只有当我们能够抛开过去、脱离历史并通过用它开启历史来实现它的时候,才适合共和国。但一个处在历史当中的人已经在犯罪了,并且,如果他不加强暴力和罪行,他就无法从中脱离。(我们会清楚地认得这个论点,但通过把它称为黑格尔式的论点来把它丑闻化,还不足以妨碍它的正确。)但我们会从中脱离吗?差别又是什么?我们会获得什么?首先是词汇的一种改变:我们过去所说的罪行会被称为能量(énergie);一个无关紧要,但影响非凡的改变。未来的世界不会是一个充满价值的世界。善与恶,或者,美德与劣习,不会构成它的两极,而是构成了同这一原则的一种关系,并且,被推向极致的肯定与否定就在其相互的等同中回应了那

---

① 参见萨德,《卧房里的哲学》,第167页。——译注

种关系。当萨德写道"一切过度的东西都是好的"①时,这样的过度(excès)不同于欢腾的状态,并且经过了多尔曼斯所谓的冷漠,也就是高度紧张且清醒的无感觉的状态,它指定了一个充满能量的人的唯一道德,也指定了这个人在自由的运动中能够宣称拥有的那种至尊性;在那里,一个人哪怕对自身聚精会神,也不再觉得自己与消解(dissolution),即整体的共同特点区分了开来。过度,能量,消解:这些就是新时代的关键词。②

(6)现在,让我们完整地重读我刚刚提到的两段话。我想,从它们在其中找到了自身之位置的整体观念出发,我们会更好地把握它们。"希腊的立法者非常了解,败坏公民是极为必要的事情,因为公民的道德败坏与体制及其价值产生冲突,就会导致叛乱,而叛乱是一种象征幸福的政治体系所经常不可或缺的——这种政治体系像共和政体政府一样,一定会激起所有外国邻邦的憎意与嫉羡。这些明智的立法者认为,叛

---

① 出自萨德的《茱莉埃特的故事》。参见 Marquis de Sade, *Œuvres*, tome Ⅲ, éd. Michel Delon et Jean Deprun, Paris: Gallimard, Bibliothèque de la Pléiade, 1998, 387. ——译注

② 请不要立刻想到尼采,而应想到布莱克——"能量是唯一的生命。能量是永恒的快乐",甚至梵高——"一切充满能量的运动中都有善",因为能量就是思想(被推向极限的思想的强度、密度、甜蜜)。(布莱克的话出自诗歌《天堂与地狱的婚姻》[The Marriage of Heaven and Hell],参见威廉·布莱克,《天堂与地狱的婚姻——布莱克诗选》,张德明译,北京:中国文联出版社,1989年,第13页,有改动。梵高的话出自约1884年9月21日致弟弟提奥的信。——译注)

乱完全不是一种道德状态；然而，叛乱必须是共和国的一种永恒状态。因此，如果有些人使得已建立的秩序处在永恒的不道德颠覆状态中，却又要求他们成为有道德的人，那是既荒谬又危险的。因为一个有道德的人的状态是宁静又和平，而一个不道德的人的状态是永远的不安定，使得他进入（并认同）必要的叛乱状态，而拥护共和政体的人身为政府的一分子，必须使政府经常处在叛乱状态中。"①这是第二个同样惊人的文本："此刻我心中出现一种最为不寻常的想法，但是，就算这种想法很大胆，却也是很真实的，我要提出来。如果一个国家开始时就以共和国的姿态出现，那它就只能以美德来维持，因为为了达到最强的境地，就必须从最弱的境地开始。但是，如果是一个已经很古老又衰落的国家，很勇敢地抛弃其君主政体政府的重轭，以便采取共和政体的政府，那么，它就只能由很多罪行来维持，因为它已经有了罪行；如果它想要从罪行转移到美德，也就是说，从暴烈的状态转移到和平、仁慈的状态，那么它就会沦入一种不活动的状态，其结果一定会很快造成国家的灭亡。"②在重读这段话的时候，我承认，这里的罪行一词是完全必要的，并且应该保留其诱发和挑衅的权力。罪

---

① 参见萨德，《卧房里的哲学》，第 167 页。——译注

② 圣茹斯特说过相反但相似的话："革命从懦弱走向大胆，从罪行走向美德。"（萨德的引文参见《卧房里的哲学》，第 188 页。圣茹斯特的话出自 1794 年 2 月 26 日向议会所做的报告，参见 Louis-Antoine de Saint-Just, *Œuvres de Saint-Just, représentant du peuple à la Convention nationale*, Paris: Prévot, 1834, 209.——译注）

行具有一种光辉灿烂的力量,一种目无一切的自由,以及一种召唤的美,这种召唤总激起了萨德的言语,还有他的心,但也同样激起了革命的严酷语言。难道不是萨德或圣茹斯特写道"没有什么比滔天的罪行更像美德了"①? 下面的这个肯定比它看起来更加神秘莫测:"在无政府时代,美德拥护罪行。"②——还有一个忠告注定要在雅各宾团体中产生严厉的回响:"要用罪行反对罪行的巧妙方法来武装美德。"③在这里,为了再次发现萨德的本质,我们只需怀着坦诚的精神,用暴力取代巧妙方法——这种直率的行为如果不是暴力的,还能是什么呢? 最终,当圣茹斯特在第一场演说中就赞扬能量并说"能量不是力量"④时,他说出了萨德的全部作品试着更为激情地说出的东西。(我想起了《茱丝蒂娜》和《茱莉埃特》的最终道德:人类幸福与否的依据不是美德或恶行的程度,而是他们所展现的能量的多少;因为"幸福取决于诸原则的能量,一个

---

① 出自圣茹斯特 1793 年 7 月 8 日向议会所做的报告。参见 *Œuvres de Saint-Just*, *représentant du peuple à la Convention nationale*, 128. ——译注

② 出自圣茹斯特 1792 年 10 月 22 日对雅各宾派发表的演说。参见 Louis-Antoine de Saint-Just, *Les plus beaux discours de Saint-Just*, Paris: Centaure, 1909, 11. ——译注

③ 出自圣茹斯特 1792 年 10 月 22 日对雅各宾派发表的演说。参见 *Les plus beaux discours de Saint-Just*, 6. ——译注

④ 出自圣茹斯特 1792 年 10 月 22 日对雅各宾派发表的演说。参见 *Les plus beaux discours de Saint-Just*, 9-10. ——译注

摇摆不定的人是体验不到的"①。)请再次阅读圣茹斯特:"解决的办法在于精神的有效叛乱。"还有萨德:"叛乱必须是共和国的一种永恒状态。"我会问,是什么把这两个同样绝对的句子,而不是这两个像同时代人一样既陌生又亲近的人,区分了开来? 显而易见。在萨德看来,叛乱必须既是道德的叛乱,也是观念的叛乱;它应触及每一个人,触及人的全体,甚至应该是永恒的,一直过度的。颠覆应该构成我们生命的唯一永恒的特征,它总应被带向最高点,也就是,总应更加接近它的终点,因为在能量成为力量之保存的地方,能量也成为力量的消耗:一个只由最大的否定来完成的肯定。我明白一个人会在这里谴责乌托邦和乌托邦的危险(这个乌托邦至少有一个优点,即它不只是一个恶的乌托邦)。但让我们把这些判断搁到一边。

(7) 第三个文本应帮助我们进一步明确阐释的方向。我从《茱莉埃特的故事》(*Histoire de Juliette*)的第四部分中借用了它:"法律的统治是邪恶的;它内在于无政府状态;对此,最大的证据就是,当政府想要重新建立其体制的时候,它就有义务让国家陷入无政府状态。为了废除它之前的法律,它有义务建立一个不讲任何法律的革命政权;新的法律最终就从

---

① 出自萨德的《茱莉埃特的故事》。参见 Marquis de Sade, *Œuvres*, tome Ⅲ, 1256. ——译注

这个政权里诞生。但这第二个国家必然比第一个国家更不纯洁，因为它脱胎于之前的国家，并且，为了出色地实现它的目标，确立国家的体制，它不得不首先确立无政府状态。"① 这个看起来十分清楚的文本在萨德其他许多文本中也有例证，在那些文本中，萨德肯定了一个自由的政府是不存在的。那么，理由是什么呢？因为不论在什么地方，人现在并且将来都是法律的牺牲品。法律能够实现一种不公，这样的不公总让法律变得比一切个体的冲动还要危险。某一个人的危险的激情会伤害到我，但那样的伤害处在了我自己的激情所规定的限度内。没有什么办法可以反对处处制约我的法律：法律总想让我失去自己，丧失激情，也就是说，让我变得普通，不久就变得愚蠢。由此招致了这些以各种形式反复出现的批判：法律是不公的，因为它掌握了强力，并篡夺了那本质上并不授予它的主权；法律被发明出来是为了遏制我邻人的激情，或许会保护我不受那种激情的伤害，但在法律自身的肯定面前，我却没有任何的担保，而那样的肯定是最腐败，也最残忍的，因为它们绝不代表任何自由的东西，而只代表一种冰冷的、毫无自由可言的力量；最终，法律削弱了人同自然或同知识之未来的公正关系，并让那样的关系显得虚假："要是没有法律和宗教，一个人将无法想象人类的认知会在今天达到何种程度的伟大和荣耀；他也无法想象这些可耻的束缚如何阻碍了进步……一

---

① 参见 Marquis de Sade, Œuvres, tome Ⅲ, 838. ——译注

二 极限体验

个人敢猛烈地抨击激情,一个人敢给激情戴上法律的锁链……发明创造和艺术奇迹只源于强烈的激情……那些不被强烈的激情所推动的人只是平庸之辈;一旦失去了激情,人就变得愚蠢。"①这一系列的确信用一个令人印象深刻的肯定来结尾:"只有在法律沉默的瞬间,伟大的行动才爆发。"②但由于这样一个肯定显然让人难以承受,所以最好用一种妥协来收场:如果必须有法律,那么,它们数量要少并且要温和;如果法律必须"惩罚"那些被我们坚持称为罪犯的人,那么,它也不能声称会让他们变好;最后,法律绝不能侵犯生命本身,在这一点上,我们绝不能妥协:因为一个民族如果不能交流其主权权利的话,它又如何把它的权利授予生存,也就是说,最终授予死亡呢?"不论让-雅克·卢梭的权威迫使我产生怎样的崇敬,我无法原谅你,哦,伟大的人啊,竟为死亡的权利辩护……"③这个质询事实上不出自萨德,而是再一次出自圣茹斯特。这并不意味着后者把那种对无政府状态的诉求当作了

---

① 爱尔维修(Helvétius)说过同样的话:"一旦停止了激情,人就变得愚蠢。"(引文出自萨德的《茱莉埃特的故事》。参见 Marquis de Sade, *Œuvres*, tome Ⅲ, 836. 爱尔维修的话出自《论精神》[*De l'esprit*]第八章。参见 Claude Adrien Helvétius, *Œuvres complètes d'Helvétius*, tome Ⅰ, Paris: Mme Ve Lepetit, 1818, 286. ——译注)

② 出自萨德的《茱莉埃特的故事》。参见 Marquis de Sade, *Œuvres*, tome Ⅲ, 836. ——译注

③ 出自圣茹斯特的《法国革命与宪法之精神》。参见 Louis-Antoine de Saint-Just, *L'Esprit de la Révolution et de la Constitution de France*, Paris: Beuvin, 1791, 113. ——译注

他自己的诉求。不再有什么让他恐惧的东西了。依我看,"法律"一词,当它由圣茹斯特念出的时候,似乎在他口中产生了和萨德口中的"罪行"一词一模一样的奇怪回音和纯正性。无论如何,正因为法律总高于一切特定的法则,并且总被戒律所贬低,所以,圣茹斯特也要求它们数量要少("在法律过多的地方,人民成了奴隶"①);他坚持认为,过于冗长的法律是一种公共灾祸,并拒绝任何以法律的名义把国内的压迫势力神圣化的东西,对此,他用崇高而坚定的语气说:"我不会赞同任何以我的薄情寡义和堕落为前提的法律。"②别处的一个简洁的句子几乎表达了一切:"公民首先只同他的良知与道德有一种关系;如果他忘了良知与道德,他就有了这种同法律的关系;如果他蔑视法律,他就不再是一个公民:由此开始了他同权力的关系。"③所以,法律只是一个漫长的降级过程的起点,到最后,权威成了压迫性的,将在法律中淹没,就像君主政体下发生的那样。"法律必须被遵守,这并非显而易见的。"④"法律太多,

---

① 出自圣茹斯特论共和体制的断片。参见 *Œuvres de Saint-Just, représentant du peuple à la Convention nationale*, 376. ——译注

② 出自圣茹斯特的《法国革命与宪法之精神》。参见 *L'Esprit de la Révolution et de la Constitution de France*, 113. ——译注

③ 出自圣茹斯特论共和体制的断片。参见 *Œuvres de Saint-Just, représentant du peuple à la Convention nationale*, 380. ——译注

④ 出自圣茹斯特论共和体制的断片。参见 *Œuvres de Saint-Just, représentant du peuple à la Convention nationale*, 376. ——译注

公民体制太少。"①"如果你想创建一个共和国,那么,请从人民那里获得尽可能少的权力。"②"如果你想让人重返自由,那么,只为他制订法律,不要用权力的重负碾压他。"③在君主政体下,"法律犯下了一桩嗜好最为纯洁的罪行"④——萨德会乐于接受这个以亚历山大体的形式呈现的句子,正如他总会承认"暴政对人民的软弱感兴趣"⑤,因为暴政只是通过能量的衰减而变得强大。在萨德看来,只有能量这个唯一真正的原则才能够限制暴政。

(8) 所以,萨德召唤革命政权,召唤一个创造时代的被悬置之历史的纯粹时间,在这个时间之间(l'entre-temps)的时间里,在旧的法律和新的法律之间,占据统治地位的乃是法律之缺席的沉默,这段间隙恰恰符合言语之间(l'entre-dire);在那

---

① 出自圣茹斯特论共和体制的断片。参见 *Œuvres de Saint-Just, représentant du peuple à la Convention nationale*, 375. ——译注

② 出自圣茹斯特 1793 年 2 月 12 日所做的报告。参见 *Œuvres de Saint-Just, représentant du peuple à la Convention nationale*, 67. ——译注

③ 出自圣茹斯特 1793 年 4 月 24 日所做的报告。参见 *Œuvres de Saint-Just, représentant du peuple à la Convention nationale*, 72-73. ——译注

④ 出自圣茹斯特 1793 年 4 月 24 日所做的报告。参见 *Œuvres de Saint-Just, représentant du peuple à la Convention nationale*, 75. ——译注

⑤ 出自圣茹斯特 1793 年 4 月 24 日所做的报告。参见 Louis-Antoine de Saint-Just, *Théorie politique*, éd. Alain Liénard, Paris: Seuil, 1976, 188. ——译注

里,由于不再有任何的阻碍,一切东西,包括言说的永恒冲动,都停止、中断了。这是过度的时刻,消解的时刻,能量的时刻;在这个时刻——黑格尔在几年后说出了这点——存在不过是无限者的运动,它消灭了自身并在它的消失中不断地诞生:"在真理的酒神节里,没有人会保持清醒。"①在这个沉默而狂乱的始终悬而未决(en instance)的瞬间(instant),人,通过一个他在其中肯定自身的中断,获得了他真正的主权;他再也不只是他自己,不只是自然(自然人)了,而是自然从来不是的东西:对毁灭的无限权力的意识,也就是,对否定的意识,通过否定,意识不断地生成并瓦解自身。这就是萨德思想的极点。他并不一直坚守这个点,而是趋向并抵达这个点,尤其是在《新茱丝蒂娜》(*La Nouvelle Justine*)的第八卷和第九卷里,在那里,就像之前猛烈地抨击法律、道德和宗教一样,茱莉埃特用一种令人惊叹的洪亮声音拒斥了自然。她说,自然并不比上帝本人拥有更多的真理:"啊!贱人,你或许欺骗了我,就像

---

① 参见黑格尔,《精神现象学》,先刚译,北京:人民出版社,2013 年,第 29 页:"真相是一场酒神狂欢节,参与到其中的人无不陷入迷醉。"值得注意的是,文中的这句话(bacchanales de la vérité où nul ne saurait rester sobre)似乎是布朗肖自己对黑格尔的翻译,它明显不同于伊波利特(Jean Hyppolite) 的最早译文 (参见 G.W.F. Hegel, *La phénoménologie de l'esprit*, tome Ⅰ, Paris:Aubier-Montaigne, 1941, 40);而居依·德波(Guy Debord)主编的 1969 年第 12 期《国际情境主义》(*Internationale situationniste*)杂志的文章《如何不读懂情境主义的书》(Comment on ne comprend pas des livres situationnistes)则在简单修改后引用了布朗肖的这句翻译。——译注

二　极限体验

我过去被那个据说支配你的卑鄙的神圣妄想欺骗了一样；我们不再依靠你,也不依靠他了。"①"是的,我的朋友,是的,我痛恨自然。"②所以,一瞬间,在萨德为之保留了革命之头衔的这个惊人悬置的瞬间,法律沉默了。社会的、道德的和自然的法律都让位了,不是让位于某种虚无的平静——例如,诞生之前的平静——而是让位于人在自身内部承担的作为其未来的这一消解的权力,这消解的权力乃是凌辱的喜悦(最终,没有任何的忧郁,只有那些在这动荡不安的至高时刻临近之际,显得宏伟壮丽并放声大笑的东西):一种作为理性之心的超越的需要。那样的理性当然是危险的,恐怖的,确切地说,它就是恐怖本身,但从中并不能预见什么灾祸,因为一个人"从不缺乏超越最后之界限的必要力量"③。就像圣茹斯特用一句简洁得令人颤抖的话说的:"一个共和国政府的原则要么是美德,要么是恐怖。"④

(9) 从 1790 年 4 月被释放,到 1793 年 12 月作为嫌疑犯被逮捕,萨德有近四年的时间参与了共和国的来临,并在十六个月期间投身于大革命,虽然不是身处第一线,但无论如何扮

---

① 参见 Marquis de Sade, *Œuvres*, tome Ⅲ, 846. ——译注
② 参见 Marquis de Sade, *Œuvres*, tome Ⅱ, éd. Michel Delon, Paris: Gallimard, Bibliothèque de la Pléiade, 1995, 779. ——译注
③ 出自萨德的《茱莉埃特的故事》。参见 Marquis de Sade, *Œuvres*, tome Ⅲ, 1222. ——译注
④ 出自圣茹斯特论共和体制的断片。参见 *Œuvres de Saint-Just, représentant du peuple à la Convention nationale*, 381. ——译注

演了一个公共的角色,以人民的名义讲话并履行重要的职责。这不能被忘记。萨德的某些东西属于恐怖(la Terreur),正如恐怖的某些东西属于萨德。人们会想起这个如一张埃皮纳勒图片①一样的著名文本:"据说,当罗伯斯庇尔、库东、圣茹斯特,还有科洛,厌倦了谋杀和判罪的时候,当这些铁石心肠感到了一丝懊悔的时候,当他们看见自己不得不签署的许许多多逮捕令的时候,当笔从他们的指尖滑落的时候,他们会读几页《茱丝蒂娜》,然后接着签署。"②维莱尔(Charles de Villers)写于1797年的这个文本,其目的不是简单地谴责萨德是一个伤风败俗的作家,而是通过把萨德变成大革命主宰者的一个同谋,来贬低他的名声。然而,这个荒谬不堪的文本还是说出了一些合理的事情,因为那些原本相互对立的人,在这里,因其自由运动中同样过度的东西,因其共同的信念,聚到了一起;其共同的信念就是,自由的经验总要经过一个极端的时刻:谁不知道这个时刻,谁就不知道自由。那么,是什么让这些声名狼藉的人显得与众不同?这初看起来十分明显。热月政变前,当圣茹斯特最后一次在议会讲台前起身,并勾勒了一幅由不可动摇的准则构成的革命者肖像(革命者是坚定不移

---

① 埃皮纳勒图片(image d'Épinal)是十九世纪法国流行的一种色彩明亮的图片,因其最早的发行者埃皮纳勒人让-夏尔·佩尔兰将印刷厂命名为"埃皮纳勒图片制作"而得名。——译注

② 出自维莱尔的《书信:论题为〈茱丝蒂娜或贞洁的厄运〉的小说》(Lettre sur le roman intitulé «Justine ou les Malheurs de la vertu»)。参见 Le Spectateur du Nord, tome IV, Hambourg, 1797, 409. ——译注

的,审慎明断的,朴素的,单纯的;他同一切的谎言、一切的纵容、一切的假装势不两立;他是通情讲理的、正直的英雄①)时,除了原则的坚定不移(虽然纵情声色的大师也因饱足而清醒,因感官的过度而冷酷,因太多的享乐而简侉,因洗尽虚伪而纯朴),这幅道德的肖像似乎很难从一个完整的人身上被描绘出来。当圣茹斯特指控德穆兰(Desmoulins),谴责他声称荣誉是荒谬的,荣耀和后代是愚蠢的时候,这样的谴责也适用于萨德。但在我看来,这是对萨德的赞扬。因为荣耀一词在当时的话语中随处可见,甚至马拉也张口不离荣耀,但在萨德的写作里,它几乎从未被人遇到;萨德在荣耀中看见的只是另一种幻觉,正如他在后代身上看见了一种冷酷的欺骗一样。②(还有必要更加确切地指出,圣茹斯特的谴责在德穆兰身上对准了亲切的怀疑主义者,而在萨德身上,正是对偏见的恐惧——它随后会被称为批判理性的要求,也就是,纯粹否定的激

---

① 在另一次演讲中,圣茹斯特说:"简单的常理,灵魂的能量,精神的冷酷,纯洁而热情的心灵之火,朴实,无私:这些是一个爱国者的特征。"(正文里的话出自圣茹斯特1794年4月15日对议会所做的报告,参见 *Œuvres de Saint-Just*, *représentant du peuple à la Convention nationale*, 304. 注释里的话出自1974年3月13日对议会所做的报告,参见 *Œuvres de Saint-Just*, *représentant du peuple à la Convention nationale*, 226-227.——译注)

② 在他关于热月政变的沉默的话语中,圣茹斯特表达了几乎同样的思想:"名誉是一种虚妄的谣言。竖耳倾听已逝的岁月;再也听不到什么。"(出自圣茹斯特1794年7月27日为罗伯斯庇尔所做的辩护。参见 *Œuvres de Saint-Just*, *représentant du peuple à la Convention nationale*, 347.——译注)

情——阻止了他固守这些被人过于轻易地承认的价值。)最终,当圣茹斯特谴责心灵的无神论所引发的道德堕落时①,我们或许发现了两位哲学家——如果不是两个人——之间最为坚实的差异。在这里,我们必须敢于再次为萨德说话。"我们被反常的写作所淹没:在那里,一个人把毫不宽容又狂热的无神论者奉为神明;一个人相信,神父已经成了无神论者,而无神论者成了神父。没必要多说了!我们需要的是能量;而我们得到的建议却是谵妄和软弱。"②这个指控对准了那些已被关押的嫌疑犯,并且这个时候,萨德侯爵恰好就在他们中间。诚然,他被捕可能是因为他在1791年拥有的关系,也可能是因为他反对那些他认为过于激进的措施(例如,根据他的说法,在巴黎市内组建一支革命部队,即所谓的禁卫军,会方便野心勃勃的人篡夺权力;还有一次,作为地区的书记官,他拒绝给"一种恐怖","一种不人道的行为"投票),或者只是因为他身为一个鲁莽的贵族,不断地遭到控告。但我愿意相信,他也会因无神论的狂热而沦为嫌疑犯:被捕前三周,他在议会上发言支持一个仪式计划,该仪式会在经过改造的天主教祭坛

---

① 在他最美妙的一次演说中,我们发现了这句话:"那些半途而弃的革命者不过是自掘坟墓。"(出自圣茹斯特1794年2月26日对议会所做的报告。参见 Œuvres de Saint-Just, representánt du peuple à la Convention nationale, 212. ——译注)

② 出自圣茹斯特1794年2月26日对议会所做的报告。参见 Œuvres de Saint-Just, representánt du peuple à la Convention nationale, 201. ——译注

二 极限体验

上用颂歌和焚香来欢庆美德。他是怎么说的？他以一种几乎不含蓄的方式谈起了他自己："长久以来，哲学一直在秘密地嘲笑天主教的滑稽姿态；但如果哲学胆敢笑出声来，那么，在巴士底狱的黑牢里，内阁的专制很快就迫使它噤若寒蝉。唉！暴政怎能不支持迷信呢？……"①再往前一点，他说："哲学的统治最终消灭了欺诈的统治；人最终接受了启蒙，他正一只手摧毁荒谬宗教的轻浮玩具，另一只手则把圣坛抬向他的心最为亲近的神灵。在我们的庙宇里，理性取代了圣母……"②这个标志鲜明的无神论计划（它丝毫没有提及任何至高的存在）受到了良好的评价，但也不出意外地引起了那些掌管政府的人的敌意，他们几乎全是自然神论者，害怕这样一个偶像崇拜的仪式会激怒仍然信仰天主教的一般大众，从而成为反革命的导火索。一个人总因他的力量而毁灭。萨德也必定如此。无神论是他的根本信念，是他的激情，是他自由的尺度。在巴士底狱囚禁期间，萨德夫人恳求他掩饰自己的情绪；他回答说，他宁愿死一千次也不愿在个人书信里冒充一个他所不是的人。在他早期的一篇写作，《神父与将死之人的对话》(Dialogue d'un prêtre et d'un moribond)里，他以一种最强有力的

---

① 出自萨德的《皮克区致法兰西人民代表的请愿书》(Pétition de la section des Piques aux représentants du peuple français)。参见 Marquis de Sade, *Œuvres complètes du Marques de Sade*, tome XI, éd. Gilbert Lely, Paris: Cercle du livre précieux, 1967, 129. ——译注

② 出自萨德的《皮克区致法兰西人民代表的请愿书》。参见 *Œuvres complètes du Marques de Sade*, tome XI, 129. ——译注

方式表达了他自始至终一直坚持的东西:对虚无的确信。"这从未让我感到害怕,在里头,我只看到某种令人慰藉的、简单的东西;其余的体系全是傲慢的工作,只有这个是理性的工作。"①这个陈述必须和他笔下的一个人物的话结合起来:"如果无神论想要殉道者,它只管说出来,我的血已经准备好了。"②最后,它还必须和这个肯定结合起来,这个肯定既是萨德最为决然的肯定,也是其体系的关键之一:"上帝的观念是人犯下的一个我无法原谅的错误。"③上帝即原罪:这解释了一种清白的统治为何不可能。

(10) 断头台恰好错过了萨德的脑袋,这只是因为过失;要是它没有错过,恐怖就真的为我们提供了一个无神论的殉道者——这的确也是出于另一种误解。1794 年 10 月,经过调查,经过皮克区的证实(皮克区一开始在罗伯斯庇尔的时代攻

---

① 出自萨德的《神父与将死之人的对话》。参见 Marquis de Sade, *Œuvres*, tome Ⅰ, 10. ——译注

② 这句话出自勃瑞萨克伯爵(Comte de Bressac)之口,源于萨德的《新茱丝蒂娜》(*La Nouvelle Justine*),参见 Marquis de Sade, *Œuvres*, tome Ⅱ, 492. 同样一句表述略有不同的话也在更早的版本《茱丝蒂娜或贞洁的厄运》(*Justine ou les Malheurs de la vertu*)中出现,参见 Marquis de Sade, *Œuvres*, tome Ⅱ, 186. 亦见中译本《贞洁的厄运》,胡随译,长春:时代文艺出版社,2011年,第 95 页。——译注

③ 出自萨德的《茱莉埃特的故事》。参见 Marquis de Sade, *Œuvres*, tome Ⅲ, 195. ——译注

击萨德,指责他说过民主政府在法国无法实践①,但现在又称赞他的公民责任感和优秀的爱国原则),当局释放了萨德。萨德开始了作为自由人的最后生活。但他做了什么? 他所做的一切是为了毁掉他如此珍视的自由。他没有让自己行为不端;自1790年与妻子瑞内(瑞内有一段时间因为他而抛弃了自己的美德,重新陷入了冷漠)分开后,他和一个绝不会离开他的甜美温柔的年轻女子过上了夫妻生活。他的精灵(démon)不是淫荡的精灵,而是更加危险的。它是苏格拉底的精灵②,是苏格拉底一直坚持,而柏拉图不愿服从的精灵:书写的疯狂,一个无限的、无尽的、连续不断的运动。长期以来,人们相信萨德在1801年被捕,原因是在一本匿名的小册子里蔑视拿破仑。吉尔伯特·莱利(Gilbert Lely)已经恰当地处理了

---

① 萨德很有可能说过这样的话。这表明了他直率,不够谨慎。文件说:"在私下的谈话里,他不断地从希腊和罗马历史中得出种种的比较,以证明在法国建立一个民主共和政府是不可能的。"不可能"毫不费力且还要再努力";这是我们的小册子的主题;这不是什么罪行,所有人都在说它。圣茹斯特也持有这种观点,他相信,在莱克格斯(Lycurgue)之后,总有压迫者会来摧毁他的工作:"悲哀的真相。"(指控萨德的文本参见 *Correspondance du Marquis de Sade et de ses proches enrichies de documents*, *notes et commentaires*, tome XXIII: Sade sous la Terreur, éd. Alice M. Laborde, Genève: Slatkine, 1995, 199. 圣茹斯特的观点出自1793年4月24日所做的报告。参见 Louis-Antoine de Saint-Just, *Théorie politique*, 186. ——译注)

② 苏格拉底的精灵,参见《申辩篇》26b:"不信城邦信的神,而是信新的精灵之事。"见《苏格拉底的申辩》,吴飞译疏,北京:华夏出版社,2007年,第96页。——译注

这个过于寓意的传统。① 在王权暴政期间，萨德沦为了万塞讷地牢和巴士底狱的阶下囚；在自由的政权下，他被监禁在圣拉扎尔和皮克毕；在迅速加冕登基的专制统治的蹂躏下，他又被带到了圣帕拉杰、比塞埃特和沙朗通——这一切都是真的，但应当注意（我发觉这点引人注目）：这个被第一执政的崇高道德，也就是，被整个社会判处限制人身自由的人，不是一个政治反对派，而只是《茱丝蒂娜》的作者。因为这就是萨德的真理：这个真理，因为它的清楚，因为它被明白地提出，因为它被简单地表达，而变得更加危险——并且，它恰恰在《恶德的繁荣》(*Prospérités du vice*)的最后一页获得了最清楚易懂的形式："不管人怎样颤抖，哲学必须说出一切。"②说出一切。这句话足以把他变成嫌疑犯，这个计划足以给他定罪，其实现足以让他坐牢。要负责的不只是拿破仑。我们总在一个第一执政的阴影下生活，萨德也总遭追捕，总因同样的要求而遭追捕：说出一切的要求。一个人必须说出一切。自由就是说出一切的自由，这个无限制的运动就是理性的诱惑，是它的秘密誓言，它的疯狂。

---

① 参见吉尔伯特·莱利的《萨德传》第二卷(*Vie du marquis de Sade*, tome Ⅱ, Paris: Gallimard, 1957)。莱利已经表明，这本小册子不可能是萨德写的。在这里，我们难道不要记得感谢莱利在莫里斯·海涅(Maurice Heine)之后继续的大量工作吗？

② 参见 Marquis de Sade, *Œuvres*, tome Ⅲ, 1261. ——译注

X 分析的言语

当我们考虑弗洛伊德(Freud)的时候,我们无疑在他身上看到了年老的苏格拉底的一个晚近的,或许是最后的化身。对理性的何种信仰!对语言的解放权力的何种信任!符合最简单之关系的何种美德:一个人说话,另一个人听!由此得到治愈的不只是心灵,还有身体。这令人赞叹,它超出了理性。为了避免这一神奇现象的一切残酷的、巫术的解释,弗洛伊德不得不为它的阐明而坚持不懈地努力——阐明是格外必要的,因为他的方法有一个不纯的起源,从一开始就接近磁学,接近催眠和暗示。即便这些关系被还原为病人和医生之间的语言关系,它们在本质上不仍然是巫术吗?巫术不总要求仪式,不总要求按手礼或使用圣物。当一个人在另一个人身旁表现威严的时候,就已经有巫术了;如果在一个单纯的病人和一个医生之间有着种种权威的关系,并且这些关系总允许后者随意使用自己的威严的话,那么,当病人自己认为或被认为是非理性的时候,医生就更有理由这么做了。在任何一家精神病诊所里,观者都被如此暴力的印象所震惊,而观看本身更是加剧了这样的暴力。言语是不自由的,姿势是欺骗性的。不管是医生,还是病人,所说的一切,所做的一切,都是诡计,虚构,或幻觉。我们处在了彻底的巫术当中。

当弗洛伊德怀着巨大的不安发现了"移情"(transfert)现象的时候——这一现象让他再次面对着催眠所固有的幻想关系的等同物——他会在那里找到证据,证明两个聚到一起的人之间发生的事情既不包含任何晦暗的力量,也不包含任何总被归于激情之巫术的影响关系。但他令人敬佩地坚持了自己的预感,即医生扮演的不是一个着迷的角色,而是一个更加隐秘的角色——或许根本不是任何的角色,因此是十分积极的:一个在场-缺席,在那上面,某场古老的戏剧,某个被深深遗忘了的真实或想象的事件,再次到来以获得形式和表达,真理和现实。所以,医生在那里不是为了他自己,而是为了替代另一个人。唯有通过他的在场,他才扮演了另一个人,他是他者(autre),而他者已成为了他人(autrui)。在这一刻,弗洛伊德或许还没有意识到就已经试着用辩证法取代巫术了,但他也用另一种言语的运动取代了辩证法。

可如果他意识到这个,如此的尝试就迅速半途而废了。我们会为之遗憾,但也会视之为机运的问题。因为弗洛伊德没有使用一种既有的哲学词汇,没有利用那些被阐述过的精确概念,他被引向了一种非凡的努力,以便发现并发明一种语言,这种语言会以一种召唤和劝诱的方式,允许他追溯人类体验的运动,追溯它的纽结,它的时刻:在那些时刻,一个不可解决但无论如何要求解决的冲突——总是同一个冲突,但每一次都处在更高的阶段——进一步推动着一个在此运动中学习、更变或破裂的个体。①

*

正是一种对起源的激情以一种惊人的方式激励着弗洛伊德——他也首先以一种颠倒的形式把这样的激情体验为一种对起源的排斥。② 他就这样邀请我们每个人在自身背后寻找

---

① 在弗洛伊德从 1887 年到 1902 年和弗里斯(Fliess)所保持的通信中(这些通信最近才被译成法文,题为《精神分析的诞生》[*La naissance de la psychanalyse*, *lettres à Wilhelm Fliess*, *notes et plans*, *1887 – 1902*, Paris: Presses Universitaires de France, 1956]),一个人可以追随这些摸索、迂回和徒劳的尝试;一个人还会注意到那些出乎意料地构成了思想和定义的放弃、沉默和求知的需要。有动人的言词:1893 年,那时弗洛伊德还离所谓的精神分析很远,他写信给朋友说:"我太老,太懒惰,太忙于日常的任务,以至于无法在这个阶段学习任何新的东西。"但到了 1897 年:"我们没有遭遇海难。我们将要发现的不是我们正在寻找的航道,而是有待后人全面探索的汪洋大海。但如果我们没有过早地翻船,如果我们的体质还能忍受,我们也做得到。我们会抵达。"(这两封信的日期分别是 1893 年 10 月 6 日和 1987 年 1 月 3 日。——译注)

② 同弗里斯的通信很好地确证了我们所知的事情:唯有父亲死后他所采取的自我分析(auto-analyse)允许了弗洛伊德不再到一个真实的引诱场景中寻找神经症的来源(奇怪的是,他的父母在童年时都受到过一个父亲、叔叔或哥哥的引诱),并允许他得出情结(complexe)的观念,尤其是俄狄浦斯情结,这一情结的形构被弗洛伊德自身家庭的奇怪结构所掩盖了。"我的自我分析目前真的是最为本质的,它有望成为对我而言最有价值的东西,如果我成功地完成了它的话……""在我自己的神经症的最深处,有某种东西阻碍了对神经症的进一步理解。""这样的分析比其他任何分析(转下页)

一切变更的源头,一个原始的、个体的、专属于各个历史的"事件",一个场景:它建构了某种至关重要、震撼人心的东西,因此,一个经历了它的人既不能掌控它,也不能规定它,一个人同它只有一种不充分的本质关系。一方面是要追溯一个开端;这个开端会是一个事实:一个独一的事实,它被体验为独一无二的,并且,在这个意义上,它是无法言说的,难以转译的。但这个事实同时又不是事实:它毋宁是一个由对立和同一的关系组成的既不稳定又固定的集合的中心。它不是一个开端,因为各个场景总准备着通往一个先前的场景,因为各个冲突不只是它自身,还是一个更加古老的冲突的重新开始,它复活了那个古老的冲突并倾向于在那个冲突的层面上重构自身。每一次,这样的体验都是对一种根本的不充分性的体验;每个人都把自身体验为不充分的。仿佛我们只有丧失了自己,丧失了一切,才能通达生存的各种形式。出生(naître)就

(接上页)还要困难,也正是它让我无力写下或交流我已经获得的观念。"但自我分析是可能的吗?"一种真正的自我分析其实是不可能的,不然就不会有疾病了。"弗洛伊德总需要一位朋友来认识他的思想并衡量他的发现,这似乎符合分析的方法:一位朋友往往迅速地成了敌人。在弗洛伊德那里,我们观察到了思想的一个迷人的来回运动,它部分地解释了一个事实,即不管弗洛伊德如何坚定地持守他的方法原则,他总可以如此自由而轻松地放弃他的信奉者愿意教条化的各种典型的图式:"有时,一些想法在我脑中嗡嗡作响,而我指望它们会允许我解释一切……然后,它们再次消失了,而我也不努力留下它们,因为我知道,它们在意识中的出现和它们随后的消失并没有给出其命运的真正信息。"(这里的五段话皆出自弗洛伊德致弗里斯的信,具体的日期分别是1897年10月15日、1897年7月7日、1897年8月14日、1897年11月14日和1897年12月3日。——译注)

二 极限体验

是在拥有了一切后,突然缺乏一切,并且首先是缺乏存在(être)——如果婴儿的存在既不是一个构成的身体,也不是一个世界的话。对婴儿来说,一切都是外在的,并且他自己几乎就是这个外在者:一个外部,一种无统一的外在性,一种无所离散的离散。这个无所缺席的缺席,首先是婴儿的唯一的在场。每当他相信自己获得了某一种同环境的平衡关系时,每当他重新发现一丝直接的生命时,他就必然会再次失去(例如,断奶)。对婴儿将要成为什么的预感,他的历史,总是围绕着缺失,并且通过这一缺失的要求而形成。但如此的缺失就是"无意识"(l'inconscient):它是否定,这样的否定不只是匮乏,而是同制造匮乏的东西,也就是,同欲望(désir)的关系。欲望的本质是永恒成为欲望:对不可能获得,甚至不可能欲求的东西的欲望。

我们知道:过早地出生就是人的机运,并且,人把他的力量归于他的虚弱;力量乃是虚弱的力量,也就是,思想。正如帕斯卡尔无疑愿意说的,为了能够思考,人不得不首先成为一根芦苇。但这种让一切向他到来的本源的缺失,这种被体验为一个缺陷(faute)的匮乏(défaut),种种保留缺失并阻止我们填补缺失的禁令——这样,我们就绝不能拥有或存在,总与那亲近我们的东西分开,总被命定于陌异者——我们的文化史所充斥的这些变迁,这些幸福的困难,这些可怕的插曲,首先是我们自身之体验的表达。奇怪的体验:在这纯然的思想里,总能够听到思者之起源史的意外发出了回响,并且,总能够从其起源的晦暗意外出发,来聆听这一思想,领会这一思想。至少,我们拥有这个:对我们自己的这一确信,关于那对我们而言最特别也最亲密的东西的这一知识。如果我们不再有纯然的思想,那么,在其位置上,我们拥有并知道了一根仍在肉中的刺,这根刺追溯了那些仍固定着我们的某种东西并让我们自己不当地滞留于其中的时刻。所以,在这里,一切已然开始。是的,如果问题是关于那真正最初的时刻。但分析的力量在于它如何消解了一切看似首先进入一种不定之先在性(antériorité)的东西:每一个情结总在掩盖另一个情结。至于原始的冲突,我们只是这样经历了它:仿佛总已经经历过了,并把它经历为另一个,仿佛是被另一个所经历,所以,我们从未经历过它,只是重新经历它,并且无法经历它。正是这样的错位,正是这个无法摆脱的距离,正是这样的翻倍和无限的拆分,每每构成了插曲的实体,构成了其不幸的宿命,以及它的形成之力,使得它作为一个事实而难以把握,作为一种记忆而令人着迷。它真的发生过吗?这不重要;因为重要的是,通过精神分析家之沉默的迫切追问,我们应逐渐地能够谈论它,能够叙述它,能够把这样的叙述变成一种记忆的语言,并把这种语言变成不可把握之事件的生动真相——事件是不可把握的,因为它总是缺失,一个相对于自身的缺失。在这解放的言语里,事件恰恰作为缺失而被具化,并因此最终实现了自身。

*

分析的处境,正如弗洛伊德发现的那样,是一个非凡的处

二 极限体验

境，它似乎是从书本的仙境里借来的。就像我们说的，沙发和扶手椅被联系了起来。在一场赤裸的谈话里，在一个与世隔绝的分开的空间中，两个彼此不可见的人，被渐渐地召唤着融入言说的权力，聆听的权力，并且他们只和话语的两副面孔的中性的亲密发生关系。一个人有说什么都可以的自由；另一个人则有不专心倾听的自由，仿佛他不知道，不在那里一样。而这样的自由成了最残忍的约束：这一缺席的关系，在它的缺席中，成为最晦暗，最开放，也最封闭的关系。那个某种意义上表达了令人不安之事的人应不断地说话，他不仅说出那无法说出的东西，而且渐渐地像是在言说之不可能性的基础上说话；如此的不可能性总已经在语词当中了，就像在他们这里，有一种空虚，有一种空白，那既不是秘密，也不是默默逝去的东西，而是那总已被说出，并在说出它的语词中被语词所扼杀的东西——因此，一切总被说出，又没有什么被说出。而那个看似最疏忽，最缺乏听众的人，是一个没有面孔的人，几乎不是什么人；这随便的什么人给话语的任何会被说出的东西配上了一个平衡锤，他就像空间中的一个窟窿，一道沉默的空隙，无论如何是言说的真正原因：他不断地扰乱平衡，让交换的张力发生变化，以一种非回应的方式来回应，并不知不觉地把那段无尽的独白变成了一场让双方有所言说的对话。

当一个人把精神分析的探究、知识、技术和语言的本质关系等同起来的时候（一种差异的同一性），他会惊讶地——但不是真正惊讶地——发现雅克·拉康（Jacques Lacan）在精神分析界所引发的丑闻。因为显然,弗洛伊德的主要功绩似乎是用一种令人惊讶的对话的形式丰富了"人类文化";这种或许——或许——有所揭示的对话,会在我们说话的时候,用他者来让我们明白自身。① 但由于这个处境不包含两个对话者的真相,对话无论如何是奇怪的,并且是奇怪地模糊的。每个人都欺骗另一个人并被另一个人所欺骗。一个人总乐于相信,其病例的真相已经在另一个倾听的人身上得以呈现、形成和表达了,并且,他仅仅证明了自己对不揭示真相的痛恶。② 而另一个一无所知的人总乐于相信自己知道些什么,因为他支配着真理不得不服从的一套词汇和一个据说科学的框架。

---

① 《精神分析:论言语和语言》(*La psychanalyse: Sur la parole et le langage*, tome Ⅰ, Paris: Presses Universitaires de France, 1956)。1953年,一些精神分析家们成立了"精神分析法国协会"(la Société française de psychanalyse)。1956年以该标题出版的书(一个重要的事件)构成了他们的第一部文集。雅克·拉康的文稿《言语和语言在精神分析中的功能和领域》(Fonction et champ de la parole et du langage en psychanalyse)是1953年9月在罗马宣读并讨论的一份报告,它成为这部文集的(已然离心了的)核心。我在这里重述了我当时发表的评论,这些评论因此只提及拉康的这篇特定的文本。我当时补充了这样的疑问:它关乎精神分析的一个新的方向吗? 它无疑关乎一个转折点,这个转折点构成了一次对弗洛伊德思想的回归,比如,一些摆脱了自身(即摆脱了作为可能性的科学本身)的当代哲学和知识的形式就会阐明并确认它。

② 拉康用一种惊人的方式说:"事实上,这个促使我们越过语言的障碍去寻求主体之现实的幻觉,和那个让主体以为真相已被给予我们,我们已事先知道了真相的幻觉,是一模一样的。"(出自拉康的《言语和语言在精神分析中的功能和领域》。参见 Jacques Lacan, *Écrits*, Paris: Seuil, 1966, 308. 中译见《拉康选集》,褚孝泉译,上海:上海三联书店,2001年,321页,有改动。——译注)

所以,他从一个强势的立场上倾听,不再作为一只纯粹的耳朵或一种纯粹的聆听能力,而是作为一种从一开始就见多识广的知识,它判断病人,测量病人,并在这种直接的语言里,留心地倾听、巧妙地破译另一种语言:情结的语言,隐秘动机的语言,被遗忘之记忆的语言。分析家的目的就是进入同另一种语言的交流,好让这种在说话者身上仍然沉默的言语,通过一个阻塞和障碍的体系,从一个层面升向另一个层面,直至显现之语言的决定点。但没有什么会阻止病人阅读弗洛伊德的作品,所以,病人可能从一开始就和扶手椅上的博学之士一样并不天真;即便他没有用弗洛伊德来抵制弗洛伊德,他也不难在两个人之间抵达这样一次相遇所召唤着表露的至深的掩饰。

精神分析家应接受精神分析,这是一个他传统上总乐于服从的要求;但他不愿意让他知道的东西和他借以知道这个东西的那种形式也有所服从。他如何用他的知识,并在这样的知识当中,对他自己进行精神分析呢?然而,如果精神分析和别的学科一样,已成为了一种"客观科学",装模作样地描绘并规定主体的内在现实,在经过试验的方法的帮助下操纵主体,通过把主体变成一个令人满意的公式的同谋,让主体和他自身协调一致,那么,这不只是因为事物的自然重量,不只是因为一种对确定性的需求,一种固定真理以便舒服地支配真理的欲望,一种不满足于得到一门二流科学的需要;这更是因为,在医生那里,在回应他所引发的飘忽不定的言语的过程中,有一种深刻的焦虑,而为了试着弥补这样的焦虑,他诉诸一种现成的知识,相信某些神话的解释价值,并制造一个幻觉,即超越了语言,一个人就可以同主体的内心生命,同他真实的历史,同一堆迂腐琐碎的旧物,取得真正的联系,并且,一个人可以随心所欲地弄乱或整理那堆旧物,目的是在这种同只要求倾听的空洞的——即便填满了也是空洞的——言语的不平等的未知关系里,不让自身暴露出来。我们还知道,在许多情况下,精神分析首先成了一门辅助的学科,并且,不少打着精神分析之名号的人都毫不犹豫地使用了惯常的医学观察的程序。这或许是不可避免的。但一个人怎能看不到,弗洛伊德所提出的"关系"从本质上遭到了破坏?一个人如何协调这两种精神分析呢:一种精神分析总在质问一个人(质问他所占据的作为观察者,作为思考者的正在获知或正在说话的位置),另一种精神分析则突然天真地把自己当作一种确定的科学知识的绝对肯定,将要解释一个明确的客观现实?

雅克·拉康的努力恰恰是试着把我们带回到精神分析"对话"的本质,他把这种"对话"理解为一种无论如何否认(拆解)辩证法本身的辩证关系的形式。他使用了这样一个公式:"当主体开始分析的时候,他谈论他自己而不对你说话——或者对你说话而不谈论他自己。当他能够对你谈论他自己的时候,分析就会结束。"①他表明,分析的本质是在种种因语言的

---

① 出自拉康的文章《让·伊波利特论弗洛伊德之"否定"的评论导读》(Introduction au commentaire de Jean Hyppolite sur la « Verneinung » de Freud)。参见 Jacques Lacan, *Écrits*, 373. ——译注

发展而得以可能的形式里,同他人(autrui)发生关系。他让精神分析摆脱了一切把它当作客观知识或巫术行为的看法。他谴责了一种偏见,正是这样的偏见促使分析家到语词之外寻求他要努力取得联系的一个现实:"对分析家而言,最具误导性的做法莫过于以一种所谓的同主体之现实的接触为指引……精神分析仍是一种辩证的关系,在这种关系里,分析家的无为把主体的话语引向了其真相的实现;它不是一种让两个深渊相互紧挨着擦过的幻想关系。"①"不需要知道主体是否记起了任何来自过去的东西:他只是叙述了事件。他把事件转入语词,更确切地说,转入史诗,由此,他把他个人的起源带回到了当下的时辰。"②"精神分析的回忆关注的不是现实,而是真相。"③这一净化的努力,虽然只是一个开始,却无疑是一个至关重要的举措,并且不只是对精神分析而言。④

---

① 出自拉康的《言语和语言在精神分析中的功能和领域》。参见 Jacques Lacan, *Écrits*, 252, 307. ——译注

② 《言语和语言在精神分析中的功能和领域》。参见 Jacques Lacan, *Écrits*, 255. ——译注

③ 《言语和语言在精神分析中的功能和领域》。参见 Jacques Lacan, *Écrits*, 256. ——译注

④ 的确,只要辩证法一词和黑格尔的分析还没有产生一种能够回答一切的魔法公式。对语言的探究本身是欺骗性的,因为语言总不只是语言,又总还不是语言,它首先也是书写,并且,最终,在一个尚未发生的未来,它是一种外在于语言的书写。虽然弗洛伊德带着如此的自由发明了一套词汇和最变化多样的解释图式,来说明他正在发现的东西,但我怀疑,他的典范并没有表明每一个实验都有兴趣追逐自身,理解自身,并且首先是通过同它自身的关系来表达自身。

*

精神分析"对话"的独创性,它的难题,它的风险,最后,或许还有它的不可能性,都只是更为清楚地表现了出来。言语对它自身的这样一种解放,代表了一个移动的赌注,这个赌注压在了理性的语言上,也押在了语言在离散的中心进行收集和聚集的权力上。在另一个人身旁言说并且同意言说的人,会渐渐地发现一条条的道路把他的言语变成了对他言语的回应。如此的回应并不来自外部;它既不是神谕的言语,也不是神灵的言词,既不是父亲对孩子的回应,也不是一个知道的人对另一个不想知道、只想服从的人的回应——它不是一个人喜欢在自我的位置上承担的一种像石头一样被石化了并且让人石化的言语。甚至当回应从外部传来的时候,它也必定来自内部;它作为倾听者自身之发现的运动,返回了倾听者,允许他认识自己并知道自己正被这个陌生的、模糊的、深刻的他人(autrui),也就是精神分析家,所认识;病人在过往生命中的一切不曾听到他的对话者,都在精神分析家身上得以特殊化和普遍化。这一对话的双重性在于:它仍然是一种孤独的言语,注定只发现它自身的道路和尺度;然而,当它独自表达自身的时候,它只能作为一种同真正之他人的真正关系而得以完成:在这种关系里,对话者——他者(l'autre)——不再重重地压在主体所说的词语上(主体那时已经偏离自我,也偏离了中心),而是聆听词语,并在聆听的过程中回应,通过如此的回应,他让主体对词语负责,让主体真正地言说,使得他其实(en vérité)已经真正地(vraiment)言说了。

二 极限体验

这里出现的"真相"(vérité)一词是雅克·拉康在提及"现实"(réalité)时使用的,它当然是最容易揭穿的,它总是失位,总被那种为了认知而处理它的知识所误解。如果它没有提出时间的问题,并且没有首先提出治疗之持续时间的问题,那么,我们(或许)最好放弃它。因为我们不能忘了,主体不总是一个正在寻找自身的业余爱好者,而可能是某个适合"治疗"的受过深深之创伤的人。那么,治疗何时结束?一个人可以说:当病人和分析家都满意的时候。一个值得反思的回答。只要问题不是一种心情的满足,而是一种理智的满意,那么,这就等于说,一个人必须等待故事的结束,等待至高的满足,也就是,死亡的等价物,就像苏格拉底已然暗示的。这不是一种批判。分析的一个令人印象深刻的方面就是,根据弗洛伊德自己的表述,它会和一种自始至终"既有限又无限"的必要性联系起来。当它开始的时候,它无止无尽地开始。服从分析的人进入了一个看不见尽头的运动,他陷入了一种推理,这种推理的结论就像一种新的权力,带来了得出结论的不可能性。因为简单地说,在这里开始说话的东西是连续不断的、没完没了的:它是永恒的轮回;而病人已经遭遇了这一永恒之轮回的要求,但他用自己的身体、行为和语言当中铭刻的固定形式,让这一要求停止。没完没了的东西如何被终止?言语如何把自身作为无限者而加以完成,它如何在其无尽运动的重新开始中找到它的目的和意义?无疑,我们得知,从一开始,问题就是一个在恰当的时候不得不被表达(破解)的受限的讯息。但这让任务变得更加困难了,因为在这个必须同时被保存、肯定和完成的无止无尽者的基础上,一种特定的言语必须成形并给出一道只在恰当的时刻才落下的恰当的界线。事实上,回应的时刻和它所采取的方向一样重要。一个过早或过晚介入的"真正"回应将失去回应的权力;它只是关闭了问题,而没有使问题变得透明;或者,它只是成了那个模糊地存留的问题的幻影:在永恒的重新开始的这另一个表象里,(通过自身掩饰而)出现的东西就是既没有开端也没有终结这个事实。这是一个威胁到了一切辩证法的非辩证的运动,它也在语言本身当中言说——这样的言语既不真,也不假,既不理智,也不荒谬,而总是又真又假,又理智又荒谬:最深刻的言语,作为没有深度的深度而言说。或许,精神分析家的危险任务就是试着消灭这一言语,消灭那事实上反对一切所谓正常之行为或表达的东西——但他也消灭了自己,由此再一次发现了死亡,他的真相。①

---

① 精神分析——众所周知——既是一门技术,也是一种认知:一种权力,一种行为,一种总处在科学视域内的理解。在这个意义上,它十分接近马克思主义。技术的权力就是理解的权力;但正是理解给出了权力吗,或者,正是权力打开了理解吗? 都是,但其方式仍然隐晦而含糊。医生并不声称要对病人做什么。权力不处在任何一者身上;它位于他们之间,位于这个通过把他们聚到一起而把他们分开的间距里,位于这个创建了交流的起伏不定的关系里。实际上,有一个有待治疗的病人,有一门只以这样的治疗为目的的认识技术,还有一个承担其责任的医生。在绝大多数时候(以一种仍然总是主流的方式),人们从权力的角度看待"精神分析的交流",并且,它所担保的言语也是在这个既定社会的正常状况下说话的权力。所以,在这些状况下,精神分析本身成了一种建制,不管它是否愿意,它都冒险服务于种种建制的形式,只有这些建制的形式历史地持有了言语。

XI 日常的言语

日常(le quotidien):最难发现的东西。

在初步的接触中,日常是我们首先并且绝大多数时候所是的状态:工作,休闲,清醒,睡眠,在街上,在私人的生存里。在这个阶段,我们认为,日常没有一个固有的真理:我们随后的运动会试着让它参与真理的各种形象,参与历史的大转型,参与某种东西的生成——要么是在下层出现的东西(经济的和技术的改变),要么在上层出现的东西(哲学、诗歌、政治)。所以,问题是让日常向历史敞开,甚至是还原其享有特权的部分:私人生活。这就是欢腾的时刻——我们称之为革命的那些时刻——发生的事情,那时,生存是完完全全地公开的。在评价法国大革命期间有关嫌疑犯的法律时,黑格尔表明:每当普遍者在其野蛮而抽象的要求中得到了肯定,每一个特定的意志和每一个分散的思想就落入了怀疑。良好的举止不再足够。每个个体都在自己身上携带着一套反思,一套意图,也就是,一套沉默寡言,它让每个人致力于一种躲躲闪闪的生存。

可疑比有罪更加严重(由此产生了对认罪的追求)。有罪者和法律联系了起来,因为其公然的所作所为完全是为了让自己被审判:也就是说,让自己被消灭,被送回到自我所掩盖了的那个虚空点。嫌疑犯就是这个不允许认识的逃逸之在场,并且,通过他所代表的那个总被保留的部分,他不仅倾向于扰乱国家的工作,而且倾向于让这样的工作遭受控诉。从这个角度看,每个被统治者都是嫌疑犯;但每个嫌疑犯都指控统治者并准备让他出错,因为统治者有朝一日必会承认自己不代表全体,而是代表了一个盗用普遍之外表的依旧特定的意志。① 由此,日常人必须被视作嫌疑犯(和躲躲闪闪的人),它总逃避法律的清楚决断,哪怕法律通过怀疑来追查每一种不确定的存在方式:日常的无差异。(嫌疑犯:任何人和每个人,因不能够有罪而有罪。)

但到了另一阶段,批判(在亨利·列斐伏尔[Henri Lefebvre]通过提出"日常生活批判"来使用这一反思原则的意义上②)不再

---

① 参见黑格尔在《精神现象学》的"绝对自由与恐怖"中论政府的部分:"有嫌疑代替了有过错。"见《精神现象学》,先刚译,北京:人民出版社,2013年,第365页。——译注

② 我记得1947年,亨利·列斐伏尔以"日常生活批判"为题,出版了第一本书(*Critique de la vie quotidienne*, Paris: Grasset);然后,1958年,他为这第一篇论文的再版写了一篇序言,那是有着不同路向的第二次研究。第三卷用一种新的观点来再次讨论这些问题(Paris: l'Arche)。从我最早发表这些评论的时候起,列斐伏尔就已经在继续深化他的反思了。参见他的《现代世界里的日常生活》(*La vie quotidienne dans le monde moderne*, Paris: Gallimard, 1962)。

满足于这种通过让日常生活向历史和政治生活敞开来改变它的意愿:它毋宁试着准备日常(Alltäglichkeit)的一个根本转变——一个引人注目的视角之改变。日常不再是一个既定社会在既定时刻的一种平凡的、可从统计上确认的生存;它是一个范畴,一个乌托邦,一个理念,没有它,一个人就不知道如何抵达隐秘的当下,或抵达显现之存在的可发现之未来。人(今天的人,我们现代社会的人)既深陷于日常,又丧失了日常。第三个定义:日常也是这两个运动的模糊性,是几乎无法把握的此者与彼者。

由此出发,我们可以更好地明白日常研究用来引导自身的各种方向(有时涉及社会学,有时涉及存在论,还有时涉及精神分析、政治学、语言学或文学)。为了接近这样一个运动,一个人必须自相矛盾。日常即平庸(它是慢慢吞吞、落在后头的东西,是装满我们的垃圾箱和墓地的残留生命:废物和碎屑);但如此的平庸也是最为重要的,因为它会把我们带回到其自发的生存并且就像它被体验的那样——在它被体验的时刻,它逃离了一切思辨的形式,或许也逃离了一切的连贯性和一切的规律性。在这里,我们可以想起契诃夫(Tchekhov)的诗歌,甚至卡夫卡,并肯定肤浅之物的深度,无价值者的悲剧。正反两面总是相遇:一面是沉闷的、痛苦的、肮脏的日常;另一面是时刻逃避形式或结构的无法穷尽的、难以回避的、一直未完成的日常(尤其是在政治社会里:官僚体制,政府机构,党派)。而这两个对立之间会有一种同一的关系,因为重点的轻微移动允许从一者转向另一者:那时,自发的东西,也就是逃避形式的东西，无形式者，成了无定形之物，停滞的东西（或许）也和生命的流动，也就是和社会的运动，混同了起来。

*

不考虑它的方方面面，日常有这样一个本质的特点：它不允许自身被人抓住。它逃避。它属于无意义（insignifiance）；而无意义的东西没有真理，没有现实，没有秘密，但或许也是一切可能之意指（signification）的位置。日常在逃避。正是在这里，它是陌异的，它是一个以令人惊讶的形式展露了自身（但它自身已经消散）的熟悉之物。在我们总已经看穿了它的意义上，它首先是不被察觉者；我们也无法把它引入一个整体或对它进行"考察"（revue），也就是说，无法把它封闭在一个全景的视觉（vision）内。因为——这是第二个特点——日常从来不是我们一眼就看到了的东西，它只能被再次看到：我们总已经通过一个幻觉看到了它，而那个幻觉恰好构成了日常。

由此就有一个要求——看似可笑，看似轻率，却是必要的——它促使我们寻找一种对日常的总是更加直接的认知。亨利·列斐伏尔谈到了"大冗言"（Grand Pléonasme）[1]。我们想在一切流逝和发生的瞬间了解发生的一切。不仅事件的图像和传递它们的词语被瞬间刻入了我们的屏幕和我们的耳朵，而且，最终，除了这个普遍传递的运动外，就没有什么事件

---

[1] 出自列斐伏尔的《日常生活批判》第二卷。参见 Henri Lefebvre, *Critique de la vie quotidienne*, tome Ⅱ: *Fondements d'une sociologie de la quotidieneté*, Paris: l'Arche, 1961, 226. ——译注

了:"一种巨大的重言式的统治。"① 人们现在可以看到,一个得被如此公开和直接地展示出来的生活有何弊端了。交流的手段——语言,文化,想象力——由于只被当作手段,正在耗尽和丧失其中介(médiatrice)的力量。我们相信自己直接地(immédiatement)认识了事物,而不需要图像,不需要词语;事实上,我们处理的不过是一种什么也没说,什么也没展示的反复啰嗦。有多少人打开了收音机并离开房间,满足于那遥远而充足的噪音。这荒谬吗?一点也不。本质的事情不是某一个人说话,另一个人听;而是,虽然没有哪一个人说话,也没有哪一个人在听,但还是有言语,还是有一种交流的不被定义的承诺,并且,寂寞词语的不断的来来去去确保了这个承诺。一个人可以说,当我们试着以这种方式在日常的层面上重新抓住日常的时候,日常已经失去了任何抵达我们的力量;它不再被体验,它毋宁是被看见或被展示的东西,它是景观和描述,它没有任何主动的关系。整个世界被呈献给了我们,但这是通过凝视来呈献。一旦我们把目光对准了事件的图像,我们就摆脱了对事件的操心;那样的目光是兴致勃勃的,继而是纯粹好奇的,再然后就是空洞而着迷的了。为什么要上街参加示威游行(manifestation)呢,如果在同一时刻,因为一台电视机,我们已经平静且安全地处在其显现(manifestation)本身当中了? 在如此的显现中,它被生产、复制了出来,并把自身整个地献给了我们的视线;而我们也得以相信它正在发生,唯有

---

① 出自《日常生活批判》第二卷。参见 *Critique de la vie quotidienne*, tome Ⅱ, 81. ——译注

这样,我们才是它高高在上的见证者。一种不负责任的凝视的虚假认知取代了实践;一种肤浅的、漠不关心的、心满意足的消遣,取代了作为一项使命和一种工作的概念运动。在家庭生活的四面围墙里得到很好的保护,人允许世界毫无危险地向他到来,他肯定自己的所见所闻绝不会改变什么。"去政治化"(dépolitisation)就和这个运动相连。政府之人害怕街道——因为上街的人随时会成为政治之人——他只想做一个景观承包商,善于催我们身上的公民入睡,以便在半睡半醒的半昏不明里,只让那些不知疲倦的图像偷窥狂一直醒着。①

*

尽管交流的手段取得了巨大的发展,日常仍在逃避。这是它的定义。如果我们通过认知来寻找它,那么,我们只能失去它,因为它属于一个没有什么好认识的领域;它同样先于一切的关系,因为它总已被说出,哪怕它仍然未被表达(informulé),

---

① 参见埃德加·莫兰(Edgar Morin)的《时代精神》(*L'esprit du temps*, Paris: Grasset, 1962)。在这本书里,莫兰没有直接地处理信息的难题,而是研究了他所谓的大众文化(Culture de Masse):"也就是根据工业大批量制造的标准生产的,通过大规模传播的技术散布开的、面向社会大众,也就是说以社会内部结构上下各层次的个人组成的巨大群体(阶级、家庭,等等)为对象的文化。"(参见埃德加·莫兰,《时代精神》,陈一壮译,北京:北京大学出版社,2011年,第4页。——译注)问题的确是一种文化及其神话、象征、图像。它"趋于侵蚀、瓦解其他文化……它不是20世纪唯一的文化;但是它是20世纪真正宏大的和新型的思潮"(参见《时代精神》,第7页。——译注)。莫兰有时把这样的文化和其他文化,例如,人文主义的文化,对立起来——在我看来,这似乎是错误的。我要说的是,"大众文化"的重要性在于,它以一种揭露的方式实现了文化的观念本身,从而质疑了这个观念。

也就是,尚未成为信息(information)。日常不是(现象学所广泛利用的)潜在之物;它的确总已经在那里了,但它应在那里并不确保它的完成。相反,在它的实现里,它总是未完成的,并且,任何事件,不论重要或不重要,都无法产生它的实现。什么也没发生:这就是日常。但这个静止的运动意味着什么?在哪个层面上"什么也没发生"?如果对我来说,某件事情必然总在发生,那么,对谁而言"什么也没发生"?换言之,日常的"谁?"是什么?为什么在如此的"什么也没发生"里,同时有一个肯定,即某种本质的东西被允许继续?

这些是怎样的问题!我们必须至少试着牢牢抓住它们。帕斯卡尔提供了一条最早的路径,而青年卢卡奇和某些模糊性的哲学重新踏上了它。日常是处在模棱两可之掩饰当中的生活:"生活是一种明暗的混乱……从来没有什么是被完全满足的,也从来没有什么会有一个了结……一切都在流动、相互融合,毫无阻碍地混杂在一起;一切都被毁灭了,一切都被打碎了,从来没有什么会一直繁盛到现实生活中……人们只能在否定的意义上描述它。"这是帕斯卡尔的消遣,一个转来转去的运动;它是一种模糊不清的生存的永恒的不在场证明,它用矛盾来逃避难题,并在一种不安的平静里保持悬而未定。这就是日常的混乱。它似乎占据了全部的生活;它没有界限,并用非现实击打其他一切生活。但这里突然出现了一种明晰。"某种东西发着光,一闪一闪地照在生活经验平庸的小径上……这是偶然,是伟大的瞬间,是奇迹。"这个奇迹"不可预见地……互不相干地突入生活之中,决绝地将整体化解为一道清楚明确的算术题"①。奇迹用它的光辉分开了日常生活的朦胧时刻;它悬置了细微差别,打断了不确定性,并向我们揭示了悲剧的真理,那个绝对的并且绝对地分裂的真理:其分开的两个部分从截然相反的方向上不停地乞求着我们,它们各自无时无刻不在向我们要求着一切。

关于这个思想的运动,说不出什么反对的东西,除了说它错失了日常。因为相比于某种非凡,每日的平凡不过如此;它不是一个等待"辉煌时刻"的"空无时刻",它不需要一个"辉煌时刻"来赋予它意义,或废除它、悬置它。日常所固有的东西在于,它为我们指定了一个领域,或言语的一个层面,在那里,真和假的断定,如同是和不的对立,并不适用——日常总超出了肯定它的东西,并在一切否定它的东西之外不断地重构自身。一种不严肃的严肃:没有什么能让我们从中分心(divertir),哪怕是以消遣(divertissement)的模式来体验它。我们获得了无聊的经验,无聊(l'ennui)似乎是唐突的,是对日常的一种无感觉的领会;在一段波澜不惊、平淡无奇的时间内,我们悄然滑入了这种对日常的领会,觉得自己永远地陷了

---

① 格奥尔格·卢卡奇,《心灵与形式》(*L'Ame et les formes*),转引自吕西安·戈德曼的《辩证法研究》(*Recherches dialectiques*, Paris: Gallimard, 1959)。(此处的三段引文出自卢卡奇的文章《悲剧的形而上学》[Metaphysik der Tragödie]。参见《卢卡奇论戏剧》,陈佳琪、罗璇等译,北京:北京师范大学出版社,2014年,第119—120页,有改动。——译注)

二 极限体验

进去,同时又感到我们已经失去了它,因此无法断定,一个人到底是缺乏日常,还是有太多的日常——我们就这样被无聊维持在了无聊里,而这种无聊的发展,弗里德里希·施莱格尔(Frédéric Schlegel)说,就像一个聚集了太多人的封闭空间里累积的二氧化碳一样。①

无聊是显现出来的日常;所以,这个日常已经失去了其不被察觉的本质的——构成性的——特点。由此,日常总把我们送回到生存的那个不显著的、无论如何未加隐藏的部分,那个部分是无关紧要的,因为它总处在意指它的东西的这一边;它是沉默的,可一旦我们为了听到它而保持安静,那样的沉默就消散了,而当我们闲聊的时候,我们又在这种并不言说的言语里,也就是,在我们身上和我们周围的这种轻柔的人之窸窣中,更好地听到了它。

日常是这样一个运动,通过它,人仿佛不知不觉地,就把自身持守在了人的无名(anonymat)里。在日常中,我们没有名字,几乎没有个人的现实,几乎没有一个形象,正如我们没有任何社会的规定来支撑或包围我们。当然,我每天工作;但在日常中,我不是一个属于工人阶级的工作者。在奠定其真理的工作之集体性里,工作的日常倾向于让我脱离这样的归

---

① 出自《雅典娜神庙》断片集:"在其生成方式上如同在其效果中,无聊和污浊的空气都是一样的。许多人聚集在一间封闭的屋子里时,无聊与乌烟瘴气就欢乐地产生了。"参见《浪漫派风格——施勒格尔批评文集》,李伯杰译,北京:华夏出版社,2005 年,第 61 页。——译注

属关系;它打破了结构并瓦解了形式,虽然它也在它不知不觉地毁灭了的形式背后,不断地重建自身。

日常是人的。大地,海洋,森林,光,黑夜——这些不代表日常性,日常性首先属于大都市中心区的稠密在场。为了让日常的体验开始抵达我们,我们需要这些值得赞叹的荒漠,也就是,世界城市。日常并不安居于我们的住所;它既不在办公室或教堂里,也不在图书馆或博物馆中。如果它在某个地方,那么,它会在街上。这里,我再次想起了列斐伏尔书中的一个美妙的时刻。街道,他写道,具有一个悖谬的特点,即它比它所连接的场所更加重要,比它所反映的事物有更为生动的现实。街道公开化。"它把隐藏的东西从晦暗中扯出……它公开了别处秘密地发生的事情,并让它变样,把它嵌入社会的文本。"①然而,街上公开的东西并没有被真正地泄露出来;有人说它,但这样的"有人说"没有被任何真正地念出的言语所承担,就像流言四起却没有什么人在传播一样,因为传播流言的人同意自己就是无人。这导致了一种危险的不负责任。在日常中,一个人仿佛置身于真假之外;这样的日常是生活的一个层面,而支配那个层面的,是一种对差异的拒绝,一种一直悬而未定的忙碌:没有责任,没有权威,没有方向,没有决定,一间混乱的储藏室,因为它打消了一切的开端,摒弃了一切的结

---

① 出自列斐伏尔的《日常生活批判》第二卷。参见 Henri Lefebvre, *Critique de la vie quotidienne*, tome Ⅱ, 310. ——译注

局。这就是日常。而街上的人是根本不负责任的:虽然总看见了一切,却不为任何事情作证。他知道一切,却不能回答——不是因为懦弱,而是因为轻浮,因为他其实不在那里。当街上之人在那里的时候,谁在那里?最多是一个"谁?",一个不落到任何人身上的疑问。总是一样,冷漠又好奇,忙碌又无所事事,晃晃悠悠,一动不动。这些对立又并列的特征,一方面不寻求和解,另一方面也不相互阻碍,始终不混在一起:这就是逃避一切辩证复原的变化无常(vicissitude)。

对此,我们必须补充,流言(rumeur)的不负责任——在流言中,一切都被接连不断地说出,一切都被没完没了地听到,但没有任何东西得到了肯定,也没有任何东西得到了回应——通过产生"公共舆论"(l'opinion publique)而迅速地变得沉重起来。但这只是因为,被传播的东西(如何轻易地)成了宣传的运动;也就是说,当它从街道转向报纸,从永恒变化的日常转向了每日转写(transcrit)的东西(我没有说铭写[inscrit]的东西)时,它就变得消息灵通,变得稳定,并得到了宣扬。如此的转译改变了一切。日常没有事件;而在报纸上,事件的这一缺席成为新闻的戏剧。在日常中,一切都是日常的;而在报纸上,一切都是陌异的、崇高的、可憎的。街道并不卖弄。行人经过那里,默默无闻,若隐若现,只代表了面孔的无名之"美"和注定流逝之人的无名"真理",他们没有固有的真理,没有与众不同的特点。(当我们在街上遇到某个人时,那总是出乎意料,仿佛误打误撞,因为我们没有在那里承认我们自己;为了迎接另一个人,我们必须首先脱离一种无身份的生存。)但在报纸上,一切都被宣布,一切都被谴责,一切都成了图像。① 那么,街道的非卖弄,如何一旦公开,就成了一种持续在场的卖弄呢?这并非偶然。一个人当然可以借助一种辩证的颠倒。一个人当然可以说,报纸无法抓住日常的无关紧要,只能通过宣布它的聋人听闻来让它的价值变得可以领会;报纸无法跟随不显现的日常进程(processus),只能在诉讼(procès)的戏剧形式中捕捉它;报纸无法获得那不属于历史性的东西,却总在一个突入历史(histoire)的点上,抓着奇闻轶事不放并用故事(histoires)抓住我们。报纸就这样用新闻的空洞取代了日常的"无事发生",它在一个它宣称是日常的层面上向我们呈现了宏大历史的"某事发生",而那不过是奇闻轶事而已。报纸不是以日常之形式呈现的历史,并且,在它为我们提供的妥协中,它无疑背叛了历史现实,同样也错失了不够格的日常,错失了那个徒劳地设法够格,也就是,徒劳地设法肯定并转写的无特定性的当下。

*

日常在逃避。它为何逃避?因为它没有主体。当我体验日常的时候,体验它的是任何一个人,并且,这个任何人,准确

---

① 摄影(动态的,静态的)作为曝光:突出了(街道上)尚无面孔、无法靠近、难以打量的人之在场并为其显现创立了条件。在这个意义上,摄影是把一切置于聚光灯下的日常出版的真理。参见罗兰·巴特(Roland Barthes)在《交流》(*Communications*, tome Ⅰ, Paris: Seuil, 1961)上发表的研究《摄影讯息》(Le message photographique)。(中译见罗兰·巴特,《显义与晦义》,怀宇译,天津:百花文艺出版社,2005年,第3—20页。——译注)

地说,既不是我,也不是别人;他既不是这个人,也不是那个人,并且,在他们可以互换的在场里,在他们被取消了的非相互性当中,他同时是这个人和那个人——但没有一个"我"或"另一自我"能够得出一种辩证的承认。同时,日常不属于客观的领域。如果我们把它体验为一个能够用一系列分开的技术行为(例如:吸尘器,洗衣机,冰箱,收音机,汽车)来体验的东西,那么,我们就用许多零碎的行为替代了这个不定的在场,这个连贯的运动(但它并不是一个全体)——通过这个运动,我们在一种不连续性的模式当中,同人之可能性的不确定的整体,连续地发生了关系。当然,由于它不能被一个真正的主体所承担(甚至质疑了主体的观念),日常倾向于不断地把自身重重地压在物(choses)上。任何人都把自己呈现为普通人,用常识来评估一切。所以,日常是这样一个环境,在那里,就像列斐伏尔注意到的,异化(aliénation)、恋物(fétichisme)和物化(réification)产生了它们的结果。对一个除了日常生活就没有其他生活的工作者来说,日常是最沉重的;可一旦他抱怨这个,抱怨日常之生存的重负,就有人马上回应说:"日常对每个人都是一样的。"还有人像毕希纳(Büchner)的丹东一样补充道:"这一切什么时候才能换换样子,简直一点希望也没有。"①

---

① 出自毕希纳的戏剧《丹东之死》第二幕第一场。参见《毕希纳全集》,李士勋、傅惟慈译,北京:人民文学出版社,2008年,第64页。——译注

无疑,日常的本质必定是危险的,每当我们因那无法预见的一跃而从日常中退出,面对着日常,并发现自己面对的恰恰什么也不是的时候——"什么?这就是我的日常生活吗?"——不安必定抓住了我们。我们不仅不得怀疑它,不得畏惧它,而且还应试着重新捕获那在其中运行的秘密的破坏力,人之无名性的侵蚀力,那无限的磨损。英雄,虽然是一个有勇气的人,也害怕日常;倒不是怕自己在日常中生活得过于安逸,而是怕自己在日常中遭遇最可怕的东西:消解的力量。日常挑战英雄的价值;但这是因为日常甚至挑战一切的价值和价值的理念本身,它总在反复地毁灭本真性和非本真性之间的不合理的差异。日常的无差异处在了一个不设任何价值问题的层面上:有(il y a)日常(无主体,无对象),并且,虽然有,但日常的"它"(il)不必有价值;如果价值无论如何要求介入,那么,"它"(il)就一"无"(rien)所值,并且,这个"无",因为同它的联系而没有价值。体验日常就是经历根本的虚无主义,这种虚无主义就如同它的本质,因此,在那激发它的空虚里,日常性不断地持有其自身批判的原则。

对话体的结论

"那么,日常难道不是一个乌托邦吗——难道不是一种丧失了神话的生存的神话?我们没有进入日常,正如我们没有触及这个能够历史地代表历史之终结的历史时刻。

——事实上可以这么说,但它敞开了另一层意思:日常是

二 极限体验

我们总已经通达过了的无法通达者;日常是无法通达的,但这只是因为一切的通达模式都陌异于它。以日常的方式活着就是将自身持守于生命的这样一个层面,它排除了一个开端的可能性,也就是说,排除了通达的可能性。日常体验根本地质疑起始的要求。当一个人要把生存解释为由日常所承担的时候,创造的观念是不可接受的。

——换言之,日常生存从不必被创造。这恰恰是"有日常"(il y a du quotidien)这一表述的意思。哪怕硬要肯定一个创造的上帝,"有"[il y a](还没有存在的时候已经有的东西,什么也没有的时候仍然有的东西)也不能被还原为创造的原则:"有"(il y a)是人的日常。

——日常是我们永恒的部分:拉弗格所说的"永空"(eternullité)①。某种意义上,《主祷文》(*Pater*)是秘密地不虔诚的:请把我们日常的粮食赐给我们,请让我们按日常的生存来生活,而那样的生存没有给造物主和造物之间的关系留下位置。日常之人是最不信神的人,以至于不论什么样的神都无法和他发生关系。所以,一个人会明白,街上的人如何逃避了一切的权威,不管是政治的权威,道德的权威,还是宗教的权威。

---

① 出自法国诗人于勒·拉弗格(Jules Laforgue)的诗歌《自传序曲》(Préludes autobiographiques)第 58 行:"在天国的永空下"(sous la céleste Eternullité)。参见 Jules Laforgue, *Œuvres complètes*, tome Ⅰ, Lausanne: L'Age d'Homme, 1986, 547. ——译注

——因为在日常中,我们既不诞生,也不死亡;这里就有日常真理的重量和谜样的威力。

——但在它的空间里,既没有真,也没有假。"

XII 无神论与书写
人本主义与呼喊

1

如何不用怀疑的目光看待这个双重的标题？它传达了什么？它要传到哪里？为什么是这样一个文本，它将回答一个仍然缺席的问题？在问题的如是缺席里，什么发起了追问？问题的一个多余。坟墓上的"长眠于此"(ci-gît)，也是碑铭的真理。仿佛，除了这被抛回的寥寥数语，内部的所有语言已被耗尽，变得无法利用了：一艘沉船的残骸。我们清楚地知道，在文化所是的巨大而徒劳的破坏里，一本书最常留下的东西就是它的标题，并且无数的标题里只留下了一些：然而还是太多。

但我们不要相信自己可以从一个标题中读到它所提出的问题。我们不要相信，为了让问题在它给我们命定的追问中被归还于我们，通过评论让缺席的问题到场就够了。我会以一部题为《词与物——人文科学考古学》(*Les mots et les choses*)的作品为例。让我们假定,所谓的人文科学的迂回,以及日常的甚至政治的絮叨,给"人"一词带来的自满的兴趣,让米歇尔·福柯感到震惊,或许还激怒了他,他问他自己:真的,我们为什么还在谈论"人"?并且,这个"人"是什么?让我们假定,当福柯写一部如此博学、如此深思熟虑的书时,他试图把形式、力量和权力借给诸如此类的肯定:"诚如我们的思想之考古学所表明的,人是一个近期的发明。"[①]或者:"想到人只是一个近来的发明,一个人类知识中的简单褶痕,想到一旦人类知识发现一种新的形式,人就会消失,这是令人鼓舞的,并且是深切安慰的。"[②]是的,让我们假定,这句话被给予了我们,这样,它就让我们暂时地撤离了自身并让我们想起了我们墓碑上的专名。但事实上,这仍然是以"鼓舞"的名义向我们提出,而且是我们在其他方面引以为傲并感到满足的知识的一个间接结果。的确,如果一个评论者拒绝这样的鼓舞,相反,他感到了惊恐并极度地不悦,问:"这是人本主义(humanisme)的终结吗?"那么,只有他对他自己提出的这个问题负有责任,他

[①] 参见 Michel Foucault, *Les mots et les choses*, Paris: Gallimard, 1966, 398. 中译见米歇尔·福柯,《词与物——人文科学考古学》,莫伟民译,上海:上海三联书店,2002年,第506页,有改动。——译注

[②] 参见 Michel Foucault, *Les mots et les choses*, 15. 中译见《词与物——人文科学考古学》,第13页,有改动。——译注

二 极限体验

暂时扣留了书本,并由此出发,迫使我们反过来问:为什么要发出这种让人反感的喃喃低语?为什么要对一种妄想狂的特征如此大惊小怪:那种特征似乎的确是人类自我的本质,并且,每当"人"成为问题的时候,它很快就让某个特定的个体觉得那个问题对准、激怒、攻击并创伤了他自己。人本主义的终结?似乎自费尔巴哈(Feuerbach)把最具能量的形式赋予了人本主义以来,人本主义就被一切重大的探究所不断地痛击和排斥。那么,为何有这样的不安,为何有如此愤愤不平的喃喃低语?

(1) 人本主义:一个神学的神话

我们不得不回到尼采:"*所有的神明皆死;现在,我们希望超人活着。*"[①]上帝之死给人留下了位置,然后,人之死给超人留下了位置。所以,尼采根本没有超越这个词,而是保留了它,赋予了它额外的价值。超越在被超越的东西里找到了它的重心。甚至当他向未来提出谜样的"大地"和"永恒轮回"的时候,他通过一种可怕的关注开始破解并承担的东西,仍是作为未来——作为一个总是返回的未来——的人。或许,只有当尼采追问"世界的游戏"时,他才让我们朝向了一个完全不

---

① 参见尼采,《扎拉图斯特拉如是说》,黄明嘉、娄林译,上海:华东师范大学出版社,2009年,第144页。——译注

同的问题:断片书写的断裂运动所持有的问题。①

上帝之死的主题解释了人的观念在"人本主义"为之获取的形式下从中受益的这神秘的一跃。费尔巴哈说:人就是真理;绝对的存在,人的上帝,乃是人的存在本身;宗教之人把他自己的本质当作了对象。所以,费尔巴哈表明:人已经以上帝的名义思考了自身,实现了自身,也异化了自身,并且,否定基督教谓语的主语还不足以让人和他的真理达成一致。上帝消失了或正在消失,作为一个有限的、尘世的存在,也作为一个同绝对者(绝对者拥有创建和创建自身的权力,拥有创造和创造自身的权力)发生关系的存在,我们把我们引向了我们自身,我们自身已经在那里了,只是自我主义把我们自身和我们分了开来。通过这一双重的特点——有限者,绝对者——我们归于我们自己或允许被归于我们自己的所有普罗米修斯的权力,都基本属于神学。不管是作为上帝的竞争者,取代者,还是继承者,人,作为自身的创造者,或在走向欧米伽点的过程中,只是上帝的一个化名,并且,那个上帝死了是为了在他的造物身上重生。人本主义是一个神学的神话。由此产生了

---

① 尼采:"人作为衡量一切事物的价值标准,作为世界的法官……这姿态是极度乏味的……当我们发觉'人与世界'并存,只是当中被这个小词'与'的傲气所隔,便不禁莞尔一笑了。"(参见尼采,《快乐的科学》,黄明嘉译,上海:华东师范大学出版社,2007年,第331页,有改动。——译注)我们必须几乎理所当然地补充,如果永恒轮回让我们直面重新开始的谜题并因此摧毁了统一性的思想,那么,它也在最终的肯定中,让我们转离了一切人本主义的理想。见后文《论时代的一种改变:轮回的要求》。

它的魅力,它的功用(上帝以人的形式得到了召唤,这样,他就努力构造世界:补偿人在为来世努力工作中度过的漫长时间),也产生了其沉重的简单性。触碰人就是触碰上帝。每当那些用来思考神性逻各斯的相同范畴,在它们被托付于历史的同时——哪怕受到了亵渎——被退还给人的理解,上帝就作为踪迹和未来,存在于那里了。①

(2)"有限者",正在消隐的对象

上帝死了。这意味着,至尊性(souveraineté),用乔治·巴塔耶的话说,转入了死亡:"至尊者不再是一个国王;他在我们的大都市里隐匿,用沉默包围了自己。"②此后,甚至在死亡中,上帝也仍然保留了至尊性的意义,因而让那在其中宣告自身的至尊性免遭死亡。只有现在,才轮到了人的死亡。被他宣布为权力(pouvoir)的死亡权利(droit à la mort)是最模棱两可的东西。一方面——不考虑马克思主义的评论者对黑格尔(我们都是他的继承者)的必要的忘恩负义——显然,如果人没有终结,如果人没有和他的终结发生关联,并通过这种关联和否定者关联起来,那么,他就一无所知,他就不知道那种为

---

① 在他对费尔巴哈的尖锐回应中,施蒂纳(Max Stirner)会这么说:当上帝被内在化到这样的地步,以至于他把其神性交给了人的时候,人就愈发是神的奴隶。

② 出自巴塔耶的小说《爱华妲夫人》(*Madame Edwarda*)的注释。参见 Georges Bataille, *Œuvres Complètes*, tome Ⅲ, Paris: Gallimard, 1971, 494. ——译注

知识的可能性奠定基础的否定之权力。正因为人死了,人才有所知;最为惯常的言语,如同最为肯定的东西,能够言说只是因为死亡在其中言说,死亡否定了是者(ce qui est),并通过如此的否定,为概念的工作铺垫了道路。

但人总已经死了并且总已经知道他将会死。为什么,为了让这种有关终结的知识产生一种能够把人当作探究对象的模棱两可的肯定性,我们不得不等到现代呢?让我们暂且承认老生常谈,不管它们有多么陈旧。终结不再被一个彼岸所占有。为了一个尘世或非尘世的理想而理想地生活的可能性,不再有足够的权威来为人将终结的确定性充当一个不在场证明。而且,我们对意识形态——我们用来支配我们行为的这一套继承来的,几乎独立于其所依赖的更为真实的关系的表征体系——的怀疑,促使我们超越了(总被迷茫的情感所覆盖的)终结的确信,并将这样的确信重新把握为那只是给"有限者"的多样领域划界的东西。"有限者"(le « fini »),也就是这样的东西:它被认知或将被认知为有限的,并且从这个特征——"有限的存在"——中获得了认知的可能性。再一次,换句话说:有限者,由于它是有限的,总把自身作为一个正在消隐的对象而给出。(为新科学奠定基础的有限者,请再次注意,在本质上是一个神学的概念。)

(3) 从人文科学中缺席

死亡在可能性的回撤中给出了可能性。这指明了我们所

二 极限体验

谓的人文科学在知识领域里通过越来越准确的轮廓规定而产生的这一形象的地位。这个形象在它消失之前几乎没有得到指定。的确,在这些科学中,它是关于什么的一个问题? 它是关于人的一个问题吗? 根本不是。因为那会假定:存在着一个可以确定的人之现实本身,并且,这个现实能够成为一种总体的科学认知的对象。当我们遇到一个人的时候,人在哪里? 我们已经放弃了问这一类问题,正如那种阐述"人之哲学"的想法很早之前就从伟大的哲学意图中消失了一样——姑且认为那种想法曾在里头有过位置(恰巧费尔巴哈除外①)。如此的缺席或许意味深长。康德明确地提出了问题:人是什么? 但他给出的回答没有在其晚年的"人类学"中出现。回答毋宁在那种贯穿其全部作品的必要性当中得到了肯定:即只有人作为知识的原则被给予了知识时,这样的知识才得以确立,但代价是,一个人永远地放弃了通过一种直接的知识来回答这

---

① 然而,关于这个主题,关于这种指定的反对,有太多的要说。如果费尔巴哈谈论人类学,谈论人神一体说,谈论实践的无神论,那么,他恰好在他想要命名"新哲学"的时候,诉诸人本主义吗? 我不记得。但人本主义在他附近诞生;它是一个政治的词。阿尔诺德·卢格[Arnold Ruge](正如让-皮埃尔·费伊[Jean-Pierre Faye]用一个讽刺的时机所回想的)把根本的意指赋予了大约五十年前在法国形成的"人本主义"一词(它有人性、人之慷慨的意思),他十分接近其著名的《哈雷年鉴》(*Annales de Halle*)用来开篇的费尔巴哈。然而,当费尔巴哈用第三人称谈论他自己,希望描绘他自己的时候,他没有说费尔巴哈是一个人本主义者,而是"既不应当称费尔巴哈为唯物主义者,也不应当称他为唯心主义者,又不应当称他为同一哲学家。那他究竟是什么呢? 在思想中的他,便就是在现实中的他……他是人,(转下页)

个问题:人是什么?

如果这样一个问题在总体上从来不是知识的问题,那么,如人所说,就有一些领域或区域的界限是以人类活动的某一形式为基础,被划定出来的。毫无疑问。并且,这些领域,再一次,就严格的意义而言,从来没有作为直接地真实的东西而被给出;它们的存在是基于一种有可能拥有的认知。这也意味着,我们在这些领域里遇到的东西,本身并不是客观的现实,更不是人们已然能够称之为科学的事实。人文科学的对象不是那些在时代进程中说话或行动的人所制造的一个经验上可观察的特定的存在领域;但人——在一个特定的、明确的

(接上页)或者,说得更确切一点……他是社会的人,是共产主义者"。(出自费尔巴哈的《因〈唯一者及其所有物〉而论〈基督教的本质〉》。参见《费尔巴哈哲学著作选集》[下卷],荣震华、王太庆、刘磊译,北京:商务印书馆,1984年,第435页。——译注)所以,"共产主义者"先于并且基本上提前抹掉了"人本主义者"。我们还要补充,如果费尔巴哈用了"人"一词,那么,这个词就是一个最初的、崭新的、承担了新原则的名字:它注定要动摇和(或许)取代每一个名字。"用一种纯粹而真实的人的态度去思想,去说话,去行动,则是下一代的人才能做到的事。因此目前的问题,还不在于将人之所以为人陈述出来,而是在于将人从他所沉陷的泥坑中拯救出来。"(参见费尔巴哈,《未来哲学原理》,洪谦译,北京:生活·读书·新知三联书店,1957年,第1页。——译注)那么,我们不要把"人本主义"的思想拖入一场让该词语的使用满足其理解的争论。就连离此思想如此遥远的荷尔德林也归顺了"所谓的人本主义的观点"("人之天性及其趋势的统一和共通性",就像他解释的那样),并提出要创办"一份以诗歌为特色的人文期刊"。(荷尔德林的这些话出自1799年7月致谢林的信,参见《荷尔德林文集》,戴晖译,北京:商务印书馆,2003年,第422—423页。——译注)这发生在《恩培多克勒》时期,那时,他正试着打破他的分裂。

活动区域里——所做的事情只对知识感兴趣,并且某种意义上只在这样的时候存在,即"所做之事"能够被视为一个(形式与法则的)体系,并且这个体系先于并超越了该区域所划定或铭刻的经验行为。如此的颠倒是新科学的主要特征。福柯意味深长地称之为从经验到先验的翻倍(redoublement)。翻倍——重复——在这里是一个关键词。一个人甚至可以说,正是翻倍的可能性,通过让事实向原则敞开,建构了超越性(transcendance)本身。但打开这一可能性的"重复"本身如何可能?经验的东西如何自身翻倍,并在如此的翻倍中成为可能性?换言之,翻倍——所有开端者的非起源(la non-origine)——如何创建一个开端?它不会首先毁灭了开端吗?在这里,在新科学的成功中,难道没有一次失败如影子般先于这一成功吗?

但让我们把这些问题留在一边并确认,问题不只是一个模棱两可的情境,在那里,人文科学会发现自身被应用于人:人既是认知的对象,也是认知的主体。因为这里的先天不是主体的先天(a priori),换言之,不是先验主体性的先天。它毋宁是形成先天并持有认知主体的知识的构成领域本身:这个领域已从形式上构成并因此总有待构成,不然就会陷入可怕的教条主义。所以,在一种严格的意义上,科学的存在只能以一套科学建构的理论为基础,并且,那套理论本身只能由一种致力于了解科学话语是否可能的调查所抵达。但科学话语又是什么,如果不是一种要求书写的话语,如果这种话语不要求书写具备一种能够确保其自身之特殊性的形式？最后，所谓的"超越性"（它当然是一个被放错了地方的词），在书写中并且通过书写，通过书写的脱离意识形态的才能（一种必然不稳定的才能），被给了出来。

人从人文科学中缺席。这并不意味着人遭到了省略或删除。相反，人在人文科学中到场的唯一方式，既不把人肯定为一个对象——某一种自然现实——也不把人肯定为一种主体性，更没有肯定为一种纯粹道德的或意识形态的要求；所以，这种方式不是经验的，不是人神一体论的，不是人类学的。但这样的缺席不是纯粹的非规定；它也始终并且每次（根据所设想的区域）都是被规定的，也就是说，规定性的。在场的多样性用来始终提前保持克制和缺席的形式运作（opérations formelles），人类活动的"或"（sive），描绘了产生认知的人类事件所发生的空间。这些运作或多或少总被那些用来支持它们的"结果"所掩盖，在那些"结果"里，运作在成为"物"，即成为经验现实的过程中，遭到了异化。一种（不希望表露自身的）超越性或先天性和一种（成功地否认自身的）肯定性之间的漂移不定的模棱两可，建构了新的人文科学的本源性，而在这种新的人文科学里，人将自身探寻为缺席了的。

(4) 总是光，意义

在这里，让我们用至少一句话快速地记下：如果没有胡塞尔的现象学，知识不大可能如此直接地重新抓住它所固有的

二 极限体验

那个定义了一种独特关系之观念的空间。一方面(怎能忘了这点?),现象学有助于完成一项使命,即让人,精神的东西,摆脱自然因果性的法规;然后让意识本身摆脱其作为意识状态之位置的天真描述:意向性(intentionnalité)从意识中清空了意识,并把这样的清空变成了一种总是有别于、优越于各关系项的关系,因此,这种关系也准备着定义那不具备意识特点的东西。意向性的构想或许是为了确保判断,它也可以用欲望的名义——用欲望之意向的名义——重新发现自身是一个严格地非思想的、无意识的进程类型。这些及其他转变了现象学的曲解无疑歪曲了它,但还能怎样?它们从此运作起来,并且至关重要。另一方面,通过表明对象的各种规定和以它们为意向或接受其显明的"意识"的各个步骤之间存在着一种严格的相互关系,现象学让思想熟悉了一种既是经验的,又是先验的关系之观念。或者,说得更清楚一点:正是意向性把经验的东西和先验的东西维持在了一种被强有力地结构起来的关系当中,如此的联合在本质上是现代的,也就是,爆炸性的。所以,经验的东西从来不自行地是经验的:没有什么经验可以宣称自身自在地就是认知或真理。所以,"先验"的东西也会发现自身无处定位:它既不在一种总已经外在于自身的意识中,也不在事物的所谓的自然现实里(自然现实必须总被悬置或还原)。它毋宁处在一个关系网络的浮现当中,这个关系网络既不统一,也不同一,而是让各关系项保持距离,并把这段被重新把握为他异性之形式的距离,变成一种新的规定之权力。

现象学——的确——维持了主体的首要性：有一个本源。这个本源就是光(lumière)。从那种让意义(sens)的第一道光的召唤在一切意义中照耀的光亮之首要性出发，光总是更加本源的(正如列维纳斯如此意味深长地指出的)。所以，现象学完成了整个西方思想的独一命运，根据西方思想，存在、认知(凝视或直观)和逻各斯必须从光的角度来考虑。可见者，显明，澄清，理想性，逻各斯的高超光辉——或者，简单地颠倒一下，不可见者，模糊不清，不合逻辑，或静默的沉积：这些是出显(Apparaître)的变奏，第一现象(Phénomène)的变奏。而语言会从这些东西里获得它的特征。言语行为仍是一种表达行为：它要表达那总是在先的意义，然后尽可能地把它保存于光亮的理想性。或者，如果科学的真理，事实上，必须被说出来，以便它通过摆脱所谓的揭示者的心理独一性，而建构起自身，如果语言因此具有某一种建构的权力，那么，一个人必须立刻补充道，正是言说的主体本身持有了这种权力。所以，在这个建构的行为中，言语对主体的取代(这从现象学上说是骇人听闻的)并没有发生，但主体言说，并且一个人甚至不能作为主体而言说，因为主体性本身是沉默的，是一种能够严格地表达它的语言无法抵达的。

语言：表达了一种先于它的意义，一种它所服务、所保卫的意义；意义：光的理想性；第一道光：源于那个与一个开端同时出现的主体；最后，经验(一种相当难以规定的经验,有时是经验的,有时是先验的,但既不是经验的,也不是先验的):意指的来源。这些成了老生常谈的肯定,沿着不同的方向,由现象学传入了全部的反思。

知识——凭借它在我们所谓的人文科学当中自身肯定的努力——对现象学的看护似乎远远多于它愿意承认的。首先是对其自身之肯定性的质疑(它对实证主义的畏惧),是一种同自身内在地发生争执的必要性(这是由意识形态的追查所维持的)。科学处在了危机当中。这样的危机没有危及它,但科学具有一种本质地批判的功能。另一个标志:为科学经验的可能性奠定基础的先天性所扮演的角色;然而——这是一个关键的更改——先验的领域没有主体,并且它在现象学不会像拥有权威准则之价值那样加以承认的形式、法则和体系中显露了自身。最终,指导调查的仍然是一种意义的要求或探究:这意味着什么?为什么有意义?或者,更奇怪的是,意义如何形成?这些问题总是危险地处于天际,而语言学——所谓的典范的科学——的重要性加剧了结构主义的方法无论如何远远没有降低的这种危险。

(5) 无神论如何可能?

人,意义的承担者:被还原为意义的理念,也就是,光。(荷马已经选择把光的名字赋予人了。)认知:凝视。语言:在这个媒介里,意义始终被理想地献给了一种凝视的直接阅读。这些特征,在无神论内部,让神性逻各斯的本质长存。在这个层面上,无神论仍然是纯粹的主张。一个人可以自称为无神论者;一个人可以说,我们在思考人,但我们继续认识到的,总是作为光、作为统一的上帝。所以,一个难题会是:真正的无神论的条件是什么? 这或许等于排除了一切第一人称的回答。我可以清楚地告诉我自己,并用一种强烈的信念相信:上帝之名或理念从中出现的一切肯定的形式都陌异于我;但"我"绝不是一个无神论者。自我,在它的自主性当中,通过纯粹的神学谋划保留或建构了自身;自我是一个说出"我是"(je suis)的中心:它说出了它同一个总在高处的"我是"的关系。①但如果"我是无神论者"这一肯定不过是一个传记的选择,那么,这也意味着,这一肯定不是一个必然的选择。尼采已经在"上帝之死"中认出了某种完全不同于个人之意外事件的东西。然而,如果历史本身在废除上帝的同时,通过索求一种超

---

① 在这个意义上,哪里有一个"我",哪里有一个自我的同一性,哪里"上帝就没有死"。这也是为什么,尼采的决定性的质疑和"意识"或"我"的同一性有关。参见下面一段从尼采的遗稿中摘录的文本,它是科利和蒙提纳里在第六期论尼采的《罗约蒙手册》(*Cahiers de Royaumont*, Paris: Minuit, 1967)上引用的:"*我毋宁把我本身当作思想的一个构造,它和'物质''物''实体''个体''目标''数字'具有相同的秩序,因而是一种调节性的虚构,对亏了它,一个人才把一种恒定性,因此也把一种'可理解性',引入了一个变化的世界。对语法的信仰,对语言主体和对象的信仰,迄今为止已让形而上学处于它的重轭之下:我教导一个人必须放弃这种信仰。*"(参见 Friedrich Nietzsche, *Sämtliche Werke*, *Kritische Studienausgabe*, Band 11, hrsg. v. Giorgio Colli und Mazzino Montinari, München, Berlin und New York: Deutscher Taschenbuch Verlag, Walter de Gruyter, 1988, 526.——译注)

二 极限体验

越关系的特权而终结了的话,那么,说上帝之死是一个历史事件,就无论如何不够了。所以,无神论不只是历史的一个时刻或思想,正如它不是个人意识的一种简单谋划。

我不知道无神论是否可能,但我假定,就我们有理由怀疑自己绝没有同"神学"的东西决裂而言,找出这种总是逃避我们的无神论的可能性会从哪里向我们而来并由谁给予我们,是极为有趣的。请注意,相反的说法同样正确:教会不断地担心,在超越性的思想下,一种陌异的肯定会被引入:那种决定性的异端把一个自以为"相信上帝"的人变成了一个无神论者。在教会看来,危险总在离上帝之思想最近的地方发出威吓:一个人承认科学,一个人承认人的考虑,一个人甚至有所保留地承认人本主义;还有人同唯物主义的共产主义进行交谈。但为什么我们有理由怀疑自己被卷入了这样一个运动呢:在那里,谈论上帝就是述说某种截然不同的事情,并且,这样的谈论已把言语交给了那绝不让自身以独一无二者的统一性为基础而被人理解的东西?①

---

① 当费尔巴哈宣称"无神论正是宗教本身之秘密"(参见费尔巴哈,《基督教的本质》,荣震华译,北京:商务印书馆,1984 年,第 16 页——译注),意即在人设想、崇拜和热爱上帝的地方,被感知并被热爱的必然是人之存在(哪怕是绝对的、神圣的存在)时,他(的确不知不觉)十分清楚地表明,就人们调换了神灵的位置,却没有把它抹除——抹除(这是本质性的)不能简单地体现为否定它或排除它,而要用一种仍然未被察觉的可能性取而代之,也就是说,要打开一个根本他异的维度——而言,声称告别了神学的时代是荒谬的。所以,在上帝的名字下,人们继续崇拜的总是作为独一无二者的人。

双重的怀疑:人们有必要怀疑它们是同一个。在双重的层面上:让我们承认,在人具有神圣属性——第一人称的意识,光的透明性,一种看见并说出意义的言语,一种阅读意义的言说之凝视——的地方,神学的东西已得到了保留,并且,没有什么必须明确地指定自身的权威之超越性的关系(就像一神论的信仰所要求的那样)。因此,神学的东西会被维持下去;也就是说,同样被悬置起来。模糊性会保持它的悬而未决,只要人的在场排除了一切根本他异的在场,因为它也包含了那样的在场;或者,只要人的在场通过如此的包含,证实了一种以直接的形式到场并因此被直接地消除了的缺席(Absence)。这就像那个著名的论证——它甚至和萨德相反——根据它的说法,对上帝的一切否定(也就是,对上帝之缺席的一切肯定)总还是一种在上帝的缺席中对着上帝谈论上帝的话语,甚至是能让神的透明性保持纯净的唯一话语。如此的论证翻转了自身,并迫使上帝的肯定抹除自身、遗忘自身,乃至于同存在、同语言断绝一切的关系,不然就会把上帝的名字变成一个概念,然后变成词汇中的词语,或者,更糟糕地,变成一个"运算符"(在这个词的数学意义上)。

那么,乍看之下,让我们说,无神论的不足已到了这般地步,使得对一切在场者之上存在的东西进行肯定的一切可能性落入了同样的不足,就像对仍然作为他者的独一无二者进行肯定的可能性难逃不足一样。所以,一边在(必然总是崇拜偶像的)信徒中间寻求真正的无神论者,一边在那些根本不信神的人中间寻找真正的信徒,我们或许会让两者彼此互换,开始快乐地失去他们所永久保持的两个形象。①

(6) 小写的秩序和大写的秩序

长久以来,知识似乎是一个回答。按科学的模式来认识;用一种排除一切差异的单义的语言来严格地认识。帕斯卡尔已向浪荡的无神论者发出过挑战,要求他们"说十分明白的东西"②。

但如果一种语言用一种声音说出了相同者并把它同一地再现出来,那么,这种语言就有一种不大像语言的特点。古典语言(福柯用最清晰的公式宣称)"并不存在,但是,它还是在起作用"③。古典语言用同一的方式再现思想,并且,在(并不存在的)古典语言里,思想根据同一性、平等性和共时性得到了再现。这就是古典语言的庄严决定。对帕斯卡尔之挑战的回应来自一种普遍语言的计划,普遍数学(mathesis universalis)的计划:在这样的话语里,秩序(ordre)在空间的共时性,也就是,在

---

① 尼采认为,在无神论对他而言总是成问题的并且本身就是一个时代错误的表达的意义上,问题已经用最为根本的方式提出了自身。所以,就像卡尔·洛维特(Karl Löwith)清楚地指出的,问题是从十九世纪的反-神论(a-Théisme)转向无-神论(A-théisme),后者是作为"世界的游戏"同世界的认知一起出现的。

② 参见帕斯卡尔,《思想录》,何兆武译,北京:商务印书馆,1986年,第104页:"无神论者说的应该是十分明白的东西。"——译注

③ 参见 Michel Foucault, *Les mots et les choses*, 93. 中译见《词与物——人文科学考古学》,第104—105页。——译注

一切可再现之物的等级化的平等性当中,布置了自身;它最终是这种并不说话,而是对秩序进行分类、组织和安置的起作用的语言的分析之召唤。修辞——自希腊-罗马时代以来,人文学的产物和精致的表达——既有助于给出人本主义的一个得当的定义,也在这种得当性的掩护下,有助于思想转离一切领先于它的秘密,或转离一切不属于判断秩序的真理。在这个意义上,修辞(花园)也是无神论的"美妙盛开":它假定了一种说出知识秩序的世俗语言,并且,在这种语言里,知识总等于它在其中得以再现的秩序。方法的话语是有关话语秩序的话语。

*

一个从未消失,但将(事实上,好几次)翻转自身的理想。一种为了让一切井然有序而进行组织的普遍话语的计划,会把自身危险地延伸向那个要求秩序,却不允许自身被唤入秩序的东西——在那个秩序里,所有的真理,一旦得到了命名并因此各居其位,就变得平等起来,哪怕还有等级。百科全书,通过它的旁征博引,把逃避一切命名的东西带入了一个命名的体系,并因此把上帝还原为只是字典里的一个词:一个在字母分类中出现的词,如此的分类既不为之提供开端,也不为之提供终点——不无影响的语言效果。但这份清单(以及使之变得无限的种种困难)不会简单地把不服从它的东西还原为一种秩序,一种可被人用意味深长的冗言称之为日常的秩序;它会撞上各种扰乱它并使它显得问题重重的力量:生命,劳作,时间。然而,通过一个相伴的运动,这种倾向于远离神学的秩序(ordre),作为一种可能之科学的秩序(ordre),会成为大写的秩序(Ordre),并通过一种对超越性的暗示,把一个大写字母的统治,聚集到自身当中。而那种超越性的召命,乃是重新生产并确认一个特定的社会和精神的结构。

进而,古典秩序——当它认可了一种世俗知识的组织时,它对宗教而言就如此危险——让自身得到了容忍,显然只是因为它替一种至高的大写的秩序说话,并因此总具有两张面孔:既不在天上,也不在地下,激情的混乱(désordre),无组织的混乱,发音不清的混乱,无法拥有城邦的权利。它遭到了禁闭或缩减,就像人们禁闭了疯狂并抑制了不合逻辑的东西,抑制了本质的恶一样。由此宣告了一个双重的运动:这个运动将通过改变超越性来亵渎神圣的东西,并通过赋予神圣的属性来异化世俗的东西。超越性降低,经验性上升,现代来临。

(7) 终极的保留:唯一者

由一种完全井然有序的语言所再现的大写秩序的至尊性,仍然一方面冒险——表征正在消隐——仅仅成为一种语言的秩序,并让语言同样显得至尊;另一方面——表征正变浓密——则冒险在这一晦暗的厚度中肯定自身:如此的厚度逃避了表达,将停止可以再现,并且会把首要性赋予沉默的内在性。

这可以被(十分粗略地)概括如下:让我们从一个观念开始,即语言的权利,言说的权力,首先属于(天上的和人间的)至尊者——言词(Verbe)总来自高处,这是因为,只有从高处传来的言语才是第一位的,第一人称的;换言之,因为一切日常的言语都在自身当中保留了一种更加本源的先在性(antériorité)的记忆,因为我可以通过这种先在性,在一切言语之前言说,也就是,思考。仿佛这个至高的、超验的、绝对本源的自我,总在我之前并在我之上言说,这个属于王族的、太阳一般的自我,词语的主宰者宙斯,给我留下了这一活动的余地,给了我在言说之前思考的时间,由此让我向一种非言说的思想敞开:就这一点而言,一种在我身上根本的纯粹意识。所以,对笛卡尔战胜邪恶的精灵和骗人的晦暗而言如此必要的神性担保,会超越笛卡尔,允许那种晦暗性(obscurité)——它处在了一个先于表达的思想层面上——把本源的权力归于它自己。因为我们明白,如果思想、言语和行为通过一种实质的统一在上帝身上共存,那么,人必须首先并依次思考、言说和实施:一种变成了首要性的先在性。思想让言语臣服;思考是巨大的威严。但语言之前的思想是什么?要么是那种使之变得晦暗的表达之前的光亮的显明性,要么是仍然混乱无序的深渊:一种仍然丧失了秩序的晦暗性,但只有它,通过让秩序变得可能,而规定并形成了秩序。

通过一个惊人的决定,康德的先验自我论(egologie)将兼备这两个特征。知识的先天形式——它注定要通过规定现象的客观性来为科学奠定基础——不过是一种被还原为了判断秩序的语言,并且,词语-规则,即概念,就在这一判断的秩序里,指定了自身。同时,如果我们的确只知道我们自己作为一个"一般主体"已经确立的东西,那么,这个"主体",这个既独一无二又众所共有的,散发一切光芒的"我思",本身仍然是最晦暗、最神秘的东西。并且争论将会继续。有时,它是晦暗性——不再只是浪漫的内在性的晦暗,而是这些新力量的晦暗,也就是,生命(和欲望),需求(和劳作),时间的动态(或历史)——它们会挫败一个或多或少总由一种语言所再现的可理解的大写秩序,而那种语言,同样并且完美地,是秩序、真理和美。(那么,正是晦暗者在它的无所认知中威胁到了一道整全之光的至尊性;模棱两可的东西不再为帕斯卡尔,而是为浪荡子,作证;知识,通过成为生命、劳作和时间的知识,将为自身提供种种解释的图式,这些图式不再遵循显明性,而是遵循晦暗性,并且,刻画那种晦暗性的,是一种或多或少总是从意志哲学当中借来的因果性的动力论。)有时,它是追求"深度""主体性"和"不可再现性"的神学的东西,目的是让超越性不受启蒙之进步的影响,并把那个不可通达者的维度归还给它——但,这是关键的一点,绝不至于把它自身默默地献给他者(l'Autre);献给那个不仅从相同者(le Même),而且从唯一者(l'Un)当中被排斥出去的东西。因为上帝很可能是他者和全然的他者(le Tout Autre),但他仍然并且总是独一无二者(l'Unique)的统一。

这一终极的保留,即把他者从唯一者当中释放出来的不可能性,标志着无神论话语(有学识的、人本主义的逻各斯的话语)和神学话语通过偷偷地互换位置而相互融合、彼此确证的点。因此,两种话语所追求或承接的晦暗性仍是一种被度量的晦暗性,并且总从属于一道更为本源的光辉,正如所有的言语都把那种让它言说的沉默归入了自身。

(8) 书写

现在,让我们试着期待话语将会发生的事情,如果它有可能——哪怕是通过无神论的人文化的形式——打破神学的东西所实施的统治的话。这归根结底是问:书写(écrire),从一开始并且在别的之前,是否就是打断那不停地作为光抵达我们的东西;书写,从一开始并且在别的之前,是否总是通过这样的打断,将自身持守于一种同中性(le Neutre)的关系(或持守于一种中性的关系):无关乎相同者,无关乎唯一者,外在于一切的可见与一切的不可见。

然而,我不会直接地返回这两个"论题":它们已在别的文本中得到了讨论,并且,充斥着书写,它们似乎总被设立起来反对它们在其中通过离散而聚集的那种书写。让我们说更为平静的东西。

2

(9) 从书写到声音

让我们说更为平静的东西,并在最为古典的时刻,重新踏上这一历史的进程。那时的语言再现。它不存在,但起作用。它的作用更多是排序,而不是言说。在这种本质地书写并且是为了不存在而书写的语言里,言语,作为喃喃低语的口头表达,作为个人的"自我",作为灵感和生命,消失了。当然,演说家,布道者,沙龙上健谈的人,保留了口述的传统;但这恰恰让它返回了它的来源,大写的他,至高者:仿佛上帝正为他自己保留声音,并且只在世界的最高处说话,正如君王是唯一有权说话的人,而一种谈话艺术的存在只是为了增加其言语的回声,这产生了阴谋,也产生了无限的重复。所以,只有口头的言语同至尊的逻各斯关联了起来。书写,也就是,文学,逃避了这一晦暗的口授,转离了可憎的自我,唾弃时间的变化,并无疑有所再现:但再现什么?它用它的秩序来再现,只倾向于再现如此的定序本身和定序的完善。

在这个意义上,古典时代会是第一个"结构主义"的时代:那时的一切都是可见的形式,而修辞完成了其自身的建构,为后来的破译者准备好了钥匙。进而,无人称性(impersonnalité)——高贵的无人称性注定要消除一切低卑的特定性,一切不当的亲近性,不可辨认者——将自身肯定为书写的面具和理性的面具。然而,一种不存在的语言所产生的稳定的或无人称的秩序,没有完成那个留给它的运作使命。把某个东西放进一种秩序并进行分类,不是通过种种度量的运作把它置于关系当中,因为那些运作的功能是在平等化当中实现同一,并通过这样的平等化,让连续的转变得以可能(所以,让我们立刻补充,"结构主义"缺乏其本质的工具,甚至缺乏其运作的可能性)。笛卡尔发明了解析几何;这意味着,他放弃了对图形的构造,放弃了让图形变得和难题的解答一样可见。他毋宁寻求图形的方程式,也就是说,他书写它,哪怕图形的迹线仍然不可描绘。就这样,通过"还原"书写中依旧自然的东西,并让书写逃离其可见性的理想,笛卡尔向书写直接地提出了一种决定性的改变。

但书写,远没有从这个乏味得让它害怕的提议中认出自身(这个提议还通过移除他者,也就是,移除一切的超越性,包括笛卡尔事实上拒绝考虑的数学的超越性,把书写固定于相同者的唯一尺度),迫于其他要求的压力,它会让自身妥协,同一种在言说中把声音赋予起源的言语缔结协约。然而,通过这种方式,书写也会加快它的命运。米歇尔·福柯提醒我们,在十八世纪,随着浪漫主义的临近,语言偏离了文字,以便在声响中寻找自身(格里姆[Grimm],博普[Bopp][①])。我们可以说,文学,怀着对它所侍奉的秩序的恐惧,同自身决裂了;被写下的东西召唤着那绝不被写下的东西,因为那个东西陌异于一切再现的可能性:无言语的言语(parole sans parole),已在多多纳被人听闻的伊奥利亚的言语,不是由女先知(Sibylle)隐晦地念出,而是永远在树木的多枝的喃喃低语里

[①] 格里姆和博普均为十九世纪的德国语言学家。参见福柯,《词与物》第八章第四节《博普》。——译注

得以宣示,苏格拉底拒斥它就像拒斥书写一样。

(10) 声音,并非言语

一个人不得不纳闷:为什么在那样一个时代,当文学倾向于通过浪漫主义的要求,以一种宣告的方式获取权力时,正是声音被赋予了特权,并且,正是声音的特权将自身强加于诗歌的理想。声音(voix),但不是言语(parole)。声音不简单地是主体内在性的器官,相反,它是一个向着外部敞开的空间的回响。声音当然是一个自然的中介,并且,通过这种同自然的关系,它揭发了社会化语言的人为秩序。它导致了一种对灵感的信仰:如此的信仰把神性的逻各斯重新确立在了传来声音的高处,使得诗人不再是一个根据美的秩序来写诗的人,而是一个有所听闻,并且自身就在一种直接交流的如此之听闻中被消耗了的人。声音的这一特权化无论如何给文学带来了一种不确定的体验,并且,它就像是在陌异性的门槛上,对着这样的体验醒来。声音从言语中释放;它宣示了一种先于一切言说的可能性,甚至是一种先于一切言说之可能的可能性。声音不仅从表达中释放,而且提前从意义中释放,但只是成功地让自身致力于谵妄的理想之疯狂。在一声呼号的沉默中,无言地、沉默地言说的声音,不论有多么内在,都倾向于成为无人的声音。当声音言说之时,什么在言说?它把自身定位于无处,既不在自然当中,也不在文化里头,而是在一个翻倍的空间,在一个回音和共振的空间里,显现了自身,并且,在那里无言地言说的不是某人，而就是这个未知的空间：其不和的和谐，它的振动。（发疯的荷尔德林在窗口"朗诵"，把一个器官赋予了这样的声音。）最后，声音有一个特点，即它的言说并不持久：它逃逸，注定会在遗忘中找到它的完结，既没有踪迹，也没有未来，因此，它所说的东西，打破了书的永恒性、封闭性和骄傲的稳固性，打破了书的这一主张——通过把那个绝不会找到真理的人变成它的拥有者，来禁闭并传达真理。一种几乎还未说出就已经消失了的言语，总已注定要沦入沉默：它承担这种沉默并且就来自这种沉默。如此正在生成的言语并不持守在场之物，而是让自身，让它所激活的文学致力于它的本质，也就是：消失。或许，至少表面上，声音也总脱离规则，外在于规则，正如它超出了掌控，总有待重新征服，有待再次沉默。

这种语音的体验，这种自浪漫主义者——鲜有例外地——进行写作以来，想象的体验（除非他们把浪漫主义置于他们的生命当中，那也是他们的死亡），将修改文学同它自身的关系并使之经受检验。它危险地强加的东西（危险是因为有一种难以克服的深入），乃是起源的观念（声音的无人称性是对在场-缺席的一种沉默的召唤，它处于一切主体，甚至一切形式这边，并且，先于一切的开端，它将自身仅仅指示为先在性，总相对于先在的东西而回撤）。它也强加了象征的观念（并且我们知道，如此的象征会有怎样的威望；象征恢复了意义的权力，它是意义的超越性本身，是意义的超越：它既把文本从一切规定好的意义中释放出来,因为它无所意指,也把文本从其文本的力量中释放出来,因为读者觉得自己有权脱离文字,以便找到精神——由此产生了象征性阅读的破坏,这是阅读一个文学文本的最坏方式)。但这一体验的结果也矛盾地体现为:文学,作为书写——语音的唯一媒介——会由书写赋予一种不服从的权力,并且,这种权力的实施,首先是针对一切的秩序(ordre),即针对文学用来显现自身的可见之定序(ordonnance)。书写不再是一面镜子。它会把自身奇怪地建构为书写的绝对和声音的绝对。"沉默的书写配器法",马拉美会说:统一的时空,连续的共时性,能量(energeia)与聚集能量的作品(ergon),一道总让书写提前打破被写之物的迹线。如此的压力,在书的外边诞生了大写之作品(Œuvre)的谋划:一部在其完成中总是尚未到来的作品,它没有内容,因为它总超出了它看似要包含的东西,并且只肯定其自身的外部(dehors),也就是说,只肯定它自身——不是作为完满的在场,而是关系着它的缺席,作品的缺席,无作(désœuvrement)。

(11) 有空隙的交织(间歇之云)

由此产生了奇怪的震动,悖谬的变异,在回归的同时进行的逃逸。声音,总准备着融入言语的承诺,由此将倾向于确认书写的一个不可逆转的、连续的运动之习惯,那样的运动会在相同的方向(也就是意义)上展开,如果一个人的确不是在回退中进行言说的话。但同时,位于起源之回撤当中的声音,没有让自身根据一种渐进式书写的简单的、均质的线而伸展开来,它把大写的作品聚集在了它所固有的本源之空间中。但通过它在作品本身当中经历的既反对声音又无论如何与声音相一致的体验,书写把大写的作品维持于一个表面或一段平坦距离的布置:它卷起又展开,而不停止表面化,它在自身之上翻转,而不停止平息,在这个遮挡它的扭转的运动里,它只是显露了一个没有深度的、总是外在的空间的翻转。

在别的阶段,我们还将从这个空间的运动中得知什么?这个空间的运动和书写的生成发生了关联,但那样的书写既不转写,也不铭写,而是指定了其自身的外在性,指定了一个自身驱逐的外部的强行闯入。这段"赤裸的距离"无论如何不应被视为一个均质的、连续的广延,只限于给一种整体阅读的共时性提供一个框架;它不是一个均质的时间,不是一条伸展的线,也不是一个同质的空间,不是一个向抓住了整体的那种凝视的直接理解所呈现的画面。一个人可称之为多维的(如果一个人想要接受那些讨好科学的隐喻的话),以便指明:这一张网——有空隙的交织①——既不是可绘形的,也不是按精神现实的方式不可绘形的,它仍然既陌异于平等性,也陌异于不平等性,因此更好比是一个非点之点(point non ponctuel),

---

① 诺瓦利斯(Novalis)已谈论过"网状的形式"。这条评注是我在莫里斯·德·冈迪亚克(Maurice de Gandillac)翻译的诺瓦利斯的《百科全书》(*L'Encyclopédie*, Paris: Minuit, 1966)里找到的,我们要感谢冈迪亚克翻译了许多罕见且重要的文本。

一朵间歇之云(nuage d'intermittences)。在那里,宇宙的弯曲只是再次弯曲自身,因为它总已经被提前打破了。

所以,一个人逐渐地把书写设想为一种打断的生成:这个运动着的间距或许从一个阻断出发,指定了自身,但它也敞开了那个阻断,不是为了从中发现法则(Loi),而是为了找到言语之间(l'entre-dire),或不连续性的空隙。

(12) 断裂:语言外部的书写

让我们立刻停止。因为我们发觉,当我们离开可能性的时候,我们某种意义上已经离开了我们自己。如果这个书写的运动出自大写之作品的肯定(比如说马拉美的大写之作品,这是为了给它指派一个名字,但不要忘了,马拉美也是一个全然他异的未来),并且,在大写的作品里,绝对者的孤立聚集了口述的要求和书写的要求,那么,这只是为了同时打破两个要求:不是为了允许它们在一种共谋的对立中实现和解,而是为了通过这样的断裂,打破那批准了其统一化的东西——*话语本身*,或者,说得更为过分一点,*语言本身*。

这是一个尚未完成,并且某种意义上不可能完成,但总被决定了的决定性的断裂。让我们超越一切的证明来肯定它。

惟当语言在自身之上翻转,指定了自身,抓住了自身并消失了的时候,书写才开始。书写对其自身的设想,既不基于语音的显现,也不基于可见的显现:这两种显现(manifestations)只是通过一种共谋的对立才对立起来。而在那种共谋的对立被唤醒的地方，作为意义的出显（Apparaître）和作为在场的光，也就是，作为纯粹可听性的纯粹可见性，获得了统治。这就是为什么海德格尔在他对存在论逻各斯的忠诚归属里，仍然能够肯定：思想是一种用凝视来把捉的聆听的把握。相反，让我们承认——至少是作为一个假定，作为一个难以接受的要求，但这要求又如此紧迫，以至于它总会超出其自身的假定——书写总已经，并且无论如何不是现在，打破了语言：不管是言说的话语，还是书写的话语。让我们承认这样的断裂所引发的东西：同一种被理解为再现者的语言决裂，同一种被理解为接收并给出意义者的语言决裂，因此，也是同能指-所指的混合决裂。在今天（诚然已经过时了）的语言学区分中，能指-所指的这一混合已经取代了形式和内容的老旧的划分：一种总准备着实现统一的二元性，因此，第一项只有通过直接地把首要性归还给它必然会成为的第二项，才获得了它的首要性——所以，瓦莱里用其形式描述了文学，说文学是一种制造意义或有所意指的形式；但形式所固有的这一所指也让形式除了表达这个新的意义外就没有别的使命：贝壳是空的，而它就从这样的空无中获得了那形成它的在场。那么，这是同"符号"决裂？至少是同一切这样的东西决裂：它们会把书写还原为，用福柯的话说，在一套意指理论的基础上进行的自身设想。

书写不是言说。这把我们带回到了另一个排除：言说不是观看；所以，这也促使我们拒斥一切会把书写的关键行为定义为在场之直接把捉——不管是内在性的把捉,还是外在性的把捉——的东西:聆听或视觉。书写所要求的断裂是在思想把自身作为一种直接的亲近性而给出的时候,同思想决裂;它也是同世界的一切经验的体验决裂。在这个意义上,书写也是同一切在场的意识决裂,哪怕那样的意识总已经参与了(被理解为中性的)不显现者或未知者的体验。① 但我们要明白:为什么书写的这一到来只能在话语完结之后发生(黑格尔至少把话语的完结表达为绝对知识当中的一个隐喻),只能在脱离异化的人得以完成之后发生(马克思至少把人的完成表达为一种实践的可能性,同时也准备了有关这一实践的理论);也就是说,只能在人创建了一个共产主义社会之后发生,而共产主义社会正是一切人本主义的目的。② 并且,我们会明白:为什么今天当我们说话、写作的时候,我们必定总是同时言说了许多次;我们根据话语的逻辑而言说,并因此被一种对

---

① 这就是为什么被理解为不可发现之维度的无意识的发现,连同一种并不言说的书写,是走向神学之解放的重要步骤;但前提是,一个人不把无意识(l'In-conscient)当作非意识(l'in-Conscient),并明白,在场的观念和缺席的观念,肯定的观念和否定的观念,在这里都不适合。换言之,我们还没有一个针对"无意识"的词。

② 人本主义——人性——正如康德已经说过的,"是可共通性(communicabilité)本身"。(关于人性与可共通性的讨论,参见康德的《判断力批判》第41节:"每一个人也都期待和要求每个人都考虑到普遍的可共通性,仿佛是出自一个由人性本身强制接受的源始契约。"见《康德著作全集·第5卷:实践理性批判·判断力批判》,李秋零译,北京:中国人民大学出版社,2007年,第309页,有改动。——译注)

神学逻各斯的怀念所支配;我们言说也是为了让一种言语的交流得以可能,而那样的交流(communication)只有基于交换关系的共产主义(communisme),基于产品的共产主义,才能得到实现——而且我们不言说,我们通过同一切被言说、被书写的语言的决裂来书写,并因此弃绝了大写之作品的美妙理想,也弃绝了被传达之文化的丰富性,弃绝了真理的确定知识的有效性。所以,我们既书写,又不书写,因为这种总外在于一切已写之物的书写,没有什么踪迹或证据被清晰可见地铭写在了书里——或许在墙上,在夜晚,到处都是,就像人类刚来到世上的时候,正是石头上标记着的那些他所不知的无用的刻痕或偶然的切口,让他遭遇了未来的不合法的书写,一个尚不属于我们的非神学的未来。

(13) 呼喊,喃呢

但我们最终明白了:为什么,如果只是出于一种涂抹或消除的目的,我们一定会经过一种"人本主义"言语或书写的中介,并且,只要那样的言语或书写仍然是无神论的,它也就是神学的。意识形态是我们的元素:它让我们呼吸,并在极限处让我们窒息。书写,除了我们已试着辨认的夸张的书写,还从未脱离意识形态,因为还没有一种无语言的书写。相信自己躲避了意识形态,哪怕问题是根据所谓的人文科学的固有的知识要求来书写,这是在没有选择可能的情况下,把自身交给了最糟糕的意识形态之放纵。所以,我们会选择我们的意识形态。这是唯一能把我们引向一种非意识形态书写的选择：一种外在于语言、外在于神学的书写。让我们毫不羞耻地称这样的选择为人本主义的。哪一种人本主义？既不是哲学，也不是人类学：因为高贵地谈论人之人性，思考人之人性，就是迅速地抵达一种不堪一击的话语，并且（怎能忽视这点？）比一切粗俗的虚无主义更让人厌恶。那么，这种"人本主义"是什么？它如何被定义，而不至于加入一种定义的逻各斯？通过那个让它离语言最远的东西：呼喊(cri)，也就是，喃呢(murmure)；需求的呼喊，抗议的呼喊，无言的、不沉默的呼喊，下贱的呼喊，或者，严格地说，被写下的呼喊，墙上的涂鸦。有可能，就像我们喜欢声称的那样，"人消逝了"。他消逝了。他甚至总已消逝，因为他总已被其自身的消失所居有。但消逝着，他发出呼喊：在街道上，在荒漠里；他一边死着，一边呼喊；他没有呼喊，他就是这声呼喊的喃呢。所以，人本主义没有遭到否认，只要我们在它采取最小欺骗的地方认出了它：绝不在权威或权力的领域，绝不在法则或秩序的领域，绝不在文化或英雄之宏伟的领域，也不在志同道合者的抒情感怀之中，它毋宁被承受着，直至产生呼喊的痉挛。尤其是那个拒绝把自己当作人来谈论，只唤起了一头精神野兽①的人，我们无论如何可

---

① "精神野兽"(bête mentale)出自安托南·阿尔托的文章《关于我自己的新书信》(Nouvelle lettre sur moi-même)："我们不谈精神野兽。"参见 Antonin Artaud, *Œuvres complètes*, tome I**, Paris: Gallimard, 1976, 48. ——译注

以说他是一个"完美的人本主义者"：没有人性，几乎没有语言地存在着。"因为，事实上，我意识到，我受够了词语，甚至受够了嚎叫，并且，我需要的是我手上和口袋里都没有的炸弹。"①而同一个人，通过同一个运动，使得自己活着只是为了肯定"一种无秘密的公平的高级尺度"，那也是在"人本主义"的呼喊中破碎了的没有希望的等待。

---

① 出自阿尔托 1948 年 1 月致安德烈·布勒东的信。——译注

XIII 论时代的一种改变：
轮回的要求

"你承认这样的确信吗：我们处在了一个转折点上？

——如果这是一种确信，那么，它就不是一次转折。我们属于一个时刻，在这个时刻，时代的一种改变（如果有一种改变的话）正被完成。如此的事实也支配了某种想要规定它的知识，从而让确信变得和不确信一样不适合。我们从来没有像这一刻一样无法绕过我们自身：转折的离散的力量就在于此。

——我们能够如此肯定吗？我的意思是，在那样的情况下，就连这也不能肯定。你记住尼采的话：'最伟大的事情和思想就是很久之后才能被理解：和它们同时代的那些人并没有经历过这些事情——他们生活在过去。'[1]尼采还在一句被频繁的引用所耗尽了的话里说：'以鸽脚行走的思

---

[1] 参见尼采，《善恶之彼岸——未来的一个哲学序曲》，程志民译，北京：华夏出版社，2000年，第208页。——译注

想,能引导世界;最沉默的言语,能激起风暴。'①但要注意,尼采没说风暴会沉默。

——对尼采而言,风暴就是言语,思想的言语。

——当法国大革命爆发的时候,除了路易十六,整个世界都知道了。今天的问题显然是一种更为重要的改变:之前历史上出现的所有动乱,都在这样的改变中聚集了起来,目的是引发历史的断裂。对此,整个世界都有所预感,即便我们不能肯定我们知道了它。这样的知识并不处在任何特定的个体视野内。

——但你自己肯定了它。

——因为我不过是一个插话的声音,一种没有轮廓的言语。我的肯定当然多于我的所知。但我要说的东西不乏指示:它在街道上流传,并且,这种匿名的流传是强有力的。我们必须试着听到它。

——它说我们已经抵达了一个把时代分开的断裂的时间吗?

——它或许是用古代神谕的方式说这个,就像当时的皮提亚(Pythie)用一种应被诗人-阐释者——抄写者-描述者——提升为一种更为平静也更为明晰的人之语言的暴力和元素的语言说话。

---

① 参见尼采,《扎拉图斯特拉如是说》,黄明嘉、娄林译,上海:华东师范大学出版社,2009年,第252页,有改动。——译注

二 极限体验

——晦暗的语言。

——不是晦暗,而是向那个无论如何被所有人知道,但尚未真正泄露出来的东西敞开。转入这种语言的,正是一种模糊不定,那样的模糊不定也是转折(tournant)的命运:个体的转折,世界的转折。

——模糊不定的命运,它因此仍然总是未完成的。

——模糊不定,如今是出于一个十分不同的原因:这里的完成是一种逃避了我们历史尺度的完成。回想一下希罗多德(Hérodote),所谓的"历史之父"。一个人进入他的书就像是踏入了一个即将破晓的国度。在此之前,有某种别的东西,那是神话的夜晚。这个夜晚不是晦暗。它是梦和认知;在人与事件之间,绝没有历史认知和其分裂力量的连结。希罗多德站在了那个把夜晚和白昼分开的山顶:不是两个时代,而是两种明晰。在他之后,历史知识的明亮光芒就落到了人和事物上。

——你说话的语气就像一本书。

——因为我引用了一本书。① 并且,我会再次引述它所表达的问题:这道从希罗多德开始并在修昔底德(Thucydide)那

---

① 这本在德国出版的书是恩斯特·云格尔(Ernst Jünger)的《在时间的墙上:原子时代的世界精神》(*An der Zeitmauer*: *Zum Weltgeist des Atomzeitalters*, Stuttgart: Ernst Klett Verlag, 1959);法文版为《时间之墙:论原子时代》(*Le mur du temps*: *Essai sur l'age atomique*, trad. Henri Thomas, Paris: Gallimard, 1963)。

里变得稳定起来的光,不也有它的时间吗?如果在阅读希罗多德的时候,我们有一种转折感,那么,当我们阅读我们的岁月时,我们难道没有确信一种甚至更加重大的改变吗:如此的改变使得那些将自身献给我们的事件不再以一种我们习惯称之为历史的方式联系起来,而是以一种我们尚未熟知的方式联系起来?

——你意图宣告的,不就是历史的终结吗:在那一刻,历史变得普遍并在每个人的意识中急切地说话?

——我没有宣告它,它也没有直接地宣告自身。被宣告的,其实,是看似相反的东西:历史学的无所不能,它甚至渗透到了最深的层面,那些之前从未是历史的层面。如此的发现本身就是一个标志。我们发现,曾有一段无历史的时间,对这段时间而言,历史时间所固有的术语是不适合的,也就是我们所熟悉的术语和概念:自由、选择、个人、意识、真理、本源性,以及一种一般的意义上,作为政治结构之肯定的国家。正如原始时代是以元素力量或大地力量的重要性为特征,我们今天遇到的事件也承载了一个基本的特点:无人称力量(puissances impersonnelles)的特点。这种无人称力量的再现就是群体现象的介入,机械游戏的霸权,以及对物质的构成之力的捕获。这三个要素在一个词语中得到了命名:现代技术。因为现代技术包含了一种全球规模的集体组织,其目的是确立有计算的规划、机械化和自动化,最终是确立原子能,一个关键词。迄今为止只有恒星才能做到的事,人也做到了。人已

二 极限体验

成为星辰。这个刚刚开始的星辰时代(ère astrale)不再属于历史的尺度。你同意这样的推测吗?

——事实上,有一个恰当的词。一个人怎能不同意某种必然模糊的东西呢:如此的模糊使得对它的反对同样成了困惑之思想的标志?我意识到,听人谈论历史的终结总是愉快的。我认为,价值的统治和历史学的统治可以和创造历史的种种力量的耗竭并驾齐驱(如果这些词有一个意义的话)。我承认,当一个人走在街上的时候,他就这样吸入思想。但一个人吸入思想,却不做任何的思考。一旦思想被表达了出来,思想就丧失了其叙述的魅力。我曾听说,我们正在翻越时间之墙(mur du temps)。德日进(Teilhard de Chardin)的作品充满了这一类的隐喻,并且,他还不忘用他所固有的天真补充道:我就像一位学者一样说话,我没有偏离科学观察的领域。

——这是一个隐喻吗?它向我们暗示了某种重要且麻烦的事情:我们处在了一种话语的终点,并且,当我们转向另一种话语时,为了方便起见,我们继续用一种不合适的旧语言来表达我们自己。这是最大的危险。甚至是唯一的危险。所以,街道比一个等着人们用新范畴来思考发生之事的勤勉的思想家更为睿智。我要提醒你,神学家有时谈到了'时间之终结的气味':这种独特的经验,在真实的历史现象中间,会允许一个人察觉到突破,走向终结的存在。

——无疑是原子弹爆炸的气味。尼采,另一个神学家,已经问过我们:'我们难道没有闻到上帝的腐臭吗?'[1]赫拉克利特在所有人之前说过:'如果现存的一切事物都将变成烟,鼻孔仍能辨别它们。'[2]但他没有把鼻子变成一个神学的器官。请注意:我毫不反对时间之终结的气味。甚至有可能,一个人在德日进的写作中发现的模糊的科学、混沌的视觉和暧昧的神学的那种混合,也有一个症状的价值,或许还有预兆的价值:在过渡时期,一个人看到了这类文学的发展。让人痛心的是,这个真诚的、勇敢的人没有意识到他必须让自己感到满足的可怕的混合。当他以科学的名义说话的时候,他是作为科幻小说的作者在说话。

——好吧,在他的位置上,我不会对这样的头衔感到不满。某种东西在这些作者身上说话,并且,我不总在最伟大的著作中找到那种东西的等价物。不要忘了,康德自己写过一篇论'万物的终结'的文章。

——恰恰是在一种着手把一切和历史思考为全体的强有力地系统化了的强大的思想中,像历史之终结这样的一种可能性才有了意义。在黑格尔和马克思那里也是如此:在黑格尔那里,是绝对知识的发展,是一种连贯话语的完成;在马克思那里,则是无阶级社会的到来,在无阶级社会的最终状态

---

[1] 参见尼采,《快乐的科学》,黄明嘉译,上海:华东师范大学出版社,2007年,第209页。——译注

[2] 参见《赫拉克利特著作残篇》,T. M. 罗宾森英译,楚荷中译,桂林:广西师范大学出版社,2007年,第17页。——译注

中,不再有任何本然地政治的强力。在这里,我们至少得到了一条分界线,一个判断的准则。我们或多或少知道我们所说的东西。

——的确,我没有什么连贯的东西要提供给你,并且,严格体系的这一缺失必然不是一个优势。但我们必须利用这点来贬低德日进,把他指定为一个穷人的黑格尔或一个教堂里的马克思,就像,我想,一些虔诚的人一样?批评几乎没有抓住我。虚弱的东西不需要我们来变得更弱,但我们应该保持并加强那强大的东西。在德日进那里,关键在于,他是一个能干的史前史学家,并且,正是作为一个亲近古代大地的史前史学家(一个为古人头盖骨称重并向地层深处探索的人),他学会了创造一个有关人之未来的观念。人们会说,这个在开端之前的开端,这种由原始时代的图像所言说的在言语之前的语言,我们如今看到的之前一直看不到的全部东西,提供了某种用来察觉不可见之未来的透视力(clairvoyance)。它暗示了同大地精神的种种关系,表明了一种不因今天正在完成的大转变而仓皇失措或惊恐不已的知性。

——你的语言正变得晦暗,这其实是透视力的标志。但在有关大地的古老知识(它被浪漫主义如此慷慨地归于古代),和现代技术(它被认为引领了一种攻击和否定的过度毁灭性的反自然的权力)之间,有着什么样的关系?关于这样一条路径,一个人能说什么严格的东西?

——不能。此外,我只是借云格尔的书的名义说话,它同德日进的相遇令人震惊。这或许是同样的浪漫主义,是对如下知识的同一种有魔力的预感:最终得到统一,并从深处敞开的大地会变得富有活力,它将融入在它上面聚集的人类,成为一颗能够重放光辉的活的星辰。德日进谈到了人类圈(noosphère)。云格尔说,我们的星球已然获得一层新的皮肤,一道由图像、思想、旋律、信号和讯息交织起来的光晕。这,他说,是大地精神化的更高阶段。它越过了民族及其语言,越过了词语和符号,战争与和平。石斧延长了手臂;技术是精神的投射。可以肯定,技术首先颂扬了物质;但云格尔在这里肯定的物质主义既不是空洞的,也不是肤浅的(就像他的普通对手所主张的那样),它是深度(prodondeur)本身。并且,当理智参与了物质的最深刻的渗透时,当理智不再简单地使用物质,而是抵达了一个要求这种物质之创生的运动的操控时,理智已经踏上了一场后果难以预见的极端之冒险——每当大地母亲开始颤动,而人能够接受、抓住这样的颤动时,它就预感到了后果。如此的颤动和如此的把捉质疑了整个的传统结构,以及古老权利、古老惯习、古老自由;它们加快了父辈诸神的陨落,并发展一切无名的力量——与这样一场运动相对应的,是一种对能源的无法满足的饥渴,一种对手段和方法的普罗米修斯式的狂热,火成论(火与辐射),异常力量的出现,大地之蛇的晃动,还有英雄力量在提坦力量面前的回撤,当技术专家的地位高于无用的武士时,这是自然而然的事。你没有什么反对的吧?

二 极限体验

——没有,没有。

——这不是一个好兆头。在你看来,浪漫主义与技术的这一联合,或者,技术统治论的这一浪漫主义的阐释,似乎是在想象力的虚弱部分中运作吗?但甚至这样看,它也不乏意义。在这里,自然哲学——黑格尔已经成功地意识到了它的重要性——在一百五十年前掘出了它的源头之一。它应在贯穿历史的同时,在今天重新出现,这表明:它代表了一种持续的预感和知识。简而化之,这些观点意味着什么?意味着,在所谓的现代技术中隐藏了一种力量,它将统治并规定人同存在者(ce que est)的一切关系。这种力量支配了我们,同时,我们也支配了它,但我们对它的意义一无所知;我们没有完全地理解它。凭借不可思议的浪漫主义的古老图像,云格尔让技术的这一神秘的维度散发出光芒,就像德日进通过谈论一种科学所做的那样,而这种科学不过是一种预知。这两人毫不惧怕如此的神秘,反而在其中欢欣鼓舞,吐露心声。他们怀有对未来的信仰,他们热爱未来:不只是岁月的未来,而且是高级状态的未来。这是好的。

——相反,我怀疑,你的那些作者是否怀有一种对未来的反感,因为他们拒不接受未来必然藏有的未完成性。一个人可以说,他们所做的一切是为了转离我们死亡的简单真相:一个始终早产的、先于终结的事实。为此,他们匆忙地肯定,一个时代已经结束,时间已经终结。在你和你的作者所宣告的这种历史的终结里,肯定有某种野蛮的东西。

——是的,野蛮,我同意。这是一个陌异的真理:它既奉承好奇心,又与好奇心发生碰撞。让我们暂时考虑一下这点。自然地说,如果历史价值消逝并终结,那么,这就意味着它们统治了这个刚刚开始的终结。我们不绝对地思考终结的观念,我们只相对于开端的观念来思考它。终结取消了开端。但历史的开端是什么?神话-英雄时代的终结,荷马和赫拉克勒斯(Héraklès)的终结;这无论如何是一个从未终结并在历史当中持续的终结。这个特点不难显示出来。历史之人和英雄时代的神话紧密地关联,因为他对自身的肯定有时是通过反对这些神话,有时则是通过认同这些神话。在原始时代(史前时代),没有英雄;人没有名字,没有面容。他属于活的自然,并且就生活在尘世的欢乐和痛苦之中。神话的英雄已有一个名字和一个谱系了;他不再从自然中获取快乐,他想要征服自然:他斗争,他消灭。充满阳刚之气的诸神随他一道诞生,但他自己试图通过成为一个半神来完成自身。历史之人保留了神话并让自己远离神话。当然,他的首要原则是保持他的尊严,他的人性,反对神话的权力。但英雄神话的道德继续在历史当中发挥典范的作用:伟大人格的典范,它在战争中出现,在英雄为祖国的牺牲中出现,也在国家的治理中出现,那时的伟大人物就是父亲,领袖,他作为一个被上天选中的人,甚至在历史中,也属于英雄和诸神的世界。所以,英雄神话的没落,作为我们时代的特征,是这种历史之终结的另一个标志,你不愿接受这一终结的曙光,只从里头看到暮色。英雄从普遍意识中消失了。正如名字的消失,人格的消失。世界大战引发了什么样的新崇拜?只有一种崇拜:对未知的士兵的崇拜。未知的士兵是对反英雄的颂扬:他是不被察觉者,晦暗者,是因为遗忘而在一个民族的记忆中停留的鬼魂。这座非记忆的纪念碑,这种对无名者的神化,邀请人们认识到,英雄的时代——以及英雄文学的时代——已经过去了。我并不感到惋惜。

——你更喜欢时间之终结的神话,一场日夜震动人之想象的世界灾变所引发的恐惧。

——这不是我愿意指明的偏好。但你所说的可能性,自然地,是最大量级的一个标志。在世界历史上,当一个人第一次持有一种终结这个历史和这个世界的物质权力时,一个人已经离开了历史的空间。时代的改变已经发生。这可以说得简单一些:世界由此成了一个可被焚烧的建筑。

——你似乎为此感到喜悦。但你肯定这是第一次吗?或许你忘了圣经。圣经里的人一直活在你所描述的新的视角下,他们受到了耶和华的警告:如果人固守他们的惯习,那么,他们会被消灭,而创造会被废除。历史在这样的威胁下诞生,这是历史之时间的威胁。

——那时的火来自天上。今天,火来自地下。

——我可以轻易地回答说,当上帝承诺,要是人类继续行为不端,他就毁灭人类的时候,他把决定权转交给了人类。一切最终总取决于人,不论有没有上帝,不论有没有原子弹。

——不论有没有上帝,不论有没有原子弹,一切恰恰不取决于人。在上帝的时代,这几乎十分清楚,也十分令人不悦,我承认。今天的危险来自一个错觉,即我们主宰了那些以现代技术的整体名义来实现自身的东西。我并不享受这个以一种仍然几乎难以理解的方式被授予我们的终结之权力。我对炸弹没有什么好感。我只是注意到,它不过是极端之危险的一个标志,一个残忍的标志,它必然标出了从一个时代到另一个时代的过渡,或许还有从历史到一个跨历史时期的过渡。我在此提及一位你所熟悉的思想家:他常说,每当我们谴责炸弹的危险,急切地要求科学家和平地使用核能时,我们不过是为我们自己制造了一个不在场证明,并把我们的脑袋埋到沙子里。炸弹给出了一个不可见之威胁的可见之警示,那个威胁就是:所有的现代技术都与人的方式背道而驰。美国化学家斯坦利(Stanley),一位诺贝尔奖得主(这不言而喻),曾做出一个论断:'这样的时刻临近了:生命不再由上帝所掌控,而是由那些随心所欲地修改、创造或毁灭一切生命实体的化学家所掌控。'我们每天读到这样的论断,那些富有责任心的人做出的论断,并且,我们还读到其他的新闻,漫不经心,轻松愉快,而没有看到,通过现代技术的力量,一场让炸弹的爆炸相比之下显得微不足道的攻击已经准备好了。

——事实上,一切的终结没什么大不了。你从中得出了什么结论呢?我们必须鼓吹一场针对技术世界的十字军东征,谴责技术是魔鬼的作品(opus diabolicum),并准备好巨大的火堆来焚烧科学家吗?因为担心当代世界不会对自身负责,我们必须开始毁灭当代世界吗?

——即便我们能够,我也不希望如此。还好我们属于这个世界;我们不会逃离它。在我们所恐惧的失度里,我们恐惧是因为,不仅威胁,就连它为我们保留的希望,也是失度的。我们只需具备透视力,或者试着如此。危险不真的在炸弹里。它不在能量的异常发展和技术的统治当中;它首先体现为我们拒绝看到时代的改变,并拒绝考虑这一转折的意义。只要我们还没有把威胁规定为风险,威胁就会增长。我甚至会说,危险或许只由我们的古老语言所引发,那种语言迫使我们用历史的风格说话;并且,在那种再现的话语里,战争一词继续被人使用,还有古老的神秘意象,威望的主张,边界的习俗,以及英雄政治学的惯习,但我们发觉,战争的观念,连同和平的传统观念,都遭到了毁灭。由此导致了一种既无战争也无和平的全新事态,一种模糊不定的陌异性,一个飘忽的,甚至秘密的巨大空间,它已逐渐地遍及我们的国度,在那里,人们行动诡秘,全然不知他们自己正在完成的改变。

——当我倾听你那雄心勃勃的黑夜召唤时,我怀疑,真实的危险是否同样不在于以某种模糊的方式暗示:就战争一词属于一种时代错误的语汇而言,我们不再有战争的风险了。它会是时代错误的。无论如何,我们必然会以一种时代错误的方式死去,不论我们属于历史,还是属于你试图让我们相信的这个历史的彼岸。但其实,你不相信绝对灾变的风险。德日进神父已用他抒情的乐观主义的逻辑声称：在他看来，一场能够毁灭世界的核爆炸的危险，似乎可以忽略。可以忽略！的确，他心安理得地用他的术语唤起了'维护地球的本能'[①]，很有可能，他也对那种迫使他谈论天意的古老的教会语言感到羞耻。或许，你自己对某种技术统治的天意，或对某种未知的和谐，怀有信仰吧：你，还有浪漫主义者，还有云格尔，都认为，人在穿越历史的时候，必然落入了那样的领域？

——我会简单地回答道：我爱你所不爱的未来。

——我比你更爱未来：我爱未来的无知。"

*

　　††未来的无知：历史的终结：轮回的法则。——谈论"历史的终结"只是提出了关于这样一个从此没有内容的词语之位置的问题，一旦历史得以完结，言语就丧失了意义和方向，而只有意义和方向把历史之完成的可能性赋予了言语。

　　"历史结束了"：当"历史的终结"仍然属于话语，进而属于那种只因这样的终结才得以可能的话语时，谁能够这么说？终结规定了话语的一致性；更确切地说，正是话语的一致性允许我们把"历史的终结"固定为一个可以接受的终点。

　　事实上，"历史的终结"仍然属于末世论的语言：基督是可

[①] 参见德日进，《人的未来》，许泽民译，陈维政校译，贵阳：贵州人民出版社，2009年，第157页："我更不认可另一种真正可以忽略的可能性，即某个轻率的或犯罪的实验把地球炸毁（维护地球的本能毕竟还是存在）。"——译注

二 极限体验

能的,只是因为他承担了时间的终结。上帝之死,在"基督"的意义上,在黑格尔的意义上,以及在尼采的意义上,总是对极限的通往:它是僭越(transgression),标志了一种难以察觉的分歧,通过这种分歧,变得绝对的知识将把自身颠倒为非知(在这样一个静止不动的运动里,就连"不"也丧失了其否定的特点,只允许一个破折号的刻写:那个没有任何定向的标记,在把知识置于一边的同时,仍然允许知识的命名)。僭越,历史的终结,上帝之死,无论如何不是同义词。但每个词都指明了一个时刻,在那个时刻,逻各斯终结了:不是通过否定自身,而是通过肯定自身,并且是一而再,再而三地,毫无新意地,通过重复(répétition)的义务——疯狂。

±± 任何一个问"什么是僭越?"的人都一无所问,并且只能用这种形式,或者,更加拐弯抹角地,用另一种形式,无尽地重复道:什么是僭越?

"我也准备好说它了,因此也准备好重复它,甚至在重复它的时候,更加秘密地,把问题变成一个回答,如果重复和僭越彼此呼应的话。

——所以,重复会是僭越吗?

——只要僭越能够以这种方式重复自身。

——但只能释放重复,使之变得不可能。"

就僭越挪动了僭越的重复,使之变得不可能而言,重复就是僭越。

土土历史的终结。并非历史随着历史终结了,而是某些原则、问题和表达从此被人禁止,这是出于一个没有正当理由的决定,仿佛是出于一场游戏的固执。所以,让我们假定,我们放弃了起源的问题,然后放弃了所有把时间变成连续性和运动性之权力的东西,也就是,所有像让言语运动起来一样,秘密地让思想前行的东西。让我们假定,我们,出于一场游戏的固执,把一种语言的权利赋予了我们自己,在这种语言的权利里,那些到目前为止似乎支撑着语言的范畴会丧失其有效的权力:统一性,同一性,相同者的首要性,自我-主体的要求——这些范畴是在其缺席的基础上,由它们的缺失所假定的,并且,它们的缺席承诺了它们在时间当中并通过时间的工作到来。让我们假定,当我们假定历史的终结时,我们将要假定所有这些范畴,当然没有被废除,而是在一种自此绝对的话语的一致性当中得到了实现、理解和肯定。此时,书再次合上,所有的问题都得到了回答,所有的回答都在一种充分的或基本的言语之全体中得到了组织;此时,书写着,书写不再有任何的理由或位置,除了忍受这个此时的无作,一个打断或破裂的标记,在那里,话语衰弱,或许是为了接受永恒轮回(Éternel Retour)的肯定。

土土永恒轮回的肯定。——通过这个肯定,并且通过它

二 极限体验

所提出的困难,极限体验(expérience-limite)发现自身应对着一个总让它逃避思想的东西。让我们首先简要地回想一下,这样一个撼动一切的肯定以什么样的方式被人接受:

第一个论题:永恒轮回的肯定证实了一个已然患病的精神的沦没,不是因为肯定是疯狂的,而是因为思想的眩晕在它向尼采宣告自身的时候抓住了尼采。这是出于思想的谦逊,是为了更好地忽视它。这是最早的评论者的结论,并在后来成为其他许多人的结论。就连盲目崇拜的贝特拉姆(Bertram)也谈到了"永恒轮回的狂热,孤独者的伪狄奥尼索斯式的神秘"①。

第二个论题:哪怕作为悖论,这个肯定也属于尼采那里最为重要的东西,或是因为虚无主义在其中认出了自身并肯定了自身,或是,相反地,因为虚无主义在那里通过完成自身而克服了自身。所以,洛维特意图表明,尼采的真正思想构成了一个体系:首先是上帝之死;然后,居中的是它的结果,也就是虚无主义;最后是永恒轮回,即虚无主义及其克服的结果。

第三个论题:永恒轮回和强力意志(Volonté de Puissance)必须被一起思考。在1936至1939年的弗赖堡系列讲座里,海德格尔思考了尼采的"根本位置",这个位置的界限是他用两个命题划定的——作为整体的存在者之特点:强力意志;存在:相同者的永恒轮回。海德格尔进一步说:强力意志是终极

---

① 出自贝特拉姆的《尼采:一个神话学的尝试》。参见 Ernst Bertram, *Nietzsche: Versuch einer Mythologie*, Berlin: Georg Bondi, 1920, 362. ——译注

的事实;永恒轮回是思想的思想。然而,就尼采仍然属于形而上学,甚至通过终结形而上学而完成了形而上学来说,海德格尔也把永恒轮回的思想重新引入了形而上学:永恒是作为瞬间的思想,而瞬间(instant)是作为在场之急迫(instance)的思想。

第四个论题:我不想从那些与锡尔斯-玛利亚(Sils-Maria)的体验[①]有关的谈话中得出任何结论,虽然那样的体验没有留下任何的踪迹。然而,乔治·巴塔耶似乎不觉得自己被这样一个肯定所吸引:他几乎不在上面停留,虽然他对一些对话者的研究表示了恭敬的赞同。重要的东西,更确切地说,超出重要性的东西,不是尼采无论如何错误地呈现为一个学说的肯定本身,而是苏尔莱(Surlej)的视见[②],一种十分崇高的视见。通过这种视见,一种至尊的无神论思想就通过它的无神论本

[①] 锡尔斯-玛利亚是瑞士南部的一个村庄,也是尼采漫游时期的避暑之地,永恒轮回的思想据说就诞生于此。参见《瞧,这个人》:"(永恒轮回)思想是1881年8月产生的。我把它写在一张纸上,并题了词:'高于人类和时间6000英寸。'"(《瞧,这个人:尼采自传》,黄敬甫、李柳明译,北京:团结出版社,2006年,第112—113页。)为此,克罗索斯基的尼采研究特别强调了"锡尔斯-玛利亚的体验",参阅 Pierre Klossowski, *Nietzsche et le cercle vicieux*, Paris: Mercure de France, 1969. ——译注

[②] 苏尔莱的视见,参见《瞧,这个人》:"那一天我在西尔瓦波拉纳湖滨的林中漫步;走到离苏尔莱不远的地方,耸立着一块巨大而雄伟的岩石,我在那儿停下脚步。这时,这一(永恒轮回)思想在我脑海中不禁冒了出来。"(《瞧,这个人:尼采自传》,第113页。)巴塔耶在《内在体验》(*L'expérience intérieure*)中提到了"苏尔莱的视见",参阅 Georges Bataille, *Œuvres Complètes*, tome Ⅴ, Paris: Gallimard, 1973, 177. ——译注

二 极限体验

身,向最扣人心弦的神秘体验敞开了。在其散乱无章的表达中,论题不过是煞费苦心的转译和残料碎屑:如同一场大火之后,思想的焦炭。尼采固执地强加了一种逃避一切知识的肯定,甚至固执地为那样的肯定提供科学的证明,这只是可怜地证实了一种在他看来始终不可传达的体验,通过那种体验,全部的存在和全部的思想,就在一个空洞的至尊性的瞬间得到了实现。

第五个论题:然而,一个人怎能不向这个肯定发出追问——在它和它产生了一种"高度神秘之体验"的事实之间,是否有某种关系?什么样的关系?什么样的关系之可能?皮埃尔·克罗索斯基严格地、广泛地、权威地展开了这个问题。尼采不是唯一一个用崭新的公正对待这一追问的人。通过这一追问,一种改变被决定了下来:它是如此根本,以至于我们无法掌控它,甚至无法经受它。

± ± 永恒轮回的肯定。这是具有至高一致性的思想,只要一致性本身在其中被思考为创立它的东西,因此,除了这样的一致性,就没有什么可以被思考;但这样的一致性也因此只能排除那个思考它的一致的思想;所以,一致性总外在于它所肯定并在其中得以肯定的思想:思想的体验来自外部(le Dehors),并由此指示了分裂的点——不一致的点——在那个点上,这一思想的肯定,虽然总在肯定这一思想,却已经废黜了它。这就是从现在起,趁着夜色刻在了我们墙上的标记,而皮埃尔·克罗索斯基赋予了它一种光辉的价值：恶性循环，神（Circulus vitiosus deus）。①

通过永恒轮回的肯定，尼采只是同那些伪思想（类似于梦的思想）之一做斗争吗？在那些伪思想的吸引下，由于从中发散出来的显明，一个人一旦落入其中，就不可能避免陷落了。进而，永恒轮回的肯定不仅是那些（不可能思考且不可能不思考的）伪思想之一，并且，就它作为思想的伪像（semblant），在所有的思想中，揭露了那个唯一使之成真的拟像（simulacre）而言，它不也是它们的"解释"，它们的"真理"吗？

在这个点上，尼采没有掌控的困难或许是一个令他激奋的困难。思考、肯定永恒轮回——通过把一个它自身肯定的瞬间变成一个时间流转的巨大时刻，来肯定这样一个肯定——要么是在这个肯定击中遗忘，击中同肯定发生根本决裂之可能性的同时，通过从它宣告自身的事实中认出它来克服它；要么是承认这一宣告的无关紧要，因为它已经发生了无数次并且不停地发生，因此，它格外地无关紧要，正如它让一个声称它具有至尊决定性的人对它的无效感到震惊。

---

① 海德格尔也引用并评论了这个"标记"，它出自《善恶的彼岸》(*Par-delà le Bien et le Mal*)的第56个片段。参见皮埃尔·克罗索斯基，《这样一种致死的欲望》(*Un si funeste désir*, Paris: Gallimard, 1963)，《尼采与恶性循环》(*Nietzsche et le cercle vicieux*, Paris: Mercure de France, 1969)。（尼采的这句话参见《超善恶：未来哲学序曲》，张念东、凌素心译，北京：中央编译出版社，2000年，第57页。海德格尔的评论参见《尼采》[上卷]，孙周兴译，北京：商务印书馆，2004年，第313—316页，第461页。——译注）

二 极限体验

但尼采没有回避这个结果。一个通向众多的道路的结果:锡尔斯-玛利亚的启示不是尼采的启示,不是一个抵达了独一无二之真理、抵达了独一无二之位置、抵达了独一性和决定之瞬间的独一无二的个体性的启示;它是肯定本身:这个肯定无非是在肯定,在肯定肯定,并且,在被肯定的肯定中,把重复和差异、遗忘和等待、永恒和未来,维系在了一起。锡尔斯-玛利亚的启示不仅通过无尽地重复尼采,而把尼采从他有限的独一性当中释放出来,把启示从启示本身当中释放出来,因为它所揭示的东西无不无尽地揭示自身;而且,这个启示同时让尼采致力于那样一种让即将到来者已是一个轮回的独一性,同样也判定了,启示的无关紧要会是其关键之重要性的荒谬的提升。

但让我们再次追问这个启示。在锡尔斯-玛利亚,(对尼采而言)新的东西是什么?在这个时辰之前很久,希腊人已经提到了论题,并且,在那同一个世纪,歌德、叔本华、尼采(根据罗德[Rhode]和奥韦尔贝克[Overbeck]的证词)也提到了它。但它是一个论题:一个思想的命题尚没有因其宣告的偶然之必然性而与它自身关联起来。在锡尔斯-玛利亚,肯定一切的肯定在它发生之时驱散了其肯定的位置,承担它的那个思想,促使它存在的那一生存,其追求的统一性和其表达的仍然必不可少的一致性。但在同一时刻(哪一个时刻?),虽然它通过肯定自身而驱散自身,不断地通过那种否认它的重复而与自身相异,但它也在这样的差异中聚集了自身,这样的差异只能延异下去,并且,通过把自身再生为差异,它永恒地轮回,并在轮回中,通过重复而自身分异——由此,它让锡尔斯-玛利亚、瞬间、思想和一个个体的清醒,因其独一无二而显得与众不同;那个个体或许名为尼采,但其本身已经失去了名字,失去了记忆,失去了理性。

为什么是"轮回",为什么是"相同者"?如果是"相同者",为什么它必须被思考为轮回(Wiederkunft, Wiederkehr),一种重复自身的转动,一种通过其自身的迂回来生产自身的重复?为什么,如果它轮回,它就是"相同者"?它是"相同者",是因为它轮回并且是通过轮回的强力吗?或者,它无论如何是相同者,所以,它没有轮回,所以,它只有一次并且永远是相同者,因此不可能被认作相同者,因为"相同者"为了将自身确认为"相同者",必须多次——无数次——是相同的?但如果它通过它的轮回是"相同者",那么,难道不是只有轮回才会产生相同者吗?所以,"相同者"必然已经延宕了无数次、无数回,只是为了通过轮回的法则,返回相同者。所以,难道不是这样吗:在相同者身上,除了轮回本身(转动,迂回,翻转),就没有什么返回了相同者?难道不是这样吗:轮回的肯定导致了对差异和重复的一起(ensemble)肯定——但如此的肯定并不建构一个整体(ensemble)——因此,也导致了对相同者之非同一性的肯定?

但轮回的肯定意味着循环,意味着把一个圆环(cercle)变成完成了的至尊性吗?显然不是。这只是因为,轮回的永恒性——轮回的无限性——不允许给形象指定一个中心,更不用说无数的中心了;同样地,为了制造一个被严格地划定了界限并且其构造逃避了它所描绘之法则的形象的统一,重复的无限性也不能被总体化。如果永恒轮回能够肯定自身,那么,它不会把轮回肯定为圆环,不会肯定为唯一者(l'Un)的首要性,也不会肯定为全体(le Tout),哪怕通过永恒轮回,"一切"必然"返回";因为圆环和一切圆环之环没有描绘它的形象,全体同样没有包罗永恒轮回,或与之相一致。即便"一切返回",那也不是全体返回,而毋宁是:它返回,轮回(作为中性)返回。

±±"历史的终结"。我们应仔细倾听这一极限观念(concept-limite)允许说出的东西:一种批判的运作,一个让总体性本身出局的决定,不是通过宣布废除总体性,而是通过肯定它,把它视为完成了的。历史的终结:一个无法否定的全然肯定,因为否定已被包含(就像从一种包含了其自身之沉默的话语出发,这种话语没有什么可被证实、可被希望、可被畏惧的沉默)。

"换种方式说":什么超出了全体,(永远)超出全体的什么东西能够"换种方式说"它自身?

"我们通过假设知道,这——这种言语或这种非言语——仍然属于全体。

——当然,通过假设。

——但,通过假设,它也把自身从中区别出来。

——诚然,通过假设。

——所以,我们拥有某种属于全体的东西,它在那里将自身总体化了,又因此把自身从中区别出来。"

这难道不是永恒轮回(既非假设地,也非绝对地)说出的东西吗?

±±对尼采而言,永恒轮回是一个疯狂的思想。它是疯狂的思想,而尼采畏惧它,以至于一想到自己不得不承担它,他就感到惊恐;以至于为了不是一个人承受它,他必须通过试着表达它来摆脱它。一个危险的思想:如果在揭示它的时候,他没有成功地交流它——那样的话,他就疯了;可如果他公开了它,那么,这是更加危险的,因为正是宇宙必须从这样的疯狂里认出自身来。但这种宇宙(l'univers)的疯狂意味着什么,如果不是首先意味着:这样的疯狂不能是普遍的(universelle)?相反,它脱离了所有一般的可能性,即便尼采写道,这样一个思想会逐渐地被每个人所思考。

一个寓意:永恒轮回的思想,宇宙的疯狂,当尼采假定,它是他所固有的疯狂时,也就是说,当尼采疯狂地决定对它进行说明时,他接受了对整个世界的拯救。他就这样承担了基督的角色,但他比弥赛亚走得更远,他接受了基督做不到的事:不是十字架上耻辱的、悲剧的、最终荣耀的死亡,而是衰老的死亡,被忠诚且过分的圣女,母亲和妹妹,所照看,直至二十世纪,又被恐怖的化身所残暴地吹捧(他的复活)。被钉上十字架的人反对狄奥尼索斯:尼采把他自己钉上了疯狂的十字架,好让欣喜如狂的消解,那种在狄奥尼索斯身上找到标记的既无目的也无法则的过度,会超越意义和无意义,保持公正。适合如此纯粹之慷慨的,只有一种思想:它在这一慷慨中祭献了自身,同时又抵制这一慷慨,以便保持为一个思想。

土土一切以永恒轮回的思想得以交流的方式游戏了起来。一场混乱的,令人不安的游戏。一个人可以说,尼采用五种方式来说话:(1) 通过《扎拉图斯特拉》;(2) 无人称地,诉诸一种模仿知识实践的语言实践;(3) 个人地,以一种沉默的喃喃低语的方式向朋友吐露(莎乐美,奥韦尔贝克);(4) 通过想象一个秘密的咒语,把这个思想托付给未来;(5) 脱离一切的科学,一切的形而上学,一切的历史实践,把它提议为一种超善恶的伦理言语的拟像:我会以这样一种方式意欲它,以至于我应无限地意欲它吗?

为什么没有任何的交流看似能够回应或符合轮回的要求?因为一切的交流已经属于那个要求了;就交流的确属于它而言,交流只能打断它,如果交流在生产自身的时候,声称要帮助它实现它自身的话。一个问题不断地向尼采提出:为什么是这种把他和被揭示之物隔离开来的揭示?为什么是这样一种揭示,迂回的揭示:它转离了一切的同一性,并且,通过这样的例外,让揭示变得可笑,或让揭示者发疯,是因为神圣吗?循环无论如何是恶性的,这首先是因为它给尼采判定了一种在上帝之名所意指的循环——恶性循环,神——之外的提升。循环的恶性在于:重复它的知识打断了它,并在这样的打断中,错误地确立了一个上帝。"凡是不相信宇宙循环过程的人,就必定信仰专横的上帝。"①

±±尼采在那里是为了把"迂回"(détour)和"轮回"(retour)维系在一起,并且,如果他谈到了"相同者的永恒轮回",这或许是为了不必谈论"差异的永恒迂回":关于后者,从未有任何人记得它,或把它变成一个循环肯定的中心。"我坚持永恒轮回之说,反对普遍毁灭和不完美这种瘫痪的感觉。"②这个表述激起了如下的解读:要维持轮回的法则,如果你无法通过它进入那总让你从中转离的东西,那个既让你转离了你自己,也让你转离了维系自己于其中的东西,也就是,迂回的永恒中性。

±±但轮回的法则没有例外,它不能被超越,一切重复自身,一切返回:思想的界限。思考或肯定这个法则,也就是在

---

① 参见《尼采遗稿选》,君特·沃尔法特编,虞龙发译,上海:上海译文出版社,2005年,第66页。——译注

② 参见尼采,《权力意志——重估一切价值的尝试》,张念东、凌素心译,北京:商务印书馆,1993年,第695页。——译注

二 极限体验

界限上(à la limite)言说:在那里,肯定的言语将言语肯定为一种僭越了一切界限的东西。从一条因为不可逾越而必须被逾越的分界线出发,它放下了所有的标记,也就是,所有的书写。"换种方式说",在轮回中书写:总已经肯定了迂回,同样也通过重复,肯定了无始无终的差异。

±±通过《扎拉图斯特拉》,尼采维持了一个沉默的区域:要说的一切都被说出,但充满了警惕,充满了犹豫和拖延的办法,因为书写者(怀着一种令人不安的清醒)知道,这些办法是必要的,如果他想要交流那无法直接交流的东西,如果他想要进一步在他所预料的非理性的指控下,为他自己保留嘲讽的不在场证明。然而,如果在永恒轮回的思想和它的肯定之间,尼采插入了各种总准备着让自身被否认的中介(动物,扎拉图斯特拉本人,以及一种仅仅通过撤消才说出了它所说之事的话语的间接特点),如果有这样一种沉默的厚度,那么,这不只是出于策略、审慎或恐惧,更是因为这样一个消息的唯一意义,就是那个承担它并被它所承担的延异(différer)之要求:仿佛只有通过推迟它的言说,它才能够被说出。所以,拖延并不标志着对一个历史地正确的恰当时刻的等待,而是标志着每时每刻的不合时宜,因为轮回已经是迂回——更确切地说:因为我们只能把轮回肯定为迂回,让肯定成为转离肯定的东西,让迂回成为挖空肯定的东西,并在这样的挖空中,让它从其自身的极限返回其自身的极限,这不是为了与之相一致,而毋宁是为了让它在一个极端非一致的动点上，变得更为肯定。

土土当患病的尼采在一种毁灭他的可怕言语的吸引下，向莎乐美或奥韦尔贝克吐露心声的时候，这可被视为一段轶事；并且它就是一段轶事，不管它有多么动人。一个神志不清的床上之人忧伤地吐露了自己，却浑然不知他正在谵妄中损害他的思想。他没有意识到，这是极有可能的，并且绝非无关紧要。但谵妄同谵妄所交流的永恒轮回之思想的关系是更为紧要的，或许还不是轶事性质的。尼采只能在遗忘中——用那种直接又间接的方式，用一种沉默的喃喃低语的模式——言说：他不得不遗忘他自己，并且，在这段作为遗忘的记忆里，他消失了，乃至于让位给了阴沉的喃呢的声音，而奥韦尔贝克，出于友谊的节制，直至最终的灾变也拒绝想起那个声音：毫不夸张地说，奥韦尔贝克没有听到那个声音，它始终是无人听闻的。"谵妄"当然没有构成后来在疯狂显露的时刻被归于尼采之理性的那种故意的——或非故意的——模仿："谵妄"是缺席的形式，在这种形式里，尼采的同一性摧毁了自身。在构想一切返回的时候，尼采就已经打开了圆环，标出了封闭和打断相重合的那个独一性的点（圆环的非环性会在那个点上得到定义）。

土土上帝，也就是说尼采，也就是说用"交流"或揭示所构成的空隙，把圆环（le Cercle）不完美地封闭于非环（noncercle)的这个"交流"。

✝✝断片:"我说话就像受上帝启示顿悟者一样吗?那样的话,就请你们蔑视我,就别听我的。你们还需要上帝吗?你们如此让人提供廉价的嗟来之食,你们的理性难道不恶心吗?"①那么,让我们,比奥韦尔贝克,比莎乐美,比我们自己,尼采的读者,更好地明白:我们所谓的"轮回的要求"没有在锡尔斯-玛利亚被揭示出来,并且也不可能在某一刻发生的一种有利于个体的经验中得到交流。这不仅是因为,问题无关乎一种从高处落下来并通过恩典被人接受,以便由信仰四处传播的宗教真理;更是因为,这样的"思想"不得不逃避一切不论是主动的还是被动的"认知"模式:这是它的特点。不论什么样的被动性,不论什么样的主动性,都无法接受或抓住它。那么,它永远外在于启示,外在于认知吗?当我谈论它的时候,我在谈论什么?准确地说:它和言语发生了关系,只要它改变了有关言语和有关书写的一切关系,把它们置于重复之差异的决定下。每当尼采(为了保持这个同样属于我们的名字,也就是,无人的名字)诉诸一种特定的表达方式(抒情的,形而上学的,生存的,实践的)时,这不是为了把特权赋予他暂时选择的那个方式,而是为了否认其他所有的方式。如果他恰好用

---

① 《快乐的科学》(*Gai Savoir*)的这一残篇(11/225)出自尼采第一次向自己追问"事件"时所写的笔记。(参见《尼采遗稿选》,第 62 页。——译注)

一种看似"科学"的模式表达了自己,这难道不只是说:我不像受上帝启示顿悟者那样说话?而如果他像一个被闪电击中的先知一样,对奥韦尔贝克说出这话,这难道不也是为了警告他:要留心,要警惕,这里至关重要的东西让一切的理性陷入了危险,并改变了一切思想操练的可能性——无差异性,客观性,统一性?如果真是这样,那么,我就像一个非理性的人一样说话,但正因为这里的非理性与其说是思想的缺陷,不如说是匮乏的过度,另一种理性的要求,或作为理性的他者(l'Autre)的要求,才发出了召唤,并有所欲求。

通过轮回,我们不仅欲求那个让我们转离了一切被欲求之物的东西,而且,在这里,就有一种无人欲求的欲望:它转离了一切的欲望,同样转离了一切可欲求之物。

±±"如果万物永恒轮回的观念没有征服你,这不是罪孽,反之,也不是功劳。"①这意味着:重复的无限决定了无辜,并且,越是因为这样,重复之可能性的思想或非思想,就还是无辜。这因此意味着:你是无辜的,并且,如果因为这样的无辜,你身上没有什么是你,那么,就愈是如此;你因此甚至不无辜。这就是为什么你由此对最沉重的东西负责。那种向你到来的不负责任,来自这样的东西:它让你转离了你自己,始终(从不)让你返回。这也是为什么,对"什么样的话语适合轮回

---

① 参见《尼采遗稿选》,第 62 页。——译注

二 极限体验

之谜?"这个问题,迫不得已的回答是:一种超善恶的"伦理"的话语。意欲以这样的方式经历生命的这个瞬间,以至于你能够接受你已经欲求过它,并且总不得不无始无终地再次欲求它,哪怕它像你自己一样没有身份,没有现实:无关紧要的极致。意欲。

± ± "我爱未来的无知。"现在,我们回到这句话上,以截然不同的方式回应它,因为它向我们提出的欲望必须和永恒轮回的思想关联起来,并在某种像"历史的终结"这样的东西被念出的时刻,得到召唤。这样的无知没有让我们脱离认知,而是在一切已被知道的时候,仍然保留了它。无知:不确定。在《快乐的科学》的另一个(死后遗留的)残篇(12/49)里:"我爱未来的不确定。"①被尼采运用于尼采,这意味着:不要焦躁不安,乃至于通过一种太过决然的探寻,期待那为你保留的东西。不要简单化。但存在着不确定:未来的偶然性承担了无知;偶然暗示了轮回所引发的无限迂回,或终点的缺席所导致的重新开始。

让我们为未来赌上一把:让我们肯定未来的偶然关系,仿佛这样的偶然性,通过那种确认它的肯定,将激活轮回的思想。因为有一个未来(avenir)内在于圆环,并把自身作为时间

---

① 出自 1881 年笔记,12[178]。参见 Friedrich Nietzsche, *Sämtliche Werke*:*Kritische Gesamtausgabe*, Band 9, hrsg. v. Giorgio Colli und Mazzino Montinari, Berlin:Walter de Gruyter, 1988, 606. ——译注

的恳求,献给了重复;还有一个是"一切返回"的未来,这个未-来(à-venir)此时被带向了匮乏的至高力量。对这个处在不确定的非到来(non-venue)当中的未-来,我们,并不置身其中,因此丧失了我们自己,也丧失了一切当下的可能性,会说:欢迎来到这个不到来的未来,这个无始无终的未来,这个用其不确定性打断了历史的未来。但我们如何思考这样的打断?通过遗忘。遗忘从时间本身当中释放出未来。遗忘就是欲望所匮乏的那种匮乏,不只是为了准许欲望,更是为了以如此的方式使得欲望在欲望中匮乏并被遗忘。遗忘是"混沌或自然"(chaos sive natura)①得以敞开的方式,"万物的混沌",尼采说,它并不和循环过程的思想相矛盾。但他还说了什么?"除了轮回,就没有什么同一的东西。"②没有什么同一的东西,除了一切返回的事实。"一切返回"不属于时间之时间性。它必须在时间之外,存在之外,被思考为外部本身;这就是为什么它可被命名为"永恒"或永常(aevum)③。"*我爱未来的无知*":这个把无知变成欲望的无知的欲望就是遗忘(l'oubli)所迎接

---

① 出自1882年笔记,21[3]。参见 Friedrich Nietzsche, *Sämtliche Werke: Kritische Gesamtausgabe*, Band 9, 686.——译注

② 出自1881年笔记,11[202]。参见 Friedrich Nietzsche, *Sämtliche Werke: Kritische Gesamtausgabe*, Band 9, 523.——译注

③ 关于永常(aevum)一词,参见圣多玛斯·阿奎那,《神学大全·第一册:论天主三位一体》,高旭东、陈家华译,高雄、台南:碧岳学社、中华道明会,2008年,第117页。——译注

二 极限体验

的等待(l'attente),是等待所贯穿的遗忘,永恒之环(annulus aeternitatis)①,"一切返回"的欲望:只有它,让欲望无始无终地返回了。

±±轮回的肯定:一个自身并不轮回的肯定,它从肯定的一切位置中被排除了。这个并不轮回的肯定会被定位于何处? 对一切肯定的肯定而言,正如对那个肯定它的人而言,没有什么时刻——急迫——因为它的在场意味这样一种缺失:任何的标志,若不因此取消自身,就无法指示它的缺失。所以,它从不肯定自身。如此的"从不"乃是这样一个思想的唯一缺陷;它也是这样一个思想的"证实",是其绝对之严肃性的象征,它是那恰恰阻止了承担它的不论什么样的言语,被人严肃地对待的东西——极限体验。但尼采也向我们警示了这点,以便终而结之:"你就这样让自己为你必须言说的时刻做好了准备。而到那时,你或许会耻于言说……"②

---

① 出自1881年笔记,11[197]。参见 Friedrich Nietzsche, *Sämtliche Werke*: *Kritische Gesamtausgabe*, Band 9, 520. ——译注
② 出自1881年笔记,11[297]。参见 Friedrich Nietzsche, *Sämtliche Werke*: *Kritische Gesamtausgabe*, Band 9, 555. ——译注

三
书的缺席
中性片段

Ⅰ 最后的作品

如果兰波在草拟《地狱一季》(*Une Saison*)及其结尾的《永别》(Adieu)时终结了他同文学的关系,这并不意味着:在1873年8月的一个特定的日子和一个特定的时辰,他起身退隐了。一个道德命令的决定,严格地讲,可在一瞬间达成:这是其抽象的力量。但文学的终结再一次包含了全部的文学,因为它必须在自身当中发现它的必然性和它的尺度。让我们假定——因为这是可能的,并且我想,是极有可能的——兰波在埋葬了他的想象力和他的记忆之后,继续诗歌作品的写作。这个继续下去的活动,这样的幸存,意味着什么?首先,他的打断不只是他所暂时认为的"一种职责",而是回应了一个更加晦暗、更加深刻,并且无论如何更不确定的要求。其次,对一个渴望埋葬记忆和天赋的人来说,那个将自身作为大地和遗忘呈献出来的东西,仍然是文学。

我认为,布亚纳·德·拉科斯特(Bouillane de Lacoste),通过他的质疑、他的研究和他的精确,已让我们受益匪浅:他恰恰阻止我们把一种简单性赋予这样的终结,因为那种简单性虽然取悦了我们的想象力,却只适合一个道德的决定。我们不禁忘了:销声匿迹需要时间,并且,一个弃绝了自身的诗人,哪怕作为一个背叛者,也仍然忠实于诗歌的要求。那个要求经过了文学并且必定回到那里。不管怎样,即便兰波事实上不仅写下了《彩图集》(*Illuminations*),还写下了人们在哈勒尔不时发现的数千诗句,《地狱一季》的确仍是最后的作品(l'œuvre finale):虽然它不是最后写下的,并且为了以一种更加真实、更加可靠的方式从沉默中突然冒出,它甚至需要其他散文作品的成熟。

在这个打断发生之后一年或者更久,兰波是否在伦敦继续充当一位诗人?对此,我们没有决定性的证据。相反,有两次,他扮演了文人的角色:第一次是在热尔曼·努沃(Germain Nouveau)的陪同下,抄写——誊清——他的诗歌(如果我们在这里引用拉科斯特的材料评论);第二次是在1875年的斯图加特,让魏尔伦(Verlaine)给努沃寄"散文诗","以求付梓"。我们由此知道,直到1875年,他还保持着某种文学的关注。即便他没有写作,他也对他已经写过的东西怀有兴趣;他回顾他所开辟的道路,让它们作为一种同友人交流的可能性而保持敞开。在他细心发表的《地狱一季》里,我们已经预感到,他没有与作品背道而驰地引领一种侵犯和毁灭的纯粹意志;被他变成了词语的东西,也不得不成为印刷文字;在这之后,他看上去不再关心他自己的那个不再属于他的部分。

三 书的缺席 中性片段

《彩图集》和《地狱一季》的关系显然难以确定：这不是出于奇闻轶事的或愚蠢地神秘的原因，而是因为，这两部作品（请让我们以这样的方式提及它们，因为它们是我们图书馆里普普通通的册子）不是同一只手写下的，并且也不处在相同的经验层面上。一方面，《地狱一季》说出了一切：在这个意义上，它是最后写下的，几无保留。在这个最后的视角下，《彩图集》的诗人，如同他在写作时承担的事业，找到了位置，并且必然在过去得到了肯定。他在那里用来定义并揭示其企图的绝大部分特点（我粗略地回想了它们：超自然权力，抵达全体——首先是人的全体——的野心，体验多重生命的权力，对神秘的揭示，对一切可能之风景的研究、接近和描绘，节奏的力量，幻觉和毒药的使用），其精神的整个历史，被他描述为虚妄的这一切经验，恰恰暗示了散文片段中运行的计划，暗示了它们是某种已经发生的东西，并且已在他眼里成为过去。

在我看来，这似乎产生了评论者用来肯定《彩图集》之先在性的那种确信：不是必然地出于一种神话之爱，而是因为，一个人似乎很难把一部被《地狱一季》所审视并被它抛回至过去的作品的创作，定位在《地狱一季》之后。

我认为必须考虑这个真相。即便是后来写下的散文诗也属于一个"之前"的时间，这个为艺术所特有的时间，恰恰已与写作者决裂："不多说了"（plus de mots）[①]——这个预言式的

[①] 出自兰波的《地狱一季》之《坏血统》（Mauvais sang）。参见《兰波作品全集》，王以培译，北京：作家出版社，2012年，第178页。——译注

存在用尽一切方法，从一个已经到来的终结出发，探寻一个未来。换言之，《永别》把一般艺术的可能性，《彩图集》已经实施或将要实施的可能性，当作完成了的（结束了的）。所提出的问题大概是这样：在这个结束了诗歌、完成了文学的瞬间——诗歌和文学都不只是一个审美的活动，而是代表了一个决定，即通过把人首先从道德的划分中解放出来，通过让人返回一种同原始力量的掌控关系，将人的权力延伸至极限——在这个必须把诗歌摒弃为一个未来的瞬间——那样的未来乃是诗歌对人的一切可能性的"释放"和展开——他还剩下什么，出路会是什么？《地狱一季》是对一个回答的探寻，而这个回答，我们知道，充满了惊奇，谜样地坚定。

现在，这部最后之书没有说它的作者会停止写作；相反，它一开篇（这开篇很有可能是后来补写的）就说了一句话，这句话提前形容了他所预见的那个让他献身的未来文学之实现（或许也是因为那样的实现已在进行着了）："您是不喜欢作家描写或是教训人的；在几份小小的晚来的怯懦产生之前，我这个下地狱的人从我的手记中为您撕下这可憎的几页。"[①] 我认为，这些诋毁之言描述了一个处在诗歌时间之尽头（那尽头也是诗歌魔法之幻觉的终结）的人用怎样的心态来考虑其接下来的最后的工作：他从中看到了一种严格性的缺失，他把这判定为时代错误的。但反过来，如果他为了同诗歌决裂而必须

---

① 参见《兰波作品全集》，第173页，有改动。——译注

完成的"几份小小的怯懦"是"晚来的",那是因为对终结的肯定提前发生了,并过早地宣布了一个崭新的时辰:这个严峻的时辰,对他而言,将真正地标志着历史的转折,而《地狱一季》本身就是那种转折的言语,在那种转折中,时间以一种令人眼花缭乱的方式发生了转动。

*

我们因此阐明了《彩图集》与《永别》的关系吗?没有。因为如果散文诗,哪怕作为依旧晚来的作品,真的提前被包含在了最终的决算当中,那么,同样正确的是,即便它们回应了一种遭受谴责的艺术之观念(被谴责为"谎言"①和"愚蠢"②),它们也属于另一个领域:从那里,一种新的力量,一种至尊的肯定,甚至或许,尤其是在表达失败的必然性时,就向我们到来了。在这里,我们面对着一个神秘的运动:我们无法通过把它和传记的事件联系起来而接近它(况且,我们对传记的事件一无所知)。拉科斯特说,1874年,兰波在热尔曼·努沃身旁找到了安定和健康;如果就像伊夫·博纳富瓦理解的那样,"杀手的时节"(le temps des assassins)③的确不属于他在伦敦的重新旅居,那么,他的健康就仍和药物联系在一起。但这一次

---

① 出自兰波的《地狱一季》之《坏血统》。参见《兰波作品全集》,第174页;"所有的罪恶,愤怒、淫荡……尤其是谎言和懒惰。"——译注

② 出自兰波的《地狱一季》之《不可能》(L'impossible)。参见《兰波作品全集》,第198页:"没有故乡,没有朋友,却洋洋得意,这多傻。"——译注

③ "杀手的时节"出自兰波的《彩图集》之《沉醉的清晨》(Matinee d'ivresse)。参见《兰波作品全集》,第224页。——译注

的体验是成功的,而之前的岁月只有昏迷、疯狂、地狱。① 但为什么有这样的改变?不管我们如何命名它,它都构成了一个费解的东西。在研究题为《青春》(Jeunesse)、《生命》(Vies)、《战争》(Guerre)、《精灵》(Génie)、《贱卖》(Solde)的诗歌,并与《沉醉的清晨》(对药物的崇拜)相比较的时候,伊夫·博纳富瓦怀疑,如此的改变是否源于最新发现的"毒药"与"音乐"的关系。"音乐"是《彩图集》的关键之一,因为那里肯定了"人之本性的一种交响乐式的完成,其本质之潜在性的一种有节奏的、连贯的、舞动的释放"②。博纳富瓦在这些段落里说,"一切围绕着两个本质的观念被组织起来:一个是新事业的观念,发明的观念,另一个是和谐的观念"③,那样的和谐是一种计算试图掌控的东西。如此的分析或许正确地描述了企图,但它在何种意义上是新的? 在《流浪者》(Vagabonds)这篇散文中(不管它的创作日期是什么时候,它让人想起了兰波同魏尔伦一起生活的日子),我们发现了对同一种探寻的清晰的暗示:它一方面暗示了事业("可怜的兄弟"指责他没有"在这件事上倾注全部热情"④);另一方面,则暗示了音乐,暗示了通过音乐来

---

① 我在这里提到了伊夫·博纳富瓦,如此地接近他在其谨慎的反思《兰波》(*Rimbaud par lui-même*, Paris: Seuil, 1961)中处理的主题。

② 参见 Yves Bonnefoy, *Rimbaud par lui-même*, 146.——译注

③ 参见 Yves Bonnefoy, *Rimbaud par lui-même*, 145-146.——译注

④ 参见《兰波作品全集》,第 233 页。——译注

创造一个夜间出没的未来奢华的幽灵,如同《彩图集》的形形色色的诗歌在一瞬间的闪光中所明确地彰显的("在一支罕见的乐队所穿过的乡野外边,我创造了夜间出没的未来奢华的幽灵"①)。兰波把这样的联系讽刺地形容为"有益健康的朦胧消遣"②,由此,博纳富瓦得出结论说,《沉醉的清晨》所欢庆的胜利时刻还没有到来。但一个人同样可以说,在这个判定它的清醒和冷静的晚来的时刻,胜利已经过去了。其他的评论者倾向于这个结论;尤其在最近的一个评论者看来,像《精灵》、《致一种理性》(A une raison)和《运动》(Mouvement)这样的诗歌所证明的那种"进步主义"的乐观主义,把我们送回到了一个更早的时期;那时,社会的启蒙主义允许前进的人类在一瞬间瞥见一个理性和爱的未来。"在1873年他遭遇精神和道德之危机的时刻,这样的乐观主义几乎不合时宜。"③

然而,我应避免采取这样一个结论。在我看来,当一个人倾听这些诗歌的时候,《精灵》所说的东西,《战争》所说的东西,《致一种理性》所说的东西,《出发》(Départ)所说的东西,甚至《贱卖》所说的东西,似乎毫无疑问地具有一种肯定的完满,一种决然的确信,还有一种尺度和一种权威:它们不依赖任何的相似,并且不符合兰波生命中任何已知的时期。这样

---

① 参见《兰波作品全集》,第233页,有改动。——译注
② 参见《兰波作品全集》,第233页。——译注
③ 参见苏珊娜·贝尔纳(Suzanne Bernard)为《兰波文集》(*Œuvres de Rimbaud*, Paris: Classiques Garnier, 1961)所写的导言、传记概要和注释。

的确定性通过如下简单的说法得到了表达:《彩图集》属于一个他异的时间——不管是在《地狱一季》之前,在它之后,还是和它同时代。或者,更清楚地说:这两部作品每一次都围绕着一个不同的中心,把他的全部经验从头到尾聚集了起来;而这样的重复,由于它根据一种无与伦比的形式,在一个无与伦比的层面上得以完成,所以,它把每一部作品变成了一个独有的空间,一个把别的作品推回至过去的肯定。当我们阅读1873年4月至8月所写的文字时,我们必须深信我们在阅读他最后写下的东西,并且,我们必须相信他,因为他谨小慎微地对我们述说。某种意义上,《彩图集》看似多余:在一个已被拒斥的时间里,它被随处记于日子的间隙;太多(在关心遣词用句的意义上)文学的东西,在一个从此没有文学(除非是出于"怯懦")的生命里找到了它们的位置。但如果我们抵达了这他异的言语,如果我们被置于它邀请我们达到的高度,那么,我们就触及了一个日子:它如此统治一切,如此遥不可及,如此没有个性,以至于它似乎照亮了一种仍然未知的生存的全部整体,仿佛整个的生命,全部的经验,从一头一再地写到了另一头,遮盖了、抹除了、取消了其他一切可能的版本。

*

一本书覆盖了另一本书,一个生命覆盖了另一个生命:在隐迹稿本(palimpseste)中,上和下根据尺度而变化,并依次建构了那依旧独一无二的本源之物。这种时而从《地狱一季》的最后视角出发,时而从《彩图集》的终极视角出发来阅读兰波的要求,必然属于他所固有的真理,它让我们一直感受到了诗歌模糊不清的结局:如果诗歌的确必须每次包含它的失败的话。但那样的失败,有一次是《永别》的唐突的结束(决然的争议把它从它所意指的真理中排除了出去),还有一次是《精灵》的庄严、平静的摒弃,一个人必须"懂得"打发,因为精灵只存在于消失的运动、明晰和迂回。我们如何从外部凭借博学的(诚然有用的)发现,选择两个结局中的一个并反对另一个?我们甚至如何从内部接近这一矛盾的必然性所意指的东西?

当然,通过分析,我们总可以迈出几步并让我们自己更好地朝向这两部作品的中心。中心:刺,秘密的痛点,根本不允许这个形象根据一开始就规定好了的关系得到划界,而是片刻不停地催促、烦扰着它。中心会是什么?如果它不属于那些用权威或知识来做决定的评论者,那么,我们可以尝试这种疑问形式的接近,让我们问:在各个情形里,中心和兰波的在场之自我的关系是什么?我们发觉,那不是同一个自我,因为那个说"我"的人,有时(就像在《地狱一季》里)是带着一种人称的紧迫说话,那样的紧迫甚至通过《坏血统》中勾勒的变形保留了一种同在场的暴力关系;有时则从一段距离或一场不可挽回的遗忘出发,无人称地说话,哪怕在《青春》或《流浪者》里,说话者毅然地提到了他自己。在这两部让一切终结了的作品中,一个顽固地保留自身的未来的肯定来自哪里?那是同一个未来吗?我们发觉,如果言语每次预先言说,如果那是说出了一个未来的当下之言语,那么,到来的东西不属于相同的到来：有时是在一场等待中被给出，这场最终醒来的等待其实是"守夜"，是承诺的警醒，在那里，沉默胜出，而兰波为自己成功地命定了可以把握的"真理"；有时则是在人的全部可能性的完成中被给出，在那巨大的可能性里，兰波是否在场已不再重要。换言之，仿佛《地狱一季》的未来给出自身，是为了让那个弃绝无人称性，弃绝诗歌言语之魔法幅度的人，能够以一种个人的方式通达它；但在《彩图集》所指定的那个无限的未来里，任何特定的个体都不能有一个位置，而那个未来甚至只容许一个已在这种言语中弃绝了自身的人把它说出。在两个情形里，都有弃绝；但《地狱一季》对诗歌言语的弃绝似乎承诺了一种真理的个人之未来；而《彩图集》的弃绝是对一切个体拯救的弃绝，这是为了支持一种在一切到来之物的可能性当中得以保留的已然无人称的言语。

最终是这最后的问题，它再次采取了另两者：显然，在这两部作品中，迅疾是言语的本质特点，是言语之实现的权力和真正言说的可能。① 那么，为什么这两部写作的运动使得它们不会服从相同的尺度？因为在《地狱一季》里，急促是生命的必要性。事实上，作家感到自己需要同时回应截然相反的催

---

① 勒内·夏尔："在兰波那里，朗诵（diction）通过一种永别先于反驳（contradiction）。它的发现，它的纵火日期，就是迅疾。"（出自勒内·夏尔的文章《阿蒂尔·兰波》[Arthur Rimbaud]，收于文集《对基底和巅峰的探寻》[Recherche de la bas et du sommet]。参见 René Char, Œuvres complètes, Paris: Gallimard, Bibliothèque de la Pléiade, 1983, 733. ——译注）

三　书的缺席　中性片段

促,唯有如此的激动不安允许他直面其整个生命的相反要求,把它变成文学能够给予我们的最具批判性的文本。但如果在《彩图集》里,自身移动的思想的迅疾不是那么明显,这不是因为它的运动更加迟缓,也不是因为该运动所赢得的范围更加狭隘;相反,它所占据的空间,在其未来包含了人类的全部空间,只在最严格的界限内重新卷曲。诗人的手合拢了它已经抓住的东西:每一个片段,然后,每一个言语,无时无刻不,无处不在地,以各种的方式,把经过的距离压缩成了一个独一无二的位置;人的一切可能性,不仅是主动的知识和反思的思想的可能性,还有,就像伊夫·博纳富瓦快乐地指出的,荣耀的可能性,通过形式的收缩("公式"),撤入了一个中心之"位置"的统一:这个集中的位置,与其说是中心,不如说是其静止不动的碎裂。

《彩图集》,不论它们由种种情境以怎样散乱的方式还给我们,不论它们对一个有序的构成保持怎样的陌异,不论它们是怎样不稳定,它们都把那种对一个可能之中心的最直接也最决然的吸引,当作了它们的运动:一道在照耀的同时撤入其本源之位置的电光。另一方面,《地狱一季》,作为一切矛盾之位置的肯定,作为最激烈之矛盾性的持久考验,是一个从其中心处被驱逐、排斥出来的思想的体验:它发现这个中心是"不可能者",并且,恰恰是在那种把它排除、驱散到外部的偏离中,它进一步接近了这个中心。但"可能""不可能"这样的词语意味着什么? 这与其说是兰波的秘密,不如说是我们自己的秘密,我的意思是,我们的使命和我们的目的。当然,不难指出,这两个名字是命名"未知"的两种方式,是通达或关涉他异之物的两种模式。同样不难暗示,"转向……""转离……"这两个既不能分开也不能调和的运动,已经通过它们的意义,指定了可能性的未来和不可能的在场。那两部诗歌作品将帮助我们开始认识这两个运动。

*

然而,伊夫·博纳富瓦说得更多,并且最后,我会转述他的反思,因为它们拥有巨大的价值。兰波命名了火,肯定或允诺了对是者(ce que est)之火焰的直接参与。"我的生命在自然的金光里闪烁。"①但在别处:

> 活着,并将晦暗的不幸,
> 投入火中。②

伊夫·博纳富瓦评论道:因此,有存在(l'être)之火,或存在之探寻的火;但晦暗的不幸是什么?任何一个想要活着的人必须让自己从中脱离的这种与火晦暗地相关的苦厄是什么?或许,"诗歌,让我们完全地参与了对统一性的寻求,参与

---

① 出自兰波的《地狱一季》之《妄想狂》(Délires)。参见《兰波作品全集》,第194页。——译注
② 出自兰波的诗歌《黄金时代》(Âge d'or)。参见《兰波作品全集》,第155页,有改动。——译注

三 书的缺席 中性片段

了一种同存在之在场的尽可能绝对的关系……不过是把我们与其他的存在分离了开来"①……因此,"想要……在它的深处,在它的实体里,重新找到现实,诗人愈发地失去了它的和谐与共融"②。根据他的生命和他的探寻所固有的运动,兰波用各种各样的方式,在不同的层面上表达了这一矛盾性:他身上的力(force)和匮乏(manque)的矛盾。力是他无法控制的能量,发明的权力,对一切可能之事的肯定,坚持不懈的希望(沉醉,其幸福当中的幻象)。匮乏,在"被窃的心"③之后,是无限的剥夺,贫困,无聊,分离,苦厄(睡眠)。但再一次,从这一本质的缺陷出发,诗歌在兰波身上看到,它自身被托付了一个责任,即把匮乏转变为资源,把作为苦厄的言说之不可能性,转变为言语的一个新的未来,把爱情的贫困转变为"重新发明爱情"④的要求。借用伊夫·博纳富瓦的另一表述,仿佛存在向惰性的被生产之物的退化(对象,阶级社会,淫靡,道德化的宗教)不得不被诗人所忍受和承担,并通过诗人,同诗歌之在场当中那总有未来的东西关联起来。但矛盾依旧是:个人对拯救的探寻(在灵魂和身体的一种有待占有的真理的意义上,它是交流所固有的探寻)和隐藏着中性的无人称经验之间的矛

---

① 参见 Yves Bonnefoy, *Rimbaud par lui-même*, 79. ——译注
② 参见 Yves Bonnefoy, *Rimbaud par lui-même*, 78. ——译注
③ 出自兰波的同名诗歌(Le cœur volé),参见《兰波作品全集》,第90—91页。——译注
④ 出自兰波的《地狱一季》之《妄想狂》:"爱情需要重新发明创造。"参见《兰波作品全集》,第185页。——译注

盾。也就是说，两种交流的需要之间的矛盾：第一种交流必须从苦厄出发，通过受苦之人的"炽热的耐心"①来肯定自身；第二种交流则必须从火出发，通过征服之人的心有所知的、焦躁不安的、迷狂的、荣耀的把捉来肯定自身。

但在这里，我相信，我们必须想起荷尔德林。对荷尔德林而言，正如对兰波而言，"火"一词和"光"一词代表了"幸福"和"晦暗的不幸"。荷尔德林对"直接者"（l'immédiat）——也就是"不可能者"（l'impossible）——的谈论应有助于我们进入白日的晦暗，这个白日无论如何是普遍的（commun），是每个人和每一瞬间所共有的（commun）；因为所有的交流（communication）都来自火，但火是不可交流者。让我们回忆这个对我们而言依旧抽象的知识，倾听简单的言词：

> 现在来吧，火！
> 我们急欲
> 看到白日……②

---

① 出自兰波的《地狱一季》之《永别》。参见《兰波作品全集》，第206页。——译注

② 出自荷尔德林的诗歌《伊斯特河》（Der Ister）。参见荷尔德林，《流浪者》，林克译，上海：上海译文出版社，2014年，第175页，有改动。——译注

Ⅱ 残酷的诗歌理性

(飞行的强烈需求)

我们还不能像我们应该的那样关心安托南·阿尔托的命运。他是谁,他在写作、思想和生存的领域里遭遇了什么——这些东西,即便被我们更好地了解,也不能为我们提供任何足够清晰的符号。然而,有部分真相是我们必须暂时确立的:他拥有一种折磨他的极端清醒的天赋;他不断地用浪漫主义的方式关注诗歌和思想,而不关注他个人;他把自己暴露给了一种打乱的要求,质疑一切既有的文化,尤其是当代世界的文化。

为了接近他,我们抛弃了被闪电击中的天才的传统意象。我们没有忘记他所停留的受难、收缩和呼喊的空间,但我们从未看见他让自己承受了一道只对准他的奉承的目光。如果他心疑地审视他所代表的谜题,那是因为,这种谜样的生存不断地让他同诗歌精神所要求的新的状况和关系做斗争,他必须留在那些新的状况和关系当中,而不依赖任何社会或宗教的传统形式。他没有屈服,他发现,他在我们中间是一个陌生人,具有一种被保留的纯粹的陌生性,具有一种不被他的语言所背叛的权威:唯有这让我们感到了惊愕,并应有助于我们在他身上察觉诗歌理性(raison poétique)的力量。

这一理性从不会困惑,但它具有一种如此锐利的必要性和一种如此严格的坚定性,以至于阿尔托不得不为它想出"残酷"(cruauté)一词。正是这残酷的诗歌理性,沿着一种特定之受难的道路,首先让他极其严厉地对待他自己的思想;接着,在一个随后的阶段,怂恿他在艺术和神圣者的交流中,危险地寻求一种关于艺术的新的形式和一种对神圣者的新的意识。

我们有些随意地打断了他的体验和他的生命,仿佛把它们分派给了不同的使命和时期。这样的划分无论如何是有用的,因为即便是随意的,它也帮助我们理解阿尔托所必定致力于的批评事件的不同且复杂的意义。

第一个时期以阿尔托同雅克·里维埃(Jacques Rivière)的《通信》(*Correspondance*)、《灵薄狱之脐》(*L'Ombilic des Limbes*)、《神经称重仪》(*Le Pèse-Nerfs*)、《艺术与死亡》(*L'Art et la Mort*)以及《全集》(*Œuvres complètes*)第一卷所收的几乎全部文本为代表。这些文本构成了关于思想之本质的最丰富也最精妙的沉思。它们构成了对一种独一之缺失(manque)的最为生动的接近,而当这种缺失在文学创造的中心得以完成的时候,它就是思想。在这里,带着一种意象的力量和一种抽象的提纯,阿尔托,比绝大多数思想家,比绝大多数辛勤的一般创造者,更多地也更为精确地,向我们讲述了思

三 书的缺席 中性片段

想与诗歌的关系。二十年后,他自己对《灵薄狱之脐》和《神经称重仪》做出了这样的判断:"当时,在我看来,它们似乎充满了裂缝,缺陷,陈词滥调,仿佛它们塞满了自发的流产,各种各样的抛弃和退让,总是驶向了我想要说,却说自己绝不会说的本质的和庞大的东西。但二十年过后,在我看来,它们令人目瞪口呆,它们的成功不是对我而言,而是对不可表达者而言。"①

作为缺失,作为受难的诗歌思想的体验震撼人心。它让任何一个经受它的人参与了一场战斗的暴力。阿尔托,以一种神秘的方式,成了这场战斗的所在:作为缺失的思想和承担这一缺失的不可能性之间的战斗,作为虚无的思想和这一思想所隐藏的喷涌的完满之间的战斗,作为分离的思想和与思想不可分离的生命之间的战斗。1946年,阿尔托再次说起了这场战斗:"……并且我写作只是为了说出,我什么也没做过,什么也做不了,并且,当我在做什么的时候,我其实一无所做。我的全部作品就基于并且只能基于这虚无, 这杀戮,这熄灭之火,水晶和屠宰的混战;一个人一无所做,一无所说,但一个人受难,一个人绝望,一个人战斗,是的,我相信一个人其实战斗。——一个人会欣赏战斗,评判战斗,为战斗辩护吗?不。它会被命名吗?也不。 命名战斗,或许,就是杀死虚

---

① 出自阿尔托1946年7月27日致彼得·沃森(Peter Watson)的信。参见 Antonin Artaud, *Œuvres complètes*, tome XII, Paris: Gallimard, 1989, 230-231.——译注

无。但首先是停止生命…… 一个人绝不会停止生命。"①

*

对他来说,不论是他所发现的文学艺术,哪怕是在超现实主义的赞叹中发现的文学艺术,还是他所生存的世界里自身显现的生活,哪怕是在教会的世界里自身显现的生活,似乎都无法接近这场战斗中至关重要的东西。在他更为容易地参与其时代之运动的过渡时期,他不禁探寻一种真正的艺术,一种崭新的语言,甚至更加根本地,一种复兴的文化的条件。在阿尔托那里,这些当务之急的重要性被怎样强调都不为过。他当然不是一个教授,一个美学家,或一个平静的思想者。他从未站在一个可靠的位置上。他所说的东西,不是通过他的生活本身(这会过于简单),而是通过那个把他召唤到日常生活外部的东西的震动,被说了出来。就这样被交给了一种失度的体验,他据此度量着自己,并怀有一种坚定的、执拗的、炽热的,仍在火焰当中寻求光芒的精神。

阿尔托为我们留下了一份重要的文献②,那不过是一种诗

---

① 我在这里参考了《未来之书》(*Livre à venir*, Paris: Gallimard, 1959)中的《阿尔托》(Artaud)一文。(引文出自阿尔托 1946 年 7 月 27 日致彼得·沃森的信。参见 Antonin Artaud, *Œuvres complètes*, tome XII, 236. ——译注)

② 这是指阿尔托的代表作《剧场及其复象》(*Le théâtre et son double*)。参见 Antonin Artaud, *Œuvres complètes*, tome IV, Paris: Gallimard, 1978. 中译见参见翁托南·阿铎,《剧场及其复象》,刘俐译注,杭州:浙江大学出版社,2010 年。——译注

歌的艺术。我承认,他在里头谈论戏剧,但他所考虑的东西乃是诗歌的要求。为了完成那个要求,他只能拒绝文类的限制并肯定一种更为原始的语言:"它的源头是从思想更深邃、更幽微处发掘出来的。"①我认为,其反思的主题和发现适用于一切的创造:(1)诗歌是"空间的诗"②,是"旨在掌握并使用开阔的领域,也就是空间,且在使用时,使它说话"③的语言。所以,问题不只是舞台向我们呈现的真实的空间,更是一个他异的空间:它更接近符号,更具表现力,更为抽象,也更为具体;这个空间甚至先于诗歌通过掩盖它的词语来吸引、显现并释放的一切语言:"这知性空间、心理层次的表演、饱含思想的寂静都存在于写好的句子当中;而在这里[在戏剧中],一切都是在舞台空间中勾勒,在四肢、空气以及一些叫喊、色彩和动作之间浮现。"④(2)诗歌"是从话语的必要性出发,而非从已形成的话语出发的"⑤。(3)"剧场的最高境界,就是能从哲学意义上,重新表现生成。"⑥(4)艺术不谈论现实,而是谈论现实的影子:它是暗化和加深,通过它,某种他异之物向我们宣示了

---

① 参见翁托南·阿铎,《剧场及其复象》,第131页。——译注
② 参见翁托南·阿铎,《剧场及其复象》,第40页。——译注
③ 参见翁托南·阿铎,《剧场及其复象》,第131页,有改动。——译注
④ 参见翁托南·阿铎,《剧场及其复象》,第69页。——译注
⑤ 参见翁托南·阿铎,《剧场及其复象》,第131页。——译注
⑥ 参见翁托南·阿铎,《剧场及其复象》,第129页,有改动。——译注

自身而不揭示自身。"剧场的问题与文化的问题一样,重点在标明、指引影子。"①(5) 真正的戏剧,"真正"的艺术,"促成了一种潜在的,也只有在潜伏状态才有价值的反抗"②:艺术的体验是无法完成之物的完成,是那个无论如何他异于真实者(le réel)的东西的实现。

诗歌的观念:诗歌被理解为空间,不是词语的空间,而是始终先于词语并且无论如何由词语所给出的词语之关系的空间;这个空间是其运动的悬置,其消失的出现。空间的观念:这个空间是一种纯粹的生成。图像的观念和影子的观念,复象的观念和"比在场更加真实"的缺席的观念。也就是,存在的体验和艺术的体验:存在在成为对象之前是图像,而艺术被一种先于一切再现和一切认知的暴力的差异所紧紧地抓住。最后,作为反抗的艺术的观念:这一反抗是最为沉重的反抗,虽然它看起来并不真实。这些就是我们归于阿尔托的若干主题,也就是,他用一种清晰的严格,即诗歌意识的严格,发展起来的主题。

*

这样的严格是阿尔托所固有的。它是一种暴力,它绝不允许阿尔托毫无危险地思考。阿尔托很快就意识到,如果在艺术之实现的层面上,它意味着"一种不妥协的纯净、不计一

---

① 参见翁托南·阿铎,《剧场及其复象》,第9页。——译注
② 参见翁托南·阿铎,《剧场及其复象》,第27页,有改动。——译注

三 书的缺席 中性片段

切代价达到目的的决心"①,如果在另一个层面上,它要求追逐强烈的运动,追逐一种激情的、痉挛的生命,或者,在他所谓的宇宙的或形而上学的层面上,要求追逐一种道德的严厉,追逐一种确定的、决然的意识,那么,这样的严格就以"纯粹力量的释放"②为标志,也就是,既无界限也无形式的东西的震动,那个在保持不可告人和安全的同时,从不让我们毫发无损的东西的"原始之恶"③:这种分割的暴力从敞开的深处打造了一个既封闭又开裂的卑贱之躯,并从片段中,用碎裂、撕扯、有机的和无机的爆炸,形成了一种绝对的分割。这是书写的激烈(acharnement)——尸堆(charnier)——所释放的先行瓦解或分解。由此就有这个没有道德的句子:"一切写作都是猪粪。"④

在他写下这些注定要在《剧场及其复象》中占有一席之地的文本的大约同一时期,阿尔托也写《埃拉加巴卢斯》(*Héliogabale*):在那里,他至死不断地维持的探究开始得以表达。如此的探究是对"神圣精神"的探究。神圣者:不是与大

---

① 参见翁托南·阿铎,《剧场及其复象》,第137页。——译注
② 参见翁托南·阿铎,《剧场及其复象》,第137页:"盲目力量的释放(déchaînement d'une force aveugle)。"——译注
③ 参见翁托南·阿铎,《剧场及其复象》,第122页。——译注
④ 出自阿尔托的《神经称重仪》。参见 Antonin Artaud, *Œuvres complètes*, tome Ⅰ*, Paris: Gallimard, 1976, 100.——译注

地分离的天空,而是一种不把力量和神灵分开的暴力的交流,它不"把天空钉入天空,把大地钉入大地"①,它同全体,同事物的"压碎的多样性"②,同它们的破碎的矛盾,同它们的"熊熊燃烧的混乱的方面"③,同它们的统一,保持接触。在后来的所有文本,以及这些文本的所有步伐中,我们认出了相同的企图,相同的运动:他决心从非基督教文明中收回神圣者的本质形式;神圣者通过"在大气的四个鸣响的角落,在天空的四个磁化的纽结中,游戏着"的"大地的联络之神"④而来临:存在的"痉挛式"显现。

不止是通过他的渎神,他的谩骂,对神圣者的这一理解,对全体的这一暴风雨般的认同,标志了他同基督教,同基督教唯心主义的不可化约的矛盾。我想我们必须记住这个特点,如果我们希望弄清他在 1937 年的皈依为何是最富有戏剧性的异化。他是一个基督徒——如果这是皈依的意义的话——但他无法用基督教的方式来思考;他身上的言语和诗歌不断

---

① 出自阿尔托的《埃拉加巴卢斯》。参见 Antonin Artaud, *Œuvres complètes*, tome Ⅶ, Paris: Gallimard, 1982, 48. ——译注

② 出自阿尔托的《埃拉加巴卢斯》。参见 Antonin Artaud, *Œuvres complètes*, tome Ⅶ, 84. ——译注

③ 出自阿尔托的《埃拉加巴卢斯》。参见 Antonin Artaud, *Œuvres complètes*, tome Ⅶ, 85. ——译注

④ 出自阿尔托的《墨西哥与文明》(Le Mexique et la civilisation)。参见 Antonin Artaud, *Œuvres complètes*, tome Ⅷ, Paris: Gallimard, 1980, 130. ——译注

地肯定了那使他的信仰显得荒谬,使他的生活显得不可能的东西。在此提及尼采并不能完全地澄清问题。然而,我们看到,当尼采崩溃的时候,狄奥尼索斯,神性的异教启示,就在他身上与被钉上十字架者的肯定发生了碰撞。同样,荷尔德林也说:独一无二者是基督教的神,而神圣者就是吞没了独一无二者的那种震动。这三个命运之间有太多的差异。但即便我们不该迷恋他们的共同尺度,我们也在击中他们的事件里瞥见了神圣者两种不可调和的形式的强烈碰撞——这是其本质的矛盾——以及轮回之神和没落的上帝之间不可能的区分。对一个历史地归属于一神论文明的生存而言,这样一种对诸神的召唤意味着什么?意味着没有什么能和共同的历史之逗留相一致。为什么是诸神?为什么它们是诸神?荷尔德林或许暗示了回答:诸神之为诸神,不只是为了独一无二,更是为了在它们的复多当中显得唯一。

*

我们还没有准备真正地揭示阿尔托生命的最后十年。令人震惊的是,阿尔托被交给了作为火焰的精神,从没有脱离他对作为精神的光明的忠诚。他也没有为一者而背叛另一者。或许,自伯麦(Böhme)以来(在这里,再一次,通过,甚至超越对荷尔德林、兰波、赫拉克利特的谜样的回想),他无论如何是火焰之精神的最亲密的见证人:

升起的邪火

完美地投射并象征了

反抗的恼怒的意志

反抗的独一的意象

火分离并自身分离

它拆开并燃烧自己

它燃烧的是它自己

它惩罚自己①

当他谈论生命的时候,他谈论的是火;当他命名虚空的时候,他命名的是虚空的燃烧,光地的灼热,荒漠的白炽。恶就是熊熊燃烧、施加强力、制造擦伤的东西。如果在其思想的切心和其言语的暴力中,他总感到了某种邪物的攻击,那么,他在如此的恶当中认出的不是罪,而是残酷,以及"受难诗人的真正心脏"②注定要庇护的精神之本质。诚然,阿尔托的受难属于精神并由精神所引发。的确,他的思想是痛苦,而他的痛

---

① 出自阿尔托的《撒旦》(Satan)。参见 Antonin Artaud, *Œuvres complètes*, tome Ⅷ, 97.——译注

② 出自阿尔托 1946 年 11 月 17 日致亨利·帕里佐(Henri Parisot)的信,又名《叛徒柯勒律治》(Coleridge le traître)。参见 Antonin Artaud, *Œuvres complètes*, tome ⅩⅩⅣ, Paris: Gallimard, 1988, 310.——译注

苦是思想的无限。但他用一种奇怪的无辜的刑苦来忍受的这一暴力,正如他的言语所肯定的反抗,远远没有代表一种特定的和个人的运动,而是指明了来自存在之深处的叛乱:仿佛存在不只是存在,而是已在其深处成为不断席卷安托南·阿尔托之生命和诗歌的"存在的痉挛"和"飞行的强烈需求"。①

---

① 最终,他害怕:疯狂、言语和呼喊,一旦消散,就不过是一种策略的元素。这是恰恰就他而言(并且已在这个文本里),通过一种幸福地穷尽其名字的声望,发生了的事情。("存在的痉挛"[le spasme de l'être]和"飞行的强烈需求"[rapace besoin d'envol]出自《墨西哥与文明》。参见 Antonin Artaud, *Œuvres complètes*, tome Ⅷ, 130, 129. ——译注)

III 勒内·夏尔
与中性的思想

我一开始应指出一个看似细节的东西。勒内·夏尔语言中的某些重要的词语在语法上是中性的,或者接近中性。"可以预见,但还没被明确表达的东西"(le prévisible, mais non encore formulé)①,"无法熄灭的绝对"(l'absolu inextinguible)②,"不可能的存活"(l'impossible vivant)③,"快乐的呻

---

① 出自勒内·夏尔的诗集《狂怒与神秘》(Fureur et Mystère)中的《唯留》(Seuls demeurent)之《形式的分享》(Partage formel)Ⅹ:"诗歌无法和那可以预见,但还没被明确表达的东西分开。"参见 René Char, Œuvres complètes, Paris: Gallimard, Bibliothèque de la Pléiade, 1983, 157. ——译注

② 出自《形式的分享》ⅩⅡ:"保持这无法熄灭的绝对。"参见 René Char, Œuvres complètes, 158. ——译注

③ 出自《狂怒与神秘》中的《许普诺斯的纸页》(Feuillets d'Hypnos)229:"黑色再次封闭了不可能的存活。"参见 René Char, Œuvres complètes, 230. ——译注

吟"(le gémir du plaisir)①,"冻僵"(Transir)②,"毗邻"(Attenants)③,"巨大的未经表达的远方(意想不到的生者)"(le grand lointain informulé [le vivant inespéré])④,"本质的可理解者"(l'essentiel intelligible)⑤,"半开"(l'entrouvert)⑥,"无人称的无限"(l'infini impersonnel)⑦,"晦暗"(l'obscur)⑧,"离开"

---

① 出自《许普诺斯的纸页》54:"我不再听到……快乐的呻吟……"参见 René Char, *Œuvres complètes*, 189.——译注

② 这个标题出自诗集《群岛般的言语》(*La Parole en archipel*)中的《峭壁与牧场》(La Paroi et la Prairie)。参见 René Char, *Œuvres complètes*, 352. 中译见《勒内·夏尔诗选》,树才译,太原:北岳文艺出版社,2002年,第58页:"冻得发麻。"——译注

③ 这个标题出自《群岛般的言语》中的《在风上》(*Au-dessus du vent*)。参见 René Char, *Œuvres complètes*, 397. 中译见《勒内·夏尔诗选》,第79页。——译注

④ 出自《许普诺斯的纸页》174。参见 René Char, *Œuvres complètes*, 217.——译注

⑤ 这个标题出自诗集《外部,黑夜被统治》(*Dehors la nuit est gouvernée*)。参见 René Char, *Œuvres complètes*, 109.——译注

⑥ 出自《群岛般的言语》中的《离开》(*Quitter*)之《在行进中》(Dans la marche):"我们只能活在半开之中,恰好在明与暗的费解的分界线上。"参见 René Char, *Œuvres complètes*, 411.——译注

⑦ 出自《群岛般的言语》中的《双年之诗》(*Poèmes des deux années*)之《树枝的围墙》(Le rempart de brindilles):"财产在人的外部重新变成了无人称的无限。"参见 René Char, *Œuvres complètes*, 361.——译注

⑧ 出自诗集《早起者》(*Les Matinaux*)中的《早起者的淡红色》(Rougeur des Matinaux)Ⅶ:"我爱那即使我头晕目眩然后在我体内加深晦暗的东西。"参见 René Char, *Œuvres complètes*, 361. 中译见《勒内·夏尔诗选》,第32页。——译注

(Quitter)①。这些提示不打算证明什么,而只是为我们的注意力定向。进而,一种技术的分析会表明这些各式各样的表达的不同功能,这些功能几乎每一次都是不同的。但这不是关键。中性(le neutre)不只是一个词汇的问题。例如,当勒内·夏尔写下"le passant"[经过者]②(即便他没有写下,我们也往往感觉到它就在他所写的东西中):"passant raviné"(满脸皱纹的过客)③,一个不及物的 passant(经过者/过客)时,要是我们满足于把它翻译成"l'homme qui passe"(经过的人)或"celui qui passe"(这个经过者),我想我们会改变被这个词引入语言的中性的指定。那样的指定还出现在勒内·夏尔命名的"命定者之星"(l'étoile du destiné)④或"敌意的流言"(les

---

① 这个标题出自《群岛般的言语》。参见 René Char, Œuvres complètes, 407.——译注

② 在布朗肖写下本文的时候,勒内·夏尔还没有在诗歌中采用"le passant"这一表述。这一表述后来在 1972 年的诗集《在其圆环中闪耀的护符之夜》(La nuit talismanique qui brillait dans son cercle)中出现,见《尝试单纯》(Éprouvante simplicité)一诗:"更远处,在枯泉之源的三块石头里,有一块为经过者说出了这唯一刻着的词语:'朋友。'"参见 René Char, Œuvres complètes, 503.——译注

③ 出自《群岛般的言语》中的《离开》之《喜悦》(L'Allégresse):"恐惧如何区别于希望,满脸皱纹的过客?"参见 René Char, Œuvres complètes, 415.——译注

④ 出自《狂怒与神秘》中的《唯留》之《暴力》(Violences)。参见 René Char, Œuvres complètes, 130.——译注

三　书的缺席　中性片段

rumeurs de l'hostile)①中。但什么是中性？

让我再次从《碎散之诗》(*Le poème pulvérisé*)的《论据》(Argument)中援引一个我们每个人都会想起的问题:"若前方没有未知,我们如何活下去?"②"未知"(inconnu)一词也在这些诗歌的语言中不断地呈现,不管它是否得到了表达。的确,它几乎不是唯一的:"平衡的未知者"③,"凿空的未知者"④,但仍然是未知者。现在,我们要问:一种同未知者的关系为何如此紧迫? 回答将把两个问题联系起来。未知者在口语上是中性的。不具备一种中性词性的法语的严谨是别扭的,但最终不无优点,因为属于中性的东西不是和其他两种词性相对立的第三种词性,它也没有为理性建构一个关于存在者或存在的特定类别。中性是不能被指派给任何词性的东西:它是非一般者,非通用者,同样也是非特定者。它拒绝归属于主体的范畴,也拒绝归属于客体的范畴。这不仅仅意味着它仍然未被规定,仿佛在两者之间徘徊,而是说中性假定了另一种关

---

① 出自诗集《无主之锤》(*Le marteau sans maître*)中的《最初的磨坊》(*Moulin premier*)之《共同在场》(Commune présence):"谁把敌意的流言引向了仁慈?"参见 René Char, *Œuvres complètes*, 80. ——译注

② 出自《狂怒与神秘》。参见 René Char, *Œuvres complètes*, 247. ——译注

③ 出自诗集《三十三个片段》(*En trente-trois morceaux*):"为你的喜悦,我拥有的这平衡的未知者,准备好一切。"参见 René Char, *Œuvres complètes*, 780. ——译注

④ 出自《许普诺斯的纸页》212:"让你陷入凿空的未知者。"参见 René Char, *Œuvres complètes*, 225. ——译注

系,这种关系既不属于客观的条件,也不属于主观的倾向。

让我们稍进一步来研究。未知者总在中性中得以思考。中性的思想对思想而言是一个威胁和一个丑闻。然而,在克莱芒斯·拉姆努的著作的帮助下,我们想到,西方思想的最初语言,赫拉克利特的语言的一个主要特点,就是用中性单数来言说:"一,智慧之物"(l'un-la-chose-sage),"未期待者"(le non-à-espérer),"未发现者"(le non-à-trouver),"未接近者"(le non-à-aboder),"普遍者"(le commun)。① 我们必须立刻记住的是,赫拉克利特的词("智慧之物","普遍之物",或"这个智慧者","这个一","这个普遍者")既不是亚里士多德或黑格尔的逻辑学意义上的概念,也不是柏拉图意义上的理念,确切地说,它们不是任何意义上的理念。通过这种法语翻译无法直接采纳的中性的命名,某种东西被给予了我们来言说,而对于这种东西,我们的抽象和一般化的方式却给不出任何的符号。

因此,我们发现自己再次面对着一个问题,即当未知者转向这种中性的时候,也就是当我们预感到一种中性的经验就隐含在一切同未知者的关系当中的时候,什么东西向我们提了出来? 但容我插入另一段话。通过一种明显被滥用了的简化,一个人或许会在整个的哲学史中认出一种努力,这种努力要么通过用无人称的法则和普遍性的统治来取代"中性",以

---

① 参见赫拉克利特残篇 32 或 41:"一,智慧之物";残篇 18:"无所期待的人不会发现那未期待者,因为它是未发现者和未接近者";残篇 2:"须服从普遍者"。——译注

达到适应或驯化中性的目的,要么通过肯定自我-主体(Moi-Sujet)的伦理首要性,通过肯定对独一无二者(Unique singulier)的神秘的渴求,来质疑中性。中性就这样不断地从我们的语言和我们的真理中被驱逐出去。到了弗洛伊德的时候,通过用冲动和本能的观念,最终是通过一个或许仍然是人类学的视角①来阐释中性,他以一种典型的方式揭示了这样的压抑;后来,荣格以原型(archétype)和一种值得尊敬的灵性(spiritualité)的名义恢复了它。海德格尔的哲学可以被理解为对这种中性之审问的回应,一种以非概念的方式来接近它的尝试;但它还必须被理解为在某种东西面前的一次新的后撤,对这种东西,思想看似只能通过升华来包纳它。② 同样,萨特谴责他所谓的"惰性实践"(le practico-inerte),像神学家谈论恶一样谈论它,他在那里(恰好)看到的不是辩证法的时刻,而是一个能够让一切辩证法失效的经验的时刻,因为思想所

---

① 这么说当然过于草率,有失公允。
② 对存在(être)和存在者(étant)之差异的反思——这样的差异既不是超越者和有限者之间的神学差异(它没有这个差异那么绝对,同时又比它更加本源),也完全不同于实存者(l'existant)和它的实存方式之间的差异——似乎召唤着思想和语言在"存在"(Sein)中认出一个针对中性的根本的词;换言之,它召唤着思想和语言在中性中思考。但同样有必要立刻修正这点并说:在存在向我们发出的召唤中被赋予存在的尊严,一切以一种模糊的方式把存在和神圣者结合起来的东西,存在和此在(Dasein)之间的一致性,存在和存在之理解并行的恰巧的事实(存在是自身澄明,自身敞开的东西,它将自身命定于成为澄明之敞开的存在者),存在和真理之间因此存在的关系,一种在"光"的在场中自身去蔽的遮蔽——这一切并没有促使我们探寻未知者当中隐含着的中性。

接近的东西,再一次,是中性;并且,这一次是通过贬低中性,也就是,恰恰拒绝把它想作中性。

"若前方没有未知,我们如何活下去?"在这个问题之肯定的显明中,有某种催告我们的东西;一个困难紧盯着我们,又无论如何以一种近乎让人安心的方式躲开了。它不得不被找寻。未知者是一个中性者。未知者既不是客体,也不是主体。这意味着,思考未知者,绝不是把它作为"尚未知道的东西",作为尚未到来的全知之对象而提出;也不是把它作为"绝对的不可知者",作为拒绝一切认知和表达之方式的纯粹超验的主体而加以超越。相反,让我们(或许武断地)提出,在探寻中——在那里,诗歌和思想在它们所固有的空间中肯定了自身,既分开,又不可分开①——未知者处于紧要的关头;但前提是明确这样的探寻和作为未知的未知者(l'inconnu comme inconnu)发生了关系。一个依旧令人不安的句子,因为它提出:由于未知者是未知的,它要和未知者"相关"。换言之,我们假定了一个关系,在这个关系里,未知者得到了肯定、显现和展示;它得到了揭露——并且是在什么方面? 恰恰是在把它保持为未知的东西中。那么,在这样的关系里,未知者会在掩盖它的东西中得到揭露。这是一个矛盾吗? 事实上是的。为了

---

① 事实上——正如勒内·夏尔的例子让我们相信的——诗歌,言语,还有思想,在一种表面的二元性下,是同一个名字。但如果必须用两个名字、几个名字来命名那在探寻中作为一而得以完成的东西,那是因为后者只把一种无统一的统一作为了它的中心。

三 书的缺席 中性片段

承受这个矛盾的重量,让我们试着以不同的方式明确地表达它。探寻——诗歌,思想——和作为未知的未知者发生了关系。这个关系揭露了未知者,但也在揭露的同时掩盖了它;通过这样的关系,就有未知者的一种"在场";在这个"在场"中,未知者显现了出来,但总是作为未知的。这样的关系必须把它所承受的东西保持为完整的——未被接触的——并且绝不揭示它所暴露的东西。这不会是一种去蔽的关系。未知者不会被揭示,而是被指示。

(为了避免误解,我们应当表明,如果这个同未知者的关系偏离了客观的认知,那么,它同样偏离了直观的认知,以及通过神秘的融合而产生的认识。作为中性的未知者假定了一种关系,这种关系陌异于同一性和统一性的一切要求,甚至陌异于在场的一切要求。)

让我们回到我们的反思上来,甚至加快我们的反思。通过一种非揭露的非在场之关系,和未知者发生关系而不揭示它。确切地说,这意味着中性的未知者不属于光,而是属于如下的一个"领域":这个"领域"陌异于在光当中并且通过光得以完成的揭露。未知者不在凝视面前落下,但也不对凝视隐藏:它既不是可见的,也不是不可见的;更确切地说,它让自身转离了一切的可见和一切的不可见。

这些命题有失去意义的危险,除非它们实现了它们的目的,即质疑那个潜在地支撑所有西方思想的假定。让我们再回想一遍这个假定:可见-不可见的认知是认知本身;光和光的缺席为思想迎接它理应思考的东西提供了全部的隐喻;我们只能"瞄准"(仍然是一个从视觉经验中借用的意象)那在"澄明"(éclairement)的在场中向我们到来的东西;最终,由于全部的视觉是关于整体的视觉,由于视觉的经验是一种全景持续性的经验,我们必须总让理解和认知,让一切的关系形式服从一个"整体"的视角。

*

"但如果作为未知的未知者既不是可见的,也不是不可见的,那么,同未知者的什么样的关系——我们所假定的一种在诗歌本身当中涉及的关系(一种非神秘的、非直观的关系)——仍会让自身得以指示?

——是的,什么样的关系?最不例外的关系,诗歌有使命承担的关系。诗歌,也就是,最简单的言语,如果言说事实上是这样一种关系的话;通过它,未知者在一种关系里指定了自身,而那种关系并不是澄明中所完成的关系。

——因此,正是在言语中——在言语所是的间距中——始终保持未知的未知者,将向我们如其所是地指示自身:分开的,陌异的?

——是的,言语;但无论如何只是就它回应了它所固有的空间而言。'若前方没有未知,我们如何活下去?'未知者排斥一切的视角;它不持留在视圈(cercle de vue)之内,它无法归属于一个整体。在这个意义上,它同样排斥'前方'的维度。未来的未知者(我们和它具有一种期望的关系)不是作为未知

三 书的缺席 中性片段

对我们言说的未知者;相反,它只能遏制并毁灭未来的一切希望。

——那么,我们要说,把自己献给未知者的经验,就是让自己根本地接受否定的考验,或接受彻底之缺席的考验吗?

——不,我们不能这么说。在中性的思想中,未知者既逃避否定,也逃避肯定。它既不是否定的,也不是肯定的,它既不为肯定它的东西增添什么,也不从肯定它的东西那里剥夺什么。未知者并不在它存在或不存在的事实中找到它的规定,而只在这样的事实中找到规定,即同未知者的关系是一种既不由光所敞开,也不由光的缺席所封闭的关系。一种中性的关系。这意味着,在中性中思考或言说,就是同一切的可见和一切的不可见分开来思考或言说,即用那些不属于任何可能性范畴的措辞来思考或言说。'若前方没有未知,我们如何活下去?'这一追问的急迫的形式来自如下的两点:(1) 活着必然是在一个人自身前头活着;(2)'本真地''诗意地'活着,就是同作为未知的未知者发生关系,并因此把'这个未知者'置于一个人生命的中心,它不允许一个人在他自身前头活着,而且剥夺了生命的所有中心。

——确实,勒内·夏尔所说的'未知者'不是简单的未来的未知者:后者总已经被给予了我们并且只是一个'尚未知道的东西'。每一个个体的生命都有这样的未来,哪怕是在一个彻底庸常的世界里。

——诗歌让我们意识到的未知者比未来,甚至比'不被预言的未来'①,更加无法预见,因为,如同死亡,它逃避一切的把捉。

——除了言语的把捉。

——除了言语,但是这是就言语不是一种把捉,不是一种捕获而言。这是关键。言说未知者,通过言语接受它,同时保持它的未知,恰恰是不把捉(prendre)它,不领会(com-prendre)它;是拒绝自身与其同一化,哪怕是借助视觉这种仍然保持着距离的'客观'的把握。同未知者一起在一个人自身前头活着(这也意味着:在未知者前头活着,在作为未知的自身前头活着)就是进入言语的责任。言语言说而不实施任何形式的权力,哪怕是我们在凝视的时候所完成的权力:因为当我们凝视的时候,我们就把我们面前持立的任何人或东西保留在我们的视野当中,保留在我们的视圈之内——保留在可见-不可见的维度当中。在此,让我们回想勒内·夏尔许久之前的肯定,它会传达我们方才试着说出的一切:'一个人所不知的存在是一个无限的存在——它能够在治疗中把我们的痛苦和重负变成动脉的曙光。'②作为未知的未知者就是这样的无限,而言说它的言语是一种无限的言语。

——所以,正是在这个意义上,我们可以说:言说就是把

---

① 这个标题(L'avenir non prédit)出自《群岛般的言语》中的《在风上》。参见 René Char, *Œuvres complètes*, 403. ——译注

② 出自《形式的分享》XXXIV。参见 René Char, *Œuvres complètes*, 163. ——译注

自身,不用系带地,系于未知。

——言说,书写。"

*

在此,我将结束这些初步的反思。它们不打算提供一种对勒内·夏尔的评论,而是勉强指向了一条先前被人忽视了的道路,以便尝试着接近他作品的一个部分。一个或许正在生长的部分。在边缘写下的东西不再只是边缘的。由此——至少在我看来——就有了某些批评家"在这夜幕降临的时刻"[1]用来提防这部作品的无知和暴力,他们试图固定它,为它指定界限,并按他们的平静的尺度来还原它。"我将言说,我懂得言说,但打断我的敌意的回音是什么?"[2]

---

[1] 出自《群岛般的言语》中的《离开》之《在行进中》。参见 René Char, Œuvres complètes, 411. ——译注

[2] 出自勒内·夏尔的文集《对基底和巅峰的探寻》(Recherche de la bas et du sommet)中的《贫穷与特权》(Pauvreté et privilège)之《凌辱》(Outrages)。参见 René Char, Œuvres complètes, 651. ——译注

插入语：

✝✝"中性：通过这个词语，我们要理解什么？"——"或许里头没有什么要理解的。"——"所以，我们首先要排除我们传统上最情不自禁地用来接近它的那些形式：认知的客观性；环境的同质性；元素的可互换性；或者，根本的无差异性：在那里，根据的缺席和差异的缺席密切相关。"——"那样的话，这样一个词的适用点会在哪里？"

✝✝"让我们继续排除和删除。中性通过语言来到了语言。然而，中性不只是一个语法的词性——或者，作为一个词性和一个范畴，它让我们朝向了某种别的东西，某种承担了其标记的东西。第一个例子，让我们说，一个没有介入其所说之事的人是中性的；这就好比，如果言语在发言的时候没有考虑发言者或它自身，那么，它就可被视为中性的，仿佛当它言说的时候，它没有言说，而是允许那个无法说出者，在有待说出的东西里言说。"——"那么，中性，引人注目地，把我们送回到了一种透明性，这种透明性的模糊且非清白的地位由此得以标明：会有一种透明性的不透明性（opacité de la transparence），或某种甚至比不透明性更不透明的东西，因为降低这一不透明性的东西并不降低透明性的深度，作为缺席，它承担了透明性并使之存在。"——"恰恰是它的存在：透明性的存在。"——"我恰恰不会这么说，我毋宁说：我们所谓的存在的中性已把存在置于括号当中并在某种意义上先于存在，总已把存在中性化了,这与其说是通过一种虚无化的运作,不如说是通过一种非功效的运作(opération non opérante)。"——"所以,让我们接着说:如果透明性以中性为特点,那么,中性就不属于透明性。"——"请记住,中性会在一个准缺席的位置上被给出,那是一个非效果之效果(effet de non-effet)的位置——(或许)类似于一个词语或一系列词语的全部词根,在同一语族内部,或穿越各种词形变化,所维持的假定之位置,一个'虚构'的词根;某种意义上,一个透露出来的,既不显现也不消失的意义:它由此无动于衷,仿佛不受约束,它无论如何丧失并摆脱了一切固有的意义,因为它只通过模态传达意义,只有模态赋予了它价值、现实和'意义'。"——"所以,意义的意义会是中性?"——"让我们暂时承认这点:如果肯定和否定已把它完好地留在了其意义的位置上,那么,它就是中性(更确切地说,意义没有被提出,它既不是肯定的,也不是否定的,而是仿佛在一切的肯定和一切的否定之外,肯定了自身。这会是本体论论证的力量和空虚:上帝,不论存在与否,仍然是上帝;上帝:中性的至尊性,相对于存在总是过度,空无意义,并通过如此的空无,与一切的意义和无意义绝对地分离)。"——"如果意义通过一个某种意义上没有尽头的回撤的运动,通过一个暂缓自身的要求,通过悬置(épochè)的一种讽刺的竞价,运行或行动了起来,那么,它再一次是中性的。为了让意义能够在其改变了用途的纯粹之光中出现,事实上要悬置的不只是中性的位置,甚或生存的位置。为了承担意义,意义本身只能把自身置于括号和引号当中,而这又要通过一种无限的还原,最终停留在意义之外,如同一个在白天消散了的魅影,但无论如何不匮乏,因为匮乏是它的标志。"——"所以,意义只能通过中性而存在?"——"但这是就中性仍然陌异于意义而言——我的意思是,首先:中性是就意义而言的;并非没有差异,而是通过差异的不可见的偏离,萦绕着意义和非意义的可能性。"——"从中可以得出结论:现象学已经走向了中性的迷途。"——"被我们称为文学的全部东西也是如此,如果它的一个特征是无限期地追求悬置,追求悬置甚至自身悬置的严格使命,而不能够因此把这个运动归于否定性。"——"中性会是这样一个文学行动(acte littéraire):它既不属于肯定,也不属于否定,并(在第一时间)把意义释放为意义的魅影、鬼魂和拟像。仿佛文学的本性就是成为幽灵,不是因为它被自身所萦绕,而是因为它承担了一切意义的预备,那正是它的执迷。或者,更确切地说,因为它会把自身还原为仅仅专注于模仿一种还原的还原(réduction de la réduction),而不管那样的还原是不是现象学的;因此,它远远没有取消这一还原(即便它看起来应该这么做),而是根据无止境者,用一切挖空并打断它的东西来增强它。"

✝✝中性因此关系到这样一个东西:它在书写的语言中,把"价值"赋予了某些词语。这不是把词语置于价值当中,而是置于引号或括号之内,并且是通过一种因没有标出自身而

三 书的缺席 中性片段

更加有效(efficace)的抹除(effacement)的独一性：一种被减除、被掩饰,而不因此导致加倍的减法。被超现实主义者当作权威和决定的标记来使用的斜体,对中性而言,显然被放错了位置,虽然加上括号或破折号,或打上圣安德烈的太过明显的十字,或许没有别的效果,只是显得更加虚伪。所以,让我们说：置于括号当中的操作没有让中性得以完成,而是无论如何对应于中性的弄虚作假,它的"讽刺"。

††中性,一个看似封闭,实则开裂的词,一个没有性质(qualité)的修饰语(qualificatif),(根据时代的用法之一)跻身于既无存在(subsistance)也无实体(substance)的名词(substantif)行列,一个把无止境者(l'interminable)不经定位地聚集起来的术语(terme)：中性承担了一个没有回答的难题,它关闭了某个不符合任何问题的东西。因为一个人可以追问中性吗？一个人可以写下中性吗？可以写下什么是中性吗？可以写下：关于中性,能说什么吗？当然可以。但追问没有开启中性,它留下了中性并且不把中性完好地留下,它彻底地穿透了中性,或者,更有可能,让它自身被中性化、平稳化、被动化(中性的被动性[passivité]：超越并且总是超越一切被动者的被动者,它所固有的激情[passion]包围了它所固有的行动,一个无行动的行动,一个非效果的效果)。

††当一个被动性的行为看似和一个执行的主体没有直

接的关系时,我们就相信我们已经能够谈论中性了:它(ça)言说;它(ça)欲望;一个人(on)死亡。当然,弗洛伊德在命名无意识(并把它用作一个能够为之划界的基准点,一个某种意义上沉默的词:既粗糙又精致的法语 ça——仿佛一种无法掌控的肯定的喃喃低语,以底层之呼喊的方式,从"庸俗"的街道上升起——更好地标志了它的陌异性)的时候,不断地指定而不能够固定的谜题的冲动,首先要用中性来理解,并且不管怎样,这使得一个人只能把中性理解为这个谜题的压力。但中性,既躲避肯定,也躲避否定(或许还通过这样的转动,在一个阻止它成为主体或客体的问题重重的位置上,维持了 ça),其特征之一,就是隐藏而不呈现问题或追问的尖点,并且,这不是通过一个回答,而是通过这个回答所回应之物面前的回撤。中性发起了追问:但它并不用疑问的平常方式来追问;虽然它看似没有抓住任何指向它的注意力,虽然它在中性化的时候,让自身被一切疑问的力量所穿透,但当追问的记号黯然失色,并且不再给肯定留下任何回应的权利或权力时,中性总把疑问力量的实施之边界推得更远。

土土中性:它承担差异,直至进入非差异。更确切地说,它不给其最终的平等留下任何的非差异。中性总把中性与中性分开。中性绝不允许自身被同一性所解释,中性仍然是一种无法同一化的多余。中性:表面和深度,如果表面看上去占据了支配的地位,它就同深度联合起来;当深度意欲统治(成

三　书的缺席　中性片段

为一种统治之意志)的时候,它就同表面结盟,因此既显得肤浅,又始终深不可测。中性总在人们对其定位以外的地方,不仅总在彼岸,总在中性的那边,不仅总缺乏固有的意义,甚至缺乏一切肯定性或否定性的形式,而且阻止在场或缺席以任何确定无疑的方式,向不论什么样的经验,哪怕是思想的经验,提出它。而一切的相遇——在那里,他者(Autre)突然出现,迫使思想离开了自身,也迫使自我(Moi)遇上了那个建构它并被它所提防的故障——已经打上了中性的标记,绣上了中性的缘饰。

Ⅳ 断片的言语

勒内·夏尔同中性的"重入圆环的悠悠黑夜"①保持着一种比其他任何作家更为警觉的关系,他应是这样一个人:把话语从话语中解放出来,他根据一种尺度,召唤它用断片的言语(parole de fragment)来回应"悲剧的、两物之间的、遭受洗劫的大自然,如同悬浮着的人类"②:这已经以一种虽然神秘的方式,教导我们把片段(le fragmenaire)同中性(le neutre)结合起来,就像一个翻倍了的词语,即便那样的翻倍也是一种谜题的翻倍。

断片的言语:一个难以接近的词。"断片"(fragment),一个名词,却拥有一个无论如何缺席的动词的力量:碎片(bri-

---

① 出自勒内·夏尔的诗集《失去的赤裸》(*Le nu perdu*)中的《心犬》(Le chien de cœur)之《即便……》(Même si...)。参见 René Char, *Œuvres complètes*, Paris: Gallimard, Bibliothèque de la Pléiade, 1983, 468. ——译注

② 出自《失去的赤裸》中的《心犬》之《被憎恶的显现》(Les apparitions dédaignées)。参见 René Char, *Œuvres complètes*, 467. 中译见《勒内·夏尔诗选》,树才译,太原:北岳文艺出版社,2002 年,第 136 页。——译注

三 书的缺席 中性片段

sure),不留碎屑(débris)的打碎(brisées),作为言语的打断,如果间歇的中断没有停止生成,而是相反地,在属于它的断裂中激发了生成的话。任何一个说断片的人不应只说一个已然存在之现实的片段化,或一个尚未到来的整体时刻的片段化。这是难以设想的,因为根据一种理解的必要性,唯一的认知是对全体的认知,同样,视觉总是关于整体的视觉。根据这种理解,在断片所在之处,必然有对某种东西的隐含的指定,那种东西曾经或者将会是完整的——断指暗示了手,正如第一个原子预示并包含了宇宙。我们的思想因此被两个东西所限制:一个是对实质之完整的想象,另一个是对辩证之生成的想象。但在断片的暴力里,尤其是在勒内·夏尔允许我们进入的那种暴力里,一种截然不同的关系,至少是作为一种允诺和一项使命,被给予了我们。"没有了诗歌搅天动地的能量,现实是什么?"①

我们必须试着在这样的"爆炸"②或"错乱"③中认出一种

---

① 出自勒内·夏尔的诗集《群岛般的言语》(*La Parole en archipel*)中的《在风上》(*Au-dessus du vent*)之《为了一个虎耳草普罗米修斯》(Pour un Prométhée saxifrage)。参见 René Char, *Œuvres complètes*, 399. ——译注

② "在我们感觉到的人类的爆炸中,奇迹! 碰撞着的碎片是活的!"(出自《群岛般的言语》中的《图书馆在燃烧及其他诗歌》[La bibliothèque est en feu et autres poèmes]之《花园里的伙伴》[Les Compagnons dans le jardin]。参见 René Char, *Œuvres complètes*, 383. 中译见《勒内·夏尔诗选》,第 53 页。——译注)

③ "赫拉克利特,乔治·德·拉图尔,我感谢你们……让我的错乱显得敏捷且可以接受……"(出自勒内·夏尔的诗集《狂怒与神秘》中的《唯留》之《形式的分享》Ⅸ。参见 René Char, *Œuvres complètes*, 157. ——译注)

价值,并且不是否定的价值。它既不是否定的,也不是单纯地肯定的:仿佛二择其一的取舍,以及为了否定存在而不得不首先肯定它的那种必要性,最终已被神秘地打破。"碎散之诗"(Poème pulvérisé)不是一个小标题。《碎散之诗》:书写并阅读这首诗就是同意让我们对语言的倾听弯向某一种分散的经验,也就是说,一种分离和不连续性的经验。请思考一下不自在(dépaysement)。不自在不仅意味着离开家园(pays),还意味着一种更加本真的居住方式,一种没有习惯(habitude)的栖居(habiter);流亡肯定了一种同外部(le Dehors)的新的关系。所以,片段化的诗歌不是一首尚未完成的诗歌,而是敞开了另一种完成的方式:一种在等待,在追问,在某个不可还原为统一的肯定中,至关重要的方式。

断片的言语从来不是独一无二的,哪怕它想要如此。它被写下,既不是因为统一,也不是鉴于统一。的确,就它自身而言,它支离破碎地呈现出来,露着锋利的棱角,就像一个看上去和任何东西都合不来的岩块。一颗从未知的天空中落下的流星,不可能和任何已知的东西联系起来。所以,有人说,勒内·夏尔使用了"格言的形式"。奇怪的误解。格言是封闭的,有限的:一切视域(horizon)的水平线(horizontal)。相比之下,在勒内·夏尔的这么多诗歌——这么多既无托辞也无语境的文本——向我们提出的一连串几乎分散的"句子"里,重要且令人振奋的事情是:虽然它们被一片空白所打断,被孤立并被分解,以至于一个人没法从一个句子转到另一个句子,或

三　书的缺席　中性片段

者,只能借助跳跃并意识到一段困难的间距,但它们无论如何在它们的复多性当中传达了一种排列的意义,并把这样的意义托付给了言语的未来。这种新的排列不会形成一种和谐,一种融洽或一种调解,而是接受拆分或发散就是一个用言语来创造关系的无限之中心:如此的排列并不构成什么,而是进行并列,也就是说,把一个关系项留在另一个关系项的外边,尊重并保留这样的外在性(extériorité)和这样的距离,使之成为一切意指的——总已被废除的——原则。在这里,并列和打断承担了一种非凡的公正力。在这里,任何的自由都基于它赋予我们的安心(不安)而得到布置。混乱层面上的排列。不动性的生成。

要明白,诗人绝没有玩弄混乱,因为松散的结构太过清楚地知道如何整理和排列事物,哪怕是在相反的方向上。在这里,严格和中性坚定地结盟了。勒内·夏尔的"句子",意义的岛屿,没有经过任何的协调,被一个挨着一个地放着:它们具有一种强大的稳定性,就像埃及神庙的巨石,相互之间没有任何连接;它们具有一种极端的紧密性,却能够无限地漂移,释放出一种转瞬即逝的可能性,把最沉重的留给最轻盈的,把最险峻的留给最温柔的,把最抽象的留给最生动的(早起面孔的青春)。我们可以这样来分析:名词获得了一种动词的特权;意象的凝聚如此迅疾(狂喜和痛楚),以至于对比最为鲜明的——不只是对比的,甚至是不相干的——符号,在最小的空间里相互毗邻;最终,在句法里,有一种走向并列秩序的趋势:

到那时,没有限定性冠词的词语,或缺乏确定主语的动词("唯留"[Seuls demeurent]①),或失去了动词的句子,就对我们说话,而没有任何预先设定的关系组织或连接起它们。

勒内·夏尔的每一部诗集在其他所有诗集的基础上前进,提出了一种迎接未知者而不扣留它的始终不同的方法。每一次,我们都发现了诗歌和思想的一种崭新的关系,还有我们在阐释这一语言的时候所犯的错误,仿佛它仍属于话语,不管是不是辩证的话语。这种语言提出的严格的不适宜性——有时是如此困难,以至于我们把它体验为言语的一次狂怒或一场受难——没法进入旧范畴的形式(对立,张力,解决)。它号召我们超越闪烁不定的模糊性的虚假快乐,然后超越制造对立的矛盾性的痛苦;但这不是为了抵达一个调解或融化是非的总体性,而是为了让我们对不可还原的差异负责。

因为,对勒内·夏尔,正如对赫拉克利特——从孤独到孤独,勒内·夏尔总感到了一种同赫拉克利特的友爱——而言,在事物和词语当中本质地言说的东西,就是差异(Différence);它是秘密的,因为它总在推迟言说,总是有别于意指它的东西,而且使得一切无不暗示它并被它所暗示:它只能被间接地说出,它并不沉默,它在书写的迂回当中运作。

*

---

① 这个标题出自诗集《狂怒与神秘》。参见 René Char, *Œuvres complètes*, 127. ——译注

三　书的缺席　中性片段

群岛般的言语（parole en archipel）①：如其形形色色的诸岛一般被切碎，并因此让汪洋大海涌现出来；这极为古老的无边性，这总是尚未到来的未知者，只由那经过了无限分割的大地深处的浮现指定给我们。由此，永恒的愿望再次发现了力量："但谁会在我们周围重新确立那实则为了我们而被创造的无边，那以非神的方式，从四面八方沐浴我们的稠密？"②

"以非神的方式。"那时，我们好像在回声中听到："诸神归来了，伙伴们。他们一瞬间进入这个人世；但是，勾起记忆的话语，在铺延的话语下也再次出现，一起使我们遭受痛苦。"③这是一个回应吗？

然后是这样的话："消除距离就是扼杀。诸神只在我们中间死去。"④这是回应吗？

无论如何，让我们再次倾听。让我们通过阅读这些给出

---

① 这是勒内·夏尔1952—1960年的诗集的名字。参见 René Char, *Œuvres complètes*, 337.——译注

② 出自勒内·夏尔的文集《对基底和巅峰的探寻》（*Recherche de la base et du sommet*）中的《紧张的从容》（À une sérénité crispée）之《根据实用性的法则生产（劳作）……》（Produire [travailler] selon les lois de l'utilité...）。参见 René Char, *Œuvres complètes*, 759.——译注

③ 出自《群岛般的言语》中的《图书馆在燃烧及其他诗歌》之《致维埃拉·达·席尔瓦的九次感谢》（Neuf merci pour Vieira da Silva）。参见 René Char, *Œuvres complètes*, 386. 中译见《勒内·夏尔诗选》，第49页，有改动。——译注

④ 出自文集《对基底和巅峰的探寻》中的《脆弱时代》（L'Âge cassant）之《我像岩石一样诞生……》（Je suis né comme le rocher...）。参见 René Char, *Œuvres complètes*, 767.——译注

遗忘之办法的词语，来学会阅读。在那儿，书写，无话语的书写，无痕迹的轨迹（tracé sans trace），从其自身之谜题的中性里，再次抓住了那始终偶然的真理："在身后遗失的西方，假定已被吞没，不被任何东西触及，脱离了记忆。它从它的省略之床中拽出了自身，毫不喘息地攀爬，最终升起并赶上。点融化了。泉水倾泻。上游爆发。而底下的三角洲变绿。边界的歌声一直传到了下游的瞭望塔。容易满足的是桤木的花粉。"①

就这样，西方的协同通过片段的书写宣告了它的回归。这是没落的时代，但没落是上升的没落，其陌异性当中的纯粹迂回：它（就像勒内·夏尔在别处说的）允许从欺骗走向欺骗，从勇气通往勇气。② 诸神？正在归来，从未到来。

---

① 出自《失去的赤裸》中的《返回上游》(Retour amont)之《在身后遗失的西方》(L'Ouest derrière soi perdu)。参见 René Char, Œuvres complètes, 439. ——译注

② 布朗肖在这里引述了勒内·夏尔的文章《关于1959年〈七月十四日〉上〈本质的倒错〉的第二次阅读的笔记》(Note à propos d'un deuxième lecture de "La Perversion essentielle", in Le 14 Juillet 1959)："在政治上，莫里斯·布朗肖只能从欺骗走向欺骗，也就是说，从勇气走向勇气。"收于文集《对基底和巅峰的探寻》。参见 René Char, Œuvres complètes, 744. 布朗肖的文章《本质的倒错》(La Perversion essentielle)，参见 Maurice Blanchot, Écrits politiques, 1958-1993, Paris: Léo Scheer, 2003, 13-25. ——译注

三　书的缺席　中性片段

插入语：

♁♁中性不诱惑，不吸引：这是其无法抗拒的吸引之眩晕。书写就是让这无吸引力的吸引运作起来，将语言暴露给它，并通过一种暴力从中抽出语言，又交回语言，直至那断片的言语：空洞之分割的受难。

♁♁"但中性不是离他者（l'Autre）最近的东西吗？"——"但也是最远的。"——"他者就处在中性里头，哪怕是作为他人（Autrui）对我们说话，那时，它也凭一种陌异性说话，这种陌异性使得它不可定位并且总外在于任何确认它的东西。"——"我们不是应该承认一点吗：他者（eteron）与中性相伴，这不像肯定与否定相伴，或正面与反面相伴，而是说，它藏在中性里，从中发现了其自身隐而不露的偏离，以及一个诱惑，正是这个诱惑掩盖了那使之运作的关系的无限性？"——"但这不是意味着：他者，总被中性所威胁，甚至被中性所标记，也处在了一种仍然不受掌控的变化无常的关系当中，因此与中性绝对地划清了界限？"——"让我们首先说，他者和中性关系到一个东西并通过这个东西发生关系，这个东西应当禁止它们一起被人思考，如果有可能——但不是完全可能——肯定这样一点的话：他者和中性必然以不同的方式不落入唯一者（l'Un）的裁决，同样也不允许自身被包含于一种无论如何难以避免的对存在（l'Être）的归属。"——"以不同的方式：一个凭借过度，另一个依靠匮乏？"——"或许吧，但别忘了，过度，匮乏，这个想要成为对立的差异,如果不能被固定下来,就几乎什么也不是:在一种情形下,匮乏就是过度,正如另一种情形下,过度是基于巨大的匮乏。"——"我们再也不能轻易地满足于这种对唯一者的否认了:尤其是因为,这样的否认,如果是以一种单纯否定的方式完成,那么,它就不得不失败,而且,它的运行——或许——不能只是诉诸'对极限'的通往。"——"无论如何,它会失败,我们可以肯定。"——"但死亡(la mort)不会扮演这个角色吗?作为他者到来,拥有中性的假象,不允许自身被人统一地抓住;只因它一直不可通达才有所抵达(由此让它所抵达者显得不可通达),无论如何只触及它总已经触及的东西;没有任何的现实性,只允许自身在那一刻遭遇它所纠缠的'自我'(Moi);那时,自我,他者的代言人,不过是他者献给自身并当作礼物收下的一个已然破碎了的虚构的伙伴。"

╪╪那么,把你的死亡刻入一个领域,在那里,它不会被标记为缺失。这个领域会和话语的其他领域如此分离开来,以至于它们无法重新抓住这一分离,哪怕是为了如是地指定(désigner)它,并在指定它的同时放任(résigner)它。对一般的话语而言,在死亡以一种意义之零(被减之减法)的方式得到刻写的领域里,死亡所标志的缺失必定会触及——同时完好地保留——"真理"的概念,以及"主体"和"统一"的概念,它从这些概念的首要位置(position)上弃置(déposer)了它们。由此,在这一刻,话语无论如何维持了真理的幻觉和主体的幻

三 书的缺席 中性片段

觉,它玩弄这些幻觉,好让那个无法把握的真理和那个总被认为异化了的主体仍然能够确保话语的永久失灵。

±±我寻找无概念的距离,好让无真理的死亡会在那里得到刻写——这倾向于说:死(mourir),没有意指失败,而是划定了一个领域,在那里,真理的效果甚至不会被标记为缺失。那么,承认科学是一种无所缺失的严格的书写,我们假定它能够且唯它能够明确地指出,书写和死,在什么样的位置上得到了表达或发生了重叠。但科学:它自身如何能够承认这种简单的统一,正是这样的统一把它理想地总体化了并还给了"意识形态"?

±±在话语中,通过话语,通过对话语的偏离,分界线以不可见的方式描绘了自身,它从话语中撤回一切总体性的权力,把它们分配给多重的领域;这样的复多性(纵然徒劳也)不倾向于统一,它的建构同样和统一没有关系,既不在统一的这边,也不在统一的彼岸,而是总已经抛开了统一。科学之科学性不在于它对一种本质之统一的反思,而是相反地,在于一种书写的可能性:这种书写每一次都把科学一词从本质和意义的一切先行的统一当中,释放了出来。

然而,"文学"让一切的言语已为书写所预留,它通过其自身的意识形态与科学分开(它只能拥有一种通过强化意识形态来弃置意识形态的幻觉),而且首先——这是其往往决定性的意义——是把科学——因为一个难以平息的誓言,出于其自身的拯救——对同一性和符号之恒久性的信仰,谴责为意识形态的。诱惑,无可非议的诱惑。

✝✝就这样,我们——或许——已经更好地指定了中性的挑衅。中性:一个太多的词。它在逃避:要么是为自身保留一个既标记了它又让它一直缺失的位置,要么是激起一种无位置(place)的移位(déplacement),要么是以一种多重的方式,给自身分派一个增补的位置。

一个太多的词:它从他者那里传来,而不被自我听见,虽然自我是唯一可能的听众,因为那是对自我说的;它与其说是要驱散或打碎自我,不如说是要回应"我"所掩盖的碎片或分散,通过这个看似空洞心跳的掩盖运动,把它自身变成一个自我。哪里有或者会有一个太多的词,哪里就有死亡的冒犯或揭示。

✝✝如果你能够像一个确定其中心的圆一样封闭你自己,那么,你,作为一个自我,会同意把这个自我当作可疑的、虚构的,并因此无论如何更加必要的吗?那么,或许,在书写的时候,你会同意把这个符合遗忘的,早早得出却姗姗来迟的结论当作书写的秘密:他人在我的位置上,在这个作为我唯一身份的无人占据的位置上,书写;正是这让死亡一瞬间显得欢乐、偶然。

V 遗忘的记忆

诗歌是记忆；这是古代的断言。记忆是缪斯。歌手通过记忆来歌唱，并给出了记忆的权力。歌声本身就是记忆（mémoire），是记忆的公正得以施展的空间：这命运女神（Moira），这为权利和尊重的布置提供依据的晦暗的部分。

最古老的古人已然抗议了歌手的过高权力：歌手将自身确立为难忘之物的主宰，拥有对死者的死亡之权利，并能够用一种虚假的名声来报答那些理应无回忆地消失了的人。就这样，因为把荣耀赋予了尤利西斯（Ulysse），一个足智多谋却无壮举的人，荷马备受谴责。

然而，这样的抗议对准了歌手阶层，并服务于神圣殿堂及其竞争，因此服务于诸神；它并不反对诗人的恣意幻想，哪怕诗人的罪过是随心所欲地赞扬或贬低沉默无声的伟大事件。首先，没有人想过，作品和歌声可以被无中生有地创造出来。它们总在记忆的不动之当下里，被提前给出了。谁会对一种未被传达的新的言语产生兴趣？重要的事情不是讲述，而是重新讲述,并在这样的重新讲述中,每一次都作为第一次来讲述。在威严的意义上,聆听总是已经听到:置身于先行听者的行列,允许他们在这持续的聆听中再次到场。

歌声是记忆。诗歌回忆了人类、民族和诸神在其自身记忆中尚不拥有的东西,但他们在其自身记忆的守护下居留,其自身的记忆同样被托付于他们的守护。这伟大的无人的记忆,是没有本源之记忆的记忆,而谱系之诗,在那些凭借记述本身并从叙事的力量出发,诞生最初之神的可怕传说中,接近了它;它是任何特定的个体,诗人或听众,都无法通达的一种保留。这是久远的东西。这是作为深渊的记忆。在某些产生了诸神,并让这些依旧神圣的诸神同时作为已然强大的,某种意义上形而上学的名字而产生的希腊诗歌里,遗忘是原始之神,古老的先祖,它是后一代神灵里缪斯(Muse)的母亲,记忆女神摩涅莫绪涅(Mnémosyne)的诞生者的最初在场。所以,记忆的本质就是遗忘;在这样的遗忘中,一个人必须为死而干杯。这不简单地意味着,在我们给予这一表述的贫乏意义上,一切从遗忘开始,并以遗忘结束。因为在这里,遗忘并不是无。遗忘是记忆的警觉,是一种守护的力量:因为它,隐蔽的事物得到了保存;因为它,终有一死的人类,如同脱离了其所是的不死的诸神,在自身的隐蔽中得到了安息。

带着他所固有的谦卑——如此的谦卑绝不是一个更小的维度——苏佩维埃尔(Jules Supervielle)向我们,至少向我,讲述了某种类似的东西。缪斯不是记忆,它是遗忘的记忆

（Oublieuse Mémoire）。遗忘是太阳。记忆在反射中闪耀，它反射着遗忘并从这样的反射中汲取了遗忘的光芒——惊叹和明晰。

  但如何用这么多的遗忘，做出一朵玫瑰，①

  此时此刻，除了记忆和遗忘，我同苏佩维埃尔的作品几乎没有别的联系。我回想起了这核心诗句的温柔地痛苦的光芒。记忆首先是困惑，它是"模糊的记忆"②，"轻盈的记忆"③，作为一种变更的力量，它在我们身上，通过一种惊人的亲近确立了一个不定之变化的谜。

  我在这儿吗，我在那儿吗？我所习惯的河流
  变化着两岸，任我四处漂泊。④

  这内在的迁移——它必须首先被经历为风险，然后才能

---

① 出自于勒·苏佩维埃尔的诗集《遗忘的记忆》（*Oublieuse mémoire*）。参见 Jules Supervielle, *Œuvres poétiques complètes*, Paris: Gallimard, Bibliothèque de la Pléiade, 1996, 486. ——译注

② 出自《遗忘的记忆》："那将扰乱我模糊的记忆。"参见 Jules Supervielle, *Œuvres poétiques complètes*, 485. ——译注

③ 出自《遗忘的记忆》："但我要抱怨什么，哦，轻盈的记忆……"参见 Jules Supervielle, *Œuvres poétiques complètes*, 485. ——译注

④ 出自《遗忘的记忆》。参见 Jules Supervielle, *Œuvres poétiques complètes*, 487. ——译注

被体验为财富——是"静止不动"①,在它后面,诗人"知道了发生的事情"。被遗忘的东西是一场缓慢前行的标记:指定方向的箭头。被遗忘的东西同时指向了被遗忘者,指向了遗忘:变形的位置所处的最深刻的抹除。从外在之物转向内在之物,然后从内在之物转向更加内在之物:在那里,一切在场的切心(intimité)和外部(dehors),正如诺瓦利斯(Novalis)和里尔克(Rilke)所说,在一个断断续续的空间中,聚集了起来。

然而,有一种双重的诱惑和一种难以掩盖的风险。遗忘不过是被遗忘的事物;但通过一种超出我们并且极大地超出它们的遗忘之权力,它把我们留在了一种同我们所遗忘之物的关系里。哲学家会说,遗忘就是秘密地占有中介的力量,因为从我们身上被如此地抹除了的东西应返回我们,我们会因这样的损失而富有,因这样的匮乏而强大,就像人们说的,我们会被理想化。

> 橡树再次成为树木和影子,平原,
> 而这里就是我们眼前生出的那片湖?②

---

① 出自于勒·苏佩维埃尔的诗集《无辜的苦役犯》(*Le forçat innocent*)之《奥洛龙-圣玛丽》(Oloron-sainte-Marie):"哦,对秘密的步伐毫无反应,/我们总把它混同于静止不动。"参见 Jules Supervielle, *Œuvres poétiques complètes*, 257. ——译注

② 出自《遗忘的记忆》。参见 Jules Supervielle, *Œuvres poétiques complètes*, 486. ——译注

遗忘是中介，一种幸福的权力。但为了让这个功能在其诗歌的尊严中得以完成——为了让这个功能不再是功能，并成为事件——作为手段的东西，中介者，一种工具性的简单遗忘，一种总可利用的可能性，必须被肯定为一种没有途径、不可返回的深度；它必须逃避我们的掌控，毁掉我们支配它的权力，甚至毁掉作为深度的遗忘，毁掉记忆的这一切舒适的实践。曾经的中介如今被体验为分离；曾经的纽带如今既不连接，也不松解；曾经从当下走向被回忆的在场的东西，那种把一切事物作为影像交还给我们的生产性的生成，如今是贫乏的运动，连续不断的来来往往，因为它，坠入遗忘的我们甚至不会遗忘：在一切记忆和一切记忆的缺席之间悬着，我们没有遗忘之可能地遗忘着。

如此的考验正是诗歌的考验：在那里，我们一如既往地重新发现了一个时刻，它让颠倒凝结为一种漂泊的静止。为了回应这个命运，苏佩维埃尔在一部单纯而奇妙的作品中写下了他自认为最纯粹的记述，《远洋的孩子》（*L'enfant de la haute mer*）。在那里，我们以一种几乎出人意料的方式接近了这遗忘的生命；在那里，某种东西遭到了遗忘，却因这样的遗忘而更加在场。处在遗忘当中的遗忘之在场；在自身遗忘的事件里无尽地遗忘的权力；没有遗忘之可能性的遗忘；没有遗忘的遗忘-被忘。我们要如何感激这个人啊：他用如此的举措让我们熟知了这个经验，并在一个唯一的意象中把它成功地给予了我们。

但现在,我们更好地看到了缪斯——遗忘的记忆——让我们身陷其中的风险。或者,问题只是一种能够遗忘的记忆,而我们并没有成功地坠入那个海岸:在那里,存在会一边变形,一边向我们到来,而我们自己就是这个陌异的身体,它已然变成了其自身的未知空间。或者,遗忘让我们遗忘了一切,但我们如何重返事物?如何回归在场?

> 但如何用这么多的遗忘,做出一朵玫瑰,
> 如何用这么多的启程,实现一次回归,
> 逃逸的千鸟没有一只着陆
> 而这么多的晦暗拙劣地模仿白日。①

在记忆里有一种关系,它再也不能被称为辩证的,因为它属于遗忘的模糊性:遗忘既是中介的位置,也是无中介的空间——它是深度与表面之间的无差异之差异;仿佛遗忘总是深刻的遗忘,而且,遗忘的深度只有在一切深度的遗忘中才是深刻的。由此就有苏佩维埃尔引我们去听的问题:

> 哦,深刻的夫人,
> 您在表面做什么,

---

① 出自《遗忘的记忆》。参见 Jules Supervielle, *Œuvres poétiques complètes*, 486. ——译注

三　书的缺席　中性片段

> 专心逝去的东西,
> 在我的时辰看钟？……
>
> 您要求我的盟约
> 做出怎样晦暗的弃绝？
>
> 哦,您,总准备着结束,
> 您愿把我
> 留在那深渊的边缘
> 您就是那深渊的陌异之顶峰。①

记忆,这深渊的巅峰。

在远和近之间有一种同样秘密,却难以固定的关系,恰如鸟的对话所揭示的,一场甜蜜得让人害怕的对话：

> ——鸟,你寻找什么,在我的书上拍翅飞舞,
> 我狭小房间里的一切都陌异于你。
>
> ——我不知道你的房间,我不为你而来,
> 我从未离开森林,我就在

---

① 出自《遗忘的记忆》中的《夫人》(Madame)。参见 Jules Supervielle, *Œuvres poétiques complètes*, 490-491.——译注

我筑巢的树上,请换种方式理解

你所遇到的一切,忘记一只鸟。①

在这一结尾处,远离的致死的亲近由最为简单的词语传达给了我们:

——但你晦暗的甜蜜里藏着怎样的恐怖啊!你已经杀死了我,我从我的树上坠落。

——我需要独自一人,甚至一只鸟的目光……

——可我是在巨大丛林的幽深遥远处!②

对你是力量,他对树说,对我是重音。③ 这重音是记忆的重音:始终克制,时而低沉,但又平静,清楚。它以一种简单的方式回应了那在陌异性的压力下被人经历的东西。如果故事

---

① 出自于勒·苏佩维埃尔的诗集《未知的朋友》(Les amis inconnus)中的《鸟》(L'oiseau)。参见 Jules Supervielle, Œuvres poétiques complètes, 300. ——译注

② 出自《未知的朋友》中的《鸟》。参见 Jules Supervielle, Œuvres poétiques complètes, 301. ——译注

③ 出自于勒·苏佩维埃尔 1945 年的诗《日夜之树》(Arbres dans la nuit et le jour)。参见 Jules Supervielle, Œuvres poétiques complètes, 432. ——译注

的真理被时刻不停地给予了他,那是因为他同一种深刻的不可追忆的记忆发生了关系。这种记忆起源于"传说"的时代:在那个前历史的时期,人似乎回想起了他从不知道的事情。苏佩维埃尔也是如此:诗人言说,仿佛是在回忆,但如果他在回忆,那也是用遗忘来回忆。

Ⅵ 宽广如夜

我想起了卡夫卡在一封致勃罗德(Brod)的信里写下的这段话:"作家是人类的替罪羊,他允许人享受罪愆而不负罪,几乎不负罪。"①这几乎不负罪的享受就是阅读。作家是有罪的;他把他自己根本地交给了恶(我假定,基督教作家往往如此快乐地写作,有时还对他们所写的东西十分得意,他们很容易忽视这点;格雷厄姆·格林[Graham Greene]评论说,一个真正的基督徒肯定不会写作)。但他在罪愆中创造的东西成了读者的幸福和恩典。让我们夸大这些特点:本质上不幸的创造产生了本质上幸福的阅读。书是黑夜,但它会成为白日:一颗不会发光的黑暗之星平静地给出了光亮。阅读就是这平静的光。阅读把不属于光照秩序的东西转变成了光。

然而,一切促使读者失去这样一种优雅的清白。首先,作

---

① 出自卡夫卡 1922 年 7 月 5 日致勃罗德的信。参见《卡夫卡全集·第 7 卷:书信(1902—1924)》,叶廷芳主编,石家庄:河北教育出版社,1996 年,第 487 页。——译注

者无法走到其使命的终点,他出版了仍然未写的书,而读者进入这些书与其说是通过阅读,不如说是通过被迫在想象中焦虑地延长写作的激情(这激情反过来在作者和读者之间产生了独一的亲密关系,正如我们自浪漫主义以来看到的)。但还有一个奇异的、非法的、笨拙的、多余的、总不怀好意(哪怕这样的不怀好意是因为其过度的善意和"理解")的角色,那就是批评家。批评家的存在是为了在书和读者之间介入。他代表了文化的决定和道路。他禁止神的直接接近。他说我们必须读什么并且必须怎么读,这最终让阅读显得无用。但他,至少,是一个快乐地阅读的快乐之人吗?根本不是,因为他只考虑写下他读到的东西。由此导致一个结果:如果写作,或许,从来没有像今天一样如此之多,那么,我们无论如何已经沉重地、痛苦地,失去了阅读。

如此的处境并不新鲜。苏格拉底曾取笑史诗吟诵者,因为他们不满足于诵读荷马的诗歌,还声称要阐释他的"思想"。"我常羡慕你们,伊翁,你们干颂诗这一行儿的,你不但熟悉荷马的诗句,还得把思想理解得通透,真让人羡慕!……诵诗人一定得把诗人的思想传达给听众。"对此,伊翁没有察觉到丝毫的讽刺,回答道:"苏格拉底,你说得再正确不过了。就拿我自己来说,为颂诗技艺我可花费了最大的心思。在所有诵读荷马的人当中,我敢说自己最棒……"——"你说得实在不错,伊翁。"①由此指定了几种阅读方式,它们被称为寓意(allégorie)、

---

① 参见柏拉图,《伊翁》,王双洪译疏,上海:华东师范大学出版社,2008年,第36—37页。——译注

象征(symbole)和神话破译(déchiffrement mythique)。当柏拉图如此粗鲁地把荷马从其城邦中赶出去的时候,他驱逐的与其说是荷马,不如说是寓意阐释:这样的阐释撇开了诗人的言词,以便为真理和启示让出位置。柏拉图缩短了这一颠覆的过程,他肯定地说,从诗人身上得不出什么东西,因为诗人被封闭在一个映像和表面的世界里。虽然兴奋的语法学家从荷马身上发现了一种关于一切物理、道德和形而上学之确定性的陈述,但我怀疑柏拉图是否因此比他们更好地捍卫了荷马自己的真理。古典时代晚期,及其随后的基督教时代早期,对这一寓意的放纵负有责任;但一种强烈的对立总已经存在了。普鲁塔克(Plutarque):"人们曾想通过古人所谓的'隐秘含义'和我们今天所说的寓意来篡改荷马的叙述。"① 塔提安(Tatien):"不要再把你们的神话和诸神分解成寓意。"②

象征如何(在柏拉图那里神秘地,在普罗提诺[Plotin]或浪漫主义者那里慎重地)接替寓意,随后的精神分析阅读如何作为象征阅读的一种更为博学、更具反思的形式③,把它继承

---

① 出自普鲁塔克的《论诗学》(*De Audiendis Poetis*)7,419e。——译注

② 出自亚述的塔提安的《致希腊人书》第二十一章《基督教教义和希腊人关于神的比较》。参见塔提安等,《致希腊人书》,滕琪、魏红亮译,北京:中国社会科学出版社,2009年,第174页,有改动。——译注

③ 至少是就精神分析的一种能够被反驳的解释学观念而言。为了避免任何的误解,请回想一下,正如雅克·拉康让人明白的,象征界(le symbolique)不能参照一个被象征物(un symbolisé)被解读为象征(le symbole),而毋宁要经过法则的阐述,正是法则奠定了这个迫切的要求并为之安排秩序,哪怕是安排为无序。

下去；关于这段历史，甚至在西方，人们也只是知道其大致的轮廓。差异，不论多么牢固，都无法让我们忘掉步伐的同一。这关乎一种作为文本之阐释的阅读。如此的阐释在表面的意思下探寻另一个隐藏的意思，并在那个隐藏的意思下继续探寻另一个意思，以便抵达晦暗的中心，对此中心的直接揭示是不确定的，因为它的表达总需要转译或隐喻。最终，"精神分析"指定了无意识，它的表达模式就是象征；这样的象征不仅和语言相连，而且就是语言本身。（全部的问题仍然是要弄清对言语的这样一种追问会把我们引向哪一个层面。）这就是青年谢林（Schelling）把寓意称为一种"翻倍了的语言"时，已准备肯定的事情。因为最简单的言语有所掩饰，它在说它所不说的东西，否则它就不会言说。因此，寓意把表达集中于它的主要特点，也就是，显义和隐义的二元性。

谢林的演变颇为典型。他很快发觉，寓意通过摧毁文字的表象摧毁了诗歌，因为它废除了意象（image），也就是说，废除了诗人的原始表达，以便支持另一个声称是唯一重要或唯一正确的未被表达的表达。就连象征也有相同的缺陷：虽然它关注的是一个更为遥远、更为丰富、或许必然秘密的意义，但它总有一刻会邀请我们超越文本，去聆听或注视别的东西。由此，谢林拒绝形象和意义、本质和超本质之间的任何二分，他抵达了他著名的神话学观念：其中，诸神只意指它们之所是。①

当我冒险以一种并不公正的隐喻的方式来对待巴什拉（Bachelard）本人的时候，我相信他会被认作精神分析的谢林。他总对意象和书怀有最好的激情，它们的真理，它们的生命，就在那样的激情里。他因此愈发地厌倦那在各种不同的实验过程当中建构起来的傲慢且无所不包的技术知识；他乐于在艺术的生产边上证实它的方法，把这些艺术的生产视为其他生产中间的情形，并为它们提供一种——相对于所谓深刻的力量——如此深刻的阐释，以至于重要的再也不是作品，而只是作品背后的东西，不是写作的作家，而是精神分析家所发现的东西，并且，那是他已在别处提前发现了的东西。② 这种巧

---

① 我在这里参考了让·佩潘（Jean Pépin）的博学且让人愉快的著作《神话与寓意》（*Mythe et allégorie*, Paris: Montaigne, 1958）。这本书研究了最早的基督教神学家回应古代神话的种种方式以及他们的寓意处理。在研究的第一部分，佩潘还揭示了希腊的表达理论和寓意阐释，以及亚历山大的犹太人所阐述的犹太寓意诠释法。一篇更为简要的导论提到了谢林和某些现代神话观念。

② 正是荣格（虽然这令人惊讶）谴责了这样一种批评模式的暴力特点："兴趣会不知不觉地偏离艺术作品，迷失在精神决定因素的迷宫之中，作家变成了一个临床病例，而且很可能成为性欲性精神变态的另一个版本。这就意味着艺术的精神分析已经偏离了它所特有的研究对象，而错误地进入了像人类本身那样宽广的领域之中，这个领域与诗人的特性没有一点儿关系，与其他艺术更是毫不相干。"（引文出自荣格的文章《分析心理学与文学之间的关系》。参见《荣格文集·第七卷：人、艺术与文学中的精神分析》，姜国权译，北京：国际文化出版公司，2011年，第85页，有改动。巴什拉的《空间的诗学》也在引言中引用了这段话。参见加斯东·巴什拉，《空间的诗学》，张逸婧译，上海：上海译文出版社，2009年，第19页。——译注）

妙但十分粗略的阅读方式无疑合情合理,却不符合阅读的简单真相。阅读是无知的。它从它所读的东西开始并由此发现了一个开端的力量。它是接受和聆听,而不是破译和分析的权力,它无意通过发展来超越,也无意通过揭露来返回;它(严格地说)不理解,它聆听。不可思议的清白。但拒绝一切的阐释并如其自身给出的那般抓住意象,这样一种简单性既没有过去,也没有确信,难道没有损害文学发明的丰富性吗?它难道不会被知识专家、专业评论者和"一切的诗歌哲学"所鄙夷地拒斥吗?

为了恢复我们的良知,巴什拉会以其自身的步伐作担保介入这里。作为一个博学多知的"主动理性主义"[①]的大师,他常说自己如何不得不忘掉他的知识并同其思想的习惯决裂,这是为了不背叛他所认为的本质的诗歌行动。"在此,"他说,"教育背景变得无关紧要。"[②]为了进入意象的在场,哲学家要做的事情不过是最单纯的读者所做的:通过完全地加入意象的孤独和意象的新颖而在意象中到场。这些论断具有怎样的解放意义。巴什拉还说,诗歌意象没有过去;它不服从一种冲动:它不是诗人在其生命早年的进程中维持并由精神分析揭示出来的那些压力的尺度。肯定意象的独一性和作为意象之

---

① 出自巴什拉的《火的诗学残篇》:"我确信一种主动的理性主义必须和科学劳动联系起来。"参见 Gaston Bachelard, *Fragments d'une poétique du feu*, Paris: Presses Universitaires de France, 1988, 34. ——译注

② 参见加斯东·巴什拉,《空间的诗学》,第1页。——译注

起源的人的历史之间有一种建构的关系,这是把意象带回到隐喻(隐喻的存在就是为了传达一种已然主动的或完全成形的先在之意指)。意象的固有特点是突然性和简洁性:它在语言中涌现就如同语言自身突如其来的喷涌。"诗歌意象把我们置于言说之存在的起源处"①,"它是新生的语言"②,"它是朴素意识的财富"③。

所以,寻找它的先例是绝对的罪,反对意象精神的罪(从前所谓的心理主义之臭名的标志)。诗人诞生于他每每初次迎接的形象,他自身更新于这短暂的新颖,这样的新颖把一段间距引入了绵延并开创了另一种时间。读者也是如此,甚至是以一种更为惊人的方式,因为读者无法宣称创造者的成问题的名字。他遭遇了什么?如果我说读者理解了诗歌,那么,我就混淆了读者和阐释者:阐释者本质上是还原的,他还原不可还原的东西,让不可还原的东西返回深刻的力量,返回沉睡的原型,返回在我们深处扎根的价值。但读者或许以一种不同的方式来理解:不是返回一种通俗化的知识,而是迟缓地陷入诗歌在他身上激起的共鸣(也就是说,让自己加入意象,并超越它,走向其世界的已然经历过的现实)?在这里,巴什拉借用了闵可夫斯基(Minkowski)的表述,让我们专注于一个十分细小、十分精确的区分。共鸣(résonance)不过是从情感上

---

① 参见加斯东·巴什拉,《空间的诗学》,第9页,有改动。——译注
② 参见加斯东·巴什拉,《空间的诗学》,第5页。——译注
③ 参见加斯东·巴什拉,《空间的诗学》,第5页。——译注

把我们带回到了我们的体验。只有回响(retentissement)将我们置于诗歌之权力的层面:那是意象对它身上的原初之物的召唤,它在一瞬间召唤我们离开自身并在其不动的震动中运动。所以,"回响"不是(在我,在读者身上,从我出发)发出回声的意象,而是意象的空间,它所固有的生动,喷涌之点:那里,从内部说话的它,已完全地在外部言说了。

人们因此发觉,意象的布置为何在我们身上以这么多的方式发现了一个不可布置的存在。把一个思想置于它的位置上,转译它:这只是最小的冒犯;而且,古代和现代的这么多读者对寓意或神话的喜好并不必然意味着这样一种粗鲁。就连亚里士多德对这样一种喜好的赞扬也有一种近乎宗教的特点:"凡爱好神话的人,"他说,"也是爱好智慧的人,因为神话所收录的全是怪异。"[1]当柏拉图,书信的柏拉图,对狄奥尼修(Denys)写道"我必须以谜语的形式向你陈述"[2]时,我们清楚地看到,问题不是一种亵渎的审慎,而是一种保留:这种保留珍惜真理的要求并尊重它的途径。我还将引用后来的一位作者,提尔的马克西姆(Maxime de Tyr),他用一种收回一切公正语言的克制的特点,为意象做了辩护:"在诗人那里,正如在哲学家那里,一切都充满了谜:他们用来包围真理的那种谦逊,在

---

[1] 出自亚里士多德的《形而上学》982b18-20。参见亚里士多德,《形而上学》,吴寿彭译,北京:商务印书馆,1995年,第5页,有改动。——译注

[2] 出自柏拉图的第二封书信,312d。参见《柏拉图全集·第四卷》,王晓朝译,北京:人民出版社,2002年,第66页。——译注

我看来,似乎比近来一些作者的直接的语言更为可取。"① 还有这个:"神话:比话语更为神秘,比谜题更为清晰②,它守着科学和

---

① 参见 Maxime de Tyr, *Philosophumena* Ⅳ, 5, éd. H. Hobein, Leipzig: Teubner, 1910, 45. 转引自 Jean Pépin, *Mythe et allégorie: Les origines grecques et les contestation judéo-chrétiennes*, Paris: Études Augustiniennes, 1976, 189. ——译注

② 在《诗的艺术》(*Art poétique*, Paris: Gallimard, 1958)的一章里,罗歇·凯卢瓦(Roger Caillois)研究了意象和谜题之间的关系。谜题(énigme)具有一种仪式的意味且并不神圣:为了回答谜题,一个人必须掌握一种秘密的知识;回答是参加秘仪的一部分并且就是加入秘仪。"谜题是仪式的,不变的,然而,从一开始,诗歌意象,至少部分地,依赖于新奇的价值,也就是说,震惊的价值。在一个情形里,是知识的问题,在另一个情形里,则是创造的问题。"希腊人,显然是晚期希腊人,仿佛处在了这两种形象之间的半途上:谜题只是一个更为隐晦的寓意,但寓意的表达不是幻想的自由游戏。德尔斐神谕通过意象表达自身,这些意象有时被形容为谜题,有时被形容为隐喻。让我们回想一下普鲁塔克(他是德尔斐的阿波罗神庙的祭司)后来的评论,他赞扬皮提亚(Pythie)已弃绝了形象和诗句,并采用一种更为直接的语言:"伴随着神谕的这种明晰,其主题上的一种演化便在观念里产生,它与其他的变化平行:其奇怪而独特、拐弯抹角而迂回冗长的风格曾让大众赞叹不已,心怀宗教之敬意,并且是大众相信其神圣性质的一个动机;但后来,人们喜欢清楚且容易地学习每一件事物,而不要任何的夸张或风格的矫饰,并且,人们指责那些围绕神谕的诗歌通过把晦暗的阴影和神的启示混淆起来,而阻碍了对真理的认知;人们甚至怀疑,隐喻、谜题和模棱两可是为了让占卜者得以逃遁和躲避,允许他们在错误的情况下撤入并藏身其中。"然而,普鲁塔克认识到了诗歌之朦胧不明的有用性:"通过把真理置于诗歌的形式下——就像对一道光线进行反射和多次的分割——神从中提取了伤人的、顽硬的东西。"但索福克勒斯说:"智者总会理解神的谜题;对缺乏理智的人而言,这样的教诲,不论多么明晰,都是徒劳的。"还有赫拉克利特:"那位神主,其神谕便是在德尔斐的,他就既不说话,也不隐藏,而是暗示。"(第一段引文出自罗歇·凯卢瓦的《谜题与意象》[L'Énigme et l'image]。参见 Roger Caillois, *Art poétique*, Paris: Gallimard,(转下页)

无知之间的中介,通过愉悦赢得赞同,却通过怪异使之迷惑,它仿佛用手领着灵魂去寻找存在,并把它的探索推得更远。"①在这里,有罪的词是更远:此时的意象不过是那外在于一切形象,或许外在于一切书写的向外一跃的一个时机或跳板。但巴什拉邀请我们去倾听的那种"回响"乃是意象的张力,是它的广度和其显现的敞开,它让我们向显现者的力量敞开。所以,阻碍会是我们的僵硬,也就是,我们世界的确信和我们文化的顽固。"问题在于转而研究未经体验的意象,生活没有为我们提供的意象,也就是诗人自己创造出来的意象。问题是要体验未曾体验过的东西,并向语言的开放敞开自身。"②让我

(接上页)1958, 154. 普鲁塔克的第一段话出自《皮提亚神谕》[*De Pythiae oraculis*]25, 406f - 407b, 参见 Plutarque, *Sur les oracles de la Pythie*, trad. R. Flacelière, Le Puy: Imprimerie La Haute Loire, 1936, 140 - 142. 转引自 Jean Pépin, *Mythe et allégorie*, 178 - 179. 第二段话出自《皮提亚神谕》26, 407e, 参见 Plutarque, *Sur les oracles de la Pythie*, 144. 转引自 Jean Pépin, *Mythe et allégorie*, 180. 索福克勒斯的话出自残篇 771, 参见 *The Fragments of Sophocles*, vol. Ⅲ, ed. R. C. Jebb, W. G. Headlam and A. C. Pearson, New York: Cambridge University Press, 1917, 22 - 24. 普鲁塔克在《皮提亚神谕》中引用过它, 见 25, 406f, 参见 Plutarque, *Sur les oracles de la Pythie*, 140. 转引自 Jean Pépin, *Mythe et allégorie*, 180. 赫拉克利特的话出自残篇 93, 参见 G. S. 基尔克、J. E. 拉文和 M. 斯科菲尔德的《前苏格拉底哲学家:原文精选的批评史》,聂敏里译,上海:华东师范大学出版社,2014 年,第 313 页,有改动。——译注)

① 参见 Maxime de Tyr, *Philosophumena* Ⅳ, 6, éd. H. Hobein, Leipzig: Teubner, 1910, 46. 转引自 Jean Pépin, *Mythe et allégorie*, 190. ——译注

② 参见加斯东·巴什拉,《空间的诗学》,第 17 页,有改动。——译注

们记住这最后的话:它所指示的东西把这种对意象的赞美和一种神秘主义区分了开来。意象是语言的起源,而非语言的深渊;它是一个言说的开端,而非一个迷狂的终结;它没有让言说之物升向不可言说者,而是把言语置于高处。正如帕斯捷尔纳克(Pasternak)表明的:"人缄默不语,于是意象便开始发言。"①

*

我想每一位读者都会在他的体验里发现一种与这些肯定相一致的幸福感,巴什拉要求我们与其赞同这些肯定,不如通过我们作为读者的自由赋予它们生命。尤其在阅读《空间的诗学》(*La Poétique de l'espace*)时,我们从未觉得自己被封闭在了那些如此正确的判断里,以至于我们能做的不过是占有它们;我们毋宁——这在今天几乎是一个独一无二的特点——被鼓励去追求另一种言语,因为我们清楚地知道,每一次相遇都假定了道路的多样性。我承认,在我最为亲近的诗歌里,我发现了巴什拉在谈论诗歌意象的时候,如此完美地照亮的一切——唯一的保留是,我没有从中找到任何的意象。在发现它们的惊讶中,意象本身的情感,这简洁清楚的意象的情感,从没有强加过自身;相反,这是意象的一种深刻的、令人不安的缺席,并且,在意象的这一缺席里——在各个意象对浮

---

① 参见帕斯捷尔纳克,《安全保护证》,桴鸣译,上海:上海译文出版社,2015年,第64页,有改动。——译注

现和自身展示的拒绝中——它是书写之空间的缺席(那个空间有时被形容为想象的),是它的现实在诗歌的非现实(非肯定)之肯定当中的显明。当然,其他的阅读可在随后发生:它们会脱离"意象",会因此失去其意象化的真理,但这些阅读具有一种完全不同的特点,它们不再通过诗歌所固有的集中性来接受诗歌,而是陪伴诗歌并让诗歌如此这般的时刻发生偏转,以便它们独自存活。当然,诗歌也往往逃避我们,或是因为它尚未存在(由于一种缺失,如此的"尚未"并不允诺任何未来的完成),或是因为我们无法遇到它(无法将我们自己置于其空间的外部,无法顺从它的迂回),而只能遇到其美妙的意象,那充足的意象用一道并不来自我们的光照亮了我们。

我因此怀疑:意象一旦出现,是否就会侵占一种权力,这权力会改变它们,甚至改变作品所固有的生成之权力。如果节奏和尺度,如果诗歌之节奏和尺度的至今未被照亮的秘密,属于每一首诗最为本质的东西,那么,意象如何能够在它们从这一尺度中获取的维度之外得到理解?那个维度,凭借其无比的均等让意象转入了彼此,或者,相反地,把它们粗暴地分离开来,因为这样的分离就是诗歌之"统一"的尺度。

我知道,巴什拉有意地限制了他的探究,但他所说的话恰恰在这一点上让我们止步:"由于我们以这种方式把探索限制在诗歌意象从纯粹想象力出发的起源处,我们就把作为多个意象之构成的诗歌写作暂且放在了一边。"①构成(composition)一词向我们冲来,并在我们的记忆里唤起了歌德对爱克曼(Eckermann)述说的抗议:"这是我们从法文移植过来的一个很坏的字,我们应该尽快废掉不用。怎么能说莫扎特构成他的乐曲《唐·璜》呢?哼,构成!"②的确,巴什拉补充道,正是他作为读者的谦虚把他维持在了分散的意象层面上:"我们很容易有一种不谦虚的态度,以为个人拥有阅读的力量,这一力量重新找到并体验涉及整首诗的有组织的、完整的创造力量……因此我们只是在分离出来的意象这一层面上才能进行现象学的'回响'。"③一种动人(且慷慨)的谦虚。但它不也有一个弊端吗:即它稍稍地羞辱了意象,把意象贬低为只是一个意象,也就是,诗歌的谦虚的构成成分?在这里,我愿通过颠倒来补充我之前的评论:正如我在诗中没有看到意象,因为在诗中,一切都是意象,一切都成为意象,我们也必须说,所有的意象同样是全部的诗:是它独一无二的中心,它绝对而暂时的显现,它审慎的偏好,它的节制(我们因此再次发现了巴什拉如此正确地提醒我们的这一谦虚的意义)。所以,在诗中,没有什么比意象更为荣耀的东西了,因为意象就是诗的秘密和诗的深

---

① 参见加斯东·巴什拉,《空间的诗学》,第11页,有改动。——译注
② 出自歌德1831年6月20日的谈话。参见爱克曼辑录的《歌德谈话录》,朱光潜译,北京:人民文学出版社,1982年,第246页。——译注
③ 参见加斯东·巴什拉,《空间的诗学》,第11页,有改动。——译注

度,诗的无限之保留。①

在认真地读过《空间的诗学》后(这无疑是一位典范的读者应该做的事),我相信,要求它支持那些看似与之矛盾的肯定,这不是反对这本书,而是在它的方向上前行。这部作品表面上追随了巴什拉有关水、火、土、气的著名系列。空间(le spatial),如同大气和火,会是一个实质想象的区域,一种想象的价值,一个在读者遇到特殊化和空间化的意象时,指引其梦想的主题。然而,关键是某种完全不同的东西,正如我们在最后三篇名为"内心空间的广阔性""外与内的辩证法"和"圆的现象学"的文章中清楚看到的。如果一个意象让我们安居或失所,给了我们一种幸福或不幸的栖居感,把我们团团包围并提供庇护,或驱逐并流放我们,那么,这不只是说,想象力(imagination)占有了真实或非真实的空间经验,而是说,我们

---

① 当我把意象孤立出来,让我们专注于巴什拉所认为的诗歌之纯粹本质,即"短暂的、独特的、主动的行为"(参见加斯东·巴什拉,《空间的诗学》,第3页。——译注)时,我也认为,他有意让自己固守于一部文学作品最能逃避精神分析之裁决(诸如他相信自己知道的那种裁决),最能躲避文化之冒昧研究的地方。在意象的层面上,话语还不会遭受异化,这是交流的权力避开了强力之使用的时刻。"奇特意象的可交流性是一个具有重要存在论意义的事实。"(《空间的诗学》,第3页,有改动。——译注)这个问题或许超出了存在论所固有的追问手段。然而,在其元素的纯粹性里,意象似乎把自身借给了书写,同时又意图对书写保持陌异;由此,再一次,产生了一种对意象(image)的必要怀疑,除非我们想到,意象或图像(image)的特点是总和它的表象不符,也就是说,若不显得(paraître)过度,它就无法出现(apparaître)。意象相对于意象的这种先在性重新加入了书写的先在性而不与之相一致。

通过意象(image)接近了意象的空间本身,接近了那个作为其内心空间(intimité)的外部,"这个可怕的既在内又在外之物,它就是真正的空间"①,正如亨利·米肖(Henri Michaux)用我们一旦明白就难以忘却的话说的。由此可知,不存在有关广阔性(immensité)的意象,但广阔性会是意象的可能性,更确切地说,是意象遭遇自身并在自身当中消失的方式:根据这个秘密的统一,静止不动的意象在外部的广阔性当中展开自身,同时在最内部的内心空间里持守自身。这意象的空间,这按尺度并由尺度产生的位置,也是完全无意象的,它是一种想象的言语,而非一种关于想象的言语,在那里,想象(l'imaginaire)言说而不言及意象或凭借意象:其实,在那个层面上,意象、想象、想象力这三个词,不再有不同的意思。② 所以,在波德莱尔那里,"宽广"(vaste)一词独自成为形象并足以承担全部"言语

---

① 出自亨利·米肖的诗歌《阴影下的空间》(L'espace aux ombres)。参见 Henri Michaux, *Nouvelles de l'étranger*, Paris: Mercure de France, 1952, 91. 转引自加斯东·巴什拉,《空间的诗学》,第236—237页。——译注

② 巴什拉十分直接地来到了这个意象的位置上,在那里,意象不过是它的位置:"如果我们可以分析广阔的印象,广阔的意象,或是广阔性带给意象的东西,我们就马上进入了一个最纯粹的现象学领域——一种没有现象的现象学,或者用不太自相矛盾的方式说,这种现象学如果要了解意象产生的流变过程,只需等待想象的现象自行构成,自行固定为完成的意象。"进而:"通过对广阔性意象的分析,我们在自己心中实现纯粹想象力的纯粹存在。"(参见加斯东·巴什拉,《空间的诗学》,第200页,有改动。——译注)

三 书的缺席 中性片段

的力量"①。宽广如黑夜如光明。② 在这里,如果有一个意象的话,它会在哪里？在宽广一词里:黑夜延展以抵达其黑夜的维度,光明通过一片总未被照亮的区域注定走向光明,但黑夜和光明绝不混杂或融合,它们的"宽广"从来不足以度量这个词当中意象的诞生。那样的诞生每一次都是这个相反世界的完全在场,那或许就是想象。

*

如果我们因为冒失的阅读让意象涌现出来,并从其尺度的秘密中将之夺取,加以揭示,那么,意象就成了一个谜。在这一刻,它是一个谜,它提出诸多的谜。它没有失去它的丰富性,它的神秘,它的真理;相反,它用它的问题促使我们全都倾向于如此的回答,即把我们文化的确信赞扬为我们感性的兴趣。作为一个问题,意象不再简单;但它也是回答,并且,它就在我们身上回响,像是从我们身上抽出了它让我们成为的那个回答。那么,如此的双重化似乎是它的道路和它的本质:它

---

① "言语的力量"(The Power of Words)是爱伦·坡(Allan Poe)的对话体小说的题目。参见波德莱尔译的《新怪诞故事集》(Nouvelles histoires extraordinaires)。转引自加斯东·巴什拉,《空间的诗学》,第214页。——译注

② 出自波德莱尔的《恶之花》(Les fleurs du mal)中的《感应》(Correspondances)一诗。参见波德莱尔,《恶之花·巴黎的忧郁》,钱春绮译,北京:人民文学出版社,1991年,第21页:"像黑夜又像光明一样茫无边际。"巴什拉的《空间的诗学》也引用了这句话。见加斯东·巴什拉,《空间的诗学》,第209页。——译注

在本质上是双重的,它不只是符号和所指,也是不可成形者的形象,无形式者的形式,这模棱两可的简单性向我们身上双重的东西表达了自身,再次激活了我们借以无限地划分自身并重新装配自身的那种二元性。我们能说,这个让意象偏离其简单性的运动是一次意外的背叛,一次笨拙而陌异的违背吗?如果它是一次背叛,那么,它就属于意象。意象颤动,它就是意象的颤动,是振荡和摇摆之物的抖动:它不断地离开自身,因为它总已在自身的外部,又总在这个外部的内部;无论在哪,它都不是它自身,同时又具有一种简单性,这种简单性使得它比其他任何语言都更为简单,且在语言中就像"流出"语言的源泉,但这是因为源泉是"出来"(sortir)①的力量,是外部在书写当中(经由书写)的流淌。

意象,想象:长久以来,我们让意象服从知觉,让想象服从记忆,并把意识变成了一个反映大千世界的小世界,我们就用这些词来再现我们的模仿幻想的游戏。由于他能够重新确立意象和"物质"、梦想和实体之间的关系,巴什拉已比其他任何人更多地帮助了我们追问这个整体。的确,我们现在发觉,意象、想象和想象力这些词,不仅指定了一种内在幻想的才能,而且指定了一种对非真实的本然空间(对其无限制的非肯定,对其否定性要求的无限位置)的通达,同时还指定了真实之物

---

① 参见加斯东·巴什拉,《空间的诗学》,第119页:"这些例子为我们带来了现象学文献来研究关于'出来'这个动词的现象学。"——译注

的重新创造和更新的尺度,也就是,非真实者的敞开。然而,拥有了这丰富且充满希望的知识,我们真的在意象之非显现的清醒,在其缺席的作品之简单性当中,接近了它还没有成为谜题时所是的东西吗?我们最好须用一个疑问式来总结上述的探究,这清楚地表明:每当问题是意象的时候,我们试图理解的都是问题,而不是让中性(le neutre)显露的意象。

Ⅶ 言语必须远游

"继续谈及书,谈论书,这合理吗?让我惊讶的是,所有的批评,甚至传统的批评,都没有从一个漫长的辩解开始。

——如果它们那样开始,它们就绝不会开始。批评必须被当作它所是的东西:一种谦虚的活动,一个有用的辅助,有时还是一次必要的背叛。

——批评并不谦虚。所有的'文学'活动,哪怕表面上谦虚,也是无尺度的;它们把绝对者置于它们的游戏当中;它们每时每刻总在说终极的东西,它们还说,必须消灭一切批评的错觉。

——就连读者的一条评注也是如此吗?

——甚至是最简洁的评注。不然,哪个审查官能够获得判断的权利,如何有权决定一本书是令人赞叹的还是没有价值的?但事实上,他只是利用了一种极端的肯定,这种肯定穿过了一切文学的练习。他暂时持有了文学的本质,正如所有的作者和所有的书。诚然,他不止如此:他是最后的到来者,

三　书的缺席　中性片段

最后言说的人。

——拥有最后的定论:这个优势会取悦那些争论的人;其他人则会在这样一个不幸的特权面前止步。此外,如果词语在我们之间来来去去——我们自己不过是这一来去的必要性——那么,这或许是为了避免一个最终定论的停止。

——你的意思是:当我们中的一个说话的时候,另一个已经超出或返还了这言语?

——我不大关心这个运动。它只会导致闲聊,我承认那样的闲聊十分愉悦,但只有在生活的真相中,每个人才总会发现这是多么困难:为了让自己被那种缺乏言词的闲聊所刺激,一个人不得不成为一个麻木的书呆子,一个没有智力的知识分子。但这里,我们开诚布公:我们同意,我们的起点就是有待经历之事的这一困难和有待说出之物的这一不可能性,并且,在日常进程当中,我们必须用一种更加强大的天赋忘掉它们。

——但我们自己无论如何忘掉了它们。不然,我们只会让自己站在那里,面对我们静止的双重声音的荒谬。

——在这无名的双重声音的背后,在一阵假装的沉默下,远远地站着某个理应恰当地回应的人。

——那么,他为什么不直接说话?

——因为,我想象,他不能:文学里没有直接的言语。

——所以,这是对那个运动的第一次辩护:文学或许没有真理,这个简单的提醒无论如何是作者的唯一真理。在作者和作者所说的东西之间,有一段应当显现出来的距离。言语必须远游。

——远得足以抹掉它们的踪迹,并且首先抹掉一个掌控了应当言说之物的人的权威在场。所以,批评有时会犯错,成为一种匆忙赶路的言语。

——但不是因为它用太少的词语来判断。

——只是因为它自身占有了文学当中这一至关重要的绝对者,旋即把它变成了一种权力。批评家是一个权力之人。所以,成为一个批评家就看似那么容易,那么讨人喜欢了,而且,没有经验的年轻作家得到的第一批武器,就是这把弓和这些箭。

——稚嫩的武器,几乎是玩具,只中伤那些渴望被中伤的人。简言之,我们承认,批评属于这样的时代:此时的艺术已脱离了神圣的道路,并以它自身的名义显现为一种特定的技艺。但我们同样承认,批评家的出现几乎认可并确证了艺术的这一改变:它对世界的步入,它对力量的靠近,它对力量之手段的渴望。诗人一方面穿上了僧侣的外衣,藏在了绝对者的云团背后;另一方面,他介入了尘世的事务,或是作为受俸者,或是作为审查员。打着批评的幌子,他未必可能遇到另一个数点其诗句并提醒他注意规则的世俗之人。

——的确,未必可能。当诗人遇到批评家时,他就遇到了他的影子,那是他自己的一个有点黯淡、有点空洞、有点仿冒的图像,更是一个忠实的伙伴。无论如何,请考虑这点:批评根据知识的手段，习俗的手段，时代和社会所固有的价值的手段，做出判断；但这一判断的言语的全部力量，来自被人视为绝对的文学，故而，来自从一切判断当中撤出（最终从它自身当中撤出）的文学。由此就有它的模棱两可，它令人烦恼的姿态。在根本上，批评的判断只有一种判断的形式：它总已是别的东西。它可以很好地运用理性并采取一切的防范措施，甚至在漫长的否定之后，突然仓促地做出决定。因为批评也是文学；它说出了一种一无所说的文学；或许是一个判断，但那是最终的判断。所以，这么多批评的轻佻让人不悦：那是王侯的任性，皇家的特权。

——读者仍然持有锋利的裁决，一个由不严肃的话语构成的严肃的结论。

——他持有不了太久。比某一个特定判断的独特性更为重要的东西，是对判断的这一等待，是只读好书的欲望，是对其价值的关注：一个标准的错觉，即便阐释的探究掩盖了它。

——你难道没有过多地强调批评所使用的修饰语吗？并且，谁还在说一本书的好坏？即便有人在说，他就不知道自己没有说这个的权利吗？事实上，一个人怎样谈论一部作品？当我们赞美贝克特（Beckett）的《是如何》（*Comment c'est*）时，我们敢把它允诺给后代吗？我们甚至希望赞美它吗？这不意味着它超乎一切的赞美，而是说它让一切的赞美丧失了声誉，并且，用赞叹的语气读它会是一个矛盾的做法。所以，我们得到了一类不被承认的作品，如此的不被承认与其说是因为诋毁,不如说是因为赞美:贬低它们就是接触一种使之呈现出来的拒绝的力量,接触一种度量它们的远离。如果最强烈的吸引,最深刻的关注,能够用冷漠(indifférence)来表达,那么,如此的冷漠就指示了它们将通往哪一个层面。

——最好不谈论这样的作品,甚至不读它们,就像无论如何发生的那样。

——阅读往往是一种过于智慧的完成,它冒险背叛了一个人理应回应的仍未完成的运动。我认为,阅读的纯粹快乐,阅读中必然纯洁和美好的东西,一定不符合萨德的书:那些书,有时显得比它们本身更为清白,有时又相反地获得了一种纯粹邪恶的意义,一种毫不含糊的邪恶意义,极大地远离了那承担它们的真正丑闻的权力,而那权力的消逝恰恰是因为我们轻蔑地称之为不可读性的东西。是的,不可读性:它能够质疑诚实坦率的阅读行动。

——但萨德想被人读。

——他想,他的书不想。

——它们无论如何被读,在阅读之外被读。我们或许要说,这样的作品,首先是贝克特的作品,与其说习惯了,不如说接近了书写的运动和阅读的运动,并试图在一种体验里把两个运动结合起来;那种体验,如果不是两者所共有的,至少也是几无差别的。在这里,我们再次遇到了无差异(indifférence)的观念:一种既平等又不平等的中性的肯定,它逃避了一切能够赋予它价值,甚至能够肯定它的东西。

三　书的缺席　中性片段

——聆听（entendre）一词比阅读（lire）一词更适合这个接近的行动。在被读的词语背后，正如在被写的词语面前，有一个已被铭刻的，既不被听到，也不说话的声音；而作者，就在这个声音附近，与读者相平等：两者几乎混同，都试着认出那个声音。

——没错，我们因此有理由在贝克特那里发现：所有对眼睛来说只是一个符号的东西都消失了。这里不再要求看的力量：一个人必须弃绝可见与不可见的领域，弃绝再现的东西，哪怕它是以否定的方式再现的。听，只是听。

——纯粹的书写运动也是如此。

——以一种怎样简单的方式，用一种怎样的清晰，声音将自身献给了那个守在这样一本书的空间内部，准备聆听的人。在模糊不清的东西里，流言是如何清楚。声音被还原为本质之物，但它只拒斥那些对倾听而言无用的词语，通过一种不时地自身二分的简单性，它永恒地进行言说。

——但这压根不是一种被人言说的语言，不是一种未经书写的言语的口头类型。即便我们处在了消声的界限上，远离一切的喧嚣之物，即便这样的喃喃低语近乎单调，用一种均等的方式述说一切言语的不均的均等，仍然有一种本质的节奏，一种抑扬顿挫，一个略有重音的运动，一段以回返或叠句为标志的旋律。这是一首沉默的歌。

——某种吸引人的东西，它不断地却难以察觉地产生着吸引：我们中的一个所说的冷漠的吸引。某种意义上，我们已回到了小说的源头:《是如何》是我们的史诗,它分三个部分,用诗节和诗句记述了最初的引文。如此的来回往复,用几乎有规律的打断让我们发觉了那不被打断的声音的必要性。

——事实上,就像《伊利亚特》那样,一切始于一种对缪斯的乞灵,一种对声音的召唤,一种要把自己托付给那无处不在地说话的外部声音的欲望。在这个勉强活着但又不活着的存在——它不过是它自身在淤泥层面上的喘息——和那个无名的声音之间,有种种确立好了的关系,而这些无关紧要的可笑的关系,比故事的形形色色的波澜曲折更加重要。从一开始,淤泥就阻止人们听到声音;所以,只有一种气息生命的保障平静下来①,生命才被听到,这个存在才能说我听到它我的生命②。并且,它总是用某一种幸福的语气说话,仿佛聆听仍是最终的激情,哪怕它打断了生命,或因为它打断了生命。

——听,只是听:我的生活一个噪音在外面嘎嘎从四处传来一些词一些碎片随后什么都没有随后是另外一些另一些词另一些碎片同样的没说清楚没听清楚随后什么都没有一段很长的时间随后在我心中在小地窖中骨头般的洁白一些碎片十秒钟十五秒钟听得不清楚喃喃得不清楚听得不清楚记得不清

---

① 参见《贝克特选集 4:是如何》,赵家鹤、曾晓阳、余中先译,长沙:湖南文艺出版社,2006年,第 233、264、269 页。——译注

② 参见《贝克特选集 4:是如何》,第 106、269、271 页。——译注

三 书的缺席 中性片段

楚我整个的生活结结巴巴六次被剥皮①

——但这个声音是什么？

——这不是该问的问题，因为当一个人听到他所问的关于声音的问题时，声音已经在场了。一个古老的声音，比一切的过往还要古老，它似乎亲密地谈论着每个听到它的人所固有的遥远形象。所以，童年或青春期的两三个意象在开头得到了肯定。在这几乎没有什么可看的记述里，意象拥有一种迷人的力量，正如那些符合可再现事物且能够唤起它们的寥寥之词：口袋罐头淤泥黑暗②。奇怪的是，我们拥有的这种看（voir）和给予看（donner à voir）的需要，比别的几乎一切持续得更久。

——但这个声音是什么？

——最终，有一个假设：它或许是所有人的声音，是无人的、飘忽的、连续的、共时的、交替的言语；在那里，我们每个人，在我们归于我们自己的虚假身份下，切除或抛出了回到他身上的部分，在两个方向上流言可以一直传播到无限③，一个停不下来的进程，保留了某一种交流的可能性：这就是那脚步声我们的脚步声我们终于来到了它倾听自己并竖起耳朵来听我们的喃喃声只是竖起耳朵听一个自编的故事构思得不清楚

---

① 参见《贝克特选集 4：是如何》，第 271 页。原文无标点，下同。——译注
② 参见《贝克特选集 4：是如何》，第 107 页。——译注
③ 参见《贝克特选集 4：是如何》，第 252 页。——译注

说得不清楚而每一次都是如此的古老如此地被遗忘以至于它可以显得与我们在淤泥中对他喃喃念叨是那么相同①

——而这一在淤泥中黑暗中的生活他的快乐与苦难亲密的旅行以及抛弃仿佛一个唯一的噪音不断地被打碎一会儿我们中的一半一会儿另一半我们散发出它来当它停止喘气时在他几乎刚刚把它形成模样时②

——于是不知疲倦地每隔二十来年或者四十来年便说到他的数字中的某一些他提醒了我们那些被抛弃者重大的线条③

——这是圣经的言语:代代流传。只有在这里,任务不是延长它,而是终结它,让运动止息。为此,朗诵者问他自己,是否会有一种表达在同时完全取消了它并为它打开了这一种休息的道路至少我让我一个人变得对这种无法形容的喃喃负有责任这样一来就最终有了最后的碎片完全彻底④

——对这种无法形容的喃喃负有责任:对这样的不负责任负有责任。甚至在淤泥的层面上,这仍然是一个聆听的存在无法完全从中脱离的要求。怪哉,怪哉。

——还有这种对一个世界的独特回忆,那个世界不得不被称为精神的,在无眠的漫无止境的时间里,(贝克特的记述

---

① 参见《贝克特选集4:是如何》,第277页。——译注
② 参见《贝克特选集4:是如何》,第277—278页。——译注
③ 参见《贝克特选集4:是如何》,第278页。——译注
④ 参见《贝克特选集4:是如何》,第284页。——译注

三 书的缺席 中性片段

让人时常想起的)马尔多罗(Maldoror)已经发现了诅咒的等价物,地狱的永恒,即便它背负着天堂的名字:睡眠中无目的地祈祷我还没有权利我还不配如此为祈祷而祈祷当什么都缺少时当我想到灵魂想到折磨想到真正的折磨想到没有权利睡眠的真正灵魂人们说到睡眠我有一次为它们而祈祷根据一个古老的观点它变黄了①

——对童年事物的回忆,就在第一部分的旅行过程中,那或许是出生的旅行或出生之前的旅行,那无限缓慢的迁移就是这部史诗的奥德赛,直到遇见了伙伴皮姆:昔日角色的最后残留,牺牲者-刽子手之配对的最终化身。但这些话,就像它说的,在此太过强烈,几乎所有稍稍太强烈了我怎么听到的就怎么说②。的确,幽默的嘎吱作响的言语黯然失色,滑稽的模仿变缓;如画之物徒劳地擦抹荒谬之物。一个人会说,言语变成了言语的一个柔和的幽灵,有时几乎平息。

——这会是平静吗?

——或许是平静,从不足够平静。但当然有平息的时刻,这些无比悲伤的时刻让人想起了《无所谓的文本》(Textes pour rien)。'是的,我曾是我父亲,我曾是我儿子,我问自己问题,尽我所能问答,我叫自己重复,一晚接一晚,同一个故事,我已经牢牢记住却无法相信,或者我们迈步,手牵手,一言不

---

① 参见《贝克特选集4:是如何》,第143页。——译注
② 参见《贝克特选集4:是如何》,第245页。——译注

发,沉浸在我们的世界,每人都沉浸在自己的世界里,忘了手,一个手放在另一个手里。就是如此我坚持了,直到现在的时刻。还有今晚看起来要走了,我抱着自己,我自己抱着自己,没有太多的温情,但却忠诚,忠诚。我们睡吧,就像在那盏遥远的灯下,我们被搅乱了,已经说了那么多,听了那么多,干了那么多,完了那么多。'①

——那么,声音有时会沉默吗?

——'这个声音,这个衰老正在变弱的声音,它最后会不出声说这不会是真的,就像它说话不是真的,它不会说话,它不会不出声。这儿会有一天,这儿没有白天,这儿不是一个地方,不可能的声音不可行的存在物的出路,和一个白天的开始,一切会静悄悄空洞黑暗,就像现在,就像一会儿之后,但一切都已结束,一切都已表达,它说,它低低地说。'②

——所以,我们必须等待。

——很好,我们一边等待,一边闲聊。

——是的,我们一边闲聊,一边倾听声音。但这个声音是什么?

——不是某种要听的东西,或许是写下的最后的呼喊,是日后刻在书外,刻在语言之外的东西。

——但这个声音是什么?"

---

① 参见《贝克特选集5:看不清道不明》,谢强、袁晓光、郭昌京等译,长沙:湖南文艺出版社,2006年,第286页。——译注

② 参见《贝克特选集5:看不清道不明》,第349页。——译注

VIII 维特根斯坦的难题

福楼拜

如果我们假定,写作(écrire)的探究,这个把每位现代作家变成了一个不会魔法的浮士德(Faust)的沉默且缺席的倒错的魔鬼,能够被历史地建构起来,那么,没有人怀疑,福楼拜(Flaubert)标志了写作史的一个时代。

然而,几乎每当他表达其理论的关注,赞扬艺术(Art),肯定形式(Forme)或用工作(Travail)让自己精疲力竭的时候,他所说的东西让我们既着迷又失望:仿佛在他试图说出的东西里,有某种别的东西在运转,某种更加本质,却未被明确表达的东西,而他遭受的,正是那个东西的折磨和吸引。所以,他总觉得自己的通信者误解了他,所以,他不得不重复自己,反驳自己,直到最后,唯一肯定自身的东西乃是一种荒谬激情的无度,或一种无为劳动的疯狂。所以,他歌颂散文(prose);这是他的重大发现之一。他说,散文比诗歌更加困难,散文是艺术的巅峰,并且,法语的散文能够实现一种想象不到的美。但他所说的散文是什么?不只是小说的空间(甚至在巴尔扎克[Balzac]之后,小说才第一次被提升为某种绝对的存在),而是让它得以写下的语言之谜,是被本质的迂回,书写的倒错所弯曲的直话直说(prorsa oratio)的悖论。形式也是如此:他想要美丽的形式,他想写得好,他在他的句子里追查重复与不协调,他相信正确的散文应该大声地说话。这个理想已然远去。接着,他突然纠正了自己:形式不过是理念——在这里,他从古典的意义上来理解,就像某个教过波瓦洛①的人;写得好是为了想得好;②形式和实体是不可分离,甚至不可区分的。然后,他再一次翻转了要求:"为了写得好,我努力想得好。但我的目的是写得好,我不隐瞒这个。"③而写得好意味着什么? 当乔治·桑(George Sand)指责他表面地追求美丽、响亮、浑圆的句子时,他很快回应道:"一个句子的浑圆什么也不是,写得好

---

① 波瓦洛(Boileau,1636—1711):法国诗人、文艺批评家,著有《诗艺》(*L'Art poétique*)。——译注

② "当一个人拥有理念的时候,他从不缺乏言词。"(出自福楼拜1876年3月9日致乔治·桑的信。参见 Gustave Flaubert, *Extraits de la correspondance ou Préface à la vie d'écrivain*, éd. Geneviève Bollème, Paris: Seuil, 1963, 270. ——译注)

③ 出自福楼拜1875年12月致乔治·桑的信。参见 Gustave Flaubert, *Extraits de la correspondance ou Préface à la vie d'écrivain*, 268. ——译注

才是一切。"①——然后,他再次借用了布封(Buffon)的这一模棱两可的解释:"所谓写得好,就是同时又想得好,又感觉得好,又表达得好。"②(请注意,写作被设想为了一个总体,而它的表达只是一个时刻或一个成分,或许只是一个次要的规定。)最后,一如既往地,大写字母的诱惑将他带向了一种名副其实的柏拉图主义,在那里,形式的拯救打开了一个新的天国:"事实在形式中得到蒸馏,并作为精神的一种纯粹的香气,升向了永恒、不变、绝对、理想。"③

纯粹的造型显现,注定要把语句变成一个既可见又可听的美妙之物:乐句,或再一次,一种掌控了那总在威胁它的无形式者的肯定的手段。艺术,被还原为其形式的价值,只走向婉转的言辞;在我们看来,它似乎十分陌异于马拉美试图发现的权力,那种权力,相对于日常的语言,会被指定为另一种语言,这种更为纯粹但也因此更为模糊的语言,能够让一切语言

---

① 出自福楼拜 1876 年 3 月 9 日致乔治·桑的信。参见 Gustave Flaubert, *Extraits de la correspondance ou Préface à la vie d'écrivain*, 270. ——译注

② 出自福楼拜 1876 年 3 月 9 日致乔治·桑的信。参见 Gustave Flaubert, *Extraits de la correspondance ou Préface à la vie d'écrivain*, 270. 布封的话出自 1753 年 8 月 25 日在法兰西学院做的《论风格》(Sur le style)的演讲。参见《布封文钞》,任典译,北京:人民文学出版社,1958 年,第 9 页。——译注

③ 出自福楼拜 1853 年 12 月 23 日致鲁伊丝·高莱(Louis Colet)的信。参见 Gustave Flaubert, *Extraits de la correspondance ou Préface à la vie d'écrivain*, 161. ——译注

的他者(l'Autre)运作起来,以便在那里消失。然而,他者只是一种语言,这种语言也有一个它不得不消失于其中的他者——以此类推,无穷无尽。那么,从这样一个视角出发,我们不禁要说,福楼拜还不是马拉美。当我们阅读其书信的选集时①,我们不禁承认:只要一个作家试图通过支配那些仍被传统所倾斜、仍被社会状况所遮蔽的观念,来理解他所斗争的经验,那么,对他而言,把握这样的经验会是何等困难,即便他清楚地意识到了自身,意识到了其使命的关键之所在。

对我们而言,在我们用不确定的词语描绘的这个进程中,一切都清楚,几乎太过清楚。我们匆忙地用未来的理智重新阐释了这个混乱的过去,并且,我们用黑格尔的方式区分了作家的经验:对作家本人呈现的经验和同一种对我们呈现的经验。所以,在我们看来,似乎正是文学(Littérature)本身在其大写的真理中以这样一种方式前进、挣脱并展开,或者,围住了其自身的中心,一个总是更加内在、更加隐秘、更加缺席的中心。但果真如此吗? 我们难道没有处在一种错觉的守护下? 我们不是把尚未写下的东西当作清晰可读的吗? 我们难道没有忘了:如果福楼拜无疑处在了一个转折点上,那么,我们也被交给了"转折"的要求? 对于这个通过转离来进行的转

---

① 热纳维耶芙·博莱姆(Geneviève Bollème)已细心地选编了一部文集并题为《通信选,或作家生命的序言》(*Extraits de la correspondance ou Préface à la vie d'écrivain*, Paris: Seuil, 1963)——我们必须补充,这是一部消耗生命本身的序言。

三 书的缺席 中性片段

折的运动,我们还没有充分的理论阐述手段:我们有时把它理解为历史的生成运动,有时又用结构的观念来察觉它,并从中认出一切的关系之谜,也就是,归根结底,一切的语言之谜。

*

在福楼拜那里,至关重要的东西是形式的苦恼,而不是他不时地赋予形式的那种意义;或者,更确切地说,这样的焦虑是无限的,符合他自己觉得他所介入的经验的,并且,在其方向的划界上,它只有几乎不确定的参照。作家福楼拜的介入(engagement)是对一种依旧未知的语言的介入——责任——他倾尽全力掌握这种未知的语言或使之服从某种理性(一种价值的理性,一种美的理性,一种真理的理性),以便更好地经历这种语言的未知迫使他面对的危险权力。对此,他绝不一无所知。他准确地指出,他对形式的探究是一种方法("你所指责的我对外在美的关注,对我而言,是一种方法"[①]);这无疑意味着,形式具有一种被任意提出的法则(Loi)的价值,而且,它回应了一切言语的任意性——偶然性——也就是,回应了其本质上成问题的特点。

艺术越华丽、越灿烂、越光辉,它就越只显示其外在的魅力;而当它用这过于荣耀的外表揭露其内部隐藏的空虚时,它就越试图与其自身的抹除合而为一。福楼拜当然没有心甘情

[①] 出自福楼拜1876年3月9日致乔治·桑的信。参见 Gustave Flaubert, *Extraits de la correspondance ou Préface à la vie d'écrivain*, 270. ——译注

愿地完成这个运动,但其毁灭性的意义已在他最后的书里得到了揭示。问题不再是知道:布瓦尔(B.)和佩库歇(P.)是不是"彻头彻尾的傻瓜",或者相反,他们是不是具有完美人性的人,既平凡又崇高,注定勤勤勉勉却遭受挫败——布鲁姆的先驱①,尤利西斯的后人。问题毋宁是:空无(nullité)如何成为了一部作品,并且,在文学的层面上,百科全书式知识的总体(因此也是最大化的实体)如何与这样的空无相一致。福楼拜怀疑,没有这样的空无,就没有任何文学的肯定。(所以,《布瓦尔与佩库歇》[*Bouvard et Pécuchet*]矛盾地实现了福楼拜年轻时的希望:"我认为的好书,愿意写的,是一本不谈什么的书,不受外在牵连……"②他要求用一种因其所谓的(完全外在意义上的)音乐性而显得悦耳动听的数字的法则来支配风格,然后,他还清楚地,仿佛不由自主地知道,"艺术应当是人所可能做到的那个样子"③:不让自身被人看见,放弃一切令人愉快的东西,将自身限制在一种非表面的严格朴实当中,在那

---

① 应为詹姆斯·乔伊斯(James Joyce)的小说《尤利西斯》(*Ulysses*)的主角利奥波德·布鲁姆(Leopold Bloom)。——译注

② 出自福楼拜1852年1月16日致鲁伊丝·高莱的信。参见 Gustave Flaubert, *Extraits de la correspondance ou Préface à la vie d'écrivain*, 62. 中译见《福楼拜文学书简》,丁世中译,沈志明主编,北京:北京燕山出版社,2012年,第76页。——译注

③ 出自福楼拜1876年4月3日致乔治·桑的信。参见 Gustave Flaubert, *Extraits de la correspondance ou Préface à la vie d'écrivain*, 271-272.中译见《福楼拜文学书简》,第120页。——译注

里,支配一切的是一种"无知的诗学"①,一个富有启发的公式。工作也是如此。没有哪个作家像他一样拼命地工作,并把一个写作者的境况还原至"悲惨工人"的境地。听他说话,看他操劳,似乎一本书的写成就像从前一个美妙物体的制造:煞费苦心,千锤百炼,日久年深。但与此同时,福楼拜的工作显然和波瓦洛的工作没有任何相似之处:这不是一位掌握了一门手艺,拥有某种技术知识,根据传统和典范对作品精益求精的艺术家诚实且平静的劳动。当工作成为一切价值的标志时,它就失去了价值,并显得真正地悲惨起来。② 它是某种无度的东西;它是一种疯狂:同恐怖的相遇,对非人的直面,不可能性的实践,痛苦的付诸实施。工作是为了什么? 为了一件不存在的作品? 为了一部美妙的不真实的书? 不,它是为了一个句子,一个无法写下的句子:"就连'他关门''他出去'这样最简单的句子都需要难以置信的艺术技巧。"③这无疑意味着,最日常的行为是极难表达的,而且,在一种更加深刻的意义上,

---

① 出自福楼拜 1869 年 2 月 2 日致乔治·桑的信。参见 Gustave Flaubert, *Extraits de la correspondance ou Préface à la vie d'écrivain*, 246. 中译见《福楼拜文学书简》,第 120 页。——译注

② 仿佛福楼拜试图用工作中可得(只要作家、编者、批评家、读者和完成了的作品都成为它的持有者)的正价值来补偿并迷惑这种奇怪的负价值,这样,一个人说得越多,他所言就越少。

③ 出自福楼拜 1854 年 3 月 19 日致鲁伊丝·高莱的信。参见 Gustave Flaubert, *Extraits de la correspondance ou Préface à la vie d'écrivain*, 171. ——译注

在文学的层面上,"他关门"这样的句子本身已经是不可能的了。

由此就有许多陈述被人断定为可笑的或纯粹悲哀的,除非一个人开始认真地看待它们:"我逐渐地坚信,写作是不可能的。"①(福楼拜加的重点)"写作越来越不可能了"②,为此,"绝望是(他的)常态"③,他只能通过一种强烈的消遣从绝望中摆脱,让自己筋疲力尽,在这写作的练习里"气喘吁吁"④。写作超出了生命,因为写作就是这超出的部分("艺术成了过度"⑤)。那么,为什么坚持这份不幸,为什么不从中抽身?"但

---

① 出自福楼拜 1853 年 4 月 10 日致鲁伊丝·高莱的信。参见 Gustave Flaubert, *Extraits de la correspondance ou Préface à la vie d'écrivain*, 113. ——译注

② 出自福楼拜 1857 年 7 月 22 日致夏尔·多斯穆瓦(Charles d'Osmoy)的信。参见 Gustave Flaubert, *Extraits de la correspondance ou Préface à la vie d'écrivain*, 193. ——译注

③ 出自福楼拜 1857 年 8 月 6 日致恩斯特·费多(Ernest Feydeau)的信。参见 Gustave Flaubert, *Extraits de la correspondance ou Préface à la vie d'écrivain*, 195. ——译注

④ 出自福楼拜 1857 年 8 月 6 日致恩斯特·费多的信。参见 Gustave Flaubert, *Extraits de la correspondance ou Préface à la vie d'écrivain*, 195. ——译注

⑤ 出自福楼拜 1860 年 9 月 8 日致阿梅代·波米耶(Amédée Pommier)的信:"在我最为喜欢的作品里,艺术成了过度(l'art excède)。"参见 Gustave Flaubert, *Extraits de la correspondance ou Préface à la vie d'écrivain*, 214. ——译注

三 书的缺席 中性片段

我如何休息？当我休息的时候，我该做什么？"①"其中的奥秘我参不透"②；然而，他帮助我们接近了这个奥秘，他对一位通信者写下了这段应毫无保留得到理解的话："散文的魔性在于它从未完成。"③出于这个原因，他所写的每一部作品都是疯狂的；在每部作品里，他被种种"可怕"的困难撞了个粉碎；每一次，他都向自己承诺，下一部作品会是轻松的、欢乐的，更符合他的天赋的；但每一次，他都选择了那唯一一部他无法写下的作品："我一定是彻底地疯了，才写下这样一本书④……我一定是疯了，完全错乱了，才写下这样一本书！⑤……我怕就观念本身而言，它是根本不可能的⑥……何其忧惧啊！我觉得自己

---

① 出自福楼拜 1861 年 10 月致恩斯特·费多的信。参见 Gustave Flaubert, *Extraits de la correspondance ou Préface à la vie d'écrivain*, 219. ——译注

② 出自福楼拜 1854 年 1 月 29 日致鲁伊丝·高莱的信。参见 Gustave Flaubert, *Extraits de la correspondance ou Préface à la vie d'écrivain*, 165. 中译见《福楼拜文学书简》，第 28 页。——译注

③ 出自福楼拜 1853 年 6 月 28 日—29 日致鲁伊丝·高莱的信。参见 Gustave Flaubert, *Extraits de la correspondance ou Préface à la vie d'écrivain*, 130. ——译注

④ 出自福楼拜 1874 年 9 月 26 日致乔治·桑的信。参见 Gustave Flaubert, *Extraits de la correspondance ou Préface à la vie d'écrivain*, 263. ——译注

⑤ 出自福楼拜 1872 年 8 月 18 日致罗歇·德·热奈特（Roger des Genettes）夫人的信。参见 Gustave Flaubert, *Extraits de la correspondance ou Préface à la vie d'écrivain*, 253. ——译注

⑥ 出自福楼拜 1874 年 9 月 26 日致乔治·桑的信。参见 Gustave Flaubert, *Extraits de la correspondance ou Préface à la vie d'écrivain*, 263. ——译注

似乎要踏上一条漫漫征途,走向未知的区域,并且一去不返。①"所以,去世前五年,他带着这个枯燥、阴郁的结论,开始了对死亡的耐心而又充满恨意的等待:"除了一连串涂满墨水的纸页,我不指望从生活中得到什么。我觉得自己似乎正在穿越一片无尽的孤独,去向我所不知的何处。我同时是沙漠、旅人和骆驼。"(1875年3月27日,致乔治·桑的信。在此之前,他写道:"或许,正是工作让我患病,因为我写下了一部疯狂的书。"②)

*

从下面这段话中,人们可以看到,福楼拜渴望为"写作"(écrire)一词找到一个新的意义:"在我意欲造就的书里,只有句子的写作……"③当福楼拜强调写作一词的时候,他没有试图抬高写作的地位,而是让写作出现,他要指出,这个动词没有被它及物的权力所耗尽,并且,它所固有的作品是一个不及物性(intransitivité)的作品。书和句子只是一个人写作的时候,那运行起来的东西的两种模式。一个人写,并且一个人写

---

① 出自福楼拜1874年7月25日致屠格涅夫(Tourgueneff)的信。参见 Gustave Flaubert, *Extraits de la correspondance ou Préface à la vie d'écrivain*, 261. ——译注

② 参见 Gustave Flaubert, *Extraits de la correspondance ou Préface à la vie d'écrivain*, 264. ——译注

③ 出自福楼拜1853年6月25日致鲁伊丝·高莱的信。参见 Gustave Flaubert, *Extraits de la correspondance ou Préface à la vie d'écrivain*, 129. ——译注

(下句子);但结果仍在括号当中;这个结果——句子,一本书——甚至没有赋予"写作"任何的价值,也没有显示出任何固有价值,更没有把它转变为一种价值(例如,就像创世赋予了上帝变成一种创造力的价值)。一个人写下句子,这样,句子的可见性就会恢复并保留一种不可见性的特权,以及一种否认和抹除的权力,正是这样的权力让"写作"仅仅成为了一个中性的词。

鲁塞尔

如果米歇尔·福柯(Michel Foucault)在研究雷蒙·鲁塞尔(Raymond Roussel)的时候,把阿尔托用他的呼喊所见证的核心空虚,指定为疯狂和艺术作品的共同位置。[①] 那么,我们怎能忘了福楼拜在恰好一百年前,向鲁伊丝·高莱(Louis Colet)吐露自己的困境时,所一贯使用的表述:"我很清楚,风格的可塑性比不上整个的理念。但这是谁的错?语言的错。

---

① "这太阳窟窿……就是鲁塞尔的语言空间,是他从中言说的空虚,是作品和疯狂借以彼此交流和排斥的缺席。我没有把这样的空虚理解成一个隐喻:它关乎词语的亏缺,词语在数量上少于它们所指定的事物,并把它们意欲有所言说的事实归于这样的经济。"米歇尔·福柯进而提到了"我们时代浮现的一种经验,它教导我们:缺失之物并非'意义',而是无论如何只通过如此之缺失来进行意指的符号"。参见《雷蒙·鲁塞尔》(*Raymond Roussel*, Paris: Gallimard, 1963)。

我们有太多的事物,却没有足够的形式。这让那些认真尽责的人苦恼不已。"①惊人的巧合。但真正惊人的不是巧合,而是文学活动从这些不谋而合的反思中的一个走向另一个时所完成的漫长历程。从这种"太多的事物"和这种"不够的形式"里,福楼拜清楚地看到了语言的真相,对此,他没有匆忙地庆祝,而是把这样的缺陷视为了作家的存在之理由,因为作家被召唤着用技巧、策略和劳动来掩盖它。"太多的事物","不够的形式":他探索这样的贫乏,因为这样的贫乏迫使他在如此的富饶面前只给出一种有限的表达。这符合列维-斯特劳斯(Lévi-Strauss)的假设,即艺术本质上会是还原,是对一种被还原的模型的制造。不过,列维-斯特劳斯并没有因此而苦恼,他向我们欢快地展示了造型艺术和他所暗示的语言的还原功效所提供的全部好处。("比例越小,对象全体似乎越容易对付。由于量的缩小,在我们看来,它似乎在质上也简化了。说得更准确些,量的变化使我们掌握一个相似物的能力扩大了,也多样化了。"②)

但让我们进行反思。的确,只要我们颠倒福楼拜的公式并说"总有太多的形式",也就是,总有太多我们从来不够的东

---

① 出自福楼拜1853年4月6日致鲁伊丝·高莱的信。参见 Gustave Flaubert, *Extraits de la correspondance ou Préface à la vie d'écrivain*, 111. ——译注

② 参见列维-斯特劳斯,《野性的思维》,李幼蒸译,北京:商务印书馆,1997年,第31页。——译注

三 书的缺席 中性片段

西,那么,我会怀疑他的不安是否合理。正如我们清楚地发觉的,问题是:一旦我们从语言的不足中认出言说的本质,这样的不足就有一个风险,即它从不足够地不足。语言的匮乏(首先)意味着两个东西:关于有待意指的东西的匮乏,以及同时,作为中心、作为生命之意义、作为言语之现实的匮乏(并且,这两种匮乏之间的关系本身是不可度量的)。言说——正如我们今天知道的——就是让这样一种匮乏运作起来,维持它并加深它,以便将之掌控;但加深它也是让它变得更多,最终置于我们口中,放到我们手上的,不再是符号的纯粹缺席,而是一种不定地、无差异地进行意指的缺席的冗长:一个虽承担了空无,但仍不可能取消的指定。若非如此,我们早已满足于沉默。但如是的沉默——符号的缺失——本身总还在意指,并且,相对于言语所开动的模棱两可的缺失,它总是过多。

让我们稍进一步来反思。那么,"太多的事物"会是语言的他者(l'Autre),而语言本身被视为了"形式";在这些(正如福楼拜和列维-斯特劳斯所假定的)数目有限的形式里,事物和某种无限(或不定)的东西相一致。但一种语言形式的特性在于,惟当它无所包含的时候,它才包含了什么。由此可知:"没有足够的形式"这一论断只适用于一种语言,那种语言已把形式仅仅当成了一个物。换言之,即便结构的数目是有限的,即便关系类型的数目是规定好的,只要其中的一个表达(包含)了无限者,那么,福楼拜的论断就可以被反转过来,我们不应抱怨有"太多的事物",而应抱怨"从没有足够的事物":

此时,整个的宇宙都不足以填满达那伊得斯(Danaïdes)的水桶。①

最后,简单地说:福楼拜所得出的难题就是言语之他者(l'Autre)的问题。那么,自马拉美以来,我们已然发觉,一种语言的他者总被这种语言本身设定为那样一个东西:语言就通过它来寻找一个让自身从中消失的出口,或一个让自身得以反思的外部。这不仅意味着他者已经是这语言的一部分,而且,一旦这语言转过来回应他者,它就转向了另一种语言;那另一种语言,正如我们不应忽视的,也有它的他者。在这一点上,我们十分接近维特根斯坦(Wittgenstein)的难题,它经过了罗素(Bertrand Russel)的修正:每一种语言都有一个我们无法在该语言内部来谈论的结构,但必定有对待此结构的另一种语言,那种语言也拥有一个我们只能用第三种语言来谈论的结构——诸如此类。由此得出了许多的结论,包括:(1) 不可表达的东西,相对于某个表达的体系,是不可表达的;(2) 虽然有理由把全部的事物和全部的价值视为一个整体(例如,在某种科学的或政治的观念内),但言语所有虚拟的、不同的可能性无法构成一个总体;(3) 每一种言语的他者都不过是某一种言语的他者,更确切地说,是一个无限的运动:通过这个运动,一个总准备着在同步系列的多重要求中展开的

---

① 达那伊得斯:根据古希腊神话,埃及王达那俄斯的四十九个女儿,即达那伊得斯姐妹,因为谋杀亲夫而遭到天谴,她们死后不得不在冥府的最底层不断地往一个不可能灌满的无底桶中灌水。——译注

三 书的缺席 中性片段

表达模式,就用另一种模式质疑、增强、否认或抹除了自身。①

*

从这些评论出发,我想返回鲁塞尔的作品,米歇尔·福柯的书已让它一再地对我们说话。是的,在我看来,从这些评论出发,我们似乎会更好地明白那部作品对我们产生的惊人效应(这样的效应与其实际的发明无关)。因为鲁塞尔的作品首先从一种描述过渡到了一种解释,然后,又在解释内部过渡到了一种记述,那样的记述刚一开始,就敞开乃至于产生了一个新的谜题,而那个谜题又必须反过来被描述和解释,这样的事情若没有新的记述之谜就无法完成;所以,通过这个永恒地依次敞开的间隔系列,鲁塞尔的作品以一种经过冰冷的协调并因此更加眼花缭乱的方式,再现了从一种语言到另一种语言的无限航行;在如是的运动里,他者的肯定,有一瞬间隐隐地浮现,并在随后无尽地散失;但那个他者,不再是不可表达的深度了,而是用来驱逐深度的种种策略或机制的游戏。所以,描述、解释、记述、评论,仿佛自动地、平直地、机械地运行了起来,以便空虚或缺失更好地穿过一个敞开和封闭的体系;而开

---

① 当福楼拜既天真又怨恨地说"太多的事物""不够的形式"时,他没有把一种丰富(不可言说之真实的丰富)和一种贫乏(言说它的过于稀少、过于笨拙的词语的贫乏)对立起来。他不知不觉地把一种语言和另一种语言对立了起来:一种是固守于内容层面的,语义完满的语言,另一种是被还原为形式价值,固守于纯粹意指之决定的语言。他不能用这两种语言中的任何一种来肯定这个对立,而只能从第三种语言出发,并因此从更高处说话,念出了他的判断:"太多的事物","不够的形式"。

动那个体系并维持其运转的,只有这样的缺失而已。对此,我们不得不惊恐地注意到,在《孤独之地》(*Locus Solus*)、《前额之星》(*L'Étoile au Front*)和他早期围绕括号游戏建构起来的作品之间,有一种亲缘关系。一个人难免会把该过程所体现的执迷归于某种疯狂的倒错,这并没有什么令人反感的;但既然疯狂本身——不论是怎样的疯狂——只是一种特定类型的语言,并且我们努力把它转化为另一种(如果我们知道怎么做的话),那么,无论我们多么警觉,我们所做的不过是依次盲目地踏上这趟既不抵达港湾,也不止于海难的航程:我们所有人,或多或少夸张地或朴实地,陷入了一场游戏,那是没有位置的位移,没有加倍的翻倍,没有重复的反复——这些进程在彼此当中无限地、静止地折叠又展开,仿佛由此便能穷尽那过多的词。①

---

① 维特根斯坦、福楼拜和鲁塞尔这样说:如果存在着一种——例如,科学的——话语,使得缺失无处铭刻自身,无处施展其缺陷的效果,那么,另一种被召唤着规定意义的语言的必要性或要求,以及这种没有缺失的话语本身的理论可能性,无论如何已把缺失刻入了那里。语言把其自身的永恒的失灵归于缺失;但缺失,通过从一种言说模式到另一种模式的无限过渡,反过来归入语言;即便缺失没有在任何既定的话语领域内得到标记,它仍然在那里,在极限处(在一个总未被占据的位置的变动的复多性当中驱散自身),获得了一种位置的过度——"过多的词"。或许,正是这个"过多的词"构成(并立刻废黜)了一个无形的伙伴,一个并不嬉戏的伙伴,而罗歇·拉波特(Roger Laporte)的书就不断地参照着它写成。

XI 玫瑰就是玫瑰……

"阿兰曾说,真正的思想不被发展。所以,学会不发展就是'思考之艺术'的一部分,并且不是无关紧要的部分。

——所以,这是用一个个分散的肯定来思考。某人说了什么并止步不前。没有证明,没有推理,缺乏连贯。我怕这样一种言说模式会恢复专横的宣言:我说如此,我命令如此(sic dico, sic jubeo)。

——通常,当某人说了什么的时候,他就把他所说的东西(隐含地或公开地)与言语、经验、原则的一个有序的整体联系了起来。这种一致的关联,这种对共同秩序的探寻,这种让思想在保持不变的同时自身转化的有条不紊的渐进,乃是理性的要求。一种被发展的思想就是一种合乎理性的思想;我会补充,它也是一种政治的思想,因为它所追求的一般性(généralité)是普遍国家的一般性:那时,不再有任何私人的真理,存在的一切都服从一个公分母。

——巨大的、美妙的要求。让我们发展我们的思想。

——当然,我们绝不会说任何反对理性的话,除非是为了刺激它,因为它很容易就睡着了;但我们仍必须彻底地发展,并且,我们知道自己离这种彻底的发展有多远。所以,请记住:今天,当我们的孩子根据三段论,我们的老师运用华丽的修辞展开论述的时候,他们不过是把某一种政治事态的任意性神圣化了。因此,学会不发展就是学会揭露'发展'准则用一种间接但专制的方式表达的文化和社会限制。

——这有放任非理性力量的风险。一阵呼喊不会发展。

——但疯狂会发展。并且,反智主义的哲学,例如柏格森(Bergson)的哲学,把我们送回到了一种流动的连续性,一种所谓生动的前进,它只是构成了一种发展的竞价。阿兰所说的思想是真正的思想,而不是一个阴郁自我的显现,或荒谬生存的运动。说得更确切一点。真正的思想是拒绝的思想,即拒绝自然的思想,拒绝一个将自身强制为第二天性的逻辑和经济的秩序,拒绝自发性,因为那样的自发性虽然声称自由,却没有什么探究和审慎可言,只是一个习惯的运动。真正的思想有所追问,而追问,就是在自身打断中思考。

——迎着时间思考,迎着永恒思考。

——但我觉得,阿兰的话里似乎还有别的什么东西:'真正'的思想,警醒的思想,出乎意料地抵达了我们,而且一旦得到表达,就让我们能够自由地抵抗它们,甚至能够检验它们带给我们的震惊。但发展起来的思想用那个展现它们的秩序强制了自身,并且,那个秩序:首先,从不是单纯地智识的,而必

三 书的缺席 中性片段

然是最广泛意义上的政治的;其次,它的效果是消除惊讶,同时让我们在它面前无能为力。发展起来的思想并不根据其内部的运动和理性来发展,而总试图用一种陈述的模式来实施联合,那种模式的主要功劳就是迎合我们的习惯或我们的文化理想。请听一场布道或一次电视演讲:我们很清楚,它们的'真理'根本不是它们所传达的观念,而完全是其演说的发展和其手势的比划。

——当然了,但没有人梦想在一场教会或国家的布道中寻找真正的思想。

——请换种方式来考虑:如果真正的思想不被发展,那么,这不是因为它们在其独一无二的表达中是不变的、永恒的、完美的,而是因为它们不希望强制自身。真正的思想根本不是无视证据并要求盲目服从的权威论断,真正的思想厌弃证明和论证艺术所固有的暴力。一个听从某种激情的蛮不讲理者的暴力,和一个渴望有理有据者的暴力,同样险恶。阿兰让我们警惕的发展是一种强力意志的发展:理性意志只有在判断中才是合法的;而判断是停止,是悬置,是打断,是制造空隙,也就是推翻一种连接完好的持续不断的冗长言语的专制。进入一个讨论室,每个人都在随心所欲地发言,仿佛人人都有道理,想要把一切纳入其论证的发展:这很讨厌。

——所以,你要让人们放弃论证并开始搏斗。

——我会让他们说话,但不会把他们的语言变成一种战争的形式,或至少不总是那样,因为言语必定也是斗争。让我们说,发展就是主张持守言语,这样的持守不是通过一个强有力的声音的洪亮,而是通过一个为了拥有最终定论而被合乎逻辑地(根据人们认为的唯一正确的逻辑)组织起来的连续体的幅度。相反,一种不发展的言语从一开始就弃绝了最终定论,这或是因为人们假定它已被说出,或是因为言说就是承认:言语必然是复多的、碎片的,它总能够超越统一,维持差异。有人说了什么并止步不前:这意味着别人也有说话的权力,话语中已给别人留下了位置。

——我想起了两个截然不同的人之间的谈话。一个人用简单而深刻的句子说出他所铭记的某个真理,另一个人默默地倾听,然后,当反思结束的时候,他会反过来表达某个提议,有时是用几乎相同,但稍有差异(更加严格,更加松散,更加陌异)的话。同一肯定的这种翻倍构成了对话的最强有力之处。没有什么得到了发展、对立或修改;显然,第一个谈话者从他自己反复的言语中学到了许多的,甚至无限多的东西;但言语的反复不是因为它们得到了拥护或赞成,而是相反地,因为无限的差异。仿佛他用第一人称所说的'我'(Je)被他重新表述成了'他人'(autrui),仿佛他就这样被卷入了其思想的未知:在那里,他的思想,一成不变地,变成了绝对他异的思想。

——被交换的思想。

——不如说是从交换中回撤的思想,我的意思是,从交易和妥协中回撤。某种意义上,就像两个重复的言语之间没有任何的关系一样,这两个人之间也没有任何的共同之处,除了

三 书的缺席 中性片段

他们一起转向言语之无限的那个(把他们紧密团结起来的)运动——这就是谈话一词的意义。听完他们谈话,我告诉自己,人不必害怕重复,因为他们在重新中寻求的不是固执地说服对方的手段,而是这样的证据:思想,哪怕被人再次说出,也没有重复自己——换言之,重复不过是让所说的东西进入了其本质的差异而已。

——两次说同一个东西,这不是出于对相同者的关注,而是出于对相同者的拒绝,仿佛同一个句子通过被人重复,被人挪移,某种意义上就得到了发展;并且,这是根据挪移所产生的空间的固有特点,而不是遵照修辞发展的外在部署。

——那么,我们得到了一个观点,即'真正的思想'不被发展,而是被重复?一个充满误解的结论。

——我会提出三个澄清的表述。一、真正的思想不被发展,因为真正的思想只在漫长的发展结束之时产生,它们通过消除发展总结了发展:这是极限思想,关于世界之终结的思想。二、真正的思想不被发展,因为它们保留了其内部的无限之发展。三、由审慎的言语说出的思想同样是审慎的,如此的审慎具有双重的意思:它们既不强制自身,也不打断自身;断片的言语,不连续的言语,在存在和虚无之间,保留了一种审慎之理性的可能。

——无关联的言语,被交给了不连贯性。

——不是没有关联,因为间距也能成为一种关系。

——我想知道,阿兰,一个文学天才,有没有在诗歌的表述中大胆地寻求这些应被说出而不被发展的思想的模型。诗歌和文学并不承受一种意指的坚持，或承受一个唯独合乎逻辑的话语所建构或组织的意指之整体的坚持。记述，在最为传统的意义上，是一种言说的方式，它在拒绝被发展之言语的连续性的同时，持续不断地说话：它满足于让分散的事件相互补充。然而，围绕一个角色或一个'观念'，把这些事件组织成一个故事，如此的做法再一次秘密地获得了一种持续发展的主要特点，即一个时间序列的线性发展的特点。当代的所有尝试都可被视为一种对发展之手段的拒绝，哪怕作者已经诉诸一种全面意义上的巨大连续性的惊人过度。无发展的写作。这是诗歌所首先认出的运动。

——这仍是一个迟来的要求。

——因为长久以来，就世界看似承担了一个回答而言，文学只关心世界，并且，文学——以及其他的具象艺术——所再现的东西，就是这个回答。可一旦文学将自身肯定为一个问题，一个关于世界的问题，一个关于它自身的问题，一个明显悬置了一切回答的问题，那么，它就不得不同发展之修辞的一切惯习决裂，因为问题坚持，但不被发展。

——所以，我们应该认为，重复乃是追问的坚持：如此的追问在各式各样的层面上提出问题，但绝不用问题来肯定自身。重复之为重复，不是为了对言语施加魔咒，而是为了让言语摆脱言语本身的魔力，不是为了让它窒息，而是为了使之缓和。

三 书的缺席 中性片段

——让我们顺便回想一下，重复回应了'死亡本能'(l'instinct de mort)，也就是，回应了那种把言语所固有的间距置于存在与虚无之间的审慎的必要性或忠告。重复抹去了言说，解除了言说的神秘。这就是马克思对悲剧事件之反思的意义，那些悲剧在闹剧中得到了重复；但如果闹剧反过来也被重复了呢？如果发生的事情总是返回，并且是一而再，再而三地返回呢？如果已被说过一次的东西不仅不停地被人说出，而且总是重新开始，不仅重新开始，而且给我们强加了一个观念：没有什么真正地开始了，它们从一开始就通过重新开始而开始，由此摧毁了我们仍不加反思地服从的初始或本源的神话，并把言语和那无始无终者（连续不断者，无止境者）的中性运动联系了起来？我想起了格特鲁德·斯泰因（Gertrude Stein）的一句诗：玫瑰就是玫瑰就是玫瑰就是玫瑰（A rose is a rose is a rose is a rose）①。它为何困扰着我们？因为它是一个倒错的矛盾的所在。一方面，它说，关于玫瑰，一个人能够谈论的只是玫瑰本身，并且，玫瑰因此声称它比一个人称呼它的还要美；但另一方面，通过反复的强调，它甚至从玫瑰中撤回了其独一无二的名字的尊严，那个名字声称要把它维持在其作为本质的玫瑰的美当中。思想，玫瑰的思想，很好地抵抗了一切的发展，它甚至就是纯粹的抵抗。玫瑰就是玫瑰：这意味着，

---

① 出自斯泰因的诗歌《神圣的艾米莉》(Sacred Emily)。参见 Gertrude Stein, *Geography and Plays*, Boston: The Four Seas Company, 1922, 187.——译注

一个人可以思考它，但无法再现它的任何东西，甚至不能定义它(以至于就像我们暗示的，重言式不过是对定义的顽固拒绝)。但玫瑰就是玫瑰就是玫瑰……这让命名和存在之召唤的强调特征逐渐地丧失了神秘：玫瑰的'是'和赋予它玫瑰之荣耀的那个名字被同时连根拔起，它们落入了一片闲言碎语，而如此的闲言碎语反过来成了一切无始无终地言说的深刻言语的显现。

——塞缪尔·贝克特的作品用各种形式让我们想起了这点，并且我相信，娜塔莉·萨洛特(Nathalie Sarraute)的某些作品的秘密力量也在这里：在重复的谜样空间中。关于这本虚构之作《黄金果》(*Les Fruits d'or*)，种种观点的来回往复——我们只知它时而得到赞扬，时而遭受否认——会给人留下一部单纯的社会喜剧的印象；但通过它的流动和回流，通过这个吸引和回撤、肯定和后退、展露和折叠的陌异运动，某种东西(但那是什么东西？)羞怯地前进并立刻后撤，出现又消失，然后在它重新出现的时候再次消失，并且将自身无论如何维持在消失当中；是的，这个运动中有什么呢，如果不是作品的言语本身，那样的言语要求记忆和遗忘、遗忘和回忆、坚持和抹除，但最终，它一无所求，并因此显现为最脆弱、最易否定的肯定；然而，它总是完好，总是清白，总在如此的耗用中被人使用又不可使用，直到有一刻，它不知不觉地交出了其脆弱的真理：当然令人惊叹，当然不尽人意。

——《向性》(*Tropismes*)已经是这种不连续的、简短的、无限的言语的典范之一,这种不被发展的思想的言语,最适合让我们同时通过打断和重复进入我们在所有文学底下听到的那无止无尽的运动。

——是的,接连不断,断断续续,重复:文学的言语似乎神秘地回应了这三个相互对立的要求,但这三个要求又和一个无敌的统一的主张对立了起来。

——阿兰曾说,真正的思想不被发展:它们抵抗,坚持,并由审慎的句子说出;那样的句子从一开始就被打断,然后被心照不宣地、无止无尽地重复,最终只是句子的纯粹形象而已。那么,我们自己所做的不就是发展这个对发展的拒绝,从而用论证反驳它,反驳我们自己吗?

——这至少应提醒我们:任何的思想在发展的过程中,哪怕遵循了严格的、连贯的逻辑,最终无不设定其发展所必不可少的假设,但这些假设与最初的假设并不相容(或者,它们的相容性无法得到证明)。所以,我们最好止步于此。但既然只有在发展的终点以超越发展为目的,一个思想才有权提出自己,那么,现在我将以格言的形式提出这思想的整体:

在分离中辨认,知性的言语,

在否定中超越,理性的言语,

仍有一种文学的言语,它在翻倍中超越,在重复中创造,在无限的反复言说中,第一次且仅此一次,说出了这个让语言结巴的过多之词。"

X 新艺术

在《浮士德博士》(*Docteur Faustus*)里,托马斯·曼(Thomas Mann)给音乐家阿德里安·莱韦屈恩下了诅咒。不只是永恒的诅咒——这不算什么——更是至为沉重的咒骂,那样的咒骂把他变成了当时沦入第三帝国之疯狂的德意志命运的象征。莱韦屈恩的故事紧紧地跟随尼采;他的艺术也借用了勋伯格(Schönberg)的大量特征。托马斯·曼还向我们透露了这些显而易见的对应。我们知道他同音乐家的关系和差异;我们知道,正是阿多诺(Adorno)把他引介给了这位发明十二音技法的音乐家;我们还通过阿多诺的一部旧作的翻译知道托马斯·曼根本无意诅咒勋伯格,更不用说把新音乐的命运和德意志国家社会主义的失常联系起来了。让我们把托马斯·曼的作品放到一边,其叙事的模棱两可避免了我们得出太过简单的结论。莱韦屈恩的可憎发明所借用的音乐体系仍是序列体系;所以,一种对音乐的整体发展而言决定性的形式就被人毫无顾虑、毫不谨慎地当作了纳粹倒错的一个典型症状。托马斯·曼的日记里写道,在阿德里安·莱韦屈恩的可爱名字背后,人们应从字里行间读到阿道夫·希特勒的可恶名字。

所以,诞生了一切未来音乐的新艺术(Ars nova)可被逐步地定性为一种在政治和社会上败坏的音乐。根据人们所误称的社会主义的美学原则,其他批评家已谈论过反动的音乐。非具象艺术也是如此。但让我们回到托马斯·曼。其判断的动机是复杂的。一方面,正如他所承认的,他对音乐的理解停留于瓦格纳(Wagner);作为一个仍倾心于他所喜爱的传统艺术形式的人,他怀疑并排斥新的冒险——这样的不宽容虽包含了理解和兴趣,却愈发保守。这里有一种断裂,对他而言,那似乎是同秩序本身的断裂。但另一方面,他在无调音乐里机敏地发觉了变化和革新的元素,进而能够让阿德里安·莱韦屈恩的天才具有权威性。他还暗示,一个人的个体疯狂和时代的普遍疯狂所实现的发明不是一个意外的错误,而是代表了一种登峰造极的艺术所固有的疯狂。他在日记里说,勋伯格的音乐具备了他在描述文明和音乐之一般危机时所需的一切,让他能够勾勒其著作的基本主题:贫乏的临近,催生魔鬼契约的与生俱来的绝望。

在托马斯·曼发表的谴责里(诅咒一词支配了这样的谴责),有着一个文化人的判断。作为一个文化人,托马斯·曼害怕新艺术,正如某些作为文化人,而不是作为政治理论家的社会主义领袖——我相信,这必须简单地说——对非具象艺术持有尖锐的评判。卢卡奇也是如此。同样,那些有鉴赏能力的人,通常是以所谓的马克思主义的名义,把其历史悠久的文化不允许他们心安理得地接受的一切艺术和文学的形式都判定为反动的。更确切地说:他们在艺术体验中否认并(有理由)害怕的东西,就是陌异于一切文化的东西。在文学和艺术中,有一个人们无法轻松欢快地适应的非文化的部分。

*

关于"新音乐"——让我们保留这个事实上不大让人满意的名称——阿多诺这样说:"如果无调性源于一种让音乐摆脱一切惯例的决心,那么,它就同样包含了某种野蛮的东西,那个东西能够始终一再地撼动一个以艺术的方式构成的表面;刺耳的和谐听上去就好像还没有被秩序的文明化原则所完全掌控一样:在它的断裂中,西方的作品仍几乎是彻底原始的。"[1]这些断言必须被谨慎地阅读。"野蛮的""原始的",这样的词语几乎不恰当。为了让声音元素的完全条理化得以可能,尤其是为了否认一种自然美学的观念(根据那种观念,声音或声音的任何体系都具有自在的意义或价值),作曲家所做的种种努力,以一种决定性的方式同音乐最野蛮的观念对立了起来——即便这样的野蛮一如既往地借用了理想的表象。至于技法,它的使用被指责为多余的(并且,再一次被指责为

---

[1] 西奥多·W. 阿多诺,《新音乐哲学》(*Philosophie de la nouvelle musique*)。(原话略有不同,参见 Th. W. Adorno, *Philosophie de la nouvelle musique*, Paris: Gallimard, 1962, 51-52. ——译注)

野蛮的：一种完整的理性主义的野蛮），它绝没有将自身呈现为音乐的全部，但它必然会暂时地占据主导，这是为了"打破声音材料的盲目限制"①或悬置音乐对象组织好了的意义；简言之——我们会回到这点上来——是为了摧毁一种错觉，即音乐本质上具有一种独立于历史决定和音乐经验本身的美的价值。

那么，从这个视角出发，新艺术看似"野蛮"的地方就是一切阻止它被人如其所是地看待的东西：它具有批判力，它拒绝接受那些破损的文化形式是永远有效的，尤其是，它强烈地渴望清空自然声音材料的一切先在意义，甚至保持它们的空无，迎接一种尚未到来的意义。如此的暴力在对自然施暴的同时，也具有某种专横且危险地非文明的东西。

那么，在刚刚引述的判断里，当阿多诺声称，声音空间的断裂让西方音乐成为一个几乎彻底原始的事件时，他是什么意思？无须任何博学的分析，显然，如果音乐家凭一种节制的严格弃绝了一部统一之作的连续性，或弃绝了瓦尔特·本雅明（Walter Benjamin）所谓的"灵晕的"（auratique）艺术作品（一部氛围之作）的流动式发展，那么，他的目的不是否认一切的连贯性或形式的价值，甚至不是反对被人视为一个有组织的整体的音乐作品（就像斯特拉文斯基［Stravinsky］那里不时

---

① 出自阿多诺的《新音乐哲学》。参见 Th. W. Adorno, *Philosophie de la nouvelle musique*, 77. ——译注

出现的情形);相反,这么做是因为他把自己置于审美的总体性之外。更确切地说,如果一种语言首先因传统惯例的拒斥而显得模糊不定,接着又在此基础上得到重新建构,以便潜在地拥有日后主题阐释的一切本质元素,那么,在这种语言里,已被给定(或预先形成)的东西就是音乐之构成的全部,而它的前行只能通过分析,通过对结构的越来越细致的划分,也就是说,只能通过一种作为区分和分解的构成之形式。所以,如果音乐的语言看似破裂,甚至碎散为一个个总是更加成块的形式,那么,这是因为分析变得真正地富有创造性,正如变奏的过程不再是一个需要丰富的主题的发展,而是一个拆分的原则;通过这个原则,已在序列的选择和预备工作中潜在地呈现的总体性就摆脱了自身,把自身交给了一个令人苦恼的真正问题,而这个问题,正如阿多诺再次指明的,通过相同者的固执的轮回,试图产生一种持续不断的更新。最后,当人们说,韦伯恩(Webern)的晚期作品甚至已经"清除"了对位法的组织时,我认为更好的说法是,对他自己而言,韦伯恩绝没有摆脱一种严格的对位法;但他下定决心,要让我们只把它听成标记或踪迹,听成一部严格的回忆录,它绝不把自身强加于我们,除非是作为记忆或缺席,并且,在我们聆听的时候,它总让我们获得自由(危险的自由)。

*

因此,片段的作品——作品的片段要求——具有一个截然不同的意义,这取决于它是表现为弃绝作曲的行为,即咄咄逼人地模仿一种前音乐的语言（表现主义努力用精致的方式实现它），还是相反地，表现为寻求一种新的书写形式，这种形式让完成了的作品显得可疑。显得可疑不是因为它拒绝完成，而是因为它用一种无情的严格性——在那个统一的、自身封闭的，组织并支配了既有传统所传达之价值的作品的观念外部——探索作品的无限空间，虽然它也基于一个新的假设：即这个空间的关系必然不满足统一性、总体性或连续性的观念。断片的作品所提出的问题关乎极端的成熟：首先是艺术家的成熟，而且也是社会的成熟。瓦尔特·本雅明评论说，在艺术史上，最后的作品堪称灾难："对于伟大的作家来说，完成的作品的分量要轻于他们倾毕生精力于其中的断简残篇。"[①]为什么？因为他们所尝试的作品无法收到一个全面的回应。更确切地说，对他们而言，关键是在"创作"本身已在某种意义上结束了的时候开始。如此一来，他们就只能忍受一份看似消极的工作，或面对一种脱位的痛苦，那样的痛苦无论如何没有任何意义，而这只是因为它就是意义的承诺，或者，是对意义秩序的不服。

这些评论试图消除一种模棱两可，它们提醒我们，如果艺术和文化之间有一种本质的差异，那么，这不是因为艺术是倒退的，我的意思是，不是因为它转向了一种无文化的原始性，

[①] 参见瓦尔特·本雅明，《单行道》，王才勇译，南京：江苏人民出版社，2005年，第8页。——译注

或者,它被一种对原始的自然和谐的怀念所诱惑。这毋宁是因为艺术总已经超越了一切既有的文化形式,以至于艺术最好被定性为后文化的。在新艺术里,让托马斯·曼感到害怕的东西(他同样害怕第三帝国的主宰,因为他们匆忙禁止了无调作品,更倾心于一种宏大的美学,一种纪念碑的美学,一种自命不凡的成就的美学)之所以可怕,事实上,是因为艺术的体验要我们回应一个无限的追求,一种只能在断片的作品中得到实现的体验,而断片的在场,足以动摇文化的整个未来与幸福和谐的全部乌托邦了。

*

新音乐的贡献是以一种几乎直接的方式,让我们"听到"了艺术的肯定和文化的肯定之间的裂隙。它损害了作品的观念,因为文化想要的完成的作品会在其永恒之物的静止不动中被人称赞为完美,并在文明的保留中得到注视:博物馆、音乐会、学院、唱片店、图书馆。新音乐努力让语言"麻木无感",它尽力摆脱一切把语言变成了一种自然知识的意图和意义。它是严格的、坚硬的、朴实的,没有任何的游戏精神,也没有任何的玄妙之处,并且,它绝不承认社会总乐于仗恃的作为其自身非人性之不在场证明的"人"。人本主义是一个承载了文化的特征,也就是这样的理念:人必须在他的作品中自然地认出他自己,并且绝不与他自身分离;存在着一个持续进步的运动,一种不可能打断的连续性,那样的连续性确保了新旧事物的连结,确保了文化和积累的携手并进。所以,文化要求艺和言语做出回应,因为只有回应能够在文化的巨大仓库里得到积累;由此诞生了一种成问题的艺术,这种艺术将自身作为一个纯粹的问题而给出,并追问艺术的可能性,它看上去只能充满危险、敌意和冷酷的暴力。冷酷、麻木、非人、贫乏、拘泥形式、抽象;这些针对新艺术的指责总在揭示那个明确地表达它们的文化人,他愈为强烈且真诚地觉得:自己恰恰是在质疑他事实上拥有的"好的"、"有价值的"、幸福的东西,并让他自己不愿承认的真正悲苦显现出来。因为文化是"好的",我们怎能否认这个?而且努力壮大它也是合法的。什么样的作家不是一个文化人呢?当我们不写作的时候,甚至当我们写作的时候,我们都没有在写作。阿尔班·贝尔格(Alban Berg)说,每当一个序列出于偶然(出于严格)恰好产生音调的关系时,他便体会到一种愉悦,而这样的愉悦里肯定有一个抚慰的运动,它让人返回了文化的成就:突然间,流亡终止了,我们这些浪子回到了整全和统一的家庭怀抱。

文化人所谴责的新音乐得到了严格的建构,但同时(这里就有它对其他艺术和言语本身的最为决定性的探究)它的建构又不围绕一个中心,就连中心和统一性的观念也从作品的领域里被驱逐了出去,而作品也因此在极限处显得无限起来。这是对所有文化和所有理解提出的一个既令人痛苦又令人不齿的要求。"在音乐里,如果每一个特定的声音都被整体的建构以一种透明的方式所规定,那么,本质和偶然之间的差异就会消失。"①阿多诺补充说:"这样的音乐每时每刻都靠近它的中心,因此,之前一直规定亲近和远离的形式惯例就失去了它们的意义。"②既然一切都呈现为本质的,那么,各个加强的元素之间就不再有任何非本质的转化,正如不再有任何的发展,或任何有待发展的主题,在它们的位置上,只有一种一无所变的变奏,一种非重复的强力:那样的强力,只有通过差异自身内部的一种无限反复的肯定才成功地完成了自身。

这的确是一个令人痛苦的要求;事实上,在这个完成的模式里得以呈现的东西就如同一种让自身被人听见的痛苦,它被人痛苦地听见,但它无论如何麻木无感:它是一个试图逃避统一之权力的思想所经受的考验。大约在勋伯格开始被人发现的时候,沃林格(Worringer)及某些德国画家给具象艺术指派了一项使命,那就是寻找一个没有特权的领域,它不提出任何定向的可能性,并且,在它借以实现自身的运动里,每一个点都具有相同的价值。再往后,克利(Klee)梦想了一个空间,在那里,每一个中心的省略同时消除了模糊不清或犹豫不定的踪迹。再往后……但我们没有要求不同艺术的比较给出一种共同探究的特点:共同恰恰体现为,它们全都肯定了非统一的关系,因此也是从一切共同尺度当中回撤的关系。然而,在

---

① 出自《新音乐哲学》。参见 Th. W. Adorno, *Philosophie de la nouvelle musique*, 69. ——译注

② 出自《新音乐哲学》。参见 Th. W. Adorno, *Philosophie de la nouvelle musique*, 69. ——译注

三 书的缺席 中性片段

乔治·普莱(Georges Poulet)的书①里,言语和思想的一切冒险都和圆(cercle)的权力发生关系,它们总将自身刻入这种同中心、同圆周的关系,总努力打破它,以便更好地与之合一。在这本书里,因其最为彻底的完成而显得最为单纯的形象,允许我们既不单一也无变化地重新捕获全部的价值和全部最为多样的丰富性。读这本书的时候,我问我自己,为什么随着这本书的再次闭合,批评史和文化史也再度关闭了,为什么怀着一种忧郁的平静,它似乎辞别了我们,又同时准许我们进入一个崭新的空间。什么样的空间?我想借助一个隐喻,当然不是为了回答这样一个问题,而是为了表明接近它的困难。宇宙几乎被理解为弯曲的,并且,这样的弯曲往往已被假定为正的:由此就有一个有限又无界的球体的意象。但没有什么允许人们假设一个不可绘形的宇宙(这样的术语因此是迷惑性的),一个逃避一切视觉要求、逃避全体之考量的,本质上非有限、非统一、非连续的宇宙。这样一个宇宙发生了什么?让我们把这个问题留在此处,并提出另一个问题:如果世界的弯曲,甚至人之世界的弯曲,被指派了一个负号,那么,当人同意面对这一想法的时候,人发生了什么?但人会乐于接受这样一个思想吗:这个思想让他摆脱了对统一性的迷恋,第一次冒险召唤他度量一种并不神圣的外在性,一个完全成问题的空

---

① 乔治·普莱,《圆的变形》(*Les métamorphoses du cercle*, Paris: Plon, 1961)。

间,它甚至排除了一个回答的可能,因为所有的回答必然会再次落入诸形象之形象的裁决？这或许等于问我们自己：人有根本追问之能力吗？也就是,最终,当文学偏转向了书的缺席时,人有文学之能力吗？这正是新艺术通过其中性的暴力向人传达的问题（一种魔鬼的艺术：托马斯·曼终究有他的道理）。

XI 雅典娜神庙

在德国,其次在法国,浪漫主义已是一个政治的赌注:它命途多变,有时被最倒退的政权(1840年的弗雷德里克-纪尧姆四世[Frédéric-Guillaume IV],然后是纳粹的文学理论家)所主张,有时又被澄清并当作一种革新的要求——这尤其是里卡达·胡赫(Ricarda Huch)和狄尔泰(Dilthey)的使命。战后,卢卡奇不可挽回地指责它是一场蒙昧主义的运动;只有霍夫曼(Hoffmann)——他的作品受到马克思的喜爱——避开了这个严厉的审判。值得注意的是,在法国,类似的厌恶只在某些和一种极右学派有关的批评家身上显现,那样的学派从两方面排斥德国浪漫主义——因为它是浪漫的,因为它是德国的:非理性主义威胁到了秩序;理性是地中海的;野蛮来自北方。相反,超现实主义在这些伟大的诗歌形象里认出了自己,并从中认出了它独自重新发现的东西:诗歌,绝对自由的力量。与此同时及稍晚一点,许多法兰西德语专家的作品——阿尔贝·贝甘(Albert Béguin)的作品,《南方手册》

(*Cahiers du Sud*)的出版,对青年黑格尔和青年马克思的研究,然后是亨利·列斐伏尔(Henri Lefebvre)的反思,他不断地试着从马克思主义内部释放其浪漫主义的源头——不仅促进了对这一运动的认识,而且通过这样的认识促成了一种对艺术和文学的新的感觉,为其他的改变做好了准备,而所有这些改变都指向了对传统政治组织形式的否认。因此,如果浪漫主义在德国具有一个模糊的地位,那么,在法国,从德国传来的浪漫主义扮演了一个批判的角色,并暗示了一种往往根本的否定,仿佛黑夜——那个失去幻觉、难以平息,却不无倒错的黑夜——在这里取代了启蒙(Aufklärung),而莱辛(Lessing)以及那些更靠近莎士比亚而非伏尔泰的感性之人,则让启蒙的光辉在一个危机的黎明照亮了一种尚未到来的文学。

这样一种观看方式表达了一个深思熟虑的选择。人们决心把某些特点视为无关紧要的,把另一些特点视为唯一可靠的;把对宗教的品位视为偶然的,把对反抗的欲望视为本质的;把对往昔的关注视为次要的,把对传统的拒绝、对新事物的呼唤、对成为现代人的意识,视为具有决定意义的;把民族主义的倾向视为暂时的特点,把没有祖国的纯粹主体性视为决定性的特点。最终,如果所有这些特点,就它们相互对立而言,被认作同等必要的,那么,成为主调的东西不是它们中任何一个的意识形态意义,而是它们的对立,是对立的必要性,是分化,是被划分的事实——布伦塔诺(Brentano)所谓的 die Geteiltheit。浪漫主义由此被描述为矛盾的要求或体验,它所做的不过是确认了它对无序的召唤：对某些人而言是威胁，对某些人来说是承诺，对另一些人，则是无力的威胁，或空洞的承诺。

这一视角的差异会逐渐地加强，这取决于浪漫主义开始或结束的时候，人们决心用它的承诺还是用它的结果来定义它。弗里德里希·施莱格尔（Friedrich Schlegel）就是这样一个变化无常的典型：年轻时，他是无神论者、激进分子和个人主义者。他展示了精神的自由，其智识的丰富和幻想每天促使他发明新的概念；他不是没有反思，而是处在了一种想要理解他所发现之物的意识的高度紧张当中，这让歌德本人感到惊讶：歌德觉得自己在才智、学识和自由程度上不如维兰德（Wieland）命名的那些"骄傲的六翼天使"，并感激他们对自己的敬意。多年后，同一个施莱格尔皈依了天主教，成了一个服务于梅特涅（Metternich）的外交家和记者，身边是修道士和虔诚的上流人士，他不过是个油嘴滑舌、大肚翩翩、好吃懒做、空洞肤浅的庸人罢了，不再记得那个曾奋笔疾书的年轻人："一个唯独的绝对法则：自由精神总会战胜自然。"哪一个是真正的施莱格尔？后一个是前一个的真相吗？对平庸的资产阶级的反抗仅仅产生了一个得意的继而疲倦的资产阶级，最终只是促成了一种对资产阶级的赞扬吗？浪漫主义在哪里呢？在耶拿还是在维也纳？充满计划的它在哪里显现？缺乏作品的它在哪里消亡？它在哪里支配了一种没有束缚的生产力（根据谢林的定义）？或者，在什么时候，崇高的生产能力恰因拒绝束缚而看似已几乎无所生产,纯粹的创造力量不再纯粹且不复创造？随后,一切再次翻转。浪漫主义的确悲惨地终结了,但这是因为它本质上就是一个开端者,一个只能悲惨地终结的东西:如此的终结被称为自杀、疯狂、衰败、遗忘。它当然常常没有作品,但这是因为它乃作品之缺席的作品;它是一种在诗意行动的纯粹性当中得到肯定的诗歌,一种并不持久的肯定,一种不得实现的自由,一种一边消失一边奋起的强力；哪怕没有留下任何踪迹,它也不会名声扫地,因为它的目标恰恰是让诗歌熠熠发光,不是作为自然,也不是作为作品,而是作为瞬间(l'instant)的纯粹意识。

对此,一个人可以轻松地回答说,在这样的状况下,浪漫主义的作者失败了两次,因为他没有真正成功地消失(哪怕就像卢卡奇肯定的,不考虑霍夫曼,在歌德和海涅之间,德国文学保持着空无),因为他情不自禁地声称用来实现自身的作品,仿佛刻意地保持未完成的。所以,诺瓦利斯(Novalis)还没有写完《海因里希·冯·奥夫特尔丁根》(*Heinrich von Ofterdingen*)的第二部分,就会几乎象征性地死去,虽然那个部分应被题为"完稿"。这总是歌德用一种郁闷的语气所低声抱怨的东西:未完成的书,未完成的作品。或许吧。除非浪漫主义的一项使命恰恰是引入一种全新的完成模式,甚至一种名副其实的写作转变:作品的权力是存在,而不是再现；是成为一切,但没有内容,或充满几乎无差别的内容,并在同时肯定绝对和片段,肯定总体性。但这种肯定的形式,虽是全部的形式——说到底，根本不是任何东西——却没有实现全体，而是在全体的悬置甚至打破中，意指了它。

如果人们想如新手一般接受这第一波浪漫主义的攻势（一个仍然有待实施的尝试），那么，令人惊讶的东西或许不是对直觉的歌颂或对谵妄的赞扬，而是截然相反的东西，是思想的激情和诗歌所提出的自身反思并通过其反思来实现自身的最为抽象的要求。这里的问题自然不再是诗艺，不再是附带的知识；诗歌的核心就是知识；诗歌的本质就是成为一种探究并且是对其自身的探究。正如意识不再只是道德的，而是诗歌的一样，诗歌也不再想成为一种自然的自发性，而是想成为一种唯独的、绝对的意识。（从这里，再一次传来了歌德的强烈不满，他想把创造的秘密和真理维持在自然的层面上：如果我们想知道创造是什么，那么，我们就学习自然科学吧。）浪漫主义是过度的，但其首要的过度是一种思想的过度。需对这样的过度使用负责的不只是施莱格尔一人，因为同一种理智的狂热、同一种理论钻研的眩晕也让诺瓦利斯亢奋不已，因为荷尔德林也在思想和诗歌中耗尽一生，那不只是诗歌的思想，而且是关于诗歌和艺术之意义的思想；①并且，最后，因为浪漫派不断地聚在哲学家周围，不管他们名叫费希特还是谢林，更确切地说，浪漫派举荐并引发了其他的人物，有时还有点儿古

---

① 但必须立刻补充的是：荷尔德林不属于浪漫主义；他不属于任何的<u>星丛</u>。

怪。但这是其惊人的特征:正是浪漫主义作家,因为他们写作,觉得自己成了真正的哲学家,觉得自己不再被要求知道如何写作,而是和写作的行为,和他们通过逐渐地有所意识而正学会再次把握的一种崭新的知识,联系了起来。他们每个人都用他自己的方式说话,且不管怎样,都怀有一种迷惑的固执。诺瓦利斯:"把诗人和哲学家区分开来,就是错待了他们。""今天的精神是凭直觉的精神,是一种自然的精神;它应成为一种理性的精神,一种凭反思、凭艺术的精神。""诗歌是哲学的英雄。哲学让诗歌跻身原理的行列。它是诗歌的理论。""诗性的哲学家'处于绝对创造者的状态'。"施莱格尔:"现代诗的全部历史,便是对简短的哲学文本所作的无休止的评注:一切艺术都应成为科学,一切科学都应成为艺术;诗和哲学应该结合起来。"[1]"如果诗人,总的来说,几乎没有什么要向哲学家学习的,那么,另一方面,哲学家有太多要向诗人学习的。"[2]谢林:"一个每时每刻必然充满反思的行为,这就是艺术的持续行动。"

由此,我们还注意到,和当前流行的观点相反,浪漫主义,至少是第一代浪漫主义,会是一种对天才之骚动的抗议。诺瓦利斯曾说,重要的不是天才的天赋,而是天才能被学习的事实,他还说:"为了成为一个作家,一个人应做一段时间的教师

---

[1] 参见《浪漫派风格——施勒格尔批评文集》,李伯杰译,北京:华夏出版社,2005年,第58页。——译注

[2] 这句话出自奥古斯特·施莱格尔(August Schlegel)。——译注

和工匠。"瓦莱里,虽然表面上离浪漫派的观念十分之远,但他似乎不知道自己和他们共享了一种对达·芬奇(Léonard de Vinci)的赞美。他们都从达·芬奇身上认出了一位真正艺术家的典范,因为"他的思考要多于他能够做的",而"智力之于执行力的这种优越性"就是本真性的标志。伟大且纯粹的艺术家是一个"用科学的固执和职责的力量来追求一切艺术要求"的人。所以,《堂吉诃德》(*Don Quixote*)是完美的浪漫主义作品,因为通过一种敏捷的、幻想的、反讽的和辐射的变动性,意识的变动性,它反思并不断地返回它自己,而在那样的意识里,完满将自身把握为空无,并把空无把握为混沌的无限过度。

这些评论散见于六卷本的《雅典娜神庙》(*Athenaeum*),那份刊物没有持续多久(从1798年到1800年),但足以让浪漫主义在那里揭示自身,甚至把它的未来规定为一种自行揭示的力量。这是它的另一个惊人特点。文学(我的意思是其全部的表达形式,也就是说,其消解的力量)突然意识到了自身,显现了自身,并且,在这样的显现中,除了宣告自身就没有别的使命或特点。简言之,文学宣布:它在夺取权力。在这一刻,诗人成了人类的未来:他不再是任何东西,只是一个知道自己是诗人的人,他在这种他负有切心责任的知识里指定了一个位置;在那个位置上,诗歌将不再满足于生产美妙的、明确的作品,而是在一个没有期限、没有规定的运动中生产自身。换言之,文学遭遇了它最危险的意义——那就是,用一种陈述的模式来追问自身——有时得意洋洋，发现万事万物皆归于它，还有时悲愁怅惘，发觉自身欠缺一切，因为它只是通过缺省才肯定了自己。没有必要强调一件众所周知的事情：法国大革命把陈述的要求、宣言的光辉所构成的这种新的形式赋予了德国浪漫主义。在这两个运动之间，在"政治"和"文学"之间，有一种十分奇怪的交换。当法国革命派写作的时候，他们就像古典作家一样写作或相信自己那样写作；他们对昔日的典范满怀敬意，绝不希望扰乱传统的形式。但浪漫派不会向革命的演说家请教风格，他们亲自转向了大革命，转向了这种用宣言的事件来意指自身的铸造历史的语言。恐怖（la Terreur），众所周知，是可怕的：这不只是因为它的处决，更是因为它用这大写的形式宣告了自身，把恐怖变成了历史的尺度和现时代的逻各斯。断头台，被押到人民面前的人民之敌，为了被人瞧见而以独特的方式滚落的脑袋，无意义死亡的昭然若揭——夸大其辞——这些东西没有构成历史的事实，而是构成了一种新的语言：这一切说话且仍在说话。当《雅典娜神庙》发表如是的宣言："你不会在政治事物中浪费你的信仰或你的爱，但要为科学和艺术的神圣领域留力"[1]或"德国人的民族之神不是赫尔曼和沃丹，而是艺术和科学"[2]时，它所梦想

---

[1] 原话稍有不同，参见《浪漫派风格——施勒格尔批评文集》，第117页："你不要把信仰和爱抛进政治世界中去。但要在科学和艺术的神奇世界中，把你最内在的东西奉献出来。"——译注

[2] 参见《浪漫派风格——施勒格尔批评文集》，第120页。——译注

三 书的缺席 中性片段

的,根本不是抛弃自由的征服(在这一刻,施莱格尔通过表明法国大革命、费希特的《科学讲稿》[*Leçons sur la science*]和《威廉·迈斯特》[*Wilhelm Meister*]之间的关系,介入了批评史),而是,相反地,把一切决定性的力量赋予革命的行动,让革命的确立尽可能地接近它的本源:在那里,它就是知识,是创造的言语,并且,在这样的知识和这样的言语里,它还是绝对自由的原则。

在浪漫派之前,当然不缺乏文学的宣言(manifestes),但这一次是一个截然不同的事件。一方面,艺术和文学似乎除了显现(manifester)就没有别的可做,也就是说,它们只能根据其所固有的晦暗模式来指示自身:显露自身,宣告自身,简言之,交流自身。正是这个不知疲倦的行动创立并建构了文学之存在。但另一方面——这里就有事件的复杂性——这种让文学显现并将文学仅仅还原为其显现的自我意识,促使文学不仅要求得到天空、大地、过去、未来、物理学、哲学,而且要求得到一切,得到在每一个瞬间,在每一个现象中运行的一切(诺瓦利斯语)。是的,一切。但请注意:不是每一个像它发生了这样的瞬间,不是每一个像它产生了这样的现象,而仅仅是在万事万物中神秘地、不可见地运行的一切。这就是模糊性。浪漫主义,诗歌意识的来临,不只是一个文学的派别,甚至不是艺术史上的一个重要时刻。浪漫主义开创了一个时代;它甚至就是这样一个时代:其中的一切都为了它并通过它揭示了自身,并且,一切揭示的绝对主体都运作了起来。自由自在的"我"不依附任何的条件,不在任何特定的事物里认出自身,并且,只有在其全体的元素——以太——里,才是自由的。诺瓦利斯说,世界必须被浪漫化。过去已在其最伟大的创造者(莎士比亚、但丁、塞万提斯、阿里奥斯托①、达·芬奇)那里得以浪漫化;而且,古老的时代,只有通过浪漫主义的承认,才成为了永恒的在场和艺术的奥林匹斯,因为,施莱格尔说,"为了拥有一种对古代的先验视角,一个人不得不是本质地现代的"②。最后,未来完全地属于浪漫主义,因为只有浪漫主义奠定了未来:"浪漫主义的创造艺术仍处于生成之中,并且,绝不达到完美,并且总是永远为新,这甚至是其固有的本质。它不能被新的理论所穷尽。只有它是无限的,一如只有它才是自由的。"(施莱格尔)③这看似为浪漫主义确保了一种欢乐且暂时的永恒,并且,事实上,的确如此;但这样的永恒被一种直接的消失所威胁,正如我们从黑格尔那里看到的:他从浪漫主义自身历史地普遍化的趋势里得出了灾难性的结果,也就是说,他决定把整个基督教时代的全部艺术命名为浪漫主义的;同时,为了报复,面对本然的浪漫主义,他只承认运动的消亡,其

---

① 阿里奥斯托(Ariosto,1474—1533):意大利诗人,著有长诗《疯狂的罗兰》。——译注

② 这句话出自奥古斯特·施莱格尔。——译注

③ 原话稍有不同,参见《浪漫派风格——施勒格尔批评文集》,第71页:"浪漫诗风则正处于生成之中;的确,永远只在变化生成,永远不会完结,这正是浪漫诗的真正本质。浪漫诗不会为任何一种理论所穷尽……只有浪漫诗才是无限的,一如只有浪漫诗才是自由的。"——译注

三 书的缺席 中性片段

致死的胜利,没落的时刻:那时的艺术,违背自身地翻转了其核心的破坏原则,并与其无止无尽的悲惨终结,合而为一。

让我们承认:从一开始,并且在黑格尔的《美学》(*Leçons sur l'Esthétique*)之前,浪漫主义——这是其最伟大的成就——并没有忽视它的真相就是如此。浪漫主义溶于全体,哪怕有时还模棱两可地试图在事物的总体性之上建立它的帝国,但它最为尖锐地认识到了一个狭小的边缘,而它就在那里肯定自身:既不在世界之中,也不在世界之外;虽是一切的主宰,但这一切无所包含;它是没有内容的纯粹意识,是无所言说的纯粹言语。在这样的情境里,失败和成功严格地相关,好运和厄运难以分辨。自游戏开始起,诗歌,在成为一切的同时也失去了一切,由此进入了其自身同义反复的陌异时代,在那里,它以一种不可竭尽的方式来竭尽它的差异,它重复道:它的本质就是诗化,正如言语的本质就是言说。早在1798年,诺瓦利斯就在一篇具备了天使之洞察的文本里发觉:"在写作和言说的事实里,有某种奇怪的东西。人们所犯的可笑又惊人的错误就是相信他们是根据事物来说话的。他们全都忽视了语言的本性:它只关心它自己。这就是为什么,它构成了一个富饶又光辉的奥秘。恰当某人只是为了说话而说话的时候,他就能说出最本源、最真实的东西……唯有他产生了一种对语言的深刻感受,在语言的运用、柔韧、节奏和音乐精神里感受到了语言——唯有他听到了语言的内在本质,并在他自己身上抓住了语言切心而微妙的运动……是的,唯有他是先知。"诺瓦利斯补充道:"如果我认为自己已用这样的方式清楚地指明了诗歌的本质和功能,那么,我还知道……我想要说它,我说出了一些把一切的诗歌排斥出去的极为愚蠢的话。但如果我不得不说呢?如果我被迫用言语本身来说话,在我自己身上得到了这个介入的记号和语言行动的记号呢?那么,很有可能存在着某种我所不知的诗歌,并且语言的一个奥秘变得可以理解了……所以,我是一个专职的作家,因为只有一个作家会被语言所占据,会被言语激发灵感。"[①]或者,再一次:"为说话而说话就是拯救的公式。"的确,我们可以说,我们发现这些文本表达了浪漫主义的非浪漫本质,以及语言的黑夜致力于在白日产生的全部主要的问题:写作就是把言语变成作品,但这样的作品(œuvre)乃是无作(désœuvrement);诗意地言说是让一种不及物的言语成为可能,它的任务不是言说事物(不是在它的所指里消失),而是通过让(自身)言说来言说(自身),但它不把自身当作这一无对象之语言的新对象(如果诗歌只是一种言语,声称要表达言语和诗歌的本质,那

[①] 这段文字引自阿梅尔·盖尔纳(Armel Guerne)的译本(《德国浪漫派》[*Les romantiques allemands*, Paris: Desclée de Brouwer, 1956]),他提到了篇名:《独白》(*Monologue*)。他评论道:"所写的一切本质上是语言内部的一段独白。"请回想1784年哈曼(Hamann)对赫尔德(Herder)所写的话:"纵然我有德摩斯梯尼一般的口才,我也只能把一句独一无二的话重复三遍:理性是语言,逻各斯。这是我正在啃的一块多汁的骨头并且会一直啃到老。如此之深义对我来说依旧晦暗不明,我等着末日天使赐我这样一把深渊的钥匙。"

么,一个人会几乎同样巧妙地返回到及物语言的使用上——通过这一主要的困难,一个人开始发觉文学语言内部的奇怪空白,那是它自身的差异,如同它的黑夜,一个有些可怕的黑夜,类似于黑格尔在注视人的眼睛时相信自己看到的东西)。

一个问题从此被提了出来。正如我们知道的,为了保持它的完好,浪漫主义会给出这样的回答:言语就是主体。由此产生了奇怪的发现、了不起的作品和破坏性的困难。首先,我已经强调,人们倾向于忘记:诗歌的全知(诺瓦利斯说"真正的诗人无所不知")不是关于万事万物的特定知识,正如诗歌的权力不是一种魔法的权力。其次,如果真正的言语就是主体,摆脱了一切客观的特定性,那么,这意味着如此的情形只适用于诗人的生存,在那里,纯粹的主体通过说出"我"而肯定了自身。最后,诗人的"我"是唯一重要的东西:重要的不再是诗歌的作品,而是诗歌的活动,活动总是高于真实的作品,并且,惟当它知道自己能够在反讽(l'ironie)的至尊游戏里,同时召唤(évoquer)并撤消(révoquer)作品时,它才是创造性的。因此,接管诗歌的不只是生命,甚至还有传记:这是一种要浪漫地活着并把性格诗意化的欲望。那样的性格被称为浪漫的,而且是极度迷人的,因为性格(caractère)恰恰缺乏任何的特点(caractère),它只是一个不可能规定、不可能固定、不可能确定的东西。由此就有轻浮、欢快、急躁、疯狂;最终,是古怪,是诺瓦利斯所指控的一切,他清楚地谴责浪漫的心灵因分散而变得过于虚弱、娇软无力;而其他人,如瓦肯罗德(Wackenroder),则谈论自由的奸诈就在于相信自己是崇高的,同时"对世界来说毫无用处,还不如一个工匠活跃"。

面对这些及其他的许多矛盾——浪漫主义在这些矛盾的中心展露,它们有助于让文学不再是一个回答,而是一个问题——请最终记住这点:浪漫主义艺术在主体的自由中聚集了创造的真理,并为自身定义了一本整全之书的抱负;那本书如同圣经,永远在生长,它不再现真实,而是取代真实,因为全体只能在作品的非对象领域里得到肯定。所有伟大的浪漫主义者都认为,小说(roman)就是这本书(Livre)。施莱格尔:"小说是浪漫之书。"诺瓦利斯:"只有小说能把世界绝对化,因为全体的理念必须支配并完全塑造美学作品。"还有索尔格(Solger):"今天的全部艺术都取决于小说,而非戏剧。"虽然绝大多数浪漫主义者都满足于用一个寓言的方式来梦想这部整全的小说,或在抽象的天真和飘渺的知识的一种奇怪综合里,用童话(Märchen)的虚构形式来实现它,但只有诺瓦利斯一个人着手去做。这是引人注目的特点:诺瓦利斯不仅留下了这部未完成的小说,而且还预感到自己能够完成它的唯一方法就是发明一种新的艺术,断片(fragment)的艺术。正如我一开始就注意到的,这是浪漫主义最为大胆的预感之一:它探寻一种新的完成形式,这一形式通过它的打断,通过打断的各种各样的形式调动了全体——让全体显得多动。这种对片段言语的要求不是为了妨碍交流,而是为了让交流变得绝对;它让施莱格尔声称,只有未来的世纪才懂得如何阅读"断片"。同

三 书的缺席 中性片段

样,诺瓦利斯写道:"著书的艺术尚未被人发现,但它即将到来;诸如此些的断片就是文学的种子。"从同一个视角出发,施莱格尔和诺瓦利斯都肯定了:独白形式的断片乃是对话之交流的替代,因为"对话是断片组成的一条链,或者说一个断片的花环"(施莱格尔)①,并且,更为深刻的是,断片预言了一个人所谓的复多的书写(écriture plurielle),预言了共同书写的可能性。诺瓦利斯已在出版业的发展中认出了这一革新的迹象:"报纸已经是共同制作的书了。共同写作的艺术是一个有趣的征兆,它让我们发觉了文学的巨大进步。或许,有一天,我们会集体地写作、思考、行动……"正如天才不过是一个多元的人(诺瓦利斯)或一个才能体系(施莱格尔)②,重要的是通过断片把复多性(pluralité)引入书写。在我们身上,复多性是虚拟的,在所有人身上,它是真实的,并且回应了"不同的或对立的思想的连续不断的、自动创造的交替"。非连续的形式:符合浪漫派反讽的唯一形式,因为只要它就能让话语和沉默、嬉戏和严肃,让宣告的甚至神谕的要求和一个不稳定的分裂之思的犹豫不决,最终,让精神的体系化义务和精神对体系的痛恶,达成一致:"有体系和没有体系,对于精神都是同样致命的。精神应当下定决心把二者结合起来。"(施莱格尔)③

---

① 参见《浪漫派风格——施勒格尔批评文集》,第67页。——译注
② 参见《浪漫派风格——施勒格尔批评文集》,第72页:"潜藏于单数之中的复数天才是没有的。也就是说,天才乃是一个才能体系。"——译注
③ 参见《浪漫派风格——施勒格尔批评文集》,第66页。——译注

事实上，尤其是在弗里德里希·施莱格尔那里，断片看上去往往是想方设法把一个人自己得意地交给他自己，而不是试着阐述一种更为严格的写作模式。那么，断片的写作就只是迎接一个人自身的无序，把他的自我封闭于一种心满意足的孤立状态，并因此拒绝片段的要求所代表的敞开。片段的要求没有排斥总体，而是超越了总体。当他极为坦率地写道"我为自己的人格设想的样板只能是一个断片的体系，因为我自己就是那一类东西；对我来说，没有什么风格比断片更加自然、更加容易了"时，他声称他的话语（discours）不是一种断语（dis-cours），而是一种对自身之不一致性的反思。同样，当他写道"一条断片必须宛如一部小型的艺术作品，同周围的世界完全隔绝，而在自身中尽善尽美，就像一只刺猬一样"①时，他把断片带回到了格言，也就是，带回到了一个完美句子的封闭。如此的弯曲或许不可避免，它终将：(1) 把断片视为一个浓缩了的文本，它的中心就在它自身之内，而不在其他断片与之一道构成的领域里头；(2) 忽视间隔（等待或停顿），但正是间隔分开了断片，并把这样的分离变成作品在结构层面上的节奏原则；(3) 忘记这一写作方式的意图不是让整体的视野显得更为不同或让统一的关系显得更为散漫，而毋宁是让种种排除了统一、超越了整体的关系变得可能。这样的"遗漏"或弯曲自然不能被解释为人格的简单缺陷，即它过于主观，太过

---

① 参见《浪漫派风格——施勒格尔批评文集》，第78页。——译注

不耐烦,以致无法抵达绝对。它同样被历史的方向所解释(至少在"解释"这个动词的原初意义上,并且是以一种更为决然的方式):革命化的历史把全体视野下的工作和对统一性的辩证探究置于其行动的最前沿。但通过浪漫主义的宣言而开始逐渐对自身显现的文学,从此的确亲自承担了不连续性的问题或作为形式之差异的问题;而德国浪漫主义,尤其是《雅典娜神庙》的德国浪漫主义,不仅预感到了这个问题、这项使命,而且,在把它们托付给尼采,甚至超越尼采,托付给未来之前,就已经清楚地提出了它们。

XII 陌生化效果

±±诗歌:一种就自身而言,找到了其形式的离散(dispersion)。这里发生了一场反对切分之本质的至高斗争,并且无论如何是从切分开始;语言回应了一种召唤,那种召唤再次质疑其继承来的一致性。仿佛语言挣脱了它自己;一切都被折断、打碎,没有了关系;一个人再也不能从一句话转向另一句话,从一个词转向另一个词了。然而,内部和外部的连接一旦被打断,每一个词语里就仿佛再次浮现了全部的词语,并且,那不是词语,而是抹掉词语的词语之在场,是唤起词语的词语之缺席——那不是词语,而是出现又消失的空间,是词语所指定的其出现和消失的运动空间。在安德烈·杜·布歇(André du Bouchet)的诗歌里,有时是在雅克·杜班(Jacques Dupin)的诗歌里,我读到了这个,读到了这个由不连续性所产生的连续性的力量。而那些诗歌,既沉重又温柔地属于黑夜,请求一个人谈论它们,谈论它们对黑夜的谈论:"这黑夜等待我们，填满我们，我们必须继续让它的等待落空，这样，它才是黑夜。"①在这里，黑夜被每一个词语本身所承担，并且，在每一个词语里，都有对不被表达者的回应，它的拒绝，它的吸引。"风景将自身安顿于一个词语的周围，那被轻盈地抛出的词语，将满载阴影而归。"②

±±戏剧（théâtre）是一种玩弄切分的艺术，它运用对话，在空间中引入了切分。对话的概念是后来才有的。在最古老的舞台形式里，各个词语孤零零地说话，只转向那些以宗教的方式聚集起来倾听它们的人；横向的交流并不存在；说话者向公众表达自己，他处在一种排除了一切回应的充实之中，这是来自高处的言语，一种无相互性的关系。可一旦言语为了在舞台上来去而遭受切分，同公众的关系就发生了改变；距离加深了；那些坐在下面倾听的人不再直接地倾听，而是以担保者的名义倾听：他们的注意力承受并支撑一切。沉默从此被呈现为第三方，直到人们通过遗忘它，遗忘这个理想的存在者，而继续自然的对话，就像在一场社会的交谈里那样。所以，不连续性就因一种表面的连续性而丧失了。（相反，让·热内

---

① 出自雅克·杜班的诗集《攀爬》（*Gravir*）中的《垂直》（À l'aplomb）之《地衣》（Lichens）。参见 Jacques Dupin, *Le corps clairvoyant*：1963 - 1982, Paris：Gallimard, 1999, 69. ——译注

② 出自雅克·杜班的诗集《攀爬》中的《垂直》之《这燃木，距离》（Ce tison la distance）。参见 Jacques Dupin, *Le corps clairvoyant*：1963 - 1982, 79. ——译注

[Jean Genet]的戏剧艺术是深刻地不连续的。)

而布莱希特(Brecht)呢？布莱希特：他意识到了迷恋并想要通过让这种迷恋回过来反对自身来打破它。

± ± 在布莱希特那里，一切都充满了诱惑，一切都唤起了他不断地要我们警惕的共鸣。一种伟大的单纯性，同歌声之单纯性的最为自然的结盟，以及让单纯的词语说话的权力，通过单纯地让人说话而公正地对待苦厄、受难和人类的权力。这是某种强大的、生动的，最终或许幸福的东西。但这天真的人是一位狡猾的作者。这自然的单纯性也包含了研究、探索和约束，它同样关心实践，并被教育法所吸引。这是一位拥有意象天赋的作家，他了解光线、姿势和动作的权力，他十分乐于为我们激活空间的魔力——但不，他在向法官倾诉，他试图唤醒的自由是他常常用一种极为抽象的方式理解的精神自由。热情洋溢又严厉朴实，打动人心，但又动人地可怖，并怀疑良好的感觉：虽然也欢迎单纯的信念、心灵的坚信和希望；他是马克思主义者，但其做派或许是十九世纪的。布莱希特是这样一个幸福的人吗？他的青春属于他所憎恨的战争；然后属于他所怀疑的混乱的自由；再然后属于他所厌恶的暴政的威胁。他的壮年属于他从来不能承受的流亡。他的晚年晦暗不明。一切都表明：虽然做出了昂贵的妥协，这些仍然是其生命的最耀眼、最幸运的岁月，如果算不上最多产的。但我们必须补充：这个根本上自由的人避开了一场过早的死亡，却在

三 书的缺席 中性片段

他切心地遭受的事件之临近中死去着,他,某种意义上,拥有一个幸福的结局吗?悲伤的幸福,与我们的时代相符。

作为一个满怀戏剧激情的戏剧作家,他似乎早已对戏剧的成功,对其成功的手段心生厌恶了。在一段著名的话里,爱伦·坡通过预先定义诗歌必须最为确切地遵循的感性之点,来寻求写诗的方法。布莱希特寻求相反的东西。当他步入剧场的观众席时,那些着迷的景象让他既害怕,又痛心:因为那些着迷的人竖起了耳朵却听不到什么,睁大了眼睛却看不到什么,他们是梦游者,同时陷入了一场让他们亢奋不已的梦境,他们丧失了判断力,受了妖术的蛊惑,在根本上麻木无感。(果真如此吗?观众往往难道不是轻佻的,也就是说,难道不是稍感兴趣,因此既无力着迷,也不能专注的吗?)

没关系;这的确是作者、演员和导演愿意施加的一类影响。如果演员表演得好,他就会认同他的角色并对人们的心灵产生强有力的吸引,这不是以一个真实之人的方式,而是作为一种梦幻的力量或一种非真实的生存;在那里,我们这些坐在下面的人会瞬间把我们的希望具体化并实现我们的梦想,以便激情地满足它们,既无危险,也无真相。这样的参与和共鸣,这在交融的感性之间实现的几乎令人厌恶的联系,这没有让任何东西发生关系的直接的关系,这无爱可言的爱的方式,似乎从一开始就触怒了布莱希特;并且,这更是因为,他最早的作品,处于表现主义的混乱和野蛮之中,已经利用了魔咒的手段,那样的手段的确唤起了更多的抗拒而不是依附。

那么，他为何坚持只为戏剧写作、只为戏剧工作，哪怕对他而言，戏剧的失败似乎比那样一种成功更为可敬？很可能是因为他具有一种恶毒的戏剧天赋；或许是因为一位艺术家和一位作家越是难以如其所是地承受一门艺术，就越是被要求去实践它；因为布莱希特身上有一种伟大的关怀，他要和人世发生关系，要告诉人们他所知道的东西，而且要倾听他们并把他们领向言语的门槛。在他看来，剧场与其说是奇妙的魅影四处游走的地方，不如说是一个更加广阔的场所：在那里，真实的或几乎真实的男男女女，观众，不会迷失于梦境，而是向上追求思想并很快发出了他们的声音。

*

布莱希特的忧惧是多重的。在剧场里，一切都让人害怕，并且首先让人害怕的是一个错觉的运动，它让我们相信：舞台上只有角色，没有演员，并且，正被表演的东西根本不只是一场游戏，而是一个在脱离一切变化的悲惨或欢喜的永恒当中一次性完成了的事件。出于一种有魔力的共鸣，观众认同了这个正在说话的形象，认同了他所参与的这个沉默的、不可更改的行动。那样的共鸣把他抛到了自身之外，让他赞同一切；在如此昏暗无光的顺从里，他远离了思考：就是这样，永远会是这样。不管剧作的内容如何，戏剧本能地让我们相信一个不变的人，相信一个永恒的秩序，相信种种紊乱无度的力量，在那些力量面前，我们不再是我们自己，而是成了影子或英雄——这意味着，戏剧的罪过是让我们相信戏剧。

如何避免这样的危险呢?布莱希特在小《工具篇》(*Organon*)①当中提出的核心公式——它已在一战结束后纷乱的柏林岁月里得到了精心的阐述,是布莱希特自己的经验和戏剧工作者的集体经验的成果——众所周知;但就它们属于它们所揭露的危险而言,它们仍然令人惊讶。由此就有它们的重要性,因为它们表明,布莱希特没有把它们从神学的、政治的或哲学的观念中抽离出来。所以,他想向观众提出种种意象和一种表演的方法,那些意象和方法能够把自由、运动和判断留给甚或授予观众。让布莱希特感到极度不悦的是传统戏剧在演员和观众之间建立的直接关系。他们就像被催眠者和催眠者一样紧紧地粘着彼此,而这卑劣的毗连甚至没有任何"真实"关系的真理,就像激情(passionné)关系里发生的一样。在这里,被动性(passivité)达到了顶峰:我们是我们自己的影子,沉浸于黑暗,渴求一摊不从任何伤口里流出的苍白的鲜血。所以,布莱希特想方设法在构成戏剧的不同元素之间置入一段距离:作者和"寓言"之间的距离,表演和事件之间的距离,演员和角色之间的距离,然后是戏剧的两大部分,演员和公众之间的最为广阔的距离。而布莱希特,没有任何卖弄学问的企图(虽然他有点学究气),给它指定了一个如今几乎太过著

---

① 《戏剧小工具篇》(*Kleines Organon für das Theater*, Frankfurt am Main: Suhrkamp Verlag, 1967)。布莱希特称它写于1948年。(中译见布莱希特,《戏剧小工具篇》,张黎、丁扬忠译,北京:北京师范大学出版社,2015年。——译注)

名的术语：V-Effekt, Verfremdungseffekt, 陌生化效果，间离的效果，或不习惯不自在的效果。

在这里，我们提高了兴趣，因为 V-Effekt 这个名称获得了如此的威望，我们不得不相信，布莱希特对它的选择是有意识的：这是一个极其强大的、丰富的、充满了各种力量的词语。它如何与布莱希特的忧虑相一致？首先，它注重一种断裂，这样的断裂会在新的戏剧里让那些共鸣的兴趣变得更为困难，使得每一个快乐的观众不会轻易地融入他所见的东西并因此被真正地触动。布莱希特说，让陌生化效果得以实现的意象是这样的：它虽允许我们认出对象，但会让对象显得怪异（étrange）和陌生（étranger）。所以，这一效果试图让再现之物摆脱那种扼杀理解与意义的本能依附。舞台上发生的事情不是自然的，并且，我们也不会对它信以为真。一方面，我们必须总能够提醒自己，我们面前是一个用人工手段实现的虚构，并且，演员就是演员，而不是伽利略；他毋宁研究过这个角色：首先阅读它，接着给它加注释，然后结结巴巴地念它，现在又背诵它，或许还让它活灵活现，但总是隔着一段距离。因为当行动开始的时候，他就清楚地知道——但我们不知道——它何时结束，并且，他必须以这样一种提醒我们他知道结局的方式表演。同样，照耀他的太阳不是日光，而是一盏聚光灯。所以，让我们展示它，让戏剧不再掩藏它之所是：一个协调一致但不稳定的假象的整体，一个陌异的空间，它能够让其中发生的事情显得陌生而遥远，让我们与这些在我们看来熟悉又知名的事情保持距离，停止把它们视为自然的，并相反地视之为闻所未闻，甚至毫无道理的。我们再也不说：就是这样，永远会是这样；而是说：曾经是这样，还可以不这样。

让布莱希特极为关注的是事物的重量：人际关系的凝固的、稳定的表象，他们看似自然的虚假姿态，保存他们的确信，对习俗的信仰，在想象变化、渴望变化并为变化做好准备方面的无能。布莱希特的全部作品用来开篇的询唤已在《例外与常规》(*L'exception et la règle*)的开头，由众演员以一种令人难忘的方式传达给了我们："习以为常的事情要另眼相待，/即使是常规也要视之为不明不白。/就是那些细微的举动，/看来似乎简单，但也要怀疑置之！/对司空见惯的事情，/要特别问问这是否需要！/我们特意请求诸位/莫把每时每刻出现的一切都当成顺天合理的事情！/因为处在这样血污一团、混倒颠乱、胡作非为的人类被剥夺了人权的日子里，/没有任何称得上顺天合理的事情。/没有任何能够算作不可改变的东西存在今日。"①

这样的关注看上去与其说是艺术的，不如说是哲学的，因为它要激发惊讶，好让追问的精神，继而是观察的精神，然后

---

① *L'exception et la règle*, trad. Geneviève Serreau et Benno Besson, Paris: L'Arche, 1955. ("Die Ausnahme und die Regel," Gesammelte Werke, Band 1, Frankfurt am Main: Suhrkamp Verlag, 1967. 中译见《西方现代戏剧流派作品选》[四]，汪义群编，北京：中国戏剧出版社，2005年，第203页。——译注)

是判断的精神，以及，如果必要的话，反抗的精神，得以诞生。但艺术的权力相比于伽利略的权力，更能够在一切事物当中，指定某种别的东西：在熟悉的事物下，指定闻所未闻的东西，在存在的事物里，指定可能不存在的东西。这样一种权力分开了事物，让它们从这种成为其空间本身的分离开始，并通过这种分离，对我们显得可感又总未知。

那么，这种分离，这段距离，恰恰就是布莱希特试图用陌生化效果来生产并维持的东西。让我们和他一起重复说，新的艺术意象不简单地再现事物，而是用一束被远方的力量所转化了的远方的光，向我们展示事物：事物没有向我们显现的习惯，并因此摆脱了通常的那个让我们以为看到了其真正本质和永恒实体的熟悉表象。人际关系尤为如此。所以，能够产生陌生化效果的意象实现了一种经验，它向我们表明：事物或许不是它们所是的样子，我们应当看到它们的另一样子，并通过这样的敞开，让它们成为想象中的另一个，然后是真正且完全的另一个。

*

但如果我们发觉，布莱希特在这里说得没错，那么，他的思考方式就包含（并隐藏）了一个沉重的、困难的，或许本质的问题，仿佛我们发现自己处在了一条让我们的权力发生翻转的界限上。一方面，布莱希特想要打破传统戏剧用来确立其影响的那种直接的关系，通过那种关系，传统戏剧至少让观众变得软弱无力、心烦意乱，担惊受怕又心醉神迷，他们兴高采烈地接受了他们自身的这一充满魔力的迷失。关键是让观众远离舞台,这样,避开了一种令人瘫痪的接触,观众能够重新发现距离,找到呼吸的空间,恢复一种让判断的自由和真实世界中缺失的首创的权力向他到来的可能性。因为另一方面,布莱希特想要推翻魅惑(fascination)对剧场的统治,更希望它停止改变人际关系。在这个世界上,我们服从日常的魅惑、熟悉之物的魅惑、不言而喻者的魅惑,正是这样的魅惑让我们无法看到:看似现实的东西是任意的、可以改变的。所以,剧场,连同它对事物的种种陌异的再现,会设法让我们逃避这种"自然"的魅惑,并通过它让我们自由支配的陌生化和距离,使我们能够自由地看待被再现的事物和这样的再现本身。所以,某种意义上,我们一举两得。

一个过于满意的解决办法;而布莱希特必定预感到了这样的解决办法为他准备的困难。他首先不是错误地把一种麻木状态仅仅归于共鸣的技巧和亲近的错觉吗?根据他的说法,那样的麻木把观众牢牢地固定在了座位上。他难道没有从中看到一种把戏剧的两大部分不可思议地分开的距离效应吗:一段被还原了但又不可还原的距离?错觉向我们再现并靠近我们的东西影响了我们,因为它既绝对地远离我们,又和我们没有关系;而这种关系的缺席,这个活生生的运动的空隙,是一个中间地带:在那里,我们通过一跃,使自己遭遇了他人,在那里,危险的变形得以完成。所以,当布莱希特渴望用陌生化效果来让观众远离舞台的时候,他难道没有冒险增强了舞台的魅惑力吗,因为这样的权力恰恰是以疏远和分离为基础?他难道没有以一种比之前更为险恶的方式,把观众交给了那个施加于所有人的魔咒吗——因为熟悉的事物变得陌生,变成了一个总提前化作其重影(double)的不可接近的图像,变成了这个既熟悉又陌生的重影,并让我们每个人成了我们自己的重影,失去了我们自身?

这是确定无疑的,而布莱希特根本没有忽视它,因为他在古代戏剧、中世纪戏剧和亚洲戏剧里,发现(并谴责)了(他无论如何使用的)各种类型的陌生化效果(V-Effekt)——人和动物的面具,音乐和哑剧——这些效果肯定有利于阻碍共鸣,但也产生了不便:由于用被动性本身来表演,它强化了催眠的暗示,并施加了不可影响者的影响。但如果这样,布莱希特又如何防止陌生化效果让精神陷入昏迷而不是把它唤醒,如何防止陌生化效果让精神变得消极而不是积极和自由?虽然他没有直接地揭露,但他的思想是清晰的。有一种"好"的陌生化和一种"坏"的陌生化。第一种陌生化是意象置于我们和对象之间的距离,它让我们摆脱了对象的在场,使我们能够在对象的缺席中得到对象;它允许我们命名对象,指称对象,修改对象:这是一种强大的、合理的权力,是人类进步的伟大驱动力。但第二种让所有艺术都受惠于它的陌生化是第一种陌生化的颠倒——而且是它的本源——那时,意象不再允许我们把对象当作缺席了的,而是用缺席本身抓住了我们:在那里,意象总隔着一段距离,总是既绝对地亲近,又绝对地不可触及。它逃离了我们,通向了一个我们再也无法在其中表演的中性的空间,并且也让我们通向了一种中性(neutralité):在那里,我们不再是我们自己,而是在我、他和无人之间,陌异地摇摆。

布莱希特显然利用了想象物(l'imaginaire)的这一双重性。并且,就他作为一个伟大的艺术家和伟大的诗人,不仅试图把剧场从魅惑中解放出来,而且想把社会世界从习俗(作为经济利益和阶级结构的产物)施加于我们的那一魅惑中解放出来而言,他更要利用这样的双重性。为此,他需要艺术向他提供的一种让人感到不习惯不自在的权力。这意味着,他悲怆地、固执地、崇高地反抗魅惑,但也是在魅惑的帮助下:有时用陌生化效果(V-Effekt)指定了反对戏剧错觉和魔法的固有手段,还有时从中寻找一切这样的东西,它们在戏剧中通过戏剧之陌生化的魔术,能够在事物的再现中改变事物并让我们反思这样的改变。

所以,我们不是必须指责布莱希特制造了某种混淆,运用了某种诡计吗?这样的诡计允许他利用那一混淆,利用他的公式——它同样具有魔力——在其极度模棱两可的名字下掩盖的双重意义。我们不得不承认他的狡诈,但也承认他在不断地追求一个游移不定的点时所展示的警惕;在那个点上,意象释放了其内部的缺席之权力,而这样的缺席既能够(通过赋予呼吸的空间)唤醒观众的自由,也能够用想象物的迷人的吸引力来侵蚀自由:那是给出意义的权力,是在如此的意义里自身变形的权力,也是迷失于其中的风险。布莱希特不断地试着激活观众和舞台之间的这一距离,试着让它易于操纵且可自由支配,试着阻止它变得凝固,阻止它变成这样一个空间:穿过这个空间,向我们传达的词语和反映我们的意象就变为了存在(变为了存在的缺席),并且不再对我们说话,不再向我们再现,而是吸收我们,把我们拉到自身之外。所以,如果在布莱希特那里,戏剧众所周知地倾向于成为一种记述——并因此自身间离——那么,相反,演员无一例外地转过来面对我们,询唤我们,对我们直接说话——并因此靠得更近。但由于布莱希特不想把他对事物的看法强加给我们,而是相反地想要扩大我们的自由和我们的首创精神,所以,正是通过歌声的谜样的单纯性和诗歌的模糊不清的力量,演员向我们发出了询唤。而我们需要那再次抓住我们的遥远之物,需要如此的陌生化,需要如此的不习惯不自在,来让惯常言语中一切并不说话的东西最终打破沉默,并为我们准备一种崭新的聆听,一种最初的聆听。

对布莱希特戏剧的研究会向我们表明这场争论(首先是他自身内部的一场冲突)为他呈现的各种形式;并且,我们会看到,他更愿意把他的公式运用到演员和导演身上,而他的作家身份,还有作品,根本没有激发其生命的自愿的部分和振奋的力量,而是表达了被动承继的事件,以及那些几乎在缺席的深处长眠不醒的人。

这是因为,对布莱希特来说,戏剧的言语必须一直是空间,而这个言语的空间,这个属于舞台的部分,与其说注定生产了,不如说注定叙述了行动的暴力或对话的非行动的暴力。仿佛在某种程度上,被动性应为舞台而保留,主动性应为公众而保留;仿佛为了让观众和演员之间形成一段新生的对话,舞台空间不能在自身内部,通过在那些絮叨的角色(他们只考虑在封闭的团体内彼此交谈)之间进行散布,来穷尽并聚集这种总是尚未诞生的交流之权力。请回想一下,布莱希特的伟大阐释者,让·维拉尔(Jean Vilar)——他们的观念在表面上是不同的①——也生动而严厉地质疑了对话所实施的暴政及其产生的结果:情节,有待打造的场景,英勇的事迹,精湛的技艺,豪迈的闲聊。资产阶级戏剧的普遍形式已让我们遗忘了我们不久前注意到的东西:戏剧,从本源上讲,根本不是一个谈话的位置,它也不需要把众人置于舞台上,好让他们无限地交换对白。舞台上最伟大的形象,仍和一种原初的沉默相融,几乎不说话;他们只在一次意想不到的、猛烈的、突如其来的相遇里,以一种最为偶然的方式例外地说话。仿佛言语仍是一个稀有的事件,神奇又危险;仿佛戏剧的言语仍然处在诸神的沉默的被动性和人的言说的受难的主动性之间。没有英雄的悲剧,几乎没有主体的语言。

---

① 因为维拉尔没有指责戏剧滥用了其魔咒的功能,而是指责它遗失了这个功能;在他看来,这样的功能或力量必须与思想的集中或意识的强化携手并进。参见让·维拉尔,《论戏剧传统》(*De la tradition théâtrale*, Paris: L'Arche, 1955)。

XIII 英雄的终结

诚然,英雄的神话没有被轻易地抹去。太空中的英雄,运动场上的英雄,漫画书里的英雄。有时,为了赞美某个国家领袖,人们把他称作最显赫的历史英雄。

英雄是文学在意识到它自身之前授予我们的模糊不清的礼物。这里有一个事实,即不管英雄有怎样的单纯性,他都分裂为言说和行动。首先,如果他属于最早的时代,那么,他并不属于最古老的时代。德语所谓的 Märchen,即我们(勉强)译作 conte(故事)的东西,可追溯至一个没有英雄且几乎没有形象的世界时代:那时,没有人关注名字,而前神话的人物,哪怕有一个名字,那个名字也和通名所指定的可感力量——水、土、植物——密不可分。故事的时代既没有免去邪恶的存在,也没有免去暴力的举动;但正如云格尔评论的,当我们遭遇侏儒、食人魔和女巫的时候,我们并没有遇到齐格弗里德(Siegfried)或赫拉克勒斯(Héraklès)。就连抱怨自然环境的猎人也属于环境,他只是利用了一种不属于他个人的权利而已,并在一个集体的、充满魔力的安全区域内实施，而神圣的补偿行为已从本源上为那个区域划界并维护了它。这不是黄金时代。然而，卢梭(Rousseau)让我们明白了：为什么我们会痴迷于进入洞穴，却没有任何对英雄的赞美。因为那里从未有英雄活过。

英雄的出现标志着人与自然的关系发生了改变。有赫丘利(Hercule)，有阿喀琉斯(Achille)，有罗兰(Roland)，有熙德(Cid)或贺拉斯(Horace)。这样的罗列几乎告诉了我们一切。在故事时代，持续着一种同大地或天空的狡黠的共谋，它不是一种统一，却假定了一个共同的视域：我们几乎从未处在垂直面上，而是处在水平面上。如果人反抗自然领域的形形色色的存在，那么，他的反抗并不借助一个显而易见的战争行为，而是通过一个计谋，通过一次精明的交换或一场神奇的变形，把那些敌对力量的真理和知识牢牢地掌握。赫丘利反对那可怕地诞生他的自然，但并不诉诸武力；然而，他的功绩充满了困难的事业，人们甚至会说，那是艰辛的劳作——这让他的情境显得模棱两可起来。赫丘利不是一个太阳般的英雄，他太过强大；但这样的力量既不是男性的，也不是神性的，而是自然的：这是与他自身强有力地分离开来的自然。赫丘利身上有某种悲哀的东西，仿佛他代表了一种背叛：在那里，伟大的自然弃绝了它的伟大，但被人掌控的它也让我们失去了那允许我们获得其可怕表象的迷人知识。力量驯化了力量并变得贫乏。奇妙的是，半人马喀戎(Chiron)是智慧的承载者，而作为人的赫丘利则是野蛮的化身。的确,喀戎不是一个英雄。

英雄战斗并征服。这征服的男性气概来自何处?来自他自己。但他自己来自何处?这是其重重困难的开始。他有一个专属的名字,一个往往甚至被他挪占了的名字:一个外号(surnom),如同人们所说的一个超我(surmoi)。他有一个名字,他是一个名字。但如果他有一个名字,那么,他就有一个谱系;他所施展并被他归于其赫赫战功的卓越地位,同时也是他归于其出身的尊贵身份的标志,后者让他自然地从高处到来。他无法摆脱这个矛盾。因此,把一切归于他自己的英雄是神性的,从而总是并且永远是一个神;所以,显得荣耀的不再是他的行为,但正是其荣耀的本质在他的行为中得到了肯定和证明,在他的名字里得到了尊崇和揭示。在这里,英雄教会了我们一些事情。首先是本质主义的无敌倾向:英雄只是行为,行为让他显得英雄,但这英雄的所作所为不是什么无存在的东西;只有存在(être)——本质——满足了我们,让我们安心,并为我们承诺了未来。因为无知的晦暗让人恐惧。如果荣耀来自黑夜,那么,它就显得可疑。所以,英雄的行为必须总已经先于英雄自身,正如英雄,完美的最初之人,必定是一个从远处到来的人:一个被接收、被传递的世袭之奇迹。阿喀琉斯,虽然隐藏并乔装成女孩,但已经是阿喀琉斯了。这是其神性的起源决定的:他对他自己的等待只是一场对其显现的等待。不是未知,而是掩藏。突然,这样的遮蔽停止了,他处在了光天化日之下,彻底地可见了,他承担了一种明晰;那不只是对黑夜的胜

三　书的缺席　中性片段

利,更提前否定了黑夜,把黑夜变成了一个到来的白日。

在起源(origine)和开端(commencement)之间,无论如何有种种昏暗的关系,而英雄恰好有助于把握它们。起源不是开端;两者之间存在着一段距离,甚至一种不确定性。起源让我们免受晦暗,但它本身就是晦暗,这或是因为它掩盖了自身,或是因为当它掩盖自身的时候,它在自身内部保留了种种谱系试图历史化的那部分非人性。哪怕有一个神性的起源,一个人还是得作为人出生:人们等待他,他等待他自己,并且,当他宣告自身的时候,我们不难说,他没有失败过。但在他证明自己之前,没有什么能把他确立为天空之子;相反,他只是一个身世不明的私生子:他的私生甚至促使他为人所知。所以,惟当他授予自己一个开端的时候,他才占有了一个起源,并且,没有世系,没有归属,他始于一次空无的现身,但那样的空无只是对存在之完满的隐藏而已。①

---

① 俄狄浦斯恰恰是起源和开端之间的这一阴谋的牺牲品。他是谁? 纯粹的英雄,一个只凭功绩赢得了权力的人,他把他自己视为自身的创造者,他从空无中诞生,并把这样的诞生变成了他的荣耀:"但是我认为我是仁慈的幸运宠儿,不至于受辱。幸运是我的母亲。"(出自索福克勒斯的《俄狄浦斯王》,选自《罗念生全集·第二卷:埃斯库罗斯悲剧三种、索福克勒斯悲剧四种》,上海:上海人民出版社,2007 年,第 375 页。——译注)这个奇怪的母亲可耻地恢复了他的正统性,并让他和起源达成了这样一种程度的统一,以至于为了与起源分离,他不得不撇开一切,离开所有的位置:一个不受法律保护的人恰恰是合法的继承者,这个没有得到任何遗产的继承者相信他可以使用高贵的暴力来成为国王,但正是暴力唯独利用他打破了继承权并给所有的儿子指定了一个遭到玷污的起源。

阿喀琉斯是英雄，但阿伽门农（Agamemnon）是众王之王。这样的差异，这段把两个英雄分开的距离，将永远继续存在，迫使英雄为了不屈居第二而变得无与伦比。他是帝王的侄子，是武士，也必然是贵族；他靠近权力，且往往比权力更加强大，但他的力量偏离了中心，代表了另一个中心；那个中心若不消失，便无法在体系中展开，哪怕它执意如此。所以，他化身为他的光辉，也就是，化身为最为直接的显现，某种无论如何间接的东西，一个拐弯抹角的肯定，一种就连其功绩的坦率也无法使之顺利幸免的模棱两可。即便他不撒谎，他也处在了谎话的边缘，他的本质就是欺骗。他的单纯——诚然是最为简单的，一种自我炫耀的虚张声势的单纯——被一种侵蚀他的双重性所败坏：他分裂为起源和开端，存在和行动，魔法和力量，力量和主权，荣耀和宝座，等级和血统。这还不是全部。必须补充：言说和行动。

如果没有荣耀，英雄就什么也不是。功绩一词标明了这种同外部（le dehors）的关系：英雄主义不知道良心，同样不知道虚拟（le virtuel）和潜在（le latent）。荣耀是直接行动的发光，它是光，是光辉。英雄展现了自己，如此耀眼的显现是存在于存在当中（l'être dans un être）的显现，是起源在开端当中的变形，是绝对者在一个无论如何特定且暂时的决定或行动当中的透明性。但这种一揭到底（英雄的心灵是最为空洞的）并声称不可穷尽的荣耀之显露是几乎与之同名者的特权，那

三 书的缺席 中性片段

就是报信人(héraut)①:他发布通告并制造回响。英雄主义是揭示,是把本质和表象统一起来的行动的非凡光辉。英雄主义是行动的闪闪发亮的至尊性。只有行动是英雄主义的,而英雄,如果不行动,就什么也不是:一旦脱离那闪耀并照亮他的行动之光辉,他就什么也不是。这是后来的实践一词(带着一种完全颠倒的意思)所肯定的首要形式。所以,英雄的本真性——如果有这样一个东西的话——应被规定为一个动词,而绝不是一个名词。但唯一有用的东西,唯一重要的东西,相反,是具有完满名字的英雄。这也意味着,如果有一种只在行动当中的英雄主义,那么,就有一个只凭借言语的英雄。歌声是其享有特权的居所。当歌手在大厅里出场的时候,英雄就诞生了。他被讲述。他不存在,他只被歌唱。

英雄,完美的主动之人,把他的存在仅仅归于语言。但必须立刻指出的是,在飘泊不定的行吟诗人和这个没有权力、没有位置的强者之间,有一种命运的共谋和一种职能的相似(我们赞美罗兰而不是查理大帝)。因为两者都处在边缘,或至少代表了一种既属于正面又属于侧面的在场。歌手在英雄身上——远远地——认出了自己,并由此认为他正通过提出对英雄的承认来让自己被人承认。这不是说诗歌在叙述非凡的行动时满足于对行动的赞美:当诗歌赞美行动的时候,它产生

---

① 这里是指 héros(英雄)和 héraut(报信人)在发音上的相似。——译注

了行动,在最强烈的意义上预演了行动;它赋予了行动一种冗余的权力,如此的冗余来自名字(nom)并在名声(renommée)中展开:这与名字相伴的荣耀的流言。晦暗的英雄并不存在。品达(Pindare)会说:"荣誉只献给那些人,为了他们,诸神让一种援助死者的美妙的言语浮现了出来。"有分寸的言语和缺乏尺度的英雄在这一点上是共通的:它们都面对着死亡。但言语更为深刻地参与了死(mourir)的运动,因为只有它成功地把死变成了又一个生命,一场没有期限的持忍(durant sans durée)。在这个意义上,如果英雄是主人(maître),那么,看似拥有言语之权力的人就是主人的主人。

*

但英雄是主人吗?这是塞尔日·杜布罗夫斯基(Serge Doubrovsky)的书向我们并帮助我们提出的问题。① 他的论题是,高乃依(Corneille)的全部戏剧可归结为一种对统治权

---

① 塞尔日·杜布罗夫斯基,《高乃依与英雄的对话》(*Corneille et la dialectique du héros*, Paris: Gallimard, 1963)。在这篇极为丰富的论文里,特殊的肯定和整体的论题一样值得反思。杜布罗夫斯基用马尔罗(Malraux)阐明了高乃依,用历险阐明了英雄,这是相当公正的;他还想引入萨特,这在我看来就不那么恰当了。阅读尼采的时候,他再次采用了陈旧的阐释("尼采的历史完全陷入了一种巨大的生物主义……"或再一次:"尼采的拯救情愿从生物学的角度寻找自身。"):我相信他弄错了,即便他有理由不希望把高乃依的英雄和超人联系起来。关于高乃依,我想提及让·斯塔罗宾斯基(Jean Starobinski)的美妙研究,《活的眼》(*L'œil vivant*, Paris: Gallimard, 1961),它教给了我们许多有关英雄神话的东西。我还会提及贝尔纳·多尔特(Bernard Dort)的《剧作家皮埃尔·高乃依》(*Pierre Corneille dramaturge*, Paris: L'Arche, 1957)。

（maîtrise）之谋划的研究，更确切地说，一种深入的钻研，就如同黑格尔的图式在哲学话语的真理中引入的那样。唯一的区别是，高乃依对奴隶（esclave）不感兴趣，只对主人感兴趣：主人与他的等同者的关系是什么？唐·狄埃格（Don Diègue）给出了回答："不是你死，就是他亡。"①死亡——在苦恼，也就是，在自然人变得不自然的运动中，被给出或被接受，被经历的死亡之风险——诚然就是主人的真相。但主人并不独自面对这个真相。自我（Moi）已经战胜了死亡，并用死亡来取胜，他遇到了其他以同样的方式取胜的自我。他将不得不奴役他们（但凭借极端暴力的行为，这个在反对自然的时候一下子获得优越性的人，只能制造一个的劣质的幽灵，而绝不是一个优秀的奴隶）或不得不消灭他们吗？相互的灭绝会是一个合理的解决方法，但也因此带来了国家的毁灭，力量的失败，荒谬的垮台。为了避免这一点，高乃依的悲剧寻找其他政治的和历史的出路：关键是弄明白，如果英雄主义成了建制，那么，主人能否同其他主人形成一个社会，至尊的自我能否创建一个自我的至尊秩序。

如果有某种看似幸福的悲剧，在那里，作为英雄的主人和作为君王的主人实现平衡并达成一致，允诺了一个稳定光明的长远未来，那么，作品的整体就遭遇了失败，并且，只是道出

---

① 出自高乃依的戏剧《熙德》（Le Cid）。参见《高乃依戏剧选》，张秋红、马振骋译，北京：吉林出版集团有限公司，2012年，第19页。——译注

了它的失败:英雄主义没有完成任何的拯救。高乃依的作品在自身当中承担的这一失败,作为其深藏不露的知识(秘密的缺陷),表达了那种与不可能性相关的统治权的意义。英雄扮演了一个进步的角色:在某一时刻,他代表了蔑视自然的急躁决定。英雄想变得不自然,他不想自然在他身上取胜,即便这样的取胜是为了让他成功。"自然,别再把我纠缠"①:这是高乃依庄严的呼声,而每个人都用他自己的方式说出或保留了它。毅然决然的英雄之举只能是一个反自然的行为:一项罪行,一项丧失本性的罪行;因为这一骤变,人不仅否定了反对他的东西,而且否定了他身上的自然部分——快乐的自发性,轻而易举的勇气,缺乏德性的好运。所以,问题不只是赢得行为,更是以一种击败自然的方式赢得它:这是崇高的行为,它不仅做出了不可能的举动,而且是凭意志行事:

> 他自由自在,他是主宰,他的所作所为无不按意志来。②

让我们承认这个定义。它把英雄变成了一个创始的自我,又把英雄的自我变成了一种在行动中聚集起来的意志,并且,那样的行动不把任何东西归于存在。但这个我们仍称之

---

① 出自高乃依的戏剧《罗多庚》(Rodogune)。参见 Pierre Corneille, *Œuvres de P. Corneille*:*Théâtre complet*, Paris:A. Laplace, 1869, 402.——译注

② 出自高乃依的戏剧《提图斯与贝蕾尼斯》(Tite et Bérénice)。参见 Pierre Corneille, *Œuvres de P. Corneille*:*Théâtre complet*, 702.——译注

三 书的缺席 中性片段

为自由的意志源于何处？在一个有限的自然面前，它给予我们的无限性的起源又是什么？如果它是一个天赋，是我们本质的标记(signe)和签名(signature)，那么，它仍源于自然，哪怕我们从一个超验的自然那里获得了这种让我们凌驾于自然之上的超越性。自然地自由，自然地不自然：英雄如何满足于这样一种戏仿？"自然，别再把我纠缠。"正如塞尔日·杜布罗夫斯基注意到的，如此的心愿是悲哀的，但首先是可笑的，因为在那个明确地表达了此心愿的人身上，自然早已逝去——克利奥帕特拉(Cléopâtre)就像别人拍苍蝇一样毫不费劲地杀死了自己的孩子。这样的残忍没有证明什么，行动的困难或执行的犹豫也没有证明什么；一个犹豫不决的英雄是一个引人发笑的英雄；至于一个令人肃然起敬的反对自然并高于自然的行为用来提出自身并立刻完成自身的这种能量的爆发，如果不是源于自然，又能来自何处呢？通过他的尖叫，通过他的折磨，萨德(Sade)比高乃依更为清晰，但也同样徒劳地指出了这个矛盾，它威胁到了一切仇视自然的自由意志。萨德还意识到要从哪个方向上寻求回答：自由意志不属于存在，因此，它不存在，除非它成功地符合一种否定的超验权力。人并不自由，他让自己自由，并且只用拒绝来让自己自由，但拒绝只出自一个决然否定的行动——肯定。①

----

① 恰恰是在萨德的作品里，我们发觉，主人之间的对抗及其全部后果第一次得到了再现，而大小权力之关系的问题也被清楚无情地彻底暴露了出来。

如同世上的每一个人，他从空无当中诞生，且无论如何想把这样的空无变成一个例外起源的标记；他从空无当中诞生，但不是出自一种低卑的空无：而是出自一种已然显赫的，可以说古老的空无；他以一种无与伦比的方式在场，但这样的在场如此光辉，以至于其当下的光芒回溯性地照亮了其全部的过去，也照亮了未来；他在一场考验中宣告自身，必须用一个强有力的赌博的行动（但赌博也被呈现为至高的理性），通过一切和虚无——死亡、胜利——之间的抉择，一次性地、绝对地选择他自己；那么，在他用一个决然之举的光辉承担并生产的如此空无中，他是一切的主人；英雄-主人无意返回空无。相反，他想用一种独一的荣耀在他自身之外肯定自己，那种荣耀会确保他的名字以神话的方式幸存；进而，他想从一个瞬间把虚无变为了存在的独一无二的个人行动出发，创建一个能够在时空中无限展开的非个人的秩序：这就是主人的无敌城堡。但这里有太多的矛盾，还有太多的不诚。然而，事实上，正是这些矛盾定义了英雄在那一刻的意图：一方面，英雄不再满足于表现矛盾的行为，而是想起身成为行动的非凡主体，成为一个自在且自为地崇高的"我"（"主宰了宇宙却主宰不了自己，我独自反抗那至高的权力"①）；另一方面，不是通过他的所作所为，而是通过他行事的方式，英雄似乎因此内化了英雄主义并让自己脱离了平凡，他倾向于从英雄主义走向统治，通过成

---

① 出自高乃依的戏剧《提图斯与贝蕾尼斯》。参见 Pierre Corneille, *Œuvres de P. Corneille*：*Théâtre complet*, 696.——译注

为行动的主人在历史中实现自身,并用这个政治化了的行动把他的事业外在化、非个人化,因为最终成为纯粹英雄的不再是独一的自我,而恰恰是大写的历史。

高乃依,也就是,高乃依的作品,在这样的不确定性当中如其所是地完成了自身。它由此引发了我们的不安,这样的不安在某种意义上是有益于健康的。因为,如果它揭示了这一不确定性的全部后果,那么,作品本身就对它隐藏了起来,深陷于其中,并不时地以一种称得上是典型的方式在那里纠缠。英雄主义就这样出现:有时是一种英勇的实践和对一个壮举的肯定;有时是建立一个持久秩序的意志;有时是一种纯粹的时代错误,充满了各种各样过时的成分:功勋、荣誉、光辉,以及一种充当蔑视或狂妄的闪耀言语;有时是纯粹的道德要求,心甘情愿的苦行,默默无闻的钻研,无限的主体性;还有时是对权力的追求,狡猾的经验主义,客观的政治控制,那时的关键不再是迷失,而是支配,并为这样的支配实现一场哪怕有些悲伤的完美联姻,最终则是对国家罪行的重视和赞扬:

> 为争夺王位而犯下的一切滔滔罪愆,
> 都在登基的那个日子被上天所赦免,
> 在帝王安坐的这神圣的宝座上,
> 过去变得正义,未来无不准许。[①]

---

① 出自高乃依的戏剧《西拿》(Cinna)。参见 Pierre Corneille, *Œuvres de P. Corneille*: *Théâtre complet*, 260. ——译注

或许，这样的不确定性，这样的模棱两可，在高乃依的戏剧所给出或没有成功给出的死亡（mort）之意义里，得到了特别的揭露。唐·狄埃格的"不是你死，就是他亡"表明，死亡是至尊的；如此的困境不允许任何的脱身之计，因为那甚至算不上一个替代的办法，而是一个残酷的或迷惑性的多余之举。这等于说：除了死去，别无他法；作为自我死去，作为另一自我死去；杀死你自己或别人身上的主人，好让主人权力，也就是，作为统治权的死亡和死亡的无与伦比的统治权，通过死亡得到肯定。这，在某种意义上，道明了一切。死亡是一个化身为阴影的在场，它自始至终占据了整个舞台，在英雄说话的时候说话，在英雄沉默的时候作答。同一性的悲剧，致死的同义反复的悲剧：死亡总是自杀，不管它是直截了当的，还是宁愿借一个中间人之手。然而，这样的同一性是空无的，甚至清空了死亡本身。因为在一个——既无更变也无苦痛地——躲避、抹除或超越了一切致死体验的无限被动性的行为里，人死了而又没有死（mourir sans mourir）。英雄当然有种种的难题，但死亡绝不是其中之一。对英雄而言，黑格尔的图式所包含的苦恼（唯一有教育意义的苦恼）必然是缺席的；英雄怎能被困扰？所以，他们不是从他们直面的作为风险的死亡中获得统治权；他们作为死亡的主人和他们自己的主人总已丧命于这致死的游戏。他们知道如何去死，他们不期望从死亡中得到任何知识：

三 书的缺席 中性片段

一个人若知道如何去死,他就懂得怎样避免一切。①

所谓的英雄主义的死亡,其意义正是对死亡的逃避,其真相正是把死亡变成了一个美丽的谎言。"你把他引向何处?——引向死亡。——引向荣耀。"②这是秘密,是天真的供认。当英雄死着的时候,他没有死,他诞生了;他变得荣耀,他抵达了在场,他在记忆中确立了自己,不朽的幸存。或者,通过一个事实上大大高于这徒然殉难的优雅之举,他装扮了自己,使得其最终的夸耀能够在他落败之后成为另一次雪耻,又一个得意的蔑视:

> 她在我眼前死去了,但死得那么安然,
> 一边死着一边还维持绚烂如火的愤恨
> 似乎这不是殒命,而是对我们的取胜。③

对英雄来说,没有死亡,只有一场盛况,一种华丽,一份至高的声明,一次万众瞩目的安息。

---

① 出自高乃依的戏剧《索福尼斯布》(Sophonisbe)。参见 Pierre Corneille, *Œuvres de P. Corneille*:*Théâtre complet*, 612.——译注
② 出自高乃依的戏剧《波利厄克特》(Polyeucte)。参见 Pierre Corneille, *Œuvres de P. Corneille*:*Théâtre complet*, 284.——译注
③ 出自高乃依的戏剧《索福尼斯布》。参见 Pierre Corneille, *Œuvres de P. Corneille*:*Théâtre complet*, 624.——译注

然而——这是杜布罗夫斯基完美地提出的高乃依作品的一个最为重要的特征——有的时候,死亡恰好不再是纯洁的光辉,而是成了不纯的恐怖,不再是荣耀的瞬间,而是可怕的临近。在那个时候,一瞬间的死亡不再能够满足主人对极限的欲望,他必须得到一种持久的、不会结束的死亡。这正是令人惊讶的女主角玛塞勒(Marcelle)的计划,她不满足于把处女泰奥多尔(Théodore)送进妓院,而是为她梦想了一场漫无止境的死亡:

> 希望我的仇恨能够肆无忌惮
> 激发它选中的刽子手的灵感,
> 用持久的死亡喂饱我的痛楚,
> 并为你恢复它的煎熬与残酷,
> 让你的命运忍受一场场折磨,
> 使你每天都从阴曹地府走过!①

在这里,晚年的高乃依上升到了萨德的层面②——虽然问

---

① 出自高乃依的戏剧《泰奥多尔》。参见 Pierre Corneille, *Œuvres de P. Corneille*: *Théâtre complet*, 381. ——译注

② 因美狄亚(Médée)赠予的毒袍而香消玉殒的克瑞乌萨(Créuse)已经说过,"我体会了多少的死亡却没有死过哪怕一次"。(出自高乃依的戏剧《美狄亚》。参见 Pierre Corneille, *Œuvres de P. Corneille*: *Théâtre complet*, 170——译注)一种夸张的死亡的宏大运动就这样贯穿了高乃依的全部作品。

三 书的缺席 中性片段

题只是复仇的快乐,而不是一种被体验为至尊权的否定性,但某种本质的东西仍在这一刻得到了指定:死亡(mort)不过是一瞬间,但死(mourir)没有尽头,它在存在身上唤起的不是存在的提升,不是对永恒同一性的赞扬,而是存在的消亡,是存在以受难或享乐的形式进行的无限变异。所以,这同一个玛塞勒,在她所赐予的死亡的快乐和她所遭受的痛苦中,真正地腐化了,她让一个"恋人"在另一个"恋人"面前死去:

> 有时陶醉于临终的喘息,
> 有时注视着致命的苦疾,
> 她从那里测得她的欢乐,丧偶的悲伤
> 其魅力远胜爱人的死亡。[1]

这里,最终,有一道真理的光芒。死亡不是某种正派的、纯净的、宝贵的东西,它不是死神的刀锋,不是行动主宰者的纯粹主动性:它是被动性和晦暗性,是被给予或被接受的苦难的无限,是可怜的灾祸,是丧失光芒的熄灭。英雄如何让自己适应这样一个发现?他能从中幸免吗?他不能幸免,他崩溃、消失了:这就是令人赞叹的《苏雷纳》(*Suréna*)给予我们的结局,在那里,高乃依背离了自己,也背离了神话。

---

[1] 出自高乃依的戏剧《泰奥多尔》。参见 Pierre Corneille, *Œuvres de P. Corneille*: *Théâtre complet*, 383. ——译注

《苏雷纳》的令人赞叹或许恰恰体现为,高乃依所一直追求并要求的对作为纯粹姿态的行动的赞叹,在这里找不到任何的用处。死,没错,但要在混乱和困苦中,可怜地死;死,一个不合适的词,因为关键是不死之死(mourir sans mort),是那作为受难的无力的死亡。欧律狄克(Eurydice):

> 我愿黑暗的悲伤把我慢慢地耗尽,
> 让我深深地品尝它的苦涩和艰辛;
> 我愿在死亡伸出的援手面前回撤,
> 始终爱着,始终忍着,始终死着。①

这最后一句的三重韵律,注定会无限地增大音长,奇妙地激发一种轻微的恶心,仿佛一种倦怠,一种令人沮丧的晃动,闯入了体内。如此的恶心,诚然,是十分和谐的。让我们再考虑一下,如果问题的确是一种无限的痛苦,那么,这样的痛苦总是由一个"我愿"引入,那个被肯定了两次的"我愿"意图战胜死亡的果敢——"在死亡伸出的援手面前回撤"——仿佛软弱只能在一种强力的掩饰下成功地显现自身。我们知道,苏雷纳,作为荣耀的将军,作为身披战利品的常胜英雄,将如何死去:他在街角被人阴险地刺杀。

---

① 出自高乃依的戏剧《苏雷纳》。参见 Pierre Corneille, *Œuvres de P. Corneille*: *Théâtre complet*, 737. ——译注

> 当箭不知从哪里射出的时候,
> 我们几乎都还没有走上街头;
> 随后又射来两支;而我眼看
> 这胜者,像是胸口中了三箭
> 当众倒在血泊中一命呜呼了。①

这不再是一次死亡,而是一场清算。"真像一条狗。"卡夫卡的"英雄"后来说。② 不再有任何的盛况、搏斗、爆发,就连一个让这难忘的结局显得哪怕臭名昭著的公开的方法也没有。这是中性的、孤独的、无名的死亡,是任意一个人的死亡,它摆脱了名字,解除了勇气,它是没有真相的名副其实的死亡,是向沉默之空虚的坠入。塞尔日·杜布罗夫斯基说得好,刺中苏雷纳的暗箭没有杀死一个人,而是抹掉了一个神话:这是英雄的死亡——即便高乃依仍试着把一种冲突的价值提前赋予这个并不针锋相对的结局。面对要他小心行事的忠劝,苏雷纳回答说,他宁可毅然地赴死,也不愿意外地丧命:

> 如果皇帝想让我死,不管是早是晚,
> 愿那是一桩罪行,而不是一次偶然;

---

① 出自高乃依的戏剧《苏雷纳》。参见 Pierre Corneille, *Œuvres de P. Corneille*: *Théâtre complet*, 753.——译注

② 出自卡夫卡的小说《诉讼》的结尾。参见《卡夫卡全集·第3卷:诉讼》,叶廷芳主编,石家庄:河北教育出版社,1996年,第183页。——译注

> 但愿没有人会把它归入普遍的律法，
> 既非自然的强加，也非命运的判罚。①

最终的辩护十分经典：为了逃避自然，逃避普遍的命运，就要寻求一种刻意的死亡，而这遵循意志的，哪怕是别人意志的死亡，能够获得终极的意义，仍然有价值，并因此保持了人性。这样的死亡总是一个行动，所以，在某种意义上，它是典型的，或至少意味深长的——这是最后的英雄的最后的心愿。如果欧律狄克逐渐老去，而不一下子死亡（虽然这没有泪水的死亡的决断力也可被解释为一种让痛苦变形了的崇高意志：什么？你害死了他却不曾痛哭流涕！/——不，我没有痛哭，夫人，我生不如死②），那么，悲剧末尾的诗句，高乃依为戏剧写下的最后的诗句，并没有把死亡神圣化，而是允诺了复仇：

> 伟大的诸神，请暂缓这急切求死之苦！
> 在我已然无法自拔的病里，别让我死，
> 直到我完成了雪耻！③

---

① 出自高乃依的戏剧《苏雷纳》。参见 Pierre Corneille, *Œuvres de P. Corneille: Théâtre complet*, 752. ——译注

② 出自高乃依的戏剧《苏雷纳》。参见 Pierre Corneille, *Œuvres de P. Corneille: Théâtre complet*, 753. ——译注

③ 出自高乃依的戏剧《苏雷纳》。参见 Pierre Corneille, *Œuvres de P. Corneille: Théâtre complet*, 753. ——译注

三 书的缺席 中性片段

由此必须得出结论:死(mourir)没有结束行动,意志绝不会死。

*

英雄也不会死,他只是让自己幸存了下来,这对他声称要代表的东西而言是最为可怕的毁灭。在高乃依的作品里,正如我们已经看到的,英雄经历了一次变异,因为他想要内化自己(英雄寻求一个美丽的自我[Moi],那个自我会成为美丽心灵的病态满足),但又想把英雄主义变成历史的运动:英雄想要超凡脱俗,一方面是通过一个化身为傲慢妄想的空洞之"我"的肯定,另一方面则是借助政治统治的一种新形式的来临。在两个情形里,英雄都迷失了自己。如果英雄主义一词还有什么意义,那么,这样的意义就在于抬高了自在考虑的行动的价值;当行动、眩目的功绩在一瞬间得到了肯定并看似成为一道四射的光芒时,如此的炫目就是荣耀:它不持久且不能化身为人。由此,我们看到,英雄或多或少似乎总利用了英雄壮举:他把那样的壮举实体化了,借机出人头地。事实上,英雄主义在某一时刻仅仅代表了面对行动力的那种惊叹,它惊叹的不再是自然授予的魔力,而是在征服的行为中以无人称的方式给出的不可思议之人:什么! 他居然做到了! 请注意,真正的英雄不总是行动者;他也是行动的工具:不只是阿喀琉斯,更是他的武器,不只是罗兰,更是圣剑迪兰达尔(Durandal)。

由此必须得出的结论或许是:不会有悲剧英雄了,只有史诗的片断适合这一类型的事业。史诗（épopée）叙述了一个无与伦比的行为并坚持不懈地重述它。独一无二之事的重复没有让人厌倦对它的赞美：功绩必须翻新，更确切地说，它必须再次开始，哪怕是同一个故事（如此的革新是无效的）。功绩在一瞬间穷竭，但这一体裁禁止穷竭，禁止穷竭一词所包含的全部不幸，所以，一切必须在一种不被打断的平等的好运下不停地重新开始。史诗既无开端，也无终结。英雄也必定如此：他出现又消失，他是一个被铭刻在传说而非历史当中的非凡行动的单纯又亲切的支撑物。他的行为一无所图，他不求功效：那是天空中的一道美丽的线条，而不是大地上垦出的简陋的犁沟。在这个意义上，正如我们看到的，英雄的行为十分接近它长久以来怀有的审美范畴，直至陷入了其本然的模糊不清当中。一无所图的行为仍是一个行为；英勇的壮举只是一次胜利，它回应了某个被人铭记的真实事件。这个英雄，他在其光辉事迹的真相中出现了——却没有诞生——消失了——却没有死亡——所以，那种不算终结的终结所引发的悲伤在听众身上并没有位置；英雄不满足于他的命运，因为这个命运在一次贫乏的眼花缭乱中贯穿了时间——恰如最美丽的言语几乎还没说出就遭到了抹除。从这个不留踪迹的死亡，这个既不完全私有也不真正属于历史（不质问一个朝代，一个国家的主权）的死亡出发，英雄把他自己变成了一种卓越的、近乎永恒的持续：如此的持续是由胜者的记忆给出的，并且是基于最不连续的东西；他成了一个闪耀的显现，实现了最为肯定的连续性，并且毫不费力地在传说中重新发现了他在历史中欠缺的东西。所以，英雄可以说代表了人们后来（在一种仍然几乎未被阐明的意义上）所理解的公共存在（existence publique）的最早形式，因为他只有一种外在的在场，而且这样的在场似乎只转向外部——因此也符合那种把他完全地生产出来并反过来被他所转译的言语。

文学，英雄主义：互为同谋，彼此欺骗，它们已经交换了数个世纪的礼物。歌声赋予了荣耀并确保了名声中的名字；而歌手本人是晦暗的，保持无名。于是，英雄成为他的英雄；艺术家顺势——不再间接地，而是直接地——声称拥有了不朽；艺术作品制造永恒并在一种准在场的显现中让自身变得永恒，在历史本身当中，那样的准在场相信它代表了种种不单是历史的可能性。此时此刻，英雄的候选可被视为在书写和统治之间的犹豫不定，既在一种声望之风格的冗余中闪耀，也在一个冗余之人物的声望中发光。但由于双重的保险要好于单一的确认，英雄成了他自己的报信人，通过书写他的故事来为自己提供传奇，既想把他的一言一举变成丰功伟绩，也想把他的每一个决定变成雄辩的姿势。最终——这是十分奇妙的——占得上风的恰恰是言语的骄傲，是对美学展现的关注。英雄成为冒险者，而冒险成为一种节制的、表达清晰的话语的壮举。所以，圆环再次封闭了自身。与此同时，文学的确已慎重地隐退，它至少已经发现了：在它运作之处，它不会是一个有关永生、力量或荣耀的问题。

XIV 叙事的声音
("它",中性)

我写下(我念出)这句话:"生命的力量只在一定程度上足够。"当我念出它的时候,我想到了某件十分简单的事:疲劳的体验无时无刻不让我们感到一种有限的生命;你在街上走了几步,八步或九步,然后,你倒下。疲劳所设的界限(limite)限制(limiter)了生命。生命的意义反过来被这样的界限所限制:一种有限之生命的有限之意义。但一种可用多种方式发觉的颠倒产生了。语言改变了情境。我所念的句子倾向于把那条理应只从外部标记生命的界限撤入生命的内部。生命据说受到了限制。界限没有消失,但它从语言中获得了它声称要限制的,或许不受限制的意义:界限的意义,在它的肯定中,反驳了,或至少挪动了,对意义的限制(limitation)。但那条被理解为对意义之限制的界限的知识因此有了丧失的风险。那么,我们要如何谈论这条界限(说出它的意义),而不允许意义解除它的限制?在这里,我们必须进入另一种语言,并同时意识到,"生命的力量……"那句话本身就不完全地可能。

三 书的缺席 中性片段

*

然而,让我们保持那句话。让我们写下一篇记述(récit),使得那句话在里头占有的位置就是记述本身的完成。这两个——等同的——句子之间的差异是什么？差异当然十分巨大。我可以粗略地表达如下:记述会像一个把生命中性化了的圆环,没有了同生命的关系,它就没有什么要说的,但它同生命的关系是一种中性(neutre)的关系。在这个圆环里,所是之物(ce que est)和所言之物(ce que est dit)的意义的确仍被给出,但它出自一种回撤,出自一段距离,在那段距离里,一切意义和一切意义的缺席都被提前中性化了。一种保留超出了一切已被指称的意义,意义既不被视为丰富,也不被视作纯粹的贫乏。这就像一种既不照亮也不遮暗的言语。

往往是在一篇糟糕的记述里——假定存在着糟糕的记述,这也不是完全确定的——我们得到一个印象,即某人在幕后说话,并向人物甚或事件发出它们要说什么的提示:一种轻率的、笨拙的闯入。我们说,说话的是作者,是一个仍扎根于生命并毫不克制地闯入的专横自满的"我"。的确,这是冒失的——而圆环就这样被抹掉。但某人"在幕后"说话的印象的确也属于叙事的独一性和圆环的真理:仿佛圆环的中心位于圆环外部,在它之后并无限地在后;仿佛外部(le dehors)恰恰是这个只能作为一切中心之缺席的中心。那么,这个外部,这个"幕后",它绝不是一个能让人一览全貌并发号施令(命令圆环之事件)的支配的空间或高高在上的位置,它难道不是语言和它的界限,即其自身的缺失所保持的距离吗?那个距离当然总是外在的,但它包纳了语言并在某种意义上建构了语言;那段无限的距离使得在语言中持守自身就是总已置身语言之外,并且,如果保持距离是可能的,如果在本然的意义上"叙述"它是可能的,那么,一个人就能够谈论界限,即能够把有关界限的经验(expérience des limites)和极限体验(expérience-limite)带入言语。所以,从这一维度看,记述会是冒险的空间;在那里,"生命的力量……"这句话的真理得到了肯定,但反过来,所有的话,甚至最清白的话,都有获得同样模糊不清的地位的风险,这样的地位就把语言引向了它的界限——一条或许中性的界限。

*

我不会重提"小说中人称代词的使用",它已产生了这么多引人注目的研究。[①] 我认为我们必须追溯得更远。如果写作,就像(《文学空间》[*L'Espace littéraire*]里)已经表明的,是从"我"(je)转向"它"(il),然而,如果"它"在取代我的时候没有简单地指定另一个我,也没有指定任何审美的无利害性——那不纯的凝思的享乐允许读者和观众通过消遣参与悲剧——那么,仍然有待发现的东西,就是写作回应这个不可刻画的"它"的要求时,那至关重要之物。我们在叙事的形式里,仿佛

---

① 我参考了米歇尔·布托(Michel Butor)的书:《剧目二》(*Répertoire II*, Paris: Minuit, 1964)。

三 书的缺席 中性片段

总是额外地听到了某种间接的东西在说话,形式的演化绕过了它,孤立了它,直到它逐渐地显露出来,哪怕是以一种迷惑性的方式。"它"是一个人叙述的时候发生的未被照亮的事件。遥远的史诗叙述者讲述那些已经发生的丰功伟绩,并且,他似乎在重述它们,不管有没有目睹过。但叙述者不是历史学家。在其歌声的范围内,面对一种回忆,完成的事件进入了言语;记忆,缪斯和众缪斯之母,在自身当中持守真理,也就是,持守已发生之事的现实。正是在歌声中,俄耳普斯真正地踏入冥府——我们在补充中转述:他通过歌唱的权力步入那里。但这已然工具化的歌声意味着叙事制度的改变。叙述(raconter)是神秘的。史诗制度的神秘的"它"很快就分裂了:"它"成了一个故事(histoire)(在这个词完全的、可谓富有魔力的意义上)的无人称的一致性。故事全然独立,在造物主的思想中预先形成;由于它独自存在,所以,除了叙述它,就不再有别的可做。但故事很快失去了魅力。被堂吉诃德引入文学的祛魅世界的体验,通过把故事与真实的平庸对立起来,驱散了故事——由此,现实主义长期采用了小说的形式,那一形式成为了进步的资产阶级的有效体裁。在这里,"它"是没有丰功伟绩可言的日常(le quotidien),是无事发生之时发生的事情,是未被察觉的世界之进程,是流逝的时间,是周而复始、千篇一律的生活。同时——以一种更为可见的方式——"它"标志着人物的闯入:小说家是一个永远在说"我"的人,但他把这个权力托付给了别人;小说(roman)充满了一个个小小的"自我",它们遭受折磨,野心勃勃,悲惨不幸,但它们总满足于它们的不幸;个体在其主观的丰富性、内在的自由和心理状态中得到了肯定;小说的叙述,个体性的叙述,不考虑内容本身,已经打上了意识形态的烙印,以至于它假定,个体,及其特性与局限,足以说出世界,换言之,它假定,世界的进程仍然是个体之特性的进程。

因此,我们可以看到,"它"一分为二:一方面,有某种要叙述的东西,客观的真实(le réel),例如它被直接地呈现给一道兴致勃勃的目光;另一方面,这样的真实被还原为个体生命的<u>星丛</u>,主体性的星丛——诸多人称化的"它",在一个表面之"它"的面纱下显露的"自我"。在记述的间距里,可以或多或少准确地听到那时而虚构、时而没有面具的叙述者的声音。

在这引人注目的建构中,什么已经让步?几乎一切。我不会停留于此。

*

还有一些评论要说。让我们在意识到这样一个过分简单化的进程的笨拙的同时,比较一下那被正确地或错误地归于福楼拜的小说的无人称性(impersonnalité),和卡夫卡的小说的无人称性。无人称小说的无人称性是审美距离的无人称性。其口号是危险的:小说家必须不介入。作者——哪怕包法利夫人就是我自己——消除了他和小说之间的一切直接的关系;在司汤达(Stendhal)或巴尔扎克(Balzac)那里还被光荣地准许的反思、评论、道德闯入,都成了死罪。为什么?有两

三 书的缺席 中性片段

个近乎合并,却截然不同的原因。第一个:就人们对所叙述的东西采取了一种保持着距离的兴趣而言,所叙述的东西具有审美的价值;无利害性(désintéressement)——康德甚至亚里士多德以来的品位判断的本质范畴——意味着,审美行为,如果它希望创造一种合法的兴趣(intérêt)的话,就不能以任何的利益(intérêt)为基础。一种无关利害的兴趣。所以,作者必须制造并英勇地保持他的距离,好让读者或观众也能够保持一段距离。理想仍是古典戏剧的再现形式:叙述者在那里只是为了拉开帷幕;戏自古就在舞台底部上演,好像没有他;他不叙述,而是展示,读者不阅读,而是观看,出席,加入而不参与。另一个原因几乎一样,但又截然不同:作者不能介入,因为小说是一件艺术作品,而艺术作品完全独自存在;作为世界之外的世界里的一个非真实之物,它必须保持自由,拆掉支柱,砍断缆绳,以维持其作为想象客体的地位(但这里,马拉美,也就是一个完全他异的要求,已被念了出来)。

请暂时回想一下托马斯·曼。他是一个有趣的例子,因为他不尊重非介入(non-intervention)的规则:他不断地让自己参与所叙述的东西,有时是通过插入的人物,但也通过更为直接的方式。这种毫无规则的闯入如何? 它不听从道德命令,不是采取反对某一人物的立场,也不体现为从外部照亮事物——造物主在人像上留下的拇指印。它代表了一个质疑叙述之可能性的叙述者的介入:所以,这样的介入在本质上是批判的,但又遵照游戏的模式,恶意嘲讽的模式。福楼拜的无人称性,既紧缩又困难,依旧肯定了叙事模式的有效性:叙述就是展示,就是让存在(laisser être)或使实存(faire exister),而——不管一个人已有怎样巨大的怀疑——绝不质问叙事秩序的界限和方式。托马斯·曼清楚地知道,我们已失去了天真。所以,他试着恢复天真,不是通过沉默地忽略幻觉,而是,相反地,通过制造幻觉,通过让幻觉变得可见;这样,他就可以玩弄它们,就像他玩弄读者并因此把他自己拉到游戏里一样。所以,带着他对叙事盛宴的巨大感觉,托马斯·曼成功地把它恢复为一场叙事幻觉的盛宴;他把第二级的天真,天真之缺席的天真,还给了我们。我们因此可以说,如果审美距离在他的作品里遭到了废除,那么,它也被一种把自身当作主题的叙事意识所宣告和肯定,而在更加传统的无人称小说中,它又消失了,把自身置于括号内部。叙述是理所当然的。

叙述并非理所当然的。我们知道,叙事行为一般由某个人物负责;不是说这个人物通过直接的叙述,就让自己成为了一个已被经历或正被经历的故事的叙述者,而是因为他建构了一个中心,记述的视角就围绕这个中心组织起来:在这个视点上,一切尽览无遗。所以,存在着一个享有特权的"我",只要某个以第三人称提及的人物的"我"小心翼翼地不超出其知识的可能性和其位置的界限就行:这是詹姆斯的使节的领域[①],也是主

[①] 参见美国作家亨利·詹姆斯(Henry James)的小说《使节》(*The Ambassadors*)。——译注

观主义公式的领域,在那里,叙事的本真性就取决于一个自由主体的存在。就这些公式代表了坚持某一偏见的决定而言(顽固甚至偏执都在这些涉及写作的时候看似自身强加的规则中间——形式是顽固的,这是它的危险),它们是正确的,但又绝不确定:一方面,它们错误地肯定了叙事行为和意识的透明性之间存在的对等(仿佛叙述只是拥有意识,只是谋划,只是揭露,只是在揭露中掩藏);另一方面,它们维持了一种个体意识的首要性,但那种意识只能居于次位,甚至在居于次位的时候,也只能是一种言说的意识。

*

同时,卡夫卡写作。卡夫卡钦佩福楼拜。他写的小说打上了一种朴实无华的印记,那样的印记允许一位漫不经心的读者把它们列入福楼拜的谱系。但一切都不同。其中的一个差异对我们关注的话题而言是本质性的。距离——创造的无利害性(它在福楼拜那里是如此显而易见,以至于他必须为保持它而斗争)——作者和读者对作品所保持的那段准许凝思之享乐的距离,现在以一种不可还原的陌异性(étrangeté)的形式进入了作品的领域。不再像托马斯·曼(或纪德)那里一样作为某种遭到废除的东西而被追问或被修复,这段距离成了小说世界的媒介,在那个空间里,叙事的经验在其独一无二的单纯性当中展开:一种不被人叙述,但在一个人叙述的时候运作起来的经验。这段距离不仅仅被核心人物如其所是地体验——核心人物总与他自己保持距离,正如他与他所经历的事件或他所遭遇的存在保持距离一样（这只是一个独一自我的显现）——这段距离也让他远离他自己，偏离中心，因为它以一种不可度量、难以察觉的方式，不断地去除作品的中心，同时又把一种他异的言语(une parole autre)或作为言语的他者(l'autre comme parole)所产生的变异引入最为严格的叙事(narration)。

这一变化的后果往往遭人曲解。一个直接可见的后果引人注意。一旦陌异的距离成了关键，并在某种意义上成了故事的实体，读者——到那时止他一直远远地认同着正在进行的故事（以凝思的不负责任的模式，亲自经历故事）——就再也不能对它不感兴趣，也就是说，再也不能以无关利害的方式享受它。他遇到了什么？他落到了什么样的新的要求下？并非这关涉到了他；相反，这绝不关他的事，或许不关任何人的事；某种意义上，这是无关之事(le non-concernant)。但同时，读者再也不能舒舒服服地与之保持距离，因为一旦涉及那个甚至不把自身作为难以定位者而给出的东西，他就无法以恰当的方式定位自己。那么，读者该如何让自身偏离这段看似接收了一切距离的绝对距离？没有了支点，失去了阅读的兴趣，他不再被允许远远地注视事物，并在事物和他自身之间保持那段属于凝视的距离，因为远物(le lointain)，在其不在场的在场(présence non présente)里，或远或近，皆不可得；它不能是凝视的对象。从此，问题不再是视觉了。叙事不再以一个已选定的演员-观众为中介，在他的视角下给出待看之物。审慎之意识——叙事之审慎（一个注视周围一切并在目光下把握一切的"我"）——的统治，遭到了轻微的动摇，但当然没有结束。

*

卡夫卡对我们的教导——即便这个公式不能被直接地归于他——便是：叙述让中性（le neutre）运作了起来。中性所支配的叙事在一个第三人称的"它"（il）的看护下得以持守；"它"既不是一个第三人，也不是无人称性的单纯安身之处。中性在叙事的"它"中说话，这个"它"不满足于取代那个通常由主体所占据的位置，不管主体是一个明说的或隐含的"我"，还是一个在其无人称的意指中发生的事件。① 叙事的"它"罢黜了每一个主体，同样也剥夺了一切及物的行为和一切对象的可能性。这有两种形式：(1) 记述的言语总让我们觉得，它所叙述的东西不被任何人所叙述：它在中性里言说；(2) 在记述的中性空间里，言语的承担者，行为的主体——那些曾占据角色之位置的人——落入了一种与其自身的非认同的关系：他们遭遇了某件事情，并且，他们只能通过让渡（désaisir）他们说

---

① "它"不简单地取代那个传统上由主体所占据的位置，作为一种可动的片段化，它改变了我们所理解的位置（place）：一个固定的，独一无二的，或由其定位所规定的位址。在这里，有必要（含糊地）指出，"它"，以一种缺失的方式，在一个运动的、终究不被占据的位置的同时发生的复多性——重复——中消散，对"它的"位置做了这样的规定：既是一个它总会从中缺失的，因而保持空无的位置，也是位置的一种多余，一个总是过多的位置——超托邦（hypertopia）。

"我"的权力,来重新把握(ressaisir)这件事情。而发生之事总已经发生:他们只能间接地把它解释为他们自己的遗忘,这样的遗忘把他们领入了一个没有回忆的当下,那就是叙事言语的当下。

这当然不意味着记述必然关系到一个被人遗忘的事件(événement oublié),或关系到一个遗忘的事件(événement de l'oubli):在那个事件的支配下,生存和社会,与其自身之所是相分离——人们仍会说,相异化——表现得就像在睡梦中努力重新把握自身一样。撇开了内容的记述,恰恰就是遗忘,所以,叙述就是让自身经受那先于、奠定并毁灭一切记忆的最初之遗忘的考验。在这个意义上,叙述是对语言的折磨,是对语言之无限性的不断追寻。而记述不过是对最初迂回(détour)的暗示:那样的迂回承受(porter)写作并驱逐(déporter)写作,使得我们在写作之时听命于一种永恒的异轨(détournement)。

写作:这种同生命的关系,一种让无关之物得以肯定的偏转(détourné)的关系。

叙事的"它",不论缺席还是在场,不论肯定自身还是隐藏自身,不论是否改变了写作的惯例——线性,连续性,可读性——就这样标志了他者(l'autre)的闯入:他者被理解为中性的,处在了其不可还原的陌异性和其狡诈的倒错当中。他者言说。但当他者言说之时,无人言说,因为他者——我们必须避免赐予它一个大写字母,那样的大写字母会把它固定为一个威严的名词(substantif),仿佛它拥有了某种实质的(substantiel),甚至独一无二的在场——恰恰绝不只是他者。他者既不是这一个,也不是那一个;标志了它的中性把它从两者当中撤出,正如从统一性当中撤出一样,中性总把他者确立在他者声称要给予自身的词项、行为或主体之外。由此,叙事的声音(我说的不是叙事者)得了失音症。那是一个在作品里没有位置的声音,但那声音也不悬于其上;"它"根本没有从某片天空落到了一种至高超越性的担保之下:"它"不是雅斯贝尔斯的统摄(Umgreifende),而毋宁是作品内部的一个虚空——玛格丽特·杜拉斯(Marguerite Duras)在她的一篇记述里提到了这个缺词(mot-absence):"一个空词,在这个词中间挖了一个窟窿,在这个窟窿中所有其他的词会被埋葬。"文本继续说:"也许不会说出它来,但却可以使它充满声响。这个巨大的无边无际的空锣……"①这就是叙事的声音,一个中性的声音:它从这个让作品沉默的没有位置的位置(lieu sans lieu)出发,说出了作品。

*

叙事的声音是中性的。让我们快速地查看这些初步刻画了它的特征。一方面,它一无(rien)所说,这不仅是因为它没有给那要说的东西补充什么(它一无所知),更是因为它包含

---

① Marguerite Duras, *Le Ravissement de Lol. V. Stein*, Paris: Gallimard, 1964.(译文选自玛格丽特·杜拉斯,《劳儿之劫》,王东亮译,上海:上海译文出版社,2005年,第42页。——译注)

了这样的无(rien)——"让人沉默"且"自身沉默"的东西——在那里,言语此时已然介入;就这样,它不首先被人听到,而一切赋予了它明确现实的东西都开始背叛它。另一方面,它没有自身之存在,不在任何地方说话,悬在整个记述之中,不以一种使事物可见的不可见之光的形式消散于此:它是根本地外在的,它来自外在性本身,来自外部,而那个外部,就是写作之语言的固有之谜题。但让我们考虑另一些特征,其实是同样的特征。叙事的声音处于内部,只是因为它处于外部,隔着一段没有距离的距离(distance sans distance),它无法具身化。虽然它会借用一个被明智地选中的角色的声音,甚或创造中介者的混合功能(那毁灭了一切中介的声音),但它总不同于那说出它的东西:它是改变个人之声音的无差异之差异(différence-indifférente)。让我们(奇思怪想地)称之为幽灵的,幻影的。不是说它来自阴曹地府,或因为它彻底地代表了某种本质的缺席,而是因为它总倾向于让它自身在它的承担者身上缺席,并抹掉那个作为中心的承担者本身;所以,它在如下的决定性意义上是中性的:它不是中心,不创造中心,不从中心说话,而是相反地,极力地阻止作品拥有一个中心;它从作品中取消了一切享有特权的兴趣之焦点,甚至取消了那些非焦点,它不再允许作品作为一部一次性完成的整全之作而存在。

它沉默不语,它拐弯抹角地、间接地吸引语言,并在这拐弯抹角之言语的吸引下,让中性言说。这意味着什么?叙事

三 书的缺席 中性片段

的声音承担了中性。它在如下的意义上承担中性：(1) 在中性里言说就是隔着一段距离言说，保持这段没有中介(médiation)、没有共通性(communauté)的距离，甚至体验这段距离的无限之远离，它的非相互性，它的非直线性或不对称性；因为中性恰恰是不对称性所支配的最大距离，其中没有一项被赋予了特权（中性不能被中性化）。(2) 中性的言语既不揭示，也不隐藏。不是说它（通过以无意义的形式声称弃让意义）无所意指，而是说，它不用可见-不可见的那种方式进行意指，而毋宁在语言中打开了另一种权力，那种权力陌异于照亮（或遮暗）的权力、理解（或误解）的权力。它不用视觉的方式来意指；它留在了光影的指涉之外，虽然那样的指涉似乎是一切认知和交流的终极指涉，乃至于我们忘了它只有一种可敬的，也就是根深蒂固的隐喻的价值。(3) 中性的要求倾向于悬置语言的系词结构：悬置同存在的关系，不管那种关系是否明确，即不管它是否在某种东西被说出的那一刻就被直接地提了出来。人们——哲学家、语言学家、政治批评家——往往注意到，任何未被预先提出的东西都无法遭到否认。换言之，一切语言都从陈述开始，并在陈述的同时进行肯定。但叙述（写作）会把语言拉入一种言说的可能性，即在言说中既不说出存在，也不否认存在。或者，再一次，更为清楚地，太过清楚地指出这点：它把言语的重心建立在了别处，在那里，言说既不肯定存在，也不再需要用否定来悬置那在一切表达形式中日常地完成了的存在之作品。在这方面，叙事的声音是最为批判的声音,它能够不被聆听地供人聆听。所以,当我们聆听它的时候,我们倾向于把它和悲惨或疯狂的拐弯抹角的声音混同起来。①

---

① 在我刚才提及的玛格丽特·杜拉斯的记述中,我或许轻率、或许理智地听到了这个声音——叙事的声音。永无尽头的黑夜——舞厅里发生了难以描述的事件,一个人既不能回忆它,也不能遗忘它,而是在遗忘中持守它——黑夜的欲望:要转身,以便看到那既非可见也非不可见的东西,也就是,在一瞬间,通过凝视,尽可能切近地持守陌异性,在那里,显示-隐藏的运动已经失去了它的导向力——然后,一种需要(人的永恒心愿):让另一者来承担,以另一者、第三人的身份来重新经历,二元关系,不可还原为任何中介的、着迷的、冷漠的关系,中性的关系,即便它暗示了无限的空虚——最后,迫切的确信:那曾发生过的总会再次开始,总会背弃自身并拒绝自身。在我看来,这就是叙事空间的"坐标",当我们进入这圆环的时候,我们也不断地进入了外部。但谁在这里叙述? 不是那个陈述者,他表面上——还有点可耻地——采用了言语,实则篡夺了言语,以至于他看上去就像一个闯入者;在这里叙述的毋宁是那个不能叙述的人,因为她承受了——这是她的智慧,也是她的疯狂——不可能的叙事的折磨,她(凭借一种先于理性-非理性之分化的封阴知识)知道自己就是那个外部的尺度:当我们进入那个外部的时候,我们就冒险落入了一种言语的吸引,一种全然外在的言语:纯粹的荒诞。

XV 木桥

（重复，中性）

如果每一篇记述，在中性的传唤下，已是荒诞的所在，那么，我们就会明白，为什么《堂吉诃德》以一种如此可见的方式打开了一个属于我们的饱受折磨的时代。不是因为它释放了一种新的古怪，而是因为当它天真地信任叙述的唯一运动时，它把自身交给了"荒诞"，同时也让它之后（或许很短的时间内）我们仍称作文学（littérature）的东西经受了考验（遭到了揭发）。① 骑士的疯狂是什么？那是我们的疯狂，所有人的疯狂。他阅读了许多东西并相信他所阅读的东西。出于一种完全一致性的精神，出于对其信念的忠诚（他显然是一个立过誓言的

---

① "以一种如此可见的方式。"然而，在一部研究《堂吉诃德》并在其第二部分研究卡夫卡之《城堡》(*Château*)的作品里，马尔泰·罗贝尔（Marthe Robert）通过这两本书来追求一种对文学的反思，比其他所有评论家更好地指出了塞万提斯（Cervantes）的毁灭性事业，因为那个事业，纯文学（Belles Lettres）的黄金时代终结或开始终结了。我参考了这部丰富的作品：《旧与新：从堂吉诃德到卡夫卡》(*L'Ancien et le nouveau*: *De Don Quichotte à Franz Kafka*, Paris: Grasset, 1963)，并"重复"了它的运动。

人),他抛弃了他的藏书楼,决心像书里的人物一样严格地生活,以便搞懂世界是否与文学的魔力相一致。所以,我们无疑第一次得到了这样一部创造的作品:它将自身刻意地呈现为一种模仿。核心的英雄则被呈现为一个行动的角色,他能够像其同辈那样完成壮举;但他的所作所为总已经是一种反思,正如他自己只能是一个复像(double),并且,叙述其丰功伟绩的文本不是一本书,而是一种对其他书的参考。

回想起来,如果有一种属于堂吉诃德的疯狂,那么,就有一种属于塞万提斯的更大的疯狂。如果堂吉诃德是不理智的,那么,他无论如何合乎逻辑地想到,书的真理也适用于生活。如果他开始像一本书一样生活,那么,这是一场不可思议又令人失落的冒险,因为书的真理就是欺骗。对塞万提斯而言,事情是不同的,因为不像堂吉诃德,他没有跑到街上去实践书的生活;他仍在书中努力,没有离开他的藏书楼,并且,在他活着、行动、死了的时候,他只是一动不动、无生无死地写作。他希望证明什么,希望向他自己证明什么?他把自己当成了笔下的英雄,而那个英雄,并没有把自己当作一个人,而是当作了一本无论如何声称要被人亲历而不被阅读的书吗?一种令人惊讶的疯狂,一种既好笑又反常的错乱:它被一切的文化所掩盖,但也是文化的隐秘真理,没有那个真理,文化就无法建立,并且,文化就在那个真理上既宏伟又徒劳地建立起来。

让我们从另一角度更为简单地思考。我们读过一本书,

三 书的缺席 中性片段

我们评论它。当我们评论的时候,我们发觉,这本书本身就不过是一个评论,是把这本书所参考的其他书置于书中。我们写下我们的评论,并让它跻身作品之列。它成了一件出版(publiée)物,一件公开(publique)物,它会反过来吸引一个评论,而那个评论又反过来……我们承认,这样的情境对我们而言是如此自然,以至于用这些话来表述它似乎不够贴切。仿佛我们怀着坏品味泄露一个家族的秘密。好吧,让我们承认自己的粗俗。但我认为马尔泰·罗贝尔的书的一大功劳是,她用一个双重的或可被表达两次的疑问,促使我们做出了这样的追问:评论的言语怎么样? 为什么我们能够谈论一种言语? 而且,如果不以一种侮辱的方式视之为沉默的,即如果不把作品,我们所崇敬的杰作,当作不能自己说话的东西,我们还能够谈论吗? 还有,那些以自身为注释的创造之作怎么样?它们揭示了文学的贫困化,揭示了一种姗姗来迟、山穷水尽的没落文明的来临,揭示了一种枯燥地重弹"天真"之老调的"多愁善感"吗? 或者,它们难道没有离文学之谜更近而不是更远吗? 它们难道不更多地是非反思的,处在了思想运动的内部,因此没有重复文学,而是用一种先于并质疑"文学"与"生活"之假定统一的更为原初的翻倍(redoublement)来完成自身吗?

*

评论的言语:问题不是评论(commentaire)一词所容许的意义极为多样,但仍含混不清的所有批评(critique)。问题是通过一种或许,事实上,包含了所有批评的意图来重复作品。

但重复作品就是从中把握——听悟——那种奠定了作品之独一无二性的重复(répétition)。那么,这样的重复——这种复式存在的原初可能性——不能被还原为对一个内在或外在模型的模仿:不管那个模型是关于另一位作家或生活(世界的生活,作者的生活)的书,还是一部以缩减的模式完全写好了的作品在作家精神中的投射(作家会满足于听从他内心的那个如神一般的小人的口授,通过扩大或复制这部作品,把它搬到外部)。复制(reduplication)假定了如下的另一种双重性(duplicité):一部作品通过让某物沉默,说出了它所说的东西(但不是通过抹掉一个秘密:作品和作者必须总说出它们知道的一切;由此,文学不容许任何外在于它的秘传;文学唯一的秘密教义就是文学)。进而,文学通过让自身沉默,说出了它之所说。文学中存在着一种建构文学的文学之空虚。这样的缺失,这样的距离,因为受到表述的掩盖而不被表述;由此出发,作品,虽被完美地说过一次且不能被再次说出,无论如何不可抗拒地倾向于重新说出自身,要求评论的无限言语:在那里,它因分析的美丽的残酷性而与它自身分离(分析事实上并不任意地分割作品,而是凭借作品内部已然运行着的一种分离,也就是,那作为其微弱心跳的不一致性),等待着它所固有之沉默的终结。

一场自然落空了的等待。评论对书的重复是这样的运动:因为它,一种崭新的言语将自身引入了那让作品言说的缺失;崭新的言语,无论如何也是同样的言语,它企图填补缺失,充盈缺失。一种至关重要的言语：人们终将知道坚持什么，知道巨大的城堡背后有什么，知道《螺丝在拧紧》(*Tour d'Écrou*)的鬼魂是否只是一个年轻女孩的狂热脑袋所诞生的幻象。一种富于启示的、篡权夺位的言语。因为——这只是太过明显——如果评论堵住了所有的缝隙，或者，如果它通过这种无所不说的言语完成了作品，但废除了其回响的空间使之沉默，且自身也因此反过来陷入无言；或者，如果在重复作品的时候，它满足于从作品内部那段作为其保留的距离出发来重复，不是阻塞它，而是相反地保持其空敞，或通过远远地为之划界来指定它，或在其模糊性当中用一个疑问来转述它，而那疑问也由此更为模糊，因为它承担了模糊性，对准了模糊性，且终将消散于模糊性——那么，评论有何用？

是的，有何用。但这个"有何用"(à quoi bon)本身也多余：不论我们判定它是无效的还是危险的，评论的必要性都绝对不可规避，因为它既不外添于作品，也不被社会交流的独一惯习所强加。当评论者尚未强加其统治的时候（例如，在史诗时代），这样的翻倍在作品的内部完成，而我们得到了史诗吟诵者的创作模式：那种从插曲到插曲的永恒重复，位置的展开，相同之物的无尽放大，使得每一位史诗吟诵者既不是一个忠实的复制者，也不是一个固定的重述者，而是一个永远承担重复的人；并且，通过重复，他填补或扩大了空隙，通过新的突变，他打开或堵住了裂缝，最终，通过充盈诗歌，他让诗歌膨胀乃至消逝。一种同样损及作品的重复模式。批评家是一类史诗吟诵者,这是必须看到的:人们信任史诗吟诵者,以便从那几乎未完成的作品中提取其重复自身的权力,那样的权力来自作品的本源,并被留在作品之中,会冒险无限期地瓦解作品。或者,批评家是一个替罪羊,他被赶到了文学空间的边界,承担了作品所有错误的版本,好让作品本身保持完好和清白,在我们认为的本真的——而且未知的,很有可能不存在的——被保存为文化档案的唯一样本中得到肯定:独一无二的作品,唯有缺失了某种东西才是完整的;而那样的缺失就是作品与其自身的无限关系,一种以匮乏的模式呈现的完满。

但这些以自身为评论的现代作品怎么样:它们不仅参阅了它们之所是,而且参阅了其他的书,更确切地说,参阅了那个产生所有书的无名的、持续的、执迷的运动?这些由此从内部得以评论的作品(例如《堂吉诃德》不只是一部史诗,更是所有史诗的重复,因此也是它自身的重复——和嘲讽),难道没有因如下的事实而冒险(如果这是一种风险:而不是一种机运的话)让其他任何的评论实践变得困难、不可能或徒劳吗:当它们叙述的时候,它们是在做二次的自身叙述?的确,这些作品的增生难道不会导致某种批评的终结吗?回答令人安心:恰恰相反。一部作品越是评论自身,它就越是召唤评论;它越是与它的中心保持一种"反思"(翻倍)的关系,那种二元性就越是让它显得扑朔迷离。这就是《堂吉诃德》的情形。甚至更明显地是《城堡》的情形。谁会忘了为之补充某种东西并因此心无罪疚呢?解释是何等丰富,阐述是何等疯狂,注释是何等狂热：不管它们是神学的，哲学的，社会学的，政治的，还是自传的。分析的形式何其之多：寓意的，象征的，结构的，甚至（一切皆会发生）字面的。这么多的钥匙（clés）：每一把只可被那个遗忘它的人所用，每一把打开一扇门只是为了关闭其他的门。如此的谵妄来自何处？为什么阅读（lecture）不满足于它之所读，不断地代之以另一个文本，而那个文本，反过来又唤起了另一个？

因为，马尔泰·罗贝尔说，弗兰兹·卡夫卡的书遭遇了和米格尔·德·塞万提斯的书一样的事。书的构成不是一篇直接的记述，而是这篇记述与所有同类记述的对峙：那些记述虽有不一样的年代、起源、意指和风格，但它们提前占据了这篇记述也愿在其中就位的文学维度。换言之，土地测量员并不测量想象的、尚未开垦的国度，而是测量无边的文学空间；他不禁地模仿——并因此反思——所有在他之前进入这个空间的英雄。由此，《城堡》不再只是一位孤独作家的独一无二的作品，更是一个隐迹稿本（palimpseste），从中可以读到一场千年历险的全部并列的、交缠的、时而区分的版本：一座宇宙图书馆（Bibliothèque Universelle）的大全和概要。在那里，一个人有时把 K 视为一部风俗小说的主角（一个试图靠女人获得成功的失败者），有时又视之为一部连载小说的主角（一位心胸宽阔的英雄，他保护弱者，反抗特权等级的暴政），有时还把他视为一部童话的主角；更确切地说，视为新一轮亚瑟王（roi Arthur）颂歌的主角，如同《奥德赛》（*L'Odyssée*）的重述者和尤利西斯的继承者,他等着发现他的真正角色,那就是检验诸史诗的史诗,以及随之而来的美妙的荷马秩序,也就是,奥林匹斯的真理。马尔泰·罗贝尔没有把这一设计归于阅读的宿命,那样的宿命使得每个有学识的人注定只能透过文化的分解的棱镜来看一切;她大胆地把这一设计归于卡夫卡自己,一个同样极具学识的人。她说,那个人在其生命的关键时刻,被希腊人的成功所吸引:在那一刻,他皈依了犹太复国主义并准备前往巴勒斯坦,他承担了一项对西方文化的畸形档案进行理解和归类的使命,并且,他不能把自己的作品从那样的档案中排除出去。

*

让我们暂时反思一下这个引人注目,并且我认为全新的论点(《城堡》的意义,其最终的秘密,就在于此吗:一次对《奥德赛》的模仿,一次对奥林匹斯官僚制度的批判?① 这一开始听起来有些怪),目的与其说是接受或拒绝它,不如说是重新把握原则,并问:以另一种方式运用它是否可能。让我们承认:土地测量员以一种间接的、不可见的方式,不仅同城堡和村庄所代表的力量做斗争,而且通过这些力量并在这些力量

---

① 马尔泰·罗贝尔明确地说:"正如堂吉诃德在晚年受到了一个最不像堂吉诃德,或许最适合给出直接有用之准则的典范的诱惑,卡夫卡就这样试着接近荷马的思想并让他的最后一部小说致力于这项使命。"(出自马尔泰·罗贝尔的《旧与新:从堂吉诃德到卡夫卡》。参见 Marthe Robert, *L'Ancien et le nouveau: De Don Quichotte à Franz Kafka*, 305. ——译注)

背后，同书所是的至高之审决（instance）做斗争，同那种由口头和成文的注释对书的接近所产生的无限之模态做斗争。我们清楚地知道，对卡夫卡而言，书（Livre）的空间因为他所属的传统，尤其是因为他在其中书写其记述的那个饱受折磨的时代，是一个神圣的、暧昧的、遭到遗忘的空间，同时也是一个进行无限追问、研究和探寻的空间，因为它是千百年来犹太人生存的构架本身。如果有一个世界，在那里，当一个人寻找生命的真相和法则时，他遇到的不是世界，而是一本书，是一本书的神秘和戒律，那么，这个世界就是犹太教：其中，言语（Parole）和注释（Exégèse）的力量在一切的开端处得到了肯定，并且，一切从一个文本出发并返回文本——在一本独一无二的书里，卷着一系列不可思议的书，那座图书馆不只是宇宙的，而且取代了宇宙，并比宇宙更加广阔、更为深刻、更如谜一般。不论逃离还是暴露自身，在卡夫卡的处境里，一位作家，怀着其自身的关注，无法回避这个问题：一个文人，一个没有凭证的人，如何进入书写之物的封闭的——神圣的——世界？没有权威（autorité）的作者（auteur），如何声称自己把一种严格地个体的言语，添入了那种他异的（Autre）、古老的、可怕地古老的言语（Parole）？那种言语覆盖、包纳了万事万物，囊括了一切仍在神龛深处隐藏着的东西，即便它有可能已从那里消失；那种无限的大写的言语总已提前说出一切，在这方面，由于它被首先念出，小写之言语（parole）的诸位先生就不过是沉默的受托人，他们的任务只是在重复它的时候保卫它，而另一些人则在解释它的同时倾听它。作家——这是不可化约的要求——必须一直走到书写之物的源头,因为只有他成功地与这种本源的言语发生一种直接的关系时,他才开始写作。但为了接近这个高处的位置,他除了言说,就没有别的手段,换言之,他只能写作:通过这种早熟的、没有传统、没有辩护的言语,他冒险让言语(Parole)与其意义(Sens)的那些对他而言不可渗透的关系变得更为晦暗。

但在提出这些引人注目的评论的同时,请允许我迅速地补充说:我绝没有提出一种对《城堡》的新的阐释。我同样没有暗示:K纯粹就是作家弗兰兹·卡夫卡,城堡就是圣经的言语,办事处就是塔木德的评论者,村庄就是忠诚者的位置,在那里,被重复的言语既是活着的,也是死了的;正如戒律在一个人从内部归属它的时候是本真的,相反,当一个人从外部接近它,甚至声称要评判它、谈论它,却没有受过任何事先的教育时,则是虚伪的,甚至荒谬的(就像今天的这些除了写作的要求外,就没有别的合法性的作家必然会遭遇的;那样的写作既不承认参照,也不承认担保,它同样不满足于任何相对的满足)。唯一恰当的做法是注意到:(1)当卡夫卡写作并向他自己提出写作之问题的时候——我们,带着怎样的广博和怎样的严肃,知道——他首先不是用荷马史诗的学院空间,而是用三千年的犹太书写来度量自己;(2)如果《城堡》,和《堂吉诃德》相反,没有把已有的书物世界当作明确的主题(K是一个土地测量员,既不是一个读者,也不是一个作家),如果它没有

三 书的缺席 中性片段

直接地提出写作（Écriture）的问题，那么，它无论如何在其结构中持有这个问题。因为记述的本质，也就是 K 之旅程的本质，不在于 K 从一地走向另一地，而在于从一个注释到另一个注释，从一个评论者到另一个评论者，他怀着一种热情的专注，倾听他们每一个人，然后介入并用一种详尽的检查方法来讨论，这种方法不难与塔木德论证的某些技巧相比（出于简化的目的，让我们以这种方式称呼它，并明确地指出，根据内行的说法，它甚至比 K 不得不感到满意的那一方法更为苛刻）。

在我看来，这似乎是人们有权提出的一切。《城堡》的构成不是一系列或多或少有着联系的事件或突变，而是一连串不断膨胀的注释版本，这些版本最终只承担了注释本身的可能性——《城堡》写作（和阐释）的可能性。如果一本书停止了，它尚未完成，不可完成，那是因为它陷入了评论；它时刻要求着一个无止无尽的注解，每个阐释不仅产生了一种反思（midrash halachah），也产生了一种叙事（midrash haggadah），那样的叙事必须反过来被人听到，也就是，在不同的层面上得到阐释；每个角色都代表了某一高度的言语，而每个言语又在其层面上如实（vrai）述说而不说出真理（le vrai）。我们得到一个肯定，即 K 会用他自己不完全有理的死亡来结束记述，但他会死于什么样的死亡？不是他自己的优雅的死亡，而毋宁是一种注释的死亡，是对其死亡的评论，只要他能够讨论并提前反驳这个结局的一切可能之阐释，并且，这个非个人（私有）的，而只是一般（官方）的结局，就被记在某个永恒的且被永恒地遗忘的文本里。(他向死亡的行进和他向言语的行进由相同的步伐构成：通过言语走向死亡并通过死亡走向言语，它们彼此预料，相互取消。)当他在一个夜晚，在记述的最后一晚，发现自己突然面对着拯救的可能性时，他真的面对着他的拯救吗？根本没有：他面对的是拯救的注释，对此，他只能用他的疲劳，用那和无尽的言语一样无限的疲劳来回应。这里没有什么可笑的东西：如果"拯救"到来，那么，它只能通过一种言语的决断而到来；但拯救的言语只会确保言语当中的拯救，一种仅仅一般地(en général)有效的拯救(哪怕是以例外的名义)，因此不适用于生存的独一性(singularité)，那样的独一性已被生命和生命的疲劳还原为了沉默。

当然，我再次坚持，《城堡》不只是这个，它也是其意象的力量，形象的魅力，记述的决定性的吸引力；这些构成了其独一无二的真理，那个真理要说的东西似乎总多于一个人能够说出的一切，由此，它让阅读者，但首先是叙述者，陷入了一个无尽之评论的折磨。① 自此，我们回到了我们的出发点，也就是向我们自己追问重复的必要性：那样的重复被包含于作品的内部，被包含在一个恰好沉默的部分里，那是作品的未知

---

① 在这里，我会避免重新陷入《城堡》能够引发的那些注解。但必须注意，如果所有这些阐释(或多或少)是合理的，那么，其合理的唯一前提是，它们被维系于它们所依仗的方法已经确立的层面并与之保持一致，也就是说，表明它们无法保持一致。同样，人们大可以寻找作品的所有先例，它所重复的所有神话，以及它所参考的所有的书。但这样的重复，一种就(转下页)

三 书的缺席 中性片段

面,它支撑了这评论的言语,这关于言语的言语,眩晕的金字塔就建在一个被长期掩盖或许还被遗忘了的虚空——坟墓——之上。当然,在内部评论和外部评论之间有一个明显

(接上页)其自身而言且对我们阅读者而言真实(vrai)的重复,不能以同样的方式显得真实,如果一个人决心把它变成书的真理(le vérité),一个由它自身向卡夫卡提出的作为其未来的真理。事实上,我们清楚地知道,卡夫卡从他青年时期着迷的一部小说中借用了城堡的故事。这部由捷克小说家鲍日娜·聂姆佐娃(Bozena Nemcova)写的名为《外祖母》(*La Grand-mère*)的小说,叙述了城堡和隶属它的村庄之间的难以相处的关系。村里的人说捷克语,城堡里的人说德语:疏远的第一个标记。城堡由公爵夫人统治,公爵夫人是一个十分和蔼,却无法靠近的人;在她和农民之间,是一群阴郁的满嘴谎话的仆人、目光短浅的官员和虚伪的官僚分子。这是一段引人注目的插曲:一个年轻的意大利侍臣殷勤地追求酒店老板的漂亮女儿克瑞斯特娜,并向她提出有失体面的要求。克瑞斯特娜感到不知所措:她的父亲是一个正派但羞怯的人,他能做什么反对城堡中人的事呢?公爵夫人是公正的,但没有人能够遇到她或告知她,而且,她绝大多数时候是缺席的,人们从不知道她在哪。所以,年轻的姑娘最终心怀罪疚,她已被那个寻找并觊觎她的过错所击中。她把唯一的希望寄托在其他官员身上,只要她成功地引起了他们的注意。"这就是,"她说,"我们的一线希望,要是他们问了,或许会帮助的;可是这样的事也已经不止一次了,他们问是问了,可就不给人帮一点儿忙;他们干脆说,这不行,人嘛,只得收心了。"那么,聂姆佐娃小说里这个不道德的侍臣名叫什么? 一个让我们惊讶的名字。他名叫索尔替尼(Sortini)。所以,在这里,我们明显得到了《城堡》的最早素材和阿玛莉娅的奇怪插曲的初稿。同样,当卡夫卡保留索尔替尼这个名字的时候,他明显想让人们想起它的原型。当然了,在这两部作品之间有着巨大的差异。捷克的记述是一种田园牧歌的记述:书中的核心人物,外婆,打破了魔咒,战胜了重重阻碍,找到了公爵夫人,从她那里获得了公正和对被迫害者的补偿。简单地说,她在K失败的地方取得成功,因此(就像提供这一信息的马克斯·勃罗德[Max Brod]评论的那样)扮演了一个纠正者的角色,纠正了K所拒绝且无力承担的那些错误。我相信,两部作品之间的比较有助于理解这点:在卡夫(转下页)

的差异：前者使用了和后者一样的逻辑，但在一个由文学魔力所描绘并规定的圆环内部，它从一个魔咒出发来推论和言说，而后者的言说和推论对准了这个魔咒，对准了那个被魔咒所纠缠并与之结合的逻辑。然而，《城堡》——这是一部像它那样的作品的力量之所在——似乎把最"内在"之物和最"外在"之物，一种运用论证的艺术和一种声称包含艺术的论证之间存在着的那种主动的、不被照亮的关系，持守为它的中心。也就是说，它似乎持有了一切模糊性的原则，并把模糊性本身持守为一个原则（模糊性：同一者的差异，相同者的非同一性）：一切语言的原则，以及从一种语言到另一种语言，正如从艺术到理性，从理性到艺术的无限过渡的原则。由此可知：一个人能够展开的关于这本书的全部假设，看上去就像书内部展开的那些假设一样合理、一样无力，只要它们保存并延长了其无限的特征。这等于说，某种意义上，从今以后所有的书都经过

（接上页）卡的作品里，具有决定意义的、最为神秘的发明，或许并不针对城堡，而是针对村庄。如果K像外婆一样属于村庄，那么，他的角色就会清晰，他的性格也会明了：要么是一个反抗者，决心终结上层阶级的不公，要么是一个拯救者，致力于象征性地检验底层世界和上层世界的无限距离。但K来自第三个世界。他具有双重的，甚至三重的陌异：他陌异于城堡的陌异性（étrangeté），陌异于村庄的陌异性，陌异于他自己，因为他以一种难以理解的方式决定同他自己的亲熟性（familiarité）决裂，仿佛一个他无法解释的要求把他先行拖向了那些无论如何没有任何吸引力的位置。从这个角度看，我们几乎不禁要说，书的全部意义已由那座从大路通往村子的木桥所承担，在桥上，K"举目凝视着眼前似乎是空荡荡的一片"。

（第一段引文参见鲍·聂姆佐娃，《外祖母》，吴琦译，北京：人民文学出版社，1998年，第180页。第二段引文参见《卡夫卡全集·第4卷：城堡》，叶廷芳主编，石家庄：河北教育出版社，1996年，第3页。——译注）

三 书的缺席 中性片段

了这本书。

但让我们试着更好地理解这意味着什么。一般而言,当我们阅读这篇记述的时候,我们让自己着迷于最不可见的神秘,那样的神秘源于一个难以通达的位置,也就是伯爵的山丘;仿佛全部的秘密——评论的起草所依赖的空虚——就坐落在那里。但如果一个人更为专注地阅读,那么,他很快就发觉,空虚不在任何地方,空虚已均匀地散布到了疑问所指向的记述的每一个点上。为什么所有那些瞄准了K与城堡之间关系的回答看起来总是不充分的,以至于它们似乎既无限地夸大又无限地贬低了这个位置的意义:在这个位置上,最为恭敬的判断和最为诋毁的判断,既适宜又不适宜?真是奇怪:我们竭力寻求至高的指定,千百年来,人就通过完善这些指定来刻画独一无二者(l'Unique)。人们说得不错:"但城堡是恩典;伯爵(Graft)是上帝(Gott),就像大写字母的一致所证明的;或者,它是存在的超越性(Transcendance),或虚无的堕落性(Transdescendance),或者,它是奥林匹斯,或世界的官僚主义管理。"①是的,这一切都说得不错,当然也在说的同时不断地深化着。但事实依旧是,所有这些深刻的等同,我们能够支配的最崇高也最丰富的等

---

① 我要顺便指出,对卡夫卡而言,官僚主义不只是一个晚近的发展(仿佛诸神,最初的势力,通过成为官员而可怜地结束了它们的统治),也不只是一个消极的现象,正如注释相比于言语不只是消极的一样。他对好友奥斯卡·鲍姆(Oskar Baum)写下了这段值得反思的话:"根据我的判断,官僚机构比其他任何一个社会机构都更贴近人类天性之本源。"(出自1922年6月,《城堡》写作时期的信。引文参见《卡夫卡全集·第7卷:书信(1902—1924)》,叶廷芳主编,石家庄:河北教育出版社,1996年,第475页,有改动。——译注)

同，必定会让我们再次失望：仿佛城堡总会无限地超出这个——无限地超出，因此也无限地不及。那么，什么在超越性之上，什么在堕落性之下？好吧（让我们仓促地做出回答，只有仓促准许了回答），是这样的东西：关于它的一切评价，不论是最高的评价还是最低的评价，都显得不充分，因此它冷漠地打击了一切评价的可能性，并同时质疑了一切价值的守护者，不管他们是天国的，尘世的，还是地狱的，也不管他们的权威来自理性，非理性，还是超理性。这很神秘吗？确实神秘，但同时，我认为，毫不神秘，因为只要我们说话，我们就让它运行，哪怕当我们试着谈论它时，我们最终使之后撤，用我们自己的表述遮盖了它。让我们暂时选择用那个最谦卑、最平凡、最中性的名字来命名它：我们恰恰选择称之为中性的——因为命名中性（le neutre），或许，无疑，就是驱散中性，但必然也是为了中性。鉴于这些条件，我们是否有权指出：城堡（伯爵的府邸）不过是中性的至尊权（souveraineté），不过是这陌异的至尊权的所在？可惜，没有人能够如此简单地说出这个，即便马尔泰·罗贝尔已在其著作的最为深刻的部分，至少是在我回应最多的部分里，表明了至尊的权力既不是超越的，也不是内在的，①而是中性的，它只限于"记录事实，以及事前或事后的判断，思想，梦：所有这些都具有一种中立性（neutralité）和

---

① 的确，马尔泰·罗贝尔说，城堡没有什么超越性可言，它建构了一种内在性的力量。但这只能是一种粗略的说法。事实上，中性的一个本质的特点在于，它不允许人们用内在性或超越性的观念来把握它，它把我们引入了一种全然他异的关系。

一种被动性(passivité),它们被个体奇怪地感受为一种重量和一种不公"①。一个至关重要,或许具有决定意义的评论。但一个人不能固守于此,因为中性既不被再现,也不被象征,更不被意指;而且,如果它被整个记述的无限之冷漠所承担,那么,它就无处不在(就像奥尔嘉说的,每个人都属于城堡;由此可以推断,城堡并不存在)。仿佛它是一个遁入无限的点,从那个点出发,记述的言语,及其内部的所有记述和所有关于记述的言语,都会获得并丧失它们的视角:诸关系的无限距离,它们的永恒翻转,它们的取消。但让我们在这里止步,因为我们怕自己也加入一种无限的运动。不管怎样,如果《城堡》在其内部将我们所谓的中性持守为它的中心(和一切中心的缺席),那么,中性之命名的行为就不能仍然毫无结果。为什么是这个名字?

*

"为什么是这个名字?它真的是一个名字吗?

——它会是一个形象?

——那么,一个只形容(figurer)这个名字的形象(figure)。

——为什么一个单独的说话者,一个单独的言语,不管看似如何,从不能成功地说出它?为了说出它,必须至少有两个。

---

① 出自马尔泰·罗贝尔的《旧与新:从堂吉诃德到卡夫卡》。参见 Marthe Robert, *L'Ancien et le nouveau: De Don Quichotte à Franz Kafka*, 294.——译注

——我知道。我们必须是两个。

——但为什么是两个?为什么用两个言语来说同一个东西?

——因为说它的总是另一个。"

XVI 文学,再来一次

"或许,有必要试着再次把握的,不是人们所理解的文学的固有特点,而是那些不再属于文学的特点。

——冒着浅尝辄止的风险。

——必定如此。但一个简单的统计足矣:例如,杰作(chef-d'œuvre)的观念已经消失。当我们谈论一部杰作的时候,那往往是出于一种奉承、一种便利或一种对过去的敬意。文学,在其隐晦的自身肯定当中,排除了这种被人称为杰作的作品之提升。

——或许是因为它也排除了作品(œuvre)的观念。

——至少是某一种作品的观念。由此,我们知道,作品之探寻的经验比作品本身更为重要,并且,艺术家总准备为一个通向其作品的运动的真理而舍弃那个作品的完成。

——或禁止人们获得作品。那么,重要的是什么?艺术家,作家?

——作为创造型人格的艺术家,作为例外存在的文学家,作为天才——英雄——的诗人：他们幸运地在我们的神话里失去了位置。当然，虚荣依旧；文学的'我'继续炫耀自己。我们还在谈论伟大的作家、伟大的艺术家。但没有人专注于此。古老的回音渐渐平息。请反思一下，千百年来，不朽的主题，后人的希冀，荣耀的词语——要被万世万代所铭记的欲望已不过是对它们的贬损——意味着什么。今天，谁会因自己有幸让其明日的骨灰存入万神殿，而感到振振有词呢？

——是的，谁会？或许有很多人：但请忽视他们。不朽的观念已遭贬低，同时，彼岸的信仰亦在衰退。我承认，我们对后世（survie）无动于衷。一个人若意识到那在生成（le devenir）中岌岌可危的东西，他便乐于消失；尼采已试着向我们传授这个。那么，正如人们已然在做的，我们必须在补偿中赞扬现实性（actualité）的观念，即必须在当下的追求中寻找文学和艺术的意义吗？

——绝对应该做个现代人。[①] 兰波和波德莱尔的这一号召开创了一个崭新的时代，或通过把艺术与某种'现代'之物的秘密本质关联起来，而回应了艺术的突变；这样的号召当然意义非凡。但即便新的事物保持了它的魅力，即便对先锋的振奋人心的探寻还能发挥重要的作用，它也没有代表任何把我们结合起来的东西。做个现代人，这一思想在我们看来几

[①] 出自兰波的《地狱一季》之《永别》。参见《兰波作品全集》，王以培译，北京：作家出版社，2012年，第205页。——译注

三 书的缺席 中性片段

乎和成为古代人或遵循一个可靠传统的想法一样奇怪。为什么？有必要找到答案，如果这值得的话。

——有些词语不再足以传达它们所指示的东西。'现代时期'(époque moderne)假定了当下、过去和未来之间维持的种种关系，哪怕是对立的或对比的关系。但让我们想象各种变化，使得这些关系不再有一种导向力。那么，我们不再意识到自己对现代的归属，也不再意识到自己与过去时代的对立；作为一种生成的模式，现代会反过来成为过去。当历史转动之时，这甚至(以乌托邦之真理的名义)暗示了历史之中断的流转的运动，同样撤消了'新事物的传统'。

——断裂(rupture)使得这样的打断(interruption)没有建构一个可在记忆的连续性当中得以铭写的事件，它意指着难忘之事的打断，如果不是一段新记忆的诞生的话。我们必须想到，文学已部分地与这样的打断相连，它必然几乎不能用那些继续属于我们的范畴来把握。所以，文学再也不能满足于只是现代的，哪怕是在兰波和波德莱尔的意义上，哪怕是带着我们所谓的现代艺术给予我们的这份好意。

——所以，我们还必须放弃这个二择其一的要求：'文学会是现代的，或者，不会是现代的。'

——但通过相同的运动，我们必须不再依赖某一传统的资源，或依赖一种——往往甚至是被最富革新精神的人所秘密地维持的——希望，即希望在曾经之所是(ce qui fut)和将来之所是(ce qui sera)之间形成一种幸福的综合：现代即为古典,这是一颗再也不会发芽的种子。

——人们或许会用一种更为确切的方式指出,文学,凭借那个建构了它的秘密,与文化(culture)保持不同。制作一件诗歌作品不是制作一件文化作品,并且,作家的写作不是为了丰富文化的宝库。文化无疑能够声称拥有文学的行动;它吸收这些行动,把它们引向一个属于它自身的往往更为统一的世界,在那里,作品作为一个与其他文化产物有关的,精神的、可传达的、持久的、可比较的东西而存在。在那里,作品似乎已找到了它的确定性和坚实性;书一本本地叠加,是为了建造那座任何火焰都无法触及的亚历山大图书馆,那座总已完成又总未完成的巴别塔,也就是,文学的世界和作为世界的文学。让我们承认,文化的巨大工作把文学变成了一个全体和一个更大之全体的元素,不断地为我们提供一个不在场证明。文化的慰藉允许所有的作家和所有的艺术家在生命的潮流中,在他们通过质疑而维持着的那些价值中,感到自己仍然有用。但要记住,卡夫卡的写作不是为了成就一部文化的作品(也不是为了击败文化),更不用说荷马,更不用说我们所有人被暂时视为的最后之作家(dernier écrivain)①了。

——为……写作或不为……写作:这没有构成一个充分的规定。更确切地说,一方面,文学属于文化(因为它能够作

---

① 见《未来之书》中的《最后作家之死》(Mort du dernier écrivain)。参见 Maurice Blanchot, *Le Livre à venir*, Paris: Gallimard, 1959, 265 - 270.——译注

为一种文化的事实被人研究);但另一方面,如果文学向文化传达的东西,相比于文化的实质内容只是一种空洞的生成,或者,如果文化出于文学研究的目的从文学中成功提取的东西,被迅速地实体化并因此落到了文学的外部,那么,通过文学而得以肯定的东西就不仅质疑了文化的价值,而且逃避了文化、欺骗了文化。

——让我们试着说得再确切一些。文学是一种语言。每一种语言(就像人们今天明确表达的那样)都由一个能指(signifiant)、一个所指(signifié)和它们之间的关系构成。形式(forme)在文学语言中拥有比在惯常语言中更大的意义,这一说法,正如瓦莱里早已肯定的,是不充分的。我们必须首先指出,在文学语言里,能指和所指之间的关系,或人们称之为形式的东西和人们错误地称之为内容的东西之间的关系,变得无限起来。

——这意味着什么?

——这意味着很多,意味着太多,以至于我们无法为之划定界限。这本质上意味着,那样的关系不是一种统一的关系:形式和内容处在这样一种关系当中,使得一切的比较,一切使之同一的努力,一切根据一个按规定有效的秩序或一种自然的合法性,而使之彼此关联或与一个共同尺度相关联的努力,都改变了它们并必然失败。由此产生了一系列困难得让我们根本无法发现的结果。其中的一个结果是:所指绝不能被视为对能指的回应,或能指的目的,而毋宁是那样的东西——它无限期地恢复了能指给出意义并建构问题的权力（在这里，'内容'的现实只是为了重新改变形式，把它重新确立为形式，而那样的形式反过来又被一种逃离且不能填满它的'意义'所超出）。另一个结果是：这种无限的关系——它承担了一种无限扭曲的要求——随着产生它的两个关系项的彼此疏远而得到进一步的完成，那样的疏远包含了从一者到另一者的至为强烈的分离元素，使得它们之间的关系没有任何统一的效果，而是相反地，禁止了一切的综合，并通过关系的陌异性（étrangeté）仅仅肯定了意指在其无限的——也就是，无限地空洞的——复多性（pluralité）当中未必可能的生成。人们由此可以设想：为什么这种陌异性的关系似乎先于并辜负了每一个意指，同时，似乎无限地进行意指并把自身意指为无限的；为什么每一部文学作品最内在的意义总是自身意指的'文学'。

——仿佛在文学的语言里，空洞的能指应该充当正极，内容的'现实'应该充当负极，这样，两个导体之间的电势差异越大，电阻越强，乃至趋于无限，作品就越接近把自身意指为文学。让我们承认这点，哪怕还有许多要反驳的。但在我看来，驻留于此的我们似乎已经忘了我们的出发点，也就是，忘了证实：为什么文化能够声称拥有文学，而文学经验最终落到了文化的场域或管辖之外。

——或许我们没有忘记。或许我们现在能够就这个困难的问题更好地说些什么。因为文化倾向于把种种关系构想并确立为统一的关系,而那样的关系,由于文学,呈现为无限的,也就是说,它不能被还原为任何统一化的过程。文化为全体而努力。这是它的使命,一项出色的使命。它着眼于整体,并保留了一切有助于整体之运动的东西——一个累积的过程。所以,它优先考虑结果。对文化而言,一部作品的意指就是它的内容,而在作品中安置并沉积的东西,其肯定的一面,就是一个外部或内部之现实的再现或复制。文学以其固有的方式向我们交流了社会、人和对象。它是百科全书的一卷。文化的理想是获得整体的图画,获得全景的重构,允许把勋伯格、爱因斯坦、毕加索、乔伊斯——还有,如果可能的话,把饱受争议的马克思,或者,更确切地说,把马克思和海德格尔——置于同一视野当中。那么,文化人是幸福的,他一无所失,他已把盛宴上的碎屑统统收集起来。

——我们就这样履行了我们要浅尝辄止的承诺。我会补充这个评论。我们刚刚提到了杰作:正是文化热爱杰作,或许还发明了杰作;它需要杰作来简化并促进对各时代之贡献的接纳。一件杰作就是一类观念,它聚集并概括了它所代表的诸多作品的现实;正是从文化的角度看,某些书超越了其他书,在如此的高度上,成为一个整体的可见之标记。但同时,文化又旨在摧毁作品的概念:让文化感兴趣的东西,就是那确切地说不属于作品的东西。

——因为这两种倾向携手并行。任何一个想要杰作的人从来没有认识到作品观念中至关重要的东西,其秘密的差异,那个建构它并让它往往不被察觉、不被生产、不被设置入作品的东西：其无作（désœuvrement）的陌异性。

——由此可知，文学不只是文化的一种显现，文化只保留结果，尤其是那些回应了世界之既定状态（有人说那是异化最深的部分）的结果。但或许我们可以避开这漫长的迂回，我们只需评论道，文学作品的本性是创造力，而文化的本性是接受已被创造的东西。前者给予；后者只需处理已被给予之物，它的工作是在一种新的自然现实中建构原初的和开端的东西：那些由艺术所生产，倾向于改变事物状态的东西。

——所以，当一个人谈论文化的时候，他最好谈论自然（nature）。创造（création）的观念虽然强有力，却依旧不确定。创造意味着什么？为什么艺术家或诗人是出色的创造者？创造属于古老的神学，而我们满足于把平凡的神圣属性转移到一个享有特权的人身上。无中生有的创造是力量的标志。创造一件作品：这么做不仅模仿了神性的造物主，而且拓展并重新确立了那曾经开天辟地的创造力，由此接替了上帝。当我们仿佛理所应当地把创造应用于艺术家的工作时，创造一词就含糊地暗示了所有这些神话。此外还有与该词语相混合的自然生长的观念，那种属于自然的展露和涌现的权力。创造（créer），生长（croître），增大（accroître），分享这个创造了自然的秘密或那个在变形的游戏里创造自身的自然之秘密——我纳闷，为什么我们几乎毫无疑问地接受了种种强加的观念所构成的这样一份遗产。

——强加的,或许还是过分强加的。稍作反思我们便知,我们不过是把'创造者'或'创造'这样的概念当作老生常谈来用。在浪漫主义时代,艺术家位列巅峰,仿佛摆脱了一切社会的职能:因为此时此刻,艺术作品中至关重要的东西既不是作品,也不是艺术,而是艺术家,是艺术家身上的才华。创造者甚至可以无所创造。他是绝对的、神圣的自我,他身上承担了至高无上的主权,这样的主权既不需要得到社会的承认,也不需要具备人的生产性。但正如那被授予天才主体的声望消磨殆尽,创造者的观念,或许还有那随之而来的作为艺术之本然特征的创造的观念,也变得模糊不清了。

——更确切地说,它发生了改变。创造意味着什么?我们不知道,或者不再知道,这个概念如何应用于文学。我们会说,它对我们来说似乎过于强大,充满了太多业已接受、难以控制的观念,充满了太多的主张,简言之,过于肯定。我们已变得十分谦逊。

——也就是说,十分多疑。因为这个世界的价值越是通过其自然的表象、其肯定的样态强加于我们,我们就越是怀疑它们;我们不相信那种摆置的权力,乃至于怀疑创造的权力,怀疑还有什么能给我们所不满意的现实添加某种东西。每一个创造者,不过是在冒险充实所是之物(ce qui est)的同时保存它们,并且,即便他得到了赞赏,他还是吸引了我们的怀疑。因此,我们今天带给文学的兴趣毋宁走向了其批判的力量,确切地说:走向了其神秘地否定的力量。对尼采而言,创造者一词保持了其全部的吸引力;他已经说过,真正的创造者拥有破坏者的面容和违法者的恶意。①

——这难道没有暗示,文学——它陌异于文化,厌恶既定的价值,废除传统的准则,甚至现代的准则,拒绝在一个让创造失去了可接受之意义的世界里变得富有创造力——向一种虚无主义的视角危险地敞开了自身,正如某些重要的当代文学运动已经表明的?

——我们可以这么说,如果在谈论虚无主义的时候,我们感觉到了知道自己在说什么。但虚无主义恰恰是一个不再足以传达其所指示之物的词语。或许,藏在这个词语底下,逃避了一切直接把捉的东西,就在这个逃离的运动中拥有了它的本质。

——这是预感到了:虚无主义,无法与它的面具区别开来,不过是其假象的假象,它恰恰在让我们安心的时候威胁我们,并且,它从不在威胁最明显的地方以最危险的方式进行威胁。例如,当虚无主义与所谓的纳粹主义或法西斯主义相勾结的时候,这无疑不是源于那个运动中具有公然否定之意味的东西(它从未自称为破坏者:破坏者是其他人,是堕落者,是犹太人,是无神论的马克思主义者),而是通过它所提倡的肯

---

① 参见尼采,《扎拉图斯特拉如是说》,"扎拉图斯特拉前言":"他们最仇恨谁呢?最仇恨破坏他们价值标牌的人,最仇恨破坏者、违法者——但他正是创造者。"黄明嘉、娄林译,上海:华东师范大学出版社,2009年,第50页。——译注

定之价值,这些价值也唤醒了其他对立却相关的价值(种族的价值,民族主义的价值,武力的价值,人本主义的价值,以及,在两边,西方的价值);同时,那个运动也依仗尼采,不是深刻地意识到虚无主义的尼采,而是想要超越虚无主义的尼采,并且,他的超越恰恰是通过用漫画的手法描绘这些超越的可能性(超人,强力意志)。

——所以,关键是通过一种总是更为直接的探究,来坚定地直面那只是间接地触及我们的东西:仿佛俄耳普斯,只要他不转身,只要他接受地狱的迂回法则,他就不过是让自己被虚无主义的幻觉所诱惑,那样的幻觉恰如其分地化身为他的艺术,化身其艺术的抱负,也就是战胜虚无,即通过在他身后带动地狱的全部离散之力量,来确保一场胜利。但他有勇气当面凝视迷人的着迷之物,并且,他看到了,那什么也不是,空无(rien)什么也不是:在这个瞬间,地狱被真正地击败了。神话的阐释如此可靠,如此诱人,以至于我准备从中看到俄耳普斯所服从的诱惑。虚无主义总试图诱使我们直接地挑战它,并向我们暗示:我们将更为坦率地来到它的尽头,如果我们敢于直视美杜莎(Méduse)的脑袋,并发觉,她自己不过是一张有着已然石化的空洞眼睛的美丽面孔。

——由此,你会得出结论:此时此刻,正是虚无主义本身通过我们直接地言说。

——当两个言说者抛弃了一切的争执,通过翻倍和交替的游戏试着甚至让未知也发出回响的时候,他们中的一个或许必然扮演了虚无主义的角色。两个人中唯有一个进入了这场游戏。哪一个？是承认的那个？还是不承认的那个？当两个人开始言说，并且，他们的言说与他们无法直接说出的东西相一致的时候，他者（l'autre）在哪？两个人中的一个是他者，既不是这一个，也不是那一个。至于虚无主义，这个干巴巴的，无论如何属于拉丁语的词，我认为它已经停止在它无法抵达的方向上回响了。所以，让我们放弃对它的使用，以便定位从文学那儿向我们到来的东西——如果从文学那儿到来的东西始终没有以某种方式在文学中保留自身，也没有在自身中保留文学，仿佛回撤了一样。在根本上，如果直率地说文学是创造性的，在我们看来似乎是一个冒昧的主张，那么，说文学是虚无主义的或与某种虚无的力量相勾结的，则同样自负和冒昧。陈述足以说明这点。

——在虚无（néant）之中，仍有太多的肯定性。这个词的庞大，如同存在（être）一词的庞大，已让两者在其废墟下崩塌（此外，废墟仍过于有利）。这些是最值得捍卫的概念。我们发觉，文学与一切最强有力的规定保持距离：由此，它厌恶杰作，甚至从作品的观念中撤出，乃至于把作品（œuvre）变为了无作（désœuvrement）的形式。文学或许是创造性的，但它创造的东西相比于所是之物（ce qui est）总是空心的，并且，这样的空心只是让所是之物显得更加游移不定，更不确定其存在，因此就像被另一个尺度，被其非现实的尺度所吸引：在那里，所是之物通过无限之差异的游戏肯定了自身，虽然它同时也在'不'的掩盖下逃离。文学没有因一种尖锐的否定之暴力而具有破坏性,因为文学所制造的缺席是一种就'真实'而言的完满;并且,这种来自它的抹除,作为其内部的一个意图抹除它的运动,作为其自身的无限追问,并不真正成功地让它消失,而毋宁用这样的消失肯定了它,把它带回到了那给出起源的东西的陌异性,有时——或许时常——还让它反过来成为一个物,一个完全自足的物,一个在巩固价值之统治的同时声称拥有价值的强加的现实。

——我听到了起源(origine)一词,一个由时间的惯习推向我们的词。我怀疑,为什么当我们触及艺术、言语和思想,着眼于某个谜题的时候,我们如此心甘情愿地求助于它。是因为它本身就如一个谜题吗?是因为它包含了谜题(énigme)一词?

——如果它包含了谜题,它就不交出谜题。请注意,关于我们为了把握文学所是的这一可能性而讨论过的概念,我们每一次都预感到,它准备在背景里苏醒。如果它涉及传统,那么,我们可以用某位哲学家的话说:传统是起源的遗忘。[①] 或者,我们可称之为现代的遗忘,并用另一个人的话说:在现代世界里生活,就是把真实之物从它的起源中分离出去。或者,如果它涉及创造的观念,那么,我们会在一切模糊的神学记忆

[①] 梅洛-庞蒂在《哲学家和他的影子》里写道:"胡塞尔在晚年说,传统是起源的遗忘。"参见莫里斯·梅洛-庞蒂,《符号》,姜志辉译,北京:商务印书馆,2005 年,第 197 页。——译注

之外,在这个观念背后,通过对其声誉的辩护重新发现一种与起源的关系。并且,就连文学言语中运行的那种破坏或抹除的权力,也声称拥有晦暗的起源:这不只是因为相比于一切既定的事物,起源的震荡毁灭并阻碍了一切的持存,更是因为起源本身在其不可把握的先在性当中排除了一切诞生它的事物,它不是存在,而毋宁是从存在中转离的东西,是空虚的粗粝的缺口:一切从中涌现并没入其中,涌现(Surgir)和沦没(Sombrer)之间的无差异之差异的游戏。

——所以,当我们念出起源一词的时候,我们不过是把我们探究中所有形成谜题的特点聚到了一个享有特权的词里。

——事实上,所有这些特点,或许都向这个词聚拢,而这个词,反过来又成为一切发散的中心,或者,更确切地说:成为那个作为一切关系之中心的发散本身。

——在这个情形下,中性也是一切中心的缺席,因为正是在那里,一切统一性的尖点都遭到了粉碎:某种意义上,那是非统一性的非中心。这等于在起源之缺席的严厉追问下维持起源本身;一旦起源把自身装扮为谜题的起因、缘由和词语,起源的缺席就立刻废黜了它,并作为一个更深刻的谜题而说话:如是沉落的涌现,沦没并被吞噬。

——所以,这等于重提我们曾希望自己坚守的起源。我不禁注意到,我们已在一场相当令人失望的运动中,一个接一个地,推翻并抹掉了我们为了把握文学之关键而提及的所有特点。

——因为文学或许本质上就是要让人失望,仿佛相比于自身,它总是不足。的确,杰作一词,以及作品、后代、荣耀和文化,还有创造与存在,毁灭与虚无,最后还有起源,这些词被依次提出并撤消,但或许每一次都没有被彻底地抹掉,而是在那回撤的运动中留下了一道踪迹(trace),一条几乎不可抹除的线痕(trait)。就这样,杰作消失了,在它的位置上留下了那被人理解为其自身之拔高的作品;接着,作品也消失了,在它的位置上留下了一个肯定,即肯定作品是不被生产的,不被实施的,无作的经验;现代的观念在它的位置上留下了一个更加深刻的断裂的观念,那样的断裂意指着一切难忘之事的停止;至于文化,它已协助我们把文学构想为一种语言,在那种语言里,形式和内容之间的关系变得无限(也就是说,既是最严格的东西,也是最偶然的东西,对一种严格性和一种任意性的肯定);最后,创造和毁灭的观念把我们引向了起源的观念,起源本身似乎已经遭到抹除,它给我们留下了标记,那就是差异的观念,作为最初中心的发散的观念。我承认,这还不够。但在我看来,似乎仍有一种指示,仍有一条阿里阿德涅(Ariane)之线①在迷宫的每个拐角处,允许我们不最终迷失。那个被人提

---

① 阿里阿德涅之线:根据古希腊神话,英雄忒修斯在弥诺斯国王的女儿阿里阿德涅的帮助下,杀死了牛头怪弥诺陶洛斯,并且正是依靠一个线团走出了迷宫。——译注

出这么多次且往往遭到取代的观念就是：文学中运行着某种肯定，那样的肯定不能被还原为任何统一化的过程，它不允许自身得到统一，并且自身也不进行统一，它不激发统一性（unité）。这就是为什么我们只能通过一系列的否定间接地把握它，因为思想往往正是根据统一性在某一层面上构成了其肯定的指涉。这也是为什么，文学，如果它要让一切的同一性（identité）失望，如果它要欺骗那种作为同一化之权力的理解，那么，它就不是真正可以同一的。在所有建构并言说万事万物的语言形式——宇宙的言语，知识的言语，劳作的言语，拯救的言语——旁边，有必要察觉一种全然他异的言语，那样的言语解放了思想，使得思想不再总只着眼于统一：或许，这才是熔炉底部为我们保留的东西。

——至少是暂时地。"

三 书的缺席 中性片段

  ✚✚紧接着这最后的暂时的词语,让我们通过一个明显不合理的、纯然自负的决定承认:文学摒弃了我们,这也意味着,文学(此处未加强调)将我们持留在了那个幻觉和归属的运动中。这是超现实主义的理性,也是它的疯狂:追问着它,不再关涉终结之物,而是置身一个于此无限之终结中得以指定的未来的问题,我们,处在了时间的关闭之外;时间因一个空间的敞开而前所未有地封闭,在那空间里,再一次刻下了一个个犹豫不定地定义了它的名字:那些意图逃避一切概念化的概念(在那一刻,知识已然重新发现它们,复原了它们,甚至把它们回置到文化当中,诚然,是在一段漫长的沉默的审慎之后)。

  在这里,我把它们置于书的缺席的保卫下,那既是它们的毁灭,也是它们的来临。

XVII 孤注一掷的明日

人们无法用一个确定的时间模式来谈论这样的东西：它既不是一个体系，也不是一个流派，更不是一场艺术或文学的运动，它是生存的纯粹实践（一种承担了其自身之知识的整体实践，一套实践的理论）。① 在过去，它成就了一段历史：一段

---

① 对我自己而言，我无法取消记忆，即这篇文本是在安德烈·布勒东之死的阴影下写成。那么，面对着这场让我们满怀悲痛的死亡的"绝对之不当"，为什么提起"超现实主义的未来"？在这里，我重述这些注定要被抹掉的话，不是作为一个回答，而是作为一个辩辞："超现实主义在布勒东那里是独一无二的，因为他在白日下生产它，给予了它一种激情洋溢的生存之真理，让它如一个生命的开端一样，以一种活生生的方式没有起源地开始（它何时开始？）：他使之相连于一个时代，相连于一种悬置和打断的权力，那样的权力使得一个时代更像一段扰乱时间的间距，而不是某种持续的东西。唯有在这个意义上，超现实主义才是一个时代的现象。由此，某种东西被打断了。有一个中断，有一个历史的停顿：这是一切意义上的无序，是否定所无法定义的紊乱（因此，就像人们希望的那样，出于懒惰，把优势赋予达达主义是不可能的），然而，紊乱也不符合任何准备成为可高呼之法则、建制或坚实性的肯定。那些自认为对安德烈·布勒东公平的人，在他死亡的时刻中断了超现实主义，声称他的终结终结了一切，他们让自己被悲悼（转下页）

美妙的历史（特别地，如果历史的概念没有被主体本身所更改，并且，迄今为止，替这样一种可能性辩护的东西没有得到任何的预示，那么，超现实主义的历史就只有一种学识的兴趣）。至于当下或未来，人们无法声称超现实主义得到了实现（由此失去了一大半命名它的事物：它身上所有走在它前头的东西），也不能说，它是部分真实的，正在实现的路上，正在生成当中。那把超现实主义建构为一个绝对之催告的东西——这催告是如此紧迫，以至于等待（l'attente）通过它，哪怕是用最偶然的方式，让自身向出意外之事敞开——也禁止我们把它的完成或成形仅仅托付于未来。

谈论超现实主义——每个人都想要理解它——就是不用任何的权威压低声音说话，不向任何人传达，或许除了那个跨越边界并打破最终之孤独的人。这不是把它说成一笔共有的（为谁共有？）或专有的财产——它不是财产，它不属于任何人。我只是假定，那些得到危险的授权，能够代表它的人知道：即便它不拥有任何的当下、任何的过去、任何的未来，超现实主义依旧能够随时在他们面前立起，并要求公正，要求一种与他们赋予它的意义相符的完成之形式。没有什么最终的审

（接上页）的忠告所欺骗。其他人，甚至更加急促，指责他的软弱足以延长一个早已结束了的运动。试问，与布勒东密不可分的超现实主义，不论它是否承担了这个名字，为何受到了他所给予的力量的召唤，要把自身肯定为仿佛总是尚未到来的，或者，肯定为它从不抵达的界限；无论如何没有未来，没有当下，没有过去。"

判，只有这个迫切的要求：因为它，不可见者，某种并不存在的东西，会被作品、行动、沉默和实践的决心所度量，也就是说，会被所有那些声称把一种明证赋予它的人的生死的联合游戏所度量。非显现者的显现。

*

超现实主义(surréalisme)——我们有必要预感到它的目的地——是且总是一种集体的经验。这是其首要的特点。在这里，我们会怀疑，安德烈·布勒东的角色不同于人们用赞赏、爱慕或个人仇恨来承认的那个角色。他既不是一个大师，也不是一个向导，既不是一个党派的领袖，也不是一个宗教的掌门，更不是一个凭借其无辜的优势，取代了其他所有人的单纯的主宰者或天才：他建立了一种严密，创立了一种生存，在那里，没有了他，就只有梦想的骚乱或愿望的对抗了。如果他占据了主导，那么，他就通过他的书、他的声望、他的光芒四射的权威置身于团体之外：这是他真正无处不在的方式。但或许，在超现实主义内部，他拥有一个特别的权力：既不是成为那一个，也不是成为其他所有人，而是让超现实主义成为每个人的他者(l'Autre)，并且，在这个被当作一种活生生之在场-缺席(一次以没有彼岸的未知空间为视野的时代之超越①)的

---

① "时代之超越"(au-delàdes jours)的说法，出自布勒东在1925年7月第4期《超现实主义革命》(*La Révolution surréaliste*)杂志上发表的文章《为什么我要以〈超现实主义革命〉为指导》(Pourquoi je prends la direction de *La Révolution surréaliste*)："我们渴望，我们拥有我们时代的超越。"参见 *Histoire du surréalisme* Ⅱ：*Documents surréalistes*，éd. Maurice Nadeau, Paris：Seuil, 1948, 50. ——译注

三　书的缺席　中性片段

他者的吸引下,用最严格意义上的苛刻的友谊(amitié)来经历它:也就是说,把超现实主义的肯定变成一个在场或一件友谊的作品。

那么,超现实主义者只是一群伙伴吗?并且,他们的相互理解,以及他们的分道扬镳,只应被视为人品问题所主导的人际关系的变迁沉浮吗?根本不是。让我们试着更好地理解。超现实主义总是友谊里的第三方,一个缺席的第三项:那种在产生并刺激首创性和吸引力的同时,抹掉了性格的紧张与激情的关系,就由此经过,从中而来。谁缺乏超现实主义(缺乏超现实主义的最冷漠无情的规则和最热情似火的肯定),谁就缺乏这样的友谊,并把自己,不管他是伙伴,还是兄弟,从一切相遇的可能性当中排除出去。游戏的迫切要求,不是以遭到背叛的友谊的名义击中了那些置身于游戏之外的人;毋宁是这个让日常层面上由亲近、相遇和交流所决定的种种关系得以可能或不可能的要求本身,把他们带向了一种严格的友谊,但那样的友谊往往可以撤消,总是缺乏超现实主义的请求向它索要的东西。

让我们换种方式来思考。超现实主义:一个集体的肯定;一种陌异的复多性(pluralité étrange);哪一种?以复数形式存在(être àplusieurs)是困难的。言语还不够,除非一个人满足于它偶尔同意成为的纯粹的絮叨(一个忧郁的不在场证明)。但如此一来,人们为了不说话而说话——更确切地说,人们交流信息,评论事件,准备游行:社交性的一切平庸的形式。我们承认,我们在超现实主义的首创之举——睡眠,游戏,各种各样的体验形式——里,看到了一种全新的交流手段,并且,得益于此,人们能够交流而不经过日常的言语,而不在写作中孤立自己。当然,问题不是一边共同存在,一边消磨时间。交流(communication)——为了运用这个可疑的词语——是同未知者(l'inconnu)的交流。但同未知者的交流要求复多性。

*

让我们继续假设。一种间接的关系,一个不允许自身得到统一表达的关系网络,从未知者——从那既不是纯粹不可知,也不是尚未被认识的东西——当中到来。不管是被称为奇迹,超现实,还是别的什么东西(那无论如何否认了超越性和内在性的东西),未知者激发了(如果它——以何种方式?——得到激发的话)种种力量的一个非共时的整体,一个差异的空间,并且,用第一部超现实主义作品的话说,一个*磁场*(champ magnétique)[①]:它往往摆脱了它所召唤、持守又无论如何保留的路线。所以,超现实主义的肯定肯定了一个多样的空间,这个空间不允许自身得到统一,并且绝不与那些围绕着一个信念、一个理想或一个工作而聚集起来的个体所保

---

① 《磁场》(*Les Champs magnétiques*)是安德烈·布勒东与菲利普·苏波(Philippe Soupault)合著的第一部超现实主义作品。参见 André Breton et Philippe Soupault, *Les Champs magnétiques*, Paris: Au Sans Pareil, 1920. ——译注

持的共同理解相一致。或许,超现实主义的未来就和一个复多性的要求有关:那样的复多性逃避了统一化,超出了全体(同时又假定全体并要求全体的完成),面对着独一无二者,不知疲倦地维持矛盾和断裂。

所以,把这个团体与其他团体——政治组织,宗教派别,学习研讨班,文学或哲学协会,围绕一个名字或倾向而聚集起来的学派,或仅仅为了暂时产生群体神经症并研究它们而形成的团体——区别开来的东西,就是这个特点:以复数形式存在,不是为了实现什么,也没有什么原因(哪怕是一个隐藏的原因),除了通过给予复多性一种新的意义而让它存在。那种意义遭到了所有指示聚集运动的词语的背叛:"集体性","联合","宗-教",以及,尤其是"团体"。让我们说:超现实主义不是一个集体的肯定,而是一个复多的或多样的肯定。①

---

① 正是在阿尔托那里,超现实主义的要求,某种意义上,以自身反对的方式得到了翻转和肯定。阿尔托遭到了驱逐,因为他排斥共产主义意义上的革命(Révolution),甚至更为激烈地排斥所有在他看来被那种对共产主义的拥护以一种渴求行动、渴望直接效力的方式掩盖的东西。阿尔托无法诚实地允许取消他的"无力"(impuissance)——这是其抗议的出发点——和他的孤独——对他而言,没有了孤独,就没有了交流。他如何让自己进入其自身的超越? 他只能凭借无力。那么,这样的无力不能让自身因为追求一种补偿的结果,而从其自身的"力"——极点——中转离。"正是为了拒绝让我进入我自身的超越,为了要求我周围的沉默,为了在思想和行动中忠于我感到是我深处的东西,忠于我那不可宽恕的无力,诸位先生才把我在他们中间的在场判定为不合时宜。但对他们而言首先可以谴责的亵渎神圣的事情似乎是我渴望独自承担那个为我自己规定界限的使命……"所以,(转下页)

*

这场永恒的肯定、威慑和分裂,首先涉及语言("因此人们不应对超现实主义最初只置身于语言领域而感到惊讶"①)。不是因为超现实主义者只是顽固不化的文人,而是因为,言说,也就是,书写,假定了这个空间,正如生存——欲望——每时每刻根据那些首先是由社会提供给人的存在条件来释放它或控制它。超现实主义——"人们不应感到惊讶"——就这样遭遇了书写,并通过这场遭遇定义了自己。但那是另一类书写。最初的"纯粹超现实主义"的证明,是由一个双重的书写运动以一种无名的方式生产出来的;那个书写的运动只有一

(接上页)这样的无力不是纯粹的否定;它把自身肯定为了一条规定界限的界限。阿尔托必然从超现实主义当中被排除了,他是缺席——安德烈·布勒东把这样的缺席形容为抽象的,而阿尔托把它形容为残废的、虚弱的、反常的和卑污的——这缺席总让超现实主义的复多性显得起伏不平,并阻止它成为纯粹的在场,使之必然"处在深渊的边缘"。(引文出自阿尔托 1927 年的文章《漫漫长夜或超现实主义的虚张声势》[A la grande nuit ou le bluff surréaliste]。参见 Antonin Artaud, *Œuvres complètes*, tome I**, Paris: Gallimard, 1976, 60. ——译注)

① 人们知道,但也忘了,超现实主义和马拉美一样,把权力还给了语言:"语言能够并且应该从对它的奴役中挣脱出来。""我们世界的平庸本质上难道不依赖于我们的陈述权力吗?""社会行动的问题不过是一般性问题的某种形式罢了,超现实主义将提出这个问题当做是自己的责任,这正是人类以不同形式来表达的问题。"(正文的引文和注释的第三段引文出自布勒东的《超现实主义第二宣言》。参见安德烈·布勒东,《超现实主义宣言》,袁俊生译,重庆:重庆大学出版社,2010 年,第 158 页。注释的第一段和第二段引文出自布勒东的《破晓》。参见 André Breton, *Point du jour*, Paris: Gallimard, 1992, 24, 23. ——译注)

个目的,即释放一个由所谓的自动书写所肯定的空间——*磁场*——而安德烈·布勒东不顾一次次的失望,通过一种对它所激发的根本变化的深刻理解,始终合理地认为,这就是本质的创举,开创的决定。"语言就是给人拿来作超现实主义用的。"①自动书写(écriture automatique),摆脱了逻各斯的逻辑,拒绝一切把它置入作品并使它可为一件作品所用的东西,它是思想的悖论,也是肯定它的肯定,它总已不经抄录地得到了铭写,不留痕迹地得到了描绘:引用原文。

由此产生了一个必然矛盾的表达网络。这是其中的一些。思想口授。自动口授(dictée automatique)并不意味着用言语重复所思之物,而是意味着:(1)思(penser)总已经是言(dire),它指示了那提前把自身命定于书写的东西。(2)关键是思想("思想的真实作用"②),而不是一个思考的自我;因此,这样的言说没有任何的禁止,没有任何对独一无二之言说权力或能力的指涉,并不从主体的首创精神中获取资源,而是拒绝才能的概念,同样也拒绝巨作(杰作)的概念,还有作品的概念,文化的概念,甚至阅读的概念。因为书写不是阅读,不是供人阅读或显得可读:没有人预先知道自动书写是否会处在纯粹不可读性的层面。(3)思想的真实作用。当"真实"

---

① 出自布勒东1924年的《超现实主义宣言》。参见安德烈·布勒东,《超现实主义宣言》,第40页。——译注

② 出自布勒东1924年的《超现实主义宣言》。参见安德烈·布勒东,《超现实主义宣言》,第32页,有改动。——译注

（réel）一词涉及超现实（surréel）的命题时，它是最不幸的。当它进一步涉及思想的漠然游戏①时，"真实"必须与那个更加确切地定义它的表达联系起来。这样的漠然（désintérêt）意味着，外在的关注——审美的关注（说得好），道德的关注（做得好，想得好）——遭到了废除，然后，一切在审查的保护和压抑的担保下建构自我的东西也随之遭到废除。漠然的游戏是纯粹的激情，是在欲望的诱惑下持立的思想，如同那无法显露之物的强度。但真实？本真的思想？未经变形，未遭封闭，未受异化？原始的思想？真实，这就是超现实主义适用于对直接者（l'immédiate）的探究时所冒险服从的诱惑。安德烈·布勒东用一种极为谦虚的语气说："同我本人相比，我的思想更为可靠，我越来越相信这一点，而且这是千真万确的。尽管如此，在这个思想的书写里，人们受来自外部干扰的摆布，因此会产生出'兴奋状态'。人们也许会名正言顺地将那兴奋状态掩盖起来。按定义，思想是有分量的，是不会犯错误的。"②按定义——但思想何时等同于它的定义？它何时是本质上有分量的东西，何时是不会犯错误的力量，何时是这样的能量：它不仅转入了书写，而且在书写中消散，成为书写在其无限性当中的运动？因此，一个人能够肯定思想"存在"或"真实"吗？

---

① 出自布勒东1924年的《超现实主义宣言》。参见安德烈·布勒东，《超现实主义宣言》，第32页，有改动。——译注

② 出自布勒东1924年的《超现实主义宣言》。参见安德烈·布勒东，《超现实主义宣言》，第30页，有改动。——译注

这些词过于脆弱,无法指定一个有分量的、不会犯错误的思想,因为它们仅仅把我们带回到了那将在超现实主义内部不断地遭受审判的东西:不只是粗俗的现实主义,更是经验主义,还有从经验主义而来的一切惯用的经验形式(超现实主义的一大创举恰恰是把经验主义和经验、现实和认知分开)。

然而,真实一词的模棱两可和直接者身上看似容易的东西,将对自动书写和连续性的要求之间确立的关联负有责任。仿佛思想,无穷无尽的喃喃低语①,一种均匀地、不间断地生成的自身在场,一个从清醒到入睡,总在说话、总待聆听的声音,不停地交流,不停地处在同一切的交流之中,处在同一切的连续性之中。而当一个人谈论真实的时候,他如何想象,存在之物里会有漏洞,宇宙中会有一种缺失,一种不会让自然感到厌恶的虚空呢?由此产生了一种我们只是刚刚开始摆脱的连续性的意识形态,而超现实主义(被某些人贬低为柏格森主义)与其说对该意识形态负有责任,不如说是它的牺牲品,正如弗洛伊德,以及那么多科学的、政治的和社会学的观念,是它的牺牲品一样。这样的意识形态不难总结,因为它包括两个命题:世界——真实者——是连续的;不连续者就是连续者,比如它回到了人,人没有充分的手段来认识它并形成表达。连续者返回了存在的完满;不连续者来自认知,我们的贫困之标

---

① 出自布勒东1924年的《超现实主义宣言》:"你们可以指望喃喃低语的无穷无尽的特性。"参见安德烈·布勒东,《超现实主义宣言》,第37页。——译注

记(然而,更严格地说,连续者和不连续者是不同问题式的符号:一者把现实偷偷摸摸地等同于一个模型——连续者——它不把这当作一个模型,而是当作唯一真正真实的东西;另一者肯定了认知不是存在的更改或缩减,不是存在减去什么,而就是减号;它在语言和思想的确定条件下得以释放,产生了这个新的模态,这个根本的变化,这个惊人的加号,那其实是言语的效果,一种还从未被人知道的知识)。

安德烈·布勒东说得不错:"超现实主义的声音将来也许会安静下来,我不再致力于去算计自己失去了多少东西。"[1]流动,词语的线性连续,不间断的诗歌,将被归入超现实主义的请求,并由此冒险挫败对一种肯定的探寻。这种肯定同未知者,同那不被统一性所度量的东西保持着一种遥远的关系:那样的东西哪怕内在于统一,也往往超出了、扰乱了、撇开了全体。

*

自动书写:一种没有书写者的被动(passive)的书写;也就是说,一种纯粹激情(passion)的书写,它是无差异的,因为它自身承担了一切的差异;它是思想的书写(而不是被书写的思想[2]),它没有任何的主宰,因为它排除了统治;同样,它拒绝了

---

[1] 出自布勒东1924年的《超现实主义宣言》。参见安德烈·布勒东,《超现实主义宣言》,第53页。——译注

[2] 另一个无论如何相同的公式:"超现实主义是被否定的书写。"(这是1924年12月超现实主义研究办公室[Bureau de recherches surréalistes]印制的纸页上的宣传口号。——译注)

被置于游戏之中的任何可能性,除非是作为思想的漠然游戏,并且,那是无所再现的思想,一个进行游戏并允许游戏的偶然在场。

游戏(jeu):这个词指定了唯一有价值的严肃之事。游戏是一种挑衅:通过它,允许自身陷入游戏的未知者能够进入关系。一个人玩弄过未知者,也就是说,玩弄作为赌注(enjeu)的未知者。偶然(le hasard)是标记。偶然在一场相遇中被给出。偶然之事,把那不被发现的东西,把那只在相遇中才被遇到的东西,引入了思想,也引入了世界,引入了思想的真实,也引入了外在的现实。那么,自动书写就是未必可能者的准确无误:一个按定义不停地发生的事情,但又只是例外地、不确定地发生,外在于一切的允诺:它每时每刻发生,但又只在一个不可能确定的时刻,在一个惊奇的时刻,发生。

所以,通过偶然,一种不再以连续性为基础的关系就产生了出来。安德烈·布勒东和保尔·艾吕雅(Paul Eluard)在他们合写的一篇论诗歌的札记里说:"被创造的正是缺漏和空白。"①他们由此让一种均质的完满的观念失去了影响:那种均质的完满在某种意义上会被真实地传输到语言里,而语言也

---

① 即便他们是出于游戏的意图才这么说。瓦莱里:"在创造的正是缺漏和空白。"(布勒东和艾吕雅的话出自1929年的《诗歌札记》[Notes sur la poésie]。参见 Paul Éluard, *Œuvres complètes*, tome Ⅰ, Paris: Gallimard, Bibliothèque de la Pléiade, 1968, 475. 瓦莱里的话出自1929年的《文学》[Littérature]。参见 Paul Valéry, *Œuvres*, tome Ⅱ, Paris: Gallimard, Bibliothèque de la Pléiade, 1960, 547. ——译注)

会直接地给出那样的完满供人阅读。断裂、缺漏、空白：这就是我们通过诗歌的不可通达性而进入的文本织物（内部织物，外部织物，"毛细组织"①）。对直接者的探寻，对仔细地相互矛盾的各项的探寻，途经了间接者。② "我说过，不论主观情感是多么强烈，它并不是艺术的直接创作动力，只有当主观情感模模糊糊地释放出来，并融入感情的本质之中时，它才有价值，因为艺术家往往都是在感情的本质之中汲取灵感的。"再往后一点："……只要避免情感进程直接传递的倾向。"（《当今艺术的政治立场》）③

*

当我们回想《娜嘉》（*Nadja*）、《连通器》（*Les Vases communicants*）和《疯狂的爱》（*L'Amour fou*）时——它们当然是由安德烈·布勒东写下的并从他自己出发的，但它们处在了这样的保留下，即超现实主义把自身插入其中并在那里把自身

---

① "毛细组织"(tissu capillaire)的说法出自布勒东的《连通器》："如果一个人超出了表面上产生的非凡且令人不安的沸腾，那么，就有可能揭示一种毛细组织，忽视了这个组织，一个人就将徒劳地想方设法描绘精神的循环。该组织的作用，正如人们已经看到的，是确保思想中应当产生的外部世界和内部世界之间的持续交换。"参见 André Breton, *Les Vases communicants*, Paris：Gallimard, 1996, 163. ——译注

② 安德烈·布勒东很好地谈到了"对惊奇的找寻"："惊奇应为了它自身而被无条件地找寻。"(出自布勒东的《疯狂的爱》。参见 André Breton, *L'Amour fou*, Paris：Gallimard, 1976, 122. ——译注)

③ 出自布勒东1935年的《超现实主义的政治立场》。参见安德烈·布勒东，《超现实主义宣言》，第223—224页。——译注

宣告为一种不可能独自承受的危险——我们很快就发现了它们所代表的改变。一方面，它们拒绝小说的体裁，因为那一体裁无所发明地发明，另一方面，它们也拒绝其他任何体裁，因为那些体裁不仅无所发明，而且不说实话。安德烈·布勒东想要回应的不是一种审美的关注，而毋宁是他所考虑的一种更为决定性的突变。在这个意义上，《娜嘉》是一场伟大的冒险，而我们还远远没有考虑它向我们要求、向我们允诺的一切。

首先是这样的困难：文本（让我们称之为记述）处在了争执的秩序里。那里发生的事情已经实际地发生。某件发生的事情发生于一个偶尔由日期所指明的时间（如同一个人撕下了日历的一页）和一个由照片所呈现（同时避开了言语波动）的地点。记述排除了虚构，它属于"那些像大门敞开一样的书籍，在那些书中，我们无须寻找什么进入书中世界的密码"①。因此，一切是简单的：作者让我们知道了其生命的一个特别重要的时刻，也就是说，重要的是真实的事件，而书就是对事件的"诗意"回想。或许，凭借如此的简单性，凭借这种会在某些时刻成为其特权的不可思议的透明性，安德烈·布勒东已经接受了事物的这样一个版本。但甚至在接受的时候，他也没有表示赞成，他的书同样没有。我们说：一个真实的事件，但

---

① 参见安德烈·布勒东，《娜嘉》，董强译，上海：上海人民出版社，2009年，第36页。——译注

哪一种？例如，它已被人经历并继续被人经历，只能在书写的运动所敞开的空间里找到它的位置（人们会说，一本书，一本简单的书：没错，但那既不是虚构的书，也不是传递信息的书；所以，从这个角度看，那已是一本他异的、缺席的书）。这个事件就是相遇（rencontre）。同娜嘉的相遇是同相遇的相遇，一次双重的相遇。娜嘉自然是真的（vraie），更确切地说，她不是真的；她与一切可以阐释的真理（vérité）保持分离，她仅仅意指其在场的无所意指的特定性——而那样的在场就是相遇的在场：偶然地产生，偶然地再次开始，虽危险而迷人，但最终消失于它自身，消失于理性和非理性之间由偶然所打开的那个可怕的"之间"（entre-deux）。然而，这场必定是在世界的连续性当中发生的相遇恰恰以这样一种方式被给出，使得它打破了那种连续性并将自身肯定为断裂、间隔、停止或敞开。这个真实的年轻女子没有名字，衣着寒酸，走路时头仰得很高，那么纤弱，行走时，好像几乎不触及地面。① 描述的现在时不是为了再现她，而是为了用一种尖锐的方式强调在场的"登上舞台"②，也就是，一个单纯在那里，没有辩护、没有证据的东西的"登上舞台"：从那个东西出发，真实的和在场的事物的状况将会最终或暂时地发生改变。仿佛相遇——偶然，尼采的偶然，马拉美的偶然：要么是现实的多个层面，规定的多个体系，外

---

① 参见安德烈·布勒东,《娜嘉》,第79页。——译注
② 参见安德烈·布勒东,《娜嘉》,第77页："所以现在再不要拖延,该让她登上舞台了。"——译注

部和内部，或认知的各种领域之间的空隙；要么是对统一性的不可能的回归和差异的矛盾地独一无二的显现（在一个时刻，一个地点，一下子给出）——在事件的世界里敞开了一段没有尽头的距离，而这段距离内，以一种唐突的方式，仿佛闪电一般（马拉美语）发生的东西，就是未发生者（l'inarrivée）本身。但这相遇的未发生，这不可能解开的空间之结（并且，当它的中心是空无，是让一切声称要填满它的东西显得多余的空隔时，就愈发地不可解），乃是一个空间：在那里，书写维持、展开并重新折叠了超现实主义在某种意义上自觉地托付给它的差异——本质的复多性。如此（不管怎样）以至于同娜嘉的相遇，同一个真实的女人，一个真实地献身于所谓疯狂的非现实的女人的真实相遇，在一个毁灭性命运的光辉中，仿佛被提前命定于书写的要求，而生命的这个奇迹一般的时刻——那绝不会被人掷下两次的骰子——在一篇初步的记述（Récit）里被押上了赌桌，并命中注定地失去。记述的主宰——正如他清楚地知道的——绝不是安德烈·布勒东：布勒东只是他自己恰好错过的那个陷阱的诱饵罢了。

*

相遇：没有到来的到来者，那总是从正面出其不意地靠近的东西，那要求等待并被等待所要求，但又不抵达的东西。即便位于内在性的最内在的中心，它也往往是外部的打断，是撼动一切的外在性（extériorité）。相遇刺穿了世界，也刺穿了自我；而在如此的刺穿中，所有没有发生地发生（以未发生者的状态发生)的事情,乃是正面无法写下(écrire)的东西的不可能经历(vivre)的反面,一种双重的不可能性:它必须通过一个增补的行为——那是一次弄虚作假,一个谎话,也是一种疯狂——发生变形,以便适应经历和书写的"现实"。正如一个人声称要把死亡置于游戏当中——因为,相遇的最为可靠又最不确定的形式,当然是死(mourir)的窃逃。

相遇遭遇了我们(Le rencontre nous rencontre)。"客观的偶然"[1],意外的必然性,在黑格尔的意义上,当然不足以说明这句话的关键之所在。正如在黑格尔的总体性当中,分开的东西——对立项——给出了一种内在同一性的证明并宣布了最终的同一化,时间不过是从第一种简单性到第二种简单性的过渡而已。那么,同样,不同的因果性组成的链条建构了一个没有关系的序列,并在某一个点上相交,而那个点看起来是偶然的:因为,即便这些因果链是无论如何理想的,从不陌异于统一性的原则(统一性的原则把它们的巧合变成了一种一致性的承诺或一种协调性的提示,而不是一种不可还原的陌异性),那个点还是缺乏能够规定它的整体的认知。

---

[1] "客观的偶然"(le hasard objectif)这一说法,参见布勒东1935年的《客体的超现实主义状态》:"我在《娜嘉》、《连通器》等作品以及随后的谈话中都曾提到过这种巧合……目的,就是要从全新的敏锐感提出客观偶然这个问题,换句话说,这种偶然不可思议地表现出某种令人难以理解的必然性,尽管人确实是将其当作一种必然性去感受的。"选自安德烈·布勒东,《超现实主义宣言》,第275页,有改动。——译注

相遇遭遇了我们。让人惊讶的不是——就像库尔诺①在一个课堂上流行的定义里说的——两个独立的系列（瓦片，行人）从最遥远的未必可能性中突然出现，通过其条件的独立性而碰到一起；②甚至不是假定的结局——死亡——在被人严格规定的同时，本身仍没有任何固有的规定，没有任何能够说明其意义的规定。或许，有必要换种方式来表达（但说的是同一件事）。相遇指定了一种新的关系。在交汇点——独一无二的点——上，来到关系之中的东西仍然没有关系，而由此表露的统一性只是不可统一者的令人惊奇（出乎意料）的显现，是无法一起存在的东西的共时性；从中，我们有必要冒着毁灭逻辑的风险推断出：汇合（jonction）发生之处，恰恰是分裂（disjonction）支配了统一的结构并让这个结构支离破碎。所以，偶然——意外——并不只是质疑两个分属不同秩序的规定（一个是因果性，一个是目的性）或两个各自独立且性质有别的系列（自然，历史）。这两个系列，无论同质与否（问题会是两种

---

① 安东尼-奥古斯丁·库尔诺（Antonie-Augustin Cournot，1801—1877）：法国数学家、经济学家、哲学家，数理统计学的奠基人，库尔诺模型的提出者。——译注

② 这个例子出自库尔诺的《唯物主义、生机论、理性主义：关于科学知识在哲学中的运用的研究》："一片瓦从屋顶上落下，不论我是否从街上走过；导致瓦片坠落的原因和那些让我走到家外寄信的原因之间没有任何的关联性、连带性、依赖性。瓦片落到我头上……这是一次意外的或偶然地发生的相遇。"参见 Antonie-Augustin Cournot, *Matérialisme, vitalisme, rationalisme. Études sur l'emploi des données de la science en philosophie*, Paris: Librairie Hachette et Cie, 1875, 306. ——译注

自由，即娜嘉和她的伴侣的相遇），在它们相交的点上不再如此。正是各个现象的这种异质性，正是它们在其交汇处的这一根本的距离，认可了其差异的光辉。或者，换种方式说：无限的外在性，在场的统一性所给出的东西的非同时代性，就是偶然的奥秘，其启示的元素。

所以，相遇指定了一种新的关系，因为在巧合的点上——那不是一个点，而是一段间距——介入（intervenir）的东西，恰恰是非巧合（它在"到来之间"[l'inter-venue]肯定了自身）。

回到那个迷惑性的例子——瓦片，行人——上：有一个现实的层面，在那里，两种运动，下坠的运动，经过的运动，只是两条发生了交汇的轨迹。那么，在这样的图式里，下坠的东西从不杀死任何人，因为死亡的观念没有在那里被人发现。换言之，对象本身从未抵达行人本身，而只是随便一个运动的东西；它在别处，在另一个时间里，那时，行人经过并死去，在固有的意义上，偶然地死去：偶然地，仿佛掷完了一轮骰子，而结果对他不利（假定死不是他想要的）。一个奇怪的表达法。让我们暂时接受它。其优点是表明了一个空隙：那个空隙，甚至在两个场域发生重合的时候，也让它们保持距离。因此，正是这个空隙引入了偶然的思想，而被人称作致命一击（coup de sort）的必死的可能性，就出于填补的目的，反反复复地留在了这空隙里。那么，如此一来，为了杀死一个人，就必须有：(1) 一个确定的起因；(2) 一个确定之起因的缺席，并且，往往正是起因的缺席导致了死亡，正是这样的缺失意指着连续性的断裂。

三 书的缺席 中性片段

所以，偶然：消除确定的不确定者。

正是在这样的缺失中，晦暗的欲望，那无法将自身实现为欲望的欲望，寻找并发现了它的位置。任何人都会不禁地相信：在清晰的意图逃离了的地方，恰恰是欲望的隐秘干涉得到了宣示，它在事后声称拥有必然性，仿佛它曾提前亲自确立并安放了它。偶然即欲望（Le hasard est désir）。这要么意味着，欲望欲求意外之物当中的偶然；要么意味着，欲望引诱偶然，好让偶然不知不觉地相似于被欲望者——因此，一种魔法的形式，这种形式在某一时期内就是超现实主义的诱惑。但娜嘉恰恰从魔法的调解中撤出，正如她躲避了爱欲的触及。这就是为什么她的冒险是最具决定性的冒险。迷人的谜点：她的伴侣，那个在她身边走着的人，无法在她的在场所散发的魅力中随她一起得到理解。

*

在相遇当中，有一种不对称，在面对面的"各项"之间，有一种本质的不协调。那从正面靠近的东西也发生了绝对的偏转。它出乎意料地到来，既随意，又必然：必然性的随意性，源于等待（attente）的意外（inattendu）。"我不知道为什么，我的脚步总是将我带向那里，几乎总是毫无目的地走到那里，没有任何东西决定我这样做，除了这一冥冥之中的已知数，也就是说，这事（？）会是在那里发生。"[①]这事（？），对相遇当中存在的

---

① 参见安德烈·布勒东，《娜嘉》，第52页。——译注

东西的具体说明：未知者的中性（le neutre de l'inconnu）。未知者的中性总在相遇里游戏，它允许相遇到来，只是为了迅速地把它的完成当作赌注。这是让人气喘吁吁、筋疲力尽的追求。娜嘉总被人遇到，总有必要重新开始遇到她，总在她献出自己的那一刻摆脱她；她允诺了逃离，乃至允诺了她的消失，那样的消失和她的显现一样不确定，甚至更加隐晦：消失没有废除事件，而是在相遇的相同空间——虚位（non-lieu）——中发生（avoir lieu）。

由此产生了这个思想，这个发出追问的希望：娜嘉，这个名字只是半个名字，给予了自己一副面容，一把嗓音，一个在场，难道不会是未知者本身，不会是犹豫不定的这事（?）吗：它在世界之中打乱了世界，允许自身得到证实，好让超现实主义的肯定显得公然地可感和真实？这会是如何简单，而一个人会如何清楚地明白，为什么安德烈·布勒东愿意相信这个，也愿意让她相信这个——但他白费力气：未知者从来只是一个第三者，也就是说，不到场的，往往外在于那个似乎显示了其轮廓的视域，总是有别于那个让它对认知而言显得谜一般的谜题。在被如此献出的关系里，双方都没有遇到他们所遇到的东西：对她来说，安德烈·布勒东是一个神，是太阳，是斯芬克斯身旁被闪电击中的黑暗之人[①]；对布勒东来说，她是空中

---

① 参见安德烈·布勒东，《娜嘉》，第121—123页："她，我知道她是把我看作了神……相信我就是太阳……我记得出现在她面前，就像一个被击倒在斯芬克斯怪脚下的人一样，又黑又冷。"——译注

飞翔的精灵①,是富有灵感、给人灵感的东西②,是总在离去的人。未知者就这样获得了它的特点,也就是,美和高度,那样的高度把它固定在了某个——既令人安心又令人振奋的——非现实层面。但娜嘉也应是 D 小姐,她喜欢闲聊,坚持不适当的卖弄风情或那种无法完好地呈现其尊严的低卑可怜的冒险,她,简单地说,是一个"堕落"的人;而未知者,或许恰恰是在这个离它的体验最近的时刻,逃离并撤消了自身,没有留下任何的踪迹,只留下了那已被打乱的日常性(于此到来的"打乱"[dérangement]一词,在最令人印象深刻的流行的意义上,通过完成对事件的改动而恰当地命名了事件)。

这一切意味着什么?分歧(mésentente)——让我们把所有那些试图用性格的差异,甚或用主导者的人品所导致的事件之胜任上的无能,来说明它的东西,迅速地撤到一边——不是一场在别的方面不可思议的相遇的一个偶然而令人遗憾的效果;分歧是它的本质,并且,可以说,是它的原则。在一个没有可能之分歧的地方,一切发生的东西都外在于理解地发生,并因此让人着迷——可怕或不可思议——并且,除了关系之缺席的亲密,就没有别的任何关系;正是在这里,相遇的经验展开了其危险的空间:一个未被统一化、未被合法化、没有路

---

① 参见安德烈·布勒东,《娜嘉》,第 121 页:"我把娜嘉视为一个自由的精灵,就像那些空中飞翔的精灵。"——译注

② 参见安德烈·布勒东,《娜嘉》,第 125 页:"那个最有灵感、最给人灵感的尤物。"——译注

线的领地,在那里,生命不再从真实的层面上被给出,同样,书写,这一生命的同谋,也不再呈现于那明确地表达真实之物的语言。经验(expérience)——危险本身:因为这道裂隙,生命,根本没有在一个活生生的人身上打断自身,好让那个人像优秀的作家一样完成他的作品,而是在某种意义上翻倍了,以便将自身暴露给这样的打断;所以,它在一瞬间摆脱了其稳定性和安全性的条件,也就是说,摆脱了它的秩序和未来——正如摆脱了它的当下和过去——以至于一个人会体验到它,而(由于它只关乎一种燃烧着的非在场和一种强烈的缺失)无法声称体验了它:书写之人接受并保持这样的打断,却不知道,对他而言,从中发现的沉默——但那是沉默吗?——是否一开始就在生命的这个被悬置、被抬高的瞬间,被给予了他,或者,相反,他的书写是否只是为了让那样的沉默出现,因为没有沉默,相遇——它发生了吗,它会发生吗?——就会失去一切可以交流的现实。

所以,这样的经验不只是实验(关于生命的书写行为),更是对那个不服从经验秩序的东西的体验,而那个东西并不采取一个新秩序的形式,它将自身持守在两者之间——介于两个秩序、两个时间、两个意指系统和语言系统之间;所以,它是对一个东西的考验:这个东西既不在世界的安排中给出,也不在作品的形式里给出,而是从真实出发,将自身宣告为打乱(dérangement),从作品出发,将自身宣告为无作(désœuvrement)——它是生命的实践,书写的实践,从中,我

三 书的缺席 中性片段

们相信自己认出了超现实主义计划的一个显著特点。

*

打乱(或作为间歇之能量的生成)在工作(à l'œuvre),而不产生作品(œuvre)。它不外在于可以确认的东西,但对它的确认总是对匮缺的确认。所以,确认它不体现为观察它,就好像它被刻入了一个可以感知的世界状态,一个在客体中被献给凝视或在主体中被献给内省的现实本身。打乱是不可见的。这意味着,它挫败了光(lumière)所看似准许的直接关系,那样的关系不当地组织了认知,正如它根据视觉和待看之物的模型还原了一切的言语。这也意味着,它从不混同于它所遗留的踪迹或那承担它的现象——踪迹、现象总属于这个时间或那个时间,这个体系或那个体系。当人们确认它的时候,它往往外在于确认;当人们让它言说的时候,它往往回到了一种"无言",这样的"无言"无论如何是语言,因为语言只有在它自身之前,或从它自身当中挣脱了,才能言说。"它打断了自身""它偏转了自身"仍是伪命题,因为它们所给出的打断是一种对现象的神秘而次要的逃脱,因为它们把这样的逃脱或迂回变成了一个和在场一样总已经受到控制并且井井有条的秩序的——哪怕缺席了的——现象。

无作在工作(Le désœuvrement est à l'œuvre),而不产生作品。由此,如果我们分析作品,如果我们评论作品,我们就倾向于要么把这个运动规定为一个新秩序的本源性,一种同另一和谐决裂了的和谐,要么将它把握为作品之产生的自主原则,作品的正在运作的统一性:无作总外在于作品,它是一个不让自身被人置入作品的东西;那种往往打破统一的无规律性(非结构)让作品和某种他异于自身的东西发生了关系,不是因为它说出或陈述(背诵、重复)了这个他异之物——"真实"之物——而是因为它只有通过那段距离,通过那样的差异,通过词与物、物与物、言与言之间的那场游戏,才在说出这一他物的同时说出了它自己。这个差异的外部使得真实(le réel)看起来从来不在真实的东西里,而是在那种制造并改变真实之物的知识里,所以,真实往往更多地出现于作品的话语而不是生命;可一旦我们拥有了它,那么,似乎正是生命(通过它所代表的那个与它声称的模型,也就是,与作品相对立的外在性)持有了无作的时刻,并摆脱了它在作品的关系里突然产生的东西。

所以,超现实主义(surréalisme)的超现实,或者,超真实(surréel),或许就作为这个差异的之间(entre-deux),作为一个无限复多的领域,作为一个由无规律性所决定的弯曲点,被献给了未来。超真实不是一个区域,它不被定位:它不在真实当中,不在真实之上,不在理性之上非理性当中,或意识之下无意识之内;它也不是这些无法调和的可能性的总是尚未到来的调和。超真实会试着为其自身建构想象的客体,在边缘处指示自身,发现自身通过令人震惊、令人着迷的东西,接近了奇异之物。这些指示仍然只有一种远离的价值,如同对不当之举的提醒:那些不当之举不仅把打破恰当之举的规则当

三 书的缺席 中性片段

作它的规则,而且无法通过形式的呈现来适应自身、关涉自身或遵从自身。不一致者,无关涉者,正是这些东西让超真实根本地改变了它所游戏的我们所谓经验的意义,它不仅把经验与一切的经验主义分开,而且让经验同时触及了一切:生命,知识,思想,言语,爱情,时间,社会,还有一切本身;它质疑一切(把一切从一切的秩序中抛出),不是凭借狂风暴雨的混乱,或纯粹心血来潮的否定,而是凭借这种协调一致又未经协调的探寻,如此的探寻仍然没有把握,没有担保,因为它瞄准了一个永远他异的他者(l'autre toujours autre),一块既无统一也无路线的领地:那领地,虽就在那里,却从不被给出,仍有待敞开,一旦敞开,就向危险和奇迹敞开——然后再次封闭自身,或许总已被再次封闭了,基于一个新的秩序,一个传统,一个新的文化,或者,为了紧紧地抓住这些特定的命运,对娜嘉,是基于精神病院,对安德烈·布勒东,是基于一本书当中掩藏着的这本书的缺席——这篇曾被逝去的她所期望的"记述",根据她的欲望,这篇"记述"不应承担作者的名字,而应承担火的名字,因为"当心:一切都会变弱,一切都会消失"[1]。此时此刻,人的名字也开始遭到抹除,它独自漂游,远离我们的理解,无视我们的追忆,陌异于一切的赞美,拒绝成为一座设计好的墓碑上这个荣耀的名字,它已然太过未知(inconnu),以至于让自身被超现实主义的无名力量所承担:从未消逝的足迹。

---

[1] 参见安德烈·布勒东,《娜嘉》,第112页。——译注

*

《娜嘉》：我们不能远离这本书，一本"永远是未来"[①]的书，这不仅是因为它为文学敞开了一条新的道路（当未来的未来孤注一掷的时候，人们如何满足于这样一种革新?），或许更是因为，它从此把那个抓住作品之缺席（这样的缺席也将自身指定为了作品的中心）的使命托付给了我们每一个人，让我们有义务从一切书写所承担的缺陷出发，着眼于匮乏，来检验所写之物。如此的缺席——那种让它偶然地成为必然（和在场）的书写之思想已经对准了它——改变了每一本书的可能性，把作品变为了那个在它更改思想、话语和生命的关系时，总应自身无作（se désœuvrer）的东西。

"生活他异于人们之所写。"[②]这样的他异于（autre que）如何在《娜嘉》中显现？不是通过这句话，而是通过缺漏，通过沉默，通过一种不可能性：即人们说不出危险的挑衅在哪里得到了揭示。分歧——打乱的别名——是标志之一。还有这谜一般的暗示："不论我有多大的愿望，也不论我有多大的幻想，也许我并没有达到她向我提出的东西的高度。但她又提出了什

[①] 出自保尔·瓦莱里的长诗《海滨墓园》（Le cimetière marin）："震响灵魂里永远是未来的空洞"（Sonnant dans l'âme un creux toujours futur）。译文参见《卞之琳译文集·中卷》，合肥：安徽教育出版社，2000年，第232页。——译注

[②] 参见安德烈·布勒东，《娜嘉》，第86页："生活与人们所写的东西是两码事。"——译注

么呢？无所谓了。"①在这里,作品发生了转向,一个人甚至可以说,作品缩短了,只要他从如此的停滞里听到了作品在完成自身和瓦解自身之前持留的东西。接着,疯狂到来("几个月前,有人告诉我……"②),如此的疯狂在社会授予自身反对她的追捕权利里受到了质疑,而那个权利,既没有在疯狂的揭示力量中遭到拒绝,也没有在疯狂或许意指的精神损坏中遭到排斥。然后是最终的疑问:"是谁？是您吗,娜嘉？……难道只是我一个人？难道是我自己？"③这么奇怪,这么变异,以至于通过回音,回应了书的开篇之词"我是谁？"④,使得整个记述不过是同一个在其幽灵般的差异中得以维持的问题的翻倍。最后发生了最令人惊讶的事:书一边结束,一边重新开始,而这只是为了摧毁自身,用另一个形象来模糊娜嘉(从理解中被排除了的人,谜一般的过客),那个形象被称颂为唯一活着的,因为它被爱并因此摆脱了谜。这是最令人不安的背叛,焦虑的尝试:即让那个总在划分时间、转离生存的东西,让那个事实上把自身从一切记忆、一切得以亲历一次的可能性当中排除了的东西,让相遇,也就是,让出现-消失(apparition-disparition),让那个最为危险的空间从时间的生命和生命的生命中消失。正是通过如此的出现-消失,通过这一危险的召唤,娜

---

① 参见安德烈·布勒东,《娜嘉》,第 146 页。——译注
② 参见安德烈·布勒东,《娜嘉》,第 147 页。——译注
③ 参见安德烈·布勒东,《娜嘉》,第 154 页。——译注
④ 参见安德烈·布勒东,《娜嘉》,第 29 页。——译注

嘉才依旧是超现实主义之未来的标志：不再是一个书名，而是孤注一掷的明日（demain joueur），一个意外，当没有时间，只有时间之间（entre-temps）时，它总要撕碎书，打破知识，乃至扰乱欲望，把书、知识和欲望变成一个对未知的回答。

*

让我们用一道线痕孤立出几个名称，几个逃避一切概念化的概念。

无作，作品的缺席。正如米歇尔·福柯（Michel Foucault）用最强有力的观念提醒我们的，作品的缺席被当前的意识形态用来指定"疯狂"，也就是它所排斥的东西。但被关在精神病院里的作品之缺席，也往往在作品中遭到禁闭。如果作品从作品的缺席出发得以制作，那么，它就不会停止，直到它把这样的缺席还原为了无意义，或者，更糟糕地，直到它让这样的缺席适应了一种新秩序的理解，一种新协调的和谐。然而，作品的缺席总在作品之外传唤作品，它总是徒劳地把作品唤向其自身的无作，并让作品再次传唤自身，哪怕作品相信它已看到了它必定包含而不努力排除的"外部"。作品的缺席，理性和非理性之间的意外，不是"疯狂"，但疯狂扮演了和作品一样的角色，因为，就像作品允许文学一样，它允许社会将——无害的，无辜的，冷漠的——作品的缺席，拘留在一个经过隔离的空间的坚定界限内。

打乱，混乱。超现实主义总已把自身当作一个颠覆的运动（安德烈·布勒东："只有一个更为解放的运动诞生了，超现实主义才会灭亡。"①更为解放的运动:换言之,超现实主义本身),当然不无道理。但这几乎还不足以让我们把握它的真理,或这样的事实:当它和一切发生关系的时候,它不能满足于它无论如何用各个可感的点上一场精力充沛的斗争和一个个往往坚定的决断,从社会和政治方面来要求的这一切——这一切的完成,作为一切的人。超现实主义不是一种哲学的话语,不是一个政治的行动,不是一种颠倒的道德,或一场文学更新的事业。它也不是这一切的总和:如果它和一切发生了关系,那么,就一切而言,它没有明确的对象,甚至不把这一切当作对象。超现实主义的经验(在我看来)对准了一个分散点,从那个点出发,一切的认知,作为生命的一切有限的肯定,逃避了自身,以便把自身暴露给打乱的中性之力。不论是用一种理论的形式,还是用一种实践的形式来寻找自身,超现实主义的经验乃是经验的经验:这样的经验,随着它自身的展开而实施打乱并打乱自身,而且,它一边展开自身,一边打断自身。正是在这里,超现实主义,诗歌本身,成了思想自身的经验。为了从《娜嘉》或《疯狂的爱》中认出,某一种说教在作品里逐渐地败坏了诗歌的行动或记述的"纯粹之美",人们需要一种盲目。怎样的误解。在这些作品里,思想就是经验,正如

---

① 布勒东在《两次大战之间的超现实主义情境》(Situation du surréalisme entre les deux guerres)里写道:"向超现实主义意指了其最后之时刻的东西会是一个更为解放的运动的诞生。"参见 André Breton, *La clé des champs*, Paris: Pauvert, 1979, 61. ——译注

书写在书写的运动中向着思想而来。知识并不先于书写存在，而书写，通过它的迂回，它的决定，它的打断，知道自身总对一种潜在的知识负责，并回应着另一种可能性；那样的可能性就是一切知识的他者，它的吸引承担了书写的行为，但把这个行为一直带向了风险。危险：经由危险，作品之缺席的游戏被引入了作品的位置。

游戏，意外，相遇。这些词语指定了，而不是定义了，一个新的空间——作为空隔（espacement）之眩晕的空间（espace）：间-距（dis-tance），错-位（dis-location），断-语（dis-cours）——从这个空间出发，不管是在生命中通过欲望，还是在知识中通过知识之缺席的一个无论如何不受控制的表达，不管是在时间中通过间歇的肯定，还是在宇宙之全体中通过独一无二者的拒绝和一种非统一之关系的协同，最终是在作品中通过作品之缺席的解放，未知者宣告了自身，并在游戏之外进入了游戏。这个空间从来不过是另一个空间的临近：远方的近邻，一个彼岸，但既无超越性，也无内在性。一个"位于艺术与生命之边界"的领地，一个让一切关系成为非相互之关系的张力和差异的所在，一个脱离了一切的肯定，只能被一种复多的言语所肯定的多样的空间；如此的言语把一种新的意义赋予了复多性，会反过来从复多性当中获得一个沉默的可能性：死亡最终得以亲历。

XVIII 书的缺席

让我们试着发问,也就是说,试着用问题的形式迎接那无法抵达追问的东西。

1. ——"这书写的疯狂游戏。"(Ce jeu insensé d'écrire.)通过这些最为简单的词语,马拉美向书写敞开了书写。但这些极为简单的词语,让人历经漫长的时间——各式各样的试验,世界的工作,无数的误解,遗失的、破碎的作品,知识的运动,一场无限之危机的最终之转折——后才开始明白:从这个由书写的到来所宣告的书写的终结出发,什么样的决断得到了准备。

2. ——表面上,我们阅读是因为所写的东西已在那里,将自身安置在我们的凝视下。表面上。但第一个书写者,那个在古老的天空下在石头和木块上切刻的人,根本没有回应一种需要标记并把意义赋予标记的视觉的追求,而是改变了观看和可见之间的一切关系。他在身后留下的不是某种更多的、附加的东西,甚至不是某种更少的东西——物质的减除,一个与突起相对的凹陷。那么,它是什么?宇宙的空虚:可见的无,不可见的无。我假定第一个阅读者陷入了这非缺席的缺席,但他对此一无所知。并且,不存在第二个阅读者,因为阅读从此被理解为了一种直接可见的,也就是,清晰易懂的在场的视觉,它被肯定恰恰是为了让书的缺席(l'absence de livre)当中的这一消失变得不可能。

3. ——文化与书相连。书作为知识的寄存所和储藏室,将自身等同于知识。书不只是图书馆里的书,在图书馆这座迷宫中,形式、词语和文字的所有组合都被卷入了书卷。书是大书(Livre)。书,有待阅读,有待书写,总已被写,总已被阅读所穿透,它为阅读和书写的一切可能性形成了条件。

书承受了三个不同的疑问。有一部经验的书;书传递了知识;某部确定的书接受并收集知识的某一确定的形式。但书作为书从不只是经验的。书是知识的先天性。如果,关于书的无人称记忆,以及,更根本地,持有每一本书并且只在书中得以肯定的书写和阅读的先天才能,不总是提前存在,那么,我们就一无所知。所以,书的绝对性就是一种可能性的孤立,这样的可能性声称自己不以任何的先在性为起源。书的绝对性随后倾向于在浪漫主义(诺瓦利斯)那里,接着更为严格地在黑格尔那里,然后更为根本地(虽然是以一种不同的方式)在马拉美那里,被肯定为诸关系的总体(绝对的知识或大写的作品),而在这总体里得以完成的,要么是意识,要么是语言:意识在其所有辩证地联系的形象中将自身外在化,然后认识到自身并返回了自身;语言则在其自身的肯定上封闭并且已经消散了。

简而言之:经验的书;书:一切阅读和一切书写的条件;书:总体性或大写的作品(Œuvre)。但带着越来越多的优雅和真理,所有这些形式假定,书包含了知识,就如同包含了某种东西的在场,而那东西是潜在地到场并且总可以直接通达的,哪怕借助了中介和中继。那里有某种东西:那是书通过自身呈现而呈现的东西,是阅读通过它于一种在场之生命当中的生机而激发并重新确立的东西。那种东西,在最低的层面上,是内容或所指的在场;在更高的层面上,是形式的在场,是能指或操作的在场;在还要高的层面上,是一个总已在那里的关系体系的生成,哪怕这样的生成(devenir)就是一种到来(venir)的可能性。书,卷起了时间,展开了时间,它持有如此的展开,就像持有了一个让当下、过去和未来得以实现的在场的连续性。

4.——书的缺席取消了一切在场的连续性,正如它逃避了书所承担的追问。它不是书的内在性,也不是其总被回避的意义(Sens)。它毋宁在书之外,但也被封闭在书当中,与其说是书的外部,不如说是对一个与书无关的外部的指涉。

大写的作品越是承担意义和野心,越是在自身中不仅保留全部的作品,而且保留一切的形式和一切的话语权力,作品的缺席就看起来越是要几乎提出自身,但从不让自身得到指定。这在马拉美那里发生。在马拉美那里,大写的作品意识到了自身,并由此将自身把握为某种与作品的缺席相一致的东西;而作品的缺席让它转离了它与它自身的一致,并把它命定为一种不可能性。经此迂回的运动,作品在作品的缺席中消失,但作品的缺席日益逃离,它把它自身仅仅还原为那总已经消失了的大写之作品。

5.——书写(écrire)与作品的缺席相关,但被困于以书的形式呈现的大写之作品。书写的疯狂——疯狂的游戏——就是书写的关系,这关系不在书写和书的生产之间确立,而是通过书的生产,在书写和作品的缺席之间确立。

书写是作品之缺席(无作[désœuvrement])的生产。或者,书写就是作品的缺席,以至于它通过作品生产自身并穿透了作品。作为无作(在这个词的积极意义上)的书写就是疯狂的游戏,是理性与非理性之间的意外。

在这场"游戏"里,无作从书写的操作中释放出来,但书发生了什么?书:一条无限之运动的通道,从作为操作的书写走向了作为无作的书写;一条迅速阻断的通道。书写经过了书,但不命定于书(书不是书写的命运)。书写经过了书,书写在书中得以完成,哪怕是以消失的方式;但一个人书写并不是为了书。书:一个让书写走向书之缺席的计略。

6.——让我们试着更好地理解书与书之缺席的关系:

(a) 书扮演了一个辩证的角色。某种意义上,它在那里的目的不仅是让话语的辩证法得以完成,更是让作为辩证法的话语得以完成。书是语言对其自身的工作:仿佛,为了让语言意识到语言,为了让语言抓住自身并在它的未完成中完成自身,就必须要有书。

(b) 然而,书如果成了作品——成了整个文学过程,不论是在一长串的书中得到肯定,还是在一本独一无二的书或一个取代了书的空间中显现——那么,它相比于其他的书更是一本书,同时,它又已经外在于书,外在于书的范畴,外在于它的辩证法了。更是一本书:一本知识的书几乎不作为书,不作为展开的书卷而存在;相反,作品声称拥有一种独一性:独一无二,不可替代,几乎是一个人。由此产生了一个危险的倾向,即作品倾向于把自身提升为一部杰作,把自身本质化,也就是说,用一个签名来指定自身(不只是作者的签名,而且是——这是更为沉重的——某种意义上,它自身的签名)。然而,它已外在于书的进程:仿佛作品仅仅标志了书写的中立性(neutralité)所经过的敞开——打断——并悬在它自身(语言的总体性)和一个仍未发生的肯定之间,摇摆不定。

而且,在作品里,语言已改变了方向——或位置:方向的位置——不再是一个辩证化并认知到自身的逻各斯,而是参与了一种他异的关系。所以,一个人可以说,作品在一本作为知识之载体、作为语言之短暂时刻的书,和一部上升为大写字母(le Majuscule)、上升为理念(l'Idée)、上升为书之绝对(l'Absolu)的大书之间犹豫——然后在一部作为在场的作品,和那始终逃离并让时间作为时间自身打乱的作品之缺席之间犹豫。

7. ——书写不在书或作品里终结。书写作品的时候,我们受到了作品之缺席的吸引。我们必然缺乏作品,但我们并不因此,因这一缺乏,而处在作品之缺席的必然性下。

8. ——书:一个计略;凭借这个计略,依赖于话语并让自身被话语的巨大连续性所承担以便最终与之分离的书写的能量(énergie d'écrire),也成了话语的计略,并把那个威胁它、使它向书的缺席敞开的变异恢复为文化。或者,再一次,书是一种工作:通过这种工作,书写,在修改文化、"经验"和知识的事实,也就是,话语的事实时,产生了另一产物,那个产物将从整体上建构一种新的话语模态,并与之融为一体,哪怕是怀着瓦解的意图。

书的缺席:读者,你想成为它的作者,你不过是大写之作品的复多之读者(lecteur pluriel)。

这维持书并把书从书自身当中驱逐出去的缺失将持续多久? 所以,生产书,好让书在它的消散中自身分离、自身解除:

三　书的缺席　中性片段

你并不因此生产了书的缺席。

9.——书(书的文明)肯定了:有一段向人传达的记忆,有一个安排秩序的关系体系;时间把自身牢牢系在书中,那里的空虚仍属于一个结构。但书的缺席并不基于一种留下踪迹(trace)的书写,那样的书写明确了一个定向的运动:要么是从一个起源出发,线性地向一个终点发展,要么是从一个球体的中心出发,向它的表面展开。书的缺席召唤着一种不允诺自身、不安置自身的书写,那样的书写不满足于否认自身,也不满足于为抹掉踪迹而返回踪迹。

当这个由开端-终结的关系所规定的书之时间,和那个由中心出发的展开所规定的书之空间停止强加自身的时候,什么召唤书写?(纯粹)外在性(extériorité)的吸引。

书的时间:由一个从在场出发的开端-终结(过去-未来)之关系所规定。书的空间:由一种从中心出发的展开所规定,那样的展开本身就被视为对起源的追寻。

不论何处有一个安排秩序的关系体系或一段向人传达的记忆,不论书写于何处把自身聚入一道踪迹的实体——阅读在意义的光芒下注视这道踪迹并把这道踪迹和以这道踪迹为符号的起源联系起来——当空虚本身属于一个结构并允许调整的时候,就存在着书:书的法则(loi)。

书写之时,我们的书写总是出于书写的外在性,反对法则的外在性,而法则总是从所写之物中汲取了资源。

(纯粹)外在性的吸引——在那里,外部"先于"一切的内部,而书写不用一种精神的或理想的在场来安置自身;它铭刻自身,随后留下一道踪迹,踪迹或沉淀之物,允许一个人追踪它,也就是,从这道作为缺失(manque)的标记(marque)出发,将它恢复为其理想的在场或理想性,它的完满,其在场的完好无损。

书写描绘(tracer),而不留下踪迹(trace);它只准许从某种遗迹或符号出发,将它自身追溯为(纯粹)外在性:从不被给定,从不把自身建构或聚集于一种同(有待观看、有待聆听的)在场、同在场之总体性、同独一无二者的统一化关系,既在场又缺席。

当我们开始书写的时候,我们要么没有开始,要么没有书写:书写不和开端相伴同行。

10. ——通过书,书写的不安——能量——试图在作品(ergon)的款待中安息,但作品的缺席往往从一开始就召唤它去回应外部的迂回:在那迂回里得以肯定的东西不再从统一性的关系里发现它的尺度了。

关于作品的缺席,我们没有任何的"观念":它当然不是在场,但也不是阻碍作品的东西的毁灭,哪怕是以缺席的名义。摧毁一件本身并不存在的作品,至少是摧毁作品的肯定和梦想,摧毁不可摧毁之物,无所摧毁,好让那种认为摧毁足矣的观念,一种于此不合时宜的观念,不会强加自身。否定再也不

三 书的缺席 中性片段

能在那种肯定作品的肯定发生了的地方运作。否定绝对不会导致作品的缺席。

阅读就是从书中读到书的缺席,从而在(由一种在场或一种缺席定义的)书是缺席还是在场不成问题的地方,生产这样的缺席。

书的缺席,从来不和书处于同一时代,不是因为这样的缺席从另一时代宣告了自身,而是因为非同时代性(non-contemporanéité)本身就出自这样的缺席,并且,这样的缺席也从非同时代性当中到来。书的缺席总在发散,总是缺乏一种同它自身的在场之关系,以至于它从不在其破碎的复多性当中,被一个唯一的读者在其阅读的当下所接受,除非,那最终是一个被撕裂、被劝阻的当下——

(纯粹)外在性的吸引或作为距离的空隔之眩晕,一种只返回片段的片段化。

书的缺席:书的先行毁坏,书相对于它所刻入的空间的分裂游戏;书的预先之死。书写,同所有书之他者的关系,同书中这样一个东西的关系:它会是拆写(dé-scription),会是话语外部、语言外部的写之要求。书写,在书的边缘,在书的外部。

语言外部的书写:如此的书写本源上是一种让语言的一切(在场的或缺席的)对象变得不可能的语言。如此的书写从不是人的书写,意即,也从不是上帝的书写;它至多是他者的书写,是死(mourir)本身的书写。

11.——书从圣经(le Bible)开始,在圣经中,逻各斯被刻入了法则。在这里,书获得了其不可逾越的意义,包括那从各方面超出且无法被超越的东西。圣经把语言带回了本源:不论是被写下,还是被说出,往往正是神学的时代从这样的语言出发,打开了自身并像圣经的时空一样长久地持续下去。圣经不仅为我们提供了书的最高原型,一个永远不可替代的典范,而且持有了全部的书,哪怕它们陌异于圣经的启示、知识、诗歌、预言、箴言,因为它持有了书的精神。圣经之后的书总与圣经处于同一时代:圣经无疑壮大,通过一种使之同一的增长而独自强化,永远被一种统一性(Unité)的关系所赞成,正如十诫(dix Lois)持有并包含了独白,独一无二的律法(Unique Loi),那不可僭越、不能只由否定来否定的统一性的律法。

圣经,圣约之书,它宣布了盟约,也就是,一种和语言的馈赠者相连且让馈赠者同意凭此赠礼——其名字的赠礼而居于其中的言语的命运,也就是,言语同语言的这一作为辩证法的关系的命运。如果从圣经中产生的一本本书——整个文学进程——被打上了神学的印记并让我们归属于神学的领域,那么,这不是因为圣经是一本神圣的书。恰恰相反:正因为圣约——言语的盟约——被卷在书里并采取了一本书的形式和结构,"神圣"者(与书写分离者)才在神学中找到了它的位置。书在本质上是神学的。这就是为什么,神学的第一显现(也是唯一继续展开的显现)只能以书的形式存在。某种意义上,上帝，只有用书说话，才仍是上帝（才变得神圣）。

面对着这本让上帝作为上帝存在于其中的圣经，马拉美抬升了一类作品，在那类作品里，书写的疯狂游戏运行了起来并且已经取消了自身，遭遇了意外的双重游戏：必然，偶然。大写的作品，语音和书写的绝对，甚至在它完成自身之前，在它通过完成自身来毁灭完成的可能性之前，就让自身变得无作了。大写的作品仍然属于书，因此有助于维持每一部大写之作品的圣经特性；但它（通过中性）指定了一个他异时间和一个他异空间的分裂，也就是，那不再用统一性的关系来肯定自身的东西。作为书的大写之作品把马拉美引到了其名字的外部。由作品的缺席所支配的大写之作品把那个不再名叫马拉美的人一路引向了疯狂：如果可以的话，让我们理解这点，直至把它理解为那道一经跨越就化作决然之疯狂的界限；由此必须推断出，那道界限——"疯狂的边缘"——虽被视为不做决断的犹豫不决，或者，被视作非疯狂，但它是更为本质的疯狂：它会是深渊，不是深渊，而是深渊的边缘。

自杀：作为必然性写入书中的东西，在书的缺席里，将自身揭露为偶然。一个人所说的话被另一个人重述，如此重复的言语，因为它的重复持有了死亡，自身的死亡。

12.——书的无名性：它召唤一个名字的尊严，是为了保持无名。名字命名了一种临时的特定性，那样的特定性支撑了理性，而理性又通过把特定性提升为它本身而准许了它。

大书与名字的关系总被包含于那个把绝对知识体系与黑格尔的名字联系起来的历史关系：大书与黑格尔之间的这一关系把黑格尔等同于书，在书的发展中带动黑格尔，把黑格尔变成了后黑格尔，黑格尔-马克思，然后是根本陌异于黑格尔的马克思。他继续书写，继续纠正，继续求知，继续肯定书写之话语的绝对法则。

正如大书采用了黑格尔的名字，作品，在其更为本质（更不确定）的无名性里采用了马拉美的名字；差别就在于，马拉美不仅知道大写之作品的无名性是其特点和其位置的指示，不仅用这种无名的方式回撤，而且不把自己称为大写之作品的作者：他最多以一种夸张的方式假装自己有权力——绝非独一无二的、可以统一的权力——阅读不在场的大写之作品，换言之，有权力用他的缺席来回应那始终仍然缺席的作品（缺席的作品不是作品的缺席，甚至通过一个根本的切口与之分离开来）。

在这个意义上，黑格尔的书与马拉美的作品之间已有一段决定性的距离，一种由他们在其作品的命名和署名上隐姓埋名的不同方式所表明的差异。黑格尔没有死，即便他在体系（Système）的移位或转动中否认了自己：由于每一个体系仍然命名了他，黑格尔从不是完全无名的。马拉美和作品没有关系，而关系的这一缺失就在大写的作品里运行，把作品确立为一种对这个马拉美而言禁止的东西，正如它对任何一个有名有姓的人而言是禁止的一样，最终，它对一部被人视为自身独自完成的权力的作品而言也是禁止的。大写的作品脱离了名字,不是因为它可以在无人生产它的情况下得以生产,而是因为无名之物总已经在那能够命名它的东西外部肯定了它。不管总体性会采取什么样的形式,也不管总体性的结构是否完全有别于一种迟来的阅读指派给黑格尔的那一结构,书就是一切。大写的作品不是一切,它已外在于一切,但在它的退弃中,它仍把自身指定为绝对。大写的作品不像书那样和成功(和完满)相连,而是和灾异(désastre)相连:但灾异仍是绝对者的一个肯定。

简单地说,如果书总能够被署名(signé),那么,它就对任何一个署名者保持冷漠;作品——作为灾异的节庆(Fête)——要求退弃(résignation),要求任何一个声称书写它的人放弃自身并停止指定(désigner)自身。

那么,我们为何给我们的书署名? 为了用谦逊的口吻说:这些仍不过是对署名无动于衷的书。

13. ——"书的缺席",作为书写的一个从未发生的未来,遭到了所写之物的激唤;如同"外部"一词、"断片"一词或"中性"一词,它并不形成概念,但它有助于把"书"一词概念化。并非某个当代的阐释者,而是十九世纪末的马拉美,通过赋予黑格尔的哲学一种一致性而将这样的哲学构想为一本书,并把书构想为绝对知识(Savoir)的目的性。但凭借其经验的固有力量,马拉美很快刺破了书,以便(危险地)指定大写的作品,其吸引力的中心——总是离心的中心——就是书写。书写,疯狂的游戏。但书写和大写之作品的缺席发生了关系,一种他异性(altérité)的关系;并且,正因为他已预感到一种随大写作品的缺席而通过书写来到了书写的根本之变异,马拉美才能够命名大书,把大书命名为一个为生成提供位置和时间,从而把意义赋予了生成的东西;那最初的,也是最后的概念。然而,马拉美还没有命名书的缺席,或者,他只是把书的缺席当成一种思考大写之作品的方式,即把大写的作品思为失败或不可能性。

14. ——书的缺席不是散架的书,即便散架(se defaire)在某种意义上是书的本源和反向的法则(contre-loi)。书总在拆散自身(打乱自身),这样的事实仍只是引出了另一本书或一种他异于书的可能性,而不是书的缺席。让我们承认,那纠缠着书(包围着书)的东西就是书始终缺乏的书之缺席,书满足于牵制(contenir)书的缺席(与之保持距离)而不包纳(contenir)它(把它变成内容)。让我们反而言之承认,书关闭了那排斥书的书之缺席,但书的缺席绝不只是从书出发并只是作为书的否定而得以设想。让我们承认,如果书承担了意义,那么,书的缺席就如此陌异于意义,以至于就连无意义也不关涉它。

在某种书的传统里(正如卡巴拉的表达法为我们带来的,即便问题是由此证实文字在场的神秘意指),所谓的"书面律法"十分惊人地先于"口头律法",而"口头律法"随后产生了编撰的版本,且只有那样的版本构成了大书(Livre)。这里有一个针对思想的谜样命题。没有什么先于书写。但最初碑文的书写只有在它们被打碎了之后,才因这样的打碎而变得可读——只有在口头的决定得以恢复之后,才因这样的恢复而变得可读,并且,这样的恢复产生了第二种书写,也就是我们所熟知的书写:它充满了意义,能够发布戒律,总等同于它所传达的法则。

让我们试着追问这令人惊讶的命题,把它和一种尚未到来的书写经验联系起来。有两种书写,一种是白色的,另一种是黑色的:前者让一团无色火焰的不可见性显得不可见,后者因黑色之火的力量在字母、文字和表达的形式中显得可以通达。两者之间存在着口头性,但它并不独立,总和第二种书写相结合,因为它是黑色之火本身,是限制一切光明并为之划界、使之可见的有分寸的晦暗。就这样,人们所谓的口头的东西乃是时间之当下和空间之在场的指定,而且首先是一种话语所确保的发展或中介,那种话语解释、接收并规定了原初之非表达的中立性。所以,"口头律法"同样是书面的,但它在如下的意义上被称为口头的,即它作为话语,唯一地允许了交流,也就是,允许了评论,允许了一种同时进行教导和宣告、准许和辩护的言语:仿佛为了让书写产生普遍的可读性,或许也为了让律法被理解为禁令和界限,就必须要有语言(话语);仿佛,另一方面,最初的书写在其不可见性的形构中,必须被视为外在于言语并且只转向外部;一种如此本源的缺席或断裂,以至于为了逃离荷尔德林命名的淡泊者(l'aorgique)①的野蛮,它不得不被打破。

15.——书写从大书中缺席;书写是一种非缺席的缺席,由此出发,已让自身从这缺席中缺席了的大书,(在它的两个层面上:口头和书面,律法和注释,禁令和禁令的思想)让自身变得可读并通过关闭历史来评论自身:书的关闭,文字的严格,认知的权威。关于这种从书当中缺席,且无论如何与书保持一种他异性之关系的书写,一个人可以说,它仍然陌异于可读性,就阅读必然是通过凝视进入一种同在场的意义或无意义之关系而言,它是不可读的。所以,会有这样一种书写:它既外在于那从阅读中获得的知识,也陌异于律法的形式或要求。书写,(纯粹)外在性,陌异于一切的在场之关系,正如陌异于一切的合法性。

一旦书写的外在性松懈下来,也就是说,一旦它在口头力量的召唤中同意通过书——书面话语——的生产而在语言中成形,这样的外在性就倾向于在作为律法之外在性的最高层面和作为意义之内在性的最低层面上出现。律法乃是书写本身,这书写弃绝了互言(l'entre-dire)的外在性,以便指定禁忌

---

① 出自荷尔德林的《恩培多克勒的根据》:"自然却相反……过渡到淡泊者(des Aorgischen)、不可思议、无从感受、无限的极端。"参见《荷尔德林文集》,戴晖译,北京:商务印书馆,2003年,第294页。——译注

三 书的缺席 中性片段

(l'interdit)的位置。书写相对于律法永不服从的非法性,隐藏了律法相对于书写的并不对称的非法性。

书写:外在性。或许有一种书写的(纯粹)外在性,但这只是一个假设,它已然不忠于书写的中立性了。在那本签署了我们同每一部大书之盟约的书里,外在性没有成功地授权自身,当它铭写自身的时候,它把自身写入了律法的空间。书写的外在性在书中展开并层叠,成为作为法则的外在性。大书作为律法而言说。阅读它的时候,我们读到:一切存在之物要么被禁止,要么被允许。但这个准许和禁止的结构,难道不源于我们的阅读水准吗?难道就没有另一种对大书的阅读吗:在那里,书之他者将停止用训诫的方式来宣告自身?如果我们要这样阅读,我们读的还是书吗?我们那时不是准备好阅读书的缺席了吗?

最初的外在性:或许我们应该假定,其本质使得我们只能在律法的赞同下承受它。如果禁令和界限的体系不再保护它了,又会怎样?或者,它只在那里,在可能性的极限(limite)处,恰恰是为了让界限(limite)得以可能吗?如此的外在性不过是一个界限的要求吗?界限本身只有通过划界(délimitation)才能得到设想吗?那样的划界在无界者(l'illimité)的临近中变得必然,并且一经跨越,就会消失,因此不可跨越,但又因它的不可跨越而总被跨越。

16.——书写持有外在性。那成为律法的外在性,从此落到了律法的保护下；而律法反过来被书写，也就是说，重新落到了书写的守护下。我们必须假定，书写的这一翻倍，这种从一开始就把书写指定为差异的翻倍，不过是在这样的双重性当中肯定了外在性本身的特点，即总在生成，总是外在于自身，处在了一种不连续性的关系里。有一种"原初"的书写，但就这种书写是原初的而言，它已然区别于自身，被那个标记了它的东西分开，同时，它只是这个标记，但又他异于这个标记，如果它于此标记了自身的话：它被打破，被间离，被暴露在它从中得以宣告的这分裂的外部，以至于必须有一种新的断裂，有一道暴力但人性的（并且，在此意义上，明确的，被划定了的）裂痕，好让那个成了破碎文本和原始碎片，并让位于明确之打断行为的法则能够在禁令的掩饰下给出统一性的承诺。

换言之，最初碑文的打破，不是同和谐统一的原初状态进行决裂；相反，它的开创之举，是用一种受到限制的外在性（其中，界限的可能性得到了宣告）取代一种没有限制的外在性，也就是，用匮乏取代缺席，用裂痕取代空隙，用违法乱纪（infraction）取代碎片的纯粹-不纯的分裂（fraction）；那在神圣分离的另一边挤入中性之分化（如此的分化即是中性）的东西。换言之，一个人必须同第一种外在性决裂，以便同第二种决裂；在第二种外在性里，逻各斯就是法则，法则就是逻各斯。从此，语言受到了有规律的划分，处在了一种同它自身的掌控之相关性里，按语法被建构起来，它让我们参与了种种确保话语的中介和直接性的关系，然后参与了一种让法则反过来走

三 书的缺席 中性片段

向消解的辩证法。

"原初"的书写绝不比次生的书写更为直接，它陌异于所有这些范畴。它没有通过一种迷狂的分担来殷切地馈赠，在迷狂的分担中，庇护唯一者(l'Un)的法则会与之混同并确保混同。原初的书写乃是他异性本身，是严肃性，是绝不批准的严厉，是比一切法则无限严格的干燥气息的灼烧。正是法则通过言语的断裂——及物性——让书写成为中介，把我们从书写中拯救出来。如此的拯救将我们引向了知识，并通过知识的欲望将我们一直引向了大书：在大书里，知识通过对自身掩盖欲望而维持了欲望。

17. ——律法的本性：它甚至还没有得到宣告，就遭到了违背。当然，它自此从高处，以遥远之物的名义，远远地得以颁布，但它同它为之预备的那些人没有任何直接的认知关系。由此可以推断，法则——它被传达并承受传达，成为传达的法则——只有通过一个匮缺的决定，才将自身确定为了法则：如果界限不被跨越，不被跨越的行为揭示为不可跨越，那么，就不会有界限。

但法则不是先于一切的认知（包括对法则的认知）吗？唯有法则开创了认知：通过一个先天的"必须"，哪怕只从那本它于其中（通过它在确立的同时悬于其上的秩序——结构）证实了自身的大书出发，它也为认知准备了条件。

总是先行于法则；既不基于一种被带向认知的必要性，也不被那样的必要性所规定；从不因否认而陷入危境；总被一个假定参照了它的违背之举所本质地肯定；把一种摆脱了它的权威拖入考验；因迎接了一种轻易的僭越而愈发坚定：这就是法则。

法则的"必须"(il faut)首先不是一个"你应"(tu dois)。"必须"不适用于任何人，或者，更决然地说，只适用于无人。法则的不适用性不只是其抽象力量的标记，其无穷无尽之权威的标记，它所持守之保留的标记。法则无法用"你"来说话，它从不对准任何一个特定的人：不是因为它是普遍的，而是因为它以统一性的名义进行分离，它是这着眼于独一无二者发号施令的分离本身。法则令人敬畏的谎言或许就在于此：为了让外部变得可能（或真实），它把外部"合法化"了，它让自身脱离了一切的规定和一切的内容，目的是把自身保存为一种不可适用的纯粹形式，一种不被任何在场所回应的纯粹要求；但它也立刻被特定化为诸多的准则，被盟约的规章特定化为仪式的形式，以便允许一种向自身之回归的离散的内在性，"你应"的坚不可摧的切心性就在那里得到了肯定。

18. ——十诫(dix lois)只有就统一性(l'Unité)而言才是法则(loi)。上帝——这个名词不能被徒然地念出，因为没有什么语言会包含它——之为上帝，只是为了承担统一性并以此指定其至尊无上的终极性。没有人可以侵犯唯一者(l'Un)。因此，他者(l'Autre)证明了独一无二者(l'Unique)，且只为独一无二者证明；如是的指涉把每一个思想和不被思想的东西统一了起来，使之朝向了唯一者，也朝向了思想不知如何违背的东西。由此可见：上帝，超越性本身，严格地讲，不是独一无二的上帝，而是统一性。

法则的外在性，在一种对唯一者的责任里，在一(Un)和多(multiple)的盟约中，找到了它的尺度，那样的盟约把差异的原始性摒弃为亵渎。但在法则自身内部，仍有一个条款保留了书写外在性的记忆，那是法则被说出的时刻：你不应制作图像，你不应进行再现，你应拒斥一切作为相似、符号和踪迹的在场。这意味着什么？首先，并且几乎太过清楚地意味着，对符号作为在场模式的禁止。书写，如果书写就是带回图像并召唤偶像的话，那么，书写就在其固有的外在性外部得到了铭写；当书写努力用词语的空洞性和符号的纯粹意指来填满这样的外在性时，书写也排斥了它。因此，以法则的形式呈现的"你不应制作偶像"不是指示了法则，而是指示了先于一切法则的书写的要求。

19.——让我们承认，外在性乃是法则的执迷，是围困法则的东西，而法则，在一场用法则表达外在性的运动里，通过一种把它创立为形式的偏离，摆脱了外在性。让我们承认，作为书写的外在性，一种永远没有关系的关系能被称为这样的外在性：恰当它最为紧绷的时候，恰当它拥有一种聚集之形式的张力时，它松懈为法则。有必要知道，一旦法则发生（找到了其位置),一切都改变了;并且,正是所谓的最初的外在性以一种从此不可能废除的法则的名义,将自身作为松弛本身,作为一种并不苛求的中立性而给出,正如法则外部、书物外部的书写,此时似乎不过是在回归一种没有规则的自发性,一种无知的自动状态,一个无责任的运动,一场不道德的游戏。换言之,一个人不能从作为法则的外在性追溯至作为书写的外在性;在这里,追溯就是沦落。也就是说:一个人无法"追溯",除非他在无力赞成的情况下接受下坠,即以一种本质上意外的方式坠入非本质的偶然(坠入法则以轻蔑的口吻称之为游戏的东西——在游戏里,一切时刻陷入了风险,一切都失去:法则的必然,书写的偶然)。法则乃是巅峰,除此无他。书写,仍在高低裁决之外。①

---

① 我为那些已然允诺并生产书之缺席的书籍,题献(并否认)了这些不确定的纸页。那些书籍,何人所作?但因友爱之故,只由名姓之匮缺,指定于此。

三 书的缺席 中性片段

我想说，这本书，在其连贯又断续的运动关系——那是其游戏的关系——里收集的文本，绝大多数写于1953至1965年间。如此对日期的指示，对一段漫长岁月的提及，解释了我为什么会把这些文本当作遗稿，也就是说，视为几乎匿名之作。

它们因此属于所有人，甚至并且往往不由一人所写，而是由多人所写：后者一起重新维持并延续了一个要求，并且，我相信，这些文本，带着一种至今令我惊讶的顽固，不断地试着回应那一要求，直到它们所徒然指定的书的缺席来临为止。

图书在版编目(CIP)数据

无尽的谈话 /(法)莫里斯·布朗肖著;尉光吉译.
—南京:南京大学出版社,2016.9(2022.5重印)
(布朗肖作品集)
ISBN 978-7-305-17498-8

Ⅰ.①无… Ⅱ.①莫… ②尉… Ⅲ.①思想史-法国
-现代-文集 Ⅳ.①B565.5-53

中国版本图书馆CIP数据核字(2016)第207688号

L'ENTRETIEN INFINI
By Maurice BLANCHOT
© Editions Gallimard, Paris, 1969
Simplified Chinese edition copyright © 2016 by Nanjing University Press
All rights reserved

江苏省版权局著作权合同登记 图字:10-2011-133号

出版发行	南京大学出版社
社 址	南京市汉口路22号 邮 编 210093
出 版 人	金鑫荣
丛 书 名	布朗肖作品集
书 名	**无尽的谈话**
著 者	(法)莫里斯·布朗肖
译 者	尉光吉
责任编辑	徐 楠 芮逸敏
照 排	南京紫藤制版印务中心
印 刷	南京爱德印刷有限公司
开 本	850×1168 1/32 印张27.25 字数540千
版 次	2016年9月第1版 2022年5月第3次印刷
ISBN	978-7-305-17498-8
定 价	150.00元
网 址	http://www.njupco.com
官方微博	http://weibo.com/njupco
官方微信	njupress
销售咨询	(025)83594756

* 版权所有,侵权必究
* 凡购买南大版图书,如有印装质量问题,请与所购
  图书销售部门联系调换